마샤 리네한

변증법행동치료

경계성 성격장애를 위한 인지행동치료

COGNITIVE-BEHAVIORAL TREATMENT OF BORDERLINE PERSONALITY DISORDER

Marsha M. Linehan 저

최현정 · 이한별 · 허심양 · 김지강 · 조이수현 공역

학지사

Cognitive-Behavioral Treatment of Borderline Personality Disorder
by Marsha M. Linehan, PhD

역자의 글

1993년 5월, 지금으로부터 30년 전 Marsha Linehan은 이 책을 완성했다. Linehan의 나이 50세였다. Linehan이 이 책을 쓰겠노라 약속했던 때는 그보다 훨씬 더 전 Linehan이 18세였을 때이다. 18세의 Linehan은 지금 우리 내담자와 같은 고통의 소용돌이를, 의미 없을뿐더러 오히려 해로웠던 장기 입원 치료를, 그리고 무력함에 함께 빠져 버린 치료진을 직접 겪으며(당시는 변증법행동치료가 없었으니까) 자신과 같이 끔찍한 생지옥에 빠진 사람을 끄집어내는 치료를 만들겠노라고 결심했다. 그 치료가 바로 변증법행동치료이다.

Linehan이 결심을 지켜 주었기에, 이후 수많은 사람이 변증법행동치료 덕에 삶을 일구었고, 삶이 살 만하다고 느꼈으며, 죽지 않았고, 삶이 평온할 때가 있다는 사실을 알게 됐다. 이제 변증법행동치료는 경계성 성격장애를 넘어서, 자살 행동을 비롯하여 정서 조절 문제라는 범진단 과정을 완화하는 데 강력한 효능과 효과가 입증된 심리치료 중 하나로 여러 문화권에서도 반복하여 검증을 마쳤다.

좀 늦긴 했어도, 2000년대 이후 한국 사회에도 변증법행동치료를 들이려는 노력이 꾸준히 있었다. OECD 국가 자살률 1위인 사회, 어린 사람들 사이에 자해가 유행하는 사회, 고통을 호소하는 목소리에 경청하고 함께 문제를 해결하기보다는 낙인과 혐오가 배틀을 벌이는 사회, 개인의 고유한 정체성이 인정받기 이토록 힘든 한국 사회에서 말이다. 그야말로 변증법행동치료는 여기 한국에서 기막히게 맞는 처방이기에, 많은 심리학자가 변증법행동치료를 보급하고자 애를 썼다.

그 노력 중 하나가 변증법행동치료 교과서라 불리는 Marsha Linehan의 바로 이 책을 한글로 출판하는 일이었다. 변증법행동치료를 한다면 이 책을 반드시 읽어야 한다. 이 책은 변증법행동치료 밑바탕 이론에 더하여 치료 원리 그리고 핵심 치료 전략을 Linehan의 일인칭 문장으로 하나씩 매우 상세히 설명한다. 이 책을 읽으면 마치 Linehan에게 일대일 조언을 얻는 것만 같다. 아주 헌신적이고 친절한 Linehan으로부터 꼼꼼하게.

변증법행동치료는 고통에 빠진 사람에게 당신이 틀렸다고 말하거나, 당신이 결국 문제라고 절대 생각하지 않는다. 대신에 만사는 만 가지 조건 속에서 일어나기 마련이고 관계와 맥락 안에서 움직이며, 진전에는 언제나 고통과 갈등이 선행한다는 세상을 전제한다. 진실은 고정됨이 없기에, 내담자 경험 깊이에서 세상의 진실을 찾아낼 수 있고, 내담자가 어떤 삶을 살고 싶은지, 그 삶을 위해 지금 무엇이 필요한지를 묻는다. 살면서 단 한 번도 견해와 경험을 존중받아 본 적이 없는 이에게 "어떻게 생각합니까?" "지금 무엇을 느낍니까?" "어떻게 하고 싶습니까?"라고 말을 건넨다. 그리고 "이해합니다." "나도 그렇게 느낍니다." "같이 해 봅시다."라고 말한다.

또한 사회 구조가 개인에게 미치는 영향을 직시한다. Linehan의 생물사회 이론은 정서 취약성을 지닌 개인과 그의 고유한 경험을 인정하지 않는 사회 환경이 변환작용을 일으키며 정서 조절 장해 전반에 미치는 영향을 설명한다. 생물사회 이론은 개인 문제냐 사회 문제냐의 이분법 굴레를 넘어서도록 도와준다. 한 개인이 겪는 고통은 억압하는 사회 환경과 맞물려 있다는 사실을 마땅히 여기는 동시에, 그럼에도 살아 내기 위해 개인이 무엇을 바꾸고 어떻게 스스로 변해 나가야 할지 실천할 수 있는 도구를 쥐어 준다.

그래서 변증법행동치료는 어려움에 빠진 많은 사람에게 더 가까이 다가가야 하고, 또한 사회 구조 문제로 고통에 빠진 사람에게 더 다가갈 수 있도록 심리학자의 노력이 필요하다. 하루하루 몸을 일으켜 문밖을 나서기조차 두려운 이, 관계 상처가 너무나 버거운 나머지 죽어서 혼자가 되는 게 낫다고 생각하는 이, 바꿀 수 없는 처절한 현실의 괴리감 앞에 절망한 이, 아주 오랫동안 끔찍한 외로움에 파묻혀 본 이, 억압받은 삶에서 자유로운 삶으로 자립을 준비하는 모든 이에게 변증법행동치료를 누릴 권리는 마땅히 주어져야 한다.

더불어 변증법행동치료의 가장 강력한 힘은, 치료자와 내담자가 동등한 인간이자 고통을 헤쳐 나가는 길에 연대할 사이로서 치료자-내담자 관계를 강조하는 데 있다. 반면에 전통 심리치료는 특히 경계성 성격의 사람(특히 여성 성별을 가진 사람)을 이기적이고, 감정적이며, 의존적이고, 타인을 조종하며, 치료자의 진을 빼놓는, 어떻게든 '엮이지 않으면 가장 좋을' 사람으로 치부해 버렸다. 이러한 관점에는 뿌리 깊은 여성혐오와 권위주의가 배어 있고, 이게 전통 심리치료가 경계성 성격의 고통을 완화하는 데 철저히 실패한 이유이다. 마찬가지로, 사회 맥락에서 남성 성별 역시 건강한 감정표현을 용인받지 못한 채 폭력적인 감정 표현은 허용하는(강화받는) 환경에서 경계성 성격의 위험 요인에 노출되기 쉬우나, 우리는 이들의 어려움에 적확한 설명을 제공하는 데 또한 실패하였다. 다양한 성별 정체성을 지닌 다른 사람들의 진정한 경험을 무시하는 혐오 환경 역시 경계성 고통을 야기하는 주요 비타당 환경이다. Linehan이 변증법행동치료를 개발할 당시 성차별주의를 주요한 원인론으로 주목한 이유는 다른 데 있지 않다.

치료자–내담자 관계 얘기로 돌아가자면, 변증법행동치료는 전통 심리치료와는 달리 고통을 헤쳐 나간다는 어려움 속에서 내담자가 치료를 방해하는 행동을 하지만, 치료자도 똑같이 치료를 방해하는 행동을 할 수 있다고 본다. 내담자가 연습해야 할 인지행동주의 전략은 치료자도 마찬가지로 부단히 갈고 닦아야 한다. 우리가 일상에서 맺는 자연스럽고 효과적인 대인관계는 치료자와 내담자 사이에서도 당연히 가능하다. 치료자가 그냥 사람이듯이 내담자도 그냥 사람이고, 고통은 피할 새 없이 어느 사람의 방문 앞에라도 무심히 서 있다. 그 문을 열지 말지 선택권조차 없는 사람도 있기에, 고통을 맞이한 자를 비난할 수 없다. 그래서 변증법행동치료에서 내담자는 살면서 엮이면 안 되는 대상이 아니다. 치료자는 내담자와 진솔한 관계를 형성하고 가장 든든한 응원자로서 그의 삶에 동행하며, 고통스러운 감정은 피하지 않으면 결국 잦아든다는 진실을 두 사람 다 깨달을 때까지 변화를 향한 고통감에 함께 머문다.

이 책을 읽다 보면 사투리가 약간 섞인 다정한 Linehan의 목소리가 들리는 것만 같다. Linehan은 "나는 이랬어. 너는 어때? 이렇게 해 보지 않을래?"라고 늘 말을 건네주었다. 격분하는 고통에 휩싸인 내담자를 일으켜 세워야 할 때마다 Linehan은 우리에게 말했다. "절대 이 사람을 포기하지 마." 그렇기에 우린 이제 직접 내담자에게 "나는 너를 절대 포기하지 않아. 그러니 너도 포기하지 마."라고 말해 줄 수 있게 됐다. 그럴 때마다 내담자는 굳세어진 턱으로 진득하니 고개를 끄덕였고, 그리고 포기하지 않았다. 그리고 살기로 결심하고, 어떻게 하면 살아남을 수 있을지를 물어 왔다. 변증법행동치료를 한 이후로 우리는 정말로 매번, 변증법행동치료가 있어서 천만다행이라는 생각을 했다. 그리고 이제 변증법행동치료가 더 많은 심리학자와 임상가에게 더 정교하게, 더 널리 쓰이기를 간절히 바란다.

이 책이 나올 수 있도록 지지를 아끼지 않으신 학지사 출판사에 감사드린다. 또한 지루한 북리딩 시간을 견디며 같이 초벌 작업을 검토한 충북대학교 심리학과 대학원생들, 김재웅, 강지훈, 김아름, 이지수, 조윤형, 정지인, 한혜빈에게 고마움을 전한다. 변증법행동치료가 가장 필요한 사람에게 다가갈 수 있도록 실천의 밑바탕을 다져 준 트라우마치유센터 사람마음과 홍혜선 선생님, 실천을 이어 나갈 수 있도록 사람마음 자문팀에 함께해 온 여러 선생님 그리고 변증법행동치료를 적확하게 실천할 수 있도록 수년간 지도해 준 시애틀의 Sara Schmidt 박사님께 감사를 드린다. 그 누구보다도 변증법행동치료에 최선을 다해 임해 준 내담자분들께 진심으로 감사를 전하며, 이들이 있어 이 책도 번역할 수 있었고, 아마도 이들이 살아 내 주었기에 앞으로 더 많은 이가 변증법행동치료를 접하게 될 거라는 생각도 해 본다.

2023년

역자들과 함께, 최현정 씀

추천사

우리 분야에서는 환자 진료를 크게 향상하는 임상 혁신은 아주 드물게 시작된다. Marsha Linehan이 개발한 경계성 성격장애에 대한 인지행동 접근법은 그만큼 드문 혁신이다. 나는 거의 10년 전 Linehan 박사가 치료 효능을 밝히기 위해 일련의 체계적 조사 연구를 시작하고 있을 무렵에 처음 Linehan 박사의 결과물을 알게 됐다. 긍정적 결과가 나오기 전부터 나는 Linehan 박사가 뭔가 중요한 일을 하고 있다고 확신했다. Linehan 박사가 자신의 기술을 정교하게 다듬어서 점점 포괄적이고 구체적이며 실용적으로 일반 정신건강 실천에 적용할 수 있게 만드는 과정을 지켜보는 것은 참 즐거웠다.

Linehan 박사가 다루는 경계성 성격장애는 엄청난 임상 수수께끼를 품은 중요하고 보편적인 문제이다. 경계성 사람은 종종 가장 마음 아프고 극적인 방식으로 괴로워하고 괴로움을 일으킨다. 이는 임상 실천에서 가장 빈번하게 마주하는 성격장애로 여겨지며, 자살 완수와 자살 시도 비율이 가장 높다. 경계성 성격장애 진단 기준을 충족하는 사람은 엄청난 치료 과업을 제시한다. 그들은 때로 완고하고 예측할 수 없으며, 치료 관계에 너무 가까이 있거나 너무 멀리 떨어져 있다. 그들은 치료자에게 강한 역전이를 불러일으켜서 치료자가 너무 적극적이거나 너무 거부적일 수 있고, 이 극단 사이를 오갈 가능성이 크다. 또한 '경계성$_{\text{borderline}}$'(정말 끔찍한 용어지만 적당히 대체할 말을 찾지 못했다) 사람은 치료에 가장 안 좋은 반응을 보일 가능성이 있다. 그들은 치료자가 실제 거절하거나 상상 속에서 치료자의 거절(치료자 휴가는 아마 가장 흔한 촉발 요인이다)에 대한 반응으로 자살 시도나 자해를 드물지 않게 보인다. 그들은 치료자를 치료 실타래에 묶어 버릴 때가 있는데, 이때 치료자는 모든 개입이 잘못되었고 비정하다고 느낀다. 이러한 치료법은 보통 발끈하며 끝나 버리고, 입원으로 끝나는 일도 드물지 않다.

임상가는 실천에서 경계성 사람을 앞에 둘 때 가장 당황하고, 스스로 노련하지 못하다고 느끼고, 그들을 다룰 방법을 찾아 헤맨다. 일부 임상가에게는 효과적인 약물 개입을 발견한 게 주요한 희망이었다. 지금까지 결과는 확실히 엇갈렸다. 경계성 환자의 불안정성에 특정한 약물치료법은 없으며, 심지어 표적 증상에 가장 효과적인 약물(신경안정제, 항우울제, 리튬, 카보마제핀)도 부작용과 합병증이 있다. 다른 임상가는 경계성 사람을 위해 개발한 심리치료(특히 정신역동) 전략에 의지했다. 그러나 여기서도 역시 결과는 상당히 엇갈렸고, 치료법에 각각 많은 부작용과 합병증이 있었다(특히 앞에서 언급한 전이, 역전이 재연으로). 일반 임상가나 클리닉 혹은 입원 시설에서 경계성 성격장애가 있는 사람은 다루기 가장 힘들고 해결하기 어려운 문제를 지닌다고 말한다면 꽤 타당하다. 모든 사람이 경계성 성격장애에 관해 이야기하지만, 대체로 아무도 뭘 해야 할지 잘 모르는 것 같다.

Linehan 박사가 있기 전까지는 말이다. 그는 경계성 사람의 내적 경험을 흔치 않게 공감적으로 이해하는 동시에 인지행동주의 치료자의 기술 도구를 결합한다. Linehan 박사는 창의적인 임상 혁신가이다. 그는 경계성 행동의 측면을 구성 요소로 분석하고, 각각에 대해 체계적인 통합된 접근법을 개발하였다. 그의 기법은 명확하고 가르칠 수 있고 배울 수 있으며, 치료자와 환자에게 충분히 납득 가능하다. Linehan 박사의 기법 덕에 경계성 사람에 대한 나의 치료가 크게 향상되었고, 이 환자를 어떻게 가장 잘 이해하고 치료할 수 있는지에 관한 나의 가르침도 향상되었다. 이 책은 가장 힘들고 도움이 필요한 사람에게 여러분의 임상 실천을 훨씬 효과적으로 분명히 향상해 줄 것이다.

Allen Frances, MD

차례

2부
치료 개요와 목적

6장 목표 행동 중심의 치료 구조화: 누가, 무엇을, 언제 치료하는가 • 195

3부
기본 치료 전략

7장 변증법 치료 전략 • 231

1부

이론과 개념

Cognitive-Behavioral Treatment of Borderline Personality Disorder

1장

경계성 성격장애:
개념, 논란 그리고 정의

최근 경계성 성격장애borderline personality disorder, 이하 BPD를 향한 관심이 폭발적이다. 이 관심은 최소한 두 가지 요인에서 기인한다. 첫째, BPD 진단 기준에 맞는 사람이 정신건강 기관과 임상가의 상담실에 넘쳐나고 있다. 정신과 외래 환자 중 11%, 입원 환자 중 19%가 BPD 진단 기준을 만족한다는 추정이다. 또한 성격장애가 있는 환자[1]의 경우 외래에서 33% 그리고 입원 중 63% 환자가 BPD 진단 기준을 만족한다고 드러났다(개괄은 Widiger & Frances, 1989 참조). 둘째, 지금까지 이용 가능했던 치료법은 몹시 안타깝게도 매우 적절치 못한 방법으로 밝혀졌다. 추후 진행한 연구에 따르면 치료법에서 나타나는 초반의 역기능은 극단적이었고, 유의한 임상 개선은 수년이 걸릴 만큼 느리게 나타났으며, 초기 평가 후 수년 동안 개선은 미미하였다(Carpenter, Gunderseon, & Strauss, 1977; Pope, Jonas, Hudson,

1) 심리치료자는 대개 심리치료에 참여하는 사람을 '환자' 혹은 '내담자'라는 용어로 부른다. 이 책에서 나는 '환자'라는 용어를 일관되게 쓰고, 기술 훈련 매뉴얼에서는 '내담자'라는 용어를 쓴다. 각 용어를 쓰는 데는 그만한 합당한 이유가 있다. '환자'라는 용어를 쓰는 이유는 Original Oxford English Dictionary on Compact Disc(1987)에서 제시하는 용어(명사)의 첫 정의에서 찾을 수 있다. '괴로운 자, 괴로움을 인내하는 자.' 지금은 흔치 않지만 그럼에도 이 정의는 내가 심리치료에서 만나는 경계성 사람들과 완벽하게 맞는다. 이 용어의 더 보편적 의미로 '어떤 질환이나 상처를 돌보기 위해 의학 처치하에 있는 누군가' 혹은 '어떤 행위를 처치받는 사람이나 사물 혹은 무엇이 행해지는 누구 혹은 무언가'는 적용할 만하지 못한데, 왜냐하면 DBT는 순전히 질환 모델에 근거하지 않고, 환자를 수동적이거나 무언가를 행하는 대상으로 보지 않기 때문이다.

Cohen, & Gunderson, 1983; McGlashan, 1986a, 1986b, 1987). 경계성 환자는 많기 때문에 대부분의 임상가는 적어도 하나의 BPD 사례를 치료해야 한다. 이들은 심각한 어려움과 깊은 절망감을 보이며, 치료는 성공하기 어렵다. 당연하게도 많은 정신건강 임상가는 이들과 있을 때 압도당하거나 스스로 부적절하다고 느끼며, 조금이라도 증상 완화가 보장될 법한 치료를 찾고 있다.

생각해 볼 점은 BPD 진단에 흔히 관련되어 나타나는 의도적인 자기 파괴 행동과 자살 시도 행동 양상이 치료 목표로서 상대적으로 간과된다는 사실이다. 이 행동은 Gunderson (1984)이 경계성 환자의 '행동 특이성'을 가장 잘 대표하는 행동이라고 제안하였으며, 이는 실증 자료로도 지지받았다. 경계성 환자의 70%에서 75%는 최소 한 가지 이상의 자기 손상 행동을 보인 과거력이 있었다(Clarkin, Widiger, Frances, Hurt, & Gilmore, 1983; Cowdry, Pickar, & Davis, 1985). 자기 손상 행동의 강도는 의학 처치가 필요하지 않은 정도(예: 살짝 긁음, 머리 찧기, 담뱃불로 지지기)부터, 돌봄이나 중환자 처치가 필요한 정도(예: 과다복용, 칼로 찌르기, 질식)까지 다양하다. 경계성 환자의 자살 행동이 늘 생명에 위협이 없다 할 수 없다. BPD 환자의 자살률 측정치는 다양하지만, 약 9%의 경향을 보인다(Stone, 1989; Paris, Brown, & Nowlis, 1987; Kroll, Carey, & Sines, 1985). 퇴원 이후 10년에서 23년 동안 BPD 환자를 추적 관찰했을 때(Stone, 1989), 입원 시에 DSM-III BPD 진단 기준 여덟 가지 모두를 보인 환자는 자살률이 36%였고, 5~7개 진단 기준을 충족한 환자는 이에 비교해서 7%의 비율을 보였다. 같은 연구에서 BPD와 동시에 유사 자살 행동 과거력이 있는 사람은 이전에 유사 자살 행동을 보이지 않았던 사람보다 두 배 높은 자살률을 보였다. 자살과 자기 손상 행동에 대한 문헌이나 BPD에 대한 문헌이 각기 상당히 많음에도, 이 두 연구 영역 사이의 소통은 사실상 없었다.

의도적으로 자신에게 상해를 입히거나 자살을 하는 사람과 BPD가 있는 사람은 겹치는 특성이 여럿이며, 이 장 후반부에 기술하겠다. 그중 하나의 중첩은 특히 미리 언급할 만하다. 생명을 위협하지 않는 자기 손상 행동을 하는 사람 대부분과, BPD 진단 기준을 충족하는 사람 대부분은 양쪽 다 여성이라는 점이다. Widiger와 Francis(1989)는 BPD 진단 기준을 충족하는 환자의 성별을 보고하는 38개 연구를 개괄하였는데, 이 표본의 74%가 여성이었다. 유사하게, 자살 시도를 포함한 의도적인 자기 손상은 남성보다 여성에게 더 빈번하게 나타난다(Bancroft & Marsack, 1977; Bogard, 1970; Greer, Gunn, & Koller, 1966; Hankoff, 1979; Paerregaard, 1975; Shneidman, Faberow, & Litman, 1970). 주목할 만한 또 다른 인구통계 변인의 공통점 중 하나는 BPD와 생명 위협이 없는 자기 손상 행동이 나타나는 연령이다. 자기 손상 행동을 실행하는 약 75%는 18세에서 45세 사이의 사람에게서 나타난다(Greer & Lee, 1967; Paerregaard, 1975; Tuckman & Youngman, 1968). 경계성 환자 역시 젊은 연령층에서 나타나고(Akhtar, Byrne, & Doghramji, 1986), 중년이 될수록 경계성 특징은 강도와 유병률에서 감소를 보인다(Paris et al., 1987). 이러한 인구통계 정보에서 나타난 유사성은 나중에 언급할 다른 유사점과 함께, 이 두 표본에 대한 연구가 별도로 수행되어 왔지만 사실은 근본적으로 겹치는 표본에 관한 연구일 가능성을 높인다. 불행히도 자살 행동에 관한 연구는 대체로 축 II 진단을 보고하지 않는다.

이 책에서 설명하는 치료는 통합 인지행동치료, 즉 변증법행동치료dialectical behavior therapy, 이하 DBT이다. DBT는 BPD 기준을 충족하는 동시에 사망으로 이어지지 않은 여러 자살 행동력이 있는 여성들과 함께 개발하고 검증한 치료이다. 내가 구성한 이론과 이 책, 별도의 매뉴얼에서 설명하는 치료 프로그램은 남성뿐만 아니라 자살 행동이 없는 경계성 환자에게도 효과적이다. 그러나 출발선에서 독자는 여기서 설명한 치료 프로그램의 실증 기반 효과성은 만성 유사 자살 행동력(의도적 자기 손상, 자살 시도 포함)이 있는 BPD 진단 여성에게 제한되어 있음을 알면 좋다.[2] (이 때문에 나는 전형적 환자를 언급할 때 '그녀'라는 표현을 책에서 사용한다.)[3] 이 집단은 아마도 경계성 인구 중에서 가장 고통받는 일부일 테고, 분명히 대부분을 차지한다. 치료는 융통성 있게 설계하여, 환자가 나아지면서 치료 적용에 변화를 가져올 수 있다. 따라서 덜 심각한 사람이라고 이 치료 프로그램이 효과적이지 않을 가능성은 낮다. 그러나 현재로서 이 확장은 탐색 중이고, 통제된 실증 치료 연구가 있는 것은 아니다.

경계성 성격장애 개념

정의: 네 가지 접근

BPD의 공식 개념은 정신병리 영역에서 상대적으로 새롭다. 이는 미국정신의학회에서 출판한 정신질환의 진단 및 통계 편람Diagnostic and Statistical Manual of Mental Disorders: DSM이 1980년

---

2) 역자 주: 현재 DBT는 BPD 진단 여성에 대한 효능을 넘어서 다양한 인구집단과 여러 심리학적 장애에 걸친 효능이 검증되었다.

3) 역자 주: 번역 과정에 이를 반영하지 않았으며 '그'와 '그녀' 모두 '그'로 번역하였다.

에 DSM-III을 출판하고서야 등장했다. 이 진단을 구성하는 특정 특질 조합은 훨씬 이전에 발견되었지만, 이 사람들에 대한 현재 관심은 최근 공식 지위를 얻은 후에야 생겼다. 논란과 논쟁 끝에 획득한 지위이다. 정치적 타협과 실증 자료를 향한 주목 끝에 '공식' 학술명과 진단 기준에 도달하였다.

아마도 가장 논란이 되었던 지점은 장애의 공식 명칭에 '경계성'이라는 단어를 쓴다는 결정이었을 것이다. 이 명칭은 정신분석계에서 수년 동안 유명한 용어였다. 이는 1938년 Adolf Stern이 전통 정신분석에서 나아지지 않거나, 당시 기준의 '신경증neurotic' 혹은 '정신증psychotic' 범주에 맞지 않는 외래 환자 집단을 기술하는 데 쓰였다. 당시 정신병리는 '정상'에서 '신경증' 그리고 '정신증'이라는 연속체에 따라 발생한다는 개념을 지녔다. Stern은 그의 외래 환자들이 '신경증의 경계성 집합borderline group of neurosis'으로 고통받는다고 이름을 붙였다. 그 후로 몇 년 동안 이 용어는 기능에 여러 문제가 있지만 다른 진단 기준에 잘 맞지 않거나, 정신분석가가 관습적인 분석 기법으로 치료하기 어려운 사람을 간단히 기술하는 데 쓰였다. 다른 이론가는 경계성 환자가 신경증과 정신증 사이(Stern, 1938; Schmideberg, 1947; Knight, 1954; Kernberg, 1975), 조현병과 비(非)조현병 사이(Noble, 1951; Ekstein, 1955), 정상과 비정상(Rado, 1956) 사이 경계에 있다고 보았다. 〈표 1-1〉은 이 용어에 관한 초기 정의의 예를 보여 준다. 수년 동안 '경계성'이라는 용어는 정신분석계에서 성격 조직의 특정 구조를 일컫거나, 성격 기능의 중도 수준 심각도를 일컫는 용어로 동시에 발전하였다. 용어는 후자 개념을 분명히 전달한다.

〈표 1-1〉 경계성 상태: 초기 정의와 상호 관련성

Stern (1938)
1. 자기애-분석가뿐 아니라 초기 경험의 중요한 사람에 대한 이상화와 동시에 경멸하는 평가 절하
2. 정신 출혈-위기에 직면했을 때 마비, 무기력, 포기하려는 경향
3. 과도한 과민감성-작은 비난이나 거절에 대한 과잉반응, 편집증을 의심할 만한 강도, 그러나 완전한 망상에는 이르지 않음
4. 정신과 신체의 경직성-보통의 관찰자에게 분명히 드러나는, 자세의 긴장과 강직 상태
5. 부정적 치료 반응-도움을 주려는 분석가의 특정 해석을 실망스럽게 경험하거나, 사랑과 수용의 결여라고 경험함. 우울과 분노 폭발이 뒤따를 수 있고, 때로 자살 시도가 있을 수 있음
6. 지속적 열등감-멜랑콜리아를 보이는 사람도 있고, 어떤 사람은 유아기 성격을 보임
7. 마조히즘, 종종 심각한 우울을 동반

8. 유기체 불안정성-스트레스를 감내하는 능력이 지속적으로 없음. 특히 대인관계 분야
9. 투사 기제-외재화의 강한 경향성, 때로는 망상 사고에 근접해지기도 함
10. 현실 검증력 문제-다른 사람과의 관계에서 공감의 오류. 상대를 전체 인간으로서 적절하게 현실적으로 지각하지 못하고 상대를 부분 대상 표상과 혼동하는 결함

Deutsch (1942)

1. 자아 이질적이지도 고통스럽지도 않은 이인증
2. 타인과의 자기애적 동일시, 자기로서 동화하지 못하고 반복적으로 행동 표출
3. 현실은 완전히 손에 쥐고 있음
4. 대상 관계의 빈곤, 타인의 존재를 사랑을 얻기 위한 수단으로 받아들이는 경향
5. 수동성으로 공격 경향을 가림, 낮은 온화함을 잠시 보이지만 언제든 악마로 돌변할 준비가 되어 있음
6. 내적 공허. 한 사회 혹은 종교 집단에 연이어 애착을 가지면서 해결하려 함. 이번 집단의 교리와 지난 집단의 교리가 달라도 상관없음

Schmideberg (1947)

1. 일상과 규칙성을 감내할 수 없음
2. 사회 관습의 규율을 깨는 경향
3. 약속에 종종 늦고 비용 지불에 관해 믿을 수 없음
4. 회기 안에서 재연상할 수 없음
5. 치료에 동기가 낮음
6. 의미 있는 통찰을 발전시키지 못함
7. 혼란스러운 삶을 살며 언제나 끔찍한 무언가가 벌어짐
8. 부자가 아니라면, 사소한 범죄 행위에 가담
9. 정서 접촉을 쉽게 맺지 못함

Rado (1956) ('착취성 장애extractive disorder')

1. 인내심이 낮고 좌절을 감내하지 못함
2. 분노 폭발
3. 무책임
4. 흥분성
5. 타인에게 기생
6. 쾌락주의
7. 우울에 빠짐
8. 정서 허기

<u>Esser & Lesser (1965) ('히스테로이드 장애hysteroid disorder')</u>

1. 무책임
2. 불규칙적 직업력
3. 절대로 깊거나 오래 지속되지 않는 혼란스럽고 불만족스러운 관계
4. 초기 아동기 정서 문제와 습관 문제(늦은 나이에 야뇨증 등)
5. 혼란스러운 섹슈얼리티, 종종 불감과 과도함이 결합됨

<u>Grinker, Werble, & Drye (1968)</u>

모든 경계성의 일반 특징:

1. 분노가 주가 되거나 유일한 정서
2. 정서적(대인) 관계 결함
3. 일관된 자기 정체성의 부재
4. 우울이 삶의 특징

I형 하위 유형: 정신증 경계성
- 부적절한 행동, 비적응
- 자기 정체성과 현실감에 결함
- 부정적 행동과 분노 표현
- 우울

II형 하위 유형: 핵심 경계성 증후군
- 타인과의 관계가 동요함
- 분노 표출
- 우울
- 비일관적 자기 정체성

III형 하위 유형: 적응적, 정서가 없는, 방어적인 '마치 ~인 척'
- 행동이 적응적이고 적절함
- 보완적 관계
- 정서가 거의 없음. 자연스러움 결여
- 철회와 주지화의 방어기제

IV형 하위 유형: 신경증이 있는 경계
- 의존성 우울
- 불안
- 신경증, 자기애 성격과 유사

출처: *The Borderline Syndromes: Constitution, Personality, and Adaptation*, M. H. Stone, 1980, New York: McGraw-Hill에서 발췌하였다. Copyright © 1980 by McGraw-Hill. 승인 후 발췌하였다.

Gunderson(1984)은 수년 동안 경계성 집단에 대한 정신분석의 관심을 이어 간 결과 서로 구분되는 임상 현상을 네 가지로 요약하였다. 첫째, 겉으로 기능이 좋아 보이는 특정 환자가 있는데, 특히 구조화된 심리 검사에서 그렇게 보이지만 비구조화 검사에서는 역기능적 사고 양상(정신분석 용어로 '원시적 사고')을 보인다고 평정되는 사람이 있다. 둘째, 초반에는 정신분석에 적합해 보이지만 실제 치료에서 수행이 저조하고, 종종 분석을 종결하고 입원을 권유받는 일정 집단의 사람이 있다.[4] 셋째, 다른 대부분의 환자와 달리, 지지적인 입원 치료 프로그램에서 행동 악화를 보이는 환자 집단이 있었다. 마지막으로, 치료자 입장에서 강한 분노와 무기력을 야기하는 특징의 사람이 있었다. 종합하여, 이 4개 관찰은 긍정적인 예후 지표가 있음에도 전통 치료 형태가 잘 맞지 않는 사람들이 존재한다는 점을 제안하였다. 이 환자들이 심리치료에 들어서면 이들과 치료자의 정서 상태가 모두 악화되는 것처럼 보였다.

'경계성'이라고 불리는 이 집단의 다양성은 이 용어와 연관된 행동 증후군을 정리하려는 수많은 다른 개념 체계와 원인론으로 이어졌다. 정신분석 이론에서 제안한 단일 연속체와는 반대로, 생물학 지향 이론가는 BPD를 여러 연속체로 개념 지었다. 이들 관점에서 이 장애는 원인론, 경과, 결과를 각기 지닌 임상 증후군의 집합을 나타낸다. Stone(1980, 1981)은 문헌을 심도 있게 개괄하여 이 장애가 임상 특징, 가족력, 치료 반응 그리고 생물학 지표에서 여러 주요 축 I 장애와 관련 있다고 결론 내렸다. 예를 들어, 그는 세 가지 경계성 하위 유형을 제안한다. 하나는 조현병, 하나는 정동 장애 그리고 나머지는 기질성 뇌 장애와 관련 있는 하위 유형이다. 각 하위 유형은 '명백한' 혹은 '핵심' 사례에서부터, 중도 그리고 쉽게 인지할 수 없는 형태를 아우르는 스펙트럼에서 발생한다. 스펙트럼에서 후자 사례가 곧 '경계성'이라는 용어를 적용하는 사례이다(Stone, 1980). 최근 이론과 연구 문헌에서는 경계성 증후군을 주로 정동 장애 연속체에 위치하는 것으로 받아들이는 경향을 보이고 있는데(Gunderson & Elliott, 1985), 여러 실증 자료는 이 위치에 의구심을 보이기도 한다.

경계성 현상을 이해하려는 세 번째 접근은 Chatham(1985)의 '절충 기술eclectic-descriptive' 접근으로 불렸다. 이 접근은 DSM-IV(American Psychiatric Association, 1991)와 Gunderson(1984)의 작업을 받아들이고, 경계성 기준 집합의 정의에 기초한다. 합의를 통해 대개 특징 정의를 도출하였고, 정의를 다듬기 위해 실증 자료를 사용하였다. 예를 들어, Gunderson

4) 흥미롭게도 정신분석 혹은 인지행동 학파가 모두 30년째 되는 기간에, 같은 이유로 BPD에 주목하였다. 다른 사람에 매우 효과적이었던 치료 기법이 BPD 진단 기준을 충족하는 환자에게는 덜 효과적이었기 때문이었다.

(Gunderson & Kolb, 1978; Gunderson, Kolb, & Austin, 1981)은 문헌 개괄을 통해 이론가 대부분이 경계성 환자의 특징으로 기술한 여섯 특징의 핵심을 추출하여 기준을 개발하였다. Zanarini, Gunderson, Frankenburg, Chauncey(1989)는 BPD 기준을 수정하여 BPD와 다른 축 II 진단과 실증적 변별을 높이고자 하였다. 그러나 이 마지막 기준에서도 새로운 기준을 선별하는 기법이 분명히 드러나지 않고, 실증 자료에서 도출했다기보다 임상 기준에 근거하는 것처럼 보인다. 유사하게, DSM-III, DSM-III-R, DSM-IV에서 BPD 기준은 미국정신의학회 위원회의 합의로 정의 내려졌고, 이는 위원회 구성원의 이론 지향, 임상에서 정신의학자가 용어를 어떻게 쓰는지에 관한 자료 그리고 최신 실증 자료에 기반하였다. BPD를 정의하는 최근 기준, DSM-5[5]와 경계성을 위한 진단 면담-개정판Diagnostic Interview for Borderlines-Revised: DIB-R은 〈표 1-2〉에 제시하였다.

〈표 1-2〉 BPD 진단 기준

DSM-5[a]

1. 실제 혹은 상상하는 유기를 피하기 위한 격한 노력(주: 진단 기준 5의 자살 혹은 자기 상해 행동 제외)
2. 극단적 이상화와 평가 절하를 오가는 특징인 불안정하고 강렬한 대인관계
3. 정체성 장해: 분명하고 지속적인 불안정한 자기상 혹은 자기감
4. 자기 파괴적인 충동성이 최소한 두 가지 영역에서 나타남(예: 소비, 성, 물질 남용, 무분별한 운전, 폭식) (주: 진단 기준 5의 자살 혹은 자기 상해 행동 제외)
5. 반복적인 자살 행동, 제스처, 위협 혹은 자기 상해 행동
6. 분명한 기분 반응성에 의한 정동 불안정(예: 강렬한 삽화성 우울, 성마름 혹은 불안으로 대개 수 시간 지속되며 수일 이상 지속되는 경우는 드물다.)
7. 만성 공허감
8. 부적절한 강렬한 분노 혹은 분노 통제의 어려움(예: 빈번한 성남, 지속적인 분노, 반복적인 신체 싸움)
9. 일시적인 스트레스 관련 편집증 사고 혹은 심각한 해리 증상

경계성을 위한 진단 면담-개정판(DIB-R)[b]

정동 부분

1. 만성/주요우울
2. 만성 무력감/무망감/무가치감/죄책감
3. 만성 분노/빈번한 분노 행동

5) 역자 주: 원서에는 DSM-IV가 제시되었으나, 여기서는 DSM-5(APA, 2013)로 대체하여 제시하였다.

4. 만성 불안
5. 만성 외로움/지루함/공허함

인지 부분

6. 기이한 사고/비일상적인 지각 경험
7. 망상 아닌 편집 경험
8. 유사 정신증 경험

충동 행동 양상 부분

9. 물질 남용/의존
10. 성적 일탈
11. 자기 상해
12. 조종하는 자살 시도
13. 다른 충동 양상

대인관계 부분

14. 외로움에 대한 감내 부족
15. 유기/함입/소멸 염려
16. 역의존/도움이나 보살핌에 심각한 갈등
17. 폭풍 같은 관계
18. 의존/피학성
19. 평가 절하/조종/가학성
20. 요구성/권한
21. 치료 퇴행
22. 역전이 문제/'특별한' 치료 관계

a: *DSM-5*, American Psychiatric Association, 2013, Washington, DC. Copyright 2013 American Psychiatric Association. 승인 후 인용하였다.

b: "The Revised Diagnostic Interview for Borderlines: Discriminating BPD from Other Axis II Disorder", M. C. Zanarini, J. G. Gunderson, F. R. Frankenburg, & D. L. Chauncey, 1989, *Journal of Personality Disorders, 3*(1), 10-18. Copyright 1989 by Guilford Publications, Inc. 승인 후 인용하였다.

경계성 현상을 이해하기 위한 네 번째 접근은 생물사회 학습 이론에 근거하며 Millon (1981, 1987a)이 제안하였다. Millon은 이 성격장애를 기술하기 위해 '경계성'이라는 용어를 쓰는 데 가장 분명하게 반대하는 사람 중 한 명이다. 대신, Millon은 '순환형 성격$_{\text{cycloid personality}}$'이라는 용어를 제안하여 이 장애의 핵심이라고 그가 생각하는 행동과 기분의 불안정성을 강조하고자 했다. Millon의 관점에서 경계성 성격 양상은 기존의 덜 심각한 성격 양상의 악화에서 비롯된다. Millon은 경계성 개인에게서 발견할 수 있는 다양한 배경의 과거력을 강조하면서 BPD는 수많은 경로를 통해 발생할 수 있다고 제안하였다.

이 책에서 내가 소개하는 이론은 생물사회 이론biosocial theory에 근거하고 여러 측면에서 Millon의 이론과 유사하다. 두 이론 모두 장애의 원인론으로 생물학과 사회학습의 영향 서로 간의 상호작용을 강조한다. 그러나 Millon과 달리 나는 BPD에 관한 독립적인 정의를 개발하지 않았다. 그럼에도 특정 경계성 개인, 특히 스스로를 손상 입히고, 해치고, 죽이려는 수많은 시도를 했던 사람과 연관된 여러 행동 양상을 정리하였다. 이 양상은 3장에서 구체적으로 설명하겠다. 개괄을 위한 목적으로 요약을 〈표 1-3〉에 제시하였다.

〈표 1-3〉 BPD 행동 양상

1. **정서 취약성**emotional vulnerability: 부정 정서를 조절하는 어려움의 만성 양상, 여기에 부정 정서 자극에의 과민감성, 높은 정서 강도 그리고 정서 기저선으로 느린 복귀가 포함되며, 더하여 정서 취약성의 자각과 경험의 만성 어려움을 포함함. 비현실적인 기대와 요구를 하는 사회 환경에 대한 비난 경향성을 포함할 수 있음
2. **자기 비(非)타당화**self-invalidation: 자신의 정서 반응, 생각, 신념, 행동을 타당화해 주지 못하거나 인식하는 데 실패하는 경향. 자기에 대한 비현실적인 높은 기준과 기대가 있음. 강렬한 수치심, 자기 혐오, 자기를 향한 분노를 포함할 수 있음
3. **끝없는 위기**unrelenting crisis: 빈번한, 스트레스를 주는, 부정적 환경 사건, 혼란, 장해물의 양상. 이 중 몇몇은 개인의 역기능적 생활 양상 때문이고, 몇몇은 부적절한 사회 환경 때문임. 그리고 대부분은 운명이나 우연 때문
4. **애도 억제**inhibited grieving: 부정 정서 반응을 억제하고 과잉 통제하려는 경향. 특히 애도와 상실과 관련되며 슬픔, 분노, 죄책감, 수치심, 불안, 공황을 포함함
5. **적극적 수동성**active passivity: 수동적인 대인관계 문제 해결 양상 경향성으로 자기 삶의 문제를 적극적으로 해결하지 못하고, 때로는 주변 다른 사람이 문제를 해결하도록 청하는 적극적 시도와 함께 나타남. 학습된 무기력, 무망감
6. **능숙한 겉모습**apparent competence: 실제보다 더 기만적일 만큼 능숙해 보이는 경향성. 대개는 예상되는 기분, 상황, 시간에 걸쳐 일괄적으로 능숙함을 발휘하지 못하거나, 정서적 고통의 적절한 비언어적 단서를 표현하지 못하는 데에서 기인함

전반적으로 볼 때, 어떤 행동주의 혹은 인지 이론가도 역기능 행동에 관해 여기 기술한 바와 같은 정의 혹은 진단 기준을 제안하지 않았다. 행동주의자는 성격 및 성격 구조에 관한 추론적 이론을 염려하고, 각 '장애'보다는 다양한 장애와 연관된 행동, 인지, 정동 현상을 이해하고 치료하고자 하는 선호가 있기 때문이다. 인지 이론가는 그럼에도 경계성 행동 양상에 관한 원인론을 개발했다. 이들 이론가는 BPD를 생애 초기에 발달한 역기능적 인지 도

식의 결과라고 본다. 순수 인지 이론은 많은 측면에서 인지 지향의 정신분석 이론과 유사하다. 경계성 현상에 관한 다양한 접근은 〈표 1-4〉에 개괄하였다.

〈표 1-4〉 BPD의 주요 접근

차원	정신분석	생물학	절충	생물사회	인지
1. 주요 이론가	Adler, Kernberg, Masterson, Meissner, Rinsley	Akiskal, Adrulonis, Cowdry, Gardner, Hoch, Kasanin, D. Klein, Kety, Polatin, Soloff, Stone, Wender	Frances, Grinker, Gunderson, Spitzer의 DSM-III, DSM-III-R, DSM-IV	Linehan, Millon, Turner	Beck, Pretzer, Young
2. '경계성'의 의미	심리 구조 수준 혹은 정신역동 갈등	주요 장애 중 하나의 경도 이형	특정 성격장애	특정 성격장애	특정 성격장애
3. 진단의 근거 자료	증상, 심리내적 구조 추론, 전이	임상 증상, 가족-유전 과거력, 치료 반응, 생물학적 표지	증상과 행동 관찰의 종합, 정신역동 및 심리 평가 자료(WAIS, 로샤)	행동 관찰, 구조적 면담, 행동 기반 평가 자료	행동 관찰, 구조적 면담, 행동 기반 평가 자료
4. 장애 원인론	양육, 유전, 운명[a]	유전[b]	불특정	유전, 양육	양육
5. 경계성 인구 구성	단일함: 심리내적 구조 다양함: 증상 기술	다양함: 모든 표본 단일함: 각 하위 유형	다양함	다양함	불특정
6. 진단 하위 유형 중요성	중요하지 않음. Meissner 제외	중요함	대체로 중요	중요함	불특정
7. 하위 유형 구성 기반	–	원인론	Grinker와 Gunderson: 임상 DSM: 임상 및 원인론	행동 양상	불특정
8. 치료 제안	응용 정신분석, 직면 심리치료	화학요법	불특정	응용 행동/인지행동치료	응용 인지치료

출처: *Treatment of Borderline Personality*, P. M. Chatman, 1985, New York: Jason Aronson에서 응용하였다. Copyright 1985 Jason Aronson, Inc. 승인 후 응용하였다.

a: 인지 요소는 요인이 될 수 있고, 운명도 마찬가지이다. Kernberg를 제외한 대부분의 이론가는 양육을 주요 원인으로 고려한다.

b: Stone(1981)은 BPD 성인 모든 사례의 10~15%는 원래 완전히 심인성이라고 믿는다.

진단 기준: 재정립

BPD 진단 기준은 현재 정의에 따르면 행동, 정서, 인지 불안정과 조절 문제 양상을 반영한다. 이러한 문제는 〈표 1-5〉에 나열한 다섯 가지 범주로 요약할 수 있다. 나는 기본 기준을 다소 재정립했지만, 이 다섯 범주를 DSM-5[6]와 DIB-R 기준과 함께 비교하여 논의한 〈표 1-2〉를 보면 내가 다시 정립은 했으나 기준을 다시 정의하지는 않았다는 점이 보인다.

첫째, 경계성 사람은 일반적으로 정서 조절 문제를 경험한다. 정서 반응은 자극에 고도로 반응하고, 대개 삽화성 우울, 불안, 성마름뿐만 아니라 분노와 분노 표현에 어려움을 보인다. 둘째, 경계성 사람은 대인관계 조절 문제를 자주 겪는다. 이들의 관계는 혼란스럽고, 강렬하고, 현저한 어려움이 특징이다. 이러한 문제에도 불구하고, 경계성 사람은 관계를 놓아주기를 극도로 힘들어한다. 대신에, 특정 사람이 자신을 떠나지 않도록 강렬하고 극단적인 시도를 행할 수 있다. 나의 경험으로, 경계성 사람은 대부분 안정적이고 긍정적인 관계에서는 잘 지내지만, 그러한 관계가 아닐 때에는 어려움을 겪는다.

셋째, 경계성 사람은 행동 조절 문제 양상을 보이고, 이는 문제를 야기하는 극단적 충동 행동뿐만 아니라 자살 행동으로 나타난다. 이들에게서 스스로에게 손상을 입히고, 해치고, 스스로를 죽이는 시도는 흔하다. 넷째, 경계성 사람은 때로 인지 조절 문제가 있다. 이인증, 해리를 포함하는 단기 비(非)정신증 형태의 사고 조절 문제 그리고 망상은 스트레스 상황에서 때로 일어나고 스트레스가 감소했을 때 대체로 완화된다. 마지막으로, 자기감 sense of self 조절의 문제가 흔하다. 경계성 사람이 자기감이 전혀 없고, 공허하고, 내가 누구인지 모르겠다고 하는 말은 특이하지 않다. 사실상 BPD를 전반적인 자기 조절과 경험에 관한 장애라고 볼 수도 있는데, 이는 Grotstein(1987)도 언급한 바 있다.

이러한 재정립은 Stephen Hurt, John Clarkin과 동료들(Hurt et al., 1990; Clarkin, Hurt, & Hull, 1991; 개괄은 Hurt, Clarkin, Munroe-Blum, & Marziali, 1992 참조)이 수집한 흥미로운 자료로 뒷받침되었다. 8개 DSM-III 진단 기준의 위계적 군집 분석을 실시했을 때, 이들은 기준이 되는 세 군집을 발견하였다. 정체성 군집(공허함과 지루함의 만성 느낌, 정체성 장해, 혼자 있기를 감내하지 못함), 정동 군집(정동 불안정, 불안정한 대인관계, 강렬하고 부적절한 분노) 그리고 충동 군집(자기 파괴적 행동과 충동성)이다. 인지 조절 문제는 결과에 나타나지

6) 역자 주: 원서에는 DSM-IV가 제시되었으나, 여기서는 DSM-5(APA, 2013)로 대체하여 제시하였다.

않았는데, 이는 BPD 진단 기준으로 인지 불안정을 포함하지 않았던 DSM-III 기준으로 군집 분석이 이루어졌기 때문이었다.

BPD를 위한 진단 도구는 매우 많다. 가장 흔히 쓰이는 연구 도구는 원 DIB로, Gunderson등(1981)이 개발하였고, 앞서 언급했듯이 이를 Zanarini 등(1989)이 개정하였다. 임상 진단을 위해 가장 흔히 쓰이는 기준은 진단 및 통계 편람의 다양한 판에서 기술하는 기준 목록이다. 〈표 1-2〉에서 보았듯이, DIB-R과 DSM 사이에는 상당한 중복이 있다. 별로 놀랄 것도 없이, Gunderson은 원 DIB를 개발했고 동시에 DSM-IV 축 II 개발 집단의 의장이었다. 환자 선별에 적합한 자기 보고형 도구 역시 여러 가지이다(Millon, 1987b; 개괄은 Reich, 1992 참조).

〈표 1-5〉 BPD와 유사 자살 특징 비교

BPD	유사 자살
정서 조절 문제	
1. 정서 불안정	1. 만성 불쾌 정동
2. 분노 문제	2. 분노, 적대, 성마름
대인관계 조절 문제	
3. 불안정한 관계	3. 관계 갈등
4. 상실을 피하려는 노력	4. 빈약한 사회 지지
	5. 대인관계 문제가 가장 중요
	6. 수동적 대인관계 문제 해결
행동 조절 문제	
5. 자살 위협, 유사 자살	7. 자살 위협, 유사 자살
6. 자기 파괴적, 충동 행동, 알코올과 약물 남용 포함	8. 알코올과 약물 남용, 무분별한 성행동
인지 조절 문제	
7. 인지 장해	9. 인지 경직성, 이분법 사고
자기 역기능	
8. 불안정한 자기, 자기상	10. 낮은 자기 존중감
9. 만성 공허감	

유사 자살 행동 개념

죽음에 이르지 않는 자해에 이름을 붙이는 데에는 많은 논란이 있었다. 행동에 관여하는 의도의 수준과 종류에 관해 대체로 논란이 붙었다(Linehan, 1986; Linehan & Shearin, 1988). 1977년에 Kreitman은 ① 사망하지 않은 의도적 자기 손상 행동으로 결과적으로 실질적 조직 손상, 질환이 야기되거나, 죽음의 위험이 있거나, 혹은 ② 신체 손상과 죽음을 유도하는 분명한 의도로 처방받지 않았거나 처방보다 과도한 약물 혹은 다른 물질을 주입하는 행동을 지칭하여 '유사 자살parasuicide'이라는 용어를 소개하였다. Kreitman이 정의한 바에 따르면 유사 자살은 죽음에의 의도가 없거나 조금 있는 실제적 자살 시도와 자기 손상(자기 상해와 자가 유발 화상 포함) 모두를 포함한다.[7] 이는 취하기 위해, 밤에 제대로 자기 위해, 혹은 자가 처방하기 위해 처방 없이 약물을 쓰는 행동은 포함하지 **않는다**. 자살과도 구분되는데, 자살은 의도적으로 자신이 유발한 죽음이며 다음을 포함한다. 자신을 죽이거나 해치겠다고 말하지만 아직 말대로 행동하지 않은 자살 위협, 스스로 위험에 빠뜨리지만 행위를 완성하지 않는(예: 다리에 매달리거나, 입 안에 약을 넣지만 삼키지는 않음) 자살에 거의 가까운 행동 그리고 자살 사고(思考).

유사 자살은 보통 '자살 제스처suicide gesture' 혹은 '조종하려는 자살 시도manipulative suicide attempts'라고 불리는 행동을 포함한다. '유사 자살'이라는 용어는 이들 용어보다 두 가지 이

7) Diekstra는 치명적이지 않은 자살 행동을 국제질병분류 10판 개정에 포함하고자 새로운 정의를 개발하였다(Diekstra, 1988, Van Egmond & Diekstra, 1989에서 재인용). 이 새 체계에서 자살 시도는 유사 자살과 구분된다. 정의는 다음과 같다.

자살 시도:

(a) 습관 행동이 아니며 결과로 사망하지 않음

(b) 행동한 개인이 자발적으로 시작하고 수행하였음

(c) 자해로 이어지거나, 다른 사람 개입이 없다면 자해가 일어날 수 있으며, 일반적으로 알려진 치료 용량보다 물질을 더 과하게 복용하는 행동으로 이루어짐

유사 자살:

(a) 습관 행동이 아니며 결과로 사망하지 않음

(b) 행동한 개인이 어떤 결과를 예상하며 자발적으로 시작하고 수행함

(c) 자해로 이어지거나, 다른 사람 개입이 없다면 자해가 일어날 수 있으며, 일반적으로 알려진 치료 용량보다 물질을 더 과하게 복용하는 행동으로 이루어짐

(d) 행위자가 고려하는 결과는 의식 혹은 사회 조건에 원하는 변화를 가져오는 도구임(Van Egmond & Diekstra, 1989, pp. 53-54)

유로 더 낫다. 첫째, 기술 용어에 동기적 가설을 혼동시키지 않는다. '제스처' '조종하는'과 같은 용어와 '자살 시도'는 마치 유사 자살이 의사소통하려는 시도, 타인에게 은밀히 영향을 미치려는 시도 혹은 어떤 동기가 있다고 가정한다. 그러나 기분 조절(예: 불안 감소)과 같은 다른 동기도 유사 자살을 가능하게 한다. 각 사례에서 신중한 평가가 필요하다. 신중한 평가의 중요성은 마치 이미 평가를 마쳤다는 식으로 가정하는 이름에 의해 가려지고 있다. 둘째, 유사 자살은 경멸이 덜 담긴 용어이다. '조종한다'고 이름 붙여진 사람을 좋아하기란 어렵다. 이들을 치료하는 데 드는 어려움은 특히 '피해자를 비난'하기 쉽게 만들고 결국 이들을 미워하게 만든다. 경계성 환자를 좋아해야 이들에게 도움을 줄 수 있음에도 불구하고(Woollcott, 1985). 이는 특히 중요한 문제이고, 곧 더 자세히 논의하겠다.

유사 자살에 관한 연구는 보통 유사 자살 행동이 있었던 사람과 없었던 사람을 비교하는 설계를 적용하였다. 비교 집단은 다른 자살 집단, 예를 들어 자살을 완수한 사람 혹은 생각하는 사람 혹은 자살이 없는 정신과 환자 혹은 정신과 환자가 아닌 통제 집단일 수 있다. 때로 축 I 진단을 기준 삼지만, 그러한 전략이 전형은 아니다. 연구 목표 중 하나는 어떤 진단 범주가 이러한 행동과 가장 빈번히 연결되어 있는지 결정하려는 목표도 있다. 연구에서 축 II 진단으로 기준을 삼거나 보고하는 경우는 드물었다. 그러나 유사 자살 문헌을 개괄할 때 유사 자살 개인의 특징과 경계성 개인의 특징의 유사성에 직면하지 않을 수 없다.

유사 자살이 있는 사람의 정서 모습을 보면 만성적인, 불쾌한 정서 조절 문제가 두드러진다. 이들은 자살이 없는 정신과 환자 혹은 정신과 환자가 아닌 사람보다 더 화가 나 있고, 적대적이고, 짜증스러워 보이고(Crook, Raskin, & Davis, 1975; Nelson, Nielsen, & Checketts, 1977; Richman & Charles, 1976; Weissman, Fox, & Klerman, 1973), 자살을 완수한 사람들보다(Maris, 1981), 그리고 정신과 혹은 정신과 환자가 아닌 사람들보다(Weissman, 1974) 더 우울하다. 대인관계 조절 문제는 적대성, 벅찬 요구, 갈등이 특징인 관계로 뒷받침된다(Weissman, 1974; Miller, Chiles, & Barnes, 1982; Greer et al., 1966; Adam, Bouckoms, & Scarr, 1980; Taylor & Stansfeld, 1984). 다른 사람에 비해서 유사 자살이 있는 사람은 사회 지지 체계가 빈약하다(Weissman, 1974; Slater, & Depue, 1981). 이들에게 물어보면 삶에서 가장 중요한 문제는 대인관계 상황이라고 말한다(Linehan, Camper, Chiles, Strosahl, & Shearin, 1987; Maris, 1981). 행동 조절 문제 양상에는 물질 남용, 성적 무분별함 그리고 과거 유사 자살 행동이 빈번하다(개괄은 Linehan, 1981 참조; Maris, 1981 참조). 일반적으로 이들은 자신의 정서, 대인관계 그리고 행동 스트레스에 효과적으로 대처하는 데 필요한 인지 기술을 지닐 가능성이 낮다.

인지적 어려움에는 인지 경직성(Levenson, 1972; Neuringer, 1964; Patsiokas, Clum, & Luscomb, 1979; Vinoda, 1966), 이분법 사고(Neuringer, 1961) 그리고 빈약한 추상 사고와 대인관계 문제 해결(Goodstein, 1982; Levenson & Neuringer, 1971; Schotte & Clum, 1982)이 있다. 문제 해결 손상은 특정(일반과 비교하여) 삽화 기억 역량의 결함과 관련될 수 있는데(Williams, 1991), 이는 다른 정신과 환자와 비교했을 때 유사 자살 환자의 특징으로 나타났다. 나와 동료들은 유사 자살 행동을 하는 개인은 좀 더 수동적인(혹은 의존적인) 대인관계 문제 해결 양상을 보인다는 점을 발견했다(Linehan et al., 1987). 정서와 대인관계 어려움 앞에서 이들 중 많은 사람은 자살 행동의 이유로 스스로 보기에 감당할 수 없고 해결할 수 없어 보이는 삶으로부터 탈출하기 위해서라고 보고하였다. 앞의 〈표 1-5〉에 경계성과 유사 자살 개인의 특징을 비교하여 제시하였다.

경계성 성격장애와 유사 자살 행동의 중첩

앞서 언급했듯이, 나는 대부분의 치료 연구와 임상 작업을 BPD 진단 기준을 충족하며 만성 유사 자살 행동을 보이는 사람들과 함께 했다. 나의 입장에서 이 특정 사람들은 독특한 방식으로 BPD 진단 기준을 충족했다. 이들은 DSM-IV 진단 기준에서 예상되는 모습보다 더 우울해 보였다. 또한 DSM-IV나 DIB-R에서도 언급하지 않은, 분노의 과잉 통제와 억제를 때로 보이기도 했다. 나는 이 환자들을 DSM-IV와 DIB-R에서 언급하는 식의 비하하는 용어로 바라보지 않았다. 이러한 쟁점에 관한 나의 임상 경험과 추론은 다음과 같다.

정서 조절 문제: 우울

DSM에서 '정동 불안정'은 대개 수 시간 지속되거나 드물게 며칠 지속되는 우울 삽화, 성마름 혹은 불안을 야기하는 현저한 기분 반응성을 의미한다. 이는 기저선 기분이 특별히 부정적이거나 우울하지 않다는 점을 의미한다. 그러나 유사 자살 행동이 있는 경계성 사람과의 경험에 따르자면 이들의 기저 정동 상태는 보통 극단적으로 부정적이고, 최소한 우울한 수준이다. 예를 들어, BPD와 더불어 최근 유사 자살 행동의 진단 기준을 충족한 우리 클리닉의 여성 41명 중 71%가 주요 정동 장애, 그리고 24%가 기분 부전 장애의 진단 기준을 충족하였다. 우리의 치료 연구(Linehan, Armstrong, Suarez, Allman, & Heard, 1991)에서 나와 동료들은 이들이 1년 이상의 기간 동안 현저한 우울과 무망감을 보고했다는 사실에 기가 막혔다. 즉, DIB-R은 만성 우울, 무망감, 무가치감, 죄책감 그리고 무력감을 강조하여 DSM보다 유사 자살 행동을 보이는 경계성 개인의 특징을 더 잘 포착했다고 볼 수 있다.

정서 조절 문제: 분노

DSM과 DIB-R 모두 경계성 기능에서 분노 통제 문제를 강조한다. 빈번하고 강렬한 분노와 분노 행동은 양쪽 진단 기준에서 모두 포함하고 있다. 우리 클리닉의 유사 자살 행동 경계성 환자들은 분명 이 기준을 충족하는 여러 사람을 포함하고 있다. 그러나 마찬가지로 분노 감정을 과잉 통제하는 특징을 지닌 다른 여러 사람도 포함하고 있다. 이들은 분노를 거의, 혹은 전혀 보이지 않고, 따라서 당연히 분노나 최소한 주장 행동이 적절한 상황에서조차 수동적이거나 복종하는 행동을 나타낸다. 양 집단 모두 분노 표현에 어려움을 보이는데, 한 집단은 분노를 과잉 표현하고 다른 집단은 과소 표현하는 셈이다. 후자, 즉 과소 표현은 때로는 분노를 과잉 표현했던 과거력과 관련 있기도 하다. 대부분의 경우 과소 표현하는 경계성 사람은 분노 표현에 현저한 두려움과 불안을 느낀다. 어떤 경우에는 만약 자신이 약간의 분노를 표현하다가 스스로 완전히 통제를 잃을까 봐 두려워하기도 하고, 또 어떤 경우에는 작은 분노 표현에도 상대가 앙갚음할까 봐 두려워하기도 한다.

조종하기 그리고 그 밖의 다른 비하 표현

DIB-R과 DSM 모두 소위 '조종하는' 행동이 경계성 증후군의 일부라고 강조한다. 불행하게도 두 진단 기준 모두 그런 행동에 어떻게 딱히 조작적 정의를 내릴 수 있을지 분명하게 밝히지 못한다. 미국문화유산사전American Heritage Dictionary(Morris, 1979, p. 794)에 따르면 '조종'이라는 동사는 '기민하고 속이는 방식으로 영향을 미치거나 다룸'이라는 뜻이고, 웹스터 새세계 사전Webster's New World Dictionary(Guralnik, 1980, p. 863)에 의하면 '교활하게 다루거나 통제하거나, 혹은 기민하게 영향을 미치는, 종종 불공평하고 사기 치는 방식'이라는 뜻이다. 두 정의 모두에서 조종하는 사람은 간접적으로 은근히, 혹은 속이는 식으로 상대에게 영향을 미치려고 의도한다.

이 행동이 경계성 개인의 전형인가? 나의 경험에 따르면 그렇지 않다. 이들이 만약 누군가에게 영향을 미치고자 한다면 이는 보통 직접적이고, 강제적이고, 무엇보다도 교활하지 못하다. 경계성 사람이 다른 사람에게 영향을 미친다는 점은 분명하다. 가장 영향력이 큰 행동은 유사 자살 혹은 임박한 자살 시도의 위협이고, 때로 가장 영향력이 큰 행동은 강렬한 고통과 비참함에의 호소 혹은 스스로 해결하지 못하는 본인의 현재 위기에 대한 호소이다. 이러한 행동과 의사소통은 물론 그 자체로 조종한다는 증거는 아니다. 만약 그렇다면 결국 고통과 위기에 놓인 사람이 우리를 '조종해서' 우리가 그의 호소와 괴로움에 반응한다는 말이 된다. 중요한 질문은 경계성 사람이 교활하고, 기민하게, 사기 치듯 타인에게 영향을 미치려고 의도적으로 이러한 행동이나 호소를 쓰든 쓰지 않든 간에, 이러한 해석이 경계성 사람 스스로가 지각하는 자기 의도와는 전혀 일치하지 않는다는 점이다. 행동 의도는 오직 자기 보고를 통해서만 측정할 수 있고, 본인의 부정에도 불구하고 그러한 의도가 있다고 주장하려면 우리는 경계성 사람은 만성 거짓말쟁이라고 치부하거나 무의식적 행동 의도가 있다는 식의 개념을 만들어 내야 한다.

일부 이론가는 경계성 사람은 거짓말을 자주 한다고 주장하는데, 답하기는 어렵다. 한 번의 경우를 제외하고 나의 경험은 그렇지 않았다. 이 예외는 약물을 고도로 통제하는 환경에서 불법 혹은 처방 약물을 사용하는 일과 관련 있고, 이 주제는 이후 15장에서 다루겠다. 자살 행동이 있는 경계성 환자와 작업하는 나의 경험으로는 자신의 자살 행동이 '조종한다'는 식으로 빈번히 해석당하는 것 자체가 이들이 타당화를 받지 못하고 오해받는다고 느끼는 주요 원천이었다. 그들 관점에서 자살 행동은 심각하고 끔찍한 자살 사고와 삶을 이어 갈지 말지에 관한 양가 감정의 반영이다. 극단적 생각의 표현이나 극단적 행동 실행은 자신이 소통하는 상대가 도와주거나 구조해 줄 것이라는 욕구를 동반할 수 있지만, 그렇다고 이들이 도움을 얻기 위해서 이런 방식으로 행동한다는 뜻이 될 수는 없다.

이들이 수많은 자살 행동과 자살 위협, 비난과 거부에 대한 극단적 반응을 보이고 자기 행동에 직접 영향을 미치는 여러 요인을 파악하는 능력이 부족한 까닭에 때로 상대방은 조종당한다는 느낌이 들기도 한다. 그러나 행동의 결과, 즉 다른 사람이 조종당한다고 느꼈다는 결과를 바탕으로 누군가 행동의 의도를 유추하는 논리에는 오류가 있다. 행동이 환경으로부터 영향을 받았다는 사실(행동주의에서 '조작적 행동operant behavior')은 그 행동을 하는 개인의 의도에 대해서는 아무것도 알려 주지 못한다. 기능은 의도를 증명하지 못한다. 예를 들어, 누군가가 비난을 받을 때마다 예상컨대 자살을 위협한다고 하자. 위협으로 인해 비난이 인정으로 바뀐다면, 비난과 자살 위협의 관계가 더 커지리라는 점을 쉽게 납득할 수 있다. 그러나 이러한 관계 속에 이 사람이 비난하는 상대를 위협하여 행동을 바꾸려 한다거나 그러려는 의도를 지닌다는 의미는 없다. 이 사람은 그러한 관계에 대해 오히려 알지 못할 가능성이 더 크다. 따라서 의미의 어떤 측면에서도 이 행동이 조종이라고 볼 수는 없다. '조종'이 무의식적이라고 한다면 임상 용어를 남발하는 용어 반복일 뿐이다. 이러한 용어의 비하하는 성질과 더불어 임상 용어 전반의 낮은 신뢰도(개괄은 Mischel, 1968 참조)는 결국 대개 부적절한 임상 실천을 만든다.

DIB-R과 DSM 모두에 비하하는 다른 용어는 여럿 있다. 예를 들어, DSM-IV에서 불안정한 자기상에 관한 기준 제안은 다음 문장을 포함한다. "전형적으로 이는 지나치게 요구하고 도움을 애원하는 사람에서 복수심에 불타는 정당한 피해자로의 전환을 포함한다." 우선 '복수심에 불타는 정당한 피해자'라는 용어를 살펴보자. 이러한 용어는 마치 이러한 상태에 역기능이나 병리가 있는 것처럼 말한다. 그러나 BPD 진단 기준을 만족하는 여성의 76%가 아동기 성학대 피해자라는 증거와 더불어 이들이 겪는 방임과 신체 학대의 증거(이 자료의 개괄은 2장 참조)는 이러한 상태가 곧 현실과 일치한다는 점을 보여 준다.

혹은 '지나치게 요구'라는 용어를 뜯어 보자. 강렬한 고통 속에 있는 사람이 '요구가 지나친 애원자'로 드러내 보이는 게 딱히 비합리적으로 여겨지지 않는다. 즉각 고통스러운 상태를 완화하기 위해 원하는 바를 얻으려면 그러한 입장이 매우 중요하다. 특히 전반적으로 자원이 부족할 때 혹은 도움을 얻으려는 사람이 필요한 도움을 '사는 데' 충분한 자원이 없을 때 그렇다. 이 두 가지 경우는 경계성 사람에게 때로 현실이다. 정신건강 공동체 속 우리는 그들을 돕기 위한 자원이 거의 없다.돌보는 개별 사람으로서 우리의 시간과 삶 속 다른 의무나 요구 때문에 우리가 줄 수 있는 작은 도움조차 제한받는다. 경계성 환자가 가장 원하는, 우리의 시간, 관심 그리고 보살핌은 일주일마다 짧게 배급된 시간 속에서만 제공이 가능하다. 게다가 경계성 사람은 필요를 얻을 수 있는 다른 대인관계를 찾고, 발전시키고, 유지하는 대인관계 기술이 없다. 보통 사람이 줄 수 있는 만큼보다 더 원한다고 이를 '지나친 요구'라고 표현한다면 비약이다. 극단의 고통 속에 있는 화상 환자나 암 환자가 유사하게 행동할 때 이들을 '요구가 지나친 애원자'라고 보지 않는다. 내 생각에 만약 이들 환자에게 진통제를 주지 않는다면, 이들 역시 경계성 사람들과 똑같은 방식으로 흔들릴 터이다.

전문가들 마음속에 이러한 용어는 비하하려는 게 아니라 사실이라는 생각이 있을 수 있다. 그러나 내가 보기에 그러한 비하 용어는 경계성 환자를 향한 연민, 이해 혹은 보살피는 태도를 높여 주지 못한다. 대신에 많은 치료자에게 이러한 용어는 경계성 사람을 향한 거리감과 분노를 조장한다. 때로 이러한 용어는 이미 높아진 정서적 거리감, 분노, 좌절을 반영할 때가 있다. 내 이론적 노력의 주요 목적 중 하나는 과학적으로도 탄탄한 동시에 평가나 비하하는 어조가 없는 BPD 이론을 발전시키는 데 있다. 그러한 이론은 효과적인 치료 기법뿐만 아니라 연민의 태도 역시 이끌어 내야 한다. 이들에게 특히 이러한 태도는 필요하다. 그들을 돕기 위한 우리의 도구에는 한계가 있다. 그들의 비참함은 강렬하고 생생하다. 돕고자 하는 우리 시도가 성공하거나 실패할 때 그 영향력은 상당할 수 있다.

경계성 성격장애 치료: 도입

내가 개발한 치료 프로그램인 변증법행동치료dialectical behavior therapy 혹은 DBT는 자살 행동을 포함하여 BPD 문제에 적용할 수 있는 광범위한 인지 및 행동치료 전략이 대부분을 이룬다. 평가에의 강조, 현재 행동에 관한 자료 수집, 치료 목표의 정교한 조작적 정의, 환자를 치료 프로그램에 준비시키고 치료 목표에 공동 전념하도록 하는 치료자-환자 협력 관계 그리고 표준 인지행동치료 기법 적용은 모두 표준 인지행동치료 프로그램에 해당한다. 문제 해결, 노출 기법, 기술 훈련, 수반성 관리 그리고 인지 조정의 핵심 치료 절차는 수년 동안 인지행동치료에서 두드러졌다. 각 절차는 방대한 경험적 · 이론적 문헌을 지닌다.

DBT는 차별되는 특징 또한 여럿 있다. 이름에서 드러났듯이 가장 두드러진 특징은 '변증법dialectic'의 강조이다. 변증법이란 통합의 지속 과정 속에서 반대 사이의 화해를 의미한다. 가장 근본적인 변증법은 환자가 변화하도록 가르쳐 주는 맥락에서 동시에 환자를 있는 그대로 수용해야 할 필요에 놓인다. 환자의 격변하는 극단적으로 높거나 낮은 열망, 자신의 역량과 기대 사이의 긴장은 치료자에게는 어마한 도전이다. 변화하는 순간마다 지지적인 수용 전략 혹은 직면하는 변화 전략을 바꾸어 가며 써야 한다. 변화에 대한 균형으로 수용에 대한 강조는 직접적으로 동양의 (선) 실천을 서구의 심리학 실천에 통합한 데에서 온다. 변증법이란 용어는 치료자 쪽에서 변증법으로 생각할 필요성을 제안하고, 뿐만 아니라 환자의 변증법이 아닌 이분법의 경직된 생각의 변화에 초점을 두기도 한다. DBT의 소통 스타일 측면에서 치료자는 현재 혹은 과거의 유사 자살 혹은 기타 역기능 행동에 대해 직시하는, 어떻게 보면 일침을 놓는, 때로는 터무니없다는 식의 태도에 더하여 따뜻함, 융통성, 환자에 대한 반응, 전략적인 치료자 개방을 섞는다. DBT에서는 자살 및 기타 역기능 행동을 환자의 학습된 문제 해결 레퍼토리라고 '재정립'하고 적극적 문제 해결에 치료 초점을 두려고 노력하는 동시에 환자의 현재 정서, 인지, 행동 반응을 있는 그대로 타당화하도록 강조하여 균형을 맞춘다. 문제 해결 초점은 치료자가 (회기 안과 밖) 환자의 모든 문제 행동을 다루도록 요구하고 치료 상황을 체계적인 방식으로 다루도록 한다. 이는 협력하는 행동주의 분석, 문제에 영향을 미치는 가능한 변인의 가설 형성, 가능한 변화 고안하기(행동주의 해결책) 그리고 해결책을 실행해 보고 평가하기를 포함한다.

정서 조절emotion regulation, 대인관계 효과성interpersonal effectiveness, 고통 감싸기distress tolerance, 핵심 마음챙김core mindfulness 그리고 자기 관리self-management 기술은 적극적으로 가르친다. 모든 치료 모듈에서 기술 적용을 격려하고 코치한다. 치료 환경 안에서 작동하는 수반성 활용은 모든 참여자, 즉 치료자와 환자가 서로에게 주는 상호 영향에 치료자가 긴밀하게 주의하도록 한다. 물론 환자 행동에 영향을 미치는 방법으로서 자연스러운 수반성을 강조하지만, 치료자는 행동 문제가 치명적이거나 환자에게 요구되는 행동이 평범한 치료 조건에서 발휘할 준비가 되어 있지 못할 때 인위적인 강화물뿐만 아니라 부정적인 수반성 역시 쓰는 데 제한을 두지 않는다. 위협 상황을 적극적으로 회피하는 경계성 환자의 경향성은 DBT에서 지속적인 목표이다. 두려움 유발 자극에 회기 내 노출과 실제 노출 모두 계획하고 격려한다. 인지 조정에 대한 강조는 순수 인지치료보다는 덜 체계적이지만, 지속적인 행동주의 분석과 변화 격려에서 그러한 수정은 적절하다.

타당화에 대한 강조는 DBT 치료자가 모든 환자의 반응에 깃든 일말의 지혜와 진실을 찾아내고, 이 지혜를 환자에게 전달하도록 한다. 성장하고 나아가려는 환자의 본질적 욕구에 대한 믿음 그리고 내재된 변화 능력에 대한 믿음은 치료의 밑바탕이다. 타당화는 또한 환자의 정서적 절망감을 자주 공감하고 인정함을 말한다. 치료 내내 환자와 치료자 사이의 긍정적인, 인간적인, 협력하는 관계를 쌓는 게 핵심이다. 치료 관계의 주요 특징으로 치료자의 주역할은 환자에게 자문을 제공하는 데 있지 다른 사람에게 제공하는 데 있지 않다.

DBT 접근과 표준 인지행동치료의 차이점

DBT는 다음과 같이 여러 측면에서 '보통' 인지행동치료와는 다르다. ① 그 순간의 행동에 대한 수용과 타당화에 초점을 맞추고, ② 치료 방해 행동을 강조하여 다루고, ③ 치료 핵심으로 치료 관계를 강조하며, ④ 변증법 과정에 초점을 맞춘다. 첫째로, DBT는 대부분 인지행동치료보다 더 행동과 현실의 수용을 강조한다. 사실상 표준 인지행동치료는 크게는 변화의 기술이라고 생각할 수 있다. 많은 기법은 학습 영역, 즉 경험을 통한 행동 변화의 연구에서 들여왔다. 이와 반대로 DBT는 변화와 수용의 균형이 중요하다고 강조한다. 모든 좋은 치료에서 환자를 있는 그대로 수용하는 것이 중요하지만, DBT는 환자가 이 순간 자신과 세상을 수용하도록 가르칠 필요를 강조한다는 점에서 표준 인지행동치료보다 더 깊게 들어간다. 다시 말해, 변화 기법만큼 수용 기법이 중요하다.

DBT는 명상과 동양의 영성을 공부하면서 수용과 변화의 균형을 강조하는 데 영향을 많이 받았다. DBT의 관찰하기, 마음챙김 그리고 평가하지 않기 원리란 모두 선 명상 공부와 수행에서 왔다. 이러한 측면에서 DBT와 가장 유사한 행동주의 치료는 Hayes(1987)의 맥락 심리치료이다.[8] Hayes는 급진적인 행동주의 치료자로서 마찬가지로 행동 수용의 필요를 강조한다. 수많은 치료자가 특정 문제에 이러한 원리를 적용했고 DBT 개발에 영향을 주었다. 예를 들어, Marlatt과 Gordon(1985)은 알코올 중독자에게 마음챙김을 가르쳤고, Jacobson(1991)은 고통받는 기혼 커플에게 수용을 체계적으로 가르치기 시작했다.

DBT에서 치료 방해 행동을 강조하는 점은 다른 표준 인지행동치료의 측면보다는 '전이' 행동에 대한 정신역동의 강조와 더 유사하다. 보통 행동주의 치료자는 치료를 방해하는 행동을 치료하는 데 실증적 집중을 거의 하지 않았다. 예외로는 치료 순응 행동에 관한 문헌이 있다(예: Shelton & Levy, 1981). 이 문제에 대해서는 대개는 '조성'이라는 용어로 접근했고, 이는 아동, 만성 정신과 입원 환자, 지적장애가 있는 사람의 치료에서 꽤 집중을 받았다(Masters, Burish, Hollon, & Rimm, 1987 참조). 물론 이 문제가 완전히 무시당한 건 아니다. Chamberlain과 동료들(Chamberlain, Patterson, Reid, Kavanagh, & Forgatch, 1984)은 행동주의 가족 개입을 받는 가족을 위한 치료 저항 측정 도구를 개발하였다.

DBT에서 진전하려면 치료 관계가 핵심이다. 이러한 나의 방점은 일차적으로 자살하는 사람에게 개입하는 나의 작업에서 온다. 때로 이들을 살아 있게 하는 유일한 무언가는 곧 관계이다. 행동주의 치료자는 치료 관계에 주목하기는 하지만(문헌 개괄은 Linehan, 1988 참조), 내가 DBT에서 하는 만큼 역사적으로 강조하지는 않았다. Kohlenberg와 Tsai(1991)는 치료자와 환자 사이 관계가 변화의 수단이 되는 통합 행동주의 치료를 개발하였다. 이들의 생각은 DBT 개발에 영향을 주었다. 인지치료자는 늘 이 중요성을 언급하지만 치료에서 필요한 만큼 협력 관계를 어떻게 달성하는지는 기록하지 않았다. 예외로는 Safran과 Segal(1990)의 책이 있다.

8) 역자 주: 수용전념치료(Acceptance and Commitment Therapy: ACT)를 일컫는다.

마지막으로, 변증법 과정에 대한 초점(2장에서 구체적으로 논의함)은 DBT를 표준 인지행동치료와 완전히 구분하지만, 또 언뜻 보기만큼 완전히 구분하지는 않는다. 행동치료와 마찬가지로 변증법은 구조보다 과정을 강조한다. 급진적 행동주의와 맥락 이론 그리고 이들이 개발한 행동치료 접근의 진전(예: Hayes, 1987; Kohlenberg & Tsai, 1992; Jacobson, 1992)은 변증법 특징을 많이 공유한다. 인지치료의 새로운 정보처리 접근(예: Williams, 1993)은 역시 구조보다 과정을 강조한다. 그러나 DBT는 이들 표준 인지행동치료보다 상당히 깊이 변증법을 적용한다. 어떤 순간이든 치료 전략을 결정하는 데 변증법의 힘은 강력하다. DBT에서 변증법의 강조는 게슈탈트 치료에서의 강조와 가장 유사한데, 게슈탈트 치료 역시 전체성과 체계적 이론에 근거하며 통합의 원리를 강조한다. 흥미롭게, Beck과 동료들(Beck, Freeman, & Associates, 1990; Young, 1988)이 개발한 인지치료 접근은 명시적으로 게슈탈트 기법을 포함한다.

이러한 차이가 근본적으로 중요한가는 물론 실증적인 질문이다. 당연히 다 정리하자면, 표준 인지행동치료 요소가 DBT 치료 효과에서 가장 크게 기여하는 부분일 것이다. 혹은 인지행동치료가 범위를 넓혀 가면서 DBT와 보다 표준화된 적용 간의 차이가 내가 생각하는 만큼 그리 두드러지지 않게 될지도 모른다.

치료는 효과적인가: 실증 자료

지금까지 DBT는 실제 효과를 지지하는 통제된 실증 자료를 갖춘 몇 안 되는 BPD의 심리사회 개입 중 하나이다. 이 환자와의 치료에서 나타나는 막대한 어려움과 치료 방법에 대한 문헌 그리고 이 주제에 관한 광범위한 관심에 비하자면 이는 놀라운 일이다. 통제된 임상 시험을 실시한 처치로는 다른 두 가지만을 찾을 수 있었다. Marziali와 Munroe-Blum(1987; Munroe-Blum & Marziali, 1987, 1989; Clarkin, Marziali, & Munroe-Blum, 1991)은 BPD의 정신역동 집단 치료(관계 관리 심리치료Relationship Management Psychotherapy: RMP)를 지역사회 개인 일반 치료와 비교하였다. 치료 결과에는 차이가 없었으나 RMP는 환자가 치료를 유지하도록 하는 데 어느 정도 더 성공적으로 보였다. Turner(1992)는 약물치료를 통합 역동/인지행동치료와 결합한, DBT와 상당히 유사한, 구조화된 다중모형 치료의 무선 통제 시험을 완료하였다. 기초 분석은 유망한 결과를 보여 주었는데, 인지 및 행동 문제, 불안, 우울에 점진적인 완화가 보고되었다.

DBT는 2개의 임상 시험을 실시하였다.[9] 두 연구는 BPD 진단 기준을 만족하는 만성 유사 자살 행동 여성을 DBT 조건과 지역사회 일반 치료 통제 조건으로 무선 배정하였다. 치료자는 나를 포함하였고, 나에게 DBT 훈련과 지도감독을 받은 다른 심리학자, 정신과의사 그리고 정신건강 전문가를 포함하였다. 연구 처치는 1년 동안 계속하였다. 치료가 끝날 때까지 평가는 4개월마다 실시하였고, 처치 추후 6개월 간격으로 두 번의 평가를 실시하였다.

연구 1

이 연구에서 24명은 DBT로, 23명은 일반 치료로 배정받았다. 치료 탈락률을 계산한 분석과 별개로, 4회기 이상 치료를 유지한 DBT 참여자 22명만 분석에 포함하였다. 일반 치료에 배정된 한 참여자는 평가에 응하지 않았다. 각 목표에서 DBT를 옹호하는 결과를 발견하였다.

1. 일반 치료 참여자와 비교하여 DBT 참여자는 처치 한 해 동안 유사 자살 행동을 덜 보였고, 평가 시점마다 유사 자살 삽화를 더 적게 보고하였으며, 한 해 동안 의학적으로 덜 심각한 유사 자살 행동을 보였다. 이러한 결과는 DBT가 일반 치료보다 무망감, 자살 사고 혹은 살아야 할 이유에 관한 자기 보고에서 특별히 더 개선을 보이지 않았다는 사실에도 그러했다. Barley 등(1993)이 정신과 입원 병동에서 DBT를 도입한 결과에서도 유사 자살 삽화 빈도의 유사한 감소를 발견할 수 있었다.
2. 가장 심각한 치료 방해 행동이라 할 수 있는 치료 탈락을 막는 데에서도 DBT는 일반 치료보다 더 효과적이었다. 한 해 동안 단지 16.4%만 탈락하였고, 같은 기간 동안 다른 치료에서 50~55%가 탈락하는 것(Koenigsberg, Clarkin, Kernberg, Yeomans, & Gutfreund, 1993)과 비교하면 상당히 낮은 편이다.
3. DBT로 배정받은 참여자는 정신과 병동에 덜 입원하고, 환자별 입원 기간도 보다 짧은 경향을 보였다. DBT 참여자는 1년 동안 정신과 입원일이 평균 8.46일이었던 반면, 일반 치료 참여자들은 38.86일이었다.

   여러 임상 처치 연구에서 자살을 시도하거나 정신과적 이유로 입원하는 참여자는 임상 시험에서 탈락하고 만다. 따라서 나는 특히 이 두 가지 결과를 엮어서 보고자 했

9) 역자 주: 이는 1993년 원서 당시 현황이고 본 역서를 준비 중인 현재 백여 가지 연구로 DBT 효능과 효과가 다양한 임상 집단에서 입증되고 있다.

다. 심리 기능을 열악함에서 양호함까지의 차원으로 구분하는 체계를 다음과 같이 개발하였다. 지난 4개월 치료 기간 동안 정신과 입원이나 유사 자살 삽화가 없는 사람을 '양호함'으로 구분했다. 입원을 했거나 유사 자살 삽화가 있었던 사람은 '중도', 그리고 입원과 유사 자살 삽화가 둘 다 있었던 사람은 '열악함'으로 이름 붙였다. 이 체계를 썼을 때 DBT 참여자 중 13명은 양호, 6명은 중도, 3명은 열악함 결과를 보였다. 일반 치료 조건에서 양호와 열악함 각각 6명 그리고 중도에는 10명이 있었다. 결과의 차이는 $p < .02$ 수준에서 유의하였다.

4. 치료 종결 즈음 DBT 참여자는 일반 치료 참여자에 비교했을 때 면담에서 평가한 전반적 적응 수준이 더 높았고, 일반 역할 수행(직장, 학교, 집안)에 관한 자기 평가 측정치가 더 높았다. 이러한 결과는 정신과 입원 일수 완화에 관한 DBT의 성공과 관련하여, DBT가 삶의 방해하는 행동을 개선시키는 데 꽤 효과적임을 나타낸다.
5. 목표한 행동주의 기술을 증진시키는 데 DBT의 효과성 결과는 혼재되어 있었다. 정서 조절 측면에서 DBT 참여자는 일반 치료 참여자에 비해 정서를 변화시키고 일반 정서 조절을 개선하는 데 더 성공적이라고 스스로 평가하는 경향을 보였다. 이들은 또한 특질 분노와 불안 반추의 자기 보고 측정치에서 유의하게 낮은 점수를 보였다. 모든 참여자는 자기 보고형 우울에서 개선을 보였으나, 집단 간 차이는 없었다. 대인관계 기술 측면에서 DBT를 받은 참여자는 일반 치료를 받은 참여자에 비해 대인관계 효과성과 대인관계 문제 해결에서 스스로 더 나아졌다고 평가하였고, 사회 적응에 관한 자기 보고 측정치와 면담자 평정 측정치 모두에서 더 나은 점수를 보였다. DBT는 자신과 현실을 수용하고 감내하는 능력에 관한 주관적 보고를 높이는 데에는 일반 치료보다 더 효과적이지는 않았다. 그러나 우울, 무망감, 자살 사고, 삶의 이유에 관한 집단 비교에서 더 뛰어난 개선이 없었음에도 유사 자살 행동, 정신과 입원 일수, 분노에서는 DBT 환자가 더 큰 완화를 보였다는 점은 행동 및 정서 반응으로 발현된 고통 감내가 DBT를 받은 사람에게서 개선됐다는 점을 보여 준다.

1년 동안 안정적인 개인 심리치료를 받은 일반 치료 참여자와 DBT 참여자를 비교한 결과 DBT의 치료 우위는 유지되었다. 따라서 DBT의 효과는 단순히 안정적인 개인 심리치료를 제공한 결과는 아님을 알려 준다. 이 결과는 다른 문헌에서 더 충분히 제시하였다(Linehan et al., 1991; Linehan & Heard, 1993; Linehan, Tutek, & Heard, 1992).

우리는 18개월 추후 면담으로 37명의 참여자를 추적하였고, 24개월 추후 면담으로 35명을 추적하였다(Linehan, Heard, & Armstrong, 1993). 많은 사람은 전체 평가 도구를 완성하고자 하지 않았지만 핵심 결과 자료를 포괄하는 축약 인터뷰에는 기꺼이 참여하였다. 치료 기간 동안 DBT가 일반 치료에 비교하여 달성한 치료 우위는 추후 평가 해 동안 대체로 유지되었다. 각 추후 시점에서 DBT를 받은 사람은 일반 치료를 받은 사람보다 전반적 적응, 사회 적응, 직무 수행에서 더 좋은 수행을 보였다. DBT가 일반 치료보다 더 좋은 효과를 보인 모든 영역에서 최소 6개월의 추후 평가 동안 DBT의 이득은 유지되었다. 유사 자살 행동과 분노에서 DBT 우위는 첫 추후 6개월 평가 동안 가장 컸고, 정신과 입원 일수를 줄이는 데에서는 그 이후 6개월 동안 우위가 가장 컸다.

DBT 효과성에 관한 연구 기반을 생각할 때 몇 가지 생각을 해야 한다. 첫 번째, 1년 동안 상당히 유의한 이득이 있었지만, 그리고 대부분 추후 1년 동안 유지가 되었지만, 우리의 자료는 이 환자들에게 1년의 치료가 충분하다는 주장을 지지하지 않는다. 참여자는 대부분의 측정치에서 여전히 임상 수준의 점수를 보였다. 두 번째, 치료가 효과적이라고 결정하는 데 하나의 연구로는 기반이 얄팍하다. 우리의 결과가 Barley 등(1993)으로 재검증받았지만, 더 많은 연구가 필요하다. 세 번째로, 다른 치료가 효과적이지 **않다**는 자료는 거의 없다. 앞에서 언급한 두 가지 예외를 제외하고는 다른 치료는 통제된 임상 시험에서 평가받은 적이 없다.

연구 2

두 번째 연구(Linehan, Heard, & Armstrong, 1993)에서 우리는 다음의 질문을 다루었다. 경계성 환자가 DBT가 아닌 개인 심리치료를 하는 중이라면, 만약 여기에 DBT 기술 훈련 집단을 더한다면 치료 효과가 개선될 것인가? DBT 기술 훈련 집단에 11명 그리고 기술 훈련이 없는 통제 집단에는 8명을 무선 배정하였다. 모든 참여자는 이미 지속적인 개인 치료를 지역사회에서 진행 중이었고, 개인 치료자가 이들을 집단 기술 훈련에 의뢰하였다. 참여자는 각 조건에 무선 배정하였다. 치료 조건 외에는 이 연구 그리고 앞선 연구 모두 연구 참여자 특징에는 유의한 차이가 없었다. 한 해 동안 기술 훈련 집단에 참여자를 합당하게 잘 이끌어 왔다는 사실(73%)을 제외하면, 연구 결과는 DBT가 아닌 개인 심리치료에 굳이 DBT 기술 훈련 집단을 추가로 제안할 일은 아니라는 점을 보여 주었다. 처치 후에 집단 간 유의한 차이를 보인 변인은 없었고 차이를 발견하지 못한 이유가 단지 표본 수가 작아서라고 볼 만한 이유도 없었다.

그다음 우리는 연구 2에서 안정적인 개인 심리치료를 받은 참여자(n=18)와 연구 1에서 안정적인 표준 DBT를 받은 참여자(*n*=21) 간 사후 비교 검증을 하였다. 이를 통해 DBT만큼 치료자가 치료에 전념하는 다른 개인 심리치료를 DBT와 비교할 수 있었다. 표준 DBT를 받은 연구 1 참여자들은 모든 목표 지점에서 더 좋은 결과를 보였다. 안정적인 일반 개인 심리치료를 받은 환자들은, DBT 기술 훈련 집단에 참여했는지와 무관하게 연구 1에서 일반 치료로 배정된 22명의 사람과 비교해서도 더 잘 하지도 못하지도 않았다. 이러한 결과에서 무엇을 결론지을 수 있을까? 첫째, 두 번째 연구는 첫 번째 연구 결과를 잘 정리해 준다. 표준 DBT(즉, 심리치료 더하기 기술 훈련)는 일반 치료보다 더 효과적이다. 그러나 표준 DBT 형식 안에서 수행하는 DBT 기술 훈련 집단이 효과가 없거나 중요하지 않다고 결론 내릴 수는 없다. 또한 DBT 기술 훈련을 DBT 아닌 다른 개인 심리치료 없이 단독으로 제공했을 때 효과적인지 분명하지 않다. 표준 DBT에서 기술 훈련은 개인 DBT와 통합되어 있다. 개인 치료는 엄청난 양의 기술 코칭, 피드백 그리고 강화를 제공한다. 두 가지 치료 유형을 통합했을 때, 새로운 행동 기술을 적용할 수 있도록 개인 치료 도움을 포함하는 것이 표준 DBT 성공의 핵심일 수 있다. 나아가, DBT 기술 훈련에 DBT가 아닌 다른 개인 심리치료를 섞는다면 환자에게 혼란을 주어 결과에 부정적인 영향을 줄 수 있다. 이러한 문제는 연구해 나가야 한다.

마치며

BPD에 관한 상당한 연구가 있음에도 이러한 진단 실체가 유용하거나 타당한지에 대해서는 여전히 논란이 있다. 사람을 '경계성'이라고 부르는 데 따라 붙는 편견은 진단 꼬리표에 대한 여러 항의를 유발했다. 이 용어는 피해자를 향한 너무 많은 비난과 연관되어 어떤 사람들은 이를 다 버려야 한다고 생각하기도 했다. 어떤 이들은 이 진단과 아동기 성학대의 관련성에 관해 지적하면서(문헌 개괄은 2장 참조), 이러한 연관을 강조하는 '외상후 증후군'과 같은 진단을 받아야 한다고 생각하기도 했다. 문제 행동이 (개인 탓이 아닌) 학대받은 결과라는 점을 이름으로 보여 준다면 편견이 줄어들 수 있다는 생각에서겠다.

나 역시 '경계성'이라는 용어를 좋아하지 않지만, 단지 이름을 바꾼다고 치료하기 어려운 이 사람들을 향한 편견이 줄어들 거라고 생각하지 않는다. 대신, 견고한 과학 원리에 근거한 이론 발달, 그리고 '경계성'이라는 문제 행동 기저를 역기능적 생물, 심리, 환경 사건에 대한 '정상' 반응이라고 읽어 내는 데 해결책이 있다고 생각한다. 이들이 우리와 원칙적으로 다른 사람이라고 본다면 이들은 비하받을 수밖에 없다. 그리고 아마도 때로 우리는 그들을 비하하면서 우리와 다른 사람들로 만들어 버린다. 그러나 (우리 행동을 포함하는) 정상 행동에 영향을 미치는 행동주의 원리가 결국 경계성 행동에 영향을 미치는 원리와 같다는 점을 보게 된다면 그들이 우리에게 보여 주는 어려움을 더 잘 공감하고 연민으로 반응할 수 있을 것이다. 다음 두 장에 제시하는 이론 입장은 이러한 필요를 달성하기 위한 시도이다.

2장

치료 토대로서 변증법과 생물사회 이론

변증법

성격 기능과 장애에 관한 모든 이론은 특정한 기본 세계관에 근거한다. 때로 이 세계관은 잘 드러나지 않아서 이를 살펴보려면 행간을 읽어야 한다. 예를 들어, Rogers의 내담자 중심 이론과 치료는 사람이 근본적으로 선하며 자기실현이라는 내적 동기를 지닌다고 가정한다. Freud는 사람이 쾌를 추구하고 고통을 회피한다고 가정하였다. 더 나아가 그는 모든 행동이 심리적으로 결정되고, 우연한 행동(개인의 환경에서 발생하는 우연한 사건으로 결정되는 행동)이란 없다고 가정하였다.

유사하게, DBT는 특정한 세계관으로 변증법에 근거한다. 이 장에서 나는 '변증법'이라 할 때 그 뜻이 무엇인지 요점을 제시하겠다. 이로써 이 관점을 이해하는 중요성을 잘 보고 경계성 환자에 대해 생각하거나 그들과 상호작용하는 방법을 향상시킬 수 있기를 바란다. 이 용어의 의미와 역사에 대한 철학 강의를 하거나 이 분야에 관한 현대 철학의 사유를 깊이 있게 다루지는 않겠다. 변증법이 잘 살아 있다고 말하면 충분할 듯하다. 대부분은 변증법을 Marx와 Engels(1970)의 사회경제 이론을 통해 알고 있을 것이다. 그러나 세계관으로서 변증법은 과학 발전에 관한 이론(Kuhn, 1970), 생물학적 진화(Levins & Lewontin, 1985), 성관계(Firestone, 1970), 성인의 사고 발달(Basseches, 1984)과도 관련이 있다. Wells(1972,

Kegan, 1982에서 재인용)는 지난 150년간 거의 모든 사회 및 자연 과학에서 변증법 접근으로의 전환이 있었다고 기록하였다.

왜 변증법인가

1980년대 초반 임상 연구 팀과 수많은 치료를 관찰하고 논의하면서 나의 치료 접근에 변증법을 적용하기 시작하였다. 나는 인지행동치료를 뉴욕주립대학 Gerald Davison과 Marvin Goldfried에게서 배웠는데, 내가 이 치료를 유사 자살 행동 환자에게 매주 치료 회기에 적용하려는 시도를 나의 팀이 관찰해 주었다. 매 회기가 끝난 후, 우리는 나와 환자의 행동을 논의하였다. 당시 목표는 도움이 되는 기법 혹은 최소한 치료 변화나 긍정적인 작업 관계를 방해하지 않는 기법을 찾으려는 데 있었다. 그리고 이어진 회기에서 나는 일관적인 태도로 이를 적용하고자 노력하였다. 이어지는 논의를 통해 유용한 것은 유지하고 그렇지 못한 것은 버리면서, 내가 치료자로서 하는 개입을 정확히 행동주의에 근거한 개념으로 설명하고자 하였다.

치료 개발 과정에서 수많은 일이 있었다. 첫째로, 이 집단과 인지행동치료를 할 수 있다는 점을 입증하였다. 이것이 프로젝트의 주요 의도였으니 안심할 일이었다. 그러나 나의 행동을 관찰해 보면, 내가 전통 인지행동치료와 관련 없는 다른 여러 절차도 적용하는 것 같았다. 이러한 기법에는 Whitaker(1975, pp. 12-13)와 유사하게 사건의 의미에 관하여 실질적으로 과장하여 전달하기, 선불교처럼 감정과 상황에 대한 변화보다는 수용을 격려하기(예: Watts, 1961), 그리고 병리 행동에 대한 Bateson 프로젝트와 같은 이중 은폐 진술(Watzlawick, 1978) 등이 있었다. 이러한 기법은 표준 인지행동치료보다는 역설치료 접근과 더 밀접히 연관이 있었다. 더불어, 치료 흐름은 급격한 언어 양상의 변화를 포함하는 것처럼 보였는데, 한편으로는 내담자 중심 치료를 연상하듯 따뜻한 수용과 공감적 반영을 하였고, 다른 한편으로 정색하고, 일침을 놓는, 직면하는 언급을 하였다. 움직임과 타이밍은 맥락과 기법만큼 중요해 보였다.

우리는 이어서 DBT와 역설치료 전략 사이의 관계를 발전시켰지만(Shearin & Linehan, 1989), 나는 처음 이 치료를 설명할 때 이 접근을 역설적 절차로 정리하기를 주저했다. 경험이 없는 치료자가 '역설'이라는 이름을 과하게 적용하여 자살 행동 그 자체에 그런 처방을 할까 봐 두려웠기 때문이다. 이 치료는 그렇게 하지 않았고 해서도 안 된다. 하지만 내 치료에 이름이 필요했다. 분명히 단순한 표준 인지행동치료는 아니었다. 당시 인지치료에서 건강한 생각의 기준으로 합리성을 강조한 지점은 직관적이고 비합리적인 생각 역시 유익하다는 나의 생각과는 양립할 수 없었다. 또한 이들 환자의 어려움이 일차적으로 자신과 환경에 대한 인지 왜곡에서 비롯되지 않았다는 내 생각에 점차 확신하게 됐다. 한번 문제가 시작된 이후에는 인지적 왜곡이 문제 유지에 중요한 역할을 담당하더라도 그렇다. 나는 치료에서 고통스러운 정서 상태와 문제 환경 사건을 수용하는 데 초점을 두었는데, 이는 기존 인지행동 접근에서 고통스러운 정서 상태를 변화시키거나 수정하거나, 혹은 환경을 변화시키기 위해 행동하려는 시도와는 달라 보였다.

나는 치료에 대한 이름으로 '변증법'을 생각하게 되었다. 심각하게 고통받고, 만성적으로 자살 행동을 보이는 이들과 치료를 진행한 경험에서 온 나의 직관에서 시작되었다. 이 경험은 이미지 형태로 가장 잘 설명할 수 있다. 나와 환자가 시소의 반대편에 타고 있고, 시소로 서로 연결되어 있다. 치료는 오르락내리락 하는 과정이다. 우리 둘 다 시소에서 앞뒤로 미끄러지면서 균형을 찾고, 말하자면 중간 지대를 찾아 더 높은 수준으로 오른다. 더 높은 수준이란 성장과 발전을 나타내며, 전 단계의 통합이라고 생각할 수 있다. 그리고 이 과정을 다시 시작한다. 우리는 새로운 시소에 타서 다음 단계로 나아가기 위해 다시 중간 지대를 찾고자 노력한다. 이 과정에서 환자는 끝에서 가운데로, 가운데에서 다시 끝으로, 계속 앞뒤로 움직이고, 나 역시 그렇게 움직여 균형을 유지하고자 한다.

자살 행동이 있는 경계성 환자를 치료할 때 어려움이란 시소를 탄다기보다는 사실상 그랜드 캐니언을 잇는 높은 와이어 위에 놓인 대나무 장대에서 균형 잡으며 위태롭게 서 있는 그런 어려움이다. 환자가 장대에서 뒤로 움직이면 나 역시 균형을 맞추기 위해 뒤로 물러서고, 그러면 또 환자가 균형을 얻기 위해 뒤로 움직인다. 그렇게 계속하다 보면 결국 모두가 캐니언으로 떨어질 위험에 처한다(장대가 절대적으로 길지 않으므로). 따라서 치료자로서 나는 균형을 유지하는 것뿐만 아니라, 우리 둘 다 물러서는 쪽보다는 가운데로 움직이도록 균형을 유지해야 하는 과제가 있다. 치료자의 매우 신속한 접근과 물러섬이 치료의 핵심을 차지한다.

내가 치료에서 경험한 긴장감, 이 환자들과 균형 혹은 통합 쪽으로 움직여야 하는 필요성 그리고 표준 행동주의 기법에 덧붙일 필요가 있는 이 역설 기법 같은 치료 전략 전부는 우리 관점을 정리해 줄 이론이자 관점으로서 변증법 철학을 공부하도록 이끌었다.[1] 변증

1) 당시 나의 조교였던 Elizabeth Trias가 처음으로 나의 경험을 변증법과 연결시켜 주었다. 그의 남편은 마르크스주의 철학 학생이었다.

법으로 말하자면, 시소의 양끝은 반대를 나타낸다('정'과 '반'). 가운데로 움직여 높은 단계로 오르는 것은 반대되는 것들의 '통합'을 의미하는데, 이는 즉시 반대 양측으로 흩어진다. '변증법'이라는 용어에 내포된 반대되는 것끼리의 심리치료 관계란 Freud 초기 저작에서 주기적으로 제시되었다(Seltzer, 1986).

초창기 이름 선택에는 뜻밖인 부분이 있지만, 변증법 관점으로의 이동은 단순히 기법을 역설로 한번 꼬는 것보다 훨씬 너른 양상으로 치료를 개발해 나가도록 이끌었다. 지난 몇 년 간의 치료 과정과 변증법 이론이 상호작용한 결과, 치료는 그 형태를 점차 진보시켜 나갔다. 점차 '변증법'이라는 용어는 행동주의 치료에서 두 가지 맥락을 뜻하게 되었다. 하나는 현실의 근본 성질로서 변증법이고, 다른 하나는 설득하는 대화와 관계에서 변증법이다. 세계관 혹은 철학적 입장으로서 변증법은 이 책에서 제시하는 치료 접근의 근간이다. 혹은 대화와 관계의 한 형태로서 변증법은 치료자가 효과적인 변화를 위해서 쓰는 치료 접근과 전략이다. 따라서 DBT에서는 여러 변증법 치료 전략이 핵심을 이룬다. 이는 8장에서 다룬다.

변증법 세계관

현실의 근본 성질과 인간 행동에 관한 변증법 관점은 세 가지 주요 특징을 지닌다.

상호연관성과 전체성의 원리

첫째로, 변증법은 상호연관성interrelatedness과 전체성wholeness을 강조한다. 변증법은 현실에 관한 체계론 관점을 가정한다. 체계의 일부분에 관한 분석은 부분을 전체로 분명히 연관 짓지 않는 이상 유용성에 제한이 있다. 따라서 정체성 그 자체는 관계적이고, 부분 사이의 경계는 일시적이며 전체와의 관계 속에서만 존재한다. 경계를 결정하는 자는 곧 전체이다. Levins와 Lewontin(1985)은 이를 잘 설명한다.

> 부분과 전체는 이 둘 관계의 결과 속에서 발전하고, 관계 그 자체 역시 발전한다. 우리가 변증법이라 부르는 무언가의 특징이다. 하나는 다른 하나 없이는 존재할 수 없고, 하나는 다른 하나와의 관계 속에서 그 특징을 얻으며, 이 두 가지의 특징은 이들 해석의 결과로 발전한다(p. 3).

이러한 전체론 관점은 정신병리에 관한 페미니스트 그리고 맥락적 관점과 양립 가능하다. 나는 이러한 관점을 BPD 치료에 적용하면서 분리 개별화, 개인화 그리고 독립을 중요시하는 서구 문화 사고방식에 의문을 품게 됐다. 개인이 단독으로 존재하고 분리되어 있다는 생각은 최근 몇 백 년 사이에 서서히 등장했을 뿐이다(Baumeister, 1987; Sampson, 1988). BPD 진단에서 여성이 남성에 비교하여 이 장애의 진단을 더 빈번히 받고, 성별이 자기 인식과 적절한 대인관계 경계에 관한 생각에 영향을 미친다는 점에 대해서 우리는 특별히 관심을 두고 있다.

성별과 사회 계층은 스스로를 어떻게 정의하고 경험하는지에 분명한 영향을 미친다. 여성은 사회 권력이 낮은 다른 사람들과 마찬가지로 개별화된 자기(집단을 배제하는)보다는 관계적이거나 사회적인 자기(집단을 포함하는 자기)를 지닐 가능성이 높다(McGuire, & McGuire, 1982; Pratt, Pancer, Hunsberger, & Manchester, 1990). 여러 페미니스트 작가는 여성의 관계적 · 사회적 자기의 중요성을 짚었고, 그중 가장 잘 알려진 작가는 Gilligan(1982)이다. Lykes(1985)는 아마도 가장 설득력 있는 방식으로 페미니스트 입장을 주장했는데, "자기는 사회 관계의 총체"라고 정의하였다(p. 364). Lykes와 다른 작가들이 말하고자 한 바는 단순히 자율적인 사람들 사이의 상호 의존이라는 가치만은 아니었다. 오히려 그 자체로 "사회 교환과 의무의 정교한 체계 안에 놓인 관계의 상호 활성화 연결망"인 사회적 혹은 관계적 자기를 기술한다(Lykes, 1985, p. 362). '관계 안에서', 말 그대로 다른 사람을 포괄하여 자기를 정의할 때, 완전히 분리된 자기란 존재하지 않는다. 그러한 관계 자기는, 혹은 Sampson의 용어를 빌려 '총체적 개인주의'는 대부분 사회의 역사적 · 다문화적 특징이다 (Sampson, 1988).

이러한 맥락 요인은 특히 '자기'와 같은 문화적 구성 개념을 '정신건강'과 같은 다른 문화적 구성 개념을 설명하고 기술하는 데 적용할 때 특히나 중요하다. 자기에 관한 전통적인 정의가 서구 사회에서는 몇몇 개인에게 적응에 도움이 될 수 있지만, 이는 서구 사회의 산물일 뿐이며 반드시 서구 정의와 이론이 보편이라 할 수는 없다는 점을 고려해야 한다. 따라서 다른 많은 개인에게 이는 적절치 않을 수 있다. 나와 Heidi Heard(Heard & Linehan, 1993)가 앞서 논의했듯이, 또한 이후 3장에서 논의대로 경계성 사람이 마주하는 문제는 오직 개별화된 자기만을 인정하고 보상하는 사회에서 이들의 관계 자기가 충돌한 결과일 수 있다.

양극의 원리

둘째로, 현실은 고정되어 있지 않고 반대되는 내적 세력으로 구성되고('정'과 '반'), 이들의 통합('합')은 새로운 반대 세력들로 전개된다. 변증법은 전체에 초점을 두지만 마찬가지로 모든 전체의 복잡성 역시 강조한다. 따라서 하나의 대상이나 체계 안에는 아무리 작더라도 양극이 있다. 물리학의 예를 들어, 아무리 물리학자가 모든 존재의 근본인 단일 입자나 요소를 찾고자 할지라도, 결국에 모든 마지막 요소는 더 나아가 쪼개어진다. 단일한 원자에는 음전하와 양전하가 있고, 모든 세력에는 반대 세력이 있으며, 물질의 가장 작은 요소조차 반물질과 균형을 이루고 있다.

모든 명제는 그것의 반대를 품고 있다. 이것이 가장 중요한 변증법 사고이다. 혹은 Goldberg(1980)에 의하면 다음과 같다.

> 나는 진실이 역설적이라 믿는다. 모든 지혜의 조각은 그 자체의 반대를 담고 있고, 진실은 나란히 서 있다. 모순되는 진실은 사실상 서로를 상쇄하지도, 지배하지도 않는다. 오직 나란히 서서 참여와 실험을 초대한다(pp. 295-296).

이 생각을 진지하게 받아들인다면 임상 실천에 상당한 영향을 미칠 수 있다. 예를 들어, BPD에 관한 대부분의 설명은 한 개인을 다른 이들로부터 구분해 내는 병리를 찾아내도록 강조한다. 치료는 병리를 캐내고 변화를 위한 조건을 만들어 내도록 설계되어 있다. 그러나 변증법 관점은 역기능 속에 기능이 있고, 왜곡 속에 정확성이 있으며, 파괴 안에서 건설을 찾을 수 있다고 제안한다. 이에 따라 '지혜 속 모순'을 '모순 속 지혜'로 바꾸어 생각함으로써 DBT의 형태에 관한 많은 결정을 내릴 수 있었다. 나는 현재 환자가 보이는 행동의 타당성을 과거 학습에 근거하여 찾기보다는, 현재 순간에서 찾아내고 발견하기 시작했다. 이러한 생각은 단순히 환자를 공감하는 것 이상으로 나를 진전시켰다. 타당화$_{validation}$는 이제 DBT에서 핵심을 차지한다.

이와 같은 생각은 '지혜로운 마음'이라는 개념을 이끌어 냈다. 지혜로운 마음은 환자 내면의 지혜에 주목한다. DBT는 모든 개인이 스스로의 삶에 관해서 지혜로워질 수 있다고 가정한다. 지혜를 찾는 능력이 항상 드러나거나 발휘될 수 없을지라도 그렇다. 따라서 DBT 치료자는 변화를 위해 필요한 모든 잠재력이 환자 안에 있다고 믿는다. 성장을 위한 핵심 요소는 이미 현재 상황에 존재한다. 도토리가 곧 나무이다. 이러한 생각을 통해, DBT 자문팀은 자기 입장의 가치만을 방어하기보다 각기 다른 사람의 관점에서 가치를 찾는 중요성을 강조하게 되었다.

정, 반, 합: 지속적 변화의 원리

마지막으로, 상호 연결된, 반대되는, 환원할 수 없는 현실의 성질은 변화 과정 속에서 지속적으로 전체성을 이끈다. 각 체계 안에 정과 반 세력 사이의 긴장(긍정과 부정, 선과 악, 아이와 부모, 환자와 치료자, 사람과 환경 등)이 곧 변화를 생산한다. 변화에 이어지는 새로운 상태(합)는 역시 양극 세력의 구성으로 이루어진다. 따라서 변화는 지속적이다. 내가 이러한 용어('정' '반' '합')를 자주 쓰지는 않더라도, 변증법 변화의 원리는 언제나 중요하게 새겨 두어야 한다.

변화(혹은 '과정')는 구조나 내용에 앞서는 삶의 핵심 성질이다. Robert Kegan(1982)은 일생에 걸친 변형 과정으로 자기의 진화를 설명할 때 이러한 점을 포착한다. 자기는 사람 안에서 그리고 사람-환경 체계 사이에서 일어나는 자기 보존과 자기 변형의 긴장 사이에서 발생하고, 일시적 멈춤이나 발달적 균형에 의해 굵게 마디지어진다. 그는 다음과 같이 말했다.

> 사람이 세상을 어떻게 창조하는지 이해하기 위해, 우리는 세상이 사람을 어떻게 창조하는지 이해해야 한다. 한 사람이 진화론적 균형 상태에 있는지 판단하기 위해서는 단지 의미를 어떻게 만드는지만을 보지 않고, 사람이 이 균형을 잃을 가능성 역시 본다. 모든 균형 안에서 우리는 새로운 감을 가지고 무엇이 절대적인가 혹은 무엇이 절대적 위기에 있는가를 바라본다. 우리는 매번 새로운 균형 안에서, 새로운 취약성에서 본다. 각 균형은 사람이 어떻게 구성되어 있는가를 보여 주기도 하지만, 마찬가지로 사람이 자신의 구성을 잃을 수 있는 새로운 방법 역시 보여 준다(p. 114).

변증법 관점은 정신역동 이론과 양립 가능하다. 정신역동은 성장과 변화 과정 속에 내재한 갈등과 적대의 역할을 강조한다. 행동주의 관점과도 양립 가능한데, 이는 환경과 개인에 내재하는 전체성을 강조하며, 변화를 만들어 내는 각자의 상호연관성을 강조한다. 변화 이론으로서 변증법은 내담자 중심 치료에서 가정하는 발달의 자기실현 개념과는 다소 다르다. 내담자 중심 관점에서 모든 것 안에는 일생에 걸쳐 자연스럽게 펼쳐질 잠재성이 있다. 그러나 '펼쳐진다' 함은 변증법 성장에 내재하는 긴장을 포함하지 않는다. 점진적 변화를 만들어 내는 것은 곧 긴장이고, 이는 급작스러운 전환과 극적인 움직임의 솟구침으로 마디 지어져 있다.

DBT에서 치료자는 환자의 변화에 초점을 두는 동시에, 일어난 변화가 치료와 치료자 역시 변형시킨다는 점을 인식해야 한다. 따라서 치료 안에는 변화 과정과 변화 결과 사이에 놓인 영원한 변증법 긴장이 있다. 변화 없이 원래 자신을 유지하려는 환자의 시도와, 자신의 과거력이나 현 상황의 제약에도 불구하고 변화하려는 환자의 시도 사이에 매 순간 일시적 균형이 있다. 새로운 일시적 안정성으로의 전환은 종종 고통스러운 위기로 경험된다. "위기에 대한 어떤 진정한 해소는 궁극적으로 세계 안에 새로운 방법으로 존재해야만 가능하다. 그러나 그렇게 하려는 데에 저항은 엄청나고, 자연 경험 속 반복적이고 다양한 직면 없이는 발생하지 않을 것이다."(Kegan, 1982, p. 41) 치료자는 환자가 자기 보존과 자기 변형을 시도할 때마다 지지하는 방법으로 환자가 위기를 해소하도록 돕는다. 치료자의 통제와 주도는 환자가 자기 통제와 자기 주도 향상에 주목하도록 이끈다. 환자가 스스로를 돌보도록 가르치려면 늘 돌봄을 나란히 해야 한다.

변증법에서 설득

대화와 관계의 관점에서 '변증법'은 설득을 통한 변화와 치료 관계에 내재하는 대립성을 활용한다는 뜻이며, 형식적인 일률적 논리를 쓰지 않는다. 분석적 사고와 달리 변증법은 개별적이고, 온전한 사람을 고려하고 온전한 사람에게 영향을 미친다. 이는 사람이 대화에 참여하도록 하여 움직임을 만들어 내는 접근이다. 모순된 입장 사이 치료적 대립성 속에서 환자와 치료자 모두 오래된 의미를 새로운 의미로 이끌어 내고, 고민하는 주제의 정수에 점점 가까이 다가간다.

앞에서 언급했듯이, 변증법에서 합은 정과 반 요소 모두를 포함하여, 원래 양쪽 어떤 입장도 '절대적으로 옳다'고 간주할 수 없다. 또한 합은 언제나 새로운 반을 제안하고, 따라서 새로운 정으로 작용한다. 그렇기 때문에 진실은 절대적이지도 상대적이지도 않다. 진실은 시간에 따라 진전하고, 발전하며, 구성된다. 변증법 관점에서 자명한 것은 없다. 그 무엇도 다른 무엇과 관련 없는 지식으로 무관하게 서 있을 수 없다. 변증법 관점은 최종 진실이나 논박할 수 없는 사실을 절대 받아들이지 말자는 데 핵심이 있다. 환자와 치료자 모두가 다루게 되는 질문은 다음과 같다. '우리가 아직 무엇을 이해하지 못했을까?'

'비가 오고 비가 오지 않는다'와 같은 식의 문장이 변증법을 품었다는 말이 아니다. 혹은 어떤 진술이 틀릴 수 없거나 특정 맥락에서 사실이 아니라는 말도 아니다. 허위의 이분법과 허위의 변증법은 발생할 수 있다. 그러나 이 경우 정 혹은 반이 제대로 잡히지 않았기 때문에 진정한 대립을 이루지 못한다. 베트남 전쟁 동안 "사랑하거나 떠나라."라는 아주 흔한 말이 있었는데, 이는 변증법을 잘못 사용한 전형적인 예였다.

4장과 13장에서 다루겠지만, 변증법 대화는 치료팀 모임에서도 매우 중요하다. 그 어떤 요인보다 변증법에 주목하는 경우, 경계성 환자를 치료하는 치료자 간 분리splitting의 위험을 줄일 수 있다. 치료 구성원 사이의 분리는 치료자 사이에서 특정 사람이(그리고 특정 사람들만) 특정 환자나 임상 문제에 관한 진실을 장악하고 있다는 여러 알력에서 비롯된 결정이 원인이 된다.

변증법 부재로서 경계성 성격장애

어떤 측면에서 경계성 행동은 변증법이 부재한 결과로 볼 수 있다.

경계성 '분리'

1장에서 논의했듯이, 경계성이거나 자살 행동이 있는 사람은 모순되는 관점의 경직된 양극단을 빈번히 오가며 두 관점의 합으로 진전하지 못한다. 이들은 현실을 '전체'보다는 '모 아니면 도'의 극화된 범주와 매우 고정된 틀을 통해 바라본다. 예를 들어, 아주 작은 결점에도 누군가는 '좋은 사람'이 될 수 없다는 이들의 생각은 매우 흔하다. 경직된 인지 양상은 나아가 미래의 변화나 변형에 관한 생각을 품는 능력을 제한하고, 고통스러운 상황은 계속될 것이라는 느낌을 야기한다. 한번 정의 내린 생각은 변하지 않는다. 만약 누군가에게 결함이 있다면, 그 결함은 영원한 게 된다.

경계성 사람이 보이는 이러한 생각에 정신분석가들은 '분리splitting'라는 이름을 붙였다. 이는 정신분석에서 BPD 이론의 핵심을 차지한다(Kernberg, 1984). 이분법 사고 혹은 분리는 정이나 반에 고착되는 경향으로 합으로 나아가지 못한다. 자살 행동이 있는 경계성 사람은 하나의 명제(예: '살고 싶다')와 반대 명제('죽고 싶다')가 동시에 참일 수 있다고 생각하지 못한다. 정신역동 관점에서 분리는 강렬한 부정 정서와 긍정 정서 사이 해소할 수 없는 갈등의 산물이다.

그러나 변증법 관점에서 보면 지속되는 갈등에는 변증법의 부재가 있다. 경계성 사람의 전형적인 갈등에는 합과 초월이 없고 매우 견고하게 뿌리박힌 모순된 입장, 소망, 관점 등이 대립한다. 갈등 해소란 우선 양극을 인지하는 데에서 시작하고, 다음에는 그 너머를, 말하자면 그들이 모두 진실이고 모두 진실이 아니라는 지극히 역설적인 현실을 바라보는 능력이 필요하다. 양극단을 초월한 합과 통합의 수준에서 역설은 스스로를 해소한다.

자기와 정체성에서 어려움

경계성 사람은 자신의 정체성에 혼란을 자주 느끼고, 스스로 누가 될지 혹은 무엇을 생각하고 느껴야 할지에 대한 길잡이를 환경에 두고 탐지하는 경향이 있다. 이러한 혼란은 다른 사람과 관련되어 있다는 핵심을 경험하지 못하고, 시간 속에서 한 순간과 또 다른 순간의 관계를 경험하지 못하기 때문에 온다. 그들은 영원히 절벽 끝에 서 있는 셈이다. 이러한 관계 경험 없이 각기 고립된 상태로 경험하는 매 순간이나 상호작용에 따라 정체성이 정의되고, 따라서 안정되기보다는 예측할 수 없이 변동한다. 더하여, 현재 순간의 충격을 조절해 주는 다른 시간 속 순간이 없다. 특정 상황의 작용 속에서 누군가 경계성 환자에게 화를 낼 때, 환자는 그 순간을 자신에게 화내지 않는 다른 관계나 자신에게 화내지 않았던 이 사람과의 다른 시간으로 완충시키지 못한다. "너는 나에게 화를 냈어."가 절대 현실이 되고 만다. 부분이 전체가 된다. 수많은 다른 이론가는 BPD 발생과 유지에서 정서 사건에 대한 기억의 주요 역할(Lumsden, 1991)과 특히 대인관계 사건을 지적했다(Adler, 1985). Mark Williams(1991)는 자서전 기억 문제에 관해 유사한 논의를 했다. 분명히, 현재를 완충하고 현재와 통합하려면 이전 사건이나 관계가 기억으로 떠올라야 한다.

대인관계 고립과 소외

전체성에 관한 변증법 관점은 개인은 환경과 떨어뜨릴 수 없다고 가정한다. 고립, 소외, 접촉해 있거나 속해 있지 않다는 느낌, 즉 경계성 사람이 겪는 이 특징적 느낌은 자기–타인의 대립에서 오는 변증법의 부재를 나타낸다. 이러한 대립은 자신만의 자기 정체감이 없는 데서도 나타날 수 있다. 경계성 사람에게서 결속감과 통합은 합과 초월이라는 변증법 전략이 아니라 자기 정체감(신념, 선호, 욕구, 태도, 독립적 기술 등)의 억제나 미발달로 인해 일어난다. 각자는 다르지만 동시에 전체의 일부라는 역설은 손에 잡히지 않는다. 사람(부분)과 환경(전체)의 대립은 지속된다.

사례 개념화: 변증법 인지행동주의 접근

DBT 사례 개념화에서 변증법과 인지행동주의 이론의 가정이 길잡이이다. 여기에서는 DBT에서 중요한 인지행동주의 이론의 몇 가지 특징을 개괄하고, 또한 변증법 인지행동주의 접근이 보다 전통적인 인지, 행동, 생물학 이론과 어떻게 다른지도 살펴보겠다. 보다 구체적인 이론 요소는 특정 DBT 개입 전략과 관련지어 살펴볼 것이다.

'행동'의 정의

인지행동주의 치료자가 쓰는 '행동'이란 광범위한 개념이다. 이는 사람의 어떤 활동, 기능 혹은 반응을 다 포함한다. 즉, "자극에 대한 행동과 반응으로서 유기체가 행하는 모든 것"이다(*Merriam-Webster Dictionary*, 1977, p. 100). 물리학자는 분자의 행동을 얘기할 때 유사한 용어를 쓴다. 체계분석가들은 체계의 행동에 대해 말한다. 인간 행동은 외현적(즉, 공적이고 타인에 의해 관찰 가능한)일 수도, 내현적(즉, 사적이고 행위자만 관찰 가능한)일 수도 있다. 즉, 내현 행동은 사람의 몸 안에서 일어날 수도 있고(예: 복부 근육 긴장), 몸 밖에서 일어나지만 사적일 수 있다(예: 혼자 있을 때의 행동).[2)]

행동의 세 가지 형태

현대 인지행동주의 치료자는 행동을 다음 세 가지 형태 중 하나로 보통 범주를 나눈다. 운동, 인지 언어 그리고 생리이다. 운동 행동은 보통 사람이 행동이라고 할 때 생각하는 것으로 근골격계의 외현 및 내현 행동과 움직임을 포함한다. 인지 언어 행동은 생각, 문제 해결, 지각, 심상화, 발화, 쓰기, 몸짓 의사소통 그리고 관찰 가능한 행동(예: 주의하기, 지향하기, 회상하기, 검토하기 등)을 포함한다. 생리 행동은 신경계, 분비선, 민무늬근의 활동을 포함한다. 대체로 내현적이지만(예: 심장 박동), 생리 행동 역시 외현적일 수 있다(예: 얼굴 빨

2) 행동은 또한 자각이나 주의와 함께, 혹은 이들 없이도 일어날 수 있고, 따라서 스스로 언어로 보고할 수 있기도 없기도 한다. 즉, 의식할 수도 있고 못할 수도 있다(실험 심리학에서 무의식 인지에의 주목에 관한 논의는 Greenwald, 1992 참조).

개지기, 울기).

여기 중요한 지점이 여럿 있다. 첫째, 행동을 범주나 형태로 구분하는 것은 원래 임의적이고 관찰자의 편리에 따른다. 인간 기능은 연속성을 띠고 모든 반응은 전 인간체계를 동원한다. 심지어 부분 독립적인 행동 하위 체계도 신경망과 상호 연결된 신경 경로를 공유한다. 자연 상태에서 행동 체계는 구분 지어 발생하지 않음에도 우리가 이를 개념으로 종종 변별하는 이유는 이러한 변별을 통해 문제가 되는 과정을 분석하는 우리 능력이 조금 나아질 수 있기 때문이다.

전체 체계 반응으로서 정서[3)]

정서는 현재 관점에 따르면 전 체계의 통합 반응이다. 보통 형태의 통합은 자동으로 일어나는데, 이는 생리적으로 결정되어 있거나(기본 정서) 혹은 반복된 경험(학습된 정서) 때문이다. 즉, 하나의 정서는 대개 각 세 하위 체계에서 온 행동으로 구성된다. 예를 들어, 연구자들은 현상 경험(인지 체계), 생리화학 변화(생리 체계) 그리고 표현과 행동 경향(생리와 운동 체계)이 정서를 구성한다고 정의한다. 복잡한 정서는 하나 혹은 그 이상의 평가 활동(인지 체계)을 포함할 수 있다. 결과적으로 정서는 이어지는 인지, 생리, 운동 행동에 중요한 결과물을 남긴다. 따라서 정서는 전체 체계 행동 반응일 뿐만 아니라 그 자체로 전 체계에 영향을 미친다. 정서는 본질적으로 복잡한 체계로서, 보통 우리가 겪거나 혹은 BPD에 특징적인 정서 조절 문제의 유일한 촉발 원인이란 없을 가능성이 높다. 로마로 가는 길은 많다.

기능의 원인으로서 행동 형태의 고유한 동등성

생물정신의학이나 인지 심리학과 달리, 여기서는 인간 기능의 원인으로서 어떤 형태의 행동이 다른 형태보다 본질적으로 더 중요하다는 입장이 없다. 인지 이론(예: Beck, 1976, Beck et al., 1973, 1990)과 반대로 DBT는 행동 역기능 혹은 정서 조절 문제를 인지 역기능의

3) 기본 정서 기능 연구에 관한 훌륭한 개괄이 많다. 이 문헌에 관한 발전된 논의를 위해서 다음을 참고할 수 있다. Barlow(1988), Buck(1984), Garber와 Dodge(1991), Ekman, Levenson, Friesen(1983), Izard, Kagan, Zajonc(1984), Izard와 Kobak(1991), Lang(1984), Lazarus(1991), Malatesta(1990), Schwartz(1982), Tomkins(1982).

필연적 결과라고 보지 않는다. 어떤 조건에서는 인지 활동이 운동 혹은 생리 행동 혹은 정서 행동 활성화에 영향을 주지 않는다는 말이 아니다. 사실상 수많은 자료는 반대 근거를 제시한다. 이 책의 주제와 가장 밀접한 주제로 예를 들어, Aaron Beck과 동료들은 미래에 대한 희망을 기대하지 않는 인지는 이후 자살 행동을 예측한다고 반복적으로 검증하였다.

나아가 생리 심리학과 정신의학과 달리, DBT는 신경생리적 역기능이 다른 영향력에 비해 행동에 더 본질적으로 중요한 영향을 미친다고 보지 않는다. 나의 관점에서 행동–행동 관계 혹은 반응 체계–반응 체계 관계와 인과 경로는 인간 기능에서 중요하지만, 다른 경로에 비해 특히 더 영향력이 있다고 볼 수 없다. 핵심 질문은 이렇다. 하나의 행동 혹은 행동 양상이 서로를 유발하고 서로에 영향을 미치는 조건은 무엇인가?(Hayes, Kohlenberg, & Melancon, 1989) 궁극적으로 변증법 틀은 행동 영향력에 관한 단순한 선형 인과 양상을 추구하지 않는다. 그보다 더 중요하게 Manicas와 Secord(1983)는 이러한 질문을 제기했다. 만연한 상황하에 놓인 특정 유기체나 과정의 성질은 무엇인가? 이 관점에서 사건은, 행동 사건을 포함하여, 언제나 유사하거나 다른 수준의 복잡한 인과관계가 조합한 결과이다.

개인–환경 체계: 변환작용 형태

여러 문헌은 정신병리의 수많은 원인을 제안한다. 여러 이론은 상호작용 모형에 근간을 두는데, 여기에서 개인 특징은 환경 특징과 상호작용하여 결과를 낳는다. 그때 결과는 심리 장애가 되겠다. '소인–스트레스 모형diathesis–stress model'이 지금까지 가장 일반적이고 흔한 상호작용 모형이다. 이 모형에서 심리 장애는 질환을 일으키는 장애 특징적 선천성이 일반 혹은 특정 환경 스트레스 조건에서 발현된 결과이다. '소인'이라는 용어는 보통 체질 혹은 생리적 선천성을 말하지만, 더 현대적인 개념은 장애를 유발시키는 확률을 높이는 모든 개인 특징을 포함한다. 특정 양의 스트레스(즉, 유독하거나 불쾌한 환경 자극)가 주어진다면 소인과 연관된 장애가 일어난다. 스트레스에 대비할 수 없기 때문에 행동 기능이 와해된다.

반대로 변증법 혹은 변환작용transaction 모형은 개인 기능과 환경 조건이 동시 지속적으로 상호작용하고, 오고 가며, 상호 의존적이라고 가정한다. 사회학습 이론에서 이는 '상호 결정론reciprocal determinism' 원리라 하며 환경과 개인은 서로 적응하고 영향을 주고받는다. 개인은 분명히 환경에 영향을 받고, 마찬가지로 환경 역시 개인에 의해 영향을 받는다. 환경과 개별 사람을 구분 지으면 개념상으로 편리하지만 현실에서는 구분이 가능하지 않다.

개인-환경은 전체 체계이며, 구성 요소는 서로를 정의 내린다. 영향력을 주고받기 때문에 상호작용이기보다는 변환작용이라 할 수 있다.

Chess와 Thomas(1986)는 아동 기질이 가족 환경에 미치는 다양한 영향에 관해서, 주고받는 영향력의 양상에 대해 방대한 저작을 남겼다. 이들은 심리 역기능의 중요한 원인으로 '낮은 적합성'을 주요인으로 언급했는데, 이는 우리 이론에 상당한 영향을 주었다. 장의 후반부에 이 관념을 더 자세히 다루겠다.

변환작용 관점은 주고받는 영향뿐만 아니라 개인-환경 체계에서 흐름과 변화의 지속 상태를 강조한다. Thomas와 Chess(1985)는 이 모형을 '항상역동성homeodynamic'이라고 불렀고, 이를 상호작용 모형에서 개인과 환경의 완결 상태로서 '항상성' 평형에 관한 개념과 구분 지었다. 항상역동성 모형 역시 변증법이다. 그들은 Sameroff(1975, p. 290)를 인용하는데, 이 지점을 아주 잘 설명하고 있다.

> [상호작용 모형으로] 우리는 이후 결과로 이어지는 실제 기제에 대한 이해를 충분히 촉진하기 어렵다. 모형이 부적절한 주요 이유는 구성과 환경 모두 시간에 따라 일관되지 못하다는 데 있다. 매 순간, 매월 혹은 매년 아이와 주변 환경의 특징은 중요한 방식으로 변한다. 뿐만 아니라 이러한 변화는 상호 의존하고, 서로에 대한 상호 영향이 작동한 결과 변화한다.

Millon(1987a)은 BPD 원인론과 장애의 '원인'을 하나의 단일 사건이나 시점에 위치 지으려는 시도의 무익함을 논의하면서 같은 입장을 드러냈다.

변환작용 모형은 소인-스트레스 모형에서 간과하기 쉬운 여러 지점을 강조한다. 예를 들어, 특정 환경 안 사람들은 어떤 개인에게 스트레스가 되는 방식으로 행동할 수 있는데, 이는 그 환경 자체가 이 개인이 가한 스트레스에 노출되었기 때문일 수 있다. 예를 들면, 아픈 아이로 인해 가족은 경제 자원의 대부분을 지출하게 되고, 어떤 정신과 환자는 계속되는 자살 위험에 병동 간호 자원을 대부분 쓸 수 있다. 이 두 환경 모두 능력을 최대화하여 이후 스트레스에 대처하고자 하지만, 그 이상으로 체계에 요구가 가해지면 해당 환경에 속한 사람들은 피해자를 타당화하지 않거나 일시적으로 비난할 수 있다. 물론 체계(예: 아이의 가족) 그 자체가 어떤 경우에라도 역기능적으로 대응하는 성향을 지녔을 수 있지만, 만약 개인이 제공하는 스트레스에 노출되지 않았더라면 그러한 반응을 보이지 않았을 수 있다.

변환작용 모형은 공식의 양쪽 항 모두에 동등한 크기의 영향력이 있다고 가정하지 않는다. 예를 들어, 어떤 유전적 영향력은 평범한 혹은 치유적인 환경조차도 압도할 만큼 강력할 수 있다. 연구 결과에 따르면 일반 성인의 성격 특징에 미치는 유전의 영향은 과거에 우리가 생각했던 것보다 훨씬 더 컸다(Scarr & McCartney, 1983; Tellegen et al., 1988). 마찬가지로 선행하는 개인 성격 차이에도 불구하고 특정 상황에 노출된 대부분 사람에게 그 상황이 미치는 강력한 영향을 축소할 수도 없다(Milgram, 1963, 1964). 아무리 단단한 사람이라도, 누구나, 폭력적인 성 혹은 신체 학대에 반복 노출된다면 해를 입을 것이다.

환경–사람 체계의 시각 표상

환경–사람 체계의 시각 표상을 [그림 2–1]에 제시하였다. 이 모형은 자살과 유사 자살 행동에 관한 정보를 종합하고자 수년 전에 만들었다. 좌측에는 환경 하위 체계를 상징하는 사각형이 있다. 이 도식에서 환경을 사각형으로 표현한 이유는 단지 자살 행동과 관련된 이론적 목적 때문이다. 분석하고자 하는 어떤 사건이나 행동 양상에서 어떤 특정 환경 요인이 중요하다고 판단하는지에 따라, 이론에 있는 환경 요인 수만큼 여러 선분으로 표현할 수 있다.

사람은 두 가지 하위 체계로 구분할 수 있다. 행동 하위 체계는 앞서 언급한 행동의 세 가지 형태를 표현하는 삼각형이다. 세 각에 놓인 원형 화살표는 각 행동 형태가 자기 조절하여 반응하는 특징이 있다는 점을 가리키는데, 한 반응에서의 변화는 다른 반응에 변화를 일으킨다는 뜻이다. 이러한 행동 특징은 생리적 반응 측면에서 연구가 잘 되어 있는데, 운동 행동 그리고 인지 언어 반응이 어떻게 자기 조절하는지에 관해서는 그만큼 주목받지 못했다.

두 번째 삼각형은 개인의 행동이나 환경에 대개 영향을 받지 않는 한 사람의 안정적인 유기체 특징을 표현한다. 이러한 안정적인 특징 역시 환경과 개인 행동에 영향을 미칠 수 있다. 여기 제시한 모형에서 삼각형의 세 각은 성별, 인종, 연령을 나타낸다. 환경 사각형과 마찬가지로, 이 각은 단순히 개념을 편리하게 보여 주기 위함이다. 성별, 인종, 연령은 자살 행동과 중요한 관련성이 있다. 다른 장애를 설명하자면 다른 유기체 변인의 표상이 필요할 것이다. 예를 들어, 조현병 연구라면 유기체에 유전적 구성이라는 각을 넣어야 할 것이다.

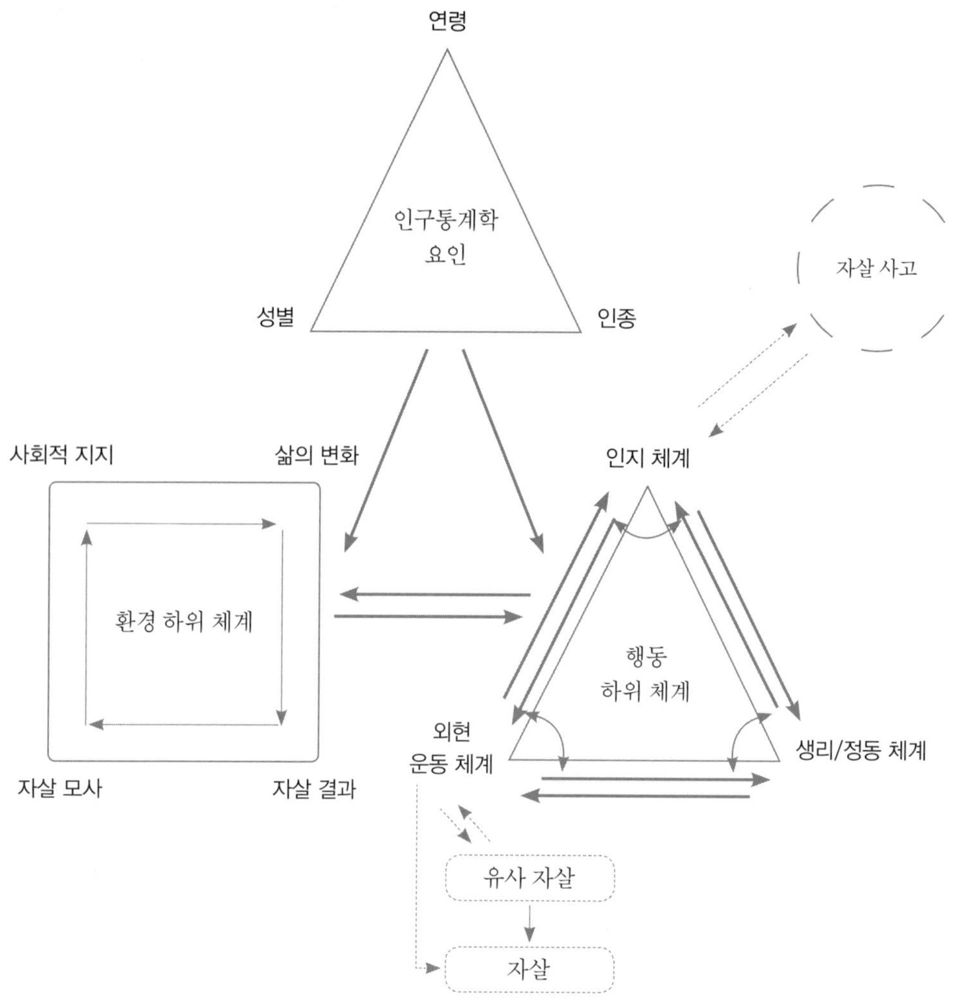

[그림 2-1] 자살 행동의 사회행동주의 모형: 환경–사람 체계

출처: Linehan (1981), p. 252. Copyright 1981 by Garland Publishing, New York. 승인 후 인용하였다.

생물사회 이론: 경계성 성격장애 발생에 관한 변증법 이론

개관

DBT는 성격 기능의 생물사회 이론에 근거한다. BPD는 일차적으로 정서 조절 체계의 역기능이라는 점이 주요 전제이다. BPD는 생물학적 불균형에 특정 역기능 환경 그리고 시간에 따라 이 둘이 상호작용과 변환작용을 거듭하면서 온다. BPD와 연관된 특징(1장 〈표 1-2〉와 〈표 1-5〉 참조)은 근본적인 정서 조절 문제의 결과물이자 이차 산물이다. 이와 같은 양상은 더 나아가 조절 악화의 원인이 된다. 아동기 비(非)타당 환경은 정서 조절 문제가 발생하는 데 기여한다. 이러한 환경은 아이가 각성에 어떤 이름을 붙이고 이를 어떻게 조절하는지, 정서 고통을 어떻게 감내하는지, 그리고 자기 정서 반응을 사건을 타당하게 해석한 결과물로 언제 신뢰해야 할지 가르쳐 주지 못한다.

성인이 되어 경계성 사람은 비타당 환경의 특징을 받아들인다. 따라서 자기 정서 경험을 스스로 타당하지 않다고 여기고, 외부 현실을 정확히 지각하기 위해 타인에게 의지하며, 삶의 문제를 해결하는 데 드는 노력을 과잉 단순화시킨다. 이러한 과잉 단순화는 피할 수 없이 비현실적인 목표를 만들어 내고, 최종 목적지를 향한 길에 처벌 말고 보상을 쓸 줄 모르게 하며, 이러한 목표 달성에 실패한 경우 자기 혐오를 하게 만든다. 수치심 반응은 경계성 사람이 통제할 수 없는 부정 정서에 보이는 특징적 반응인데, 이는 정서 취약성을 표현하는 사람에게 '수치를 주는' 사회 환경의 자연스러운 결과이다.

다소 다른 맥락이지만 1장에서 언급했듯이, 여기서 제안하는 개념은 Grotstein 등(1987)이 BPD가 자기 조절 장애라고 제안한 것과 유사하다. 이 장애가 각성, 주의, 수면, 기상, 자존감, 정동, 욕구와 같은 자기 상태 조절의 일차적 와해, 그리고 이러한 와해에 따른 이차적 결과물을 나타낸다는 뜻이다. Grotstein 등이 언급했듯이, BPD 이론에서 생물학 요인과 심리학 요인을 일관되게 통합한 이론은 드물다. 대부분 이론은 곧이곧대로 심리학적인데, 정신분석(예: Adler, 1985; Masterson, 1972, 1976; Kernberg, 1975, 1976; Rinsley, 1980a, 1980b; Meissner, 1984), 인지행동주의(예: Beck et al., 1990; Young, 1987; Pretzer, 1990) 혹은 생물정신의학(예: Klein, 1977; Cowdry & Gardner, 1988; Akiskal, 1981, 1983; Wender & Klein, 1981)의 산물이었다. Grotstein(1987)의 개념은 생물정신의학과 정신분석에 기반한 심리학 이론의 결합과도 같다. Stone(1987)은 유사한 통합을 시도하였다. 그는 심리학과 생물학의 두 광범위한 분야에서 정통하면서 동시에 이를 BPD 이론으로 통합하는 어려움은 마치 "아랍어와 한자어로 꼬인 문장을 번역하는 과제와 비슷하게 복잡하다."고 친절히 설명하였다(pp. 253-254).

여기 제시한 생물사회 개념화는 심리학 실험 연구에 주요 기반을 둔다. 이러한 문헌을 찾으면서 당시 나는 성격과 행동 기능, 행동과 성격의 유전 및 생리학적 기반, 기질, 기본 정서 기능, 행동에 대한 환경의 영향 등 광범위한 주제를 다루는 기본 실증 자료가 풍부하다는 점을 발견하였다. 그러나 몇몇 예외를 제외하고(예: Costa & McCrae, 1986), 이 당시 심리학의 기초 연구 문헌을 성격장애를 이해하는 데 적용하려는 시도는 거의 없었다. 이러한 실태는 아마도 그때까지 성격장애 실증 연구를 주로 정신과 의사가 수행하였고, 행동 그 자체에 대한 실증 연구(행동의 생물학적 기초 연구 포함)는 심리학자의 영역이었기 때문이라고 본다. 두 영역 사이의 거리는 매우 멀었고 서로의 문헌은 거의 읽지 않았다. 또한 두 학계의 자연스러운 연결 고리인 실증 임상심리학은 이 당시까지만 해도 성격장애에 거의 관심을 보이지 않았었다.

경계성 성격장애와 정서 조절 문제

앞서 언급했듯이, 생물사회 이론에서 BPD는 핵심적으로 정서 조절 체계의 장애이다. 정서 조절 문제는 높은 정서 취약성에 더하여 정서 조절 능력이 없는 데서 기인한다.[4] 한 사람이 정서적으로 취약한 만큼, 정서 중재는 더욱 필요하다. 이 이론에서 경계성 사람은 정서적으로 취약하고 정서 중재 기술이 없으며, 이러한 어려움에는 생물학적 선천성이라는 뿌리가 있고 이는 특정 환경 경험에 의해 가속될 수 있다는 주장이다.

과도한 정서 취약성이라는 전제는 실증 자료에 근거하는데, 이러한 자료는 유사 자살 집단과 경계성 집단이라는 전적으로 다른 표본의 연구 전통에서 발전하였다. 이러한 문헌은 1장에서 검토하였다. 요컨대, 유사 자살과 경계성 사람 모두의 정서적 풍경은 만성적인 부정적 정동 경험으로 이루어져 있다. 부적응적이고 기분 의존적인 행동을 억제하지 못하는 증상이 정의상 경계성 증후군에 포함된다. BPD의 정동 조절 문제에 관한 논의는 주로 우울–조증 차원(예: Gunderson & Zanarini, 1989)에 주목한다. 반대로 나는 '정동'을 보다 광범위한 정의로 사용하며 경계성 사람은 여러 가지(혹은 전체) 정서 반응 체계에서 조절 문제를 보인다고 생각한다. 물론 정서 조절 문제는 부정 정서에서 더 두드러지나, 경계성 사람은 긍정 정서와 그 결과물을 조절하는 데 어려움을 보이기도 한다.

정서 취약성

정서 취약성의 특징으로는 정서 자극에 대한 과민감성, 강도 높은 정서 그리고 정서 기저선으로 느린 복귀가 있다. '과민감성'이란 빠르게 반응하며 정서 반응 역치가 낮다는 뜻이다. 즉, 정서 반응을 촉발시키는 데 뭐가 많이 필요하지 않다. 보통 사람들을 건드리지

4) Kelly Koerner는 정서 조절 문제는 취약성에 더하여 정서 중재 능력이 부족한 산물로 볼 수 있다고 처음 지적하였다.

못하는 사건에 정서적으로 취약한 사람은 건드려진다. 민감한 아이는 약한 좌절이나 불허에도 정서적으로 반응한다. 성인의 경우 치료자가 주말 동안 여행을 가는 사건은 다른 환자에게는 대체로 그렇지 않지만 경계성 환자에게는 정서 반응을 일으킬 수 있다. 심리치료에 대한 함의는 내 생각에는 분명하다. 경계성 사람의 치료자나 가족이 자주 언급하는, '살얼음판을 걷는' 느낌은 이 민감성에서 비롯된다.

'강도 높은 정서'란 정서 반응이 극단적이라는 뜻이다. 정서적으로 강한 사람은 이 세상에서는 매우 드라마틱한 사람들이다. 부정적 측면에서, 헤어짐은 아주 강하고 고통스러운 비탄을 촉발할 수 있고, 누군가는 살짝 창피할 만한 일이 깊은 모욕감을 야기할 수 있고, 성가심은 격분으로 변할 수 있고, 작은 죄책감은 수치심으로 번질 수 있고, 우려는 공황 발작이나 통제할 수 없는 공포로 증폭될 수 있다. 긍정적 측면에서, 정서적으로 강한 사람은 이상주의자이며 첫눈에 사랑에 빠지는 사람들이다. 즐거움을 더 잘 느끼고, 이에 따라 영성 경험에 더 잘 응할 수 있다.

여러 연구자는 정서 각성과 강도의 증가는 주의를 협소하게 하여, 정서 관련 자극이 보다 우세해지고 자극에 더 가까이 주의하게 된다고 했다(Easterbrook, 1959; Bahrick, Fitts, & Ranin, 1952; Bursill, 1958; Callaway & Stone, 1960; Cornsweet, 1969; McNamara & Fisch, 1964). 각성이 강하고 강도가 커질수록, 주의 폭은 더 좁아진다. 임상적으로 이 현상은 경계성 사람에게 특히 특징적이다. 그러나 이러한 경향성 그 자체가 병리는 아니라는 점을 주의해야 한다. 이는 극단적 정서 각성을 겪는 모든 사람에게 나타나는 특징이다. 인지가 정서를 촉발시킨다는 이론이나 연구는 양이 엄청난 데 비해 정서가 인지에 선행한다는 이론과 연구는 상대적으로 부족한데, 이는 개인 행동이 이성 정신의 산물이라는 서구 관점 때문일 수 있다(Lewis, Wolan-Sullivan, & Michalson, 1984).

'정서 기저선으로 느린 복귀'는 반응이 오래 지속된다는 뜻이다. 중요한 점은, 모든 정서는 몇 초에서 몇 분 정도 수준으로 상대적으로 짧게 유지된다는 사실이다. 정서가 오래 지속된다는 느낌을 받는 이유는 정서 각성이나 기분이 수많은 인지 과정에 만연하게 영향을 미치고, 인지 과정은 다시 정서 상태의 활성화와 재활성화에 기여하기 때문이다. Bower와 동료들(Bower, 1981; Gilligan & Bower, 1984)은 정서 상태가 ① 정동이 물든 자료를 선택적으로 편향 회상하게 하여 회상 시 정서 상태가 학습 시 상태와 일치할 때 기억의 우세가 일어나고, ② 기분 일치 자료의 학습을 증진시키며, ③ 현재 기분에 일치하도록 해석과 환상, 투사, 자유연상, 개인 기대, 사회적 판단에 편향을 줄 수 있다는 수많은 연구를 개괄하였다. 정서는 경계성 사람에게 보다 더 자기 영속적인 측면이 있는데, 앞서 언급했듯이 이들의 정서 반응 강도가 더 크기 때문이다. 정서 각성이 높을 때 환경(치료자 행동을 포함하여)에 선택적으로 주의하게 되면, 현재 주요 기분과 일치하는 행동과 사건에만 주의하고 다른 측면은 간과하게 된다.

기분이 인지 과정에 미치는 영향은 정서가 전체 체계 반응이라는 이론 관점에서 이해할 수 있다. 현재 정서는 전체 체계를 그 입맛대로 통합시킨다. 어떤 측면에서 모든 정서가 끝이 날 수 있다는 사실이 오히려 더 놀라운데, 한번 촉발된 정서는 지속적으로 반복 활성화되기 때문이다. 정서 기저선으로 느린 복귀는 이러한 재활성화 영향을 가속화시킨다. 또한 다음 정서 자극에 대한 민감성을 더 높인다. 이러한 특징은 치료에서 매우 중요하다. 경계성 환자가 심리치료 회기로부터 회복하는 데 며칠이 필요하다고 말하는 건 그다지 드물지 않다.

정서 중재

정서 행동에 관한 연구는 정서 조절에는 두 가지 역설적 전략이 필요하다고 말한다. 우선 신경생리, 행동–표현, 감각–느낌 체계에 새겨진 개별 정서를 경험하고 이름 붙이는 법을 배워야 한다. 그다음 부정 정서가 지속되도록 이를 재활성화시키고 높이거나 이차 역기능 정서 반응을 촉발시키는 관련 정서 자극을 완화하는 법을 배워야 한다. 한번 강한 정서가 활성화되면 이어서 나타나는 기분과 일치하는 심상, 생각, 평가, 기대, 행동 등을 억제하거나 이에 개입할 수 있어야 한다.

기본 정서는 잠시 동안 일어나며 대체로 적응에 도움을 준다(Ekman, Friesen, & Ellsworth, 1972; Buck, 1984). 부정 정서를 계속 억제하거나 잘라내 버리면 수많은 역기능적 결과가 일어난다. 첫째, 억제는 정서를 일으키는 문제 상황을 방치하게 만든다. 불의 앞에서 전혀 분노를 경험하지 않는 사람은 불의한 상황을 덜 기억한다. 위험한 상황에서 두려움을 전혀 느끼지 않는다면 진짜 위험한 상황조차 피하지 않을 것이다. 관계 안에서 영향을 미치기도 전에 죄책감이나 수치심을 미리 잘라 내 버린다면 절대로 사과를 하지 않고 관계도 복구되지 못한 채 남겨질 것이다.

둘째, 부정 정서를 억제하거나 잘라 내면 정서 회피가 증폭된다. 만약 부정 정서에 대한 이차 정서 반응을 학습했다면 원래 정서는 억제되고 재학습 기회는 사라진다. 이는 탈출 학습 패러다임과 유사하다. 만약 동물이 상자에 들어설 때마다 발에 전기 충격을 주어 상자로부터 탈출하도록 학습시켰다면 이 동물은 상자에 들어서는 행동을 중단할 것이다. 그런데 이후에 전기 충격 장치를 껐다고 해도, 동물은 이 새로운 결과를 학습할 수 없다. 새로운 학습이 일어나려면 상자에 들어서야 한다. 뒤에서 언급할 비타당 환경의 가족은 마치 탈출 학습 패러다임에서 전기 충격 장치와 같다. 경계성 사람은 부정 정서 단서를 회피하고, 부정 정서-공포증을 갖게 된다. 그러나 부정 정서를 경험하지 않고서는 스스로 감정을 감내할 수 없고 표현 뒤에 처벌이 따르지 않는다는 점도 배우지 못하고 만다.

셋째, 우리는 정서 억제와 단절의 장기적 결과에 대해 알지 못한다. 이러한 연구가 몹시 필요하다. 정서 경험과 카타르시스가 부정 정서 상태의 스트레스를 줄인다는 증거가 있다. 또한 정서 카타르시스는 정서성을 줄이기보다는 높인다는 증거도 있다(이 연구의 개괄은 Bandura, 1973 참조). 어떤 조건에서 정서 경험이 치료 진전을 높이거나 방해하는지는 아직 충분히 다루지 못한 중요한 질문이다.

John Gottman과 Lynn Katz(1990)는 네 가지 정서 중재 활동 혹은 능력을 정리하였는데, 이는 다음과 같은 능력을 포함한다. ① 강한 부정 혹은 긍정 정동과 관련한 부적절한 행동 억제, ② 정동과 연관된 생리적 각성의 자기 조절, ③ 강한 정동 상태에서 주의 재집중, ④ 기분에 의존하지 않고 외부 목표를 향해 스스로를 정비하여 행동 조율하기.

정서 연관 행동을 변화시키거나 이에 저항함으로써 정서 경험을 변화시키고 중재하는 원리는 행동주의 노출 치료 기법의 중요한 기저 원리이다. 기분에 따른 부적절한 행동은 직접적으로 정서성을 높일 뿐만 아니라, 원치 않는 다른 정서를 촉발시키는 결과를 초래한다. 삶은 외부 목표를 향해 조율하는 행동을 바탕으로 앞으로 진전한다. 이러한 행동은 긍정 정서를 높이는 장기적 잠재력을 지니며, 스트레스를 줄이고, 따라서 정서 취약성을 완화한다. 더하여, 이러한 행동은 기분에 따른 행동에 반대되는 행동으로, 스스로를 다르게 느낄 수 있도록 해 준다. 11장에서 구체적으로 이 원리를 다루겠다.

생리적 각성을 변화시킴으로써 정서를 변화시키는 원리는 여러 정서 변화 전략의 바탕이다. 예를 들어, 공황을 치료할 때 쓰는 이완 치료(탈민감화 포함), 약물, 호흡 훈련이 있다. 정동과 연관된 생리 각성을 중재할 수 있다면 분노나 두려움 같은 정서와 연관된 높은 각성을 완화할 수 있는 데 더하여, 다른 슬픔이나 우울과 같은 정서와 연관된 낮은 각성을 높일 수 있을 것이다(즉, 말하자면 힘을 붙이는). 대체로 그럴 기분이 아니라 할지라도 활동을 불러일으키는 능력이 필요하다. 예를 들어, 우울증에서 인지치료의 기본 기법은 활동 일정표 짜기이다.

정서 자극에 대한 접촉을 조절하기 위해 주의를 통제하는 역할이 중요하다는 언급은 무수히 많았다(예: Derryberry & Rothbart, 1984, 1988). 긍정 자극으로 주의를 돌리면 긍정 각성과 정서를 높이거나 유지할 수 있고, 부정 정서로부터 주의를 전환하면 부정 각성과 정서를 낮추거나 감당할 수 있다. 따라서 서로 관련 있으면서도 구분되는 과정(Posner, Walker, Friedrich, & Rafal, 1984)인 주의 집중과 주의 전환을 잘 통제할 수 있는 사람들은 정서 반응을 더 잘 조절한다. 주의 통제에 관한 개인차는 생애 초기부터 두드러지고(Rothbart & Derryberry, 1981), 성인기에서도 안정적인 기질 특성으로 나타난다(Keele & Hawkins, 1982; Derryberry, 1987; MacLeod, Mathews, & Tata, 1986). Nolen-Hoeksema(1987)는 스트레스 하에서 주의 반응 방식에 성별 차이가 있다고 제안하였는데, 이 자료에 따르면 앞선 언급은 흥미롭다. 이에 따르면 우울한 상태에서 여성은 남성보다 반추 반응을 더 많이 한다. 우울 기분에 대한 반추는 우울을 더 악화시키는 우울한 해석을 유발하고, 미래 과제에 무력감은 더욱 커진다(Diener & Dweck, 1978). 반대로 남성은 주의 전환 행동을 더 많이 하면서 우울한 기분을 꺾으려 한다. 경계성 사람이 겪는 중요한 정서 조절 문제 중에 부정적이거나 정서적으로 민감한 자극으로부터 주의 전환하는 능력에 문제가 있다는 가설은 합당해 보인다.

생물학적 토대

BPD 정서 조절 문제의 기제는 분명하지 않지만 변연계 활동이나 주의 통제의 어려움은 중요할 수 있다. 정서 조절 체계는 복잡하여 모든 경계성 사람에게서 하나의 요인이 역기능을 일으켰다고 생각할 이유는 없다. 생물학적 원인이라 함은 아마도 유전의 영향에서부터 뇌와 신경계 발달에 영향을 미치는 자궁 내 환경의 불리한 사건이나 초기 아동기 환경의 영향을 아우를 것이다.

Cowdry 등(1985)은 정서 조절과 연관된 두뇌 체계인 변연계 활성화에서 어떤 경계성 사람은 역치가 낮다고 보고하였다. 특히 복합 부분 발작, 통제 불능 삽화 그리고 BPD 사이의 증상 중첩을 언급하였다. 경계성 사람에게 변연계 영역에 신경생리학적 영향을 주는 항경련제(카바마제핀)를 처방했을 때 나타나는 긍정적 효과는 이러한 언급을 한 번 더 지지한다(Gardner & Cowdry, 1986, 1988).

다른 연구자들은 BPD 환자는 우울 환자 통제 집단에 비해 뇌전도(EEG) 이상이 더 많다고 보고하였다(Snyder & Pitts, 1984; Cowdry et al., 1985). Andrulonis와 동료들(Andrulonis et al., 1981; Akiskal et al., 1985a, 1985b)은 신경학적 역기능과 BPD를 연결하고자 시도했다. 그러나 비교 집단을 두지 않아 결과를 해석하기는 어렵다. 반대로 Cornelius 등(1989)은 경계성 환자를 다른 다양한 정신과 장애를 보이는 환자와 비교한 여러 연구를 개괄하였다. 일반적으로 EEG 차이는 나타나지 않았고, 지적장애, 뇌전증 혹은 신경학적 장애의 가족력에 차이가 없었고, 주요 인지 기능 종합 평가에서 차이가 없었으며, 전반적인 신경 발달력에서도 차이가 없었다. 흥미롭게, Cornelius 등은 경계성 환자에게서 나타나는 경계성 유형 행동의 이른 발병을 암시하는 자료를 보고했다. 예를 들어, 아동기 분노 발작이나 머리 흔들기, 머리 찧기가 있었던 아이들은 이후 우울이나 조현증보다는 BPD로 진단받은 사람이 더 많았다.

행동에 대한 생물학적 영향을 확증하고자 시도하는 다른 연구 전략으로 연구 집단의 가족 구성원에서 다양한 행동 역기능을 비교하는 방법이 있다. 경계성 환자의 일차 친족에서 정동 장애(Akiskal, 1981; Andrulonis et al., 1981; Baron, Gruen, Asnis, & Lord, 1985; Loranger, Oldham, & Tulis, 1982; Pope et al., 1983; Schulz et al., 1986; Soloff & Millward, 1983; Stone, 1981), 연극성 또는 반사회성 성격처럼 밀접히 연관된 성격 특질(Links, Steiner, & Huxley, 1988; Loranger et al., 1982; Pope et al., 1983; Silverman et al., 1987), 그리고 경계성 성격장애(Zanarini, Gunderson, Marino, Schwarts, & Frankenburg, 1988)의 유병률이 통제 집단의 친족에서보다 높았다. 그러나 많은 연구는 다른 관련 특징을 통제했을 때 유사한 관련성을 발견하지 못했다(이 문헌에 관한 개괄은 Dahl, 1990 참조). Torgerson(1984)의 쌍둥이 연구는 유전 모형보다는 심리사회 모형을 더 지지한다. 경계성 사람의 특정 기질과 유전 혹은 생물학적 원인을 연결하고자 시도하는 연구는 적다. 따라서 이러한 연구가 몹시 필요하다.

그러나 유전 이외 요인도 정서 조절 체계에서 신경생리학 기능을 결정하는 데 마찬가지로 중요할 수 있다. 예를 들어, 자궁 내 환경의 특징은 태아 발달에 핵심이라는 사실을 우리는 알고 있다. 나아가 이러한 특징은 이후 행동 양상에 영향을 미친다. 몇 가지 예시로 설명할 수 있다. 태아기 알코올 증후군은 지적장애와 과잉행동, 충동성, 주의 분산, 성마름, 발달 지연, 수면 장애를 보이는데, 이는 모체의 과잉 알코올 섭취와 관련이 있다(Abel, 1981, 1982). 약물 중독 어머니의 아기에게서 유사한 역기능을 발견할 수 있다(Howard, 1989). 임신 중 엄마가 경험하는 환경 스트레스가 아동의 이후 발달에 해로운 영향을 미칠 수 있다는 증거는 점차 늘어나고 있다(Davids & Devault, 1962; Newton, 1988).

출생 후 경험 역시 중요한 생물학적 결과를 일으킬 수 있다. 극단적 환경 사건과 조건이 신경 구조를 바꿀 수 있다는 근거는 잘 확립되어 있다(Denneberg, 1981; Greenough, 1977). 마찬가지로, 정서 행동과 관련된 신경 구조와 기능도 환경 경험의 영향을 받는다는 사실을 의심할 이유는 없다(개괄은 Malatesta & Izard, 1984 참조). BPD 사람의 아동기 성학대 경험 비율을 놓고 보자면 환경이 주는 외상과 정서 조절의 관련성은 특히 분명하다. 이는 이 장 후반에서 다루겠다.

경계성 성격장애와 비타당 환경

경계성 성인의 기질에 관한 상은 Thomas와 Chess(1985)가 설명한 '까다로운 아이'와 유사하다. 유아의 기질 특성에 관한 연구에서 이들은 "생물학적 기능 조절 문제, 새로운 자극에 대한 부정적 회피 반응, 변화에 적응하지 못함 혹은 느린 적응 그리고 대체로 부정적인 강한 기분 표현을 보이는 사람"을 까다로운 아이라고 하였다(p. 219). 연구에서 이 집단은 표본의 약 10%를 차지하였다. 그러나 명백히, 기질 문제를 보인 모든 아동이 자라서 BPD 기준을 만족하지는 않았다. Chess와 Thomas(1986)가 연구한 까다로운 아이의 대다수(70%)는 아동기에 행동 장애가 있었지만 대부분은 청소년기가 되어서 개선을 보이거나 회복하였다. 더하여, Chess와 Thomas가 지적했듯이 원래 까다로운 기질이 없었던 아이도 자라면서 이를 습득할 수 있었다.

Thomas와 Chess는 아이와 환경 사이의 '양호한 적합성' 혹은 '적합성 문제'가 이후 행동 기능을 이해하는 데 핵심이라고 제안하였다. 양호한 적합성은 아이 환경의 자원과 기대, 요구가 아이 개인의 능력, 특징, 행동 양상과 조화로울 때 생긴다. 그 결과, 최적의 발달과 행동 기능이 나타날 수 있다. 반대로 적합성 문제는 환경 기회와 요구 그리고 아이 능력과 특징 사이에 괴리와 부조화가 있을 때 생긴다. 이 경우 발달 왜곡과 기능 부적응이 결과로 나타난다(Thomas & Chess, 1977; Chess & Thomas, 1986). BPD 발현을 이해할 때 핵심은 바로 이 '적합성 문제'에 있다고 나는 생각한다. 그렇다면 이 특정 장애로 이어지는 '적합성 문제' 환경이란 어떤 환경인가? 나는 '비(非)타당 환경$_{\text{invalidating environment}}$'이 BPD 악화를 촉진할 가능성을 높인다고 제안한다.

비타당 환경의 특징

사적 경험을 소통하려 할 때 변덕스럽고 부적절하고 극단적인 반응이 돌아오는 환경이 비타당 환경이다. 다시 말해, 사적 경험을 표현했을 때 타당하다는 인정을 받지 못한다. 대신에 처벌받거나 하찮은 취급을 당한다. 고통스러운 정서 경험뿐만 아니라, 당사자 입장에서 정서적 고통과 연관돼 보이는 요인조차 무시당한다. 자기 행동에 대한 당사자의 해석, 행동의 의도와 동기 경험은 묵살당한다.

비타당화에는 두 가지 주요 특징이 있다. 첫째, 당사자의 자기 경험에 대한 설명이나 분석, 특히 정서의 원인에 대한 관점, 생각, 행동이 다 틀렸다고 말한다. 둘째, 당사자의 경험은 사회적으로 받아들일 수 없는 그의 성격이나 특질에 원인이 있다고 말한다. 환경은 그가 느끼지 않는다고 해도 느낀다고("너 화났는데 왜 인정 안 해?"), 아니라고 말해도 좋아하거나 선호한다고(그 유명한 말, "그녀가 아니라고 하면 예라는 뜻이다."), 혹은 하지 않았다고 말해도 했다고 주장한다. 부정 정서 표현은 과잉반응성, 과잉민감성, 편집증, 사건에 대한 왜곡된 관점, 긍정적인 태도를 갖추는 데 실패한 특질 때문이라는 식이다. 의도치 않게 다른 사람에게 부정적이거나 고통스러운 결과를 준 행동을 하면 적대하고 조정하려는 동기가 있었다고 해석된다. 실패하거나 사회가 정의한 성공으로부터 이탈되면 동기 결여, 규율 결여 혹은 노력하지 않았기 때문이라는 꼬리표가 붙는다. 긍정 정서 표현, 신념 그리고 행동 계획은 무분별함, 허술함, 과잉 이상화 혹은 미성숙이라고 해석한다. 어떤 경우에서도 사람의 사적 경험과 정서 표현은 사건에 적절한 반응이라고 타당성을 인정받지 못한다.

정서를 비타당화하는 환경은 대체로 부정 정동의 표현을 감내하지 못한다. 최소한 정서를 인정하는 공식적 사건이 없다면 더 그렇다. 여기서 전하는 태도는 마치 "너는 너 스스로 일어나야 해." 하는 식과 비슷하다. 마치 누구라도 열심히 노력하면 이룰 수 있다는 믿음 같다. 개인의 숙달과 성취가 높이 평가받는다면 정서 표현을 통제하고 환경에 대한 요구를 제한하려는 측면에 한해서이다. 이러한 환경에서 비타당화를 일삼는 사람들은 자기 관점을 열렬히 드러내고 자기와 같은 관점을 따르지 못하는 사람에게 적극적으로 실망을 표현한다. 행복에 높은 가치가 매겨지고 역경 속에서도 최소한 웃을 줄 알아야만 한다. 어떤 목표도 달성할 수 있다는 믿음, 혹은 적어도 희망이 없을 때에도 절대로 '포기'하지 않음, 그리고 무엇보다 모든 문제를 극복할 수 있는 '긍정적 정신 상태'의 힘은 높은 점수를 받는다.

이러한 기대에 부흥하지 못하는 실패는 못마땅함과 비난으로 이어지고, 사람들은 태도를 바꾸려고 시도하거나 강요하려 한다. 이러한 환경에 사람이 요구할 수 있는 부분은 매우 제한되어 있다. 이러한 양상은 재발률이 높은 우울장애 혹은 조현병을 지닌 사람의 가족에게서 나타나는 높은 수준의 '표현된 정서$_{\text{expressed emotion}}$' 양상과 유사하다(Leff & Vaughn, 1985). 표현된 정서에 관한 연구는 이러한 가족 양태가 취약한 개인에게 매우 강한 영향을 미친다고 보았다. 여기서 '표현된 정서'는 비난과 과잉간섭을 뜻한다. 이 두 가지 측면을 포함하여, 나의 설명은 사람이 실제 어떤 상태인지는 무시하는 측면을 추가로 강조한다. 환경 속 타인이나 양육자의 행동 결과는 개인의 경험을 비타당화할 뿐만 아니라 개인의 필요에 반응하지 않는다.

이게 무슨 뜻인지를 더 잘 알려 줄 수 있는 몇 가지 임상 사례가 있다. 알코올 중독과 빈번한 심각한 자살 시도의 과거력이 있는 경계성 여성과의 가족 회기 동안, 그의 아들은 왜

엄마가 자신이나 형제 혹은 아버지처럼 문제들을 그냥 '내려놓지' 못하느냐고 말했다. 내 연구 프로젝트의 꽤 많은 환자는 부모의 반대로 심리치료에 들어서지 못했다. 수차례 입원했던 18세 환자는 자신을 해치는 시도를 여러 번 했고, 과잉행동과 읽기 장애가 있었으며, 마약 문화에 깊이 빠져 있었지만, 매번 집단 회기가 끝나면 부모로부터 치료는 필요 없고 진정 원한다면 스스로 알아서 일어서야 한다는 말을 들었다. 그의 아버지는 "문제를 말하기 시작하면 더 악화될 뿐이다."라고 말했다. 어떤 환자는 어릴 때 놀다가 다쳐서 울면, 엄마는 '진짜' 울 만한 이유를 주겠다고 말했다. 계속 울면 엄마는 때렸다.

비타당 환경의 결과

비타당 환경의 결과는 다음과 같다. 첫째로, 정서 표현을 타당화하는 데 실패하면서 아이는 일반적으로 같은 사회에 속한 사람이 비슷한 경험을 할 때 하는 방식처럼 사적 경험이나 정서에 이름 붙이는 법을 배울 수 없다. 또한 정서 각성을 중재하는 법을 배우지 못한다. 정서적으로 취약한 아이의 문제가 드러나지 못하기 때문에, 문제를 해결하기 위한 노력은 거의 이루어지지 않는다. 아이는 보통 어떻게 하면 되는지 가르침을 받지는 못한 채로 정서를 통제하라는 말을 듣는다. 마치 다리가 없는 아이에게 의족조차 주지 않고 걸으라고 하는 것 같다. 아이의 어려움을 수용하지 않거나 과도하게 단순화시킴으로써 필요했을 관심, 지지 그리고 열심히 훈련해 볼 경험을 박탈한다. 따라서 아이는 정서 반응에 적절히 이름을 붙이거나 통제하는 방법을 배울 수 없다.

둘째로, 삶의 문제를 쉽게 해결할 수 있다고 과잉 단순화하는 환경에서 아이는 고통을 감내하거나 현실적인 목표와 기대를 세우는 법을 배울 수 없다.

셋째로, 비타당 환경에서 도움을 끌어내기 위해서는 극단적인 정서 표현이나 극단적 문제가 필요한 경우가 있다. 따라서 사회적 수반물은 극단적 정서 반응을 발달시킨다. 부정 정서의 소통을 일관성 없게 처벌하거나 극단적이고 강도 높은 정서 표현을 간헐적으로 강화시킴으로써 한편으로 환경이 아이에게 정서 억제와 극단적 정서 상태를 왔다 갔다 하도록 가르치는 셈이다.

마지막으로, 이러한 환경에서 아이는 자신의 정서와 인지 반응이 개별 사건이나 상황에 따른 타당한 해석이라고 신뢰하는 법을 배울 수 없다. 대신에 비타당 환경은 아이가 자기 경험을 적극적으로 타당하지 않게 여기도록 하고, 어떻게 생각하고 느끼고 행동해야 할지에 대한 단서를 사회 환경에서 찾게끔 가르친다. 최소한 스스로를 믿는 능력은 매우 중요하다. 혹은 스스로를 믿지 말자는 자기 결정이라도 믿을 수 있어야 한다. 따라서 비타당은 사실상 매우 힘든 경험이다. 타당함을 인정받지 못하는 사람들은 비타당 환경을 떠나거나, 환경의 기대에 맞추어 자기 행동을 바꾸려 시도하거나, 혹은 스스로를 타당하다고 증명하여 환경의 비타당을 감소시키려고 한다. 만약 사람이 환경을 떠나지 못하고 환경 혹은 자기 행동을 환경의 요구에 맞추어 바꿀 수 없을 때 바로 경계성 딜레마가 발생한다.

이러한 환경에서 성인이 되면 BPD보다는 의존성 성격장애로 나타날 것이라고 생각할 수 있다. 만약 아이의 정서 취약성이 덜하다면 그럴 수 있다. 그러나 아이의 정서 강도가 높으면, 환경에서 들어오는 비타당화 정보는 아이의 정서 반응에서 오는 강한 메시지와 거의 항상 경합을 벌인다. "네가 나에게 한 행동은 사랑에서 왔다고 말하지만, 상처 입은 내 감정, 공포, 분노는 그게 사랑이 아니라고 말해. 너는 내가 할 수 있다고 별일이 아니라고 말하지만, 나는 할 수 없고 별일이 맞고 그래서 미칠 것 같아."

정서적으로 취약하고 타당화받지 못한 사람들은 우리 사회에서 체중이 높은 사람이 느끼는 비슷한 결박을 느낀다. 비만인 사람에게 문화(매체에서 등장하는 체중 감소 광고 포함)는, 그리고 체중이 낮은 가족 구성원은 살 빼는 건 쉽고, 의지만 들이면 줄일 수 있다고 계속해서 말한다. 문화에서 규정한 이상을 넘는 체중에 대해서 탐욕스럽고, 게으르거나, 규율을 못 지키는 사람이라고 생각한다. 그러나 수많은 다이어트, 다이어트 중에 일어나는 강한 식욕, 마른 몸을 유지하기 위해 필요한 괴력, 적은 칼로리에도 한 번에 돌아오는 체중은 다른 메시지를 전한다. 체중이 높은 사람은 이러한 이중 메시지에 어떻게 반응해야 하는가? 한편으로는 다이어트와 강한 규율, 그리고 다른 한편으로는 포기하고, 내려놓고, 다이어트를 거부하는 사이를 오가게 된다. 다이어트를 하는 사람이 겪는 요요 현상은 경계성 사람에게서 나타나는 정서 동요와 유사하다. 어떤 정보도 마음 편히 무시할 수 없다.

성차별주의 변주: 비타당 환경의 전형

여성에게서 BPD 유병률이 높기 때문에, 원인론에서 성차별주의가 차지할 가능성을 탐색해야 한다. 분명 성차별주의는 우리 문화 모든 여성에게 중요한 비타당화 원천이다. 그러나 분명히 모든 여성이 경계성을 보이지는 않는다. 마찬가지로 취약한 기질을 지닌 모든 여성이 어떤 형태로든 성차별주의에 노출되지만 모두 경계성을 보이지는 않는다. BPD 원인론에서 성차별주의가 차지하는 영향은 취약한 아이의 다른 특징 그리고 아이를 양육하는 가족 안에서의 성차별 정황에 따라 달라질 것으로 생각한다.

성학대 가장 극단적 형태의 성차별주의는 물론 성학대이다. 여성이 성학대를 겪는 위험은 남성보다 약 2~3배 높다(Finkelhor, 1979). BPD 진단 기준에 맞는 여성에게서 나타나는 아동기 성학대 과거력 발생률은 이 장애의 원인론에서 중요한 요인으로 무시할 수 없다. Stone(1981)이 12명의 경계성 입원 환자를 평가했을 때, 9명인 75%가 친족 강간 과거력을 보고했다. Bryer, Nelson, Miller, Krol(1987)에 따르면 아동기 성학대 경험 비율이 다른 정신과 입원 환자에서 34%였던 데 비해, BPD 입원 환자에서는 86%였다. 경계성 외래 환자 67~76%는 아동기 성학대를 보고하였고(Herman, Perry, & van der Kolk, 1989; Wagner, Linehan, & Wasson, 1989), 이에 비하여 경계성이 아닌 환자에서는 26%가 보고하였다(Herman et al., 1989). Ogata, Silk, Goodrich, Lohr, Westen(1989)에 따르면 경계성 환자는 71%가 아동기 성학대를 보고하였고, 주요우울 환자 통제 집단은 22%가 보고하였다.

역학 자료에서 여아는 남아에 비교했을 때 신체 학대의 경험 비율이 더 높지는 않지만, 한 연구에서 경계성 환자의 아동기 신체 학대 보고 비율(71%)이 경계성 아닌 환자들(38%)에 비해 높았다(Herman et al., 1989). 나아가 신체 학대와 성학대 사이에 정적 연관성이 있었는데(Westen, Ludolph, Misle, Ruffin, & Block, 1990), 이는 성학대 위험이 높다면 신체 학대 위험도 높아진다는 점을 제안한다. Bryer 등(1987)은 초기 성학대가 BPD 진단을 예측했지만, 성학대와 신체 학대를 합쳤을 때는 그렇지 못했다고 보고하였다. Ogata 등(1989)은 경계성이 있는 우울한 환자에게서 유사한 신체 학대 비율을 보고하였다. 그렇다면 성학대는 다른 유형의 학대와는 달리 BPD와 보다 밀접하게 연관될 수 있다. 관련성을 명료히 하려면 더 많은 연구가 필요하다.

아동 성학대와 자살(유사 자살 포함) 행동 사이에도 유사한 연관성이 있다. 이러한 학대의 피해자는 피해를 받지 않은 사람에 비해 학대 후 자살 시도 비율이 높았다(Edwall, Hoffmann, & Harrison, 1989; Herman & Hirschman, 1981; Briere & Runtz, 1986; Briere, 1988). 이들 피해자의 55%는 자살 시도를 지속한다. 나아가 성학대를 경험한 여성은 의학적으로 더 심각한 유형의 유사 자살 행동을 보인다(Wagner et al., 1989). Bryer 등(1987)은 아동기 학대(성학대와 신체 학대 모두)가 성인기 자살 행동을 예측한다고 발견하였다. 자살 사고나 유사 자살을 보이는 사람은 이러한 행동이 없는 환자에 비해 아동기에 세 배 더 학대를 겪었다.

아동 학대는 보통 사회적 스트레스원으로 다루어지지만, 정서 조절에서 생리적 취약성의 원인으로서는 덜 여겨진다. 학대는 취약한 기질을 지닌 사람에게 병리를 일으킬 뿐만 아니라 중추신경계에 변화를 줌으로써 정서 취약성을 '일으킬' 수 있다. Shearer, Peters, Quaytman, Ogden(1990)은 끝없는 외상이 변연계의 생리를 변형시킬 수 있다고 제안하였다. 따라서 심각한 만성 스트레스는 각성, 정서 민감성 그리고 다른 기질 요인에 지속적인 악영향을 줄 수 있다.

우리 문화에서 일어나는 성학대는 아마도 아동기에 일어나는 극단적 비타당의 가장 분명한 예일 터이다. 전형적인 성학대 사례에서 피해자는 추행이나 성행위가 '괜찮다'는 말을 듣지만 동시에 아무에게도 말하면 안 된다는 말도 듣는다. 다른 가족 구성원은 학대를 거의 알아채지 못하고, 만약 아이가 학대를 말한다 하더라도 믿어 주지 않거나 오히려 비난할 위험이 있다(Tsai & Wagner, 1978). 유사하게, 학대자는 아이에게 신체 학대가 사랑의 행위라고 표현하거나 학대를 정당화한다. 어떤 임상가는 성학대의 은폐가 이어지는 BPD와 가장 밀접한 요인이라고 말하기도 했다. Jacobson과 Herald(1990)의 연구에서 주요 아동기 성학대를 경험한 18명의 정신과 입원 환자 중 44%는 누구에게도 경험을 드러내지 않았다고 보고했다. 성학대 피해자에게 수치심은 보편적이고(Edwall et al., 1989), 학대를 드러내지 못하는 이유가 될 수 있다. BPD에 기여하는 요소로서 성학대에 놓인 비타당화를 배제하기 어렵다.

부모의 유아 반영 최적의 정서 발달에서 부모가 유아의 정서 표현 행동을 반영하는 경향은 중요한 요인을 차지한다(Malatesta & Haviland, 1982). 반영 실패는 타당화 실패이고 비일관적인 반영은 그 자체로 비타당화인데, 이는 최적 발달 저하와 관련이 있다. 흥미롭게도, BPD 유병률의 성별 차이 측면에서 엄마는 딸보다는 아들의 미소에 더 반응하고, 아들의 표현을 더 반영하는 경향이 있었다(Malatesta & Haviland, 1982).[5]

의존과 독립: 여성을 비타당화하는(그리고 여성에게 불가능한) 문화적 이상 여성과 남성의 대인관계 양상에서 나타나는 큰 차이를 확증하는 연구 자료는 엄청나다. Flaherty와 Richman(1989)은 영장류 행동과 진화, 발달 연구, 부모성, 성인기 사회 지지와 정신건강에 관한 상당한 자료를 개괄하였다. 이들은 유아기부터 시작하는 다양한 사회화 경험을 통해 남성보다 여성이 관계 영역에서 정서적으로 더 연결되고 정서를 더 잘 지각하게 된다고 보았다. 다른 이들로부터 사회적 지지를 받는 경험과 개인의 웰빙 사이의 관련성, 그리고 역으로 사회적 지지 문제와 신체 증상 호소, 우울, 불안 사이의 관련성은 남성보다는 여성이 더 강하다. 즉, 사회적 지지는 남성에게는 정서 기능과 그다지 밀접한 관련성이 없는 반면, 여성의 정서적 안녕과는 높은 상관을 보인다. 특히 Flaherty와 Richman(1989)의 연구에서

5) Gerry Dawson과 Mark Greenberg는 이 자료와 비타당성과의 관련성을 내게 알려 주었다.

사회적 지지의 친밀감 요인은 여성에게서 웰빙과 가장 밀접한 관련을 보였다. Kelly Egan과 나는 여성과 주장성에 관한 연구를 개괄하면서, 여성은 집단이나 양자 관계에서 문제를 해결하거나 타인을 설득하는 등의 과제 목표를 달성하기보다 관계를 유지하는 목표를 더 강조하는 일관된 행동 특징이 있다고 결론 내렸다(Linehan & Egan, 1979).

적응을 잘 하는 여성에게서 대인관계 유대와 사회적 지지가 중요한(당연히 핵심적인) 차원이라는 점이 두드러지는 와중에 이러한 질문을 해 볼 수 있다. 만약 여성에게 필요한 사회 지지가 주어지지 않거나, 사회적 지지에 대한 욕구 자체가 건강하지 않다고 주입받으면 어떤 일이 벌어질까? 그런 상황이 실제 있는 것 같다. 예외 없이 대체로 남성과 여성 모두에게서 대인관계 독립성은 '건강한' 행동의 이상처럼 극찬받는다. 대인관계 의존이나 타인에게 의지하는 것 같은 여성성의 특징은 앞서 언급했듯이 여성의 정신건강과 정적 상관을 보이는데, 동시에 정신적으로 '건강치 못한' 상태로 취급받는다(Widiger & Settle, 1987). 우리는 독립에 너무 많은 가치를 부여하여 사람이 과도하게 독립적인 데서 온 문제는 생각하지 못한다. 예를 들어, DSM에 '의존성 성격장애'는 있지만, '독립성 성격장애'는 없다.

개인의 독립성을 정상 행동으로 강조하는 문화는 서구에서 고유하고 만연하다(Miller, 1984; 이 문헌의 개괄은 Sampson, 1977 참조). 사실상 여성적 행동이라는 정상 행동은 대인관계 영역에서는 서구 문화 가치와 충돌한다고 볼 수 있다. 그렇기 때문에 많은 여성이 독립과 의존 사이에서 갈등을 경험한다. 여성의 대인관계 양상과 서구 문화에서 성인 행동의 사회화나 가치 기준 사이에 '적합성 문제'가 있다. 병리라는 이름이 공동체와 대인관계 의존의 가치로부터 점차 멀어지는 사회에게 붙는 게 아니라, 갈등을 겪는 여성에게 붙는다니 기이한 일이다.

여성성과 편향 남성이라면 보상을 받지만 여성이 가졌다면 무시당하거나 타당성을 인정받지 못하는 재능을 가진 여성과 아이에게 성차별주의는 심각한 문제이다. 예를 들어, 기계를 다루는 능력, 스포츠에서 성취, 수학과 과학에의 흥미, 논리적이고 과제 지향적인 사고는 여성보다는 남성이 지녔을 때 더 높이 평가받는다. 이러한 특징을 지닌 여성의 자부심이나 성취감은 쉽게 평가 절하받는다. 남성이 지녔을 때 가치 있다 하는 재능은 있는데 여성이 지녔을 때 가치 있다 하는 재능과 흥미(예: 매력적인 외모에 대한 관심, 가정을 돌보는 기술 등)는 없다면 더 심각한 상황이 벌어진다. 이 상황에서 여아는 자신의 재능으로 보상을 받지 못하는 데 더하여 '여성적이지 못한 행동'을 보이거나 '여성적인' 행동을 보이지 못했다고 처벌받는다. 아동 행동이 기질 특성과 연결되어 있다면 더 큰 곤란에 빠진다. 예를 들어, 상냥함, 부드러움, 따뜻함, 타인에 대한 반응성, 공감, 돌봄과 위로와 같은 특징은 '여성성'과 관련된 특징으로 높이 평가받지만(Widiger & Settle, 1987; Flaherty & Richman, 1989), 이는 까다로운 기질과 밀접하지 않다.

만약 여아가 여성에 대한 문화적 이상에 부합하지 못하는 특징을 지녔다고 처벌받을 때 남자 형제가 같은 행동으로 처벌받지 않거나 다른 자매가 여성성의 기준을 쉽게 따른다면, 삶은 더 힘들어진다. 이러한 상황의 불의를 놓치지 말아야 한다. 문화 전반에 유사한 가치가 퍼져 있기 때문에 가정 밖의 환경 역시 이 문제를 완화하기 위한 노력을 하지 않는다. 이러한 환경에서 아이가 어떻게 스스로 분명 문제가 있다는 생각 없이 자랄 수 있을지는 상상하기 어렵다.

나의 임상 경험에서 이러한 상황은 경계성 환자에게 보편적이다. 우리 클리닉에서 남성에게서는 높이 평가받지만 여성에게서는 그렇지 못한, 기계 공학이나 지성을 추구하는 등 재능을 지닌 수많은 여성을 보았다. 우리 경계성 치료 집단 사람은 모두 여성이고, 어렸을 때 여성적이기보다 남성적으로 보이는 흥미나 재능 때문에 겪었던 어려움에 관한 논의가 아주 흔한 주제이다. 또 다른 공통의 경험으로는 여아보다 남아를 더 중히 여기는 가정에서 성장한 경험 혹은 남아에게 자유와 특권이 더 많고 행동에 대한 처벌은 덜하여 여아로서 느꼈던 비탄 경험이다. 분명 성차별은 사실이지만, 내가 논의한 성차별과 BPD의 관련성은 가설에 그친다. 이 지점에서 더 많은 연구 자료가 필요할 뿐이다.

비타당 가족의 유형

우리 클리닉에서 나와 동료들은 환자들이 경험한 세 가지 유형의 비타당 가족을 관찰하였다. '혼돈' 가족, '완벽한' 가족 그리고 덜 흔하지만 바로 '전형적' 가족이다.

혼돈 가족 혼돈 가족에는 물질 남용, 경제 문제 혹은 보호자가 집에 자주 없거나 하는 많은 문제가 있다. 어떤 경우에서도 아이를 위한 시간이나 관심이 주어지지 않는다. 예를 들어, 나의 환자 중 한 명은 부모가 대부분 오후와 저녁 시간 때는 동네 술집에 있었다. 남겨진 아이들은 매일 텅 빈 집으로 하교하여 아이들끼리 식사를 챙기고 저녁 시간을 단속해야 했다. 가끔은 밥을 먹으러 할머니 집으로 가곤 했다. 부모는 집에 있을 때에도 아주 불안정했다. 아버지는 때로 술에 취했고 아이들의 필요를 거의 감당하지 못했다. 이러한 가정에서 아이의 필요는 무시당하고 나아가 타당화받지 못한다. Millon(1987a)은 혼돈 가족의 증가가 BPD 유병률 증가의 원인일 수 있다고 제안하였다.

완벽한 가족 '완벽한' 가족에서 부모는 어떤 이유로든 아이의 부정 정서 표현을 감당하지 못한다. 여러 요인이 원인이 되어 이러한 입장이 되는데, 부모에게 다른 요구가 너무 많거나(자녀 수가 너무 많거나 직무 스트레스가 많거나), 부모가 부정 정서를 감내하는 능력이 없거나, 자기중심적이거나, 까다로운 기질의 아이를 버릇 나쁘게 키울지 모른다는 막연한 두려움 때문일 수 있다. 내 경험으로 이러한 가족에게 경계성 가족 구성원에 대해 어떻게 느끼는지 직접 물어보면, 이들은 상당한 동정을 표현한다. 그러나 의도하지 않았을지라도, 이들 구성원은 계속 비타당화의 태도를 표현한다. 예를 들어, 경계성 가족 구성원이 '자기 감정을 통제 못한다'고 놀라움을 표현하는 식이다. 어떤 가족은 딸의 심각한 문제는 딸이 기도를 더 한다면 치유될 수 있다고 말하기도 했다.

전형적 가족 나는 초반에 관찰했던 비타당 환경 양상을 일컬어 '미국식 증후군'이라고 불렀다. 미국 문화에서 너무 흔한 가족이기 때문이었다. 그러나 독일에서 강의를 하다 보니 나의 독일 동료들이 '독일식 증후군'이라고 불러도 괜찮겠다고 말해 주었다. 이는 일반적인 서구 문화의 산물일 수 있다. 수많은 정서 이론가는 서구 사회가 정서의 인지적 통제를 강조하고 성공의 척도로 성취와 숙달을 강조하는 경향성이 있다고 언급했다. 서구 문화에서 개별화된 자기는 자기와 타인 사이의 날카로운 경계를 기준으로 정의 내려진다. 이러한 관점을 지닌 문화에서 성숙한 사람은 외부 힘에 의해서보다는 내적 힘을 통해 행동을 통제한다고 가정한다. 이 맥락에서 '자기 통제'는 내적 단서와 자원을 사용하여 스스로 행동을 통제하는 사람의 능력을 뜻한다. 스스로를 이와 다르게 정의하면, 예를 들어 자기를 타인과의 관계 속에서 정의하면, 혹은 장 의존적field-dependent이면, 미성숙하거나 병리적이라거나 혹은 건강이나 조화로운 사회 기능에 해롭다는 소리를 듣는다(Perloff, 1987). (개별 자기에 관한 이러한 관념은 서구 문화에 만연하지만, 범문화적으로나 심지어 서구 문화 내에서도 이는 보편적이지 않다.)

비타당 가족에서 한 가지 핵심을 반드시 기억해야 한다. 어떤 범위 안에서는 비타당화하는 인지 양상이 모두에게 혹은 모든 맥락에서 해롭지는 않다. 기질적으로 맞는 사람이거나 태도나 정서 통제를 배울 수 있는 사람에게는 그러한 가족에서 쓰는 정서 조절 전략은 유용할 수 있다. 예를 들어, Miller와 동료들(Efran, Chorney, Ascher, & Lukens, 1981; Lamping, Molinaro, & Stevenson, 1985; Miller, 1979; Miller & Managan, 1983; Phipps & Zinn, 1986)의 연구에서 통제할 수 없는 부정적 사건이 닥쳐올 거라는 데에 직면하였을 때 위협 관련 단서에 심리적으로 '둔화된' 반응을 보이는 사람은 그러한 단서를 감찰하고 주의하는 사람들보다 생리적 · 주관적, 그리고 행동에서 각성이 낮거나 덜 지속된다고 제시하였다. Knussen과 Cunningham(1988)은 부정적 결과에 대해 타인을 비난하기보다 자신이 행동을 통제할 수 있다는 믿음을 가진 사람은 여러 측면에서 보다 좋은 결과와 관련 있다는 연구들을 개괄하였다. 즉, 특정 상황에서 정서를 인지적으로 통제하는 건 꽤 효과가 있다. 이러한 접근을 바탕으로 전국을 가로지르는 철도를 깔고, 폭탄을 만들고, 우리 중 많은 이는 학업을 마쳤고, 대도시에 고층 빌딩을 세웠다!

문제는 이러한 접근은 '잘 될 때만 잘 된다'는 점이다. 즉, 정동 자기 조절이 가능한 사람에게 정서를 조절하라고 말하는 것은 이러한 능력이 없는 사람에게 말하는 것과 꽤나 다른 제안이다. 예를 들어, 한 엄마에게 '까다로운' 기질이 있는 14세 딸과 '순한' 기질이 있는 5세 딸이 있었다. 큰딸은 분노를 힘들어했는데, 특히 작은딸이 놀렸을 때 그러했다. 나는 이 엄마가 딸의 정서 반응을 타당화하도록 가르쳐 주려 했다. 다섯 살짜리가 열네 살짜리의 복잡한 퍼즐 완성본을 바닥으로 밀쳐냈을 때, 큰딸은 동생에게 소리를 지르고 울고 있는 동생을 남기고 방을 뛰쳐나갔다. 엄마는 자기가 큰딸의 정서를 이렇게 '타당화'했다고 기쁘게 말했다. "메리, 네가 왜 화났는지 알겠어. 하지만 앞으로는 폭발하지 않고 통제해야 할 거야!" 엄마는 딸이 가진 정서 조절의 어려움을 결국 비타당화했다는 사실을 보지 못했다. 비타당 환경은 정서에 잘 반응하고 취약한 사람의 문제를 과도하게 단순화시키고 만다. 다른 사람들은 정서와 정서 표현을 통제하는 데 성공하지만, 경계성 사람들은 가끔 성공할 뿐이다.

정서 조절 문제와 비타당 환경: 변환작용 악순환

변환작용 분석을 통해, 약간 취약한 아이가 약간의 비타당 가족에 있어도 이러한 체계가 시간이 흐르면서 사람과 환경이 서로에게 더 크게 민감해지고, 취약해지고, 비타당화하는 방향으로 악화될 수 있음을 볼 수 있다. Chess와 Thomas(1986)는 돌보는 능력이 있는 부모가 기질이 강한 아이, 진정시키기 어려운 아이, 주의 산만한 아이 그리고 끈질긴 아이로 인해 압도되고, 위협받거나, 혼란을 겪는 여러 가지 과정을 기술하였다. Patterson(1976; Patterson & Stouthamer-Loeber, 1984) 역시 아이와 가족의 상호작용 행동이 체계 안 모두에게 상호 강압하는 행동 양상으로 이어지는 점을 깊이 있게 기록했다. 시간이 흐르면서 아이와 양육자는 서로에게 극단적인 강압 행동을 조성하고 강화한다. 이어서 이러한 강압 행동은 비타당화하는 강압 체계를 악화시키고, 전 체계에서 역기능 행동은 줄지 않고 더 많아진다. 성서의 구절이 떠오른다. "……가진 자에게 더 많이 주어지고, 없는 자는 가졌다고 믿는 것조차 빼앗길 것이다."(누가복음 8:18; The Jerusalem Bible, 1966)

정서적으로 취약한 아이가 환경에 많이 요구한다는 사실을 부인할 수 없다. 부모나 양육자는 더 부지런하고, 더 인내하고, 더 이해하고 융통성 있어야 하며, 자기 소망이 아이의 능력을 넘어설 때 잠시 내려놓을 줄도 알아야 한다. 불행히도, 비타당에 대한 아동의 반응은 때로 가족의 비타당 행동을 더 강화한다. 아이에게 너의 느낌이 바보 같거나 적절치 않다고 말하면 아이는 때로 조용해진다. 많은 사람은 정서적으로 취약한 사람과 마찬가지로 감정이 가벼이 취급받으면 수그러들거나 기분이 나아지는 듯 보이기도 한다. 비타당은 힘들고, 따라서 이어지는 행동을 억제시킨다.

Chess와 Thomas(1986)가 기술한 '통제' 환경은 여기서 설명하는 비타당 환경의 변형이거나 극단적 예시와 같다. 통제 환경은 아이 행동을 아이의 단기 및 장기 욕구보다는 가족의 선호와 편의에 점차 맞도록 조성한다. 당연히 그러한 상황은 그 자체로 타당한 아이의 행동을 인정하지 않는다. 아이가 자라면서 힘 다툼은 불가피하고, 때로 환경은 아이를 달래거나 포기하고, 때로는 경직되게 주도권을 쥔다. 아이의 초기 기질에 따라 다르지만 달래 준 결과로 결국 아이는 폭군이 되거나, 부정적인 수동성을 지니거나, 두 모습을 다 보일 수 있다. 이러한 발달 양상은 양육에 관한 매뉴얼에서 반복적으로 설명하고 있다.

본질적으로 그러한 가족에서 오류는 두 번 일어난다. 우선 양육자는 조성에서 오류를 보인다. 즉, 아이가 할 수 있는 행동보다 이상을, 혹은 할 수 있는 행동과는 다른 무언가를 기대한다. 처벌은 과도한데 본보기, 지도, 코칭, 응원, 강화는 불충분하다. 이런 부모는 아이에게 힘든 환경을 조장하고, 여기서 아이는 필요한 도움은 받지 못한 채 피할 수 없는 처벌에 맞닥뜨린다. 그 결과로 아이의 부정 정서 행동은 증가하고, 정서와 관련된 표현 행동도 증가한다. 이러한 행동은 처벌을 중단시키는 기능을 하며, 주로 양육자가 통제하려는 시도에 부정적인 결과를 제공하여 통제를 멈추도록 한다.

그리고 양육자는 두 번째 오류를 저지른다. 극단적 표현 행동의 기능을 강화시키고, 적절한 표현 행동의 기능을 소거한다. 극단적 정서 표현에 이어서 달래 주기를 하면 성인 BPD와 관련된 행동 양상을 의도치 않게 조장한다. 다른 사람이 달래 주지 않거나 불규칙하게 달래 주면, 피할 수 없는 이 부정적 조건은 학습된 무기력 패러다임과 유사한 결과를 초래한다. 수동적인 무기력 행동이 증가할 수 있다. 만약 이어서 수동적이거나 무기력한 행동이 처벌받는다면 그 사람은 이길 수 없는 딜레마에 빠지고 결국 극단적 정서 표현 행동과 똑같이 극단적인 수동적이고 무기력한 행동 사이에서 동요할 것이다. 이러한 상황은 아이가 자라면서 생기는 많은 경계성 특징에 큰 무리 없이 기여할 수 있다.

정서 조절 문제와 경계성 행동

인간 행동 중에서 정서 각성과 기분 상태에 영향을 받지 않는 행동은 거의 없다. 자기, 자기 귀인, 통제에 대한 지각, 과제 학습과 수행, 자기 보상 양상 그리고 만족 지연과 같은 다양한 현상은 모두 정서 상태의 영향을 받는다(개괄은 Izard, Kagan, & Zajonc, 1984; Garber & Dodge, 1991 참조). 여기서 논지는 대부분 경계성 행동은 결국 강도 높은 정동을 조절하거나 정서 조절 문제에서 야기된 결과를 조절하기 위한 시도라는 점이다. 정서 조절 문제는 사람이 해결하고자 하는 바로 그 문제이자 다른 추가적인 문제의 시발점이다. 경계성 행동 양상과 정서 조절 문제의 관계를 [그림 2-2]에 표현하였다.

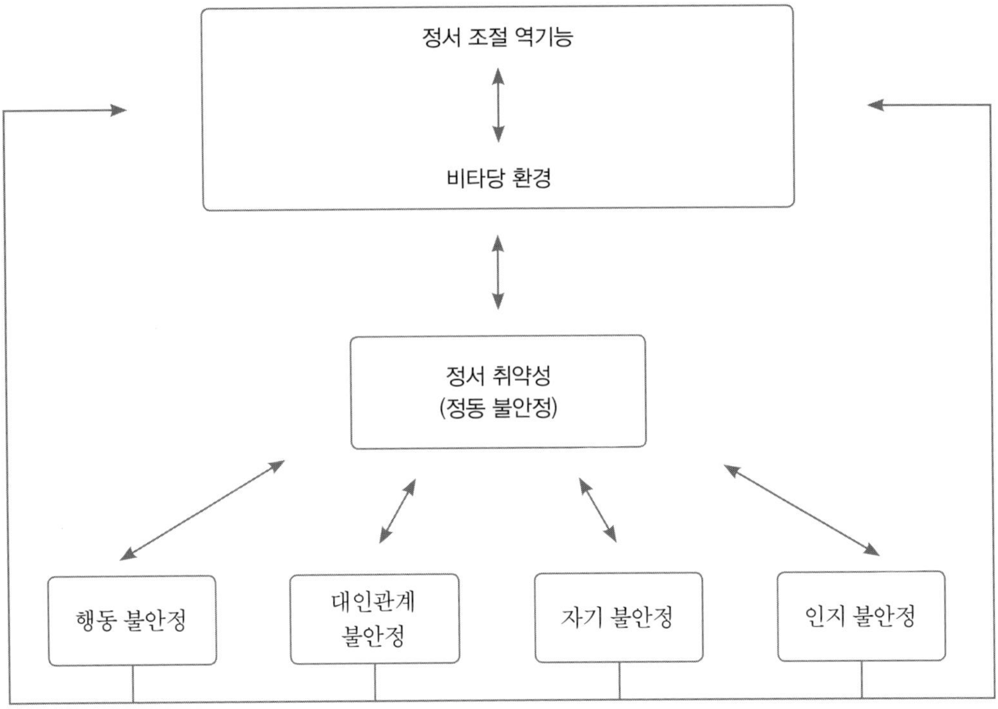

[그림 2-2] 생물사회 이론에 따른 정서 조절 문제와 경계성 행동 양상의 관계

정서 조절 문제와 충동 행동

자살을 비롯하여 여러 충동적인 역기능 행동은 대개 압도적이고 통제할 수 없는 매우 고통스러운 부정적 정동이라는 문제를 해결하려는 부적응 행동이다. 물론 자살은 정동 상태를 변화시키는 궁극의 방법이다(그렇게 생각한다면). 덜 치명적인 다른 행동(예: 유사 자살) 역시 꽤 효과를 보일 수 있다. 예를 들어, 약물 과다 복용은 오랜 수면으로 이어지고, 수면은 정서 취약성을 조절하는 데 중요한 영향을 미친다. 신체를 베거나 화상 입히는 행동 역시 중요한 정서 조절 특징을 지니는 것 같다. 정확한 기제는 분명하지 않지만, 베고 나서는 불안이나 다른 강도 높은 부정 정동 상태가 상당히 줄어든다고 많은 경계성 사람이 보고한다(Leinbenluft, Gardner, & Cowdry, 1987).[6]

자살 위협이나 유사 자살을 포함한 자살 행동은 환경에게서 도움을 얻는 데 역시 매우 효과적이다. 환경이 제공하는 도움 행동은 정서 고통을 완화하는 데 효과적일 수 있다. 많은 경우 이 행동은 자신의 정서적 고통을 다른 사람들이 완화시켜 줄 수 있도록 주목시키는 유일한 방법이다. 예를 들어, 정신증이 없는 사람이 정신과 병동에 입원할 수 있는 가장 효과적인 방법은 자살 행동이다. 많은 치료자는 자살하고 싶을 때 전화할 수 있거나 전화해야 한다고 전한다. 우리 근처 정신과 병동 어느 직원은 우리 환자에게 자살하라고 말하는 '명령 목소리'가 다시 들리면 바로 돌아올 수 있다고 말해 주곤 했다. 우리 임상 집단의 유사 자살 행동이 있는 경계성 여성 대부분은 유사 자살 행동 중 최소한 한 번 정도에는 환경을 바꾸려는 의도가 일부 있었다고 보고한다.

불행히도, 경계성 사람과 같이 작업하는 치료자와 이론가에게는 자살 위협과 유사 자살의 도구적 특징이 가장 눈에 띈다. 그래서 자살 시도나 기타 의도적 자기 손상 행동은 종종 '조종하려 한다'고 불린다. 이러한 언급의 출처는 대부분 조종당하는 것 같은 치료자 개인의 느낌이다. 1장에서 언급했듯이, 행동이 특정 효과가 있다고 해서 행위자가 그러한 효과를 일으키려고 어떤 행동을 했다고 가정하는 데에는 논리상 오류가 있다. 자살 행동의 실제 의도에 대한 평가를 하지 않고 조종하려 했다고 꼬리표를 붙여 버리면 매우 해로운 결과를 야기할 수 있다. 이후 15장에서 자살 행동치료 전략을 설명할 때 더 깊이 논의하겠다.

6) 역자 주: 이러한 기제는 현재 해리와 관련하여 설명할 수 있다.

정서 조절 문제와 정체성 장해

보통 사람은 자신에 대한 자기 관찰과 다른 사람의 반응을 통해 자기 정체감을 형성한다. 정체성 발달을 위해서는 시간과 유사 상황에 걸쳐 정서가 일관성 있고 예측이 가능해야 한다. 모든 정서는 선호나 접근-회피의 속성을 지닌다. 정체감에는 여러 속성이 있지만 무언가를 계속 선호하거나 좋아하는 결과이기도 하다. 예를 들어, 그림 그리기와 페인팅을 항상 즐기는 사람은 예술가 정체성이라는 측면을 포함하는 자기상을 발달시킬 수 있다. 이러한 선호를 지켜보는 다른 사람은 그를 예술가로서 대하고, 그는 이렇게 자기상을 더욱 발전시켜 나간다. 그러나 예측할 수 없는 정서 불안정은 예측할 수 없는 행동과 일관되지 못한 인지로 이어지고, 따라서 안정적인 자기 개념이나 정체감은 발달하지 못한다.

경계성 환자가 보이는 정서 반응 억제 성향 혹은 억제 시도는 정체감 부재에 역시 강하게 기여한다. 억제 정동과 연결된 둔감화numbness는 공허감으로 체험되고, 나아가 부적절한(때로는 완전히 부재한) 자기감에 기여한다. 유사하게, 비타당 가정에서처럼 만약 사건에 대한 자기 느낌이 한 번도 '맞은' 적이 없고 '맞는지' 예측할 수 없다면, 그 사람은 타인에 대한 과잉 의존을 키우게 된다. 특히 선호, 생각, 견해에도 과잉 의존할 때, 정체감 문제는 악화되고, 악순환은 또다시 시작한다.

정서 조절 문제와 대인관계 혼돈

안정된 자기감과 자연스러운 정서 표현 능력이 모두 있을 때 효과적인 대인관계가 가능하다. 성공적인 관계는 적절한 방식으로 정서를 자기 조절하고, 충동 행동을 통제하고, 특정 정도의 고통을 야기하는 자극을 감내할 수 있는 능력을 필요로 한다. 경계성 사람은 이러한 능력이 없으므로 관계가 혼돈스럽다는 사실은 이해 가능하다. 특히 분노와 분노 표현에서 어려움은 안정된 관계를 유지하지 못하게 방해한다.

더하여, 3장에서 더 깊게 논의하겠지만, 정서 취약성과 비타당 환경의 결합은 부정 정서 표현을 더 강하게 지속되도록 발달시킨다. 본질적으로 비타당 환경 속에서 사람은 대개 간헐적 강화 조건에 놓여, 강한 부정 정동이나 도움 요구 표현에 산발적인 강화를 받는다. 이러한 조건은 행동이 지속되도록 조장한다. 만약 경계성 사람과 관련된 누군가가 일관되지 않게 달래 주는 행동의 덫에 빠졌을 때, 즉 어떤 경우에는 강도 높은 부정 정서 표현에 항복하여 이를 강화하고 어떤 경우에는 그렇게 하지 않는다면, 그 사람은 경계성 사람이 관계 파괴적인 행동을 학습하는 조건을 만드는 셈이다.

경계성 환자 치료에서 생물사회 이론 적용

일반 목표와 가르칠 기술

생물학적 기질과 부적절한 학습 경험에서 기인하는 정서 조절 문제를 살펴보면, 경계성 환자 치료에서 다음 두 가지를 가르치는 데 초점을 두어야 한다고 결론 내릴 수 있다. ① 극단적인 정서성을 중재하고 부적응적 기분 의존 행동을 줄이는 방법, ② 자기 정서, 생각, 활동을 믿고 타당화하는 방법. 치료는 기술 훈련과 행동 변화에 초점을 두어야 하고, 환자의 현재 능력과 행동에 대한 타당화에도 역시 집중해야 한다.

DBT는 중요한 부분으로 그러한 기술을 가르치는 데 집중한다. 기술은 네 가지로 구분할 수 있다. ① 갈등 상황에서 대인관계 효과성을 증가시키고 부정 정서와 연관된 환경 자극을 줄일 수 있다고 약속해 주는 기술, ② 정동 장애(우울, 불안, 두려움, 분노)와 외상후 스트레스에 관한 행동주의 치료 문헌에서 고른 전략으로서 실제 혹은 지각하는 부정 정서 자극 앞에서 원치 않는 정서를 자기 조절하는 능력을 키우는 기술, ③ 변화가 오기 전까지 정서 고통을 감내하는 기술, ④ 동양 (선) 명상 기법에서 적용한 기술로서 정서 체험 능력을 높이고 정서 억제를 피하도록 하는 마음챙김 수행이다.

'피해자 비난' 피하기

극단적이고 부정적인 정서 표현을 성공적으로 소거하는 데는 여러 수반 요인이 영향을 준다. 가장 중요하게, 치료자는 부적응 행동을 소거하기 위해서 반드시 타당화 환경을 갖추어야 하며 소거와 동시에 이러한 경험 속에서 환자를 돌보고 안정시키고 회유해야 한다. 이 과정은 까다롭고 치료자에게 엄청난 관용, 정서 고통을 기꺼이 경험하려는 마음 그리고 융통성을 요구한다. 그러나 치료 도중에 치료자는 종종 다른 환자들을 향한 기대를 경계성 환자에게 똑같이 대입한다. 경계성 환자가 이러한 기대를 충족시켜 주지 못하면, 치료자는 일시적으로는 이를 감내할 수 있다. 그러나 환자의 부정 정서 표현이 늘어나면, 치료자의 인내 혹은 자신이 경험하는 고통을 기꺼이 감내하려는 마음은 고갈되어, 결국 달래거나 처벌하거나 이 환자와의 치료를 종결시킨다. 경계성 환자와 작업한 경험이 있는 임상가는 앞서 환자를 달래 주고 처벌하는 악순환에 사로잡힌 비타당의 통제하는 환경이나 가족에 대한 설명에서 자신의 모습을 보았을 것이다. 그러한 환경이 치료에서 되풀이 될 때, 이는 단순히 환자가 살면서 내내 경험했던 비타당 환경의 연장선이 될 뿐이다.

경계성 환자를 비타당화하고 동시에 '피해자를 비난'하는 행동은 이들에게 전형적인 처벌 양상이다. 사회 심리학 연구에서 제안하듯이, 불행한 피해자에게 그 불행이 피해자 본인 탓이라고 관찰자가 비난하는 데에는 여러 요인이 있다. 이 주제와 유사한 결과로, 보통 비슷한 상황에서 남성보다는 여성이 자기 불행의 원인으로 더 비난을 받는다(Howard, 1984). 해당 연구에서 Howard는 피해자가 여성일 때, 관찰자가 피해자의 성격 특징에 더 많이 귀인하여 비난한다고 밝혔다. 그러나 피해자가 남성일 때, 관찰자들은 그 상황 속 남성의 행동에 귀인하여 비난하지, 남성의 성격에 귀인하지는 않았다. 다른 변인도 중요하다. 관찰자는 피해자의 불행에 관심이 있어야 하고, 그 결과가 심각해야 하며(Walster, 1966), 결과를 통제하는 데 관찰자가 무력함을 느껴야 한다(Sacks & Bugental, 1987). 즉, 사람이 다른 이에게 일어나는 일에 관심이 있고, 다른 이가 고통받기를 원치 않고, 그럼에도 불행이나 고통이 일어나지 않도록 막을 수는 없을 때, 피해자의 불행이나 고통에 대해 피해자를 비난할 경향이 높았다.

이는 경계성 환자의 치료 상황과 정확히 일치한다. 첫째, '피해자'는 보통 여성이다. 그리고 보통 치료자는 그들의 고통에 관심이 있다. 그리고 분명히, 현재까지 치료는 고통을 중단시키는 데 그다지 효과적이지 못했다. 치료자가 다른 환자와는 성공했으므로 장기적으로는 치료가 도움이 된다 믿을지라도, 경계성의 강도 높은 고통, 치료자에게도 같은 고통을 유발하는 그런 고통 앞에서의 무력감은 이러한 사람들과 함께 작업할 때 반복되는 매일의 경험이다. 이러한 무력감 앞에 치료자는 두 배로 노력한다. 하지만 환자가 여전히 개선되지 못하면, 치료자는 그때부터 환자가 스스로 고통을 유발한다고 말하기 시작한다. 환자가 개선이나 변화를 원치 않는다고 말한다. 치료에 저항한다고 말한다(원래 다른 사람과는 성공했기 때문에). 환자가 즐기고 있다고 말한다. 환자가 너무 많이 요구한다고 말한다. 요컨대, 치료자는 매우 근본적이고 뻔한 인지 오류를 저지른다. 치료자는 행동의 결과를 관찰하고(예: 환자나 치료자 자신의 정서 고통) 그 결과를 환자의 내적 동기에 귀인한다. 앞으로 경계성 환자 치료를 논의하면서 이 오류를 반복하여 언급할 것이다.

'피해자 비난'은 치명적이고, 치료는 오히려 환자에게 해가 되는 영향을 미친다. 첫째, 환자 자신의 문제에 대한 자기 경험을 타당화하는 데 실패한다. 환자가 고통을 줄이기 위해 시도한 경험에 고통을 유지하려는 시도, 개선에 저항하려는 시도, 혹은 본인이 알지도 못하는 다른 무언가의 시도라고 오명이 붙는다. 결국 환자는 자기 경험을 불신하도록 학습한다. 시간이 지나며 치료자의 관점을 배울 수는 있지만, 이는 스스로 자기 관찰을 믿지 못하기 때문이고, 동시에 치료자 관점을 믿으면 강화물을 얻기 때문이다. 예전에 숙제 연습을 해 오는 데 어마어마한 어려움을 보이는 환자가 있었는데, 연습을 아예 하지 않거나 연습을 해도 성공하지 못한 채 왔다. 동시에 그는 나와 집단 보조 진행자에게 자기 기분을 좋아지게 해 달라고 끊임없이 간청했다. 어느 날, 무엇이 숙제 연습을 방해했냐고 물었더니, 그는 완전한 확신을 보이며 분명 자기는 행복해지길 원치 않기 때문이라고 말했다. 만약 원했다면 숙제를 했을 거라고 말했다.

DBT에서 치료자는 피해자가 자신의 어려움에 대해 자기 비난을 하지 않도록 해야 하며, 이는 DBT의 핵심이다. 과거 단순히 순진한 입장이라고 지적받았지만 그렇지 않다. 첫째, 보살피는 사람의 피해자 비난은 정서적 거리두기를 유발하고, 환자를 향한 부정 정서를 높이며, 기꺼이 도와주려는 마음을 감소시키고, 환자에 대한 처벌을 야기한다. 그러니까 주어야 할 바로 그 도움을 주기 어렵게 만든다. 보살피는 사람은 좌절하고, 자주 그리고 대개 미묘하게 환자를 내친다. 처벌이 문제의 실제 원천을 향해 있지 않기 때문에, 단순히 환자의 부정 정서를 높일 뿐이다. 결국 환자도 치료자도 이길 수 없는 힘의 다툼이 이어질 뿐이다.

마치며

여기서 제안한 변증법 입장은 철학적 입장임에 유념해야 한다. 그래서 증명할 수도 기각할 수도 없다. 처음에는 손에 잡히지 않는 어려운 관점이어서 필요성을 느끼지 못할 수도 있다. 물론 특별히 변증법을 품지(이해하지) 못해도 DBT 일부를 적용할 수 있다. 그러나 나와 나의 학생들과 같다면, 시간이 지나면서 이 관점은 호소력이 더해 가고 결국 치료 쟁점에 관한 개념을 섬세하게 변화시킬 것이다. 변증법은 나에게 심리치료를 하는 방법 그리고 치료 장면에서 체계를 잡는 방법에 완전한 영향을 주었다. DBT는 천천히 성장하고 변해 가고 있다. 변증법 관점은 함의가 커져 가며 성장하는 원천이 되었다.

생물사회 이론은 가설에 근거한다. BPD 원인론으로 이 접근을 적용하기에는 전향 연구가 부족하다. 물론 이 이론은 BPD에 관해 잘 알려진 문헌과 일치하지만 가설을 전향적으로 검증하는 연구는 아직 축적하지 못했다. 따라서 이 장에서 설명한 BPD의 생물사회적 사례 개념 논리는 확고한 실증 연구보다는 임상 관찰과 추론에 근거했다는 점을 생각하며 신중하기 바란다.

3장

행동 양상: 경계성 환자 치료에서 변증법 딜레마

BPD와 연관된 행동 특징을 설명하려는 전통은 오래되었다. 1장에서 다루었듯이, 오랜 시간에 걸쳐 경계성 특징에 관한 목록은 수없이 제시됐다. 그래서 내가 그런 목록에 하나를 더 보태기가 다소 꺼려지기도 한다. 하지만 이 장에서 논의하고자 하는 행동 양상은 경계성 성격을 진단하거나 정의 내리고자 함이 아니며, 중요한 경계성 성격 특징의 완전한 요약이라고 할 수도 없다. 만성적으로 유사 자살을 보이는 경계성 환자와의 행동주의 치료가 효과적으로 이루어지도록 수년 시간에 걸쳐 분투한 결과, 이러한 양상에 대한 나의 관점은 진화해 왔다. 노력하는 과정에서 나는 번번이 내 발목을 잡는 비슷한 환자 특징의 조합이 있다고 느꼈다. 몇 년에 걸친 관찰(임상 현장과 연구 문헌 검토를 통해)과 구축의 상호 과정 끝에 나는 경계성 성격 환자가 제기하는 변증법 딜레마에 관한 그림을 그릴 수 있게 되었다. 이 장 주제는 이러한 딜레마와 연관된 행동 양상으로 구성하였다.

내가 제시하는 행동 양상은 경계성 성격장애 진단 기준을 충족하는 환자에게서 흔하게 관찰할 수 있지만, 보편적으로 나타난다고 볼 수는 없다. 따라서 주어진 사례에서 그러한 특징이 있으리라 지레짐작하지 않고, 사례 안에서 평가를 해야 한다. 나는 이 점을 유의하고 이러한 특정 양상이 치료에 미칠 수 있는 영향을 인식한다면 나와 환자 모두를 위해 이로움을 알게 되었다. 보통 이 설명은 내가 치료하는 환자와 공명을 자아내는 선율을 건드리면서 환자가 자기 행동을 이해하고 정렬하는 데 도움을 주었다. 겉으로 보기에 설명할 수 없는 행동(특히 반복적인 자해)은 꽤 중요한 이슈이기 때문에 이러한 이해는 결코 작은 성취가 아니다. 더 나아가, 양상과 양상 간 상호 관계는 환자 문제가 발달해 온 과정을 밝히는 직관적 가치가 있다.

이러한 딜레마는 반대 극단으로 정의 내릴 수 있는 세 가지 차원으로 가장 잘 살펴볼 수 있다. [그림 3-1]에 도식화한 이러한 변증법 차원은 다음과 같다. ① 정서 취약성과 자기 비타당화, ② 적극적 수동성과 능숙한 겉모습, ③ 끝없는 위기와 애도 억제. 각 차원이 개념상 그 중심에서 양분된다면, 위쪽에 놓인 정서 취약성, 적극적 수동성, 끝없는 위기 특성은 발달 과정에서 정서 조절에 관여하는 생물학적 기질에 더 많은 영향을 받은 쪽이다. 한편 중심을 기준으로 아래쪽에 놓인 자기 비타당화, 능숙한 겉모습 그리고 애도 억제 특성은 정서 표현의 사회적 결과로부터 더욱 많은 영향을 받았다. 이 양상에서 핵심은 경계성 환자는 각 차원의 극단에서 경험하는 불편으로 인해 양극단을 반복하여 오가게 된다는 점이다. 이들은 합을 뜻하는 균형점으로 움직이지 못하고, 그 점이 치료에서 가장 중요한 딜레마이다.

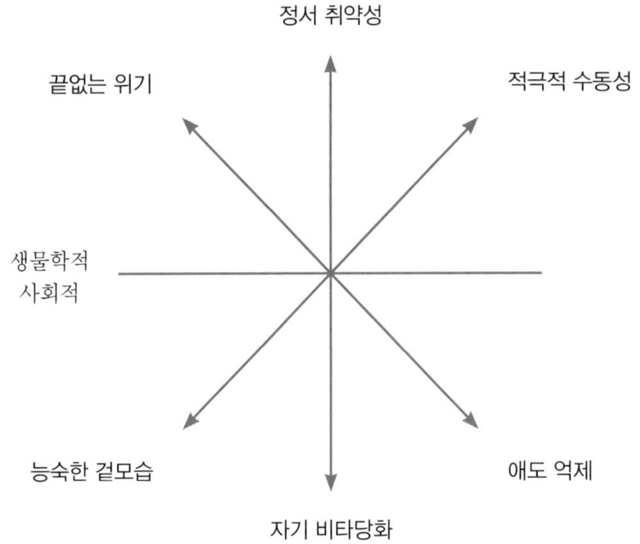

[그림 3-1] 경계성 행동 양상: 세 가지 변증법 차원

정서 취약성 대 자기 비타당화

정서 취약성

일반 특징

2장에서 논의한 바에 따르면 BPD 진단 기준을 충족하는 개인의 정서 취약성은 정서 조절 문제의 주요 요소이고, 변환작용을 통한 경계성 성격 발달에서 개인 내적 변인으로 작용한다. 이러한 경계성 성격 특징 중 하나는 **지속되는** 정서 취약성이다. 즉, 정서 민감성, 정서의 강렬함 그리고 부정 정서 반응의 끈질김이 지속된다. 그러한 취약성이 내가 보기에는 경계성 성격장애의 핵심 특징이다. 내가 이 수준에서 논의할 때, 정서 취약성이란 개인의 실제 취약성, 그리고 동시에 그 취약성에 대한 자신의 인식과 경험 모두를 가리킨다.

경계성 사람의 삶을 특히 힘들게 하는 빈번하고 강도 높은 정서 각성의 네 가지 일반적인 특징이 있다. 먼저, 비록 생리적 각성이 분명 정서의 중요한 부분을 이루긴 하지만, 우리는 감정이 단순히 내적 생리 상태만은 아님을 염두에 두어야 한다. 내가 2장에서 자세히 논의한 바와 같이 정서는 전(全) 체계 반응이다. 즉, 정서는 경험, 인지, 표현, 생리 반응이 통합된 양상이다. 복합 정서 반응에서 하나의 요소가 다른 요소보다 더 중요하다고 말할 수 없다. 따라서 문제는 단순히 경계성 사람이 생리적 각성을 조절할 수 없다는 데 있지 않다. 대신 그들은 특정 정서 상태와 관련된 전체 반응 양상을 조절하기 어려워한다. 예를 들어, 그들은 적대적인 표정과 공격하는 행동 양상, 분노와 관련된 언어 공격을 조절하기 어려워할 수 있다. 혹은 그들은 강박적 걱정을 멈추거나 공포와 관련된 도주 행동을 억제하지 못할 수 있다. 이 점을 염두에 두면, 경계성 환자가 마주하는 문제의 복잡성뿐만 아니라 광범위한 행동 영역에서 이해할 수 없을 정도로 역기능적인 이들의 경향성을 이해하기 좀 더 쉬워진다.

두 번째로, 강렬한 정서 각성은 보통은 원래 하고 있던 행동 반응을 방해한다. 따라서 잘 조절되고 계획된, 명백히 기능적인 대처 행동은 행하다가도 정서 관련 자극에 방해를 받아 무너질 수 있다. 이럴 때 좌절과 환멸은 상황을 더 어렵게 할 따름이다. 게다가 높은 각성은 이분법에 따르는 '도 아니면 모' 식 생각, 강박적이고 멈출 수 없는 생각, 신체 고통, 불편, 질병 그리고 회피 혹은 공격 행동과 관련되어 있다.

세 번째로, 높은 각성과 각성 조절 어려움은 자신을 조절할 수 없고 예측할 수 없다는 느낌을 준다. 정서 반응에 영향을 미치는 내외적 사건의 시작과 끝을 통제하는 능력이 없기 때문에, 그리고 사건에 대한 반응을 조절하는 능력이 부족한 점에서 이러한 예측 불가능성이 발생한다. 때로 개인이 예측할 수 없는 시점에서 자기 정서 반응을 통제하는 데 성공한다는 사실이 예측을 더 어렵게 만든다. 이처럼 정서 조절이 가능한 시점과 기간을 스스로(또한 다른 사람도) 예측하기 어렵다는 게 문제이다. 경계성 사람에게 이러한 경험은 깨어날 수 없는 악몽과도 같이 느껴진다.

마지막으로, 통제감 결여는 정서 취약성을 더 악화하는 아주 구체적인 공포로 이어진다. 첫째, 경계성 사람은 사건에 대한 통제감을 적게 느끼는 상황을 두려워한다(보통 새로운 상황이고, 이전에 어려움을 경험했던 상황도 포함된다). 이러한 정서 취약성의 측면을 안다면 경계성 환자가 치료 상황에서 빈번히 통제감을 가지려 시도하는 이유를 완전히 이해할 수 있다. 둘째, 환자는 중요한 사람이 자기 행동에 거는 기대에 강렬한 두려움을 지니기도 한다. 그가 개인적 감정 반응을 통제하거나 특정 정서 상태에 수반하는 자기 행동 양상도 통제하는 데 겪는 어려움에 비춰 본다면, 이러한 두려움은 합당하다(예: 시험을 위해 공부를 하려면 집중력이 필요하다. 높은 불안, 압도하는 슬픔, 강렬한 분노의 시기에는 그러한 집중이 어려울 수 있다). 통제 결여와 예측 불가능함은 환경의 기대에 부응하기 어렵게 만든다. 환자는 어떤 순간, 어떤 정서 상태에서는 기대에 부응할 수 있으나, 어떤 때에는 할 수 없다.

왜 이러한 특정 문제가 중요한가 하면, 칭찬에는 기대가 따른다는 점에 있다. 칭찬은 승인의 전달을 넘어서 흔히 칭찬받은 행동을 **할 수 있다**는 인정과 함께 미래에 그런 행동을 다시 할 것에 대한 기대를 전달한다. 바로 경계성 사람이 자신은 할 수 없다고 믿는 일이다. 내가 마치 칭찬에 대한 두려움이 인지에 따라 조절된다고 제시했지만, 항상 그렇지는 않다. 칭찬 다음에 기대가, 이어서 기대에 부응하지 못한 일, 이어서 못마땅해 하는 반응이나 처벌이 이어진 과거 경험만으로도 이러한 연합이 생기기에 충분하다. 비타당 환경에서 전형적인 일련의 행동이다.

이러한 정서적 어려움이 파생시키는 영향을 본다면 경계성 사람은 심리적으로 3도 화상을 입은 환자에 상응한다고 할 수 있다. 그는 말하자면 정서적 피부가 없다. 가볍게 스치거나 움직이는 것만으로도 엄청난 고통이 발생할 수 있다. 그러나 한편으로 삶은 움직임이다. 치료는 최소한 잘 이루어지려면 움직임과 접촉이 필요하다. 따라서 치료자와 치료의 과정은 경계성 환자에게 강렬하게 고통스러운 정서 경험을 일으킬 수밖에 없다. 치료자와 환자는 발생하는 고통을 마주하기 위한 용기를 가져야 한다. 때로 취약성 경험은 경계성 사람이 극단적인 행동(자살 행동 포함)을 하게 만들기도 한다. 이는 자신을 돌보기 위한 시도이며 환경이 그를 더욱 잘 돌보도록 경고하기 위한 시도이기도 하다. 경계성 사람의 자살 완수는 필연적으로 취약성이 언젠가는 감소하리라는 기대가 끝내 좌절되었다는 마지막 절망의 행동이다. 때로는 더 많은 관심이 필요했다는 의미를 담은 마지막 소통이기도 하다.

치료 효과를 위해서 중요하게 이러한 취약성을 이해하고 유념해야 한다. 안타깝게도, 너무나 자주 치료자는 경계성 환자의 취약성을 인식하는 데 실패하거나 이를 잊어버리곤 한다. 문제는 화상 환자의 민감성이나 민감한 이유는 누가 봐도 명백한 데 비해 경계성 사람의 민감성은 감추어져 있다는 데 있다. 내가 뒤에서 그 이유를 논의하건대, 치료자를 포함한 타인의 눈에 경계성 사람은 자기 실제 취약성보다 기만적이라 할 만큼 덜 취약하게 보이는 경향이 있다. 이러한 현상의 결과로 경계성 환자의 민감성은 화상 환자들의 민감성보다 훨씬 더 이해하거나 유념하기 어렵다. 우리는 물리적 피부가 없는 상태를 상상할 수 있다. 그러나 언제나 정서적으로 취약하거나 심리적 피부가 없는 삶이 어떨지 우리 대부분은 상상하지 못한다. 그것이 경계성 환자의 삶이다.

분노와 경계성 성격장애

분노에 관한 어려움은 1980년 이래로 DSM 각 판에서 BPD를 정의하는 데 한 부분을 차지했다. 정신분석 입장(예: Kernberg의 이론들; Kernberg, 1984 참조)에서 과도한 적대적 정동은 BPD 발달에서 근본을 이루는 병인으로 간주되었다. 오늘날 경계성 환자 치료에서 상당 부분은 행동에 기저한 적대감과 공격적 의도를 가정하고 이에 비추어 행동을 해석하는 목표를 삼는다. 어느 유명한 정신분석가는 환자가 치료자 집으로 전화를 거는 행동은 공격이라고 말한 바 있다. 내가 치료 회기를 녹화한 비디오를 보여 줄 때 거의 매번, 청중 중 누군가는 환자가 침묵하거나, 철수하거나, 수동적으로 행동할 때 이를 나에 대한 공격이라고 해석했다. 우리 집단 치료에 오는 환자는 자기 행동이, 혹은 적어도 일부 행동은 분노와 적대감을 담고 있지 않다고 다른 정신건강 전문가를 납득시키기 얼마나 어려운지 논의하였다.

명백하게, 분노 경험과 적대적/공격적 행동이 BPD에서 중요한 역할을 한다. 그러나 나의 시각에서는 다른 부정적 감정, 이를테면 슬픔과 우울, 수치심, 죄책감, 모욕감, 두려움과 불안 그리고 공황도 똑같이 중요하다. 정서가 강렬하고 정서 조절 어려움이 만연한 사람은 당연히 분노와 관련하여 특정 어려움을 보인다. 그러나 경계성에서 모든 행동을 분노와 연관 지어 해석한다면 내가 보기엔 실제 행동이나 그 동기보다는 그 행동을 누가 해석하느냐에 따라 다르다. 종종 단순히 그 행동의 부정적 결과에 근거해 행동의 의도가 추정된다. 만약 치료자가 환자 행동에 좌절을 느끼거나 짜증이 난다면, 의식적이지 않다면 무의식적으로라도 환자가 틀림없이 그걸 의도했기 때문이다. 지금 뒷받침할 만한 근거는 없지만, 나는 두려움과 절망 대신 화와 공격성을 추론하는 경향이 관찰자의 성별에 따르는 건 아닐까 하는 의구심을 가질 때가 있다. 성별에 진짜 차이가 있다고 밝힌 몇 안 되는 연구 중에 남성이 여성보다 공격적이라는 점이 있는데(Maccoby & Jacklin, 1978), 아마도 남성은 공격 의도를 읽는 경향도 높을 것이다. BPD 병인론의 본질은 화와 적대적 동기를 다루는 데 있다는 이론을 널리 퍼뜨린 이론가 또한 말할 것 없이 남성이다(예: Kernberg, Gunderson, Masterson).[1]

내 경험에 따르면 적대적 동기와 분노에서 기인한다고 해석하는 대부분 경계성 행동은 실제로는 두려움, 공황, 절망감, 절박함으로부터 나온다(이는 경계성 정신병리에 대부분 유기에 대한 두려움이 기저한다는 Masterson, 1976의 입장과 유사하다). 나의 녹화 비디오 중 하나에 등장하는 조용하고 반응 없는 환자는 (그가 나중에 묘사한 바에 따르면) 질식할 듯한 느낌과 죽음에 대한 두려움을 아우르는 공황 발작을 통제하기 위해 안간힘을 다해야 할 때가 많았다. 그러한 공황 반응 자체가 초기 가장 원초적 분노와 관련된 느낌, 생각 혹은 신체 반응에 뿌리를 두고 있을 수 있겠으나, 그에 따른 행동이 자체로 공격이라거나 적대적 의도를 가졌다는 의미는 아니다. 분노와 적대적 의도로 확대 해석하는 자체가 적대감과 분노를 발생시킬 수 있다. 따라서 그러한 해석을 융통성 없이 적용한다면 자기 충족적 예언으로 작용할 수 있다.

분노와 분노 표현 문제는 더 전반적인 정서적 강렬함과 조절 문제를 반영하지만, 또한 조절되지 않은 다른 부정적 정동 상태의 결과일 수도 있다. 부정 정서의 각성과 모든 종류의 불편함은 분노와 관련된 느낌, 행동 경향성 그리고 생각과 기억을 활성화할 수 있다. Leonard Berkowitz(1983, 1989, 1990)는 분노 형성에서 인지-신연합주의cognitive-neoassociationistic 모델을 제안하였다. 기본적으로 부정적 정동과 불편은 다양한 유전, 학습, 상황 요인의 결과로 초기 원초적 두려움과 분노 경험의 연합 연결망을 활성화할 수 있다는 개념이다. 초기 부정적 경험과 정동에 뒤따르는 고차원 인지 처리는 곧이어 분노 정서와

1) Otto Kernberg는 과도한 분노가 BPD 발달에 결정적이라고 제안한 가장 영향력 있는 이론가 중 한 명이다. 내가 이 점에서 그와 나의 차이를 설명하기 위해 성별과 연관된 이론을 제시했을 때, 그는 자신에게 여성 스승이 많았다고 지적했다.

경험의 완전한 발달을 불러일으킨다. Berkowitz에 따르면, 따라서 분노와 분노 표현은 보다 전반적인 정서 강도와 부정 정서 상태를 조절하는 문제에서 비롯된 결과(이유라기보다)이다. 그는 분노가 아닌 다른 부정 정서 상태와 불편이 분노 느낌과 적대적 경향성을 만들어 낸다고 보이기 위해 상당한 분량의 자료를 검토했다. 이러한 입장에서 Berkowitz는 다음과 같이 썼다. "고통은 좀처럼 고상하지 않다. 보통 인류 중에 고통스러운 경험이나 심지어 그저 불쾌한 경험을 하고 나서 성품이 나아지는 자가 있다면 매우 특이한 사람이다. …… 사람은 기분이 나쁠 때 너무나 당연하게 분노 감정, 적대적 생각과 기억, 공격 성향을 지니기 마련이다."(Berkowitz, 1990, p. 502)

조절되지 않은 분노와 분노 표현은 당연히 삶에서 다른 문제의 원인이 된다. 여성일 경우 특히 어려움이 심해지는데, 가벼운 분노 표현도 공격성으로 해석되기 때문이다. 예를 들어, 남성의 경우 '적극적'이라고 명명되는 행동을 여성이 하면 '공격적'이라는 꼬리표가 붙는다(Rose & Tron, 1979). 공격성을 지각한 상대는 보복하는 공격성을 일으키고 대인관계 갈등의 악순환을 낳게 된다. 또한 학습한 과거력에 따라 분노 정서 그 자체를 받아들일 수 없다고 경험할 수 있다. 그래서 분노는 수치심과 공황이라는 정서 반응을 유발할 수 있다. 이러한 정서가 또한 원래 분노 반응을 악화하는 데 기여할 수 있고, 고통을 심화할 수 있다. 혹은 분노를 직접 표현하지 못하게 막거나 정서 반응을 억제하려는 시도가 발달할 수 있다. 시간이 지나면서 화를 유발하는 상황에서 표현을 억제하거나 분노를 과잉 통제하는 양상으로 대응하는 방법을 선호하게 될 수 있다. 이어서 수동적이고 무력한 행동이 뒤따른다. 억제에 비했을 때 직접적 분노 표현의 상대적 장점에 대해 이 장 뒷부분에서 다루겠다.

자기 비타당화

'자기 비타당화'는 사람이 비타당 환경 특징을 받아들임을 일컫는다. 따라서 경계성 사람은 자신의 정동 경험을 타당화하지 못하고, 외부 현실의 정확한 반영을 찾으려고 다른 사람에게 의지하며, 삶의 문제를 쉽게 해결할 수 있다고 지나치게 단순화하는 경향이 있다. 정동 경험의 비타당화는 정서 경험과 표현을 억제하려는 시도로 이어진다. 현실에 대해 자신의 지각을 신뢰하지 못한다면 정체감과 자신감의 발달을 저해한다. 삶의 어려움을 과잉 단순화한다면 목표 달성에 실패했을 때 뒤따르는 자기 혐오를 피할 수 없다.

임상 관찰 맥락을 벗어나 경계성 사람의 자기 비타당화에 대한 실증 근거는 충분하지 않다. 그렇지만 정서와 관련된 많은 문제는 비타당 환경을 경험한 결과로 예상할 수 있다. 첫째, 부정 정서 경험 그 자체가 비타당 환경에서 영향을 받을 수 있다. 부정 정서 경험을 억제하도록 하는 압박은 신체 자세와 근육(특히 얼굴 표정)에서 기본 정서의 표현 변화를 감지하는 능력을 발달하지 못하게 방해한다. 정서 행동에서 감지력은 필수 요소이다. 둘째, 그러한 환경에서 개인은 자신의 부정 정서 반응을 정확하게 명명하는 법을 배우지 못한다. 따라서 정서를 정확하게 명명하고 언어적으로 소통하는 능력이 발달하지 못한다. 그러한 문제는 환경이 제공하는 비타당화 그리고 궁극적으로 자기 스스로에게 보내는 정서적 비타당화를 더욱 심화시킨다. 스스로 이해하지 못하는 정서 경험을 타당화하기란 어렵다.

비타당 환경의 세 번째 영향으로 특히 분노, 두려움, 슬픔과 같은 기본 정서를 타당화받지 못한 사람은 개별 상황 사건에 대한 자기 정서 반응이 언제 타당한지 신뢰하는 법을 배우지 못한다. 따라서 자신을 타당화하지도 신뢰하지도 못한다. 어린아이는 특정한 감정을 느껴서는 안 된다는 말을 듣고서 현실에 대한 자신의 원래 관찰과 해석을 의심해야 한다. 비타당 환경에서 그러하듯, 부정 정서 표현에 처벌을 받는다면 이어서 수치심 반응이 따라오는데, 처음에는 애초에 강한 정서를 느꼈다는 수치심이고 그다음엔 그걸 공개적으로 표현했다는 수치심이다. 따라서 새로운 2차 부정 정서에 시동이 걸린다. 개인은 환경이 해왔던 대로 자기 정서 반응에 수치심, 비판, 처벌로 반응하는 법을 배운다. 자신을 위한 연민과 연민 어린 행동은 그러한 분위기에서 좀처럼 발달할 수 없다. 부정 정서에 따르는 수치심을 감소시키기 위해서는 환경이 원래 정서를 타당화하도록 만드는 게 효과적이기 때문에 악순환이 형성된다. 경계성 사람은 타당화하는 환경 반응을 유발하기 위해 과도하게 정서를 표현하거나 상황을 극단적으로 제시하는 게 필요하다고 학습한다. 그러한 환경에서 사람은 원래 정서 반응을 악화시키거나 부정적 상황을 과하면서도 설득력 있게 제시하는 법을 학습한다. 그럴 때 애정 어린 돌봄과 따뜻함과 같은 긍정적 반응이 타당화와 함께 응답한다. 따라서 개인은 이 경계성 경험 차원에서 정서 취약성 극단으로 되돌아온다. 환경에서 타당화를 얻을 수 없다면 대안으로 환경의 기대에 따라 정서 반응을 변화시키거나 최소한 조절해야 하지만, 경계성 사람에게 이는 정동 조절 어려움 때문에 해결책이 되지 못한다.

그러한 환경에서 아이가 무엇을 생각하고 어떻게 느낄지 결정하는 데 환경을 살피는 경향을 발달시킬 수밖에 없는 건 이해할 만하다. 아이는 자신만의 경험에 따라가면 처벌받는다. 이러한 사건 양상으로 많은 경계성 환자가 의견 충돌이나 비판에 직면했을 때 자기 관점을 유지하지 못하는 문제를 설명할 수 있고, 환경이 자기 관점을 타당화하도록 끌어내려는 경향 또한 이해할 수 있다. 자신만의 경험에 의지하면 보상을 받지 못하고 공적 경험에 순응하면 보상을 받는다고 할 때 개인에게 두 가지 선택지가 주어진다. 공적 경험을 설득력 있는 전략을 통해 바꾸고자 할 수도 있고, 자신의 경험을 공적 경험에 순응하도록 바꿀 수도 있다. 내 경험에 따르면 경계성 환자는 이 두 선택지를 번갈아 오가는 경향이 있다.

악순환이 계속되면서 원래 정서적 고통과 더불어 뒤따르는 수치심과 자기 비난도 증가한다. 치료자가 그러한 순환을 깨뜨리기가 특히 어려울 수 있다. 환자는 고통스러운 정서에 대한 타당화를 구하면서 매우 강렬한 괴로움을 전달하여 동시에 치료자는 공감적으로 가능한 한 빨리 아픔을 줄이도록 돕고 싶어진다. 이 경우 치료자는 원래 정서를 타당화하여 압도적 수치심을 감소시키기보다는 원래 고통스러운 정동을 바꾸고자 하는(그렇게 정서를 비타당화하는) 실수를 흔히 저지른다.

비타당 환경의 네 번째 영향으로 개인은 행동 변화에서 비타당화 전략을 받아들이고 그러한 전략을 자신에게 적용한다. 그래서 경계성 사람은 자신에게 비합리적으로 높은 기대를 설정할 때가 있다. 조성, 즉 점진적 발전이라는 개념이 그냥 없다. 이들은 목표 행동에 다가갔을 때 자신에게 보상을 주기보다는 질책하고 비난하는 경향이 있다. 그러한 자기 조절 전략은 실패를 가져오며 결국 포기로 끝난다. 나는 행동 변화 방법으로 처벌보다 보상을 자발적으로 사용하는 경계성 환자를 좀처럼 만나 보지 못했다. 처벌이 단기적으로 매우 효과적일 수 있지만 장기적으로는 효과적이지 못한 경우가 많다. 여러 부정적 영향 중에서도 처벌은 특히 자기를 비판하고 비난하는 형태일 때 죄책감을 낳는다. 적당한 죄책감은 행동에 동기를 부여하는 효과적인 방법일 수 있지만, 과도한 죄책감은 다른 모든 부정 정서가 그렇듯 사고와 행동을 방해할 수 있다. 이들은 죄책감을 줄이기 위해 죄책감이 생길 만한 상황을 그저 피해 버리거나 문제를 수정하기 위해 반드시 행동을 바꾸어야 할 때에도 하지 않고 피한다. 경계성 환자가 처벌을 그만두고 강화의 원칙을 활용하도록 설득하는 일은 그와의 행동주의 치료에서 치르는 주요한 씨름 중 하나이다.

강화보다 처벌을 선호하는 경향은 두 가지 근원으로부터 유래했을 터이다. 먼저, 경계성 사람은 처벌이 알고 있는 유일한 행동 변화 전략이기 때문에 자신을 심하게 처벌하지 않는다면 바람직한 행동으로부터 더 멀어질 거라고 두려워한다. 멀어지면 행동을 더 통제할 수 없게 되고 환경으로부터 받는 보상도 잃는다. 이런 두려움은 몹시 커서 치료자가 처벌의 악순환에 개입하려 시도할 때 공황 반응이 일어날 수 있다. 두 번째로, 비타당 환경은 개인의 책임감을 강조하며 바람직한 행동을 위반하면 처벌받아 마땅하다고 가르친다. 경계성 환자는 자신이 처벌과 고통 말고 무엇을 받을 자격이 있는지 믿기 어려워한다. 분명 많은 사람은 자신이 죽어 마땅하다고 말한다.

환자에게 변증법 딜레마

정서 취약성 기질과 비타당 환경의 대비는 경계성 사람에게 여러 독특한 딜레마를 부여하고, 구체적으로 자살 행동, 특히 심리치료 안에서 일어나는 자살 행동을 이해하게 하는 중요한 함의를 지닌다. 환자는 첫 번째로 자기 곤경에 대해 누구를 탓해야 할지 딜레마에 빠진다. 자신은 어려움을 자초한 악인가? 혹은 주변 환경 다른 사람이나 운명을 탓해야 할까? 두 번째로, 과연 누가 옳은지에 관한 딜레마가 밀접한 관련이 있다. 환자는 스스로 느끼는 대로 정말로 취약하고 자기 행동과 반응을 조절할 수 없는가? 혹은 주변 환경이 말하는 것처럼 자기 반응 행동을 조절할 수 있으면서도 안 하는 나쁜 사람인가? 경계성 사람에게는 이러한 모순된 입장을 동시에 마음에 지니거나 합을 이루기가 불가능해 보인다. 따라서 그는 두 극과 극 사이에서 동요한다. 단순히 말하자면, 내가 만나는 경계성 환자는 자신의 행동에 대한 이 상반되는 두 가지 입장 사이를 빈번하게 오간다. 그들은 격하게 자신을 비타당화하고 자신에게 일어나는 모든 나쁜 일이 자신의 악함에서 비롯된 온당한 결과라고 믿는다. 그런가 하면 자신의 취약성을 타당화하는 동시에 자주 운명과 우주의 질서를 비타당화하며, 일어난 모든 부정적인 일은 공평하지 못하고 일어나지 말았어야 했다고 믿기도 한다.

양극단 중 한 곳에서, 경계성 사람은 극단적인 방식으로 자기 정서를 타당화하지 않는 태도를 취하고, 행동 목표와 정서 목표 달성을 지나치게 단순화한다. 그러한 과도한 포부에 불가피한 실패는 수치심, 극도의 자기 비난, 자살 행동을 포함한 자기 처벌로 이어진다. 그는 그런 일을 당해도 싸다. 그가 견뎌 온 괴로움은 그가 나쁘므로 정당하다. 삶의 문제는 자신이 고의로 만들어 낸 결과이다. 그렇지 않다는 증거가 있음에도, 실패한 원인은 의지가 없기 때문이라고 단정 짓는다. 그들은 모든 약한 사람을 경멸하는 강한 사람 혹은 두려운 대상을 공격하는 테러리스트를 닮았다. 나는 경계성 사람의 자기 혐오만큼 강렬한 복수를 본 적이 거의 없다. 나의 환자 중 하나는 자신에게 몹시 화가 나서 회기 안에서 자기 얼굴과 다리를 길게 상처가 나도록 할퀴었다. 이러한 측면에서 자살과 유사 자살은 일차적으로 자신을 향한 적대 행위이다.

다른 극단에서 경계성 사람은 가끔 자신의 정서와 행동에 대한 통제 부족을 날카롭게 의식하고 있다. 따라서 환경이 아니라 개인이 포부를 낮춘다. 정서와 행동을 통제하는 자기 능력과 환경의 과도한 요구와 비판 사이에는 괴리가 있다. 이를 인식하면 분노, 그리고 중요한 타인에게 그들의 방식이 잘못되었다고 증명하려는 시도가 이어진다. 그럴 때 자살 행동이나 다른 형태의 극단적인 행동만큼 좋은 방법이 또 있을까? 그러한 의사소통 방법은 자신에게 필요하다고 생각하는 도움을 받기 위해서 필요하다. 물론 이는 특히 비타당 대인관계 환경에서 고통을 극단적으로 표현할 때에만 연민과 도움을 주려는 방식으로 환경이 반응할 때 일어날 가능성이 더 높다. 또한 경계성 사람은 자기 경험과 다른 이의 경험, 특히 자기와 치료자 경험 사이에 불일치가 있을 때 무엇을 믿어야 할지에 대한 명확한 지침을 가지고 있지 못하다. 자살 행동은 자신이 취약하다는 느낌을 타당화해 주고, 자신의 경험과 치료자의 경험 양쪽에서 오는 이중 메시지의 모호함을 줄여 준다.

이러한 방향으로 경계성 사람은 자신의 취약성을 타당화할 뿐만 아니라, 자신을 그렇게 만들고 유지시킨 조건으로 역할해 온 행동주의 및 생물학 법칙을 비타당화한다. 그는 자기 존재의 불공평함을 정확하게 인식하고 있다. 때로 그는 아무튼 세상이 공평할 줄 알고, 거의 모든 다른 이에게는 공평하고 애초부터 자신에게 공평했어야 하며, 무엇을 해야 할지 제대로 찾아내기만 한다면 충분히 자신에게도 공평할 수 있다고 생각한다. 그러나 어떨 때는 무엇을 해야 할지를 과연 찾아낼 수 있을까 지극히 절망한다. 그는 스스로 좋은 사람이라고 느끼고 적어도 그렇게 되고 싶지만, 통제할 수 없기에 절망적인 오류를 범한다. 행동을 위반한 뒤에는 극심한 수치심, 죄책감, 후회가 따라온다. 그는 도자기 가게에서 금 가고, 깨지고, 못생겨서 손님이 볼 수 없는 선반 구석에 치워 놓은 꽃병이다. 스스로 고치기 위해 접착제를 찾거나, 혹은 모양을 다시 내기 위해 새 진흙을 찾으려고 아무리 애를 써도 결국 인정받을 정도에 이르기에는 노력이 결코 충분하지 못하다.

강렬한 정서적 고통과 취약성의 한가운데에서 경계성 사람은 다른 사람(특히 치료자)이 그렇게 하려고만 한다면 고통을 치워 줄 수 있다고 믿는 경우가 많다(그들에게 편집성 장애와는 반대로 과신 장애가 있다고 말할 수 있을 정도이다). 이러한 확고하고 때로 과도하게 표현되는 기대가 치료자가 경험하는 마찬가지로 강렬한 무력감과 무익함과 충돌할 때 경계성 환자 치료에서 가장 빈번히 일어나는 장면이 벌어진다. 충분하지 않은 도움 앞에서 환자의 정서 고통과 통제 상실 행동은 악화한다. 환자는 돌봄을 받지 못했고, 깊은 상처를 받고, 오해받는다고 느낀다. 치료자는 조종당하거나 마찬가지로 오해받는다고 느낀다. 양쪽 모두 철수하거나 공격할 태세를 갖춘다.

인내, 수용, 자기 연민, 여기에 더해 변화를 위한 점진적 시도, 자기 관리 그리고 자기 위안은 취약성과 비타당화의 합을 위한 재료이자 또 결과이기도 하다. 그러나 이와 같은 속성은 경계성 사람을 피해 간다. 흥미롭게도, 이처럼 과도하거나 위축된 포부 양상은 (파블로프주의적인 의미에서) 약하고 반응성이 높은 신경계를 가진 개인에게 나타나는 특징으로 발견된 바 있다(Krol, 1977, Strelau, Farley, & Gale, 1986에서 재인용).

치료자에게 변증법 딜레마

상호 연관된 이 두 양상에서 경계성 환자와 치료가 왜 때로 오히려 병을 키우는지에 대한 단서를 얻을 수 있다. 치료자가 치료 내에서 비타당 환경을 만들어 내는 정도에 따라 환자는 강하게 반응하리라 예상된다. 흔한 비타당화 사례로는 치료자가 환자와 공유하지 않은 어떤 행동에 관한 해석을 제공하거나 고집하기, 환자가 할 수 있는(혹은 할 수 있다고 믿는) 수행 그 이상에 대한 굳건한 기대를 설정하기, 환자가 실제보다 능력이 없는 것처럼 대하기, 치료자가 환자의 현재 관점이 타당하다고 믿었다면 주었을 도움을 주지 않기, 환자 행동을 비난하거나 다른 방식으로 처벌하기, 환자의 중요한 의사소통이나 행동을 무시하기 등이 있다. 대부분 치료 관계에서(좋은 관계에서도) 상당한 만큼의 비타당화가 흔히 일어난다 해도 지나치지 않다. 경계성 환자와 관계처럼 높은 스트레스를 주는 관계에서는 더 많을 것이다.

비타당화 경험은 보통 부정적이고, 이에 대한 경계성 환자의 정서 반응은 다양할 수 있다. 치료자가 민감하지 못함에 대한 분노, 오해받았고 혼자라는 강렬한 불쾌감, 현재 환자의 상태가 나아질 수 없음을 치료자가 이해하거나 타당화하지 못한다고 느낄 때의 불안과 공황, 그러한 감정, 생각, 행동을 경험하고 표현했다는 수치심과 굴욕감 등. 비타당화에 대한 행동 반응에는 회피 행동, 의사소통과 타당화를 얻기 위한 노력의 증가, 치료자 공격이 해당한다. 가장 극단적인 형태의 회피는 물론 자살이다. 덜 과격하게는 환자가 단순히 치료를 중단하고 회기에 오지 않거나 지각을 할 수 있다. (경계성 그리고 자살 행동을 하는 환자의 높은 치료 중단 비율은 부분적으로 이 환자를 타당화하는 데 치료자가 보이는 어려움에 원인이 있다.) 치료 회기 내에서 입을 다물고 언어적으로 철수할 수 있다는 점에서 이인화와 해리 현상은 다른 형태의 회피일 수 있다. 환자는 여러 가지 수단을 통해 연락을 늘리고자 할 수 있다. 이를테면 회기 사이에 치료자에게 전화를 건다거나, 추가로 예약을 잡는다거나, 편지를 쓰거나, 친구나 다른 정신건강 전문가가 치료자에게 전화하도록 간청할 수 있다. 내가 앞서 말했듯 자살 행동은 때로 의사소통 시도로 기능한다. (그러나 치료자가 모든 자살 행동이 의사소통 행동이라고 추정하지 않아야 한다.)

치료자를 향한 공격은 대부분 거의 언어적이다. 환자는 판단하고 비난한다. 치료자가 환자를 이해하고 타당화하는 과정에서 겪은 어려움에 대한 공감이라곤 거의 찾을 수 없다. 나로 말하자면 나는 내가 생각할 수 있는 다른 어떤 집단보다 경계성 환자로부터 많은 경멸적인 호칭으로 불리고 내 의도를 공격받았다. 때때로 치료자를 향한 공격은 물리적일 수 있다. 이는 치료자 소유물에 대한 공격으로 나타날 수 있다. 예를 들어, 우리 클리닉 환자들은 그동안 시계를 부쉈고, 게시판을 찢었고, 편지를 훔쳤고, 물건을 던졌고, 벽을 발로 차 구멍을 냈고, 벽에 그래피티를 갈겼다. 그러한 공격은 당연히 상호 악순환을 형성하는데, 치료자가 환자에게 반격을 가하기 때문이다. 치료자가 반격하는 건 치료적 대응으로 가장될 때가 있다.

치료자에게 딜레마인데, 환자에게 변화를 유도하려는 시도와 환자를 있는 그대로 공감적으로 이해하는 시도 둘 다 비타당화로 경험될 수 있다. 예를 들어, 특정한 상호작용이 잘못되거나 혹은 왜 어떤 목표가 달성되지 못했는지를 검토할 때, 치료자가 어떤 식으로든 환자가 다음에는 수행을 향상할 수 있다고 암시한다면, 환자는 자신이 지금까지 쭉 잘못되었고 비타당화 환경이 옳다고 마치 치료자가 믿는 것처럼 반응하기가 쉽다. 전투가 뒤따르고 행동 변화와 기술 훈련에 향할 주의가 분산된다. 나의 경험상, 이 사람을 치료하는 하루하루의 어려움은 환자의 경험과 어려움에 대한 치료자의 비타당화로부터 온다. 반대로, 치료자가 환자 말을 그저 듣거나 환자 반응에 공감하며 타당화하는, 변화를 지향하지 않는 전략을 사용한다면 환자는 삶이 절대로 나아지지 않을 거라고 전망하며 공황에 빠지기 쉽다. 만약 그가 옳다면, 그리고 지금까지 옳았던 거라면 지금이 바랄 수 있는 최선의 상태이다. 이 경우 결국 치료자는 더 도움이 되지 못했다는 환자의 분노를 예견할 수밖에 없다. 치료자는 더 많이 개입하고 변화를 위해 구체적으로 제안하라는 요구가 뒤따른다. 악순환이 시작되고, 이는 환자와 치료자를 모두 지치게 만든다.

내가 DBT를 개발한 주요한 동기는 다른 무엇보다 바로 이러한 딜레마 경험에 있었다. 표준 행동치료(표준 인지행동치료를 포함해) 그 자체는, 적어도 내가 실시했던 경험으로는 나의 환자들을 비타당화했다. 나는 그들의 행동이 틀렸다거나 그들의 생각이 어떤 면에서 비합리적이거나 문제가 있다는 식으로 말하고 있었다. 그러나 가르치는 데 치료가 실패한 이유는 이 사람들의 진짜 기술 부족을 인식하는 데 실패했기 때문이었다. 그들의 고통에 대한 수용은 어떤 의미에서 그 고통을 비타당화했다. 이는 마치 수영을 잘하는 사람이 구명 뗏목에 올라서서, 바다 한가운데 빠진 수영을 할 줄 모르는 사람들에게 "할 수 있어! 견될 수 있어!"라고 (달래는 목소리로) 소리치는 셈이었다. 적어도 DBT에서는 두 치료 전략을 결합하여 해결책으로 삼는다. 이 치료에서 치료자는 환자와 유연한 방식으로 상호작용하고, 환자 반응에 대한 예리한 관찰을 바탕으로 매 순간 지지적 수용 전략 혹은 직면과 변화 전략 두 가지를 바꾸어 가며 사용해야 한다.

치료자는 각 환자 경험에서 오는 지혜의 핵심을 타당화하면서(특히 그의 취약성과 절망감을), 환자에게 변화가 일어나는 데 꼭 필요한 능력을 가르치는 변증법 균형을 얻고자 노력해야 한다. 이는 치료자가 타당화 전략을 역량 강화 전략(기술 훈련)과 결합하고 나란히 두기를 요구한다. 환자가 자기 역량에 비해 높고 낮은 포부와 기대를 과하게 넘나들며 만들어진 긴장은 치료자에게 엄청난 도전이 된다.

적극적 수동성 대 능숙한 겉모습

적극적 수동성

'적극적 수동성'은 문제에 접근할 때 의지를 다지거나 능동적이기보다 수동적이고 무력한 경향, 극도로 고통스러울 때 삶의 문제에 대한 해결책을 환경 그리고 치료자로부터 구하는 특징으로 정의할 수 있다. 따라서 이 사람은 자기 문제를 다른 사람이 해결하거나 조절해 주도록 만드는 데 적극적이지만 스스로 문제를 푸는 데에는 수동적이다. 이러한 대처 방식은 Lazarus와 Folkman(1984)이 기술한 '정서 초점 대처'와 상당히 유사하다. 정서 초점 대처는 스트레스를 유발하는 상황에서 그 상황에 대한 부정 정서 반응을 줄이려는 노력으로 대응하는 대처에 해당하는데, 예를 들어 주의를 분산하거나 주변의 위로를 구한다. 이는 개인이 문제를 해결하기 위해 직접 행동을 취하는 '문제 초점 대처'와 대조된다. 이처럼 환경으로부터 능동적으로 도움을 구한다는 점에서 적극적 수동성은 학습된 무기력과 구별된다. 두 가지 경우 모두에서 개인은 자기 문제를 풀기에 무력하다. 그러나 학습된 무기력에서 개인은 그저 포기하고 환경으로부터 도움을 구하는 시도조차 하지 않는다. 적극적 수동성을 보이는 사람은 치료자를 포함한 다른 이에게서 문제 해결책을 얻고자 계속해서 시도한다.

때로 환자가 이러한 즉각적인 문제 해결을 요구하는데 치료자가 해결책이 없을 때에는 환자를 비타당화하는 악순환으로 이어진다. 정도를 높여 가는 절박한 요구는 치료자를 위기에 빠져들게 할 수 있다. 그러한 무력감에 직면했을 때, 치료자는 '피해자'를 비난하거나 거절할 수 있다. 그러한 거절은 문제를 더 악화시키고, 더한 요구로 이어지게 하며, 악순환이 시작된다. 삶과 자기 조절에 관한 압도적이고 해결되지 않을 것만 같은 문제 앞에서, 수동성은 때로 문제에 동반하는 부정 정동을 단기적으로 조절하는 데 도움이 될지 모르지만, 문제를 해결하는 데는 당연하게 도움이 되지 않는다. 물론 문제가 정말로 해결 가능한지에 대한 의문은 환자와 치료자가 논쟁하는 주제이다. 치료자는 환자가 그저 대처에 능동적으로 참여하기만 하면 문제가 해결될 수 있다고 믿는다. 반면, 환자는 자신이 뭘 해도 아무런 희망이 없다고 볼 수 있다. 환자 관점에서는 해결책도 없고 문제 해결 행동도 해낼 수 없다. 환자가 믿는 자기 효능감과 치료자가 믿는 환자에게 내재한 문제 해결 능력은 불일치한다. 만약 치료자 역시 문제를 해결할 수 없다고 본다면 주의 분산과 문제 회피와 같은 수동적 조절 양식을 부추기게 될 수도 있다.

수동적 자기 조절 양식은 아마 개인 기질적 성향에 더하여 부정 정동과 이와 관련된 부적응 행동을 통제하려는 시도가 실패해 온 역사에서 비롯되었을 것이다. 예를 들어, Bialowas(1976, Strelau et al., 1986에서 재인용)는 높은 자율신경계 반응성과 사회적 상황에 대한 의존성 사이에서 정적 상관을 발견했다. Eliasz(1974, Strelau et al., 1986에서 재인용)는 자율신경계 반응성이 높은 사람이 다른 요인과 독립적으로 수동적인 자기 조절 양식을 선호한다고 제안하였다. 이는 자기 능력과 환경을 개선하기 위한 능동적 노력을 최소한으로 들이는 양식이다.

Miller와 Mangan(1983)은 의료기관을 찾는 환자 행동에 대해 이 주제와 관련된 연구를 수행하였다. 그들은 부정적 경험이나 잠재적으로 부정적인 경험을 경계하는 민감한 환자와 그렇지 않은 환자를 나누어 각각 '높은 감찰자high monitors'와 '낮은 감찰자low monitors'로 이름 붙였다. '높은 감찰자' 환자군은 '낮은 감찰자' 환자군에 비해 친절하게 대해지고 존중받음, 검사받기, 새로운 처방을 받음, 그들의 건강에 미치는 스트레스의 영향에 대해 안심시키는 말을 듣기에 대해 더 많이 신경 썼고, 더 많은 정보를 원하는 것을 발견했다. 여기서 이들이 자기 건강 관리에서 덜 능동적인 역할을 맡길 바랐다는 점이 가장 중요하다. 사실 높은 감찰자 집단에는 자신을 돌보는 데 완전히 수동적 역할을 하고 싶은 사람이 낮은 감찰자 집단에서보다 두 배 많았다. 자기 자신과 부정적 환경을 통제하려는 노력에 실패해 온 역사가 중요하긴 하겠지만, 적극적 수동성이 전적으로 학습한 결과는 아닐 수 있다.

적극적 수동성이 어떻게 학습되었는지 알아보기란 쉽다. 경계성 사람은 성공적으로 상호작용하지 못하는 자신을 빈번하게 관찰한다. 이들은 자신의 불행과 절망 그리고 세상에 대한 긍정적 관점이 없음을, 동시에 행복과 희망에 찬 흠결 없는 겉모습이나 흔들림 없이 평온을 유지하는 능력이 없음을 의식하고 있다. 이러한 관찰은 학습된 무기력 양상으로 이어질 수 있다. 최선으로 노력을 다했음에도 실패했던 경험은 그러한 양상의 불씨가 된다. 게다가 어려움을 인정받지 못하는 환경에서 사람은 능동적이고 효과적으로 문제를 다루는 법을 결코 배울 수 없다. 그러한 대처 전략을 배우는 데에는 최소한 문제 인식이 필요하다. 어려움을 축소하는 환경에서 사람은 문제를 확대해 심각하게 받아들여지도록 만드는 방법을 배운다. 이렇게 어려움과 역량 부족을 확대하여 바라보면서 적극성 수동성은 더욱 굳어진다. 그는 할 수 없다는 점을 인식하지 못하는 환경을 향해 극단적인 할 수 없음과 수동성으로 균형을 맞춘다.

적극적 수동성 양상에 대한 실증 근거는 유사 자살 행동이 있는 사람과 경계성 사람에 대한 연구 모두에서 찾을 수 있다. 나의 연구에서 직전 유사 자살로 입원한 환자는 자살 사고가 있는 사람과 자살 행동이 없는 정신과 입원 환자에 비해 두드러지게 낮은 능동적 대인관계 문제 해결과 다소 높은 수동적 문제 해결 경향을 보였다. 이 연구에서 능동적 문제 해결이란 문제 해결로 이어지는 행동으로, 수동적 문제 해결이란 다른 사람이 문제를 해결하게 만드는 행동으로 이루어져 있었다(Linehan et al., 1987). Perry와 Cooper(1985)는 BPD와 낮은 자기 효능감, 높은 의존성 그리고 타인에 대한 정서적 의존의 관련성을 보고하였다.

극도의 부정 정서로부터 자신을 보호하는 능력이 없고, 그 결과로 경험하는 무력감, 무망감 그리고 절망감은 경계성 사람에게 빈번하게 나타나는 대인관계 과잉 의존성에 중요한 요인일 수 있다. 자기 정동과 대인관계 문제를 스스로 풀지 못하는 사람은 부정적 조건을 감내하거나 문제를 해결하기 위해 다른 사람에게 손을 뻗어야 한다. 심리적 고통이 극심하거나 고통 감내력이 낮을 때 혹은 둘 다일 때, 이렇게 뻗은 손은 정서적으로 매달리는 그리고 요구적인 행동으로 변하게 된다. 이러한 의존성은 예상대로 대인관계에서 중요한 타인을 잃거나 잃을 위협 앞에서의 강렬한 정서 반응으로 이어지게 된다. 유기를 피하고자 하는 필사적 노력은 이러한 구성과 일관된다.

여성이 적극적 수동성을 취하는 데 문화적 젠더 편향과 성 역할 고정관념의 영향을 간과할 수 없다. 일반적으로 여성은 대인관계를 통한 성취 양식이 효과적이라고 배우게 되는데, 이를 통해 다른 이들로부터 도움과 보호를 이끌어 낼 수 있기 때문이다(Hoffman, 1972). 게다가, 여성은 문화적 규범과 기대에 따라 영향력을 행사할 때 간접적이고, 개인적이며, 무력한 방식을 택하도록 제한을 받는다(Johnson, 1976). 성차는 어린 나이부터 나타난다. 예를 들어, 학교 아동 관찰 연구에 따르면 비판을 받았을 때 남자아이는 적극적 노력으로 반응하는 반면, 여자아이는 포기하고 자기 능력을 탓하는 수동적 상태로 빠지는 경향이 나타났다(Dweck & Bush, 1976; Dweck, Davidson, Nelson, & Emde, 1978). 일반적으로 학령기 여자아이가 또래 남자아이에 비해 더 많은 스트레스 사건을 경험하지는 않지만(Goodyer, Kolvin, & Gatzanis, 1986), 여자아이가 남자아이에 비해 학습된 무기력 패러다임에 맞는 상황을 더 많이 경험할 가능성이 있다. 분명히 성학대에 대한 자료는 그러한 가능성을 시사한다. 내가 2장에서 어느 정도 자세히 논의했듯이, 사회적 지지를 받는 정도, 특히 친밀감의 정도는 남성보다 여성의 안녕에 밀접한 관련이 있다. 따라서 경계성 사람의 정서 의존성 특징은 가끔은 단순히 많은 여성에게 흔히 나타나는 대인관계 양식의 극단적 형태일 수 있다. 또한 경계성 사람의 특징인 의존성 양식이 어떤 문화에서는 병리적으로 받아들여지지 않을 가능성도 있다.

능숙한 겉모습

'능숙한 겉모습'은 경계성 사람이 어떨 때는 유능하고 매일의 삶에 대처할 능력이 있어 보이다가, 다른 때에는 그러한 유능함이 마치 존재하지 않는 듯이 행동하는(관찰자가 보기에는 예상 밖인) 경향을 말한다. 예를 들어, 어떤 사람은 자신 있고 통제할 수 있다고 느끼는 직업 장면에서는 적절하게 주장하는 행동을 할 수 있지만 그가 통제력을 덜 느끼는 친밀한 관계 장면에서는 자기 주장을 하지 못할 수 있다. 치료자의 상담실에서 가능한 충동 통제는 상담실 밖 장면에서 일반화될 수 없다. 회기가 끝나고 돌아갈 때 중립적이거나 좋은 기분으로 보였던 환자가 몇 시간 뒤에 치료자에게 전화를 걸어 회기의 여파로 극도의 고통을 겪고 있다고 호소할 수 있다. 삶의 문제에 대해 몇 주 혹은 몇 달간 계속 대처하는 데 성공하다가 위기가 찾아온 뒤 효과적이지 않은 대처와 극심한 정서 조절 문제로 후퇴가 일어날 수 있다. 몇몇 사회 상황에서 나타나는 정동 표현 조절 능력이 다른 상황에서는 완전히 부족할 수 있다. 많은 상황에서 경계성 사람은 훌륭한 대인관계 기술을 보이며 다른 이들이 삶의 문제를 다루는 데 도움을 줄 때도 있다. 그러나 자기 삶에 같은 기술을 적용하지 못한다.

나의 환자 수잔과 작업하던 중 능숙한 겉모습이라는 양상에 대해서 처음 떠올렸다. 수잔은 대기업의 시스템 분석가였다. 그는 잘 차려입고 치료에 왔고, 매력적인 태도를 갖추고 유머러스했으며, 업무 수행에 좋은 평가를 받는다고 말했다. 몇 달이 지나, 그는 상사와 대인관계 문제를 어떻게 다룰지 여러 차례 조언을 구했다. 그는 대인관계에서 유능해 보였고, 나는 그가 필요한 기술을 갖추고 있다고 확신했다. 그래서 나는 그가 이미 가지고 있을 거라 짐작한 기술을 사용하지 못하게 억제하는 요인이 무엇인지 분석하려는 시도를 계속했다. 그는 특정한 문제에 대해 어떻게 상사에게 접근해야 할지 생각해 낼 수 없다는 입장을 고수했다. 나는 여전히 사실은 그가 필요한 기술을 가지고 있다고 믿으며 분노와 좌절 속에서, 하루는 특정한 상황을 어떻게 다룰지 역할극을 해 보자고 제안했다. 나는 그를 연기하고 그는 상사를 연기하였고, 역할극이 끝나자 그는 내가 상황을 다루는 법에 놀라움을 드러냈다. 그는 문제에 그렇게 접근하는 방식을 생각조차 못했다고 말했다. 그는 내가 시범을 보인 새로운 방법을 상사에게 가서 사용하는 데 기꺼이 동의했다. 다음 주에 그는 성공을 알려 왔다. 분명 이 상호작용으로 수잔이 역할극을 하기 전에는 필요한 능력이 없었다는 사실을 증명한다고 할 수는 없다. 아마도 역할극을 통해 상사에게 어떻게 행동해도 되는지에 대한 사회적 규범 정보가 전달되었을 것이다. 나는 그가 이미 가지고 있는 기술을 사용할 수 있도록 '허락'해 줬을 뿐일 것이다. 그러나 기술을 필요로 하는 그 상황에서 갖지 못한 기술을 이미 가지고 있다고 내가 고집했을 가능성을 적어도 무시할 수 없다.

경계성 사람의 능숙한 겉모습에는 여러 요인이 관여해 보인다. 먼저, 개인의 유능함은 극도로 가변적이며 조건적이다. Millon(1981)이 제안했듯이, 경계성 사람은 '안정적으로 불안정하다'. 관찰자는 그러나 하나의 상황에서 드러나는 역량(능력)이 다른 비슷한(관찰자가 보기에) 상황에도 일반화될 수 있고 드러나리라고 기대한다. 그러나 경계성 사람에게 그러한 능력은 일반화되지 않을 때가 있다. 상황 특정 학습에 관한 자료는 많은 경우 서로 다른 상황 맥락에 걸친 행동의 일반화를 기대할 수 없다는 사실을 시사한다(개관은 Mischel, 1968, 1984 참조). 경계성 환자에게 기분 의존 학습의 영향이 상황 특정 학습과 결합되어 있다는 데 독특한 점이 있다. 특히 흔하게도 개인이 어떤 기분 상태에서 가진 행동 역량이 다른 상태에서는 없을 수 있다. 더 나아가 만약 개인이 정서 상태에 대한 통제력이 거의 없다면 (정서 조절 능력이 부족한 사람에게서 기대되듯이) 사실상 행동 역량에 대한 통제력도 거의 없다.

능숙한 겉모습에 영향을 미치는 두 번째 요인은 경계성 사람이 치료자를 포함해 인생에서 중요한 타인들에게 자신의 취약성을 전달하지 못하는 점과 관련이 있다. 경계성 사람은 때때로 부정 정서 경험을 비언어적으로 표현하기를 자동으로 억제하는데, 표현이 적절하고 기대될 때조차 억제한다. 따라서 내면으로 혼란과 정신적 고통을 경험하면서도 겉으로는 침착하고 통제된 모습을 보일 수 있다. 그 태도는 때로 유능해 보이고 다른 이에게는 기분이 괜찮아 보이고 통제력 있어 보인다. 능숙한 겉모습은 경계성 사람이 환경의 신념,

즉 '어떤 관련 상황이나 때에도 능숙하다'는 신념을 스스로 받아들이고 표현하면서 심화될 수 있다. 이 사람은 어떤 기분 상태와 맥락에 있을 때는 다른 상태나 상황에 있는 자신을 예측하기 어려워한다. 이처럼 미소를 머금은 능숙한 겉면은 모든 혹은 거의 모든 조건을 아우르는 범상황에서 실제를 정확하게 반영하는 모습인 양 오해받을 수 있다. 그가 만약 무력함을 표현하는 다른 정서 상태나 상황에 있다면 관찰자는 그러한 행동에 대해 그저 관심을 끌거나 타인을 좌절시키기 위해 무력함을 가장한다고 해석한다.

이러한 부정 정서 표현 억제는 아마도 비타당 환경에서 길러진 사회학습 효과에서 유래할 것이다. 2장에서 기술했듯, 비타당 환경은 부정 정동 표현을 억제할 때 보상을 준다. 성취, 자기 관리, 역경에 마주해 미소 짓기가 강조된다.[2] 내 경험상 대부분 경계성 환자는 자신이 취약성을 전달하지 못한다는 사실을 자각하지 못하기 때문에 상황이 더욱 어려워진다. 여기서 둘 중 한 가지가 일어날 수 있다. 우선 사람은 때로 언어적으로 고통스러움을 전달하지만, 비언어 단서는 그러한 메시지를 뒷받침하지 않는다. 혹은 환자는 자신의 취약한 주제를 논의하면서 극심한 부정 정동을 경험하지만, 그러한 정동 경험을 (언어적으로 혹은 비언어적으로) 전달하지 못한다. 둘 중 어느 쪽이든 전형적으로 환자는 명확하게 전달했다고 믿는다. 전자에서 그는 비언어 표현과 관계없이 어떻게 느끼는지에 대한 단순한 기술로 충분하다고 믿는다. 그는 비언어 메시지가 불일치한다는 점을 의식하지 못할 수 있다. 후자에서 환자는 맥락 그 자체로 충분히 전달됐다고 믿는다. 그러나 다른 이들이 메시지를 알아듣지 못하면 그는 대개 상당히 고통을 받는다. 그러나 언어와 비언어 정동 단서가 불일치할 때 대다수 사람은 언어 단서보다는 비언어 단서를 신뢰한다는 점에서 전달 실패는 이해할 만하다.

차분하고 평이한 어조로 아무렇지도 않다는 듯이 너무나 우울해서 자살을 생각하고 있다고 말하는 환자를 나는 만나 왔다. 혹은 어떤 환자는 마치 날씨 이야기라도 하듯 무심한 목소리로 최근에 거절당한 일을 이야기하며 상실로 제정신이 아니라고 말하기도 한다. 내 환자 한 명은 싱글이었고 나이 평균에 비해 체중이 더 나갔는데, 체중이나 싱글 상태에 대해 이야기할 때면 어김없이 극도로 낙담하곤 했다. 그러나 그 주제 자체 말고는 나는 전혀

2) 어떤 경우에 표현 억제는 정서 통제 전략으로 기능할 수 있다. 일부 경계성 환자의 '무(無)정서 겉모습'에 대한 다른 대안 설명으로 비언어적 정서 표현의 전반적 감소, 특정 각성 수준의 감소, 혹은 특정 정서의 감소는 체질 요인(즉, 생물학적)의 결과라고 한다. 만약 그렇다면 이러한 특성은 이른 나이에 환경으로부터 비타당화를 불러일으키는 중요한 요인이 될 수 있다.

몰랐다. 사실 그가 페미니즘 관점에서 상당히 설득력 있는 주장을 펼칠 수 있었기 때문에 나는 그러한 주제에 대해서라면 그가 진작에 문화적 조건으로 정리를 끝냈을 것이라고 그럴듯하게 믿었다. 성학대에 대한 논의도 종종 같은 영향력이 있다.

능숙한 겉모습에 영향을 미치는 세 번째 요인은 경계성 사람의 대인관계 반응과 관련이 있다. 내가 만나는 환자들은 전형적으로 다음 두 가지 상황에서 정서와 행동 면에서 능숙해진다. 지지해 주고 돌보는 사람과 실제로 함께 있을 때, 혹은 물리적으로 함께 있지 않더라도 중요한 타인과 안전하고, 지지적이고, 안정적인 관계를 맺고 있다고 느끼는 상황이다. 이는 아마 경계성 사람이 때로 치료자와 함께 있을 때 능숙해 보이는 이유일 것이다. 대개 치료자는 지지해 주고 돌보는 사람이다. 드물게 그렇지 않다고 해도, 치료 관계 자체는 안전하고 안정적이라고 지각된다. 따라서 치료자가 부재할 때 그 영향은 줄어든다. 이는 촉발 기억의 실패 때문일 수도 있지만, Adler(1985)가 제안했듯이, 치료 관계가 보통보다 덜 안정적인 데서 올 수 있다. 사실 치료 관계는 언젠가 끝난다는 사실로 정의된다. 많은 경계성 환자는 조기에 그리고 급작스럽게 종결한다. 인간관계의 이로운 효과는 물론 경계성 환자에서만 나타나는 것은 아니다. 우리는 누구나 안정적이고 지지하는 사회적 지지망을 가지고 있을 때 더 잘 지낸다(개관은 Sarason, Sarason, & Shearin, 1986 참조). 다른 점이라면 경계성 환자는 지지하는 관계의 안과 밖에서 능력이 서로 불일치하다.

인간관계가 이 사람에게 그렇게 강한 영향을 미치는 이유는 명확하지 않다. 많은 요인이 아마 중요할 것이다. 사회학습이 이 현상을 어떻게 설명할 수 있는지 상상하기란 어렵지 않다. 아동이 사람과 함께 있을 때 능숙하고 행복한 모습에 강화를 받고 달리 행동할 때 혼자 남겨진다면, 사람과 함께 있을 때 능숙함과 행복을 학습할 수 있다는 점은 당연해 보인다. 자기 조절이 부족하여 환경으로부터의 조절에 의존하는 사람에게 혼자 있는 일은 위험천만할 수 있다. 도와주는 관계에 접근할 수 없어서 오는 불안은 사람의 정동을 망가뜨리기에 충분하며 결국 능숙한 행동을 방해하는 부정적 정동 순환을 시작할 수 있다. 이에 더해, 누군가와 같이 있을 때 수행이 촉진되는 잘 알려진 현상(Zajonc, 1965)이 경계성 환자에게서는 더 강력히 나타날 수 있다.

능숙한 겉모습은 경계성 사람이 실제보다 더 능숙한 것처럼 믿게끔 하여 치료자를 포함해서 다른 사람은 속을 수 있다. 겉모습과 실제 사이의 괴리로 인해 결국 비타당 환경이 지속된다. 기대되는 능숙함이 없다면 동기가 부족하기 때문이라고 여겨진다. '노력하지 않음', 장난질, 조종, 그 밖의 다른 이유는 이 사람의 현상 경험과 다르다. 따라서 이러한 경계성 특성은 치료자와 다른 사람이 '피해자를 비난'하게 만들고 새로운 행동 양상을 학습하는 데 도움이 필요하다는 사실을 못 보게 만드는 결과로 이어진다.

환자에게 변증법 딜레마

경계성 사람은 명백하게 화해할 수 없는 딜레마에 직면한다. 한편에는 정동을 스스로 조절하거나 뒤따르는 행동을 능숙하게 행하는 데 엄청난 어려움이 있다. 그는 빈번하게, 그러나 다소 예측 불가능하게 상당한 수준의 지원을 필요로 하고, 무력하고 희망이 없다고 느끼고, 또 그가 거듭 실패를 겪어 온 이 세상을 홀로 헤쳐 나가도록 혼자 남겨짐에 두려움을 느낀다. 자신의 안녕을 예측하고 통제할 능력이 없는 채로 자신의 정동과 행동을 조절하기 위해 사회 환경에 의존한다. 한편, 그는 의존성을 참아 주지 않는 사회에서 의존하는 행동을 한다는 점에 극심한 수치심을 느끼고, 통제할 수 있는 한도 내에서는 언제나 부정 정동과 무력함의 표현을 억제하도록 배워 왔다. 사실 기분이 긍정적일 때 그는 다양한 상황에서 놀랄 만큼 능숙할 수 있다. 하지만 기분 상태가 좋을 때 그는 다른 기분 상태에서 자신의 행동 역량이 어느 정도일지 예측하지 못하고, 따라서 다른 이에게 자기 역량을 초과하는 대처 능력이 있다는 식으로 전달하게 된다. 따라서 경계성 사람은 도움이 절실할 때에도 적절하게 도움을 청하거나 필요를 전달하는 데 커다란 어려움을 보인다.

무력함과 능숙함, 조절 불가와 조절, 도움의 필요와 불필요의 개념을 통합하거나 합치는 능력이 부족하면 더 심한 정서 고통과 역기능 행동으로 이어질 수 있다. 때로 그는 '성공할' 능력이 있다고 믿고, 목표를 달성하지 못할 때 으레 동기 부족을 탓하며 강렬한 죄책감을 느낀다. 또 다른 때에는 자신을 이해하지 못하거나 비현실적 기대를 하는 타인에게 극도의 분노를 경험한다. 강렬한 죄책감과 강렬한 분노는 고통스러운 정서 상태를 감소시키기 위한 자살과 유사 자살을 포함하는 역기능 행동으로 이어질 수 있다. 겉으로 보기에 능숙한 사람에게 자살 행동은 때로 다른 사람에게 자신이 사실은 대처할 수 없고 도움이 필요하다고 알릴 수 있는 유일한 수단이다. 즉, 자살 행동은 도움 요청이다. 그 행동은 또한 다른 이들이 비현실적 기대를 조정할 수 있도록 하는 수단으로도 기능할 수 있다. 기대되는 바를 자신이 정말로 할 수 없다고 '증명'하는 셈이다.

치료자에게 변증법 딜레마

적극적 수동성 대 능숙한 겉모습의 차원은 치료자에게도 변증법의 도전이 된다. 치료자가 겉으로 보기에 능숙한 사람의 능숙함만 본다면 수행에 높은 기대를 걸어서 지나치게 부담스럽게 할 뿐만 아니라, 낮은 수준의 고통과 어려움의 표현에 반응하지 못할 수 있다. 그 결과, 비타당 환경이 초래된다. 더딘 진전을 무능이 아닌 '저항' 탓으로 돌린다면 특히 위험하다. 그러한 입장을 비판 없이 채택한다면 비타당화가 될 뿐만 아니라, 치료자가 필요한 기술 훈련을 제공하지 않도록 막는다. 회기가 끝나고 겉으로는 중립적이거나 심지어 좋은 정서 상태로 돌아간 환자가 얼마 지나지 않아 전화를 걸어 자살을 위협하는 너무나 흔한 경험은 이러한 양상의 결과일 수 있다.

대조적으로 치료자가 환자의 진짜 능력을 인식하지 못하고 함께 적극적 수동성 양상으로 빠진다면 마찬가지로 문제이다. 특히 치료자는 정서가 증폭하는 상황과 실제 부족을 요구하는 상황을 혼동하기 쉽다. 공황은 때로 무능으로 둔갑한다. 당연히 치료에서 기대를 낮춰 주지 않고 더 많은 도움을 주지 않으면 결과는 자살뿐이라고 환자가 고집할 때 이러한 함정을 피하기란 특히 어려울 수 있다. 치료자가 이러한 상황에서 무너지지 않고 환자를 달래는 쪽으로 돌아서지 않으려면 용기(그리고 더하자면 자신감)가 필요하다. 반응 조성의 행동주의 원칙이 이러한 상황에 특히 해당된다. 예를 들어, 8장에서 더 논의하겠지만 치료 초기 단계에서 치료자는 부족한 정보를 가지고 환자의 정서를 '마음 읽기'하고, 환자의 의사소통 기술이 더 발전해 있을 후반 단계에 비해 더 많은 문제를 예상할 필요가 있다. 핵심은 물론 조성 단계에서 환자가 특정한 순간에 어디에 위치하는지 정확하게 판단하는 데 있다.

적극적 수동성을 타개하고 참여를 이끌어 내는 과제는 계속된다. 치료자는 환자의 어려움을 계속 과잉 단순화하고 너무 이르게 환자가 문제에 혼자 대처할 수 있다고 추정하는 실수를 반드시 피해야 한다. 그러한 추정은 능숙한 겉모습 양상 면에서 이해할 수 있다. 그러나 그 실수는 환자의 수동성을 증가시킬 뿐이고, 반대로 한다면 환자는 위험 속에서 혼자 대처하도록 남겨지게 된다. 일반적으로 치료자가 진전을 쉽게 말할수록 환자는 더 수동적으로 변하게 마련이다. 그러나 변화가 본디 어려움을 강조하고, 그럼에도 동시에 능동적으로 나아가기를 요청한다면 능동적 작업을 촉진할 수 있다. 치료자는 환자의 능력과 부족에 균형을 맞추고, 다시 한번 유연하게 지지-수용과 직면-변화 접근을 번갈아 사용하는 역할이 있다. 변화에의 간곡한 권유는 반드시 무한한 인내심과 함께 해야 한다.

끝없는 위기 대 애도 억제

끝없는 위기

많은 경계성 사람과 자살 행동을 하는 사람은 끊이지 않는 끝없는 위기 상태에 있다. DBT에서는 자살, 유사 자살 그리고 다른 역기능 행동을 삶의 문제를 해결하고자 하는 부적응적 시도로 개념화하지만, 이러한 행동이 만성적이고 압도적인 위기 상태에 대한 반응이라는 진술이 보다 정확하다. 경계성 환자를 쇠약하게 하는 건 어떤 하나의 높은 스트레스 사건이 아니라 경계성 환자의 높은 반응성과 스트레스 사건의 만성적 속성이다. 예를 들어, 실직, 배우자와 자녀의 상실, 수반되는 심각한 질병이라는 사건이 한꺼번에 일어난다면 적어도 이론으로는 이 같은 사건이 차례로 일어나는 편보다 대처하기 쉬울 수 있다. Berent(1981)는 스트레스가 심한 사건이 연달아 일어나고 한 가지 스트레스 사건으로부터 온전히 회복하는 능력에 부족함이 더해질 때 '영혼이 쇠약해지고', 그에 따른 자살 혹은 다른 '응급' 행동이 이어질 수 있다고 제안한다. 어떤 의미에서 환자는 다음 타격을 맞이하기 전에 먼저 정서 기저선으로 전혀 돌아갈 수 없다. Selye(1956)의 관점에서 개인은 계속하여 스트레스 적응의 '고갈' 단계에 접근하고 있다.

기저선으로 돌아가는 능력이 부족한 데는 몇 가지 요인 때문일 수 있다. 전형적으로 경계성 사람은 부정적 환경을 만들어 내는 동시에 그 환경의 통제를 받는다. 기질적 요인은 사건 초반 정서 반응과 각 스트레스 사건 뒤 기저선으로 돌아가는 속도를 악화시킨다. 스트레스 초반에 개인이 어떻게 반응했느냐는 뒤따르는 스트레스 요인의 강도와 개수를 늘릴 수 있다. 역기능적 도피 반응을 하지 않으면서 단기 스트레스를 감내하거나 완화하는 능력이 없는 경우 더 많은 스트레스원이 발생한다. 부적절한 대인관계 기술은 대인관계 스트레스를 만들어 내며 삶의 많은 문제를 해결하지 못하게 한다. 마찬가지로 부적합한 사회 지지 관계망(비타당 환경)은 부정적 환경 사건을 조절하는 능력에 부족을 초래하고 나아가 필요한 능력을 개발할 기회를 더 약화시킨다.

예를 들어, 한 여성이 학대하는 남편과 어리고 의존적인 여러 자녀에 의해 통제당하고 있을 수 있다. 재정적으로 혹은 윤리적으로 그가 가족을 떠나도록 하는 방법은 비현실적일 수 있다. 기술이 부족하고 사회적 지지 관계망은 결함이 있어 부정적인 환경 사건을 조절하는 능력은 더욱 악화하고, 그는 새로운 기술과 강점을 발전시키지 못한다. 어떤 여성은 보상이 거의 없고 처벌만 많은 직업 환경에 처해 있을 수 있다. 그러나 가까운 미래에 일을 그만두기는 경제적 이유로 불가능하다. 긴 노동 시간 때문에 그는 더 나은 직업을 구할 수 있는 기술을 배울 기회를 얻기 어렵다. 초기 스트레스 사건에 대한 낮은 감내력과 스트레스를 피할 능력이 없는 데 더해 결과적인 만성적이고 끊임없는 스트레스는 거의 어김없이 이후 다가오는 사건에 압도되는 경험으로 이어진다.

이러한 압도되는 경험은 종종 유사 자살 행동을 하고, 자살을 위협하고, 다른 충동적이고 역기능적 행동에 관여하는 경계성 환자의 반복적인 경향에서 핵심을 이룬다. 그리고 Berent(1981)가 논의했듯, 영혼에 쇠약이 누적되면 실제로 자살 완수로 이어질 수 있다. 명백하게 사소한 사건, 비판, 상실에 대한 겉으로 이해할 수 없는 과잉반응도 그들이 경험하는 지속적인 위기에 마주했을 때 느끼는 무력감이라는 배경을 통해 보면 이해할 만하다. 앞서 기술한 적극적 수동성 양상은 경계성 사람이 대개는 도움 없이 스트레스를 낮출 수 없음을 시사한다. 끝없는 위기와 적극적 수동성 두 가지 양상 모두 환자가 치료자에게 빈번하고 과도하게 요구하는 행동을 설명한다. 그러나 능숙한 겉모습 양상은 다른 사람이 환자를 기꺼이 도와줄 마음이 내키지 않게 만드는 결과를 가져온다. 이러한 내키지 않는 마음이 치료자에게 나타난다면 상황은 견디기 어려운 위기로 빠르게 나빠질 수 있다.

끝없는 위기는 대체로 치료 계획을 방해한다. 치명적 문제는 환자와 치료자가 효과적으로 다룰 수 있는 속도보다 더 빠르게 악화된다. 나의 경험상 위기를 중심으로 돌아가는 경계성 사람의 삶의 속성으로 인해 미리 정해 놓은 치료 계획을 따르기가 특히(실은 거의 불가능에 가까울 만큼) 어렵다. 치료 계획이 현재의 위기와 밀접하고 명백하게 관련되어 있지 않으며, 따라서 즉각적 안도를 약속하지 않는 기술 학습이 포함되어 있는 경우에 특히 그렇다. 경계성 환자와의 집중적인 기술 훈련은 마치 토네이도가 덮쳐 오는 바로 그때 토네이도에 쓰러지지 않는 집을 짓는 법을 가르치기와 같다고 할 수 있다. 환자는 토네이도가 몰아치는 동안 숨을 가장 적절한 곳은 지하실 튼튼한 탁자 밑임을 알고 있다. 그가 '지하실'에서 정서적 '토네이도'가 끝날 때까지 기다리겠다고 고집해도 이해할 만한 일이다.

나는 다른 환자 집단에게 효과적이라고 알고 있는 행동주의 치료를 만성적으로 유사 자살을 보이는 환자와 경계성 환자에게 일관성 있게 적용하려고 수년에 걸쳐 노력해 왔다. 일반적으로 이 치료 전략에는 특정한 기술 훈련, 노출, 인지적 재구조화 혹은 꾸준하고 집중적인 자기 관리 훈련이 필요했다. 그러나 나 스스로 그리고 내 환자들은 내가 면밀하게 검토하고 빈틈없이 짠 치료 계획을 1~2주 이상 따르는 데 실패했다. 새로운 여러 위기 앞에서 나는 끊임없이 문제를 다시 분석하고, 치료 계획을 다시 개발하며, 위기에 대응하기 위해 시간을 할애했다. 새로운 문제는 언제나 오래된 문제보다 중요하게 보였다. 그 시간 중 거의 항상 나는 치료가 잘 이루어지지 않는 이유는 행동주의 치료자로서 나의 경험 부족 혹은 다른 약점 때문이라고 생각했다. 그러나 몇 년이 흐르고, 나는 설령 문제가 능력 부족 때문이라 할지라도 나처럼 숙련되지 않은 치료자가 많으리라는 결론에 다다랐다. 이러한 통찰은 내가 DBT를 개발하는 계기가 되었다. DBT는 이러한 딜레마를 해결하기 위해 심리 교육 치료 형태를 개발하여 특정한 행동, 인지, 정서 기술을 가르칠 수 있게 했다. 개인 심리치료에서는 환자가 그 기술을 일상생활에 통합하도록 돕는 과제가 있지만, 기초 기술은 보통 개인 치료 맥락 밖에서 가르친다. 동료들과 나는 치료자가 환자의 개별 위기를 다루는 쪽으로 빠지지 않게 저항하려면 개인 회기보다 집단 상황에서 더 쉽다는 점을 발견했다. 더불어 환자에게도 개인 위기에 대한 외견상 무관심을 이해하고 견디기가 집단 상황에서 더 쉬워 보인다. 이러한 무관심이 그들이 현재 느끼는 무력감에 대한 무관심이라기보다는 집단 장면에서의 불가피함 때문이라고 여길 수 있기 때문이다. 따라서 자신을 향해 비타당화한다는 느낌이 줄어든다. 물론 집단이 핵심은 아니다. 표준 개인 치료와 다른 맥락이 주어지고 “우리는 지금 위기 개입이 아닌 기술 훈련을 하고 있다.”라는 메시지가 전달될 수 있는 어떤 장면에서도 마찬가지 효과를 볼 수 있다.

끝없는 위기와 관련해 더 심각하게는 환자와 치료자 모두 위기의 미궁 속에서 길을 잃기 쉽다는 치료적 문제가 있다. 환자가 정서적으로 통제 불능일 때 위기는 증폭되고 너무 복잡해져 환자도 치료자도 원래의 촉발 사건이나 문제에 초점을 유지하지 못할 수 있다. 때로 문제는 어느 정도 외상 사건에 대해 반추하는 환자의 경향에서 기인한다. 반추는 위기를 지속하게 할 뿐 아니라 원래 위기와의 관련성이 간과된 채 새로운 위기를 만들 수 있다. 그러한 환자는 가족 나들이에서 몹시 지친 아이에 비유할 수 있다. 몹시 지친 상태에서 아이는 모든 사소한 좌절과 의견 충돌에 짜증스러워지고, 아주 사소한 도발에도 울거나 성질을 부릴 수 있다. 부모가 모든 위기를 하나하나 해결하려고 노력해 봤자 상황은 좀처럼 나아지지 않는다. 수면과 휴식 부족이라는 원래 문제에 주의를 기울이는 편이 훨씬 낫다. 비슷하게, 치료자와 경계성 환자는 특정한 연속이나 연쇄에서 정서적 취약성을 만들어 낸 원래 사건에 주의를 기울여야만 한다. 그렇지 않으면 치료자는 누적되는 고통에 주의가 분산되고, 문제에 접근하는 데 혼란스럽고 갈피를 잡을 수 없게 된다.

나의 환자 로리는 비판이나 비승인 반응에 특히 민감했다. 그는 성질을 주체하지 못하며 학대하는 아버지가 있는 가정에서 자랐다. 아버지는 아이들이 마음에 들지 않는 행동을 하면 가끔 폭력적인 감정을 폭발시켰고, 이는 빈번히도 구타로 이어졌다. 로리가 35세가 되었을 때 전형적이었던 시나리오는 이어지는 바와 같다. 그는 어떤 결정을 하고 계획을 세웠는데 계획이 상사 마음에 들지 않을까 두렵다. 그 결정과 상사가 부정적으로 반응할 가능성을 한참 고민한 끝에, 그는 계획이 틀렸다고 결론짓고 계획을 철회한다. 그다음 자신의 두드러진 어리석음이나 인지 양상 문제에 괴로워한다. 그리고 다른 동료와 논의해 상사의 관심 영역과 관계없는 협업 프로젝트에 함께하기로 결정하는데, 인지 손상이 있으니 가망이 없다고 느낀다. 그는 일이 끝나고 퇴근길에 술을 사고 어차피 이미 뇌 손상을 입었다고 합리화하며 집에서 취할 때까지 마신다. 그의 음주에 대한 남편의 인내심은 한계에 다다른 상태였고, 이번에도 그는 남편을 실망시킨다. 다음날 아침, 숙취와 또다시 술에 의지했다는 피할 수 없는 죄책감으로 그는 딸의 대학 등록금 고지서에 대한 남편의 질문에 과민하게 반응한다. 그리고 남편과 재정 상태에 대한 격한 언쟁이 벌어진다. 그리고 그는 그날 나와의 상담에 와서 아이들을 대학에 보내기 위해서는 더 많은 가계 수입이 필요하기 때문에 다른 직장을 구할지 혹은 집을 팔아야 할지에 대해 이야기하고 싶다고 차분하게 요청하는 말을 꺼낸다. 이러한 특정한 위기(대학 등록금이 충분하지 않음)에 대한 나의 모든 문제 해결 시도는 결국 정서의 증폭으로 이어지리라고 충분히 이해할 수 있다.

애도 억제

끝없이 지속되는 위기 경향성에 대응하는 균형으로는 극단적이고 고통스러운 정서 반응을 경험하거나 표현하지 않고 피하거나 억제하는 성향이다. '애도 억제'는 반복적이고 중요한 외상과 상실 경험 양상과 함께, 이러한 사건을 온전히 경험하고 자신만의 식으로 통합하거나 해결하는 능력이 부족함을 가리킨다. 위기는 어떤 형태로 찾아오든 언제나 모종의 상실을 포함한다. 상실은 구체적일 수 있다(예: 누군가와의 사별, 돈이나 직업의 상실, 헤어짐이나 이혼 등 관계의 상실). 심리적 요소가 주를 이루는 상실도 있다(예: 갑작스럽고 예기치 않은 환경 변화에 따른 예측 불가능성과 통제 상실 혹은 부모의 한계를 또다시 깨닫게 되면서 언젠가는 부모다운 부모를 가질 수 있다는 희망을 상실). 상실은 지각된 것일 수 있다(예: 타인의 발언을 비판적이라고 해석했을 때 대인관계에서 받아들여지지 못하는 상실을 지각). 이러한 상실이 누적되면 두 가지 결과를 가져올 수 있다. 첫째, 중대한 초기 혹은 예상되지 않은 상실은 이후 상실에 민감하게 할 수 있다(Brasted & Callahan, 1984; Osterweis, Solomon, & Green, 1984; Callahan, Brasted, & Granados, 1983; Parkes, 1964). 둘째, 많은 상실의 양상은 Kastenbaum(1969)이 만든 용어로 말하자면 '사별 반응 과부하'로 이어진다. 이는 마치 애도의 과정 그 자체가 억제된 것 같다. 내가 이 양상에 대해 기술한 바에서 나타나듯, 애도 억제는 외상후 스트레스 장애와 상당 부분 겹친다.

경계성 성격장애와 유사 자살 행동은 어린 시절 하나 이상의 중대한 상실과 관련된다(친족 성폭력, 신체 혹은 다른 성적 학대, 부모나 형제자매의 죽음, 부모의 방임). 많은 실증 문헌에 관한 개괄(Gunderson & Zanarini, 1989)은 경계성 환자가 이혼이나 죽음으로 부모 중 하나를 잃거나, 초기 아동기에 주양육자로부터 분리나 신체적 학대, 방임당하는 경험을 다른 정신과 환자보다 높은 비율로 경험한다는 결론을 내렸다. 무엇보다도 충격적인 사실은 내가 비타당 환경(2장)을 묘사하며 논의한 바와 같이 BPD와 아동기 성학대의 과거력 사이에 강한 관련성이다. 아동기 외상에 관한 이러한 자료에 근거해 최소한 한 명의 연구자는 BPD가 외상후 스트레스 장애의 특수한 종류라고 제안하기도 했다(Ross, 1989).

자연적 애도

자연적 애도에 대한 실증 연구는 충분하지 못하며 주로 사랑하는 이의 죽음 이후 후유증에 초점을 맞춘다. 그러나 자연적 애도는 몇 가지 분명한 단계를 거친다. ① 회피. 믿기지 않음, 마비, 혹은 충격이 해당함. ② 차츰 상실을 자각하면서 급성 슬픔이 찾아옴. 잃어버린 것에 대한 갈망과 찾으려는 행동, 다양한 고통스러운 신체 감각과 정서 반응, 잃어버린 대상에 대한 심상과 사고에 몰두, 행동적 · 인지적 혼란, 절망이 해당함. ③ 해소, 재조직화 그리고 수용(애도 과정의 다양한 개념화에 대한 개괄은 Rando, 1984 참조). 애도는 다양한 특징적인 정서, 신체, 인지, 행동 반응으로 구성된 각별히 고통스러운 과정이다. 모든 반응이 애도하는 각 개인에게 전형적으로 나타나지는 않지만, 다음과 같은 특징을 보일 때 '자연적 애도'의 부분으로 간주할 수 있다. 복부의 텅 빈 느낌, 목이나 가슴이 조이는 느낌, 삼키기 어려움, 숨이 참, 근육 약화, 에너지 부족, 입마름, 어지러움, 정신을 잃음, 악몽, 불면증, 흐린 시야, 피부 발진, 발한, 식욕 부진, 소화 장해, 구토, 심계항진, 생리 불순, 두통, 몸살, 이인화, 환각 그리고 강렬한 부정 정서(Worden, 1982; Maddison & Viola, 1968; Rees, 1975). 여기서 애도와 애도 과정이 슬픔, 죄책감과 자기 비난, 불안과 공포, 외로움 그리고 분노와 같은 모든 종류의 부정 정서를 포함한다는 점을 알아 두자.

인간을 포함한 모든 사회적 동물은 어느 정도는 상실을 슬퍼한다. 아마도 이는 종의 생존에 적응 가치가 있는 현상일 것이다(Averill, 1968). 애도, 훈습 그리고 상실의 해소가 얼마나 중요한지에 관한 임상적 직관은 충분히 전해져 오지만, 이 과정에 대한 여러 주장을 뒷받침할 만한 연구는 거의 없다. Wortman과 Silver(1989)는 상실 적응에 적어도 세 가지 양상이 있다고 제안하였다. 어떤 개인은 앞서 기술한 예상되는 양상을 따른다. 상당한 소수는 슬픔 단계로 진입해 예상되는 정도보다 오랜 시간 높은 고통 상태에 머무른다. 또 그 외 사람은 상실 이후에 그 즉시에든 일정한 간격을 두고서든 강렬한 고통을 드러내지 않는다. 즉, 어떤 사람은 적응적으로 애도 과정을 우회해 가는 것처럼 보인다.

경계성 환자에서 애도 문제

경계성 환자는 이처럼 애도 과정을 우회할 수 있는 사람에 속하지 않는다. 뿐만 아니라 그들은 급성 애도 단계를 감내하거나 헤쳐 나가기가 불가능해 보인다. 해소와 수용 단계에 이르도록 애도 과정을 겪어 가는 대신, 그들은 계속해서 하나 이상의 회피 반응에 기댄다. 따라서 경계성 환자의 애도 억제는 스트레스 사건의 영향을 악화시키는 역할을 하며 악순환을 지속시킨다.

경계성 환자의 애도 억제는 쉽게 이해할 수 있다. 끝날 시점을 확신할 수 있을 때, 즉 그가 '이겨 낼' 수 있을 때만 사람은 몹시 고통스러운 과정이나 경험에도 머물 수 있다. 경계성 환자가 일단 울기 시작하면 영영 멈출 수 없을 것만 같다고 하는 말을 드물지 않게 들을 수 있다. 사실 이는 정서 경험을 통제하거나 조율할 수 없다는 공통된 경험이다. 사실상 애도 공포증이다. 그러한 무력함과 통제 결여 앞에서 애도와 관련된 단서의 억제와 회피는 이해할 수 있을 뿐 아니라 때로 지혜일 수 있다. 그러나 억제에는 대가가 따른다.

병리적 애도에서 상실과 관련된 단서에 성공적 회피는 흔한 주제이다(Callahan & Burnette, 1989). 그러나 반복된 상실과 관련된 모든 단서를 피할 수 있는 데는 한계가 있다. 경계성 사람은 계속해서 상실 경험에 노출되고, 애도 과정을 시작하고, 자동으로 관련 단서를 회피하거나 그로부터 주의를 돌리며 과정을 억제하고, 다시 과정에 돌입하고, 이런 식으로 끝나지 않는 순환을 그리며 맴돈다. 상실과 애도와 관련된 단서에의 노출은 둔감화가 이루어질 만큼 오래 지속되지 않는다. Gauthier와 Marshall(1977)은 강렬한 자극에 대한 그러한 짧은 노출은 'Napalkov 현상'과 유사한 상황을 만들어 낼 수 있다고 제안하였다. Napalkov(1963)는 조건 자극과 혐오적인 무조건 자극이 단 한 번의 연합 뒤에도, 조건 자극이 단독으로 여러 차례 짧게 제시되면 조건화된 혈압 반응의 유의미한 증가를 만들어 낸다고 발견했다. Eysenck(1967, 1968)는 이러한 관찰을 인간 공포의 인지적 배양 이론으로 정교화했다. Gauthier와 Marshall(1977)이 지적한 대로, 상실과 외상에 대한 침투 사고는 그러한 사고를 억제하려는 시도로 이어지며, 이는 Eysenck가 말한 고통스러운 반응 배양의 이상적인 조건에 부합한다.

Volkan(1983)은 '자리 잡은 병리적 슬픔'이라는 흥미로운 현상을 기술했는데, 이는 내가 기술하는 양상과 유사하다. 자리 잡은 병리적 슬픔에서 개인은 애도를 완결하길 바라며, 그러나 동시에 상실의 현실을 취소하고자 지속하여 노력한다. 나는 이러한 양상을 이전 치료자가 치료를 급하게 종결했던 환자에게서 여러 번 발견하였다. 내 환자 중 하나는 자살 시도 후 병원에 입원했다. 치료자가 병원을 방문해 치료는 종결되었고 둘 사이의 접촉은 더는 없다고 알려 주었다. 그러고 나서 이 치료자는 환자와 모든 연락을 거부했고, 모든 연락 시도에 반응하지 않았다. 심지어 나와 이야기하거나 나에게 기록을 보내는 것도 거부했는데, 나와 연락하면 환자에게 희망을 심어 줄 뿐이라는 이유를 내세웠다. 나와 첫 2년 동안 치료는 이전 치료자와 접점을 다시 찾으려는 환자의 지속적인 시도로 이루어졌다. 그는 종종 셋의 공동 만남을 주선하도록 나를 설득하였고, 내가 이전 치료자와 다른 방식으로 행동하면 분노를 표현했다. 계속하여 자살 행동을 포함하여, 신체, 정서, 인지, 행동적 애도 반응을 동반해 가며 애도 과정에 진입하다가도, 다시 연락을 회복하려는 노력으로 돌아감으로써 애도 반응을 질러 가려 했다.

우리는 장기적인 애도 억제가 해로움을 알고 있지만, 상실과 외상과 관련된 정서 표현이 이로운 이유는 아주 분명하지는 않다. 이는 정서 고통과 연관된 단서에의 노출이 소거나 습관화를 가져오고, 지속적인 회피나 충분하지 않은 노출은 이 과정을 방해하기 때문일 것이다. 외상 혹은 스트레스 사건에 대해 이야기하거나 글을 쓰면, 특히 사건이 불러일으킨 정서를 포함하여 드러내면, 사건에 대한 반추가 감소하고 신체 건강이 향상되며 안녕감이 증가한다는 증거가 있다(이 연구의 개괄은 Pennebaker, 1988 참조).

경계성 환자와 작업하는 치료자는 환자가 인생의 상실과 외상 사건을 마주하고 애도 반응을 경험하고 표현할 수 있도록 도울 임무가 있다. 이를 달성하기 위한 주된 방법은 치료 회기 동안 상황에 대해 이야기하기이다. 이것은 말이 쉽지 실제로 하기는 어려운데, 환자가 종종 그러한 제안에 적극적으로 저항하기 때문이다. 어떤 환자는 관련된 정서 억제를 다룰 수 있게 되기도 전에 과거 외상 사건, 특히 아동기 학대에 대해 이야기하겠다고 고집한다. 치료자가 외상이나 상실에 관한 대화를 시작하는 데 성공했다 하더라도 환자는 도중에 입을 다물고 침묵을 지키거나 최소한으로만 소통한다. 예를 들어, 나는 울 것 같은 느낌이 들면서도 주제에 대해 계속해서 이야기해 나갈 수 있는 환자를 만나 본 일이 드물다. 환자가 다시 통제를 찾을 때까지 눈물의 위협은 대개 우리의 상호작용을 중단시켰다. 나의 환자 중 제인은 정서가 실려 있는 주제에 대해 1, 2분보다 더 오래 이야기하는 법이 거의 없었다. 거의 즉시 턱과 얼굴 근육이 긴장되었고, 그는 눈길을 돌리거나 태아 자세로 쪼

그렸으며, 모든 상호작용이 중단되었다. 이전 치료자는 제인이 침묵에 빠질 때 똑같이 침묵했고 회기 시간 내내 둘은 한 마디도 하지 않기도 했다. 시간이 흘러서 나는 그때 그의 마음은 텅 비었거나 폭주하는 생각에 빠져 있음을 알게 되었다. 그는 마치 숨이 막힐 것처럼 느꼈고, 숨을 고를 수 없었으며, 죽을 수도 있다고 믿었다.

직면과 독촉이 듣지 않을 때, 치료자는 그 경험이 좌절스럽기 때문에 환자가 틀림없이 자신을 좌절시키려고 그런다는 추측에 이끌린다. 내가 이 장 앞에서 BPD와 분노에 대해 논의하며 기술했듯이 환자 행동은 치료자나 치료를 향한 공격이라고 해석된다. (청중 중 몇몇 전문가가 회기 중 빈번한 침묵이 나를 공격하려는 능동적인 시도라고 추정한 영상 중 하나가 바로 제인과의 치료 회기를 녹화한 영상이다.) 때로 그러한 행동을 애도 억제로 해석하는 내가 순진한 탓이라고 여기는 사람도 있다. 내가 보기에 치료자들은 자신의 좌절과 분노가 마치 환자의 동기를 말해 주는 틀림없는 지침이라고 생각하는 것 같다. 그러한 접근은 환자 경험을 분명히 비타당화한다는 점에서 위험하다. 따라서 이는 그가 평생 노출되어 온 비타당 환경을 지속시킨다. 게다가 이는 그에게 필요한 도움을 주는 데 실패한다.

내 경험에 따르면, 보다 생산적으로 접근하려면 환자가 정서 억제를 반전시킬 수 있게 참여할 수 있는 구체적이고 특정한 행동에 초점을 맞추어야 한다. 요지는 환자가 표현하는 어려움을 심각하게 받아들이고 필요한 도움을 주는 것이다. 예를 들어, 제인과 작업에서 나는 반사 선글라스를 벗거나 무릎을 감싼 팔을 풀도록 하는 구체적인 지시로부터 시작해서, 턱을 조이는 모습이 관찰될 때 얼굴 근육을 풀고 턱을 살짝 내려놓기를 떠올릴 수 있도록 하는 회기로 진행해 나갔다. 그러나 누군가는 이러한 관점을 극단으로 받아들여 적대적인 동기나 분노가 있을 때에도 평가를 거부할 수 있다. 핵심은 행동에 영향을 미치는 요소를 평가해야 하고, 추측의 대상으로 남겨서는 안 된다는 점이다. 애도 억제 양상은 때로 치료자를 향한 적대감 표현으로 보이는 환자 행동에 대한 대안적 분석을 제공한다.

환자에게 변증법 딜레마

경계성 환자는 끝없는 위기 대 애도 억제 차원에서 사실상 두 가지 딜레마를 마주한다. 첫째, 그가 끝없이 이어지는 위기의 상태에 놓여 있을 때 필요에 따라 애도 반응을 억제하고 상실과 외상 단서에의 노출을 피하기란 거의 불가능에 가까울 만큼 어렵다. 둘째, 비탄과 연관된 정동 반응의 억제가 고통을 단기적으로 해소하는 데 효과적일 수 있지만, 위기에 지원할 사회적 지지를 끌어내거나 장기적으로 평온의 상태에 다다르는 데는 효과적이지 못하다. 실은 애도 억제에서 전형적인 도피 행동으로는 음주, 과속 운전, 과소비, 안전하지 않은 성관계 그리고 상황을 떠나 버리기와 같은 충동 행동이 있다. 따라서 경계성 사람은 한 극단에서 다른 극단을 넘나드는 경향이 있다. 어떤 순간에 그는 위기에 취약하다. 그다음 순간에 그는 위기와 연관된 모든 정동 경험을 억제한다. 핵심은 각 극단에서 경험이 강해질수록 다른 극단으로 더 잘 뛰어들게 된다는 문제이다.

치료자에게 변증법 딜레마

치료자에게 변증법 딜레마는 두 지점 사이에서 동요하는 고통의 속성에 균형을 맞춰 반응하는 어려움에 있다. 고통은 때때로 급성의 위기와 압도하는 정동으로 표현되고, 때때로 정동 반응의 완전한 억제로 드러난다. 각 극단에서 치료자가 강렬하게 반응한다면 환자를 다른 극단으로 밀어붙일 따름이다. 치료자의 과제는 첫째, 환자가 자신의 반응 양상을 이해하도록 돕는다. 둘째, 환자가 정말로 애도 과정을 거쳐 살아남을 수 있다는 실질적인 희망을 제공한다. 그러한 실질적인 희망을 위해 치료자는 애도 기술을 가르쳐야 한다. 이 기술에는 상실한 대상이 더 이상 없는 현재 삶을 온전히 수용하고 다시 꾸려 나가는 대처 전략이 포함된다.

동시에 치료자는 환자 삶의 끝없는 위기 속에서 환자의 정서 경험과 어려움을 타당화하고 지지해야 한다. 그러나 위기를 개선하는 구체적인 도움 없이 이해만을 건넨다면 마치 아무것도 주지 않는 것보다 더 고통스러울 수 있다. 치료자는 구체적 도움을 제공해야 하고 환자는 위기 경험을 회피하지 않고 직면해야 한다. 깊이 애도하는 동시에 애도를 마치는 환자 안의 능력을 향한 통합으로 치료자는 작업해 나간다. 환자가 지금 현실에 비추어 그의 삶을 짓고, 또다시 지을 수 있게 하는 궁극적 목표가 있다.

마치며

이 장에서는 앞선 두 장과 같이 DBT 이론 기반을 설명하였다. 이론이 실제와 그다지 관련이 없다고 생각하는 사람은 많다. 치료자는 실질적 도움을, 특히 무엇을 해야 하고 언제 할지를 원하고 필요로 한다. 이 책 나머지에서는 정확히 그런 도움을 제공하고자 시도한다. 다시 말해, 이론을 실질적으로 실현하고자 한다. 그러나 치료자가 맞닥뜨리는 모든 상황을 예상할 수 있는 매뉴얼이나 책은 없다. 따라서 각 환자와 함께 새로운 치료를 창조할 수 있으려면 이론을 충분히 잘 알아 두어야 한다. 이론에서 목적은 환자를 더 잘 이해하도록 돕는 지름길을 알려 주는 데 있다. 이론은 치료자가 환자와 비슷한 문제를 경험한 적이 없더라도 환자의 경험을 이해하고 공감하는 길을 제시한다. 또한 치료자가 희망이 없다고 느낄 때 희망을 가질 수 있도록 환자의 어려움에 대해 개념을 제공하고, 뭔가 다른 것을 절실히 시도하고자 할 때 새로운 치료 아이디어를 떠올리는 진입로를 제공한다.

2부

치료 개요와 목적

Cognitive-Behavioral Treatment of Borderline Personality Disorder

Cognitive-Behavioral Treatment of Borderline Personality Disorder

4장

치료 개요: 한눈에 보는 목표, 전략 그리고 가정[1]

치료에서 핵심 단계

한눈으로 보면 DBT는 아주 간단하다. 치료자는 환자를 비난하기보다 타당화하는 맥락을 만들고 그 맥락 안에서 환자의 안 좋은 행동들을 막거나 없애고 좋은 행동을 이끈다. 그리고 환자의 좋은 행동을 강화하며 환자가 안 좋은 행동을 멈추고 대신 좋은 행동을 계속하게 하는 방법을 찾아낸다.

우선 안 좋은 행동과 좋은 행동을 중요도에 따라 정의하고 나열한다. DBT에서 목표 행동을 향한 전념(비록 반쪽짜리라도)은 DBT 환자가 가져야 할 필수 태도이다. 치료자에게 필수적인 특성은 연민, 끈기, 인내심, 치료가 효과 없을 거라는 환자의 생각을 넘어설 수 있는 치료 효과를 향한 신념 그리고 위험을 감수하고 담력을 겨룰 수 있는 확실한 의지이다. 이러한 작업을 수행하려면 다음에 설명한 여러 단계가 필요하다.

1) DBT를 이렇게 간결하게 요약해 준 Lorna Benjamin에게 감사를 전한다.

단계 설정: 환자 주목을 끌기

치료 목적에 동의하고 치료 방향 잡기

가장 중요한 첫 단계로 치료가 시작되기 전에 치료 목적과 일반적인 치료 과정에 대해 협의한다. 이때 치료자는 환자의 주의와 관심을 집중시켜야 한다. 5장에서 상세하게 다루겠지만, DBT에서는 다양한 치료 목표를 순서와 중요도에 따라 매우 구체적으로 다룬다. 가장 우선하는 치료 목표는 자살, 유사 자살, 생명을 위협하는 행동이다. 두 번째로 치료 과정을 방해하는 행동이 목표가 될 수 있다. 삶의 질을 높이기 어렵게 하는 문제는 세 번째 목표가 될 수 있다. 치료 내내, 환자는 습관적인 역기능 반응을 대신할 대처 기술을 배우는데, 이런 행동 기술의 안착이 네 번째로 중요하다. 일단 이러한 목표에서 진전이 있으면 그 다음은 외상후 스트레스를 완화하기 위한 작업이 우선순위로 오르고, 이어서 환자가 일반화된 자기 타당화와 자기 존중감을 갖도록 돕는다.

환자가 자살 행동, 유사 자살 행동, 치료를 방해하는 대인관계 방식을 변화하고 감소시키는 데, 그리고 행동 기술을 증진하는 데 협의하지 않는다면 치료를 받을 수 없다(치료 진행에 따라 새로운 DBT 목표가 생기고 이에 대한 협의가 이루어진다). 협의 이후, 치료에 들어서기 전 환자에게 치료 방식과 치료에서 지켜야 할 모든 기본 규칙에 대한 방향을 잡아 준다. 최소한 기본 규칙(이 장의 뒷부분에서 설명)을 준수하는 데 협의하지 않는 환자 역시 치료에 참여할 수 없다. 법적 또는 윤리적으로 치료에서 환자를 거절할 수 없는 환경이라면, 필요 시 치료를 거절할 수 있는 일종의 특별한 '프로그램 내 프로그램'이 필요하다. 이후에 환자가 규칙을 위반하거나 규칙을 변경하려고 하면 DBT 규칙에 대한 환자의 협의를 언제나 상기시킨다. 치료자 협의 역시 환자가 정당하게 문제를 제기할 수 있다.

관계 구축

치료자는 처음부터 환자와 강력하고 긍정적인 대인관계를 맺기 위해 노력해야 한다. 보통 경계성 사람이 자기 행동을 조절하고 변화시키는 데 유일한 강화 요소로 작용하는 게 치료 관계이기 때문에 매우 중요하다. 자살 경향이 높은 환자와 치료자의 관계는 때로 다른 모든 시도가 실패했을 때 그를 살아 있게 하는 유일한 무언가가 된다. 마지막으로, 다른 많은 심리치료 학파와 비슷하게 DBT는 치료 결과로 환자가 보이는 변화와 별개로 치료자와 관계에서 진정으로 수용받고 보살핌을 받는 경험 그 자체로 가치가 있다고 전제한다(Linehan, 1989). 이러한 관계가 발전하기 전에는 DBT에서 많은 기대를 하기는 어렵다.

치료 관계를 구축하면 즉시, 치료자는 환자에게 규칙이 바뀌었다는 뜻을 전달하기 시작한다. 환자는 이전에는 자신이 나아지면 치료자를 잃게 된다고 믿었겠지만, 이제는 오히려 '비효율적 치료를 계속 이어 나가는 것은 비윤리적'이기 때문에 호전되지 않으면 치료자를 훨씬 더 빨리 잃게 될 거라는 말을 듣는다. DBT에서 치료자는 환자 행동을 나아지게 할 목적으로 기꺼이 관계의 질을 위태롭게 하기도 하므로 어떤 사람들은 DBT를 '협박치료'라고 부르기도 했다. 환자의 변화에 영향을 줄 만한 관계의 힘이 치료자에게 없다면, 환자에게 그런 힘을 행사할 수 있는 사람을 치료에 포함시켜야 한다. 예를 들어, 청소년인 경우 가족 치료가 필수적일 수 있다.

변증법을 유지하기

DBT에서 주된 변증법 긴장은 변화와 수용 사이에 있다. 여기에 치료 변화는 오직 있는 그대로를 수용하는 맥락 안에서만 일어날 수 있다는 역설적 뜻이 있다. 어쩌면 '있는 그대로를 수용하는' 그 자체가 변화이기도 하다. 그러므로 DBT에서 치료자는 환자와 각 상호작용 안에서 변화와 수용의 균형을 맞추도록 한다. DBT 치료 전략은 주로 변화와 수용의 변증법 양극단 사이 어디에 위치하느냐에 따라 구성될 수 있다. 통제하기와 자유를 주기 사이에서 2차 긴장이 발생한다. 치료자는 환자의 궁극적 자유와 자기 통제를 향상하기 위해 치료(그리고 때로는 환자)에 통제력을 행사한다. 치료자는 변증법 반응 양식에 본보기를 보여 주고 강화하면서 변증법 상태를 유지한다. 치료자는 환자에게 극단적 행동(정서, 인지 혹은 외현적 반응이든)을 직면시키고 새롭고 보다 균형 잡힌 반응을 가르친다.

핵심 전략 적용하기: 타당화와 문제 해결

치료에서 핵심은 타당화 전략과 균형을 맞추어 문제 해결 전략을 적용하는 데 놓인다. 치료는 시소 위에 있다. 환자의 관점에서 역기능 행동은 해결되길 혹은 사라지길 바라는 문제의 해결책이 되기도 한다. 그러나 치료자 관점에서 역기능 행동은 해결해야 할 문제 그 자체이다.

타당화

타당화에는 두 가지 유형이 있다. 첫 번째 유형은 치료자가 사람의 감정, 인지, 외현 행동 반응에서 지혜, 정확성, 가치를 찾아내는 타당화이다. 여기서 중점은 사건과 관련한 현재 맥락에서 타당한 행동 반응, 반응 일부와 양상을 찾아내는 데 있다. 경계성 환자의 정서 고통과 역기능 행동에는 자기 타당화라는 핵심 기능이 있다. 따라서 또 다른 자기 타당화의 근거를 마련하지 않는다면 치료 변화는 있을 수 없다. 오직 환자를 바꾸려는 노력에만 초점을 둔 치료는 환자를 비타당화한다. 두 번째 유형은 삶의 비극에서 빠져나와 가치 있는 삶을 만드는 환자의 잠재 능력을 치료자가 관찰하고 믿는 타당화이다. DBT에서 치료자는 환자의 취약성이 아닌 힘을 찾아내는 데 주목한다. 치료자는 환자를 믿고 환자 **안의** 힘을 신뢰한다.

문제 해결

핵심 변화 전략은 문제 해결에 속하며 다음 전략이 해당한다. ① 목표 행동 문제에 대한 행동주의 분석 수행, ② 대안 행동 개발을 포함한 해결 분석 수행, ③ 제안한 치료 해결책의 방향을 잡아 주기, ④ 제안한 치료 절차에 환자의 전념을 이끌어 내기, ⑤ 치료를 적용하기.

행동주의 분석은 역기능 행동을 촉발하는 사건에 대한 순간순간의 분석과 역기능 행동을 강화하는 수반성 기능분석을 포함한다. 행동주의 분석의 과정과 결과는 해결 분석으로 이어진다. 치료자와 환자는 최선으로 함께 대안 행동 반응을 이끌어 내고 목표 행동 문제를 변화시키기 위한 치료 계획을 세운다. 이때 다음 네 가지 질문을 다룬다.

1. 이 사람이 좀 더 적응적으로 반응하고 살 만한 삶을 살 수 있는 역량이 있는가? 그렇지 않다면 어떤 행동 기술이 필요할까? 이 질문에 대한 답을 얻기 위해서 기술 훈련 과정에 주목할 수 있다. '핵심' 마음챙김 기술, 고통 감싸기, 정서 조절, 대인관계 효과성과 자기 관리의 다섯 가지 기술을 강조한다(5장에서 자세히 설명).
2. 강화 수반성은 무엇인가? 역기능 행동의 결과를 강화받아서 문제가 발생했는가? 혹은 적응 행동을 처벌하거나 중립적으로 대해서 발생했는가? 어떤 경우에든 수반성 관리를 분석하는 절차가 필요하다. 여기서 목표는 긍정적 행동을 강화하고 부정적 행동을 처벌하거나 혹은 소거해서 환자가 새로운 규칙들을 배우도록 하는 데 있다.
3. 문제를 적응적으로 해결하는 행동을 할 줄 안다면, 이를 실행하지 못하는 이유는 지나친 두려움과 죄책감 때문인가? 환자가 감정을 두려워하는가? 만약 그렇다면 노출 기반 치료를 실시한다.

4. 문제를 적응적으로 해결하는 행동을 할 줄 안다면, 수행을 억제하거나 방해하는 잘못된 신념과 가정이 있는가? 그렇다면 인지 조정 프로그램을 실시한다.

대부분 경우 행동주의 분석은 기술 부족, 강화 수반성 문제, 두려움과 죄책감이 불러오는 행동 억제 그리고 잘못된 신념과 가정이 있다는 점을 보여 준다. 따라서 기술 훈련, 수반성 관리, 노출 전략, 인지 조정을 통합하는 치료 프로그램이 필요하다. 그러나 각 전략에서 행동 목표는 행동주의 분석 결과에 따라 다르다.

대인관계 의사소통 양식의 균형

DBT는 '일침 놓기'와 '상호성' 의사소통 양식을 결합하고 균형을 잡는다. 일침 놓기 의사소통은 소위 환자가 '경로에서 벗어나도록' 한다. 이때 치료자 반응은 명백하게 환자 말에 대한 반응이기보다는 때로는 엉뚱하게 느껴지는데, 고민하던 주제를 환자와 다른 맥락에서 바라보는 치료자의 틀과 관련 있다. 이러한 의사소통에서 주된 핵심은 환자가 다시 균형을 맞출 수 있도록 환자의 균형을 깨뜨리는 상태로 만드는 데 있다. 반면, 상호성 의사소통은 따뜻하고 공감적이며 환자에게 직접 반응한다. 일상 상황에 대한 규범적 대응뿐만 아니라 숙달을 위한 본보기와 문제 해결을 위한 치료자의 치료적 자기 개방도 해당한다.

환자에게 자문하기 전략과 환경 개입 결합하기

DBT에서는 환자의 환경에 개입하기뿐 아니라 환자가 스스로 사례 관리자가 될 수 있도록 가르치는 경향이 강하다(환자에게 자문하기 접근). 기본 개념은 치료자가 환자를 대신하여 문제를 해결하거나 다른 전문가와 치료를 조정하도록 개입하는 대신, 환자가 직접 자기 문제를 스스로 해결할 수 있도록 코칭한다. 이러한 접근은 환자 능력에 대한 치료자 믿음에서 시작한다. 다른 정신건강 전문가 측에서 문제가 있거나 부적절한 행동을 할 때, 심지어 같은 DBT 치료팀 구성원일지라도, 환자와 이를 배움의 기회로 바라본다. 환자에게 자문하기 전략은 DBT에서 주요 사례 관리 전략이다. 그러나 ① 중요한 결과를 얻어 내는 경우, ② 바라는 결과를 만들어 낼 수 있는 환자 역량 부족이 확실한 경우에는 환자에게 자문하기 전략 대신 치료자는 환자를 대신해 변화를 만들기 위해 환경에 개입하고, 문제 해결 또는 전문 치료를 조정하는 일을 맡는다.

치료자 치료

경계성 환자의 치료자는 DBT 틀을 유지하기가 매우 힘들 수 있다. 치료자를 위한 지도 감독, 사례 자문, 치료팀은 DBT에서 중요한 부분이다. DBT 자문팀은 치료자를 치료 안에 있게 하는 역할이 있다. 팀 접근을 벗어나 단독으로 경계성 환자를 치료하기는 아무리 해도 위태롭다고 가정한다. 따라서 치료자의 치료는 치료에 결합되어 있다.

치료 형태

나는 DBT를 함께 구성하는 다양한 치료 요소와 이를 전달하는 방식을 '형태mode'라는 용어로 표현한다. 원칙상 DBT는 어떤 치료 형태에도 적용할 수 있다. 그러나 외래 치료에서 DBT 효과성을 입증한 우리 연구에서는 개인 심리치료, 집단 기술 훈련, 전화 코칭, 치료자를 위한 사례 자문으로 구성된 네 가지 주요 형태를 동시에 제공했다. 더하여, 대다수 환자는 하나 이상의 보조 치료 형태를 제공받았다. 다른 장면(예: 단독 개업 기관 혹은 입원 치료)에서는 형태의 압축 혹은 보완이 필요할 수 있다.

개인 외래 심리치료

'표준' DBT(즉, DBT 원조 버전)에서 각 환자에게는 치료팀에서 자신의 1차 치료자가 되는 개인 심리치료자가 있다. 모든 다른 치료 형태는 개인 치료를 중심으로 이루어진다. 개인 치료자는 환자가 부적응 혹은 경계성 행동을 억제하고 적응적이고 능숙한 반응으로 대체하도록 도와야 할 책임이 있다. 개인 치료자는 효과적 행동을 억제하거나 부적응적 행동을 유발하고 강화하는 개인 및 환경 요소를 포함한 동기부여 문제에 세심한 주의를 기울인다.

개인 외래 치료는 보통 일주일에 한 번 진행한다. 치료 초반이나 위기가 발생하는 기간에는 치료가 일주일에 두 번 열릴 수 있다. 몇몇 환자는 주 2회 치료를 더 선호할 수 있겠지만 주 2회 치료에는 기간 제한이 있다. 보통 한 회기는 50~60분에서 90~110분이다. 짧은 회기 시간 동안 정서에 접촉하고 잘 봉합하기가 어려운 환자의 경우 좀 더 긴 회기(즉, '더블 회기')를 가진다. 회기 시간은 치료 기간별로 수행해야 할 특정 치료 작업에 따라 달라질 수 있다. 예를 들어, 보통 60분 회기를 진행하지만, 학대 관련 자극에 노출 계획이 있으면 회기를 90~120분으로 계획할 수 있다. 또는 일정 기간 동안 한 주에 더블 회기 한 번, 일반 회기(또는 안부 점검을 위한 절반짜리 회기) 한 번과 같이 회기 계획을 진행할 수 있다. 치료자는 치료 작업을 강화하거나 회피를 처벌하기 위해 즉석에서 회기를 줄이거나 늘릴 수 있다. 일정이 겹치기 때문에 회기를 연장할 수 없다면 그날 밤에 전화 코칭을 계획하거나 다음 날 회기를 계획할 수도 있다. 또는 좀 더 긴 치료 시간이 필요한 환자의 경우 그날 마지막 시간을 예약할 수도 있다. 여기서 중요하게는 치료 시간이 환자나 치료자의 기분에 따르는 게 아니라, 당면한 과제에 맞춰져야 한다. 때때로 치료자는 이러한 문제를 창의적으로 해결할 필요가 있다.

임상 및 연구 장면에서 경계성 환자를 배정하는 데 치료자에게 특별한 어려움이 따를 수 있다. 많은 경계성 사람은 이미 치료 관계에서 한 번 이상의 실패를 겪은 경우도 있고 어떤 종류의 사람을 치료자로 원하는지에 대한 강한 신념을 가지고 있을 수 있다. 치료자 역시 어떤 유형의 환자를 치료하고 싶은지, 어떤 환자를 편안하게 느끼는지에 대한 강한 견해가 있을 수 있다. 성적 학대를 경험한 많은 여성은 여성 치료자를 선호한다. 우리 클리닉에서는 접수 면접에서 환자에게 가능한 치료자에 대한 정보를 제공하고 선호하는 치료자에 대해 질문한다. 각 개인의 접수 면접, 개인력, 현재 호소 문제에 대해 치료팀에서 검토한 후에 치료자를 배정하게 된다. 나의 경우는 함께 치료를 진행할지에 대해 환자가 정보에 입각해 의사결정을 할 수 있도록 환자와 치료자가 서로를 면담하는 데 동의하지만, 클리닉 상황에 따라 그런 절차가 실현 불가능할 수 있다. 대신 초반 몇 회기는 환자와 치료자가 정말 함께 치료를 진행할지 결정할 수 있도록 구조화된 방식으로 회기를 진행한다. 환자가 치료자 변경을 원하고 다른 치료자가 가능한 상황이라면 치료자는 변경될 수 있다. 그러나 환자가 다른 개인 치료자로 바꾸지 않고 (클리닉 내부 혹은 외부이든) 개인 치료를 중단하게 되면 모든 치료 형태에 참가할 수 없다.

기술 훈련

모든 환자는 치료 첫해에 구조화된 기술 훈련을 받아야 한다. 내 경험상, 자살이나 그 외 경계성 행동을 수행하는 동기를 감소시키는 개인 치료 목표가 있는 맥락에서 경계성 환자와의 기술 훈련은 특히 어렵다. 이런 경우 위기 개입 필요성이 생기거나 여러 문제에 대해 관심을 기울여야 하는데, 이러한 상황은 대개는 기술 훈련을 어렵게 한다. 또한 기술 훈련을 위해서는 보통 치료 주제를 정해진 대로 진행해야 하므로, 이 경우에는 치료 동기에 충분히 집중하기가 어렵다. 표준 DBT에서 이런 문제를 해결하기 위해 치료를 두 가지 요소로 분리해 왔는데, 이 두 가지 요소는 서로 다른 치료자가 실시할 수도 있고 한 치료자가 다른 형태로 운영할 수도 있다. 우리 프로그램에서 환자는 개인 심리치료를 병행하지 않고는 기술 훈련에 참여할 수 없다. 환자가 기술 훈련에서 배운 기술을 개인 심리치료를 통해 일상생활에 통합하도록 돕기 때문에 개인 치료는 필수적이다. 보통의 경계성 환자는 집중적인 개인 코치 없이는 역기능 및 경계성 대처 양식을 숙련된 행동 양식으로 대체하지 못한다.

DBT 기술 훈련은 심리교육 형식으로 제공한다. 우리 프로그램에서 보통 매주 2시간에서 2시간 반 정도 만나는 개방형 집단을 운영하지만 다른 형태의 집단도 가능하다. 일부 클리닉은 집단을 매주 2회 1시간짜리 회기(1회는 숙제 검토, 나머지 1회는 새로운 기술 학습)로 나누어 진행한다. 대형 클리닉에서는 새로운 기술을 배우는 큰 집단이 매주 1회씩 있고, 숙제 검토를 위한 여러 개의 소집단을 운영하기도 한다. 소규모 또는 개인 클리닉의 경우 좀 더 작은 집단을 더 짧은 기간 동안 만날 수도 있다.

우리는 보통 한 집단에 구성원이 6~8명 있지만, 집단원 2명만 있어도 집단 진행은 가능하다. 그러나 이런저런 이유로 집단에 참여하기 어려운 환자는 개인 기술 훈련을 받을 수 있다. 내 경험상, 개인 치료자가 아닌 다른 치료자가 개인 기술 훈련을 진행하면 보다 용이하다. 그렇지 않으면(나만 해도 역시, 그렇게 안 하려 하는데도) 개인 기술 훈련이 기술 훈련이 아닌 심리치료 양상으로 빠지게 되는 경향이 있다. 대신에 만약 개인 치료자가 심리치료 회기에서 기술 훈련을 포함하여 진행하기를 원한다면, 기술 훈련만을 위한 긴밀하게 구조화된 별도의 회기 진행을 고려해야 한다. 자세한 기술 훈련 프로그램은 별도 매뉴얼에 설명하였다.

지지 프로세스 집단 치료

기술 훈련을 완료한 후 환자는 원하면 지지 집단 치료에 참여할 수 있다. 지지 집단은 계속 진행하고 개방형으로 운영한다. 보통 환자는 연장하여 참여할 수 있지만 기간을 제한하여 집단에 참여한다. 표준 DBT의 지지 치료 집단에 참여하려면 환자는 개인 치료나 사례 관리를 지속해야 한다. 그러나 심화 집단은 예외인데, 이 경우 집단 치료는 일부 경계성 환자에게 장기로 진행되는 주 치료 방식이 될 수 있다. 이런 집단의 운영에 대한 설명은 별도 매뉴얼에 좀 더 자세하게 있다.

비록 이 사안에 대한 실증 자료는 없으나 앞에서 설명한 개인 DBT가 집단 치료 맥락에서 중복될 수 있음을 예상할 수 있다. 이러한 경우에 DBT 집단이 개인 DBT를 보완하거나 대체할 수 있겠다.

전화 코칭

회기 사이에 개인 외래 환자와 치료자가 수행하는 전화 코칭은 DBT에서 중요한 부분이다. 다음과 같은 이유가 있다. 우선, 많은 자살 시도자와 경계성 성향의 사람은 효과적으로 도움을 요청하는 데 어려움이 많다. 일부는 두려움, 수치심 혹은 도움받을 가치가 없다고 느끼거나 자신의 욕구가 타당하지 않다는 신념 때문에 직접 도움을 요청하지 못한다. 대신 그들은 '도움을 부르짖음'으로써 유사 자살 행동을 하거나 다른 위기 행동을 한다. 도움을 구하는 데는 어려움이 없지만, 어떤 환자는 따지거나 침범하는 방식으로 도움을 구하거나, 도움을 줘야 할 사람이 이용당한다고 느끼게 하거나, 다른 비효율적인 전략을 사용한다. 전화 코칭은 이러한 역기능 양상을 변화시키는 연습을 할 수 있다. 둘째, 환자는 DBT 행동 기술을 일상생활에서 일반화하여 사용하는 데 도움이 필요하다. 자살 행동을 하는 환자는 주 1회 개인 치료(그리고 특히 집단 기술 훈련 1회기)에서 제공하는 것보다 더 잦은 치료 접촉이 필요할 수 있다. 특히 위기 상황에서 도움 없이 삶의 문제에 대처할 수 없을 때 그러하다. 전화 코칭을 통해 환자는 성공적으로 기술을 일반화하여 사용할 수 있다. 셋째, 갈등이나 오해가 생긴 후에, 환자는 전화 코칭을 통해 다음 치료까지 기다릴 필요 없이 치료자와 친밀한 치료 관계를 유지하고 있다는 느낌을 가질 수 있다

주간 치료 프로그램, 입원 환자 집단, 거주형 프로그램에서는 정신건강 전문가, 간호사 혹은 다른 치료진과의 상호작용으로 전화 코칭 일부를 대체할 수 있다. 당직 체계가 있는 외래 장면에서는 DBT 구조 안에 있는 다른 치료자가 전화 코칭을 대신할 수 있다. 이는 적절하게 도움을 요청하기, 기술 일반화하기라는 두 가지 전화 코칭의 목표에 특별히 부합한다고 볼 수 있다.

치료자를 위한 사례 자문 모임

경계성 환자의 치료가 치료자에게 엄청난 스트레스가 된다는 데는 의심의 여지가 없다. 많은 치료자가 빠르게 소진된다. 다른 이들은 (확신할 수는 없지만, 약간 알아차리지 못한 채)

오히려 환자에게 해로운 행동을 하는 데 빠지고는 한다. 이 장 후반부에 나오듯이 DBT에서 한 가지 가정은 치료자가 환자에게 비난받을 만한 문제 행동을 할 때가 있다는 거다. 그럴만한 이유는 있다. 경계성 환자는 자기 고통을 즉각적으로 감소시키려고 치료자에게 엄청난 압력을 가할 수 있다. 그래서 치료자는 심지어 치료를 이대로 진행하면 효과가 나타날 수 있는 상황에조차 치료에 주요한(때로는 갑작스러운) 변화를 가져와야 한다는 압박을 느낀다. 또 다른 경우 치료자는 어떠한 변화도 단호히 거부함으로써 그러한 압력에 반응한다. 그런데 두 가지 접근 다 소용없고 고통이 완화되지 않을 때, 결국 치료자는 쉽게 '피해자 비난'으로 대응한다. 자살 위험이 높은 환자를 치료하는 스트레스는 회유, 처벌 반응, 화해로 이어지는 악순환 양상을 야기할 수 있다.

치료자의 치료 행위에서 발생하는 문제는 DBT 자문팀 회의에서 다룬다. 현재 경계성 환자에게 (개인 그리고 집단으로) DBT 치료를 하는 모든 치료자가 자문 회의에 참석한다. 기술 집단에 참여하는 환자에게 하는 요구와 비슷하게, DBT 치료자 역시 한 사람에게 혹은(나의 선호로는) 집단을 통해 자문 혹은 지도감독 관계를 가져야 한다. 치료가 진행되는 첫해 동안, 집단 치료자와 개인 치료자는 모두 같은 회의에 참석해야 한다. 기관, 낮병원, 입원 장면에서 DBT를 사용한다면 환자의 치료팀 구성원 모두는 같은 자문 회의에 참석해야 한다. 자문 회의는 매주 열린다.

보조 치료

경계성 환자에게는 주 1회 개인 치료, 기술 훈련, 전화 코칭에 더하여 그 이상이 필요할 때가 있다. 예를 들어, 약물치료, 주간 치료, 직업 상담 혹은 긴급 입원 등이 있다. 많은 사람이 익명의 알코올 자조 모임Alcoholics Anonymous과 같은 비전문 집단에 참여하고 싶을 수 있다. DBT에서는 환자가 전문 치료나 비전문 치료를 추가로 받아도 금지하지 않는다.

만약 DBT 자문 모임에 정기적으로 참석하고 DBT 원리를 적용하는 치료자가 추가 치료를 제공한다면 DBT 치료를 그저 확장하여 이런 추가 구성 요소를 포함시킨다. 나는 이러한 추가 요소에 대한 DBT 프로토콜을 만들지 않았지만 DBT 원리에 기반한 프로토콜은 개발될 수 있으며 개발되어야 한다. 예를 들어, DBT는 현재 낮병원과 급성 입원 환자 프로그램, 장기 입원 환자 프로그램에 적합하게 조정하여 제공되고 있다(Barley et al., 1993). 좀 더 흔한 상황에서는 DBT 치료자가 아닌 치료자가 다른 이론 전통에서 도출된 원리를 기반으로 한 치료 요소를 추가로 전달할 수 있다. 혹은 DBT 치료자가 보조 치료를 제공하지만 그가 자문팀에 정기적으로 참여하지 못할 수 있다. 이런 경우, 보조 치료는 주 DBT 치료를 보조하는 역할로 여긴다. 약물치료와 긴급 정신과 입원을 보조 치료로 함께 진행할 때 사용하는 구체적 프로토콜은 15장에서 설명한다. DBT 치료자가 다른 분야 건강 전문가와 어떻게 상호작용할지에 대한 지침은 13장에서 논의한다.

경계성 환자와 치료에 대한 가정

가정에서 기억해야 할 가장 중요한 점이 있는데, 가정이란 사실이 아니라 단지 가정일 뿐이다. 그럼에도 이어서 논의하는 명제를 가정하고 행동한다면 경계성 환자를 치료하는 데 유용할 수 있다. 가정은 치료 계획에서 맥락을 구성한다.

1. 환자는 할 수 있는 한 최선을 다하고 있다

첫째로, DBT에서는 모든 사람은 어느 시점에서든 할 수 있는 최선을 다하고 있다는 철학 입장을 취한다. 내 경험으로 볼 때, 경계성 환자는 스스로 변화시키기 위해 항상 필사적으로 노력하고 있다. 그러나 눈에 띄는 성취는 별로 없고 행동을 조절하려는 환자 노력은 대체로 특별히 드러나지 않는다. 치료자는 환자 행동이 자기를 화나게 하거나 설명하기 어렵거나 다루기 힘들면 환자가 노력하지 않는다고 판단하기 쉽다. 환자는 이따금 문제 행동에 대해 질문을 받으면 스스로 노력하지 않았다고 대답할 테다. 그러나 이 답은 환자가 자기 행동 실패에 대해 사회적 설명을 학습한 결과이다. 많은 치료자는 이런 환자에게 더 열심히 노력하라고 말하거나 그들이 정말 필요한 노력을 충분히 기울이지 않는다고 암시하는 경향이 있다. 이는 심리치료 장면에서 환자에게 가장 비타당화받는 경험 중 하나가 될 수 있다(신중한 전략적 접근에서 치료자가 환자에게 어떤 영향을 주기 위해 이와 같은 말을 사용할 수 있는데, 그러면 안 된다는 말이 아니다).

2. 환자는 나아지길 원한다

두 번째 가정은 첫 번째 가정에서 당연히 이어지는데, 치료자나 응급 구조원이 자살 위험이 있는 환자에게 가지는 가정과 유사하다. 만약 도움을 요청하고 있다면, 살고 싶어서 그리한다. 그게 아니라면 전화했을 리 없다. 경계성 환자는 자신의 행동 실패와 치료 개입에서 어려움이 동기 부족 때문이라는 말을 듣는 데 너무 익숙해서 스스로 이를 믿기 시작한다. 물론 환자가 나아지기를 원한다고 가정하더라도 개선에 대한 동기를 방해하는 여러 요소를 분석할 수 있다. 두려움 혹은 수치심에 기반한 억제, 행동 결여, 결과에 대한 잘못된 믿음 그리고 개선보다 행동 퇴보를 강화하는 요인 모두가 중요하다. 반면, 치료자가 진전이 충분히 혹은 빠르게 진행되지 않는 이유가 환자의 의도 문제에 있다고 가정한다면 이는 잘못된 논리이고 최악의 경우 치료 동기를 방해하는 요인이 된다.

3. 환자들은 더 잘 하고, 더 노력하고, 변화의 동기를 더 가져야 한다

세 번째 가정은 처음 두 가지 가정과 모순된 듯 보일 수 있지만, 나는 그렇게 생각하지 않는다. 경계성 환자가 할 수 있는 최선을 다하고 있고 더 잘하기를 원한다는 사실이 곧 노력과 동기가 변화에 충분하다는 의미는 아니다. 안 그럴 때도 있다. 그러므로 치료자는 환자가 진전하려는 노력이나 동기를 억제하거나 방해하는 요인을 분석하고 환자가 더 노력하고 동기에 집중할 수 있도록 문제 해결 전략을 사용할 임무가 있다.

4. 환자는 자기 문제를 일으킨 모든 원인은 아니지만, 해결은 자기 손에 달려 있다

네 번째 가정은 다음의 신념을 표현한다. 경계성 환자는 자기 행동 반응을 변화시켜야 하고, 자기 삶이 변하도록 환경을 바꾸어야 한다. 단순히 치료자를 만나서 통찰을 얻고 약을 복용하고 지속적인 보살핌을 받고 완벽한 관계를 찾거나 혹은 신의 은총을 따르기만 해서 나아지지 않는다. 치료자가 환자를 구할 수 없다는 사실이 가장 중요하다. 환자가 혼자서 변할 수 없고 도움이 필요한 게 사실이지만, 그럼에도 가장 중요한 몫은 환자에게 있다. 그렇지 않겠는가! 만약 확실히 우리가 환자를 구할 수만 있다면, 우리는 환자를 구할 것이다. DBT 치료자는 특히 환자가 위기 상황일 때 이러한 가정을 환자에게 매우 분명하게 전해야 한다.

5. 지금처럼 살아야 한다면 자살 경향이 있는 경계성 사람의 삶은 견디기 어려울 정도로 힘들다

경계성 환자가 자기 삶이 불만족스럽다고 이야기하는 건 매우 타당하다. 그들은 정말 생지옥에 있다. 삶에 대한 환자의 호소와 묘사를 진지하게 받아들인다면, 이 가정은 자명하다. 이런 사실 앞에서 삶을 변화시키는 게 유일한 해결책이다.

6. 환자는 모든 관련 맥락에서 새로운 행동을 배워야 한다

경계성 사람은 기분 의존적이기 때문에 단지 평정한 정서 상태에 있을 때만이 아니라, 압도적인 감정 상태에서도 대처하는 방법에서 중요한 변화가 있어야 한다. 일부 예외를 제외하고, DBT는 보통 위기 중에 입원하는 걸 선호하지 않는다. 왜냐하면 입원은 새로운 기술을 배워야 하는 환경에서 벗어나게 해 주기 때문이다. 또한 DBT는 스트레스가 극심하거나 견딜 수 없을 때 특히 환자를 돌봐 주기를 선호하지 않는다. 스트레스 상황은 새로운 대처 방법을 학습하는 시간이다.

DBT 치료자가 환자를 돌보지 않는다는 말이 환자를 위하지 않는다는 뜻은 아니다. 위기가 발생하는 동안 치료자는 마치 접착제처럼 환자에게 달라붙어 계속 그를 격려하고 도움이 되는 제안을 귀에 속삭여야 한다. 위기 상황일 때 치료자가 환자를 돌보기보다는 환자로부터 자기 돌봄을 이끌어 내는 데에만 치우쳐 있으면 치료자로서는 여러 차례 아슬아슬함에 대면할 수 있다. DBT 치료에서는 환자가 자살할 가능성에 대해 진중하게 수용해야 한다. 그러나 다른 안, 즉 환자가 목숨은 붙어 있지만 참을 수 없는 정서적 고통으로 가득 찬 삶을 산다는 것은 DBT에서는 용납되지 않는다.

7. 환자는 치료에서 실패할 수 없다

환자가 DBT를 하는 동안 치료를 중단하거나 진전이 없거나 혹은 더 나빠진다면, 치료와 치료자 혹은 둘 다 실패한 셈이다. 프로토콜에 따라 치료가 진행되었는데 환자가 진전하지 않는다면 실패 원인은 치료 그 자체에 있다. 환자가 치료를 중단하거나 나아지지 않을 때 실패는 환자의 동기 부족에 있다고 보는 많은 치료자의 가정과는 대조적이다. 이 가정이 사실이라 할지라도 환자가 변할 수 있도록 충분한 동기를 부여하는 역할이 치료자에게 있다.

8. 경계성 환자를 치료하는 치료자는 지지가 필요하다

이 책 내내 언급한 대로, 경계성 환자는 심리치료를 하기 가장 어려운 집단 중 하나이다. 계속해서 치료자는 환자의 진전을 방해하는 실수를 하는 것 같다. 어떤 문제는 환자가 고통에서 즉시 벗어나야 한다는 강렬한 외침에서 비롯되는데, 치료자는 이런 환자의 고통을 달래 줄 수는 있지만 이런 식의 위안은 장기적으로 도움에는 방해가 된다. 치료자는 즉각적인 위안 제공과 장기적 회복이라는 두 가지 요구 사이에 처한다. 많은 요인 때문에 치료자가 경계성 환자를 치료하기 어렵다. 계속 치료를 잘 유지하기 위해서 자문팀, 치료팀, 자문가 혹은 지도감독자가 필요하다.

치료자 특성과 기술

여기서 '치료자 특성'은 치료자가 환자와 관계에서 취하는 태도와 전반적인 관계상 위치를 말한다. 요약하자면, 치료자는 환자의 역량과 결여에 균형을 맞춰 가며 수용 및 보살핌 전략과 변화를 요구하는 전략을 명확하고 집중된 방식으로 유연하게 통합해야 한다. 변화하라는 간곡한 권고는 무한한 인내와 통합되어야 한다. DBT에서는 변증법을 강조하고 있기 때문에 치료자는 DBT 전략에 내재한 모호함과 역설에 편안해야 한다. 이분법적 개념화와 목표 또는 방법론이 필요한 치료자는 환자의 파괴적 행동을 통제하는 동시에 이들의 성장과 자립을 촉진해야 한다는 변증법과 마주했을 때 DBT를 불협화음으로 경험하기 쉽다.

필수 치료자 특성은 [그림 4-1]에서 설명하였다. 비록 양극단 속성의 관점에서 제시하였지만, DBT 태도에서는 각 차원의 통합 혹은 균형을 이루는 게 맞고, 치료자는 각 차원의 중심에 서 있다. 수용과 변화의 통합은 치료자가 DBT에서 이뤄 내야만 하는 변증법 균형에서 핵심이다. 다른 두 변증법의 차원으로 흔들림 없는 중심 대 자비로운 유연성과, 자애로운 지시 대 보살핌은 수용과 변화의 핵심 차원을 반영한다.

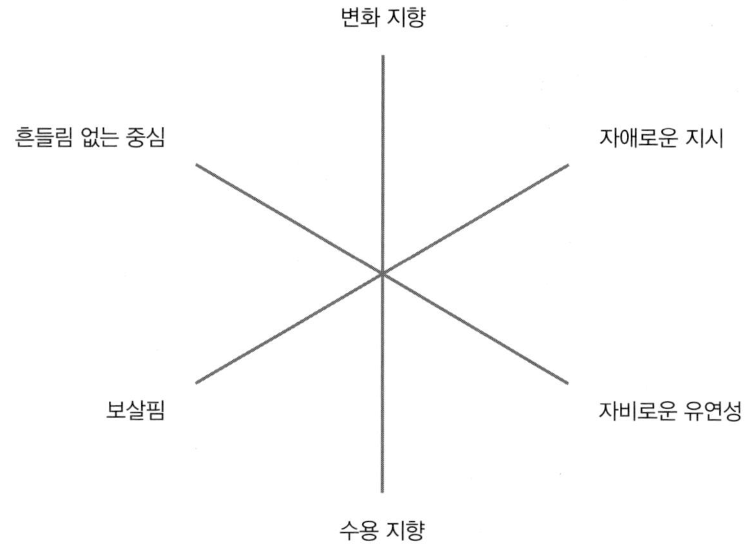

[그림 4-1] DBT 치료자 특성

수용 대 변화의 위치

첫 번째 차원은 이 책 내내 이야기한, 수용을 향한 지향과 변화를 향한 지향에서의 균형이다. 여기서 말하는 수용은 꽤나 급진적인 수준을 의미하는데, 그 순간에 있는 그대로 환자와 치료자 모두를 수용하기, 치료 관계와 치료 과정 모두를 받아들이기를 말한다. 변화를 이끌기 위한 수용이 아니다. 그렇다면 그건 변화 전략이다. 대신 치료자가 현재의 순간에 참여자에게 내재한 지혜와 '선함'을 기꺼이 찾고 판단, 비난, 조종 없이 그 경험에 온전히 들어선다. 그러나 이전에 언급한 대로, 현실은 변하고 어떤 관계든 그 특성은 상호 영향을 주고받는다. 특히 치료 관계는 변화할 필요성과 변화 과정에서 전문 도움을 얻고자 하는 환자의 바람에서 비롯됐다. 변화를 향할 때 치료자는 치료의 영향력이나 변화가 환자에게 이득으로 이어지게 할 책임이 있다. 이 위치에서는 적극적이고 자기 의식적이어야 한다. 즉, 행동 변화의 원리를 체계적으로 적용해야 한다.

수용 대 변화의 관점에서 DBT는 주로 변화 기술인 행동주의 접근과 수용 기술인 인본주의 및 내담자 중심 접근 간 균형을 보인다. DBT에서 치료자는 변화와 수용을 통합하는 본보기를 보여 줄 뿐 아니라 그러한 삶의 자세 자체를 환자에게 장려한다. 치료자는 환자가 자신과 상황에서 원치 않는 부분을 변화시키고 완화하기를 지지하면서, 동시에 이를 감내하고 수용하기를 지지한다. 마음챙김과 고통 감싸기 기술 교육은 갈등 상황에서 감정 조절하기와 대인관계 효과성 기술 교육과 균형을 이루어야 한다.

치료 환경에서 따뜻함과 통제력을 동시에 표현하는 치료자 능력은 수용과 변화의 균형에서 핵심을 차지한다. 환자 행동을 변화시키기 위해 수행하는 통제는 대부분 치료자와 환자의 관계를 통해 달성할 수 있다. 다시 말해, 상당 수준의 따뜻함과 수용이 동시에 존재하지 않는다면 통제를 수행하는 치료자는 환자에게 보살핌을 주고 도움이 되기보다는 적대적이고 지시적으로 느껴질 것이다.

흔들림 없는 중심 대 자비로운 유연성의 위치

'흔들림 없는 중심'은 치료자의 자신, 치료 그리고 환자를 향한 믿음의 질이다. 마치 폭풍의 중심처럼 혼돈 속 고요함과 같다. 이는 장기적으로 환자에게 무엇이 필요한지 명료히 아는 마음과 더불어, 단기적으로 움찔함 없이 환자가 겪는 강렬함과 고통을 감내하는 능력을 필요로 한다. DBT에서 중심이란 다른 치료에서처럼 일률적 경계를 유지한다는 뜻이 아니다. 또한 (환자의 복지와 관련한 전념을 제외하고) 통상 수준의 일관성 이상을 요구하지 않는다. DBT에서 일률적 경계나 일관성이 특별히 중요하지는 않다.

'자비로운 유연성'은 환자가 처한 상황에 대해 적절한 정보를 수집하고 이에 따라 자기 위치를 적절히 조절하는 능력을 말한다. 이전에 집요하게 고수했던 그 위치를 자유롭게 바꾸어 놓아주는 능력이다. 중심을 잡는 게 발을 땅에 고정하는 거라면, 유연성은 어깨를 옆으로 움직여 환자가 지나갈 수 있게 해 준다. 유연성은 치료자 자질로서, 가뿐하고 반응을 해 주며 창의적이다. 변증법으로 문제 경계를 변화시키는 능력으로, 과거에는 배제했던 무엇을 찾아내고 포함시킨다.

DBT를 실시하면서 실수할 가능성이 있으므로, 치료 관계 경로에서 발생한 실수를 기꺼이 인정하고 복구하려는 태도가 필요하다. 한편으로 이렇게 복잡하고 어려운 치료를 잘하려고 애쓰다 보면 실수는 피할 수 없다. 실수 후에 치료자가 어떻게 하느냐가 좋은 치료의 더 나은 지표이다. 적절치 않은 순간에 미소를 지어 따뜻하다기보다는 비웃었다고 인식되든, 힘 싸움에 빠지든, 혹은 환자의 느린 회복에 조급해져 환자 전화에 응답하지 않고 냉정하게 행동해서 환자를 거절하는 실수를 범하든, 효과적인 치료자는 이런 행동을 잘못으로 인정할 수 있어야 한다. 잘 기능하는 환자는 아마도 치료자를 향한 신뢰와 치료자 일부 행동에서 발생하는 고통스러운 정동을 동시에 모두 경험할 수 있으므로 그렇게 많은 복구 작업이 필요하지 않을 수 있다. 그러나 경계성 환자는 이 범주에 들지 않기 때문에 치료자를 아마도 자기 삶에서 만났던 다른 학대자와 동일시할 수 있다. 환자 경험에 대한 타당화와 상황에 따른 유연한 문제 해결 시도가 없다면, 치료 관계는 환자에게 또 한 번 신뢰를 배반당한 경험이 되고, 도망치거나 절망적으로 견뎌야 하는 또 하나의 실패한 관계가 된다. 나아가 치료자는 겉보기에 적절한 개입을 거부하는 환자에 대한 좌절과 더딘 진전을 모두 견딜 수 있어야 한다. 전략과 타이밍의 유연성은 모든 진전에서 핵심 요소이다.

흔들림 없는 중심과 자비로운 유연성 사이에서 균형을 잡는다는 건 환자가 치료자 반응을 통제하려고 상당하고 필사적인 시도를 할 때 치료자가 자기 한계와 조건을 관찰하는 동시에, 상황에 맞추어 유연하게 변화하고 적응하고 필요할 경우 '항복할' 수도 있다는 뜻이다. 치료자는 자신의 경직성(치료 상황의 스트레스에 대한 자연스러운 반응)이나 환자의 모든 소망, 요구 또는 현재 필요에 져 주는 함정에 빠지지 않도록 기민해야 한다.

자살 경향이 있는 경계성 환자를 치료할 때 이 두 극단 사이 균형은 치료자가 환자의 역기능적 대인관계 행동 양상에 대한 소거 계획을 세울 때 가장 두드러진다. 치료자가 중심을 지키고 계획을 유지하는 능력은 정말로 중요한데, 그렇지 못하면 환자를 간헐적 강화에 빠뜨리고 이 경우 역기능 행동은 치료 변화에 매우 강하게 저항할 것이다. 이는 조작적 학습에서는 단순한 사실이다. 그러나 특히 자살 경향이 있는 환자에게 소거 프로그램을 적용할 때 치료자는 지나치게 경직될 수 있으며 환자의 정당한 요구에 적절하게 반응하지 못할 수 있다. 내 환자 중 한 명이 지적했듯이, 사람이 아플 때 더 많이 돌보고 관심을 보이는 건 모든 사회에서 정상적인 모습이다. 그러나 모든 사람이 보살핌과 관심을 얻기 위해 계속 아프지는 않는다.

보살핌 대 자애로운 지시의 위치

DBT에서 환자를 보살피는 수준은 높다. 이 맥락에서 '보살핌'에는 환자를 가르치기, 코칭하기, 보조하기, 강화하기, 뒷받침하기가 해당하고 이는 모두 학습하고 변화하는 환자 능력을 귀하게 여기는 위치에 서 있다. 환자를 기꺼이 흔쾌히 돌보고 보살피는 마음이 필요하다. 자비와 민감성은 대부분 경계성 사람처럼 민감한 동시에 감정 표현을 억제하고 제한하는 환자에게는 필수적이다. 치료자가 이러한 자질이 없다면 치료자의 말이나 다른 집단 구성원의 말, 내부 또는 외부 환경 단서에 아주 미묘하게 반응하는 환자보다 항상 두 걸음 뒤처진 셈이다. DBT에서 환자에게 감정을 인식하고 언어화하는 방법을 가르치는 데 물론 주된 노력을 기울이지만, 치료 초기 단계에서 환자 마음을 긴밀하게 읽어 주지 못하는 치료자는 경계성 환자가 변덕스러운 행동으로 고의로 치료를 방해한다고 여기거나, 실제로 공포와 무력감을 느끼는 환자를 적대적이고 공격적이라고 생각하기 쉽다.

치료자는 환자가 진짜 필요로 하는 도움은 주고, 불필요한 도움은 주지 않는 사이에서 균형을 잡아야 한다. '자애로운 지시'에서 치료자는 환자에게 존재하는 능력을 인정하고, 적응 행동과 자기 통제력을 강화하며, 스스로 돌볼 수 있는 환자는 돌봐 주기를 거절한다. 대개는 수반 계획(예: 환자가 바라는 결과가 있다면 그 선행 조건으로 변화를 지시하기)을 능숙하게 활용해야 한다. 필요한 상황에서 단호해질 수 있는 치료자 능력은 필수 덕목이다. 여기에서 변증법은 한 손으로는 환자를 앞으로 밀면서 동시에 다른 한 손으로는 환자를 받쳐 주는 위치이다. 따라서 보살핌은 환자의 능력을 강화하기 위함이다. 앞서 환자와 치료에 대한 가정을 언급했듯이, 환자를 보살핌과 환자를 대신함 사이에서 균형을 맞춘다. 변화를 촉진하기 위해 당근과 채찍 모두 사용한다.

환자와 치료자 협의

환자 협의 사항

DBT에서는 환자 협의가 여럿 필요하다. 보통 이러한 협의는 치료를 받겠다는 공식적인 수락에 필요하고 치료 조건이기도 하다. 처음 몇 회기 동안은 이에 대해 논의하고 명확하게 해야 하며, 적어도 구두 협의는 이루어야 한다. 서면 계약은 치료자 재량에 따라 사용할 수 있다.

1년 치료 협의

갱신 가능한 시간제한 접근법 사용 첫 회기 혹은 초반 몇 회기 진행 후에 환자와 치료자는 같이 작업을 할지, 그리고 얼마나 길게 이어갈지에 대해 명시적으로 협의해야 한다. 환자가 치료자에게 계속 치료를 받고 싶다고 해서 자동 갱신을 가정해서는 안 된다. 보통 환자와 치료자는 1년 계약을 하며 이는 매년 연장 가능하다. 1년마다 호전 상태를 평가하고 치료를 지속할지를 논의한다. 치료를 지속하는 데 무엇이 요구되는지는 치료자마다 다르다. 어떤 치료자는 장기간에 걸쳐 환자와 기꺼이 함께 작업하고, 어떤 문제가 있거나 환자가 이미 목표를 달성한 게 아니라면 매년 계약을 연장한다. 또 어떤 치료자는 시간을 제한

한 치료를 더욱 지향하여, 치료 초반부터 명확한 의도로 치료 관계를 설정하며 만약 1년이 지난 후에도 여전히 치료가 필요할 경우 환자를 다른 치료자에게 의뢰하기를 원한다. 입원 병동에서 수행하는 DBT는 시간이 매우 제한될 수 있다.

일부 경계성 환자는 연장 불가능한 시간제한 접근을 견디기 힘들어한다. 치료가 특정 시점에서 끝난다는 사실을 아는 상태로는 감정적으로 혹은 언어적으로 마음을 열 수 없다. 이러한 환자에게 연장 불가능한 시간제한 치료를 강요해서는 안 된다. 분명히 연장 불가능한 시간제한 접근에서 치료 목표는 장기 치료보다 더 협소할 것이다. 예를 들면, 나는 여러 번 정신과 입원 내력이 있고, 이전 치료자 몇몇을 소진시켜 거부당한 경험이 있고, 현재 역기능적이고 만성적인 유사 자살 행동을 보이는, 작업할 다른 치료자를 구할 수 없는 여러 환자에게 시간제한 DBT를 실시한 적이 있다. 이 중에는 1개 이상의 지역 병원에서 입원 금지 명단에 오른 사람도 있었다. 이 경우 나는 환자에게 1년 동안 작업할 것이고 그 이후에는 다른 치료자를 찾도록 돕겠다고 아주 분명하게 했다. 나의 목표는 유사 자살을 멈추고 치료에서 효과적으로 기능하는 법을 배우도록 돕는 것이었고, 그렇게 하여 환자가 다음 치료자로부터 적절한 도움을 받고 치료를 유지할 수 있도록 하고자 했다. 즉, 장기 치료가 필요할 때를 위한 일종의 사전 치료였다.

일방적 종결 상황 처음 몇 회기 동안 치료자는 일방적 치료 종결로 이어질 수 있는 상황에 대해 아주 분명히 전해야 한다. DBT는 단 한 가지 공식적인 종결 규칙이 있다. 기술 훈련이든 개인 치료든 계획된 치료를 연속 4주 빠지는 경우 환자는 프로그램에서 탈락하게 된다. 탈락하면 현재 계약 기간이 끝날 때까지 치료에 되돌아올 수 없으며 그 후 복귀는 협상에 따라 달라진다. 이 규칙이 깨지는 상황은 없다. 계획되어 있던 DBT를 4주 연속으로 빠지는 데 마땅한 이유는 없다. 이 규칙은 원래 연구에서 치료 종결의 조작적 정의가 필요했던 연구상 이유에서 채택하였다. 그러나 임상 장면에서도 훌륭한 규칙인 점을 알게 되었다. 이는 연속 결석 회기(최대 연속 세 번 결석)가 무엇인지 그리고 치료 탈락(기술 훈련 집단 또는 개인 치료에서 연속 네 번 결석)은 무엇인지 명확하게 정의해 준다. 따라서 1~3번을 연속으로 놓친 환자는 치료에 돌아갔을 때 다시 환영받으리라고 알고 있고, 4번을 놓치면 돌아올 수 없다는 사실을 분명히 알고 있다. 이렇게 하면 '치료 이탈' 현상이 감소한다.

많은 경계성 환자는 치료자가 어떤 일이 있어도 무한정 혹은 약속된 기간(원래 동의에 따라)이 끝날 때까지 치료를 계속 유지한다는 무조건적 약속을 하기를 원한다. 그런 환자는 치료자가 관계를 끝낼까 두려워 치료자를 믿을 수 없거나 자기 개방을 할 수 없다는 말을 할 거다. 환자는 치료자가 관계를 끝낼 가능성에 대해 끊임없이 걱정할지도 모른다. 이런 환자가 치료에서 뭘 하든 혹은 어떤 말을 하든 치료자는 환자가 준비되기 전까지는 치료를 종결하지 않을 거라고 안심시키고 싶은 마음에 끌린다. DBT는 이런 입장을 옹호하지 않는다. 대신 DBT가 취하는 입장은 결혼과 어느 정도 유사한데, 비록 치료자는 환자와 함께 작업하고 어려운 과정을 함께 붙잡고 있으며 부상하는 치료 문제를 해결하고자 노력할 거라고 결심하지만, 치료 약속이 무조건적이지는 않다. 치료자가 더 이상 환자를 도울 수 없다고 판단하거나 환자가 치료자 한계 이상으로 치료자를 밀어붙이거나 혹은 예상하지 못한 상황(이사와 같은)이 발생하면 치료 종결을 고려할 수 있다. 내가 환자에게 말하듯이 어머니 사랑도 무조건적이지는 않다. 그러나 치료자는 일방적 종결로부터 환자를 보호하기 위해 최선을 다한다는 데 동의한다. 이는 환자 행동이 종결을 유발할 때 치료자는 ① 환자가 자기 행동에 필요한 변화를 만들기에 충분한 시간을 주고 종결 위험이 임박했음을 알리거나, ② 환자가 변할 수 있도록 도와준다는 뜻이다(이어지는 두 장에서 더 명확하게 알 수 있듯이 조기 치료 중단을 위협하는 행동은 두 번째로 중요한 치료 목표이다). 마찬가지로 환자는 언제든지 치료를 종결할 수 있지만, 회기에 참석해서 치료자에게 종결을 제안하고 함께 논의하면서 치료를 종결하도록 한다.

출석 협의

환자는 모든 계획된 치료 회기에 참석하겠다고 약속한다. 개별 기술 훈련과 치료 회기는 치료자와 환자가 편의에 따라 재조정할 수 있다. 만약 집단 기술 훈련 회기를 녹화한다면 환자는 다음 회기 전에 빠진 수업을 볼 수 있다. 치료자는 환자가 회기가 너무 힘들거나 치료를 받을 기분이 아니거나 특정 주제를 피하고 싶거나 절망감을 느껴서 수업에 빠진다는 건 받아들일 수 없다고 분명하게 전달해야 한다.

자살 행동에 관한 협의

만약 자살 행동(죽으려는 의도가 없는 유사 자살 포함)이 환자에게 문제라면, 환자는 그 행동을 줄이는 게 일차 치료 목표임을 알아야 한다. 이때 기본적으로 필요한 협의는 모든 조건이 같다면 의도적 자해, 죽으려는 시도, 자살을 포함하지 않는 방법으로 문제를 해결하는 데 노력하자는 협의이다. 만약 이게 환자 목표가 아니라면 DBT는 적절한 치료 프로그램이 아닐 수도 있다고 강조해야 한다. 치료자는 자살 행동에 대한 환자의 양가감정에 특히 주의를 기울여야 한다. 그 행동을 줄이기 위한 전념을 명시적 언어로 얻는 게 목표이긴

하지만 덜 명시적인 전념도 받아들일 수 있다. 때로 환자는 치료 목표는 자살 행동 감소라는 이해를 지니고 치료 참여에 동의할 수 있지만, 자살하지 않겠다는 분명한 진술은 하지 못할 수 있다. 이러한 협의를 구조화하는 방법은 14장에서 더 자세히 다룬다.

치료 방해 행동에 관한 협의

다음 협의는 치료 진행을 방해하는 문제가 있다면 그저 이를 작업하자는 협의이다. 이 협의를 분명히 하면 치료에서 사람 간 협력 관계 특성을 조명할 수 있다.

기술 훈련에 관한 협의

만약 치료에서 한 가지 중요한 목적이 환자가 과거 역기능 반응 대신 능숙한 반응을 하도록 돕는 데 있다면 분명히 환자는 어떻게든 필요한 행동 기술을 배워야 한다. DBT 첫해에 모든 환자는 DBT 기술 훈련 프로그램(불가능하다면 다른 유사 프로그램)에 참여해야 한다.

연구 참여 혹은 치료비 지급에 관한 협의

연구 장면에서 DBT를 수행하고 있다면 환자에게 연구 조건에 대한 정보를 제공하고 참여에 대한 동의를 받아야 한다. 환자가 비용을 납부한다면 비용을 분명히 해야 하며 지불 방법에 대해서도 협의해야 한다.

치료자 협의

환자가 치료자에게 무엇을 기대할 수 있는지 치료자가 명확하게 진술하는 건 몹시 중요하다. 우리 프로그램의 치료 협의서는 다음과 같다.

'모든 합당한 노력'에 관한 협의

환자가 치료자에게 최대로 기대하는 바는 치료자가 가능한 치료를 능숙하게 수행하기 위해 모든 합당한 노력을 기울일 거라는 사실이다. 환자는 치료자가 자신을 도와주고, 자신이 통찰을 얻고 새로운 기술을 배우도록 최선을 다하며, 현재 상황을 보다 효과적으로 다루는 데 필요한 행동 기술을 가르쳐 주기를 기대할 수 있다. 치료자는 환자를 구해 줄 수 없고, 환자 문제를 해결해 줄 수 없으며, 환자가 자살 행동을 못하게 막을 수 없다는 점을 분명히 해야 한다. 이는 앞에서 언급했듯이 환자 스스로 삶의 문제를 해결해야 한다는 가정에서 출발한다.

치료자가 치료에 대한 일반적인 오해를 검토해 주면 유용할 때가 있다. 주로 환자는 치료자가 어떻게든 모든 걸 다 좋게 만들 수 있다고 오해한다. 치료자는 극심한 고통을 덜어 내 줄 수 없고 심지어 어느 정도 완화하는 것조차 때로 할 수 없는데, 환자는 치료자가 자신에게 무신경하거나 도움을 주지 않으려 한다고 해석하는 경우가 잦다. 그러나 치료자는 환자가 '성장'하거나 혹은 '자기애를 줄일 때' 이게 사실이 아님을 알게 될 거라는 식으로 이유를 대지 않도록 해야 한다. 대신 그러한 믿음과 가정에 적극적으로 반박할 DBT 치료자의 임무가 있다. 치료자는 환자의 삶을 재조성하는 데 도움이 되는 새로운 행동을 개발하고 실천하도록 도울 수 있지만 환자를 위해 환자의 삶을 직접 재조성할 수 없다는 걸 강조한다면 유용하다. 이때 치료자를 안내자로 비유하면 도움이 될 수 있다. 나는 누군가에게 길을 안내할 수는 있지만, 그를 위해 길을 대신 걸어 줄 수는 없다. 보살핌이란 그 길에서 환자와 함께 머문다는 뜻이다. 치료 과정 전체에 걸쳐 반복하여 이 점을 언급하는 게 필요하다.

윤리에 관한 협의

윤리적 행동은 경계성 환자를 치료하는 데 매우 두드러지는 쟁점이 될 수 있다. 우리 클리닉 여러 환자는 상당히 의심스럽고 때로는 분명한 비윤리적 행위를 저질렀던 과거 치료자들과 만나 왔다. 효과적인 치료의 경계를 분명히 넘는 성적 관계와 이중 관계가 대표적인 예이다. 따라서 표준 윤리 지침과 전문가 규범을 지키겠다는 명시적 동의가 특히 중요하다.

개인 연락처에 관한 협의

환자와 마찬가지로 치료자도 계획한 모든 회기에 참석하고, 필요한 경우 미리 회기를 취소하며, 가능하면 항상 일정을 다시 잡겠다고 약속한다. 회기 길이를 논의해야 하며, 환자 선호와 이전 치료 경험도 확인해야 한다. 이는 자의적인 이유로 회기를 단축하지 않는 합당한 회기 시간을 제공하기 위함이다. 치료자가 출장 중이거나 만나기 힘든 상황일 때 적절한 대체자를 제공하기 외에, 치료자는 꼭 필요한 전화 연결을 제공하는 데 협의할 수 있다. 얼마나 잦은 연락이 적당한지는 DBT 전화 코칭 전략(15장 참조)과 한계 관찰 접근(10장 참조)에서 결정한다.

환자 존중에 관한 협의

치료자가 환자의 온전성과 권리를 당연히 기꺼이 존중해야 한다는 점은 분명해 보이지만 어쨌든 이에 대한 논의는 도움이 된다. 환자를 향한 존중은 효과적인 치료 측면에서 중요하지만, 여기서 협의란 단지 필요한 행동 변화를 환자가 만들도록 돕는 범위 너머 존중에 대한 협의이다.

비밀 보장에 관한 협의

치료에서 드러난 모든 정보는 엄격한 신뢰 속에 지킨다고 약속한다. 보통 치료팀 구성원과 연구진(연구 프로젝트가 진행 중인 경우)만 치료 영상 또는 음성 자료, 회기 노트, 평가 자료에 접근할 수 있다(당연히 적절한 정보 제공 동의서에 서명해야 한다). DBT 팀과 지도감독 모임에서도 치료자는 달리해야 하는 강제 이유가 없다면 민감하고 난처한 사적 정보는 기밀로 유지하는 데 동의한다. 회기 기록은 안전하게 보관한다. 그러나 환자가 자살 위협을 하거나 혹은 법에 의해 환자가 치료자에게 말한 바를 치료자가 보고해야 하는 상황에서 치료자는 비밀 보장의 의무가 없음을 역시 강조해야 한다. 그런 경우 환자나 타인의 안전을 지키는 게 필요하고, 환자 가정 환경의 누군가나 법 전문가 혹은 정신건강 전문가 집단 구성원에게 이러한 위협을 전달할 수 있다.

자문에 관한 협의

치료자는 필요할 때 치료 자문을 받겠다고 협의한다. 표준 DBT에서 모든 치료자는 감독자, 동료 자문 집단, 혹은 환자 치료팀의 다른 치료자와 정기 사례 자문 모임에 참석하기로 협의한다. 자문을 통해 예를 들어, 환자가 효과 없는 치료를 막연하게 계속 받거나 치료에서 발생한 문제에 대해 비난받는 대신에 치료자가 필요하면 도움을 받을 거라고 믿을 수 있어야 한다.

치료자 자문 협의

치료자와 환자 사이와 마찬가지로, 공동 지도감독이나 사례 자문팀에 속한 치료자는 어떤 방법으로 서로 상호작용할지 협의한다. 협의는 지도감독이나 사례 자문 모임 맥락에서 일반적인 DBT 지침을 어떻게 따를지와 관련이 있다. 즉, 치료자는 최소한 자기 환자를 치료하듯 서로를 치료하기로 협의한다. 협의하는 의도는 환자와 함께 DBT 구조 안에 머물 수 있도록 하기 위해서이다.

변증법 협의

DBT 사례 자문 집단은 변증법 철학을 최소한으로는 실용적 차원에서부터 받아들이는 데 협의한다. 절대적 진실은 없으므로 양극단이 나타날 때 진실보다는 통합을 찾는 게 과제이다. 변증법에 대한 협의는 강한 의견을 금지한다거나 극단이 바람직하지 않다는 뜻이 아니다. 오히려 열정적으로 양극단의 입장을 취하느라 자문팀을 분리시킬 위협이 있을 때 치료자가 취할 수 있는 협의 방향을 알려 줄 수 있다.

환자에게 자문하기 협의

DBT 치료 계획 정신에 따르면 치료자는 치료팀 다른 구성원을 포함한 다른 전문가와 관계에서 환자 대신 중재자 역할을 하지 않는다. DBT 자문 집단은 개인 치료자가 다른 치료자에게 환자와 상호작용하는 방법을 알려 주기보다는 환자에게 다른 치료자와 상호작용하는 방법을 자문해 주는 임무가 있다는 데 협의한다. 그러므로 한 치료자가 (이유가 있는 한에서) 잘못 행동할 때, 팀의 다른 치료자는 굳이 그 치료자를 고치려 하기보다는 환자가 치료자 행동에 대처하도록 도울 임무가 있다. 그렇다고 팀 구성원이 환자를 위해 함께 치료 계획을 수행하지 않거나, (치료팀 다른 구성원과의 문제를 포함해서) 환자에 대한 정보를 교환하지 않거나, 치료에서 문제에 대해 논의하지 않는다는 의미가 아니다. 이 협의는 13장에서 더 충분히 다룬다.

일관성에 관한 협의

치료 계획을 실행하는 데 실패가 발생한다면 이는 환자가 현실 세계에 대처하는 법을 배울 수 있는 기회이다. 치료팀이 환자에게 제공하려는 건 스트레스 없는 완벽한 환경이 아니다. 따라서 치료팀 모든 구성원을 포함한 자문 집단에서 치료자는 반드시 다른 구성원과 일관된 견해를 가져야 할 필요는 없다고 협의한다. 즉, 각 치료자는 같은 걸 가르칠 필요도 없고, 치료에서 어떤 규칙이 적절한지에 모두 동의할 필요도 없다. 각 치료자는 자신만의 치료 조건에 대한 규칙을 만들 수 있다. 비록 기관, 단체, 클리닉 모든 구성원이 그 기관의 규칙을 정확하고 분명하게 전달할 때 항해가 원활하겠지만, 우리가 사는 세상에서 혼란은 피할 수 없고 여기 역시 별반 다르지 않다. 이런 혼란은 환자에게(또한 치료자에게) DBT에서 가르치는 거의 모든 기술을 연습할 수 있는 기회이다.

한계 관찰에 관한 협의

사례 자문 집단에서 모든 치료자는 자신의 개인적 · 전문적 한계를 관찰하자고 협의한다. 자문 집단 구성원은 한계의 폭이 좁다고 해서 치료자가 친밀감을 두려워하거나 자기중심적이거나 지배와 통제의 문제를 가지고 있다거나 혹은 전반적으로 억제하는 특성을 반영한다고 추론하지 않고, 반대로 한계가 넓다고 해서 보호 욕구, 경계 문제 혹은 투사적 동일시를 반영한다고 추론하지 않기로 협의한다. 환자는 한계를 알아차리는 법을 배울 수 있다.

현상학적 공감에 관한 협의

치료자는 다른 모든 것을 떠나서 환자 행동을 경멸하지 않고 현상 그대로 공감할 수 있는 해석을 찾자고 협의한다. 이는 환자가 고의로 치료를 방해하거나 치료자와 '장난하기'보다는 최선을 다하고 있고 나아지기를 원한다는 기본 가정(이전 설명 참조)에 기초한다. 치료자가 그런 해석을 찾을 수 없을 때, 자문 집단 다른 구성원은 치료자의 '피해자 비난하기'를 타당화하면서도 해석을 찾을 수 있도록 도움을 주겠다고 협의한다. 다시 말해, 자문 집단 구성원은 서로를 DBT 체계 안에서 판단하지 않는 방식으로 대하자고 협의한다. 또 항상 공감하는 해석을 하는 치료자를 순진하고 세련되지 못하며 환자와 지나치게 동일시한다고 이름 붙이지 않기로 동의한다. 또한 적대적이고 경멸적이며 '피해자를 비난하는' 해석을 하는 치료자를 공격적이고 지배적이며 혹은 앙심을 품는다고 이름 붙이지 않기로 동의한다.

시행착오에 관한 협의

DBT에서는 모든 치료자가 시행착오를 범할 수 있다는 점에 분명히 동의한다. 흔히 하는 말처럼 '치료자는 모두 재수 없다'는 뜻이다. 그러니 문제가 될 만한 어떤 행동이든지 이미 사전에 협의했으므로 치료자는 비난을 받을까 방어적일 필요는 없다. 자문 집단 구성원에게는 치료자가 DBT 방침 안에 머무르도록 돕고자 DBT를 서로에게 수행하는 과제가 있다. 환자와 마찬가지로 치료자 문제를 해결할 때에도 역시 치료자 입장에 내재한 지혜를 타당화하며 균형을 맞춰야 한다. 사실상 모든 치료자가 실패할 수 있으므로, 여기서 논의한 모든 협의는 불가피하게 위반할 수밖에 없다고 협의한다. 이 과정을 거친 뒤에야 치료자는 서로 협력하여 양극단을 짚고 통합을 향해 나아갈 수 있다.

마치며

치료와 경계성 환자에 관한 가정과 환자, 치료자, 자문 집단에 관한 협의는 DBT를 세우는 기반 맥락이고 치료 진행 전반에 걸쳐 치료적 의사결정의 근간을 제공한다. 노련한 치료자는 DBT가 행동주의나 인지행동주의뿐만 아니라 다른 여러 치료 학파와 광범위하게 겹치는 점을 분명 인식했을 것이다. DBT에서 실제 새로운 건 거의 없을지 모르지만, 경계성 성격장애를 돌보는 데 유용한 여러 치료 매뉴얼과 연구에서 제공하는 치료 조언(그리고 내가 바라기에 지혜)이 짜인 방식은 DBT 짜임새와 사뭇 다르다. 다음 두 장과 이 책 3부에서는 DBT를 정의하는 치료자의 구체적 실행과 의사결정 규칙을 그려 내는 데 집중하였다. 5장과 6장에서는 DBT에서 목표로 하는 행동 양상을 훨씬 더 자세히 설명한다. 치료자가 환자의 어떤 행동에 초점을 맞춰야 하는지는 모든 치료 매뉴얼에서 중요한 부분이고, 어떤 경우 치료를 설명하는 데서 중심을 차지한다. 3부에서는 환자와 만날 때 사용하는 구체적 치료 전략과 절차를 설명한다. 어떤 접근방식을 사용하든 치료 전략 적용은 여전히 과학이라기보다는 예술에 가깝지만, DBT 수행을 안내할 규칙을 최대한 자세히 설명해 보겠다.

5장

치료에서 행동 목표: 늘릴 행동과 줄일 행동

표준 인지행동주의 치료에서 목적은 주되게 행동 목표, 즉 늘릴 행동과 줄일 행동 측면에서 기술할 수 있다. 나는 여기서 같은 방식을 사용한다. DBT도 일련의 행동 유형을 목표로 두는데, 각 행동은 특정 주제나 기능 영역과 관련 있다. 각 행동 유형에서 어떤 목표 행동을 특정하느냐는 환자에 따라 설정하는데, 치료 초기부터 지속적인 행동 평가를 바탕으로 목표를 선택한다. 이 부분은 아무리 강조해도 지나치지 않다.

전반적 목적: 변증법 행동 양상 늘리기

DBT에서 가장 우선인 전반적 목표는 경계성 환자에게 변증법 행동 양상을 늘리는 데 있다. 간단히 말해, 변증법 사고 양상과 인지 기능을 향상시키고, 전형적인 극단 행동에서 변화하여 매 순간 더 균형 있고 통합된 반응으로 대응하도록 돕는다는 의미이다.

변증법으로 생각하기

변증법 사고는 보편주의 사고와 상대주의 사고 사이의 '중도middle path'에 있다. 보편주의 사고는 고정불변한 보편 진리와 사물의 보편 질서가 존재한다고 가정한다. 진리는 절대적이다. 불일치가 생겼다면 한 사람은 맞고 다른 사람은 틀렸다. 상대주의 사고는 보편 진리란 존재하지 않고 사물의 질서는 누가 정하느냐에 전적으로 달렸다고 가정한다. 진리는 상대적이므로 불일치에서 진리를 찾기란 무의미하다. 진리는 바라보는 사람의 시각에 달렸기 때문이다. 반면, 변증법 사고는 진리와 질서는 시간에 따라 진화하고 발전한다고 가정한다. 불일치가 있다면 양측이 사건을 정리하는 방식에서 무엇이 배제되었는가를 발견하려는 노력을 통해 진리를 찾는다. 진리는 이전에 양측 모두에 의해 배제된 바를 포함하고 아우르는 새로운 질서를 통해 창조된다(Basseches, 1984, p. 11).

그러므로 변증법 사고는 구성주의 사고와 더 유사하다. 구성주의 사고는 사람들이 그들을 둘러싼 환경과 상호작용하는 가운데 근본적인 변화가 일어난다고 강조한다. Michael Mahoney(1991)의 인지치료 접근은 구성주의 사고의 좋은 예이다. 그는 치료에 대해 '발달적 구성주의developmental constructive' 접근으로 기술한다. 이는 시간과 상황에 관계없이 고정된 양상을 찾는 걸 강조하는 구조론structuralism과 같은 변증법이 아닌 사고 양상과 상반된다.

2장에서 논의한 대로 변증법 사고는 양극성을 초월하여 현실을 복잡하고 다면적으로 보는 능력을 필요로 한다. 또한 모순된 생각과 관점을 받아들이며 연결하고 통합하기, 끊임없는 변화와 불일치 안에서 편안해지기, 모든 포괄적인 관점도 그만의 모순을 포함하고 있음을 인정하기이다. 만약 문제에 막혀 있다면, 변증법 접근은 무엇이 빠졌는지 또는 우리가 어떻게 인위적으로 문제의 경계를 좁히거나 단순화했는지를 살펴본다. 반면, 경계성 사람은 극단으로 사고하고, 자신의 관점을 완고하게 고집한다. 인생을 흑 또는 백, 이분법으로 본다. 그들은 종종 새로운 정보를 받아들이는 데 어려움을 겪고, 절대 진리와 절대 변하지 않는 구체적인 사실을 찾는다. 그렇다고 환자가 현실을 일련의 회색으로 보도록 하는 게 아니다. DBT 전체 목적은 흑과 백을 둘 다 보게 하여 둘 중 어느 현실도 부정하지 않는 통합을 찾도록 한다.

변증법으로 생각하지 않는 사람들 또는 이에 대해 결코 생각해 본 적이 없는 사람은 여기에서 논의하는 내용을 정확하게 파악하기 어려울 수 있다. 예시를 들어 보자. 매우 확고한 세계관을 가진 가정에서 자란 환자가 있다고 가정해 보자. 성인이 되면서 그는 가족이 중시한 세계관의 많은 부분을 거부하면서 다른 관점을 받아들이게 된다. 그의 가족은 격렬하게 이를 거부한다. 그는 자신이 맞고 가족이 틀렸거나, 또는 가족이 맞고 자신이 틀렸다고 생각한다. 둘 중 틀린 쪽은 상대의 관점을 택하고 자신의 관점을 버려야 한다.

형식주의 입장에서 치료 과제는 환자에게 어떤 입장이 가장 진실에 가까운지 솔직하게 살펴보게 하고, 진실 수용을 방해하는 요인을 이해하도록 돕는다. 다음 두 가지 가능성이 존재한다. 환자가 역기능 사고를 지니고 있어서 자기 사고방식을 바꿔야 하거나, 환자 지각이 정확하므로 스스로 타당화하고 자신을 믿도록 도움을 주거나이다.

상대주의 사고는 어떤 세계관도 맞거나 틀렸다고 여기지 않는다. 이런 경우 환자가 어떤 세계관이 자신에게 더 유용한지 결정하도록 도움을 주는 게 치료 초점이다. 환자가 책임을 지는 데 문제 초점을 둔다. 이는 자기 관점에 대한 책임, 자기 대신 타인이 결정하게 하거나 타인이 자신에게 동의하게 하려는 역기능적 욕구에 대한 책임이다.

반면, 변증법 치료자는 환자에게 시간이 지남에 따라 환자의 세계관이 어떤 영향을 받았는지, 결과적으로 자신의 행동이 자신과 상호작용하는 가족과 주변 사람의 관점에 어떤 영향을 미쳤는지 확인하도록 돕는다. 치료는 추가적인 발전과 변화를 방해하는 요소가 무엇인지 찾아내는 데 초점이 있다. 또한 치료는 환자 가족의 세계관이 어떻게 변화해 왔고, 발전을 가로막는 요인이 무엇인가에 초점을 맞춘다. 치료자는 환자가 각 세계관이 어떻게 서로 더해지고 연결되는지 탐색하도록 하면서, 한쪽을 비타당화하지 않고도 다른 세계관을 모두 가치 있는 것으로 인정할 수 있다고 제안한다.

여기 또 다른 예시가 있다. 환자가 자살 충동을 느낀다는 사실을 치료자에게 말한다고 가정해 보자. 이 상황에서 문제를 해결하려는 계속된 노력에도 성공하지 못했을 때, 치료자는 위험이 지나갈 때까지 환자가 스스로 병원에 입원하도록 제안한다. 환자는 입원하지 않기로 하고 그 제안을 거부한다. 치료자는 결국 환자의 비자발적 입원을 추진한다. 어느 시점에서 환자는 형식적 입장에서 이 상황을 분석할 수 있다. 그는 자신의 욕구와 가치를 치료자의 욕구와 가치보다 더 중요시하고 우선할 수 있다. 사실상 안전은 그 자신의 책임이다. 치료자는 자신의 가치를 환자의 목구멍에 밀어 넣거나 동의하지 않았다고 환자를 가둬 놓을 수 없다. 결국 환자는 소위 '이기기 위해서', 훗날에는 자살 관련 감정에 대해 정보를 제공하지 않거나 거짓말하게 되고, 자살을 일으키는 문제를 해결하도록 도움을 얻기를 포기할 수 있다.

평소에는 환자 생각이 더 상대적이고 덜 절대적일 수도 있다. 한편으로 환자는 자살 충동에 대해 금지당하는 위협 없이 치료자에게 충동을 말할 수 있어야 한다는 생각이 합리적이라고 여긴다. 만약 환자가 입원을 거부하지 못하게 할 거라면 치료자가 가르치는 자기주장 훈련이 무슨 소용인가? 다른 한편으로 치료자는 환자가 살아 있게 하려고 압력을 행사하는 한이 있어도 환자를 정말 아끼므로 살아 있기를 원한다. 두 가지 입장 모두 말이 되지만 갈등은 해결할 수 없고, 그래서 환자는 쉽게 혼란스러워진다.

환자가 변증법 입장을 가정할 수 있다면, 그는 환자의 자율성을 향상하는 조건을 만드는 치료자의 목표와, 위해로부터 자신을 보호해야 하는 치료자의 의무 간의 충돌로 이 문제를 바라볼 수 있다. 환자의 자율성을 높이는 일은 그를 위해로부터 보호하는 데 적합하지 않을 수 있다(환자에게 자기주장 기술을 가르치고 스스로 의사결정에 대한 믿음을 높이기). 반대로, 환자를 위해로부터 보호하는 일은 자율성을 높이지 않는 개입으로 이어질 수 있다(환자가 표현하는 바람에 반대하는 전념을 시키기). 환자가 이 사태를 수용하고 이해할 수 있다면, 자살 충동을 일으키는 문제를 해결하는 방법에 대해 치료자와 같이 작업하기로 결정하는 동시에, 자기 치료자가 자신의 안전에 대해 확신을 느낄 수 있는 방법을 고안할 수 있다. 그는 치료자와 마찬가지로, 자신의 자율성과 안전 사이에서 일종의 타협점을 찾아야 한다. 어쨌든 환자는 자신의 치료 목적을 잃지 않도록 결심해야 한다. 그는 두 가지 가치가 상충하지 않도록 체계를 전환시키는 방향으로 나아가기 위해, 치료에 열심히 임하고자 결심할 수 있다.[1]

변증법으로 생각하기와 인지치료

DBT에서 전반적으로 초점을 두는 변증법이 아닌 사고는 인지치료에서 관심을 기울이는 역기능 사고와 유사하다. 예컨대, 인지치료의 목표인 인지 오류는 변증법이 아닌 사고 양상의 예이기도 하다. 인지치료처럼 DBT에서 치료자는 환자 스스로 극단적이고 절대적인 사고 양상을 찾고, 자신이 내린 결론과 신념의 타당성을 검증하도록 돕는 과제를 수행한다. DBT와 인지치료 모두에서 목표가 되는 사고 양상 문제는 다음과 같다.

1. 불충분한 혹은 모순되는 증거에 기반을 둔 임의적 추론이나 결론
2. 과잉 일반화
3. 사건의 의미 혹은 중요성에 대한 확대 해석과 과장
4. 부정적 사건에 대한 모든 잘못과 책임을 자신에게로 부적절하게 귀인
5. 부정적 사건에 대한 모든 잘못과 책임을 타인에게로 부적절하게 귀인
6. 오명으로 부르기 혹은 이름 붙인 대상 행동 너머 더 새로운 정보를 주지 못하는 부정적 특질 꼬리표를 붙이기

1) 이 예시는 Basseches(1984)의 예시를 변형했다.

7. 특정 사건이 일어나거나 지속되지 않는데도 파국화하거나 끔찍한 결과를 가정하기
8. 검증된 사실이 아니라 과거 또는 현재의 부정적 사건에만 선택적으로 주의를 기울이는 데서 오는 절망적인 기대 혹은 비관적 예상

몇 가지(전부는 아님) 인지치료 방법은 경험에 기반한 추론을 강조한다. 여기서는 사실에 부합하고, 현실에서 잘 작동하고, 물질 세계에서 예측을 가능하게 하고, 조작적으로 입증되는 것이 곧 진리이다. 따라서 명제, 신념, 일반화가 사실인지 거짓인지가 주요 초점이다. 명제가 항상 '진리이고 우선'이라면 경험적 접근으로 충분하므로 변증법 접근은 필요 없다. 그러나 변증법 정신은 최종 진실이나 불변하고 반론 불가한 사실을 절대 받아들이지 않는다. 물론 DBT가 변증법 추론을 선호하긴 하지만 이를 그 자체로 충분하다고 여기지는 않는다. 특히 문제를 해결할 때 경험적 논리는 '틀린' 것이 아니고, 단지 생각하는 방식 중 하나로 여긴다. 이런 관점에서 보면 두 가지 추론 방식의 통합이 곧 이해에 도달하는 가장 유용한 방법이다.

변증법 행동 양상: 균형 잡힌 생활양식

변증법 행동 양상에 관해 제일 쉽게 생각한다면 균형을 생각해 보면 된다. 경계성 사람은 균형 잡힌 생활양식을 거의 끌어내지 못한다. 생각뿐만 아니라 전형적 정서 반응과 행동도 이분법적이고 극단적인 경향이 있다. 경계성 행동 양상으로 제시한 정서 취약성 대 자기 비타당화, 끝없는 위기 대 애도 억제, 적극적 수동성 대 능숙한 겉모습(3장 참조)이 그 예이다. 변증법 행동 양상은 일상 상황에서 더 균형 잡히고 통합된 반응을 향해 환자가 나아가기를 강조한다. 불교 관점에서 볼 때 '중도$_{\text{middle path}}$' 걷기와 같다. 특히 다음의 변증법 긴장은 반드시 해소되어야 한다.

1. 기술 향상 대 자기 수용
2. 문제 해결 대 문제 수용
3. 정동 조절 대 정동 감내
4. 자기 효능감 대 도움 요청
5. 독립성 대 의존성
6. 투명하게 보여 주기 대 사생활 보호하기

7. 신뢰 대 의심
8. 정서 통제 대 정서 감내
9. 통제하거나 변화하기 대 관찰하기
10. 주의를 두거나 지켜보기 대 참여하기
11. 타인을 필요로 하기 대 타인에게 주기
12. 자기 초점 대 타인 초점
13. 사색하거나 명상하기 대 행동하기

주요 행동 목표

자살 행동 줄이기

Minz(1968)가 언급했듯이 어떤 심리치료도 죽은 환자에게는 효과가 없다. 그러므로 환자 생명이 즉각 위협에 처해 있다면 어떤 치료도 환자를 살리는 노력을 하는 데 초점을 맞추어야 한다. 대부분의 심리치료 상황에서 삶에 대한 위협은 자살 행동으로 발생하지만, 다른 행동 또한 원인이 될 수 있다. 예를 들어, 거식증 환자가 계속 식사를 하지 않는다거나, 사망을 초래할 수 있는 질병을 무시하거나, 피해자가 살해당할 위험에 자신을 몰아넣는 행동이 있다. 1장에서 다루었듯이, 자살 완수와 죽을 의도를 가진 유사 자살 행동을 포함한 자살 행동은 특히 경계성 환자에게서 많이 나타난다. 그러나 경계성 사람은 다른 환자 집단과 달리 1장에서 다룬 것처럼 죽을 의도가 없는 유사 자살 행동도 자주 보인다. 일부 환자의 경우 유사 자살 행동은 치명적일 가능성이 적고, 따라서 환자 삶에 즉각적인 위협을 나타내지 않는다. 그럼에도 유사 자살 행동은 DBT에서 최우선 목표가 된다. 중요한 이유는 다음에 제시하였다. 다음의 다섯 가지 자살 관련 행동이 DBT에서 목표이다. ① 자살 위기 행동, ② 유사 자살 행동, ③ 자살에 관한 생각과 표현, ④ 자살 관련 기대와 신념, ⑤ 자살 관련 정동.

자살 위기 행동

자살 위기 행동은 치료자나 다른 사람이 봤을 때 환자가 곧 자살할 위험이 크다고 알려주는 행동이다. 대부분 이러한 행동은 신빙성 있는 여러 자살 위협 근거나 이후 자살에 대해 말하는 행동, 자살 계획과 준비, 구할 수 있는 치명적인 수단을 획득하거나 가지고 있는 것(예: 약물 모으기 또는 총 사기), 높은 자살 의도를 포함한다. 때로 자살 의도에 대한 간접적 의사소통 또한 자살 위기 행동이 될 수 있다. 치료자가 자살이 일어날 가능성이 있다고 믿든 혹은 믿지 않든 이러한 행동은 결코 간과해서는 안 된다.

현재 삶을 감당하기 어렵다는 점에 비춰 봤을 때, 죽기를 바라는 경계성 사람의 욕구는 합당할 때가 있다. 이들이 긍정적 상황을 부정적으로 왜곡하는 문제는 거의 없다는 게 DBT 입장이다. 대신 환자의 문제는 대개 너무 많은 삶의 위기, 환경적 스트레스원, 대인관계 문제, 고용 상황 어려움 또는 삶을 즐기거나 의미를 찾기 어려운 신체 문제이다. 게다가 환자의 습관적 역기능 행동 양상은 그 자체로 자신에게 스트레스를 주고, 삶의 질을 개선할 가능성을 방해한다. 요컨대, 경계성 사람이 죽기 원하는 충분한 이유가 있다.

그러나 DBT 치료자는 헤아릴 수 없는 고통의 삶에 직면했을 때에도 항상 자살로 인한 죽음보다는 삶의 편에 서 있다. 자살에 반대하는 입장에 대한 근거는 다음과 같다. 많은 경계성 환자의 주제는 그들이 치료자에게 삶이 살아갈 가치가 없다고 설득하는 것처럼 보인다. 하지만 이러한 논쟁은 많은 다른 기능을 가질 수 있다. 환자는 치료자가 동의한다면, 치료자가 직접(내 관점에서 보면 마술적으로) 개입하여 환자의 삶의 질을 변화시켜 줄 거라고 가정할 수 있다. 혹은 환자는 자살하기 위해 용기를 쌓으려는 노력 중일 수 있다. 아니면 환자는 치료자와 논쟁하면서 희망을 갖거나 안심할 이유를 찾아내고자 할 수도 있다. 이유가 무엇이든 나는 때로 환자가 옳다고 설득을 당하기도 한다. 그들의 삶이 정말 살기 어렵다고 믿게 되었고, 거기서 빠져나올 길이 없다고 보았다. 나 자신 역시 희망이 없다고 느꼈다.

그러나 특정 환자에 대한 나의 절망감은 환자의 절망감과 마찬가지로 미래를 잘 안내해 주지 못한다. 내가 절망감을 느꼈던 환자 역시 나중에는 삶의 질이 극적으로 향상되기도 했다. 나는 희망을 못 느끼는 것이 내 편에서 온 특정한 결함이라고 생각하지 않는다. 적어도 경계성 환자에 관해서 절망감은 치료자에게 드문 일이 아니다. 그러나 치료자의 현재 생활사건, 치료 관계 상태, 치료자와 환자의 일시적인 기분은 미래의 진전을 실제 예측하는 다른 요인만큼 절망감에 영향을 미친다.

비록 치료자가 어떤 상태의 삶이든 살 가치가 있다고 믿어도 여러 경계성 사람의 삶은 아슬아슬한 벼랑 끝에 있다. 그들의 극심한 괴로움이 그들 행동의 결과인지, 아니면 통제할 수 없는 환경 사건의 결과인지는 중요하지 않다. 괴로움은 괴로움이다. 실제로 환자가 영위할 수 없는 삶 속에 목숨이 붙어 있게 만드는 일이 존경스러운 업적은 아니라고 할 수 있다. 이런 입장은 내가 DBT는 자살 예방 프로그램이 아닌, 삶 개선 프로그램이라고 확고히 주장하게 해 주었다. 자살 욕구는 삶이 나아질 수 없다거나 나아지지 않을 거라는 생각에 근거한다. 하지만 그건 참일 수도 있지만 항상 참은 아니다. 그런데 죽음은 언제나 희망을 배척한다. 우리는 죽은 자가 더 나은 삶을 산다는 어떤 근거도 가지고 있지 않다.

나는 사람이 때로 충분히 검토한 이성적 결정을 내려 자살한다고 생각한다. 이 현상이 정신과 치료나 심리치료를 받지 않는 사람에게만 해당한다고 생각하지 않는다. 또한 나는 경계성 환자가 자살에 대해 충분히 검토한 결정을 내릴 능력이 없다고 생각하지 않는다. 그러나 개인의 자유에 관한 이러한 믿음은 자살이 옳거나 수용할 수 있는 선택이라는 데 내가 반드시 동의해야 한다는 뜻은 아니다.

경계성 환자가 자기 관점에서 치료자에게 자살이 좋은 생각이라고 설득하려고 끈질긴 시도를 하고 그러한 시도 중에 때로 성공하기도 한다. 그럼에도 치료자는 자살에 관해서는 협상이 불가하다는 확고한 결심을 지녀야만 한다. 자살은 논쟁 가능한 선택지가 될 수 없고, 결국 환자가 질 수밖에 없다. 나는 삶의 편에 서기로 했다. 나는 환자가 살지 죽을지 선택하도록 도와야 하는 치료 과제를 수행하는 사람을 존경하지만, 경계성 환자를 치료할 때 그러한 가능성을 열어 둔다면 내가 보기에 결국 살아남는다면 결코 이를 후회하지 않았을 법한 사람에게도 치료자가 자살을 격려하는 일이 벌어질 수 있다. 살기로 선택한 사람 역시 살아남은 것을 후회할 수 있다는 사실을 안다면, 삶의 편에 서 있는 치료자는 또한 살 만한 삶을 만들기 위해 가능한 모든 방법으로 이들을 도울 책임을 받아들여야 한다. 누군가 생명을 구한 사람은 그 삶에 책임이 있다는 말이 있다.

유사 자살 행동

자살 위기 행동처럼 유사 자살 행동(자세한 정의와 논의는 1장 참조)은 DBT에서 절대 간과하지 않는다. 여러 가지 이유로 유사 자살 행동 감소는 DBT에서 우선순위가 높은 목표이다. 첫째, 유사 자살 행동은 차후 자살에 대한 가장 강력한 예측 요인이다. 경계성 환자 중에서 유사 자살을 시도한 사람이 시도하지 않은 사람에 비해 자살로 사망한 비율이 2배 정도 높다(Stone, 1987b). 둘째, 유사 자살은 신체를 손상시키고 때로 이는 돌이킬 수 없다. 예를 들어, 긋기와 지지기는 돌이킬 수 없고 흉터는 영구적이다. 유사 자살은 신체 손상에 머무르지 않고, 사고사에 이르게 할 수 있다. 셋째, 자신을 해하려는 의도에서 비롯된 행동은 DBT를 포함하여 어떤 치료 목표와도 양립할 수 없다. 모든 자발적인 심리치료의 효과성은 자신을 해하는 게 아니라 도우려는 의도에 기반한다. 그러므로 유사 자살 행동에 대한 치료는 핵심 치료 과제이다. 넷째, 만약 치료자가 환자의 자해 행동에 반응하지 않는다면 치료자가 환자를 위한다고 믿을 수 있게 의사소통하기란 매우 어렵다. 유사 자살 행동은 반드시 멈춰야 한다고 환자에게 주장하면서 그 목적을 위해 치료의 모든 자원을 기울일 때 연민과 보살핌의 정수를 소통할 수 있다. 어떤 경우에도 유사 자살 행동에 눈감아 주지 않겠다는 주장은 물론 치료 전략의 한 수인데, 치료자가 그런 위치를 유지하기는 매우 어려울 수 있다.

자살에 관한 생각과 의사소통

자살 생각과 자살 관련 표현의 빈도와 강도 줄이기는 DBT에서 또 다른 치료 우선순위이다. 목표가 되는 반응은 자살과 유사 자살에 대해 생각하기, 자살 혹은 자해하려는 충동 경험하기, 자살 관련 심상이나 환상 가지기, 자살 계획 세우기, 자살하겠다고 위협하기, 자살에 관해 이야기하기를 포함한다. 경계성 사람은 자살을 생각하는 데 상당한 시간을 보낸다. 이런 경우 자살 생각은 그 순간 죽으려는 어떤 욕구와도 연관되지 않을 수 있는 습관적인 반응이다. 자살할 수 있다는 가능성은 상황이 너무 나빠지면 항상 빠져나갈 방법이 있다고 안심을 준다. (나는 여기서 전쟁 중에 간첩에게 청산가리 캡슐을 주었던 사실을 떠올린다. 붙잡히면 언제든지 자살함으로써 고문을 피할 수 있다.) 다른 경계성 사람은 거의 어떤 자극에도 습관적으로 자살하겠다고 위협하지만 이를 즉각 철회하거나 일축한다. 여전히 다른 경계성 사람은 때로 자살할지 말지 고심한다. 보통 이런 괴로움은 견딜 수 없는 고통을 동반한다. 자살 위협은 항상 바로 치료 목표로 삼는다. 반면, 자살 생각은 새롭거나 예상치 못했을 때, 강렬하거나 유해할 때, 유사 자살 행동 또는 자살 위기 행동과 연관이 있을 때, 혹은 능숙한 문제 해결을 방해할 때 목표가 된다.

자살 관련 기대와 신념

DBT는 문제 해결 대안으로 자살 행동이 필요하다는 환자의 기대를 목표로 삼는다. 불행하게도, 많은 경우 이러한 기대는 꽤 정확하다. 만약 환자가 복수할 기회를 노리거나, 다른 사람에게 그들이 하거나 하지 않은 일에 대해 죄책감 느끼게 하거나, 참을 수 없는 삶에서 벗어나거나, 타인의 고통, 괴로움, 지출을 덜어 주기를 원한다면 자살은 답이 될 수 있다. 유사 자살 행동 또한 이득을 가질 수 있다. 2장에서 다룬 대로, 긋거나 지지기는 심지어 개인적으로 행한다고 하더라도 흔히 안도감을 준다. 과다복용이나 의식 불명을 일으키는 다른 방법을 사용한 잠들기는 기분에 상당한 득을 가져온다. 모든 종류의 유사 자살 행동은 특히 급작스러운 동요를 일으킨다면 지속되던 부정 정서와 문제 상황에서 주의를 전환하는 효과적인 수단이 될 수 있다. 마지막으로, 자살 위기 행동과 유사 자살 행동은 다른 사람이 환자를 진지하게 받아들이도록 만들거나, 도움과 관심을 얻거나, 상황에서 벗어나거나, 관계를 다시 시작하거나 끝내거나, 원했지만 할 수 없었던 입원을 할 수 있는 꽤나 효과적인 방법이다.

그러므로 주목할 건 자살 행동의 현실적인 단기 결과가 아니다. 오히려 자살 행동의 장기 부정적 결과에 대한 기대와 장기적으로 볼 때 더 효과적임이 드러날 대안적인 문제 해결 행동에 대한 기대를 다루어야 한다. 자살 관련 기대와 신념은 유사 자살 행동이나 자살 위기 행동을 일으키거나 더 능숙한 행동을 방해할 때에 주로 직접 다루도록 한다.

자살 관련 정동

앞에 언급한 대로 일부 경계성 사람과 자살 시도를 한 사람에게 유사 자살 행동과 자살에 관한 생각은 모두 강렬한 부정 정서 상태를 완화시킨 경험과 관련 있다. 이런 사람은 유사 자살 행동 또는 자살 시도 계획을 세우고 나서 이완, 평온함을 느끼고, 공황, 강렬한 불안, 압도적인 분노, 견딜 수 없는 수치심으로부터의 정서적 '방출'을 경험한다고 보고할 수 있다. 이러한 연결은 도구적 학습, 고전적 조건형성 또는 자해의 즉각적인 신경화학적 작용의 결과일 수 있다. 때로는 성적 흥분을 포함한 긍정 정서 경험이 유사 자살 행동에 동반할 수 있다. DBT에서는 유사 자살 행동에 대한 개인의 정서 반응 그리고 자살과 유사 자살 행동에 관한 생각, 심상, 환상에 대한 반응을 바꾸는 중요한 목표가 있다. 자살 관련 기대와 마찬가지로, 자살 관련 정동 역시 유사 자살 행동이나 자살 위기 행동과 기능적으로 연관이 있거나 능숙한 행동을 방해할 때에 주로 직접 다룬다.

추신: 부적응 문제 해결법으로서 자살 행동

이제 점차 분명해졌겠지만, DBT는 모든 자살 행동을 부적응 문제 해결 행동으로 본다. 앞서 언급한 대로 치료자는 보통 자살 행동을 문제라고 보지만 환자는 (항상 그렇지는 않더라도) 자살 행동을 하나의 해결책으로 인식한다. 따라서 치료의 첫 과제로 서로 다른 두 관점의 근본 차이를 적극적으로 해소해야 한다. 나아가야 할 방향은 변증법 통합에 있다. 미약하게나마 통합을 달성하면(또는 재달성하면) DBT는 다음 두 가지 근본 목표를 다룬다. ① 환자가 살 만한 삶을 짓도록 돕기, ② 적응적이지 못한 문제 해결 시도를 더 적응적이고 능숙한 문제 해결 행동으로 바꾸기. 경계성 환자는 삶을 위태롭게 하는 요소가 줄거나 없어지기 전까지는 자신의 문제 해결 양식을 바꾸지 않으려고 한다. 그런데 DBT에서는 대개 그 반대를 강조한다. "우선 우리는 자살 행동을 멈출 겁니다. 그러고 나서 삶을 개선할 방법을 알아낼 겁니다." 9장에서 제시했듯이 이러한 구분법은 사실 자의적인데, DBT 변화 개입에서 핵심인 문제 해결 전략은 문제 행동을 완화하는 동시에 문제 행동을 유발하는 개인 혹은 상황적 환경을 변화시키는 데 점진적으로 작업해 나가기 때문이다.

치료 방해 행동 줄이기

DBT 두 번째 치료 목표에서는 효과적인 치료를 방해하는 환자와 치료자의 치료 방해 행동을 줄이고, 반대로 치료를 지속하게 하고 효과적으로 만드는 행동을 늘린다. 이런 행동을 목표로 삼는 이유는 분명해 보인다. 치료를 받지 않거나 겉으로 치료에 참여한다고 하더라도 참여하지 않거나 치료 활동을 받아들이지 않는 환자는 도움을 받을 수 없다. 처음에 치료 관계를 맺을 때는 환자와 치료자가 선택하여 결정하지만, 치료 관계를 지속해 나갈 수 있는지는 단순한 결정이나 선택 이상의 변수가 관여하는 함수이다. 실제로 경계성 환자는 결정과 선택을 적절한 행동으로 옮기는 데 큰 어려움을 겪는다. 외현 행동을 인지적으로 통제하는 능력은 이들이 보유한 강점이 아니다. 치료자의 경우 기관 우선순위, 훈련 필요성, 재정 고려 사항과 같은 많은 외부 요인 때문에 특정 환자를 치료하기로 한 결정을 이어 나가지 못할 수 있다. 나아가 치료자가 어떤 환자를 선택하느냐는 강화 이력, 행동 역량, 행동 억제, 치료 환경 안에서 작동하는 현재 수반성을 포함한 많은 요인에 의해 결정된다. DBT는 환자와 치료자가 함께 치료를 계속할 가능성을 높일 수 있도록 수반성을 만들고, 역량을 향상하고, 억제물을 줄이는 목표를 가진다.

DBT에서 환자와 치료자 모두 적극적으로 참여해야 한다. 개인과 집단 회기 동안 환자는 치료 목적을 다루기 위해 치료자와 협력해야 한다. 또한 회기 사이에 환자는 숙제를 해야 한다. 더해서, 환자는 생활 관리나 자살 행동에 관한 여러 약속을 지켜야 한다. 그렇기 때문에 환자는 치료에서 문제를 일으킬 수 있는 다양한 행동을 보일 수 있다. 마찬가지로 효과적인 치료를 전하지 않거나 환자의 협력과 지속을 방해하는 행동을 하는 치료자가 도움이 될 리는 없다. 내가 여기서 언급하는 환자 행동은 정신역동 및 정신분석 치료자가 '저항'이라고 말하는 개념에서 포괄하는 바와 유사하다. 내가 언급하는 치료자 행동은 '역전이'라는 정신분석 개념에 해당하는데, 그중 부정적으로 평가되는 역전이를 말한다. 대개 심리치료에서 '관계 요인'에 해당한다.

'나비' 환자 대 '밀착' 환자

경계성 환자와 유사 자살 환자 모두 조기에 치료에서 탈락하기로 악명이 높다(Gunderson, 1984; Richman & Charles, 1976; Weissman et al., 1973). 하지만 내 경험으로 경계성 환자는 주로 '나비' 환자와 '밀착' 환자라는 두 가지 유형 중 하나에 해당한다. 나비 환자는 치료에 애착을 두는 데 상당한 어려움이 있다. 말하자면 그는 치료자 손에 날아들었다가 다시 날아가 버리곤 한다. 회기 출석은 일시적이고, 약속은 대체로 깨지고, 치료 또는 치료 관계가 높은 우선순위가 아니다. 이런 환자와 치료에서는 치료자가 먼저 논의를 시작하기 전까지는 치료 관계에 거의 초점을 두지 않는다. 대개 환자는 부모, 배우자 또는 파트너 같은 다른 누군가와 하나 혹은 그 이상의 주요 관계를 맺고 있다. 치료자와의 전화 코칭은 대개 치료자와 관계보다는 환자 개인 위기를 다룬다. 대인관계 에너지 상당 부분이 치료 관계보다는 다른 대안 관계를 향해 있다. 환자는 대안 관계가 견고할 때면 언제나 치료에 불참하거나 종결할지도 모른다. 대개 그는 이전 심리치료 이력도 길지 않다. 치료자와 관계를 맺지 않는 게 주요 치료 방해 행동이다.

스펙트럼 다른 쪽 끝에는 밀착 환자가 있다. 이 사람은 대부분 치료자와 즉각적이고 강렬한 관계를 맺는다. 거의 회기에 빠지지 않고, 만약 빠지더라도 일정을 재조정하도록 요청(혹은 요구)한다. 환자는 보통보다 길고 잦은 치료 회기를, 회기 사이에 치료자에게 더 잦은 전화 코칭을 요청하거나 필요로 할지 모른다. 치료 시작부터 치료 관계에 대한 어려움이 치료에서 중요한 초점이 된다. 대체로 치료자는 환자의 주된 지지자이고, 치료 관계가 환자의 주된 대인관계이다. 밀착 환자는 치료 도중에 탈락하는 일이 거의 없고, 치료자가 휴가를 갈 때 매우 힘들어하며, 시작부터 치료 종결을 두려워한다. 이들 중 많은 사람이 오랫동안 심리치료 관계를 유지해 왔으며, 이는 그들의 밀착 행동을 강화해 왔다. 이 경우 중요한 치료 방해 행동은 자기 요구를 충족시킬 수 없는 불완전한 치료자를 감내하는 능력이 부족한 영역에서 생긴다.

전통 인지 및 행동주의 치료 접근

몇몇 인지 및 행동주의 치료 매뉴얼이나 연구를 살펴보면, 환자와 협력하고 환자를 치료에 실제로 참여시키는 게 마치 쉽고 이에 대해 별로 논의할 게 없다는 인상을 받는다. 일부 환자 집단에서는 실제 그렇다. 하지만 환자의 치료 방해 행동에 관한 관심이 급속히 높아지고 있다. 예를 들어, Chamberlain 등(1984)은 환자의 저항 행동을 평정하는 척도를 개발하였다. 많은 문헌과 책에서 환자 순응도에 관해 기록하고 있다(Shelton & Levy, 1981;

Meichenbaum & Turk, 1987). 인지 및 행동주의 치료자는 자주 치료에서 협력 관계를 만들 필요성에 주목한다(Beck, Rush, Shaw, & Emery, 1979).

반면, 인지 및 행동주의 치료자는 치료를 방해하거나 촉진하는 치료자 행동(기법 이외)에는 거의 주목하지 않았다. 대개 행동주의는 이 질문에 대해 다음의 두 가지 입장을 보였다. 첫째, 치료자 대인관계 요소가 치료 결과에 미치는 영향은 데이터 없이 대답할 수 없는 실증 질문이다. 둘째, 이 실증 질문은 성공적인 개별 환자–치료자 쌍에 따라 다루어야 한다(Turkat & Brantley, 1981). 어떤 환자–치료자 관계에서 효과적인 치료자 행동이 다른 관계에서는 완전히 효과적이지 않을 수 있다. 이 두 가지 관점은 임상 문제 중재에 실증주의 절차 적용을 강조하는 인지 및 행동주의 치료의 당연한 결과물이다.

행동주의 문헌에서 가장 빈번하게 논의하는 치료 촉진 행동에는 다음이 해당한다. 주로 내담자 중심 치료와 관련된 치료자의 자질(예: 따뜻함, 정확한 공감, 진실성), 대인관계 영향력에 관한 사회심리학 연구에서 제기된 자질(예: 치료자 명망, 지위, 전문 지식, 매력). 이러한 다양한 자질이 효과적인 행동주의 치료에서 정확히 어떤 역할을 하는지는 여전히 논쟁할 여지가 있다. 일부 행동주의자는 전통적으로 치료 결과에 중요하다고 여겨지는 치료자 변수, 특히 따뜻함과 공감의 영향에 대해서는 일관된 실증 자료가 부족하다고 강조한다(Morris & Magrath, 1983; Turkat & Brantley, 1981). 다른 행동주의자는 따뜻함과 공감의 중요성을 주장한다(Goldfried & Davison, 1976; Levis, 1980; Wilson, 1984). 그러나 치료자의 구체적인 대인관계 행동을 분명히 중요하다고 보는 사람조차도 각 특정 환자에게 맞추어 개별적으로 적용할 것을 주장한다(Arnkoff, 1983; Wilson, 1984). 개인 치료자가 자신의 행동이 환자에게 미치는 효과를 관찰하면서 치료를 진행해야 한다는 Beck 등(1979)의 말은 이러한 행동주의 관점을 가장 잘 나타낸다. DBT는 이러한 관점을 수용한다.

환자의 치료 방해 행동

환자의 치료 방해 행동은 다음의 세 가지 범주를 포함한다. 첫째로, 제공하는 치료를 받기를 방해하는 여러 행동 범주가 있다. 둘째는 집단 치료와 입원 치료 장면에서 볼 수 있는데, 다른 환자가 치료에서 득을 얻지 못하게 방해하는 행동으로 구성된다. 셋째는 치료자를 소진시키는 환자 행동으로 구성되는데, 치료자의 개인 한계를 넓히기를 요구하는 행동이나 치료를 지속하고자 하는 치료자의 의지를 줄이는 행동이 포함된다.

제공하는 치료를 받는 데 방해하는 행동 여기서 말하고자 하는 바는, 실시했으나 받지 않은 치료는 실패한다는 사실이다. 이는 향정신성 약물이 효과적이려면 적정 수준 혈중 농도가 필요하다는 생각과 유사하다. DBT를 받아들이기 위해서 환자는 반드시 치료 회기에 참여해야 하고, 치료자와 협력해야 하며, 치료 권고 사항에 따라야 한다.

1. 불참 행동 치료 참여를 방해하는 행동은 치료 효과성을 방해한다. 만약 환자가 치료 회기에 나타나지 않거나 조기에 탈락한다면 확실히 치료에서 어떤 도움도 얻을 수 없다. 아주 확실하지는 않지만, 만약 환자가 몸은 치료에 참여하고 있으나 마음으로는 전혀 참여하지 않고 있다면 그가 과연 경험으로부터 이득을 수 얻을 수 있을지 납득하기 어렵다. 우리 클리닉에서 보았던 참여를 방해하는 행동은 다음과 같다. 치료 그만두기, 치료 그만두겠다고 위협하기, 치료 회기 빠지기, 치료적이지 않은 이유로 회기 취소하기, 계속되는 파괴적 위기 경험, 과도하게 병원에 입원하고 그 결과 회기 빠지기, 병동에서 자살 행동을 하여 치료진을 놀라게 해서 병동을 벗어나 개인 또는 집단 치료 회기에 참여할 수 있는 외출증을 못 받기, 환자를 병원에 입원시킬 수 있는 합법적인 권한이 있는 사람 앞에서 과도한 자살 행동을 하거나 자살하겠다고 위협하기(비자발적 입원 환자는 외래 환자 치료 회기에 참여할 수 있는 외출증을 받을 수 없다), 치료 회기에 참여하기 전에 향정신성 약물을 복용하기(처방전 없이), 회기가 끝나기 전에 나가 버리기, 회기 중에 기절하기, 공황 발작이나 발작을 일으키기, 회기 중에 해리되거나 백일몽에 빠지기, 회기 전에 충분히 자지 않아서 깨어 있을 수 없을 정도로 피곤함. 이러한 행동이 회기 사이에 혹은 한 회기 안에서 일어난다면 이를 기록하고 논의하며 관련된 문제 해결 전략을 적용한다.

2. 협력하지 않는 행동 역사적으로 행동주의 치료자는 특히 환자의 적극적인 참여가 요구되는 치료 효과에서 환자와 치료자의 협력과 협동 관계를 강조해 왔다. 성인의 환경을 직접 변화시키기란 어렵거나 불가능하므로 성인을 대상으로 한 대부분 행동주의 치료 프로그램은 자기 관리와 기술 훈련의 다소 변형된 형태로 구성된다. 따라서 치료자는 성인 환자에게 환경을 변화시켜 기능적 행동과 결과를 향상시키는 방법을 가르쳐야 한다. 이런 프로그램에서 환자의 적극적 협력은 분명 중요하다.

대안으로, 치료자의 강화 기능을 강조하고 회기 내 환자 행동에 주로 초점을 맞추는 치료에서 협력이란 목적 달성에 필요한 핵심 환자 행동이기보다는 그 자체로 치료 목적이다. Robert Kohlenberg와 Mavis Tsai(1991)가 개발한 스키너 원리에 기초한 급진적 행동주의 치료인 '기능분석 심리치료functional analytic psychotherapy'가 그런 경우이다. DBT에서 협력 행동은 치료에 반드시 필요하고 치료 목적으로 간주된다. 협력하지 않는 행동은 치료 방해 행동 사례로 본다. 협력하지 않는 행동의 예는 다음과 같다. 치료 작업을 하지 못하거나 거부하기, 거짓말하기, 치료에서 아무 말도 하지 않기, 회기 동안 정서적으로 물러나기, 치료자의 말이라면 어떤 말이든 모두 계속해서 반박하기, 회기 동안 높은 우선순위 목표로부터 주의 분산하거나 벗어나기, 대부분 혹은 모든 질문에 "모르겠어요." 혹은 "기억이 안 나요."로 대답하기.

3. 비순응 행동 환자의 적극적인 치료 참여는 긍정적인 결과와 밀접하다고 일관되게 보고됐다(Greenberg, 1983). 보통 행동주의 치료, 특히 DBT는 환자가 치료 과정에 완전히 직접 참여하도록 요구한다. 회기 동안 환자는 내현 심상 활동(예: 이완 훈련 또는 체계적 둔감화)에 참여해야 할 수도 있다. 새로운 행동을 연습해야 하고(예: 사회 기술 훈련에서 역할극), 회기 사이에 다양한 숙제를 해야 할 수도 있다. 환자는 두려워하는 상황에 자신을 노출시키고, 매우 어렵다고 생각하는 반응을 해내야 한다. 용기, 자기 관리 기술, 그리고 순응 행동과 적극적인 문제 해결 시도를 강화받은 경험은 그런 행동을 이끄는 데 필수적이다. 예상할 수 있듯이, 경계성 사람에게는 이런 특성이 부족하다. 비순응 행동은 일지를 작성하지 않거나 가져오지 않기, 완성하지 않거나 부정확하게 작성하기, 치료자와 약속을 지키지 않기, 행동 숙제를 거부하거나 부분만 하기, 노출 전략과 같은 치료 권고 사항 따르기를 거부하기, DBT 핵심 치료 목표에 협의하지 않고 거부하기(예: 자살 행동을 줄이는 작업을 거부하기)가 있다.

다른 환자를 방해하는 행동 집단과 입원 장면에서 환자 간 상호작용은 치료 성공과 실패에 매우 중요하다. 내 경험에 따르면 다른 환자를 향해 공개적으로 적대하고, 비난하며, 판단하는 발언은 상대를 치료에서 도움 받지 못하게 할 가능성이 크다. 비록 다른 환자가 그런 말을 감내하는 법을 배우는 게 바람직하지만, 만약 경계성 환자가 어떤 순간이라도 공격받을 수 있다고 느낀다면 그 목적에 도달하기란 불가능해 보인다. 경계성 환자는 어떤 종류의 부정적 피드백에도 매우 민감하다. 심지어 넌지시 암시한 때도 그렇다. 적절한 피드백도 공격으로 받아들일 수 있다. 물론 환자가 다른 환자의 합리적인 부정적 피드백을 수용하지 못한다면 그 자체로 치료 방해 행동이다. 그러나 부정 감정을 좋지 않은 타이밍에 다른 환자에게 표현하거나 다른 환자와 관계 문제를 해결하려고 집요하게 시도한다면 상대편에서 보면 치료 방해 행동이다.

물론 DBT에서 환자가 갈등에 더 편해지도록 돕는 대인관계 목표가 있으므로, 갈등 회피가 항상(대체로) 바람직하지는 않다. 갈등을 일으키는 대체로 모든 행동이 다른 환자 치료를 방해할 수 있지만, 내 경험상 다른 환자에 대해 공공연하게 적대적인 공격 정도가 돼야 치료 가능성을 파괴할 위협이 된다.

치료자를 소진시키는 행동 경계성 사람은 주변 사람이 도와주기를 원하지만, 도움을 요청하고 받는 데 능숙하지 못하거나 도움을 줄 사람을 소진시킨다. 도움을 주는 사람을 돌보는 방법뿐만 아니라 도움을 적절하게 요청하고 받는 방법을 배우는 기술도 삶에서 중요하다. 경계성 사람들 사이에서 이러한 행동을 향상하는 데 초점을 맞추고, 도움 요청 행동과 도움받기 행동을 일상에서 일반화한다면 치료와 일상생활의 질을 모두 높일 수 있다. 물론 치료 관계가 유지되려면 치료자를 소진시키는 행동을 줄여야 한다. 보통 이 분야 연구에서는 소진이 일단 발생하면 많은 치료 실수를 일으킬 수 있다고 밝히고 있다 (Cherniss, 1980; Carrol & White, 1981). 이는 회복하기 어려울 수 있다. 따라서 소진이 일어나기를 기다렸다가 치료하려고 하기보다는 소진을 예방해야 한다. 이 같은 논리는 10장에서 다룬 수반성 전략의 일부분인 한계 관찰이라는 DBT 전략을 뒷받침한다. 10장에서 훨씬 더 자세하게 논한다.

앞에서 설명한 바와 같이, DBT 개인 치료자는 치료를 시작할 때 DBT에서 치료자가 환자에게 필요한 도움을 줄 수 있고 주고자 할 수 있게 행동하는 방법을 가르치는 게 중요한 목표라고 명확하게 설명한다. 전반적으로, 치료자는 무조건적 긍정적인 존중이나 무조건적 사랑은 없다고 명확하게 짚는다. 가장 헌신적인 사람일지라도 친구나 친척에게 더 이상의 도움을 만류할 수 있고, 치료자도 마찬가지이다. 특정 행동을 한다면 어떤 환자라도 치료자가 거부할 수 있다. 이 점은 4장에서 언급한 바와 같이 DBT 치료를 안내할 때 명확히 전달한다. 환자가 치료자에게 받는 도움이 치료자에 대한 자신의 대인관계 행동과 무관하다는 믿음을 처음부터 잘라 내는 게 목적이다. 내 경험으로 볼 때 대부분 경계성 환자는 그러한 치료자 입장을 환영한다. 많은 사람이 적어도 한 번 치료를 거부당했다. 이런 일이 다시 발생하지 않도록 치료가 그들을 도와줄 거라는 반가운 소식이다.

내 경험으로 볼 때 치료자는 치료 방해 행동이라고 말할 수 있는 소진을 일으키는 행동을 찾기 어려워한다. 대부분 치료 참여, 치료자와 협력, 치료 권고 사항 따르기에 방해가 되는 환자 행동을 알아차리는 데는 별 어려움이 없다. 그러나 치료자 개인 한계를 몰아붙이거나 환자와 함께 작업하는 동기를 떨어뜨리는 환자 행동은 찾기 어려울 때가 있다. 이런 경우 많은 치료자는 두 가지 중 하나를 믿는 경향이 있다. 그 행동이 환자의 '정신병리'의 일부이거나, 아니면 치료자 반응이 치료자 자신의 어떤 부족함의 표시이다. 이 행동을 '경계성 병리'의 일부로 보느라 직접적 치료 목표로 보지 못할 때가 있다. 많은 치료자는 환자의 '경계 성질'이 '치유'될 수 있다면, 이러한 행동이 자동으로 중단될 거라고 믿는 것 같다. 반대로, 치료자 반응이 치료자의 문제로 여겨질 때에는(보통 지도감독이나 사례 발표 회의에서) 치료자의 부적절성에만 초점을 맞추느라 환자 행동을 무시할 때가 있다.

1. 치료자 개인 한계를 몰아붙이기 모든 치료자는 환자를 위해 기꺼이 해 줄 수 있는 일과 참을 수 있는 환자 행동에 대해 개인 한계를 가지고 있다. 그러므로 치료자가 기꺼이 감내할 수 있는 수준을 넘어선 환자 행동은 치료 방해 행동이다. 어떤 행동이 개인 한계를 구성하는지는 치료자, 환자, 때에 따라 다르다. 한 환자의 치료에서도 한계는 치료 관계 변화와 치료자 생활 상황에서 개별 요인에 따라 다르다. 특정 시점에서 어떤 행동을 목표로 하는지는 그 당시 치료자 한계 상태와 환자 능력에 달려 있다.

경계성 환자가 보이는 가장 중요한 한계로 몰아붙이는 행동 중에는 치료자가 진전이나 치료 효과에 필수라고 믿는 치료 전략에 참여하거나 이를 수용하기 거부하는 행동이 있다. 그러므로 치료자가 효과적인 치료에 필수라고 믿는 치료 전략을 환자가 따르지 않고 합리적으로 받아들일 수 있는 다른 전략이 가능하지 않다면, 환자의 거부는 한계를 몰아붙이는 행동이며 해결될 때까지 치료에서 초점이 될 수 있다. 환자, 치료자 또는 둘 다 변화할 필요가 있다. DBT에서 치료자를 한계로 몰아붙일 수 있는 다른 행동에는 다음이 있다. 치료자에게 너무 많이 전화하기, 치료자 집에 찾아가거나 치료자 가족과 상호작용 시작하기, 치료자가 해결할 수 없는 문제에 대해 해결책을 요구하기, 치료자가 할 수 있는 만큼보다 더 많은 회기 시간이나 회기를 요구하기, 성적으로 자극적이거나 유혹적인 행동을 포함해서 매우 개인적이거나 스스럼없는 방식으로 치료자와 상호작용하기, 치료자 개인 공간 침해하기, 치료자나 치료자 가족에게 위해를 가한다고 위협하기. 때로는 거의 모든 환자 행동이 치료자를 한계로 몰아붙일 수 있다. 물론 한계를 넓혀야만 할지라도, DBT에서 준수해야 하는 미리 정해진 개인 한계는 없다. 따라서 한계로 몰아붙이는 행동이 무엇인지는 각 치료자가 각 환자와 관계에서 정의할 수 있을 뿐이다. 여러 치료자와 상호작용하는 프로그램에서 환자는 여러 한계를 준수하는 법을 배워야 한다.

행동주의 치료 외 학파에서는 치료자를 한계로 몰아붙이는 행동을 환자의 '경계$_{\text{boundary}}$' 부재로 해석한다. 치료자가 자신의 개인 경계가 침범당하고, 침해되고, 때때로 장악되었다고 느끼게 하는 환자 행동은 환자 자신이 개인 경계가 없기 때문이라고 한다. 경계라는 용어는 환자 행동이 치료자에게 미치는 영향과는 무관하고, 자의적인 의미가 없는 것처럼 쓰인다. 치료자는 때로 환자에게 그러한 경계에 '옳은' 배치가 있다는 듯이 설정한다. 그러나 내가 보기에 경계 설정은 사회적 기능이다. 그러므로 맥락과 무관한, 옳은 경계는 존재하지 않는다. 다른 사람의 대인관계 경계를 관찰하고 존중하는 과제에 경계성 환자는 참여할 수 없거나 참여하지 않을 수 있다. 단지 환자 자신의 경계에 대한 인식 부족만이 아닌 여러 가지 요인이 이러한 문제를 결정한다.

그러나 (치료자의 경계 대신) 환자 경계에 초점을 맞출 때, DBT 관점에서는 두 가지 바람직하지 않은 결과가 생긴다. 첫째, 치료자가 환자 문제 행동에 주의를 두지 못하게 한다. 경계와 같은 개념을 바꾸기 위해서 적어도 치료자가 그 생각을 조작적으로 정의하는 행동을 구체화할 수 있어야 하는데, 이는 거의 이루어지지 않는다. 둘째, 경계 부족이 문제 행동을 결정한다고 간주하기 때문에, 다른 영향을 탐색하기 위한 행동주의 분석을 수행할 동기가 거의 없거나 전혀 없어진다. 그러므로 행동을 결정하는 중요한 요소를 놓칠 수 있고, 따라서 변화는 더 어렵다.

2. 기관 한계를 몰아붙이는 행동 보통 치료 병동을 포함한 기관에 '개인 한계'가 있다고 생각하지는 않지만, DBT 관점에서 한계 고려는 매우 유용하다. 입원 환자 병동 규칙(예: 시끄러운 라디오 금지), 낮병원 계약 요소(예: 총 소지 금지), 외래 환자 진료 규칙(예: 지정된 대기 구역에서 치료자 기다리기)은 기관 한계의 예이다. 각 치료 단위가 개별 한계를 가지고 있으므로 이는 '개인적'이다. 한계는 많은 사람(예: 병원 및 병동 관리자, 법률 담당자, 병동 책임자 등)을 만족시키기 위해 만든 경우가 많다. 예를 들어, 우리에게 공간을 제공하는 상위 클리닉이 내 치료실을 내쫓을 수 있는 어떤 행동을 우리 프로그램 환자가 한다면, 이는 한계를 넘는 행동이다. DBT에서 유일한 요건은 치료를 제공하는 기관의 한계가 일상 환경에서 흔한 기관의 한계와 가능한 한 비슷해야 한다는 점이다. 그러므로 공손한 행동이나 순종하는 행동을 요구하는 한계 제한이라거나, 보통 직장, 학교 혹은 가정 환경에서 용인하는 대인관계 행동조차 금지하는 한계 제한은 반치료적이고 해로울 수 있다. DBT에서 기관 한계를 넘는 행동은 치료자 한계를 넘는 행동과 같은 방식으로 다룬다. 두 경우 모두 치료자는 개인 또는 기관의 특성을 반영하는 한계임을 분명히 해야 한다.

치료자 개인 한계와 마찬가지로 기관 한계에서 가장 중요한 점으로, 효과적인 치료를 수행하기 위해 기관은 최소한을 요구해야 한다. 이러한 유형의 한계는 일률적 한계에 가장 근접해 있는데, 개별 환자의 필요보다는 특정 집단의 환자(예: 경계성 환자)를 염두에 두고 구성했기 때문이다. 예를 들어, 표준 DBT 첫해에는 모든 환자가 개인 심리치료와 일종의 구조화된 기술 훈련에 모두 참여해야 한다. 많은 입원 병동에서 모든 환자는 특정한 횟수의 병동 활동 혹은 치료 집단에 참여해야 한다. 연구 치료 장면에서는 모든 환자가 정기 평가에 참여해야 할 수도 있다. 각 기관에서 이러한 한계를 설정할 때 매우 신중해야 하고, 특히 치료 프로그램을 유지하기 위해 모두에게 필요한 점만 포함해야 한다.

3. 치료자 동기를 저하시키는 행동 치료를 계속하기 위한 전제 조건은 치료자와 환자 모두에게 계속하고자 하는 동기이다. 동기는 특정 상황 또는 맥락에서 강화를 받았던 전력에 근거한다. 최선의 경우 치료 목적을 향한 환자의 진전이 치료자에게 주요 강화물이고, 진전이 더디면 환자의 다른 행동이 더 중요해진다. 많은 치료자가 경계성 환자와 함께 작업하기를 꺼리는데, 이들 환자로부터 얻을 수 있는 강화 행동이 상대적으로 부재하고, 치료자가 피하고 싶다고 느끼는 행동이 많다는 이유와 밀접하게 관련된다. 치료에 참여하지 않는 행동, 협력하지 않는 행동, 순응하지 않는 행동, 치료자 한계로 몰아붙이는 행동 모두 여기에 해당한다. 내가 경험한 다른 행동은 적대적 태도, 인내심 부족, 빈정대거나 비아냥거리며 치료자가 더 잘해야만 한다거나 좋은 치료자가 아니라는 발언, 사람으로서 치료자나 치료자 성격에 대한 비난, 치료자의 가치나 직업 혹은 가족에 대한 비난, 치료자 노력에 대해 감사하거나 인정하지 않기, 발생한 진전을 보는 능력이 없거나 인정하지 않기, 그리고 더 나은 치료자처럼 보이는 사람과 현 치료자를 비교하기 등이 있다. 특히 큰 스트레스를 주는 환자 행동으로는 치료자를 자격증 위원회에 보고하거나, 치료자에 대해 공개적으로 질책하거나, 치료자를 고소하겠다고 위협하기가 있다. 우리 클리닉에서 한 환자는 자기 치료자에게 엄청나게 많은 양의 편지, 수필, 시, 그림, 선물을 가져왔다. 치료자는 수필을 일단 집에 가져갔고 어쩌다가 잃어버렸다. 나중에 그 환자는 돌려달라고 했고, 치료자가 집에 잘못 두었다가 찾을 수 없다고 말하자 치료자를 소액 사건 법원에 고소하여 수백 달러의 손해 배상을 청구하였다. 말할 필요도 없이, 없어진 수필을 찾은 후에도 치료자는 환자와 치료를 계속해야 한다는 강한 동기가 있을 리 없었다.

4. 치료 환경 혹은 집단 구성원의 동기를 저하시키는 행동 집단, 치료 환경, 가족 치료에서 환자나 가족 구성원은 서로 돕기를 기대받는다. 이런 의미에서 각 환자와 가족 구성원을 치료자로 간주할 수 있다. 지속해서 도움을 주고 환자 행복에 계속 관심을 기울이는 다

른 집단, 치료 환경 또는 가족 구성원의 동기를 저하시키는 모든 개별 행동은 치료 방해 행동이다.

환자의 치료 증진 행동

DBT 초기 안내 회기와 때로 그 후에도, 나는 자주 환자에게 다음과 같은 내용을 분명히 밝힌다. 그들에게는 내가 그들과 계속 작업하고 싶은 방식으로 나와 상호작용해야 하는 과업이 있다고 말한다(나는 그들과 비슷한 상호 의무를 지닌다). 이 생각은 우리 환자에게 꽤나 새로운 생각이다. 물론 환자와 상호작용하면서 치료자는 환자가 무엇을 하든지 간에 도움이 되는 방향으로 행동할 의무가 있다. 만약 가능하지 않다면 상호작용은 종결해야 한다. 이런 결과를 막기 위해, 예를 들어 환자가 전화 코칭이나 치료를 잃는 결과를 막기 위해 환자에게 상호작용 지속성을 높일 수 있는 구체적인 행동을 가르쳐야 한다.

앞에서 언급한 대로 주요 치료 증진 행동은 그야말로 행동주의 목적을 향해 나아가는 행동이다. 치료자에게 중요한 행동은 앞에 기술한 치료 방해 행동과 반대되는 행동 말고도 각 치료자에게 명확하며 맥락에 따라 다양하다. 나와 동료 치료자에게 중요한 행동에 다음이 해당한다. 자살 또는 유사 자살 행동을 하지 않고 도움 요청하기(도움받지 않는 상태에서 자살 또는 유사 자살을 하겠다고 위협하는 행동 대신에), 치료자가 제안한 행동을 실천해 보기(효과가 없을 거라고 말하는 대신에), 치료자에게 전화를 걸 때 대화하기 좋은 시간인지 물어보기, 필요한 경우 '아니요'라는 대답을 받아들이기, 원하는 시간보다 전화 코칭이 짧더라도 흔쾌히 받아들이기, 치료자와 약속 지키기, 약속 취소하려면 전화하기(단순히 치료에 나타나지 않기 대신에), 유머 감각을 보여 주기 또는 적어도 치료자의 유머 감각에 고마워하기. 요점은, 치료 강화 행동은 그때그때 가르쳐 주어야 하지 그저 기대해서는 안 된다.

치료자의 치료 방해 행동

치료자의 치료 방해 행동은 치료자가 환자의 병을 키우는 행동이나, 불필요하게 환자의 고통을 유발하거나 진전을 어렵게 하는 행동이다. 여기서 기본적인 생각은 다음과 같다. 첫째, 치료자는 해를 끼쳐서는 안 된다. 둘째, 모든 조건이 같다면 치료자는 가능한 가장 유순한 치료를 시행해야 한다. 셋째, 치료자는 자기 실수에 방어적이어서는 안 되고, 필요할 때 반응 양상을 수정하고 변경할 수 있도록 유연하게 열려 있어야 한다.

다양한 요인이 치료자의 치료 방해 행동을 증가시킬 수 있다. 나와 내 클리닉 동료에게 지속해서 영향을 준 요인은 다음과 같다. 가정이나 직장에서 생활 스트레스, 충분하지 않은 수면이나 질병과 같은 개인 요인, 환자가 유발하지 않은 시간 부족, 임상 작업을 구분짓고 일정을 몰아놔서 그 외의 시간에 하는 임상 업무가 침해라고 느끼기(학계 사람들에게서 나타나는 특정한 문제), 치료자로서 능력에 대한 확신이 없고 특히 팀에 있는 다른 치료자와 비교하기, 다른 치료자–환자의 진전과 자기 환자의 부족한 진전을 비교하기, 환자에 대한 분노나 적개심 혹은 좌절감, 환자 행동에 대해 다르게 생각할 방법을 찾아내지 못하고 '피해자 비난'하기, 환자에 의해 궁지로 몰리는 기분을 느낄 때 또는 치료 상황에서 통제감을 잃을 때, 고소당할까 두려움, 환자가 자살할 것 같은 불안 또는 공황, 환자의 비합리적 예상을 따라가는 현재 무엇이 가능한지에 관한 비합리적 신념.

치료 실수를 초래하는 가장 흔하고 가장 치명적인 요인은 환자의 현재 고통 호소를 치료자가 감내하지 못할 때이다. 환자의 고통을 개선하려는 시도는 역기능 행동을 강화하는 결과로 이어지고 이는 결국 고통을 줄이기보다 장기적으로 증폭시킨다. 이 부분은 4장에서 더 자세히 다루었다. 치료자의 치료 방해 행동은 보통 ① 치료 전달에서 균형 관련 행동, ② 환자를 향한 존중 관련 행동의 두 가지 범주로 분류할 수 있다.

치료 불균형을 만드는 행동 치료 균형을 흐트러뜨리는 행동은 대개는 연속선에서 한쪽 극단(예: 수용 대 변화, 안정성 대 유연성)에 위치할 때 생긴다.

1. 변화 대 수용 불균형 DBT 관점에서 변화와 수용 치료 전략 사이에 균형이 깨지는 양상이 가장 안 좋다. 변화에만 지나치게 초점을 맞추는 치료자는 환자의 자기감과 현실 지각을 비타당화하기 때문에, 이후 그 피해를 되돌리기 위한 수년의 치료로 이어질 수 있다. 그런 환경에서 저항하는 환자는 과도하게 방어적이라고 비난받을 수 있고, 환자의 반대는 무시될 수 있다. 반면, 환자를 무조건 수용하는 치료자는 그에게 새롭고 좀 더 유능한 행동 양상을 가르치지 않고, 환자에게 별로 도움이 되지 않는다. 사실상 이런 접근은 변화가 일어나는 데 무엇이 필요한지 환자 관점을 거의 수용하지 않는다. 특히 다루기 어렵거나 불가능하다고 생각하는 상황에서 행동 코칭을 원하지 않는 경계성 환자는 거의 없다.

2. 유연성 대 안정성 불균형 두 번째 치료 방해 행동은 치료 접근을 조정하는 유연성과 치료 초점을 유지하는 안정성 사이에서 균형을 잡지 못하는 행동이다. 그러한 문제는 치료를 안내하는 어떤 이론 관점도 없이 행동 진전을 이루기 위해 끊임없이 전략을 바꾸는 치료자에게 자주 발생한다. 핵심 문제 중 하나는 인내에 있다. 경계성 환자를 대상으로 하

는 거의 모든 치료 전략은 성공하는 데 상당한 시간이 필요하다. 치료자가 이론과 관련 없는 기준에 따라 치료를 변경한다면 역시 문제이다. 예를 들면, 치료자가 지루하다는 이유로 혹은 기술 훈련에 필요한 노력을 '할 기분이 아니라는' 이유로 기술 훈련을 생략하고 '마음을 나누는 대화'를 하자는 식, 환자의 자살 위기 행동에 대해 치료 이론에 입각한 반응을 보이기보다는 화가 나서 환자를 병원에 입원시키거나 가족을 달래기 위해 병원에 가두기, 또는 치료자가 너무 피곤해서 혹은 갈등을 해결할 시간이 없어서 환자를 달래기 등이다. 말할 필요도 없이 이러한 행동이 환자의 유익을 위해서라고 설득한다면 그야말로 문제를 악화시킨다. 반대로, 치료가 될 수 있는 다른 전략이 있음에도 진전을 가져오지 못 하거나 환자에게 극심한 고통을 주는 치료 전략을 경직되게 유지하는 행동 역시 치료를 방해한다. 불행하게도, 모든 사람은 스트레스 상황에서 훨씬 더 경직된다. 이는 경계성 환자 치료에 동반하는 조건이다. 내 경험에 따르면 어려운 환자를 치료하는 스트레스 속에서 치료자는 지나치게 융통성 없고 완고한 상태와 지나치게 유연한 태도 사이에서 오락가락할 때가 많다. 안정성과 유연성 사이에서 균형을 유지하려면 지속적인 치료 평가와 더불어 8~11장에 자세히 기술한 개입법을 적용할 수 있어야 한다.

3. 보살핌 대 변화 요구 불균형 세 번째는 환자를 보살피고 도와주는 행동과 환자가 충분히 동기부여가 된다면 스스로 할 거라 가정하고 도움을 유보하는 행동 사이의 불균형이다. 전자의 경우 환자는 지나치게 연약하고 무능하며 스스로 해내기에 너무 취약하다고 느낀다. 치료자는 환자를 어린아이 취급하고, 결정을 내릴 수 없다고 여기며, 치료자가 다른 환자에게는 제공하지 않을 법한 방법으로 대신 행동하고 돕는다. 맥락을 제외하고 다음과 같은 예시가 포함될 수 있다. 환자가 상담실에 오기 너무 두려워하기 때문에 정기적으로 커피숍에서 환자를 만나 주기, 환자가 운전을 못 하고 대중교통 타는 법을 배우기에 너무 취약하다고 생각하기 때문에 데리고 다니기(또는 빠진 회기를 넘어가기), 어려운 주제 넘어가기, 환자가 가족 모임에서 너무 주눅 들어서 스스로 말할 수 없다고 생각하고 치료자가 대신 말해 주고 환자가 말하지 않아도 된다고 허용하기, 대신 돈을 관리하고 청구서 지불해 주기. 반대로, 치료자는 때로 환자가 현재 받는 양보다 더 많은 지지와 보살핌이 필요하다는 사실을 받아들이지 않을 수 있다. 이 방법은 확실히 실패한다. 때로 환자가 정말로 자신의 욕구와 무능함을 과장하는 방법으로 치료자가 자신을 심각하게 받아 주기를 바랄 수 있는데, 이 역시 실패로 이끄는 악순환을 지속시킨다. 환자를 대신해 개입하고 보살피기, 그리고 환자 스스로 보살필 수 있도록 자문하고 가르치기 사이에서 균형을 유지하는

어려움은 13장에서 자세하게 다룬다.

4. 상호성 의사소통 대 일침 놓기 의사소통 불균형　치료자는 상호성 의사소통과 일침 놓기 의사소통 사이에 균형을 잃을 때 실수를 한다(4장과 12장 참조). 한편, 경계성 환자는 치료자가 취약성이나 사적 이야기를 나누도록 유발하는 것처럼 보인다. 여기서 두 가지 요인이 작용한다. 첫째, 경계성 환자는 치료 관계가 부자연스럽게 불평등하고 일방적이라고 주장하는데, 이는 상당한 설득력이 있다. "왜 나만 모든 위험을 감수해야 하나요?"라고 물을 수 있다. 둘째, 경계성 사람은 대개 돌보는 데 굉장히 능숙해서, 치료자가 너무나 자주 치료에서 매우 취약해지는 실수를 저지른다. 환자 치료와 무관하게 치료자가 자신의 개인 고민과 시련을 경계성 환자와 공유하는 습관을 만드는 일은 드물지 않다. 환자와 성적 관여는 여기서 가장 극단적인 예이다. 다른 한편으로 치료자는 환자와 거리를 두어야 한다고 지나치게 강조할 수 있다. DBT 외 다른 치료자는 '경계 문제' 혹은 '치료 틀'이라 언급하면서 이를 정당화한다. DBT 치료자는 일침 놓기 의사소통 전략에 기댈 수 있다. 그러나 일침 놓기 의사소통, 치료 틀, 경계 문제 무엇이건 왜곡될 수 있다. 환자를 이용하면서 잔인한 농담하기, 적대하며 비난하기, 환자의 신념, 정서 반응, 결정, 행동에 부당하게 공격하기, 환자와 유연성 없이 정서적 · 물리적 거리 두기를 용납하기와 같은 방식으로.

환자에 대한 존중이 부족한 행동　환자를 존중하지 않는 마음을 전달하는 의사소통은 사실상 상당히 정확한 의사 표현일 수 있다. 어떤 경우 무심코 한 행동은 진짜 존중이 부족하다기보다는 부주의에서 비롯될 수 있다. 치료자의 전형적인 불명예스러운 행동은 〈표 5-1〉에 열거하였다. 이 목록은 Marian Miller(1990)가 여러 자료를 모아 작성하였다. 목록에 제시한 대부분 행동은 치료 전반이나 특정 환자를 향한 치료자 소진을 암시한다. 가끔씩 존중이 부족한 행동을 하는 게 치료에 매우 해롭지는 않더라도, 시간이 지남에 따라 쌓이는 행동은 치료 노력에 심각한 지장을 줄 수 있다. 그러나 불명예 행동을 하지 않기보다 더 중요한 건, 환자가 그런 행동을 지적했을 때 치료자 반응이다. 찢어지고 무너진 치료 관계를 회복하는 일은 환자가 경험하는 가장 치료적인 과정이 될 수 있다. 당연히 관계 회복은 환자 삶에서 정말 필요한데, 치료자와 관계 회복은 엄청난 치유를 보장할 수 있다.

〈표 5-1〉 치료자의 불명예스러운 행동 예시

1. 약속을 놓치거나 잊어버리기
2. 일정 재조정 없이 약속 취소하기
3. 환자와 약속이나 정책을 임의로 변경하기(예: 전화 규칙, 상담비, 예약 시간 변경)
4. 메시지나 전화에 회신하지 않기 또는 늦게 회신하기
5. 서류/파일/메모 분실하기
6. 환자가 준 메모/서류 읽지 않기
7. 예약 시간 늦기
8. 전문가답지 못한 외모나 복장
9. 위생 상태 불량
10. 지저분하거나 더러운 상담실 공간
11. 예약 시간에 담배 피우기
12. 예약 시간에 껌 씹기
13. 치료 중에 문 닫지 않기
14. 전화 또는 메시지 보내기와 같은 방해 행동 허용하기
15. 치료 회기 또는 전화 중에 집중하지 않거나 다른 일을 하기
16. 중요한 정보 잊어버리기(이름, 관련 이력/정보)
17. 자기 말을 반복하고 말한 걸 잊어버리기
18. 눈에 띄게 피곤하거나 지쳐 보임
19. 환자와 있을 때 깜빡 졸기
20. 눈 맞춤 피하기
21. 다른 환자에 관해 이야기하기
22. 다른 일을 하는 게 더 낫겠다는 이야기하기
23. 환자와 함께 있을 때 시계 보기
24. 회기를 일찍 끝내기
25. 성차별적 · 가부장적 또는 모성주의적 방식으로 환자를 언급하기
26. 환자를 치료자보다 열등한 사람으로 대하기

출처: *Developing a Scale to Measure Individuals' Stress-Proneness to Behaviors of Human Service Professionals*, M. Miller, 1990, unpublished manuscript, University of Washington. 저자 허락하에 재인쇄하였다.

삶의 질 방해하는 행동 줄이기

4장과 이 장에서 언급했듯이 DBT는 경계성 환자가 자살 충동을 느끼고 불행한 데는 그럴 만한 이유가 있다고 가정한다. 해결책으로, 내 관점에서 보자면 환자가 삶의 질을 변화시켜야 한다. 삶의 질을 방해하는 행동 분류를 〈표 5-2〉에 제시하였다. 이 목록이 전부는 아니고 어떤 환자에게는 또 다른 문제가 생길 수 있다. 환자 행동이 심각하게 문제가 되는 경우만 다음 목록에 포함하였다. 가령 문제가 되는 행동을 안 바꾸면 환자가 합당한 수준에서 삶의 질을 누릴 기회를 확실하게 방해받을 정도의 행동이어야 한다. 해당 행동 양상이 이러한 기준에 충분히 부합하는가 결정하는 하나의 좋은 방법은 DSM 진단 개념(특히

〈표 5-2〉 삶의 질을 방해하는 행동

1. 물질 남용(예: 음주, 처방전이 필요한 약 또는 불법 약물 남용)
2. 고위험의 보호 없는 성행위(예: 안전하지 않은 성관계, 다른 이를 성적으로 학대하는 행위, 과도하게 여러 명과 성관계, 적절치 않은 상대와 성관계)
3. 극단적 재정 곤란(예: 엄청난 액수의 미납금, 예산 관리의 어려움, 과소비 또는 도박, 공공 수급 기관 관리 능력 부재)
4. 교정하지 않으면 수감될 수 있는 범죄 행동(예: 절도, 방화)
5. 심각한 역기능적 대인관계 행동(예: 신체적 · 성적 · 정서적으로 학대하는 파트너 선택, 혹은 이러한 파트너와 관계 지속, 학대하는 친지와 과도한 접촉, 조기에 관계를 끝맺음, 주위 사람을 굉장히 불편하게 만들어 친구를 사귀기 힘듦, 대인관계를 하기 힘들게 하는 과도한 수줍음 또는 사회적 비난에 대한 두려움)
6. 고용 또는 학교 관련 역기능 행동(예: 일이나 학교를 조기에 그만두거나 도중에 포기, 구직 능력 부족, 학교에 가거나 필요한 직업 훈련을 받는 두려움, 업무 혹은 학교 과제 수행 어려움, 적합하지 않은 직업 선택, 빈번하게 해고되거나 학교에서 낙제)
7. 질병과 관련된 역기능 행동(예: 적절한 의료 돌봄을 찾지 못함, 필요한 약물을 복용하지 않음, 약물 과용, 의사에 대한 두려움, 질병 치료 거부)
8. 주거와 관련된 역기능 행동(예: 보호소 생활, 차에서 생활, 너무 많은 가구원으로 혼잡한 집에서 생활, 학대하거나 같이 지내기 불가능한 사람과 생활, 안정적인 거주지를 구하지 않음, 거주지에서 퇴거나 거부당할 행동에 관여)
9. 정신건강과 관련된 역기능 행동(예: 정신병원 방문, 잦은 약물치료사 변경, 필요한 보조 치료를 찾지 않음)
10. 정신과 질환과 관련된 역기능 양상(예: 다른 심각한 혹은 쇠약하게 하는 축 I 혹은 축 II 정신질환 진단 기준에 부합하는 행동 양상)

축 I 과 V)에 따라 고려하거나, 나아가 치료에서 진전할 환자 능력에 미치는 문제 행동의 영향을 고려하는 방법이 있다. 진단 기준을 충족할 만큼 심각하지 않거나, 심각한 장해를 일으키지 않거나, 혹은 이후 치료 수행을 방해할 정도가 아니라면 앞의 목록에 해당하지 않는다. 대신 덜 심각하거나 덜 해로운 양상은 DBT에서 두 번째 그리고 세 번째 단계에서 다룬다.

보통은 행동 양상이 이 기준에 부합하는지는 치료자와 환자가 함께 결정해 나간다. 아무래도 많은 경우 특정 행동 양상이 문제가 된다고 인지하는 데서부터 변화로 가는 첫걸음을 시작한다. 이와 같은 상황에서 치료자는 환자 삶의 질 문제와 사실상 기능적으로 관련 있는 행동에 초점을 맞추도록 신중한 주의를 기울여야 한다. 치료자 개인의 견해나 판단이 이 단계에서 치료자에 의한 치료 방해 행동으로 나타나 치료 진행에 방해가 될 수 있다.

사례 회의와 지도감독 회기에서 치료자는 자신만의 고유한 가치를 분별하고, 자신과 환자의 가치가 어떻게 다른지 분별하고, 치료 우선순위에서 치료자 가치가 미치는 영향을 분별하도록 유용한 도움을 받을 수 있다. 치료자와 환자가 서로 다른 문화적인 배경에 있다면 그러한 분별 과정을 거치는 건 특히 더 중요하다. 환자가 속한 가치와 맥락 안에서 작업할 수 있는가 없는가는 치료자 개인의 한계에 달려 있다. 한 예로, 내게는 우편함에 불을 지르는 내담자가 있었다. 그는 이러한 행동이 높은 우선순위에 있는 문제 행동이라는 시각을 가지고 있지 않았다. 우리가 2년 차 치료를 위한 협상(혹은 방향 설정)을 하고 있었을 당시, 나는 그에게 이 행동을 중단하는 치료 목표를 포함하지 않는다면 그와 더 작업할 수 없다고 말했다. 나는 그가 체포되거나 다른 사람이 중요한 편지를 못 받는 상상을 감내하고 싶지 않았다.

DBT에서는 삶의 양식이 구조화되어 있다면 모든 목표 영역 전반에서 사실상 치료 이득으로 이어진다는 전제를 하나 가지고 있다. DBT 초기 버전에서 나는 환자에게 적어도 한 주 일정 시간 혹은 가능하다면 매일 집을 벗어나 시간을 보내는 구조화된 활동을 하도록 요구했다. 이러한 활동은 회사 생활, 자원봉사, 학교 또는 다른 해야 할 일로 이루어져 있었다. 나와 내 동료가 이러한 활동을 요구했던 이유는 경계성 환자가 하루 종일 집에 있게 되면 기분 의존 행동을 개선하기 힘들다는 점을 알았기 때문이다. 대개 집에만 있으면 우울증, 공포감과 광장공포증과 같은 행동을 고조시키며 행동 수동성 그리고 자살 행동과 같은 상태를 악화 혹은 고조시킬 수 있다. 나는 DBT의 치료 종결 정책과 관련된 이유로, 이 필수 사항을 권장 사항으로 바꾸었다. 이러한 접근은 가능하다면 일방적 종결을 피하고자 함이다. 치료 종결은 치료자에게 가장 강력할 뿐만 아니라 마지막 남은 수반성 전략이기도 한데, 나와 내 동료들은 구조화된 활동을 **요구했을** 때 이 접근을 너무 자주 써야 한다는 점을 알게 됐다. 현재 지침에 따르면 치료를 하면서 역기능 행동을 가능한 한 불편하게 느껴지도록 만든다. DBT 종결로 이어질 수 있는 조건은 10장에서 자세히 논의한다.

행동 기술 늘리기

경계성 성격장애 진단 기준에 부합하는 개인의 행동 기술 부족 모델에 따라 DBT 기술 훈련을 고안하였다. 1장에서 제시한 것과 같이(〈표 1-5〉 참조), DSM 경계성 성격장애에 대한 아홉 가지 진단 기준은 다음의 다섯 가지 범주로 상당히 잘 정리할 수 있다. 자기 기능 문제(자기 부적절감, 공허감), 행동 조절 문제(충동 행동, 자해 또는 자살 행동), 정서 조절 문제(정서 불안정, 분노 문제), 대인관계 조절 문제(혼란스러운 관계, 유기에 대한 공포), 인지 조절 문제(이인화, 해리, 망상). DBT에서 배운 행동 기술은 이러한 문제 영역을 목표로 한다. DBT 기술 훈련과 BPD의 광범위한 진단 범주의 관계는 〈표 5-3〉에 제시하였다. 정서 조절 기술, 대인관계 기술, 고통 감싸기 기술 그리고 DBT '핵심' 마음챙김 기술은 구조화된 형식으로 가르친다. 자기 관리 기술은 모든 다른 기술을 배우기 위해 필요하고 이는 치료 전반에 걸쳐 배운다.

〈표 5-3〉 DBT 기술 훈련 목적

전반적 목적	
괴로움과 고통을 유발하는 삶의 문제와 연관된 행동, 정서, 사고 양상을 변화시키는 기술을 배우고 다듬기	
구체적 목적	
줄여야 할 행동	늘려야 할 행동
• 대인관계 조절 문제	• 대인관계 기술
• 정서 조절 문제	• 정서 조절 기술
• 인지행동 조절 문제	• 고통 감싸기 기술
• 자기 조절 문제	• 핵심 마음챙김 기술(관찰하기, 기술하기, 참여하기, 평가하지 않는 태도, 온전히 하나씩 주의 두기, 효과적으로)

핵심 마음챙김 기술

마음챙김 기술은 DBT에서 중심이다. '핵심' 기술이라고 언급할 만큼 매우 중요하다. 마음챙김 기술은 첫 번째로 배우고 환자가 매주 채우는 일지에 목록이 있다. 이 기술은 보통 동양에서 온 영성 수행에서 가르치는 명상의 심리학적·행동주의적 버전이다. 나는 선불교 수행에서 대부분을 가져왔지만 이 기술은 서양 묵상과 동양 명상 수행과 유사하다. 세 가지 '무엇을' 기술에는 관찰하기, 기술하기, 참여하기가 있고, 세 가지 '어떻게' 기술에는 평가하지 않기, 온전히 하나씩 주의 두기, 효과적으로가 포함된다. 이러한 기술은 이 책과 동반 매뉴얼에 매우 자세하게 설명하였다. 다음에 간략한 요약을 제시한다.

핵심 '무엇을' 기술 '무엇을' 마음챙김 기술에는 관찰하기, 기술하기, 참여하기 기술이 해당한다. 목적은 알아차림을 통해 참여하기 삶의 방식을 발전시키는 데 있다. 알아차림 없는 참여는 충동적이거나 기분 의존적인 행동의 주요 특징이라 가정한다. 대개 자신의 행동 반응을 적극적으로 관찰하고 기술하는 기술은 새로운 행동을 학습해야 하거나, 뭔가 문제가 있거나 변화가 있어야 할 때 필요하다. 예를 들면, 피아노를 배우는 초심자는 손과 손가락 위치에 특별히 주의를 기울이고 박자를 소리 내어 세거나 연주하는 동안 계명이나 화음을 부르면서 치곤 한다. 하지만 피아노 연주 기술이 향상하면서 이러한 관찰하기와 기술하기는 사라진다. 그런데 곡 하나를 배운 후에 습관적인 실수를 저지른다면 연주자는 아마 새로운 양상을 익힐 때까지 관찰하기와 기술하기로 되돌아가야 할 수 있다.

첫 번째 '무엇을' 마음챙김 기술은 관찰하기이다. 사건, 감정, 여러 행동 반응에 아무리 고통스러울지라 해도 주의를 둔다. 환자는 간단히 말해 어떠한 상황에서 회피를 하거나 자신의 감정을 끝내는 대신(줄여야 하는 행동으로 뒤에서 논의), 매 순간에 일어나는 무엇이든 그에 대해 알아차림을 가지고 경험하는 법을 배운다. 보통 상황을 다루는 능력에는 그 일로부터 한 발짝 떨어져 볼 수 있는 능력이 필요하고, 사건을 관찰한다 함은 사건 자체와 별개이며 다르다(예: '걷기 관찰하기'와 '걷기'는 서로 다른 반응이다). 이렇게 '순간을 경험하는' 데 두는 중점은 동양의 심리학 접근, 그리고 서양에서 자동 회피와 공포 반응을 소거하는 방법으로 강화 없는 노출이라는 개념 둘 다에 기반이 있다.

두 번째 '무엇을' 마음챙김 기술은 사건과 개인 반응을 언어로 표현하는 기술이다. 행동과 환경 사건에 대해 언어를 부여해 이름을 붙이는 능력은 자기 조절과 의사소통 모두를 위해 필요하다. 기술하기에서는 자기 감정과 생각을 문자 그대로 받아들이지 않기를 배운다. 즉, 언어가 환경 사건을 그대로 반영하지 않는다고 배운다. 예를 들어, 무서운 느낌이

든다고 반드시 그 상황이 자기 삶이나 안녕을 위협하고 있다는 뜻은 아니다. 그러나 경계성 사람은 정서 반응을 촉발 사건과 자주 혼동하곤 한다. 두려움에 대한 신체 요소("배 쪽 근육이 단단해지는 느낌과 내 목을 조이는 느낌이 든다.")는 환경에 대한 지각("학교에서 시험이 시작된다.")과 혼동되어 생각("나는 그 시험에서 낙제할 거야.")을 만들어 낸다. 생각은 종종 표면 그대로 받아들여진다. 즉, 생각("나는 사랑받지 못한다고 느껴.")과 사실("나는 사랑받을 사람이 못 돼.")이 혼동된다. 실제로 인지치료의 주요 목표 중 하나는 생각과 그에 상응하는 환경 사건의 연관성을 검증하는 일이다. 생각으로서 생각을 구분할 수 없고 사건으로서 외부 사건을 구분할 수 없는 사람은 대부분 치료 접근에서 상당한 어려움을 보일 것이다. 흥미롭게도, 거의 대부분 치료 접근은 환자가 사건을 관찰하고 기술하도록 돕는 중요성을 강조한다. 정신분석의 자유연상, 행동주의 치료에서 행동 일기 쓰기, 인지치료에서 생각, 가정, 신념을 기록하기, 내담자 중심 치료에서 반영하기는 모두 환자 또는 치료자가 환자 삶에서 지속되는 사건과 행동 반응을 관찰하고 기술하는 예시이다.

세 번째 핵심 '무엇을' 마음챙김 기술은 자의식 없이 참여하는 능력이다. '참여하기'에서는 현재 일어나는 일과 상호작용으로부터 자신을 떼어 놓지 않고 현재 순간에 행해지는 활동에 완전히 들어선다. 이 경우 개인이 취하는 행동은 자발적이고, 완전히는 아니더라도 어느 정도는 습관에 기반하며 개인과 환경의 상호작용은 매끄럽다. 마음챙김 없이 참여할 수도 있다. 예를 들어, 우리는 무언가에 집중하느라 집에 어떻게 도착했는지도 모른 채 집으로 가는 복잡한 길을 별생각 없이 운전해 본 경험을 한 번쯤 해 봤을 것이다. 그러나 마음챙김을 하면서 참여하기도 가능하다. 참여하기 마음챙김의 좋은 예로는 숙련된 운동선수가 자의식 없이, 깨어 있음과 자각 속에서 주어진 과제를 유연하면서도 순조롭게 대응하는 경우이다. 마음챙김이 없다면 과제에 주의 없이 참여하는 셈이고, 마음챙김은 주의하며 참여하기이다.

핵심 '어떻게' 기술 다음 세 가지 마음챙김 기술은 어떻게 관찰하고 기술하며 참여하는지와 연관이 있다. 평가하지 않기, 온전히 하나씩 주의 두기, 그리고 효과적으로 행동하기(되는 일을 하기)이다. DBT에서 배웠듯이, 평가하지 않는다는 건 단순히 무엇이 좋다 나쁘다 판단을 내리지 않는다는 뜻이다. 부정적 판단을 긍정적 판단으로 바꾼다는 말이 아니다. 경계성 사람은 그들 자신과 타인에 대해 지나치게 긍정적으로 표현(이상화)하거나 극단적으로 부정적으로 표현(평가 절하)을 하는데, 여기에서 이들이 좀 더 균형 잡힌 판단을 해야 한다기보다는, 대부분 경우에서 오히려 이러한 판단을 전부 내려놓아야 한다는 입장이다. 이는 매우 미묘한 지점이지만 상당히 중요하다. 다시 말해, '가치 있는' 사람은 언제든 '무가치'해질 수 있다. 대신에 DBT는 행동과 사건의 결과에 초점을 두어 강조한다. 예를 들어, 행동이 자신과 타인에게 고통스러운 결과를 야기하거나, 사건의 결과물이 해로울지도 모른다. 판단하지 않는 접근은 이러한 결과를 관찰하고 행동이나 사건을 변화시키자고 제안할 수 있지만, 여기에 '나쁘다'는 꼬리표를 굳이 붙이지 않는다. 모든 것은 그저 있는 그대로이다. 혹은 마치 합리적 정서치료자는 곧 본인이 탄 비행기가 추락한다면 어떻게 할 건가라는 질문에 Albert Ellis가 "죽으면 죽는 거지."라고 답했듯이, 모든 것을 단순히 그 자체로 본다.

마음챙김은 온전히 사람이 활동에 들여오는 알아차림의 질과 관련 있다. 두 번째 '어떻게' 기술에서 목적은 현재 순간 활동에 정신을 집중하고 알아차리는 법을 배우는 거고, 여러 활동으로 주의를 분산하거나 현재 활동을 하면서 다른 생각으로 주의를 분산하기와 다르다. 이러한 집중을 달성하기 위해서는 경계성 환자가 가장 부족하다고 느끼는 능력인 주의 통제력을 필요로 한다. 경계성 환자는 과거 이미지와 생각, 미래에 대한 걱정, 갈등과 관련된 반추 생각 또는 현재 부정적 기분으로 주의가 분산된다. 오히려 온전하게 현재 걱정에 주의를 기울이고(걱정 챙김이 되겠다) 걱정을 일부 해소하기보다, 다른 걸 하려는 동시에 걱정을 한다. 이 문제는 DBT 기술 훈련 프로그램에 참여할 때 겪는 어려움 속에서 쉽게 관찰할 수 있다. 환자는 한 번에 하나의 과제나 활동에 집중하고, 그 과제에 각성, 알아차림, 깨어 있음으로 동참하는 방법을 배워야 한다.

세 번째 '어떻게' 마음챙김 기술인 '효과적으로'에는 환자가 간혹 특정 상황에서 실제로 해야 하거나 필요한 행동을 하기보다 무엇이 '옳은지'를 더 우려하는 경향을 줄이는 목적이 있다. 효과적이라는 건 '제 얼굴에 침 뱉기'와 반대된다. 우리 환자들은 이를 '이기는 게임 하기' 혹은 '되는 일을 하기'라고 표현한다. 동양 명상 관점에서 효과적인 데 초점을 둔다 함은 '숙련된 수단을 사용하기'이다. 목적 달성의 중요성보다 앞서 '옳음'이라는 생각을 놓지 못한다면 물론 이는 비타당 환경 경험과 관련이 있다. 많은 환자에게 핵심 고민 중 하나는 자기 지각, 판단, 결정을 신뢰할 수 있는지, 다시 말해 자신의 행동이 맞기를 혹은 '옳기'를 기대할 수 있는지이다. 그러나 극단으로 가면 결과보다 원칙을 강조하면서 경계성 환자는 타인에게 실망하거나 타인과 멀어지는 결과를 겪는다. 결국에 우리는 어떤 경우 '항복'을 해야만 할 때도 있다. 경계성 환자가 '효과적으로' 기술을 '굴복하기'가 아닌 능숙한 반응으로 여기게 될 때 옳음을 더 쉽게 내려놓는 것 같다.

고통 감싸기 기술

DBT에서는 능숙하게 고통을 감내하는 법을 중요하게 배운다. 괴로움을 감내하고 수용하는 능력은 적어도 두 가지 이유에서 필수 정신건강 목적이다. 첫째, 고통과 괴로움은 삶의 일부이다. 이 둘은 완전하게 피하거나 제거할 수 없다. 이 불변의 사실을 받아들이는 어려움 자체가 고통과 괴로움을 증폭시킨다. 둘째, 고통 감싸기는 적어도 단기적으로 자신을 바꾸기 위한 시도로 가는 일부분이다. 이게 없다면 원하는 변화를 구축하려는 노력에 충동적인 행동이 방해할 것이다.

고통 감싸기 기술은 마음챙김 기술로부터 자연스러운 진전을 이룬다. 이는 판단하지 않는 방식으로 자신과 자기 현재 상황을 받아들일 수 있는 능력이다. 핵심적으로 고통 감싸기는 자기 환경이 달라지기 요구하지 않으면서 환경을 지각하고, 현재 경험하는 감정 상태를 바꾸려는 시도 없이 경험하며, 멈추거나 통제하려는 시도 없이 자기 생각과 행동 양상을 관찰하는 능력이다. 물론 여기서 판단하지 않는 자세를 주장하지만 이를 승인의 의미로 받아들여서는 안 된다. 환자에게 특히 명확하게 구분해 주는 게 중요하다. 현실 수용은 현실 승인과 동일하지 않다. 혹은 인지 재구성 치료자라면 "재앙이 아니라는 사실이 이게 골치 아프지 않다는 뜻은 아니다."라고 할 수 있다.

DBT에서 목표로 하는 고통 감싸기 행동은 위기에서 감내하고 살아남기, 그리고 그 순간 삶을 있는 그대로 수용하기와 관련 있다. 네 가지 위기 생존 전략을 배우는데, 이는 주의 전환(활동하기, 기여하기, 비교하기, 반대되는 감정 느끼기, 고통스러운 상황 밀쳐내기, 다른 생각하기, 그리고 다른 감각 느끼기), 자기 위안(시각, 청각, 후각, 미각, 촉각을 통한), 순간을 살리기(상상하기, 의미 찾기, 기도하기, 신체 이완, 한 가지에 주의 두기, 휴식 취하기, 자기 격려)와 장단점 찾기이다. 수용 기술은 온전한 수용(즉, 내면 깊은 곳으로부터 **완전한** 수용), 수용을 향해 마음 돌리기(즉, 현실을 있는 그대로 받아들이는 선택), 그리고 기꺼이 마음 대 고집하는 마음을 포함한다. '기꺼이 마음'은 Gerald May(1982)로부터 가져왔는데, 그는 다음과 같이 말했다.

> 기꺼이 마음에서는 스스로 자기 분리를 내려놓고 삶 그 자체의 가장 깊은 과정에의 몰입으로 들어간다. 이는 이미 궁극적이고 장대한 우주적 과정의 일부이며 그 과정에 참여하는 전념을 깨닫는 것이다. 반대로 고집하는 마음은 자기 감정을 억누르고 지시하고 통제하며 또는 다른 방식으로 존재를 조종하려는 시도 가운데 삶의 근본적인 핵심으로부터 자신을 떨어뜨려 놓는다. 더 간단하게는 기꺼이 마음은 매 순간 살아 있음의 신비에 대해 '그렇다'

> 라고 말한다. 고집하는 마음은 '아니요'라고 말하거나, 아마 더 흔하게는 '네, 하지만……'이라고 말한다(p. 6).

비록 경계성 환자와 치료자 모두 위기 생존 기술을 흔쾌히 받아들이고 중요하게 여기지만, 어떤 사람은 DBT에서 수용과 기꺼이 마음에 초점을 둔다고 내재적으로 오점이 있다고 여기기도 한다. 이 관점은 수용과 기꺼이 마음이 '승인'을 내포하고 있다는 생각에서 온다. 이것은 May(1982)의 뜻이 아니고, 실제로 그는 기꺼이 마음은 파괴적인 힘에 대한 저항을 요구한다고 지적했지만 이것이 결국 고집하는 마음으로 뒤바뀌는 건 거의 피할 수 없어 보인다 했다.

> 그러나 기꺼이 마음과 고집하는 마음은 구체적인 대상이나 상황에는 적용되지 않는다. 대신에 삶의 경이로움 그 자체를 향해 갖는 밑바탕의 태도를 반영한다. 기꺼이 마음은 이러한 경이로움을 알아차리고 일종의 경건함에 고개를 숙인다. 고집하는 마음은 잊고, 무시하거나, 최악의 경우 적극적으로 이를 파괴하고자 한다. 그러므로 기꺼이 마음은 때로 매우 적극적이고, 주장적이며, 심지어 공격적으로 보일 수도 있다. 그리고 고집하는 마음은 수동성을 가장하여 나타날 수 있다. 정치 혁명이 하나의 좋은 예이다(p. 6).

정서 조절 기술

경계성 사람은 정서적으로 강렬하고 불안정하다. 1장에서 언급했듯이 많은 연구에 따르면 경계성 사람과 유사 자살 경향의 사람은 분노, 강렬한 좌절, 우울 그리고 불안을 경험한다. 2장에서 언급했듯이 DBT는 고통스러운 감정을 조절하는 어려움이 경계성 사람 행동 문제의 중심에 있다고 가정한다. 환자 관점에서 고통스러운 감정은 대부분 '해결해야 할 문제'이다. 자살 행동과 물질 남용을 포함한 다른 역기능 행동은 참을 수 없는 고통스러운 감정을 해결하는 행동이다.

강도 높은 정동과 불안정성에 비추어 봤을 때 경계성 환자가 정동 수준을 조절하는 방법을 배우는 도움을 받는다면 덕을 볼 수 있다. 내 경험으로 대부분 경계성 사람은 무엇을 느끼든지 스스로에게 그저 느끼지 말라고 지시하는 방식으로 정동을 조절하려고 노력한다. 이러한 경향은 비타당 환경의 직접적인 결과로, 이러한 환경에서 사람은 반드시 불행하더라도 웃어야만 하고, 화가 나더라도 분란을 일으키지 말고 점잖게 있어야 하며, 죄책감을 느낀다면 자백하고 용서받은 느낌을 받아야 한다.

경계성 사람은 '태도를 바꾸면' 감정도 바뀔 수 있다는 지도를 과하게 받아 왔기에 이들에게 정서 조절 기술을 가르치는 건 극히 어려울 수 있다. 어떤 의미에서 많은 경계성 사람은 모든 사람이 감정을 거의 완벽하게 인지적으로 통제하는 모습을 보이는 환경에서 자랐다. 뿐만 아니라 바로 이 사람들이 이와 같은 통제력이 없는 환자의 어려움을 참지 못하고 강한 비승인을 표출했다. 경계성 환자는 때로 정서를 조절하려는 어떠한 시도에도 저항할 수 있다. 조절이란 다른 사람이 옳고, 특정하게 느낀 자신이 틀렸음을 의미하기 때문이다. 결국 정동 조절은 정서적 자기 타당화 맥락에서만 배울 수 있다.

고통 감싸기처럼 정동 조절은 마음챙김 기술이 필요하다. 이 경우 자신의 현재 정서 반응을 판단하지 않고 관찰하고 기술한다. 그 바탕에는 경계성 사람이 겪는 대부분 정서 고통은 일차 정서에 대한 이차 반응의 결과(예: 강렬한 수치심, 불안 혹은 격노)라는 이론이 있다. 일차 정서는 종종 적응적이고 맥락에 적절히 부합한다. 이차적 괴로움을 줄이려면 판단하지 않는 분위기에서 일차 정서에 노출이 필요하다. 이러한 맥락에서 정서 반응에 대한 마음챙김은 하나의 노출 기법으로 생각할 수 있다. 다음에 여러 DBT 정서 조절 기술을 구체적으로 소개하였다.

정동 인식하고 명명하기 정서 조절의 첫 단계에서는 현재 지속되는 정서를 찾고 이름 붙이는 법을 배운다. 그러나 정서는 복합 행동 반응이다. 정서를 인식하려면 자신의 반응을 관찰할 뿐 아니라 정서가 발생한 맥락을 정확하게 기술하는 능력이 필요하다. 다음을 관찰하고 기술한다면 정서 반응을 찾는 법을 배우는 데 큰 도움이 된다. ① 정서의 촉발 사건, ② 정서를 촉발한 사건에 대한 해석, ③ 신체 감각을 포함한 정서의 현상 경험, ④ 정서와 연관된 표현 행동 그리고 ⑤ 기능에 영향을 미치는 정서의 잔존 효과.

정서 변화를 가로막는 장애물 확인하기 정서 행동에는 기능이 있다. 만약 정서 행동 뒤에 강화 결과가 따른다면 정서 행동을 바꾸기는 어렵다. 따라서 특정한 정서 행동의 기능과 강화물을 찾아내면 유용하다. 보통 정서는 다른 사람과 의사소통하고 개인에게 행동 동기를 부여하는 기능이 있다. 정서 행동에는 또 다른 두 가지 중요한 기능이 있다. 첫째로, 의사소통 기능과 연관 지어, 타인의 행동에 영향을 미치고 통제하는 기능이 있다. 둘째로, 사건에 대한 자기 지각과 해석을 타당화하는 기능이 있다. 비록 후자의 기능이 완전히 논리적이지 않을지라도(예: 한 사람이 다른 사람을 싫어할 때, 그 다른 사람이 싫어할 만한 사람이라는 뜻은 아니다) 경계성 환자에게는 아무튼 중요할 수 있다. 특히 부정 정서에 대해 정서의 기능을 확인한다면 변화로 나아가는 중요한 진전이 된다.

'감정 마음' 취약성 줄이기 모든 사람은 신체 혹은 환경 스트레스 아래에 있을 때 정서 반응성에 더 취약하다. 따라서 환자는 균형 잡힌 영양과 식습관, 지나치지 않으면서 충분한 수면(필요하다면 불면증 치료를 포함), 적절한 운동, 신체 질환 치료, 처방받지 않은 기분을 바꾸는 약물을 피하기, 자기 효능감과 역량을 키우는 활동에 참여하여 숙달감 늘리기를 통해 도움을 받는다. 숙달감에 두는 초점은 우울증의 인지치료에서 활동 계획하기와 매우 유사하다(Beck et al., 1979). 비록 이러한 목표가 명쾌해 보이지만, 경계성 환자와 이를 진전시키는 과정은 환자와 치료자 모두를 소진시킬 수 있다. 불면증과 관련하여, 약물요법이 거의 도움이 되지 않는 가운데 경계성 환자의 상당수가 이 전쟁에서 끝없는 싸움을 계속한다. 빈곤은 균형 잡힌 영양과 의료 혜택 모두를 방해할 수 있다. 이러한 목표를 달성하기 위해서는 효과가 쌓일 때까지 환자의 적극적 자세와 인내심이 필요하다. 많은 경계성 환자에게 전형적인 수동적 문제 해결은 여기에서 상당한 걸림돌이 될 수 있다.

긍정 정서 경험 증가 거듭 말하면, DBT는 경계성 사람을 포함한 우리 모두가 기분이 안 좋은 데에는 그럴 만한 이유가 있다고 가정한다. 물론 사람은 과도하게 감정적일 때 지각을 왜곡하는 경향이 있는데, 이게 지각을 왜곡하여 정서가 생겼다는 뜻은 아니다. 그러므로 정서 조절에 중요한 방법으로 정서를 불러일으키는 사건 발생을 조절하는 방법이 있다. 삶에서 긍정 경험의 수를 늘리면 긍정 정서를 높일 수 있다. 장기적으로는 긍정 사건이 더 자주 발생하도록 삶을 변화시킨다. 긍정 사건을 늘리는 데 더하여, 긍정 경험이 일어났을 때 이에 마음챙김하고, 긍정 경험이 끝날 거라는 걱정을 마음에서 내려놓는다면 도움이 된다.

현재 정서에 대한 마음챙김 늘리기 현재 정서에 대한 마음챙김은 판단하지 않고, 억누르지 않고, 막지 않고, 분산시키지 않으면서 정서를 경험한다는 뜻이다. 여기에는 괴로운 정서에 노출된 후에 연합될 부정적 결과가 없다면, 이차적 부정 정서를 자극하는 문제가 소거된다는 기본 생각이 있다. 환자가 부정 정서를 '나쁘다'고 평가한다면 이후 '나쁜' 기분이 들 때마다 죄책감, 분노 그리고/혹은 불안을 느끼는 결과가 따른다. 부정적 상황에 이러한 정서를 추가하면 괴로움은 더 강렬해지고 이를 감내하기는 더 어려워진다. 환자는 애초에 안 좋은 기분이 들었다는 죄책감이나 불안으로부터 물러설 수 있다면 힘든 상황이나 고통스러운 정동을 더 잘 감내할 수 있다.

반대로 행동하기 2장에서 논의한 바에 따르면 행동 표현 반응은 모든 정서에서 중요한 측면이다. 따라서 정서를 조절하거나 변화시키는 전략으로, 정서에 반대되거나 일치하지 않는 방식으로 행동하여 정서 중 행동 표현 요소를 변화시킬 수 있다. 치료자는 외부로 드러나는 환자 행동(예: 화가 난 상대에게 잘해 주기, 무서운 데 접근하기)에 초점을 둘 뿐 아니라 환자 자세와 표정에도 주목한다. 후자의 경우, 치료자는 정서 표현을 막는다기보다는 다른 정서를 표현하는 쪽에 더 가깝다는 점을 명확히 해야 한다. 분노 표현을 차단하는 경직된 표정과 좋아한다고 표현하는 이완된 표정에는 매우 큰 차이가 있다. 이 전략은 11장에서 충분히 다룬다.

고통 감싸기 기법 적용하기 사태를 악화시키는 충동 행동을 하지 않고 부정 정서를 감내하는 기법은 부정 정서의 강도와 지속 시간을 조절하는 하나의 방법이다. 고통 감싸기 기술 전부 또는 일부는 여기에 도움이 된다.

대인관계 효과성 기술

효과적 사회성에 어떤 행동 양상이 필요한지는 구체적 상황 맥락에서 행위자가 어떤 목적이 있는지에 전적으로 달려 있다. 대인관계 기술 모듈 첫 부분은 이 문제를 설명한다. 3장에서 능숙한 겉모습 증후군을 언급했듯이, 경계성 사람은 꽤 많은 대화 기술 레퍼토리를 가지고 있다. 그러나 효과적 사회성에는 ① 습관적으로 마주하는 상황에 대한 자동 반응을 만드는 기술, ② 상황에서 필요할 때 새로운 반응이나 반응의 조합을 만드는 기술의 두 가지 필수 행동 표현 기술이 있다.

DBT에서 가르치는 대인관계 반응 양상은 대인관계 문제를 해결하고 자기주장을 하는 법을 알려 주는 수업과 매우 유사하다. DBT는 대인 갈등을 해결하고 거절하며 필요한 바를 요청하는 효과적인 전략을 포함한다. 여기에서 '효과'는 자신이 원하는 변화를 얻고, 관계를 유지하고, 자기 존중을 지킨다는 뜻이다. 우리 프로그램에 포함된 기술은 꽤 구체적이지만(더 자세한 내용은 기술 훈련 매뉴얼 참조), 내 생각엔 잘 개발한 대인관계 훈련 프로그램은 DBT 프로그램을 대체할 수도 있다.

다시 말하지만, 경계성 환자나 자살 충동을 느끼는 사람은 흔히 봤을 때 괜찮은 대인관계 기술을 보유하고 있다. 문제는 환자가 상황을 마주했을 때 이 기술을 실행하는 데서 발생한다. 그들은 다른 사람이 맞닥뜨리는 문제 상황을 토론할 때 효과적인 일련의 행동을 설명할 수 있지만, 자기 상황을 분석할 때에는 타인에게 조언했던 유사한 일련의 행동을 고안하거나 수행해 내지 못한다. 대개 문제는 신념 양상이나 통제할 수 없는 정동 반응 둘 다 사회 기술 적용을 방해하는 데서 발생한다.

경계성 사람이 자주 보이는 행동 실수인데, 이들은 관계를 조기에 끝내 버린다. 아마도 이는 모든 목표 전반의 어려움에서 비롯한다. 정동 감내 문제는 갈등 상황에서 전형적인 두려움, 불안 또는 좌절을 감내하기 어렵게 한다. 정동 조절의 문제는 만성적인 분노 혹은 좌절을 줄이는 능력에 문제를 가져온다. 불충분한 자기 조절과 대인관계 문제 해결 기술은 관계에 갈등이 잠재할 때 긍정적 만남으로 돌아서기 어렵게 한다. 경계성 사람은 빈번히 갈등의 회피와 강렬한 대립 사이에서 흔들린다. 불행히도, 회피와 대립 구도 사이에서 무엇을 선택하는지는 현재 상황에서 무엇이 필요한지보다 환자의 정동 상태에 근거한다. 보통 DBT에서 치료자는 환자 환경, 관계와 환자 자신을 향한 부정적 예상에 도전한다. 치료자는 환자가 특정한 대인관계 문제 해결, 사회 기술과 자기주장 기술을 통해 해로운 환경을 중재하고 관계를 효과적으로 발전시키는 법을 배우도록 도와야 한다.

자기 관리 기술

자기 관리 기술은 새로운 행동을 배우고 지속하고 일반화하고, 원치 않는 행동을 소거하고 억제하며, 행동을 변화시키는 데 필요하다. 자기 관리 기술은 자기 조절이나 목표 지향 행동과 같은 행동 범주를 포괄한다. 가장 넓은 범주에서 '자기 관리'란 사건에 대한 행동, 생각, 정서 반응을 조절, 관리 혹은 변화시키려는 모든 시도이다. 이런 의미에서 마음챙김, 고통 감싸기, 정동 조절 그리고 대인관계 문제 해결이라는 DBT 기술은 자기 관리 기술의 특정 유형으로 생각할 수 있다. 그러나 여기에서 사용하는 용어는 개인이 앞으로 더 기술을 습득하려면 필요한 행동 역량을 포괄적으로 가리킨다. 경계성 사람이 자기 관리 기술이 부족한 경우 DBT에서 목표하는 다른 기술을 습득하는 능력은 상당한 방해를 받는다. 목표로 삼을 자기 관리 기술은 다음과 같다.

행동 변화와 유지 원리에 대한 지식 경계성 사람은 행동을 바꾸고 유지하는 기본 원리에 대한 지식이 매우 부족하다. 환자는 사람이라면 모름지기 영웅처럼 의지를 발휘함으로써 복합적 행동 양상을 바꿀 수 있다고 믿는데, 이는 실패와 자기 비난의 악순환을 가속시키는 기틀이다. 목적 완수에 실패하면 결국 실패한 이유가 특질(게으름, 동기 부족, 근성 없음) 때문이라는 설명이 실제로 맞았다는 또 다른 근거가 된다. 치료자는 변화하는 방법에 대한 이러한 생각을 약화해야만 한다. 보통 일상 기술을 배울 때에 비유하면(예: 글쓰기, 자전거 타기), 의지력 자체가 성공을 주지 않는다는 사실을 보여 줄 수 있다. 의지력이란 새로운 행동을 배우는 과정에서 흔한 실패에 직면했을 때에도 배움을 계속하게 해 주는 정도로 역할한다.

경계성 사람은 강화, 처벌, 행동 조성, 환경-행동 관계, 소거의 원리를 배울 필요가 있다. 자기 관리 기술에서 중요한 목표는 일반적인 행동 조절과 학습 원리를 배우고, 이러한 원리를 각자에게 적용하는 방법에 대한 지식을 배우는 데 있다. 이러한 개념을 배우면서 신념 체계에 상당한 변화를 가져올 수 있는데, 특히 자기 행동을 통제하는 요인에 관한 생각을 변화시킬 수 있다.

현실적인 목적 설정하기 경계성 환자는 부정적 목적의 자리에 긍정적 목적을 만드는 법, 긍정적 목적과 부정적 목적 모두 현실적으로 평가하는 방법, 그리고 자기 삶의 양상을 가치 명료화 관점에서 바라보는 방법을 배워야 한다. 경계성 환자는 대개 완벽에 미달하면 받아들일 수 없다고 여긴다. 행동 변화 목적은 자주 맥락을 벗어나고 환자가 지닌 기술보다 훨씬 이상을 요구한다. 환자에게 '작게 생각하기'를 격려하고 '작은 긍정 경험 쌓기'를 격려한다면 유용할 수 있다.

환경/행동 분석 기술 치료자는 환자에게 자기를 모니터링하고, 환경을 모니터링하며, 기저선을 설정하고 평가하며, 선행 및 결과 사건과 자기 반응의 관계를 결정하는 실제 데이터를 평가하는 기술을 가르쳐야 한다. 이러한 기술은 인지치료에서 가르치는 가설 검증 기술과 매우 유사하다(Beck et al., 1979).

수반성 관리 기술 경계성 사람은 수반성 관리 계획을 세우고 이행하는 데 상당한 어려움을 겪는다. 내 경험상, 대부분은 자기 보상이라는 개념 자체를 매우 어려워한다. 대개 문제는 생각하는 중심이 과연 보상이나 처벌을 받을 자격이 있는지 없는지에 있기 때문이다. 자격이 있는지와 없는지에 관한 생각은 판단에 기초하기 때문에, 수반성 관리 작업은 마음챙김 기술 교육과 긴밀하게 엮여 있다. 환자는 자기 처벌 또는 박탈만이 유일하게 효과적으로 부적절한 행동을 바꾼다는 생각에 수긍할 것이다. 치료자는 이 전략의 수많은 부정적 영향을 구체적으로 지적해야 하고(예: "다시 과식을 했다고 처벌로 스스로 굶주리게 했을 때 빚어지는 추가 문제는 무엇입니까?"), 혐오적이지 않은 행동 관리 수반성을 만들어 내도록 시도해야 한다. 내 경험에 따르면 치료자는 학습 원칙에 대해 잘 알고 있어야 하고 동시에 수반성을 잘못 적용할 경우 발생할 수 있는 문제에 대해서도 설득할 수 있어야 한다.

환경 통제 전략 사람은 그 어떤 환경 자극도 타개할 수 있다는 비타당 환경의 믿음은 사람이 자신을 둘러싼 환경과는 독립적으로 기능할 수 있다는 가정에 근거한다. 이러한 믿음을 고려할 때, 경계성 환자가 자기 행동을 조절하는 수단으로 환경을 활용하는 데 특히 숙련되지 않은 점이 이해 가능하다. 그러나 3장에서 논의했듯이, 경계성 사람은 다른 사람보다 일시적인 환경 단서에 반응할 가능성이 크다. 따라서 그를 둘러싼 환경을 효과적으로 관리하는 능력은 특히 결정적이다. 자극 줄이기(예: 근접 환경에서 주의를 흩트리는 사건 수 줄이기), 자극 피하기(문제 행동을 유발하는 사건 피하기)와 같은 기술을 목표 삼아, 특히 의지력만으로 충분하다고 믿는 환자의 경향성을 상쇄시켜야 한다.

재발 예방 계획 Alan Marlatt(Marlatt & Gordon, 1985 참조)이 알코올 중독인 사람을 정말 잘 묘사했듯이, 경계성 사람은 잦은 재발이나 작은 실패를 마치 자신이 완전히 망했고 포기가 낫다는 암시로 받아들인다. 예를 들어, 자기 조절 계획을 개발한 다음에 그 계획을 완벽하게 고수할 거라고 비현실적으로 기대한다. 여기서 목표는 태도 변화이다. 환자에게 재발에 현실적으로 대처하도록 가르치고, 특히 재발을 판단하지 않고 수용하고 재발의 부정적 영향을 완충하기 위한 전략을 개발하도록 가르친다.

진전이 막힐 때 감내하는 능력 경계성 사람은 안 좋은 느낌에 대한 감내력이 거의 없으므로 '기다려 보자' 접근이 필요한 행동 변화 계획을 수행하는 어려움이 있다. 오히려 '신속 해결 증후군'에 가담하여 복잡한 변화에 비해 비합리적으로 짧은 시간제한을 설정한다. 다시 말하면, 진전이 하룻밤 사이에 일어나기를 기대하고 그렇지 않으면 계획이 실패했다고 여긴다. 치료자는 행동 변화가 점진적인 특징이 있고 그 과정 동안 부정적 정동을 감내할 필요가 있다고 강조하는 데 중점을 두어야 한다.

다른 행동 기술 훈련 프로그램은 어떨까

아마도 DBT 행동 기술 훈련 프로그램을 고수할지, 아니면 다른 훈련 프로그램을 대신 사용할지 고민이 될 수 있다. 여러 다른 프로그램이 가용하거나 이미 환자에게 제공되고 있거나, 치료자가 다른 프로그램에 더 익숙할 수 있다. 마음챙김 기술은 마음챙김과 비슷한 원리를 바탕으로 한 명상 프로그램이나 명상 지도자를 통해 배울 수 있는 기술이다. 자기주장 훈련 과정을 포함하여 자기 관리와 대인관계 기술, 그러한 기술의 효과에 대한 수많은 자기계발 서적과 수업은 이미 곳곳에서 제공하고 있다. 많은 특정 프로그램, 특히 분노 조절, 공황, 불안, 우울에 대한 구조화된 인지행동 프로그램이 정서 조절을 돕기 위해 고안되었고, 더 많은 프로그램이 매일 개발되고 있다. 고통 감싸기는 아마 다른 여러 서적이나 프로그램에서 다루지 못한 DBT 기술 영역일 수 있다.

어느 한 기술 훈련 프로그램을 다른 기술 훈련 프로그램으로 대체할 수 없는 절대 이유는 없다. 그러나 실현 가능성 외에도 여러 가지 사항을 고려해야 한다. 먼저, 치료자는 각 환자가 배우는 기술을 철저하게 알아야 한다. 스트레스가 높은 상황에서 환자가 기술을 배우고 적용하도록 돕는 과제가 치료자에게 있다. 치료자도 모르는 걸 가르칠 수는 없다. 나의 임상 프로그램에서 치료자는 대개 이 책과 함께 제공한 DBT 기술 훈련 매뉴얼을 공부하고 스스로 숙제를 시도하며 DBT 기술을 배웠다. 이 프로그램은 (적어도 처음에는) 치료자와 환자가 함께 기술을 배우는 '하면서 배우는' 프로그램과 비슷하다. DBT에서 논의하는 기술은 다소 독특한 방식으로 구성되었고 치료자가 사용하지 않을 법한 용어로 설명하지만, 사실은 대다수에게 최소한 어느 정도 친숙한 기본 기술이다.

둘째, 환자를 다른 곳으로 기술 훈련을 보낸다면 그 훈련에서 사용하는 기술 용어를 치료자가 그대로 사용하는 게 중요하다. 그렇지 않으면 환자가 혼란스럽거나 압도감을 느낄 수 있다. 치료자는 해당 훈련을 진행하는 기술 훈련자가 사용하는 훈련 자료를 접할 수 있어야 한다. 셋째, 가르치는 기술이 각 환자의 특정 문제와 BPD에 적합한지 확인해야 한다. 넷째, 각 모듈에서 가르치는 기술을 서로 연관 지을 수 있어야 하고, 특히 만약 자신이 특정 기술을 직접 가르치고 있지 않다면 기술 사용을 시간에 걸쳐 추적하는 방법을 개발해야 한다. 요컨대, 만약 DBT 기술 훈련 매뉴얼을 그대로 사용하지 않는다면 치료자가 직접 만들거나 목적에 맞게 매뉴얼을 수정하여 쓰기를 제안한다.

외상후 스트레스와 관련된 행동 줄이기

경계성 환자에게 심각한, 해결되지 않고 치료되지 못한 외상 사건이 있다면, DBT 주요 목표는 관련 스트레스 반응 양상의 완화에 있다. 2장에서 언급한 대로 DBT에서 다수 환자는 아동기에 성적 학대 사례를 적어도 하나 보고할 거라 예상할 수 있다. 성적 학대 과거력이 있거나 없는 상당수 환자는 아동기 신체 및 정서 외상과 방임을 보고할 수 있고 그중 일부는 특히 폭력적이고 침해적이고 만연하거나 만성적이었을지 모른다. 그러나 치료자는 모든 경계성 환자가 심각한 성적 혹은 신체 학대나 심지어 외상성 방임의 과거력이 있다고 가정하지 않도록 매우 주의해야 한다. 그렇지 않은 사람도 있다. 그러나 그렇다고 외상을 경험하지 않았다는 뜻은 아니다. 어떤 사람은 사별이나 이혼 혹은 이주로 인해 중요한 사람을 상실했거나, 외상 수준으로 상실을 위협받았거나, 부모의 알코올 중독성 격분, 예상치 못한 혹은 지속적인 외상성 거절 또는 혼란스러운 생활환경을 경험했다. 적어도 2장에서 제안한 생물사회 이론이 맞다면, 모든 경계성 환자는 만연한 비타당 환경을 경험했을 것이다.

이 목표 영역에서 수행하는 작업은 정신역동치료에서 '드러내기' 작업 혹은 역기능 행동의 전조로 아동기에 초점을 두는 작업과 유사하다. 차이점이 있다면, 한 사람의 삶에서 특정 발달 단계 혹은 특정 사건이 현재 외상성 스트레스와 기능적으로 관련되어 있다는 선험적 가정을 하지 않는다.

과거의 성, 신체 또는 정서 외상이나 신체 및 정서 방임 사실에 대한 정보는 치료가 진행되면서 필요한 기반으로 점차 얻어야 한다. 어떤 환자는 이 정보를 어려움 없이 제공한다. 다른 이는 점차 혹은 얼마간 시간이 지난 후에야 학대에 대한 정보를 제공할 것이다. 치료자는 학대 과거력의 단서에 관한 모든 이전 치료 기록을 읽어야 한다. 그러나 때로 과거 학대에 대한 모든 혹은 일부 사실은 이전 치료 과정에서 알려지지 않았을 수 있다. 학대 단서에 대한 치료적 노출에서도 외상을 겪을 수 있으므로, 초기 외상과 관련된 사건과 세부 내용을 끌어내는 작업은 보통 자살, 치료 방해, 삶의 질을 방해하는 심각한 행동이 상당히 감소하고 행동 기술이 자리 잡힐 때까지 실시하지 않는다. 이 주제는 다음 장에서 더 깊이 다룬다.

Briere(1989)가 설명한 아동기 성학대 특정 후유증은 〈표 5-4〉에 나열하였다. 이러한 후유증 중 다수는 DBT에서 직접 목표 대상으로 하는 행동 문제이며 그 외 다른 후유증은 외상후 스트레스 장애 특성과 겹친다. 앞서 언급했듯이 몇몇 저자는 BPD 자체를 아동 학대와 연관된 외상후 스트레스로 다시 개념화해야 한다고 제안했다. 비록 DBT가 이 입장을 취하지는 않지만, 경계성 환자의 확실히 많은 행동 문제가 이전 학대 경험과 직접 관련될 수 있다.

〈표 5-4〉 아동기 성학대 특정 후유증

1. 플래시백 침습 기억 및 학대에 대한 악몽
2. 학대 관련 해리, 비현실감, 이인감, 신체 이탈 경험, 인지적 이탈 또는 '멍해짐'
3. 일반 외상후 스트레스 증상. 수면 문제, 집중 문제, 기억 손상, 현재 사건이나 상호작용으로 초기 학대 기억이나 정서가 자극됨
4. 죄책감, 수치심, 부정적인 자기 평가, 학대에 대한 자기 비타당화
5. 무능감과 절망감
6. 타인에 대한 불신
7. 불안 발작, 공포증, 과잉경계, 신체화
8. 성 문제
9. 오래된 우울
10. 대인관계 문제로 이상화 및 실망, 지나치게 극적인 행동 양식, 강박적 섹슈얼리티, 적대, 조종 포함
11. '행동화'와 '내현화', 유사 자살 행동 및 약물 남용 포함
12. 철수
13. 타인 지향
14. 만성적인 위험 지각
15. 자기 혐오
16. 부정적 특별함-마술적인 힘에 가까운 감각
17. 손상된 현실 검증력
18. 회피, 부인, 억압하는 능력이 높음

출처: *Therapy for Adults Molested as Children*, J. Briere, 1989, New York: Springer에서 발췌하였다. Copyright © 1989 by Springer Publishing Company. 허가 후 재인쇄하였다.

외상 혹은 학대 사실을 수용하기

아마 외상 사건이 일어났다는 사실을 이해하고 수용하는 건 외상 치료의 처음이자 마지막 목표가 될 것이다. 심각한 외상을 경험한 개인은 그 경험에 대한 기억을 거의 가지고 있지 못할 때가 있다. 그러므로 첫 번째 목표는 환자가 외상 사건에 대해 충분히 이야기하는 데서부터 시작할 수 있다. 하나 혹은 그 이상의 사건(또는 사건의 파편)을 기억할 때, 환자의 다음 과제는 그가 기억한 사건이(혹은 사건의 근사치가) 실제로 일어났다고 믿는 데 있다. 치료에서 이 부분은 상당히 어려울 수 있는데, 외상 피해자는 자신이 외상 사건이나 학대 사실을 지어내거나 단순히 상상했다고 두려워하기 때문이다.

또한 어려운 이유는 누구도 과거로 돌아가서 일어난 일을 직접 다룰 수 없기 때문이다. 따라서 환자에게는(그리고 때로 치료자에게는) 자기 삶에서 실제 사실이 불확실하게 여겨질지라도 자신을 신뢰하는 방법을 배우는 중요한 과제가 있다. 많은 환자에게, 한편으로는 어떤 일이 일어났는지 **안다**와 동시에, 다른 한편으로는 정확히 무슨 일이 일어났는지 **알지 못한다**를 통합하는 목표가 있다. 이 장 시작에서 논의했듯이, 모호성과 불확실성에 편안해지는 건 목표의 일부이다. 이야기가 드러남에 따라, 애도하면서 자기 삶의 현실을 온전히 수용하는 과제는 많은 이가 타협해 나가기에 핵심적인 동시에 극도로 어려운 과제이다. 이 맥락에서 핵심 마음챙김 기술 중 온전한 수용 기술을 배우고 연습해야 한다. 3장에서 논의한 애도할 수 없음은 이 단계를 성공적으로 통과하는 데 주 장애물 중 하나이다. Judith Herman(1992)은 외상을 경험한 사람의 치료에서 이를 기억과 애도 단계라고 불렀고, 여기서 필요한 막대한 어려움과 용기를 호소력 있게 서술했다.

낙인, 자기 비타당, 자기 비난 줄이기

두 번째는 외상과 연관된 낙인, 자기 비타당, 자기 비난을 줄이는 목표가 있다. 학대 피해자는 보통 다른 사람과 다르게 자신이 왠지 비난받을 만하다고 생각하는데, 그렇지 않으면 학대는 발생하지 않았을 거라고 생각한다. 자신이 학대를 야기했거나 학대를 멈추게 하지 않았기 때문에(때로 성적 학대에서 본인이 학대를 즐겼다고 생각해서) 자신이 '악하거나' '아프거나' 혹은 둘 다라고 믿는다. 피해자는 외상 사건이 발생한 데 책임을 느끼지는 않더라도, 외상에 자신이 어떻게 대응했는지에 책임이 있다고 생각하고 수치심을 느낀다. 가끔은 스스로 외상의 심각성을 축소하기도 한다.

부인과 침습 스트레스 반응 줄이기

사람이 심각한 외상을 경험했을 때, 그에 대한 반응은 '부인'과 '침습' 두 가지 국면으로 나타나고, 이 두 국면은 반복하고 순환하는 양상으로 일어난다. 이 두 국면에서 발생하는 반응은 Horowitz(1986)가 틀을 마련하였는데, 이를 〈표 5-5〉에 나열하였다. 외상 사실이 받아들여지더라도 사람은 외상 사건의 의미를 계속 거부하고, 표에 나타나 있는 여러 부인 국면 반응을 보인다. 개인 또는 집단 회기에서 외상과 연관된 단서가 등장할 때 말이 없어지거나 빈 공간을 응시하는 모습을 보일 수 있다. 부인 국면은 '애도 억제'로 설명한 경계성 증후군과 상당히 유사하다(3장 참조).

침습 국면은 3장에서 정서 취약성 증후군에 대한 설명과 유사하다. 침습 국면 동안 원래 외상과는 관련 없는 광범위한 자극이 외상 단서와 반응과 연합될 수 있다. 시간이 지남에 따라 이 국면이 충분히 오래 이어질 수 있다면 이러한 반응과 연합은 소거되는 경향이 있

〈표 5-5〉 스트레스 반응 국면에서 부인과 침습

부인 국면
지각 및 주의
멍함
선택적 부주의
자극의 중요성 인식 결여
수면 곤란(예: 지나치게 많거나 적음)
사건 관련 생각 및 느낌에 대한 의식
기억상실(전체 또는 부분)
사건의 결과와 관련된 주제를 경험하지 못함
개념 속성
어떤 식으로든 사건과 연관된 현재 자극의 의미 부정
세상은 계속되지만 세상과 적절한 연결에 대한 현실감 상실
사고 범위의 제약
목적의 유연성 결여
실제 상황에 대응하기 위해 주로 환상을 사용
정서 속성
둔감성
신체 속성
자율신경계의 긴장-억제 반응, 위장 증상, 피로, 두통, 근육통 같은 감각
활동 양상
격렬한 과잉활동
철수
사건의 결과에 어떻게 반응할지 결정하지 못함
지각과 주의
과민감성, 놀람 반응
수면 및 꿈 장해
침습 국면
사건 관련 생각 및 느낌에 대한 의식
침습-반복적 사고, 감정 및 행동(환상, 의사 환각, 악몽, 예상 밖의 이미지, 반추)
사건 관련 주제에 대해 생각할 때 압박감, 혼란감 혹은 와해된 느낌
개념 속성
사건 관련 자극에 대한 과잉 일반화
사건 관련 주제 몰두, 다른 화제에 대한 집중 결여

정서 속성

정서 '발작' 혹은 사건 관련 정동의 '찌름'

신체 속성

도피 또는 투쟁 준비성의 증상 혹은 감각(혹은 만성 각성에 의한 탈진)으로 떨림, 설사, 발한(아드레날린, 노르아드레날린 또는 히스타민성 각성으로 인한 심장 두근거림, 오심, 목메임, 힘 없는 다리 느낌) 포함

활동 양상

사건과 연관된 행동이나 상실한 사람 혹은 상황을 찾는 강박적 반복

출처: "Stress-Response Syndromes: A Review of Posttraumatic and Adjustment Disorders", M. J. Horowitz, 1986, *Hospital and Community Psychiatry, 37*, 241-249에서 발췌하였다. Copyright © 1986 by American Psychiatric Association. 승인 후 재인쇄하였다.

다. 그러나 부인 국면이 빠르게 뒤따라 일어날 때 소거는 발생하지 않고, 두 국면 중 하나가 나머지 국면 발현 후 빠르게 뒤따라 발생하는 순환을 수년간 지속할 수 있다. 경계성 환자 경우도 마찬가지이다.

'학대 이분법' 통합하기

'학대 이분법'은 Briere(1989)가 아동기 학대 피해자가 흑백논리의 관점으로 학대에 대한 자신의 책임을 개념화하는 경향을 설명하기 위해 만든 표현이다. 학대 이분법이란 가해자가 전적으로 잘못했거나 학대받은 사람이 전적으로 잘못했다는 흑백논리이다. 그런데 누가 잘못되었는지에 대한 관점은 순간순간 흔들린다. 이는 정신분석학 용어로 '분리$_{\text{splitting}}$'라는 변증법이 없는 사고의 예이다. 여기에서는 이 변증법 긴장에 대한 해결이 목표가 된다. 그러나 치료자는 환자에게 가능한 유일한 통합이 학대자에 대한 용서임을 암시하지 않도록 주의해야 한다. 비록 학대 사실을 수용할 필요가 있고, 학대자가 학대를 하게끔 만든 상황 요인이 존재한다는 어느 정도 이해는 중요하겠지만, 학대 행동 그 자체를 용서한다는 항상 가능하지 않다. 게다가 치료자는 학대자가 양육자이거나 부모였을 때 학대자를 완전히 부정적 용어로 묘사하지 않도록 똑같이 조심해야 한다. 대부분 사람에게서 부모와 같은 인물과 최소한의 긍정적 관계라도 견지는 건 중요하다. 환자에게 부모를 그만 사랑하라고 밀어붙인다면 관계의 귀중한 측면을 부정하고 따라서 환자에게 상실의 결과를 가져온다. 많은 학대 희생자에게 이는 더 큰 상실이기에 감내할 수 없다. 그 대신에 환자가 학대자와 관계를 유지하려고 자신의 온전성을 잃을 필요는 없다는 선에서 통합을 달성하

는 목적이 가능하다.

자기 존중 늘리기

'자기 존중'은 자신의 생각, 감정, 행동 양상을 포함하여 자신을 가치 있게 여기고, 믿고, 타당화하고, 신뢰하며, 아끼는 능력을 아우른다. 이 견해가 누군가의 정서, 인지, 행동 반응이 전적으로 적응적이거나 유익하다는 생각은 아니다. 실제로 자기 자신의 행동을 방어하지 않은 채 평가하는 능력은 적응 기능에서 중요한 특징이고, 그 결과 자기 존중을 높이고 스스로 자기 평가를 신뢰하는 능력은 성장에 핵심이다. 그러나 경계성 환자는 대개 자신의 반응을 평가할 수 없으며 치료자를 포함한 중요한 다른 사람의 의견과는 별개로 스스로 내린 자기 평가를 지켜내지 못한다. 그는 스스로 평가할 수 있는 자기 능력을 존중하지 못한다. 따라서 중요한 타인의 존재나 부재 혹은 의견 변화에 따라 시달리는데, 대개 이러한 견해나 사건은 통제 밖에 있다. 이 어려움은 대부분 사회 비승인에 대한 지나친 두려움에서 온다. 경계성 사람은 자기 안녕이 마치 자신에게 중요한 모든 사람의 인정에 전적으로 달려 있는 것처럼 자주 행동한다. 그러므로 치료자에게는 적절한 자기 평가를 늘리고, 사회적 비승인을 감내하며, 이러한 목표와 모순되는 행동을 소거하는 목표가 있다.

많은 경계성 환자는 자기 자신에게 자기 혐오에 가까운 극도의 미움으로 반응한다. 일부를 제외한 대다수는 보통 언제나 엄청난 수치심을 느끼고, 자신의 학대받은 과거와 자신이 일으킨 문제들 그리고 특히 현재 자신의 정서 반응성에 대해 수치심을 느낀다. 자신을 소중하게 여긴다는 건 이러한 정서 반응과는 반대된다. 그러므로 치료자는 반드시 자기 혐오, 자기 비난, 수치감을 목표로 삼아야 한다. 비록 이 목표에 대한 작업이 평생에 걸친 과정이라 해도, 치료가 끝나기 전에 실질적인 진전이 있어야 한다.

치료자가 치료를 끝내기 전에 특히 주의해야 할 한 가지로, 환자의 자기 존중을 치료자와 독립적으로 강화해야 한다. 즉, 치료자는 궁극적으로 물러나야 하므로, 환자의 자기 타당화, 자기 돌봄, 자기 위안 그리고 문제 해결하기를 치료자 뒷받침 없이 할 수 있도록 치료 관계 안에서 멈추지 않고 강화해야 한다. 서둘러 덧붙이고 싶은데, 환자가 모든 사람으로부터 독립을 배워야 한다는 뜻은 아니다. 대인관계 의존, 타인에게 보살핌, 위안, 적극적 도움을 요청하고 이를 받아들이기는 대다수에게 안녕감에 매우 중요하다. 실제로 DBT에서 자기 정서 경험을 무시하지 않고 타인에게 의존하고 관계 맺는 능력을 키우는 건 중요한 목표이다.

이차 행동 목표

경계성 환자는 일차 목표 문제와 기능적으로 연관된 여러 반응 양상을 보인다. 이러한 양상은 이차 DBT 목표이다. 그러나 DBT에서 개별 환자에게 이차 목표의 중요성은 해당 이차 목표가 일차 목표와 갖는 관계에 전적으로 달려 있다. 각 사례에서 이차 양상의 존재와 이차 양상이 일차 목표에 갖는 기능 관계는 추정에 그치지 않고 평가해야 한다. 만약 특정 이차 양상을 변화시키는 게 일차 목표를 달성하는 데 중요하지 않다면, 해당 반응 양상은 목표가 되지 않는다. 따라서 이차 목표 목록은 검증을 받아야 할 일련의 가설 집합이다.

DBT에서 제안하는 이차 목표 목록은 3장에서 설명한 변증법 딜레마의 양극에 기초한다. 목표는 다음과 같다. ① 정서 중재 늘리기와 정서 반응성 줄이기, ② 자기 타당화 늘리기와 자기 비타당화 줄이기, ③ 현실적인 의사결정 및 판단 늘리기와 위기를 발생시키는 행동 줄이기, ④ 정서 경험 늘리기와 애도 억제 줄이기, ⑤ 적극적인 문제 해결 늘리기와 적극적 수동성 행동 줄이기, ⑥ 감정과 정서 역량에 대한 정확한 표현 늘리기와 기분 의존 행동 줄이기.

정서 중재 늘리기와 정서 반응성 줄이기

첫 번째 이차 목표로 정서 중재를 늘리고, 경계성 사람의 번개처럼 빠른 정서 반응성을 줄인다. 이와 관련하여 가장 도움이 되는 구체적 행동 기술은 마음챙김(특히 정서 반응을 촉발하는 사건을 판단하지 않고 관찰하기), 고통 감싸기 태도로서 수용과 기꺼이 마음, 정서 조절 중 취약성 줄이기 연습이 있다.

정서 중재를 높이고 반응성을 낮추는 건 정서 무반응과 분명히 구분해야 한다. 정서를 없앤다는 생각이 아니다. 분명히 DBT는 과거 경계성이었던 사람은 이 세상에서 계속해서 정서적으로 강하고, 화려하며, 극적인 사람이 될 거라고 생각한다. 우리 견해는 환자 반응의 비합리성에 초점을 두지 않고, 오히려 반응의 극단성에 초점을 맞춘다. 다시 말해, 정서 중재를 늘리고 정서 반응을 줄인다는 건 참을 수 없는 격노를 참을 수 있는 분노로, 무능력하게 만드는 공황 상태를 감정적으로 다스릴 수 있는 두려움으로, 꼼짝할 수 없는 슬픔을 성찰하는 슬픔으로, 굴욕적인 수치심을 일시적 죄책감으로 줄이는 것이다. 다시 말해, 극단적 정서가 합리적 세상을 향한 비합리적 신념에서 온다고 가정하지 않는다. 그저 표적에 빗나갔을 뿐.

자기 타당화 늘리기와 자기 비타당화 줄이기

자기 수용과 자기 위안은 고통 감싸기 기술 전략에 해당하는 구체적 기술이다. 고통 감싸기 전략은 환자가 고르고 선택하게 돼 있는데, 환자는 이 둘을 흔히 건너뛴다. 그러나 자기 비타당화와 자기 혐오는 자살 충동 행동, 자기 관리 프로그램의 실패와 정서 취약성 증가와 관련 있는 경우가 많다. 그러한 경우 이 행동은 개인 치료자가 직접적인 목표로 삼아야 한다. 자기 타당화 늘리기와 자기 혐오 줄이기는 자기 존중에 중요한 요소이며 따라서 치료의 후반 단계에서 일차 목표가 된다.

현실적인 의사결정 및 판단 늘리기와 위기 발생 행동 줄이기

DBT는 경계성 사람이 자기 위기 전부를 촉발한다고 가정하지 않는다. 그렇다고 그 반대로 환자가 위기 발생과 아무런 관련이 없다고 가정하지도 않는다. 위기와 가장 관련이 있는 두 가지 환자 특성은 기분 의존성과 기분에 따라 행동을 선택하는 특성(다음에서 논의)과 다양한 행동 선택에 대한 현실적인 결과를 예측하지 못하는 어려움, 즉 그릇된 판단이 있다. 기분 의존은 어느 정도는 잘못된 판단을 악화시키는데, 왜냐하면 스스로 하나의 기분에서 다른 기분으로 반응이 어떻게 변화할지 예측할 수 없으며, 따라서 자신의 행동을 예측할 수 없기 때문이다. 비타당 환경에서는 타인에게 의존하여 해결책을 얻도록 배우고, 스스로 문제 해결과 의사결정 기술을 조성하지 못한다. 혼돈 가정에서는 현실적인 의사결정에 대한 교육이나 본보기가 거의 없다. 이러한 가정에서 자란 환자는 행동 선택의 현실적인 결과(단기적 · 장기적)를 예측하는 법을 배울 필요가 있다. DBT에서 필요한 자기 관리 기술 대부분은 자기 자신에 대한 현실적 판단과 관련이 있다.

정서 경험 늘리기와 애도 억제 줄이기

정서가 일어나는 대로 경험하는 능력, 특히 부정 정서를 있는 그대로 경험하는 능력은 이를 감소시키는 데 결정적이다. 이에 대한 근거는 3장에서 두루 논의하였고 여기서 반복하지 않겠다. 따라서 많은 환자에게 치료에서 중요한 목표는 부정 정서를 억제하지 않고 경험하는 능력을 늘리는 데 있다. 극단의 경우, 환자가 짧은 순간 이상 전혀 부정 정동을 경험할 수 없는 경우, 이 목표는 일차 목표 순위에 둘 수 있다.

적극적 문제 해결 늘리기와 적극적 수동성 행동 줄이기

경계성 환자는 문제에 수동적으로 반응하는 경향이 있다. 이러한 경향성은 환자가 삶의 목적을 성취하지 못하게 방해할 뿐 아니라, 치료자 역시 극단적 좌절을 경험하게 한다. 3장에서 논의한 바와 같이 경계성의 '적극적 수동성'은 아마도 생물학적으로 매개된 수동적 자기 조절 양식과 학습된 무기력이 결합한 결과이다. DBT에서는 이러한 상호작용 양식을 멈추고 적극적인 문제 해결을 쓰도록 늘리는 목표가 중요하다. 모든 DBT 행동 기술은 능동적인 문제 해결 행동을 필요로 하고 여기에 기여한다.

경계성 환자가 문제 해결책을 고안하고, 시도하고, 효과성을 검토하는 능력과 동기를 높일 수 있도록 하려는 시도 중에 치료는 이탈하기 쉽다. 물론 이는 치료를 받지 않는 환자에게 일어나는 문제와도 상당히 유사하다. 많은 치료자가 저지르는 실수는 사과를 오렌지로 만들려는 데 있다. 즉, 치료자는 수동적 자기 조절 방식을 선호하는 환자를 능동적인 자기 조절 방식을 선호하는 사람으로 만들려고 노력한다. 나는 이러한 접근이 상당 부분 실패하기 마련이라고 생각한다. DBT에서는 환자가 괜찮은 수동적 자기 조절자가 되도록 돕는 데 초점이 있다. 수동적 자기 조절 방식(예: 환경에서 다른 사람이나 사건이 자기 행동을 조절하도록 허용)을 선호하는 개인이 환경의 구조를 능숙하게 통제하는 방법으로 자신의 행동을 조절하는 법을 배울 수 있다는 뜻이다. 계약서 서명하기, 마감일 설정하기, 일정 목록 만들고 기록하기, 사람들 곁에 있기 위한 계획하기 모두 수동적 자기 조절의 예이다.

감정과 정서 역량에 대한 정확한 표현 늘리기와 기분 의존 행동 줄이기

경계성 사람은 3장에서 언급한 바처럼 현재의 정서 상태를 잘못 전달하는 경우가 많다. 때로는 과장된 정서 반응을 전달한다 해도, 다른 때는 부정적 감정 표현을 억제한다. 그러한 양상은 비타당 환경에서 자란 사람이 보일 만하다고 예측할 수 있다. 그러나 경계성 사람은 자신이 정확하게 감정 표현을 하지 않는다는 점을 모르는 경우가 많다. 환자는 다른 사람이 자기 감정에 대해 알지만 자기 고통에 대한 반응을 '하지 않는다'고 믿는 경우가 빈번하다. 따라서 이들이 정확하게 감정을 표현하는 방법(언어적 혹은 비언어적)을 배우고, 그러한 감정 표현이 이해되었는지를 평가하는 방법을 역시 배워야 한다.

마찬가지로 경계성 사람은 특정 상황에서 어려움을 겪거나 이를 다룰 효능감이 없을 때 타인과 의사소통하는 문제를 겪는다. 환자가 자기 능력에 대해 잘 평가하지 못한다는 점이 여기서 문제가 된다. 이들은 단순히 두려울 뿐인데 상황을 해결할 수 없다고 생각하는 경우가 자주 있다. 그런데 어떤 때에는 자신이 실제로 대처할 수 없는 상황임에도 대처할 수 있다고 이야기한다. 그 결과가 축적되면서 사람들은 환자를 양치기 소년으로 여기고, 자신들은 '무너지는' 느낌일 때에도 환자는 편안함을 느낀다고 잘못 생각하게 된다. 경계성 환자를 포함한 우리 모두는 타인이 메시지에 귀를 기울일 수 있는 방법으로 도움이나 지원의 요구를 전달할 수 있어야만 한다. 대인관계 기술 훈련은 많은 부분 이 주제를 다룬다.

경계성 사람은 전형적으로 행동은 반드시 기분에 일치해야 한다는 역기능적 반대 극단의 규칙을 가지고 있다. DBT에서 어떤 일차 목표이든 도달하려면, 현재 기분을 현재 행동으로부터 구분하는 게 핵심이다. DBT에서 고통 감내력과 삶을 변화시키려 하지 않고 있는 그대로 수용하는 데 두는 강조점은 바로 이 점을 근간으로 한다. 비록 이 장의 마지막 부분에서 기분 의존 행동을 논의하고 있지만, 그렇다고 해서 결코 덜 중요하다는 뜻이 아니다. 여러모로 DBT는 전반적으로 이 목표에 초점을 둔다고 볼 수 있는데, 결국 치료 과정 내내 부정적 기분과 일치하는 부적응 행동 사이 연결을 소거시키기(때로 처벌하기) 때문이다.

마치며

목표 우선순위는 DBT를 정의하는 결정적 특징이다. 그러나 우선순위에 따라 목표를 나열할 줄 안다는 건 첫걸음일 뿐이다. 두 번째 핵심 기술은 오직 연습을 통해서만 배울 수 있는데, 소용돌이치는 환자의 여러 행동을 모니터링하고 관련 범주로 이를 정리하는 기술이다. 환자가 지속하여 반복하는 행동을 분류할 수 있으면, 그다음 일련의 행동을 조사하고, 우선순위를 살피고, 그 순간에 무엇에 초점을 둘지 결정할 수 있다. 마치 복잡한 악보 읽는 법을 배울 때와 비슷하다. 첫째로, 음표를 알아볼 수 있어야 한다. 음표를 읽을 수 있다면 이제 곡을 연주할 수 있어야 한다. 이것이 바로 다음 장 주제이다.

6장

목표 행동 중심의 치료 구조화: 누가, 무엇을, 언제 치료하는가

경계성 환자의 끝없는 위기와 행동에서 복잡성은 환자와 치료자 모두를 압도할 때가 있다. 때로는 수많은 환경 문제와 부적응 행동이 동시에 발생하여 치료자는 치료 시간에 무엇에 집중해야 할지 결정하는 데 어려움을 겪는다. 이러한 상황에서 환자는 치료 회기에서 자기 삶의 현재 위기에 초점을 두고자 매우 노력하는데, 이는 도움이 되지 않는다. 경계성 사람의 기분 의존성은 현재 경험하는 정서와 동떨어진 문제를 다루기 매우 어렵게 만든다. 그의 정서 고통에 대한 강한 호소는 치료자 역시 그 외 다른 무엇에도 집중하기 어렵게 한다. 그래서 DBT 목표에는 우선순위가 있고, 이러한 상황에서 치료 시간을 구조화하는 지침이 되어 돕는다. 임상 상황에 치료자가 압도되었다고 느낄 때, DBT 목표 우선순위는 무엇에 먼저 집중할지 지시해 준다.

DBT 정신에 따르면 치료 목표와 우선순위는 반드시 분명하고 구체적이어야 한다. DBT의 각 치료 형태(예: 개인 치료, 집단 치료, 전화 자문)마다 목표와 우선순위는 또한 다르다. 따라서 경계성 환자에게 치료를 제공하는 사람은 반드시 환자가 달성해야 할 목표를 분명하고 구체적으로 해 두어야 한다. 특정 환자에게 단 한 명의 치료자가 있을지라도, 그 치료자는 각 상호작용마다 우선순위의 분명한 개념을 지니도록 해야 한다. 예를 들어, 심리치료 회기에서 우선순위는 전화 중 대화에서 우선순위와 매우 다를 수 있다.

이 장에서 나는 표준 DBT에서 치료 목표를 정립하는 방법을 설명하겠다. 가장 중요한 점은 특정 우선순위는 변할 수 있지만(어떤 장면에서는 반드시 변해야 하지만), 분명함과 구체성에 대한 추구는 절대 놓치지 말아야 한다. 만약 목표 순서, 치료 방법에 따라 다른 여러 목표 우선순위 혹은 치료 목적을 달성해야 할 책임이 변했다면 치료자는 무엇이 어떻게 변했는지 분명하고 구체적으로 다루어야 한다.

일반 주제: 변증법 행동에 목표 두기

경계성 환자에게 변증법 행동 양상을 늘린다는 목적은 모든 다른 목표 행동에 대한 DBT의 접근을 안내하는 주요 주제가 된다. 이 목표는 세 가지 측면에서 다른 목표와 구분된다. 첫째, 변증법은 모든 DBT 형태에서 목표가 된다. 어떤 행동 목표에 얼마나 주목할지는 DBT 형태에 따라 다르지만, 모든 DBT 형태는 변증법 행동 양상에 주목한다. 5장에서 언급했듯이, 모든 치료자는 사고방식이나 문제 접근방식에서 변증법 양상으로 본보기를 보여 주고 이를 강화시키고자 노력하며, 변증법이 아닌 사고방식이나 문제 접근에는 도전하도록 한다.

둘째, 다른 치료 목표와 달리 변증법 행동 양상을 늘리는 목표를 구체적 치료 목표로서 환자와 논의하는 일은 드물다. 즉, 환자는 더욱 변증법이 되도록 노력하겠다는 결심을 드러내서 하지는 않는다. 이렇게 된 이유는 내 생각에 변증법이라는 개념이 지나치게 추상적이고, 이를 설명하고 지도하느라 학습을 촉진하기보다는 방해가 될까 두려웠기 때문이었다. 더하여, 나는 변증법 사고 양상의 부재 그 자체가 변증법 사고 양상을 적용해 가기로 노력하는 결심을 하지 못하도록 방해할 거라 생각했다. 예를 들어, 현실에는 보편적 질서가 있고 절대 진리를 찾을 수 있다고 믿는 사람은 보편을 알아 가고 질서를 추구하려는 접근을 손쉽게 놓아주지 않을 것이다. 그러나 변증법 양상을 드러내어 가르치지 않는 나의 주저함은 지나치게 소심한 접근일지도 모른다. 몇몇 인지치료자(예: Beck et al., 1990)는 인지 양상을 직접 수정하는 치료에 초점을 두며 성과도 좋다. 아마도 최소한으로 5장에서 논의한 기술을 가르치면서 (이분법 사고와 극단적 행동과 대비하여) 균형 잡힌 생각과 행동을 강조할 수 있겠다.

셋째로, 변증법 행동 양상과 그 외 다른 행동을 목표로 삼을 때 차이점은 변증법 행동은 달성해야 할 다른 목표 중 일부 측면을 구성하고 있으므로, 이는 뒤에 논의하는 목표 위계 목록에 해당하지 않는다.

일차 목표 위계

5장에 제시한 일곱 가지 일차 행동 목표는 중요도에 따라 우선순위 위계를 매길 수 있다. 전체 치료의 위계는 〈표 6-1〉에 제시하였다. 5장에서 설명한 목표의 순서를 담았다. 이는 외래 개인 치료에서 목표의 우선순위이기도 하다. 다른 DBT 형태에서 목표 위계는 조금씩 다르고 이는 장의 후반에서 다루겠다. 이 목록은 특히 유사 자살 경계성 환자를 위해 개발하였지만, 최소한 치료 첫 단계에서는 심각한 역기능이 있는 어떤 환자 집단에도 적용할 수 있어 보인다.

〈표 6-1〉 DBT 일차 목표 위계

치료 전 목표

- 치료 준비와 목적 동의

1단계 목표

1. 자살 행동 감소
2. 치료 방해 행동 감소
3. 삶의 질 방해 행동 감소
4. 행동 기술 증진
   - A. 핵심 마음챙김 기술
   - B. 대인관계 효과성
   - C. 정서 조절
   - D. 고통 감싸기
   - E. 자기 관리

2단계 목표

5. 외상후 스트레스 감소

3단계 목표

6. 자기 존중 증진
7. 개별 목표 달성

치료 목표와 회기 주제 선정

각 목표의 중요성은 치료 전반에서 변하지 않지만, 목표의 연관성은 변한다. 연관성이란 환자의 현재 일상 행동뿐만 아니라 치료 중 상호작용에서 나타나는 행동에 따른다. 환자의 현재 행동에 분명히 나타나지 않는 문제는 현재 연관성은 없다. 연관성과 중요도는 치료자가 환자와 상호작용하면서 무엇에 더 주목해야 하는지 결정하도록 한다. 여기에서 핵심은 치료자가 DBT 전략과 기법(7~15장에 설명)을 현재 순간과 연관성이 높은 최우선 순위 치료 목표에 먼저 적용한다는 거다. 특정 목표를 이미 달성했다면, 목표 영역에서의 문제가 한 번도 환자에게 일어나지 않았다면, 환자의 현재 행동에 분명히 나타나지 않는다면, 혹은 현재 회기에서 이미 다루었다면, 목록에서 다음 순위 목표가 치료에서 중점이 된다.

치료 목표와 치료 형태

특정 목표를 달성하는 책임은 다양한 DBT 형태(개인 심리치료, 행동 기술 훈련, 지지 프로세스 집단, 전화)에 걸쳐 다르다. 각 치료 목표에 할당한 우선순위, 각 목표에 주목하는 정도 그리고 주목하는 방식은 DBT 형태에 따라 다양하다. 따라서 앞서 말했듯이 DBT 형태마다 각 치료 목표에서 고유한 우선순위 위계가 있다. 개인 치료자는 목표의 한 가지 순서에 주목하고, 기술 훈련자는 또 다른, 그리고 프로세스 집단 치료자는 또 다른 데 주목하고, 전화에서는 목표의 또 다른 순서가 대화를 이끈다. 어떤 장면에서 치료 장면 단위나 임상 책임자가 DBT 팀의 일부일 수도 있다. 그렇다면 장면 치료진과 책임자는 각기 다른 목표 우선순위 목록을 가질 수도 있다. 치료에 다른 형태를 보탠다면 우선 목표 목록은 각 형태마다 정해야 한다. 원칙적으로 목표에 대한 책임은 다양한 치료 장면과 치료 형태를 반영하는 여러 가지 경우로 나뉠 수 있다. 가능성에 대해서는 후반부에 더 자세히 다루겠다.

여기에서 핵심으로, 특정 장면에 있는 모든 DBT 치료자는 각 환자의 고유한 목표 우선순위와, 그것이 전체 DBT에서 목표 우선순위에 어떻게 속하는지 분명히 이해해야 한다. 대체로 목표와 순서는 특정 DBT 형태에 따라 다르다. 따라서 만약 치료자가 하나 이상의 형태로 진행한다면(예: 개인 치료자가 프로세스 집단 치료자이기도 하거나, 개인 치료자와 기술 훈련자가 둘 다 전화를 쓸 때), 치료자는 반드시 각 형태에 따른 목표 순서를 기억하고, 한 형태에서 다른 형태로 전환할 때마다 하나의 순위 위계에서 다른 순위 위계로 부드럽게 전환할 수 있어야 한다.

주 치료자와 목표 달성에서 책임

환자 한 명에게는 주 치료자로 치료자 한 명을 배정한다. 우리 외래 클리닉에서는 개별 임상 실천과 마찬가지로 주 치료자는 환자의 개인 심리치료자이다. 주 치료자는 치료 계획을 세우고, 모든 목표에의 진전을 위해 환자와 작업하고, 다른 DBT 형태에서 환자가 배운 바를 통합하도록 돕는(혹은 버리도록 결정하는) 책임이 있다. 내 경험으로 환자가 다른 데서 학습한 바를 통합하거나 익히도록 주 치료자가 돕지 않았을 때 학습이 심각하게 부실해졌다. 보통 모든 치료자는 치료를 계획하는 역할을 맡고, 각 목표 범주마다 어떤 구체적 행동에 주목해야 하는지 관여하며, 다 같이 치료 형태와 치료자 간 목표 책임을 결정하여 나눈다. 그럼에도 주 치료자는 환자가 소위 '큰 그림'을 기억하고 고려하도록 도와야 하는 과제를 맡는다. 13장에서 환자에게 자문하기 전략을 설명하면서 강조할 바와 같이, 주 치료자는 환자가 치료 단위의 다른 구성원과 전문가 집단과 어떻게 효과적으로 상호작용해야 할지 환자에게 자문을 제공한다. (역으로, 다른 치료자는 환자가 주 치료자와 어떻게 상호작용해야 할지 환자에게 자문을 준다.)

시간에 따른 목표 진전

내 경험에 따르면 치료 목표를 향한 진전은 국면별로 묶인다. 여기서는 가용성을 높이기 위해서 치료 단계를 시간 순서로 제시하였는데, 대개 치료에서 단계는 주로 순환 형태로 발전한다. 따라서 환자를 치료에 준비시키고 치료 기대에 주목하는 단계는 주로 초기 몇 회기에서 발생하지만, 이 주제는 치료 전반에 걸쳐 중요하다. 치료 첫 단계는 자살 행동, 치료 방해 행동, 삶의 질을 심각하게 위협하는 행동 양상, 그리고 기술 부족의 행동주의 분석과 치료를 포함한다. 그러나 어떤 환자에게 이러한 영역의 문제는 치료 내내 지속되는 문제일 수 있다. 두 번째 치료 단계는 외상후 스트레스 완화를 지향한다. 이는 때로 치료 초기부터 주목을 요할 뿐만 아니라 그러한 스트레스는 치료 종결 지점에서도 완전히 완화될 여지는 적다. 마지막 단계는 자기 존중, 일반화, 통합 그리고 종결이라는 목적에 초점이 있다. 그러나 이러한 주제는 치료 초기에서부터 다루어지며 치료 전체 과정에서 산발적으로 부상할 것이다.

치료 전 단계: 방향 잡기와 전념

경계성 및 유사 자살을 보이는 환자와의 치료에서 계속되는 염려 중 하나는 상당한 비율이 치료를 조기에 중단할 가능성이 있다는 점이다. 몇몇 치료 연구에서 실증 자료를 보고한 바로는 치료 전 준비 회기 사용은 탈락 비율을 낮추는 데 관련 있었다(Parloff, Waskow, & Wolfe, 1978). 따라서 개인 치료의 초기 몇 회기는 치료 방향 잡기에 초점을 둔다. 이 단계에서 목적은 두 가지이다. 첫째, 환자와 치료자는 환자가 자신과 삶에서 이루고 싶은 변화를 이루도록 함께한다는 데 반드시 상호 이해를 바탕으로 한 결정에 도달해야 한다. 둘째, 치료자는 치료 과정이나 치료를 조기에 끝내는 결정에 영향을 미칠 법한 환자의 치료와 관련한 어떠한 역기능 신념이나 예상을 다듬고자 노력해야 한다.

첫 번째 목적에서 환자는 가능한 최대한 치료자의 대인관계 양상, 전문 역량, 치료 목적, 치료를 수행하는 의도에 관해 알아내야 한다. 치료자는 치료에 참여하는 데 환자가 충분한 정보를 바탕으로 결정을 내리도록 도와야 한다. 또한 치료자 본인이 환자와 함께할 수 있는지 결정하기 위해 환자에 관한 충분한 정보를 얻어야 한다. 진단 및 평가 면담, 과거력 수집은 이 시기에 수행한다. 환자의 치료 관련 신념이나 예상과 관련하여, 치료자는 치료 프로그램에 대해 설명하고 이를 통해 발생할 수 있다고 예상하는 변화의 비율이나 수준을 알리고, 심리치료나 심리치료자에 대한 환자의 일반적인 신념을 논의하고 안내하며, 심리치료를 학습 과정으로 '재정의'하고자 시도한다. 준비 회기를 구체적으로 수행하는 방법은 9장과 14장에 제공하였다.

1단계: 기본 역량 습득

앞서 언급했듯이, 치료 첫 국면은 자살 행동, 치료 방해 행동, 주요 삶의 질 방해 행동 그리고 행동 기술 부족에 중점을 둔다. 역기능이 심각하고 자살 위험이 높은 환자는 첫 2개의 목표에서 통제감을 얻는 데 1년 이상이 걸릴 수 있다. 삶의 질을 방해하는 행동에서 진전은 실제 방해하는 행동의 종류에 따라 어느 정도 다르다. 중독 행동의 경우, 행동을 목표로 다루겠다고 단지 결심하는 데에도 오랜 시간이 걸릴 수 있다. 과거 심각한 음주 문제가 있던 나의 환자 중 한 명은 과도한 술 사용을 줄이겠다고 결심하는 데만 2년 넘게 걸렸다.

그러고 나서도 술에 취해 운전하여 유죄 선고를 받았고 법정에서는 2년 치료 명령을 내렸으며, 나는 그가 결심하도록 설득하기 위해 치료 '휴가'를 내려야 했다('치료 휴가' 전략은 10장에 제시한다).

보통 치료 첫해가 끝날 무렵 환자는 최소한 DBT에서 가르치는 주요 행동 기술에 대한 작업 지식과 사용 능력을 갖추어야 한다. 물론 치료는 계속하여 여러 문제 영역 목표마다 이러한 기술을 적용하는 연습에 초점을 두지만, 기술 습득에 상당량의 시간을 쏟고 헌신해야 하는 초기 단계 과정은 이후 치료 단계에서는 보통 요하지는 않는다. 다만 환자가 학습하는 기술을 통합하도록 주 치료자가 충분히 돕지 않는다면 예외가 될 수 있다. 내 경험상 주 치료자가 기술의 가치를 모르고 환자가 일상에서 이를 통합하도록 돕지 않는다면, 환자는 배운 바를 잊을 가능성이 높다.

2단계: 외상후 스트레스 완화

치료의 두 번째 국면은 그 전 목표 행동이 통제 아래 있을 때 시작하고, 외상후 스트레스에 대한 직접적인 작업을 수행한다. 외상후 반응을 두 번째 단계 목표로 둔다는 점에 의아할 수도 있다. BPD가 외상후 스트레스 장애의 특별한 형태라고 보는 사람은 초기 외상, 특히 성학대가 치료의 우선순위여야 한다고 제안할 수 있다. 이게 완화되면, 다른 문제는 모두 다룰 만해진다고 생각한다. 물론 나 역시 이 관점에 동감하는 부분도 있지만, 이 결과 환자의 삶에 미치는 크나큰 혼란과 자살 위험은 외상후 스트레스 치료에서 타이밍에 매우 신중해야 한다는 점을 알린다.

치료자가 '드러내는' 접근으로 치료를 시작했든, 즉 치료 초기에 아동기 외상(성학대, 신체 학대 혹은 정서 외상이나 방임)에 대한 논의에 초점을 두었든, 치료를 겪은 환자에 대한 나의 경험은 이들 환자 중 여러 명은 외상 사건에 대한 재노출을 감당하지 못했다는 거다. 대신 이들은 극심하게 자살 위험이 높아질 때가 있었고, 거의 치명적인 유사 자살 행동을 하거나 자신을 강박적으로 해쳤거나, 정신과 입원을 반복해야 했다. 따라서 DBT는 외상의 성공적 완화를 위해서 환자가 필요한 능력과 지지를 갖추기 전까지는 외상 스트레스에 초점을 두지 않는다(치료 안이나 바깥의 환경 모두에서). 첫 단계 목표에서 성공적인 진전은 과거 외상 경험이라는 이후 작업에 환자를 준비시킨다. 정신역동 용어로 하자면, 환자는 치료를 하기 위해 충분한 자아 강도를 갖추어야 한다.

물론 이는 치료 첫 단계에서 환자가 과거 외상을 언급했을 때 이를 무시한다는 뜻이 아니다. 그러나 이에 대응하는 방식은 다른 목표 행동과 외상의 연관성에 따른다. 예를 들어, 외상 후유증(기억, 플래시백, 자기 비난, 외상 단서에 대한 정서 반응)이 이어지는 자살 행동과 기능적으로 연관되어 있다면, 이에 대해서는 자살 행동의 다른 촉발 사건과 마찬가지로 다룬다. 즉, 이어지는 자살 행동에 대한 연관성이 치료에서 초점이 된다. 어떤 경우에든 외상의 고통스러운 결과물이 회기에 등장할 때 이는 해결해야 할 문제(예: 삶의 질 방해 행동)로 다룬다. 치료 과정에서 치료자는 대개 고통 감싸기 기술과 마음챙김 기술을 발달시키는 목표가 있고(5장 참조), 이는 둘 다 외상후 스트레스를 다루기 위해서도 필요하다. 치료자는 역기능 행동과 정서 양상을 다루는 데 순전히 지금-여기 접근만 쓴다. 물론 현재 행동과 아동기 외상을 포함한 과거 외상 사건의 연결성을 탐색하거나 언급할 수 있지만, 치료 초점은 분명히 현재 생각, 느낌, 행동의 관계를 분석하고 현재 양상을 수용하고 변화시키는 데 있다. 치료 첫 단계에서 치료자는 이전 외상을 다루는 데 치료의 온 초점을 두지 **않는다**. 거듭 강조하자면, 외상은 환자가 노출 이후 결과에 대처할 수 있기 전까지는 치료에 들이지 않는 것이 규칙이다.

세 단계 중 가운데에 위치하므로, 외상후 스트레스 반응의 완화는 종종 시작되고, 멈추고, 다시 시작된다. 많은 환자에게 이 완화는 수많은 시작과 끝맺음이 있는 기나긴 과제가 될 것이다. 어떤 환자들은 이미 2단계 치료에 준비가 되어 들어선다. 이들은 자살 행동에 적극 관여하지 않고, 치료 작업이 가능하며, 적절한 안정성과 자원을 지닌다. 반대로 2단계 목표에 준비가 되어 보이는 환자 중 실상 그렇지 않은 사람도 있다. 능숙한 겉모습은 치료자와 환자 스스로를 속인다. 때로 치료자는 과거 외상을 완화하려는 시도가 1단계에서 전형적인 극단적 반응을 촉발하고 나서야 그 환자가 BPD 진단 기준을 만족한다는 점을 알게 될 수도 있다. 특히 치료자가 치료 초기에 종합적인 임상 평가를 수행하지 않았을 때 이러한 일이 벌어진다. 앞에 언급했듯이, 경계성 사람은 지지하거나 보살피는 관계가 있거나 대인관계 스트레스가 거의 없을 때는 꽤 잘 기능한다. 환자가 '속으로는 울고 있을' 때에도, 치료자는 환자가 외상 관련 단서에 노출되기 전에는 환자의 고통을 보지 못할 수 있다.

그럼에도 2단계 DBT에서는 외상 관련 단서에 노출해야 한다(노출 기법의 전체적인 논의는 11장 참조). 이러한 단서에 대한 스트레스 반응을 다룰 수 있는 다른 방법은 없다. 어떤 환자에게는 노출하는 비중은 상당히 점진적으로 이루어져야 하고, 또 어떤 사람은 2단계를 꽤 빠르게 진행할 수도 있다. 2단계에서 시간과 페이스 조절은 이전 외상 심각도와 치료 과정에 대처할 수 있는 환자의 행동, 사회적 자원에 의존한다. 때로 치료자와 환자는 한동안 치료를 쉬는 게 유용하겠다고 깨달을 수 있다. 예를 들어, 나의 어떤 환자는 치료 1단계를 넘어가는 데 수년이 걸렸다. 마침내 그가 9세에서 13세 사이에 겪었던 심각한 성학대에 초점을 둘 준비가 되었을 때, 나는 8개월 뒤 8주간의 국외 출장을 계획하고 있었다. 내가 없는 시기에 위기의 한가운데에 놓이게 될지도 모른다는 환자의 두려움은 너무도 커서 2단계 목표에 집중하는 능력을 제한할 정도였다. 우리는 내가 떠나기 전까지 매월 한 번 점검차 만나기로 하고, 내가 출장에서 돌아온 뒤에 2단계 치료를 시작하기로 합의했다. 환자는 지지 프로세스 집단에 계속해서 참석했다. 또 다른 환자는 1단계를 거의 마칠 무렵 치료를 종결했다. 쉬는 기간 동안 1년짜리 물질 남용 프로그램을 마쳤다. 그러고 나서 나와의 치료로 돌아와 원가족과 외상성 관계를 해결하는 작업을 같이 했다.

외상후 스트레스 반응에 적절히 대응한다고 해서(이는 1단계 치료의 성공적인 완성이다) 이것이 곧 전체 치료의 만족스러운 종결이라고 혼동하지 않도록 해야 한다. 살 만한 삶을 위한 안정성은 갖추었지만, 외상후 스트레스 양상은 그 자체로 상당한 정서적 고통과 괴로움의 원천이다(구체적 개괄은 5장 참조). 물론 어떤 사람은 그만큼의 고통과 괴로움을 긴 삶의 시간 동안 감내할 수 있지만, 어떤 사람은 결국 고통을 줄이거나 더 나아가 도움을 얻기 위해 1단계 행동으로 돌아가고 만다. 그러므로 2단계 치료가 성공적으로 성사되지 않고서는 1단계 치료의 이득을 잃을 수 있다.

3단계: 자기 존중을 높이고 개별 목적을 달성하기

첫 두 단계에서도 마찬가지이지만, 치료의 마지막 단계는 스스로를 신뢰하는 능력, 자신의 견해, 정서, 행동을 타당화하는 능력, 그리고 크게는 치료자 없이도 스스로를 존중하는 능력을 발전시키는 작업으로 구성된다. 환자 개별 목적에 대한 작업 역시 이 단계에서 대개 이루어진다. 가장 중요한 점은 치료 안에서 배운 기술을 치료 밖 상황에서도 일반화시키는 일이다. 경계성 환자와 치료 과정에서 보통 환자는 처음에 치료자를 신뢰하거나 치료자에게 도움을 요청하거나, 독립과 의존에 관한 최상의 균형에 도달하는 데 상당한 어려움을 느낀다. 치료 초기 몇 개월 동안 환자는 치료자를 믿지 않고 적절한 상황에서도 치료자에게 연락하지 않으며, 자기 문제를 해결할 때 치료자에게 과도하게 의존하는 방식과 '누구도 무엇도 필요치 않다'는 식의 독립적인 태도 사이를 오간다. 탐색해 보면 이러한 양상은 결국 환자 환경 속 타인에 대한 대인관계 양상도 유사하다는 점을 시사한다. 따라서 치료 초점은 신뢰하는 능력, 적절하게 도움을 요청하는 능력 그리고 타인에게 의존하는 동시에 독립적일 수 있는 능력을 발전시키는 데 놓인다. 환자가 치료자에게 신뢰를 발전시킬수록, 점차 자신에게 어떤 도움이 필요한지에 대해 치료자에게 더 솔직해진다. 치료 초기 단계에서 환자가 만약 특정 상황에서 대처하는 데 어려움이 있다면, 이때는 치료자에게 도움을 요청하는 행동을 강화시키는 데 초점을 둔다. 그러나 도움을 요청하는 행동이 환자 환경 속 다른 사람에게 이어지지 않는다면, 혹은 스스로 돕거나 자기 위안하는 법을 배우지 못한다면 치료의 종결은 그 자체가 극도의 외상과 같을 터이다. 치료자에 대한 의존은 즉시 자기 자신과 타인에 대한 의존으로 이어져야 한다. 특히 타인에게 의존하는 동시에 스스로에게 의존하는 법을 배우는 변증법을 강조하겠다. 목적은 스스로에게 의존하면서도 상호 대인관계 연결망 속에 확고히 자리하는 데 있다.

자기 존중을 증진하려면 자기 혐오와 수치심을 줄여야 한다. 내 경험에 의하면 자신과 자기 과거에 대한 수치심의 잔존 양상은 3단계 치료에서 대개 다시 올라온다. 구체적으로, 그는 자신의 역사를 어떻게 정리할지 그리고 이를 타인에게 어떻게 드러낼지를 작업할 수 있다. 눈에 보이는 상흔이 있다면 자기 과거에 관한 타인의 의구심에 어떻게 대응해야 할지 결정해야 할 것이다. 때로 치료 종결에 대한 강한 수치심과 두려움으로 마치 1단계 행동이나 2단계 스트레스 반응이 촉발되는 것처럼 보일 수도 있다. 대개 이러한 재발은 단기적이다. 치료자가 부적응 행동이 다시 나타났다고 더욱 수치심을 주거나 지나치게 병리적으로 보지 않는 게 특히 중요하다. 이런 상황은 마치 5년 전에 금연한 사람이 흡연과 강하게 연합된 단서에 다시 노출되는 상황과도 같다. 만약 해당 단서에 충분한 학습 경험이 없었다면, 과거 흡연자였던 이 사람은 담배에 예상치 못한 강한 충동을 경험할 수 있다. DBT에서는 누군가가 퇴행했다고 보지 않고, 아주 약간의 새로운 학습이 필요하다고 제안한다.

1단계와 2단계 사이와 마찬가지로, 환자는 3단계로 들어가기 전 치료 휴지기를 가질 수 있다. 때로 쉬는 시간 동안 다른 치료를 받거나 다른 치료자와 작업할 수 있다. DBT에서 이를 격려하지 않을 이유는 없다.

외래 개인 치료에서 목표 위계 우선순위 정하기

앞서 언급했듯이, 외래 DBT에서 개인 심리치료자는 주 치료자이고, 모든 일차 치료 목적을 달성하기 위해 치료를 조직하는 책임이 있다. 목표 위계 안에서 주목할 행동을 선택하는 일은 때로 주 치료자에게 어려울 수 있다. 〈표 6-2〉에 위계 내 행동의 우선순위를 기술하였고 다음에 논의하였다.

〈표 6-2〉 외래 개인 치료에서 목표 위계 내 목표 행동 우선순위

자살 행동
1. 자살 위기 행동
2. 유사 자살 행동
3. 침투적 자살 충동, 심상 혹은 언급
4. 자살 생각, 예상, 정서 반응[a]
치료 방해 행동
1. 치료를 중단시킬 수 있을 환자나 치료자의 방해 행동
2. 환자나 치료자의 즉각적인 방해 행동
3. 자살 행동과 기능적으로 연관된 환자나 치료자의 방해 행동
4. 치료 밖 문제 행동과 유사한 환자의 치료 방해 행동
5. 치료 진전의 결여
삶의 질 방해 행동
1. 즉각 위기를 야기하는 행동
2. 변화하기 쉬운 행동(변화가 어려운 행동보다는)
3. 우선순위 목표나 환자의 삶의 목적과 기능적으로 연관된 행동
행동 기술 늘리기
1. 기술 훈련에서 현재 배우는 기술
2. 우선순위 목표와 기능적으로 연관된 기술
3. 아직 배우지 않은 기술

a: 배경의 자살 생각은 직접 목표 삼지 않는다. 이는 삶의 질 방해 행동의 산물로 여긴다.

자살 행동 줄이기

개인 치료자의 첫 과제는 자살 행동의 완화에 치료 초점을 두고 이를 평가하고 추적하는 일이다(전체 논의는 5장 참조). DBT는 자살 위기 행동에 대응할 때 자살 가능성에 대한 평가, 행동의 기능, 더 적응적 문제 해결로 변화할 수 있는 환자 능력에 대한 치료자 평가, 그리고 무엇보다 중요하게는 치료자가 어떤 행동을 강화할지에 따라 대응한다. 자살 위기 행동을 절대로 무시해서는 안 되지만, 항상 환자를 '구조'하는 것은 제대로 된 DBT 대응이 아니다.

유사 자살 행동이 일어날 때, 이는 **언제나** 이어지는 개인 심리치료 회기에서 다룬다. 모

든 유사 자살 행동 발생 후에 구체적인 행동 분석과 나아가 해결 분석을 수행하는 일은 DBT에서 핵심이다(이러한 전략의 설명은 9장 참조). 유일하게 우선한다면 회기 도중에 일어나는 자살 위기 행동이다. 자살 행동이 있는 혹은 경계성 환자와 일하는 치료자에게 자문했던 나의 경험을 비추어 보아, 유사 자살 행동이 발생했을 때 다루지 않고 넘어가지 못하도록 금지하는 이러한 DBT식 대응은 경계성 환자에 관한 수많은 다른 치료 접근과 DBT를 구분 짓는다.

침투적 혹은 매우 강한 자살 생각, 심상이나 언급은 만약 발생했다면 개인 치료 회기에서 직접 다룬다. 그러나 자살 위기 행동이나 유사 자살 행동과는 달리, 습관적인 혹은 내가 생각하기에 '배경에 있는' 자살 생각은 발생한다고 매번 직접 다루지는 않는다. 그렇게 된다면 많은 경계성 환자의 여러 다른 행동에 주목하지 못하고 만다. DBT는 지속적인 자살 생각은 낮은 삶의 질에 따른 결과라고 가정한다. 따라서 치료는 삶의 질을 높이는 데 집중하도록 구성되어 있다(다음 참조).

치료 방해 행동 줄이기

개인 치료에서 두 번째 과제는 치료 과정을 방해하는 여러 행동을 다루는 데 있다. 이러한 행동은 고위험 자살 행동이나 유사 자살 행동에 뒤이어 두 번째로 중요하다. 치료 지속성에 관한 위반(예: 예약한 치료를 연속 4주 이상 불참한 경우)이나 환자 혹은 치료자 모두에게 연속성을 위협하는 여러 문제는 당연히 높은 순위를 차지한다. 중요도는 다음 순서와 같다.

1. 치료 프로세스를 바로 방해하는 환자나 치료자 행동(예: 환자가 치료 회기에 오지 않거나, 회기에서 입을 열지 않을 때, 혹은 만약 멈추지 않을 경우 치료자가 치료를 중단할 만큼 힘들어지는 행동을 할 때, 환자가 실행할 수 없을 만큼 불합리하거나 과하게 경직된 요구를 하는 치료자 행동)
2. 자살 위기 행동이나 유사 자살과 기능적으로 연관된 환자나 치료자의 방해 행동(예: 치료자가 지나치게 혹은 성급하게 밀어붙이거나, 환자를 압도시켜 종종 자살 위기를 촉발하는 주제를 민감성 없이 밀어붙이는 행동, 자살 행동 완화를 다루겠다는 동의를 철회하는 환자 행동, 유사 자살 행동 이후가 아닌 이전에 치료자에게 연락하거나 털어놓지 못하는 환자의 두려움, 치료자가 과잉반응할 정도로 무서운 방식으로 자살을 위협하는 환자 행동, 그리고 자살

행동을 더욱 강화하는 치료자의 과잉반응)

3. 치료 공간 밖에서도 일어나는 문제 행동을 반영하는 환자 행동(가까운 가족 간 상호작용과 유사하게 치료자를 향한 적대적이고 지시적인 언급, 치료 밖에서 문제 해결을 피하는 것처럼 어려운 주제나 문제를 회피하는 행동)

이러한 문제 행동은 환자가 말로 꺼냈든 치료자가 관찰했든 일어나는 즉시 직접 다룬다. 이러한 행동을 무시하지 않는다. 만약 환자가 여러 치료 방해 행동을 보인다면, 치료자는 다룰 만한 한두 가지를 선택하고 선택한 행동에 진전을 보이기 전까지 다른 행동은 무시한다. 경계성 환자와 일하는 치료자가 저지르는 가장 일반적인, 그러나 해로운 실수 중 하나는 이미 늦은 시점까지 환자의 치료 방해 행동을 감내하는 행동이다. 환자가 치료자와 치료를 둘 다 좌절시키는 행동을 함에도 치료자가 전혀 직접 언급하지 않다가 어느 순간 치료자가 인내의 벽에 맞닥뜨리거나 소진됐을 때 일방적으로 치료를 종결하는 일이 가끔 벌어진다. 대개 이는 마치 환자가 잘못했거나 치료자가 선택권이 없는 것처럼 보이는 방식으로 일어난다. 환자는 충격을 받고 관계를 회복할 기회를 갈구하지만 받아들여지지 않는다. 몇몇 우리 환자에게 이는 이미 반복적으로 일어난 상태이고, 따라서 환자가 우리를 만나게 됐을 때 신뢰가 그렇게 없는 이유는 분명해 보인다!

치료에 진전이 없다면 역시 치료 방해 행동으로 다루어야 한다. 당연히 만약 환자가 치료에서 진전하지 않는다면 이는 치료 상호작용에서 주요 목표가 되어야 한다. 여전히 진전이 일어나지 않는다면 치료는 계약 기간에 맞추어 끝내야 한다. 진전의 부재가 치료 종결로 이어진다는 점은 환자에게는 새로운 수반성이 될 수 있다. 때로 경계성 환자의 주요 두려움은 만약 진전을 **이루면** 치료가 종결된다는 점에 있다. 수반성에서 이러한 작동을 명료히 하는 주제는 초기 치료 안내에서 중요하다.

여기서 경계성 환자를 치료할 때 핵심 질문은 다음과 같다. 목적을 향한 분명한 진전이 없는 상태에서 치료를 얼마나 오래 유지해야 하는가? 특히 환자가 소거 프로그램에 있을 때 얼마만큼의 행동 퇴행을 예상할 수 있는가? 또한 진전은 어떻게 측정해야 하는가? 이 질문에 대한 대답은 치료, 기대되는 행동 기능 그리고 특히 BPD에 대한 치료자의 이론과 밀접하게 연관되어 있을 것이다. 경계성 환자는 다른 환자와 비교하여 매우 느린 진전을 보일 때가 있다. 예를 들어, 적응에 유의한 개선을 달성하기 위해서는 10년 이상이 요구된다고 밝힌 연구가 있다(McGlashen, 1983). 그러나 추후 평가 때 여전히 환자의 절반은 치료 중에 있었다. 진단을 받고 5년이 지난 후 경계성 환자는 대체로 여러 영역에서 역기능 상태를 지속한다(Pope et al., 1983). 치료자는 느린 치료 진전을 감내하면서도, 자신이 제공하는 치료가 원래 비효과적일 수 있다는 열린 태도 사이에서 균형을 맞추어야 한다.

불행히도, 환자는 치료자에 의한 비효과적인, 때로는 회복을 방해하는 치료자 행동을 너무 오래 인내한다. 과거 비효과적 치료를 받으면서 점진적이지만 명백한 행동 쇠약을 보이고서야 우리에게 온 몇 환자가 있었다. 환자는 어떤 치료자와 10년, 12년 이상 있었지만, 우리 프로그램에 들어왔을 때도 여전히 유사 자살 행동을 하고 매달 병원에 입퇴원을 반복했다. 또 사람들은 이런 치료자를 너무 인내했다. 부적절한 성 행동을 하거나, 환자를 본인의 대리 치료자로 이용하거나, 환자가 가진 자신에 관한 지식을 존중하기를 거부하거나, 환자가 더 잘 적용하도록 치료를 수정하지 않거나, 방어적으로 상호작용하면서 '피해자를 비난'하여 환자의 유능감과 가치감을 더 갉아먹는 치료자였다. 만약 이런 행동이 일어난다면 DBT 치료에서 주요 초점이 된다. 예상되듯이, DBT 자문 지도 집단에서 치료자를 치료하는 일은 이 지점에서 매우 중요하다.

삶의 질 방해 행동 줄이기

치료에서 세 번째 목표는 양호한 삶의 질을 위한 기회를 위태롭게 할 만큼 심각한 부적응 행동을 다룬다. 환자가 삶의 질 방해 행동을 하나 이상 지니는 경우는 흔하다. 우리 클리닉 몇 환자는 삶의 질 방해 행동이 대여섯 개 있다. 주어진 치료 회기에서 이들 문제 중 무엇을 선택할지에 대한 지침은 다음과 같다. 첫째, 긴급한 행동이 우선이다. 즉, 지금 당장 환자가 식사와 주거를 위한 돈이 없다면, 물질 남용 작업보다(물론 환자가 일주일 내내 해독치료를 받아야 했던 경우는 다르다) 경제 문제에 초점을 우선 둔다. 둘째, 쉬운 문제를 어려운 문제보다 전에 해결해야 한다. 이 전략은 환자가 적극적으로 문제 해결을 하도록 강화를 높이려는 의도가 있다. 환자가 문제를 해결한 경험이 생기면 더 큰 문제를 해결하는 데에도 더 적극적으로 임한다고 생각한다.

셋째, 상위 순위 목표와 연관되거나 환자 삶의 목적과 연관된 기능 행동이 더 우선한다. 쉽게 말해, 이러한 유형의 방해 행동을 작업할 때 중요도 순서(높은 순서에서 낮은 순서로)는 ① 자살 위기 행동과 유사 자살 행동, ② 치료 방해 행동, ③ 자살 생각과 '비참함', ④ 치료 이득 유지, 그리고 ⑤ 환자의 다른 삶의 목적 등과 기능적으로 연관된 행동 순이다. 예를 들어, 알코올 남용이 유사 자살의 촉발 요인이라는 데 신빙성이 있고, 학교에서 학기를 마치지 못하는 행동이 자살 생각과만 기능적으로 연관되어 있다면 알코올 남용을 우선해야 한다. 만약 길거리 생활이 치료 회기 결석에 인과관계가 있다면, 주거지를 찾는 작업이 치료 이득 유지와 기능적으로 관련된 취업하기 작업보다 우선한다. 이처럼 조성의 원리가 페이스를 결정한다.

행동 기술 늘리기

행동 기술(마음챙김, 정서 조절, 대인관계 효과성, 고통 감싸기) 교육은 한편으로는 앞선 세 가지 목표 달성에서 성공과 밀접하게 연관되어 있고, 다른 한편으로는 그 자체로 독립적인 네 번째 치료 목표를 구성한다. 환자와 치료자가 자살, 치료 방해 그리고 삶의 질 방해 행동을 완화하는 데 성공하려면 이러한 행동을 다른 무언가로 대체해야 한다. DBT에서 그 무언가는 바로 5장에서 간략하게 기술한 행동 기술로 구성되어 있으며, 이는 별도 매뉴얼에서 자세히 설명하였다. 치료자는 환자가 이미 어느 정도 갖춘 능숙한 행동을 하도록 이끌거나, 그에게 새로운 행동을 가르쳐야 한다. 어떤 경우에도 행동 기술을 갖추고 일반화시키는 데 충분한 양의 에너지를 집중해야 한다. 이를 통해 환자는 과거에 부적응적이거나 능숙하지 못한 반응을 촉발시켰던 맥락에서도 행동 기술을 쓸 수 있다.

경계성 환자의 끝없는 위기와 기분 의존성은 물론, 기술을 집중하여 가르치려는 회기에 대한 강한 부정적 반응은 개인 심리치료에서 새로운 행동 기술을 가르치는 구조를 잡기 매우 어렵게 한다. 이러한 문제는 전혀 피해 갈 수 없고 어떤 방식으로든 교육을 완성해야 한다. 나의 클리닉에서 개인 심리치료를 시작하는 모든 새 환자는 동시에 1년간 집단 기술 훈련에도 참여한다. 이 상황에서 첫 한 해 동안 개인 치료자는 새로운 기술을 하나하나 가르치기보다는 일차적으로 환자가 배운 기술을 활용시키는 데 집중한다. 개인 심리치료는 환자의 일상에 이 기술을 통합하고 사용 빈도를 높이는 목표가 있다.

개인 심리치료에서 기술 습득에 초점을 두지 않는 점이 우리 프로그램에서 절대 법칙은 아니다. 기술 훈련 치료에서 아직 다루지 않은 기술이 필요하다면 개인 치료자는 소위 말해서 기술 예습을 시킬 수 있다. 또한 만약 환자가 기술 훈련 회기를 몇 회 빠진 경우, 그리고 기술 훈련자가 보충 교육을 해 주지 않는다면(대개 그렇듯이), 개인 치료자는 못 배운 기술을 개인 회기에서 가르치는 방법을 선택할 수 있다. 이러한 선택은 목표 문제에서 기술의 기능적 중요성에 관한 치료자와 환자의 견해에 따라 다르다.

어떤 경우 독립적인 기술 훈련이 가능하지 않거나 선호받지 못할 수 있다. 환자 보험에서 납부가 안 되거나, 그 시기에 집단 기술 훈련 프로그램이 진행되지 않거나, 가능한 기술 훈련 프로그램이 환자에게 부적절하거나, 혹은 치료자가 일하는 장면이 독립적인 기술 훈련을 중요시하지 않거나 이를 지원하지 못하는 곳이고 혼자 일할 수도 있다. 기능이 양호한 경계성 환자(예: 1단계를 이미 한참 넘어선 뒤에 치료에 들어오는 사람) 혹은 새로운 기술을 열심히 배우고자 하거나 이에 집중할 수 있는 사람에게는 별도 기술 훈련이 필요하지 않을 수 있다. 이 경우라면 개인 치료자가 기술 훈련을 개인 심리치료에 포함시킬 수 있다.

첫 세 가지 목표를 달성하는 데 일단 충분한 진전을 이루었다면 치료자는 환자가 두 번째 치료 단계에 대처할 수 있는 충분한 행동 기술을 지녔는지 평가하여, 두 번째 단계로 완화되지 못한 외상후 스트레스 반응을 다룬다. 앞서 말했듯이, 외상후 스트레스 치료는 그 자체로 늘 외상적일 수 있다는 핵심을 기억해야 한다. 환자가 외상에 대처하는 데 필요한 최소한의 기본 기술을 지녔다고 치료자가 확신할 때까지 이 치료는 진행해서는 안 된다. 따라서 만약 개인 치료에서 새로운 행동 기술 학습을 다른 측면에 비해 부수적인 수준으로 가르쳐 왔다면, 이 시점에서 치료자는 더 진행하기에 앞서 기술 습득과 강화에 집중하는 시기를 계획해야 한다. 즉, 치료자는 다음 걸음을 내딛기 전에 '학습 구멍'을 메운다.

치료자는 또한 이어지는 치료 단계에서 1단계 문제(자살, 치료 방해 그리고 삶의 질 방해 행동)가 다시 나타나는 데 주의해야 한다. 이러한 일이 발생한다면 이후 단계에서 초점을 둔 문제는 일시로 중단하고 위계가 높은 목표를 다시 다룬다. 외상후 스트레스 치료가 마무리되면 대개 치료의 마지막 국면에 도달하며, 여기에서 일차 목표는 자기 존중에 관한 남은 문제를 중재하는 데 있다.

외상후 스트레스 완화

외상후 스트레스 완화의 일차 작업은 개인 치료에서 진행한다. 물론 성 혹은 신체 학대 피해자를 위한 보조 집단 같은 데 합류하여 이로운 사람도 있다. 치료 두 번째 단계에서 DBT는 과거의 성, 신체 그리고 정서 학대와 방임으로 초점을 옮긴다. 이 국면은 또한 다른 초기 아동기 경험, 예를 들면 상실, '이질감' 혹은 현재 스트레스 반응과 관련된 여러 외상에 초점을 맞추는 시간이다. 따라서 개인 치료에서 두 번째 국면은 일반적으로 '드러내기'를 시작하며, 인지 및 정서 처리, 그리고 아동기 기원 사건의 해소로 이어진다. 개인 치료는 대개 노출과 인지 재구성 전략에 중점이 있다. 외상 관련 자극에 대한 정서 반응을 변화시키고, 외상 및 외상과 관련된 자신의 반응에 대한 인지 재해석에 초점을 둔다.

이 목표 영역에서 네 가지 목적(외상 사실을 수용하기, 낙인이나 자기 비타당화 혹은 자기 비난 줄이기, 부인과 침습 스트레스 반응 양상을 줄이기, 그리고 외상 상황에 대한 이분법 생각을 줄이기)은 5장에서 논의하였다. 보통 이러한 목적은 동시에 작업하고, 외상 단서에 노출하는 과정에서 발생하는 문제에 따라 회기 초점을 잡는다.

자기 존중을 높이고 개별 목적 달성하기

개인 치료의 마지막 단계에서는 자기 존중을 목적으로 삼는다. 경계성 사람의 자기 존중에 가장 큰 위협은 대개 사회 환경에서 기인하므로, 이 단계에서 치료는 환자와 치료자 사이 대인관계에서 발생하는(혹은 발생에 실패하는) 자기 존중 행동에 일차적으로 집중한다. 이러한 행동에 주목하려면 치료자는 치료자-환자 상호작용의 매 순간, 그리고 환자의 언어, 정서 그리고 외현 행동 반응에 주의 깊게 집중해야 한다. 동시에 일상 세계에서 새로 습득한 행동 양상을 일반화시키도록 목표 삼는다. 이 시점에서 치료는 정신역동치료나 내담자 중심 치료를 닮았는데, 물론 행동에 대한 해석은 이들 입장 간 상당히 차이가 있을 것이다. 3단계 DBT와 조금 더 가깝고 잘 맞는 치료에는 기능분석 심리치료functional analytic psychotherapy(Kohlenberg & Tsai, 1991)가 있다.

3단계는 또한 환자가 도움이 필요한 남아 있는 삶의 문제를 작업할 시간이다. 이 시점에서 목적은 어떤 치료에서와 마찬가지로 있는 만큼 달성한다. 환자 선호와 치료자 기술이 가장 중요할 것이다. 예를 들어, 나는 환자가 친구를 더 많이 사귀고, 직장에서 문제를 해결하고, 진로를 개척하거나 노후를 준비하거나, 혹은 만성 신체 통증에 대처하는 법을 학습하는 등의 작업을 하도록 했다. 자기 존중 작업은 다른 쟁점을 작업하는 직물과 함께 엮는다.

회기를 조직할 때 목표 우선순위 활용하기

개인 치료 회기를 어떻게 사용하느냐는 회기 전 주 혹은 회기 동안 나타난 환자의 특정 행동에 따라 결정한다. 두 가지 유형의 행동이 관련 있다. 첫째는 환자의 부정적 혹은 문제 행동이다. 예를 들어, 유사 자살 행동 수행, 치료자에게 너무 자주 전화하기, 월세를 옷 사는 데 써 버리기, 아동기 성학대 플래시백 경험, 회기 동안 자기 관점을 비타당화하는 행동 등이 있다. 두 번째는 환자의 목표 행동 진전에 지표가 되는 긍정적 행동이다. 예를 들어, 유사 자살 행동을 하려는 강한 충동에 저항하기, 이전 회기에 지각을 많이 하다가 이번 회기에 제시간에 오기, 두려움을 극복하고 직장에 원서 내기, 가족 구성원을 대면하기 위해 행동 기술 쓰기, 반대 앞에서 자기 견해를 유지하기 등이 있다. 치료 시간은 현재 행동을 중심에 둔다. 회기의 구조는 순환 형태에 가깝고, 목표 초점은 시간이 흐르면서 진전한다.

주어진 치료 상호작용 동안 집중할 우선순위는 위계 목록에 따라 결정한다(앞의 〈표 6-1〉 참조). 특정 한 주 동안 유사 자살 행동이나 이러한 행동에 대한 상당한 진전이 일어났다면, 치료 방해 행동보다는 여기에 우선 집중한다. 또한 치료 방해 행동에의 초점(문제와 진전 모두)은 삶의 질 방해 행동 작업에 우선한다. 주어진 치료 회기에 하나 이상의 목표 행동을 작업할 수 있지만, 만약 시간이 부족하거나 문제가 복잡하다면 위계가 높은 목표가 항상 우선한다. 환자나 치료자가 회기 동안 다루고 싶은 다른 문제를 넘어가 버리는 식이 되더라도 그러하다. 따라서 치료 목표와 우선순위는 치료 회기 동안 무엇을 이야기하느냐를 결정한다. 특정 목표에서 소요하는 시간은 치료자가 단순히 언급하는 정도에서부터 전체 회기를 다 써서 완전히 분석하는 정도까지를 아우른다. 행동의 정서가(긍정 혹은 부정) 그리고 특정 행동을 이야기하는 게 강화 여지를 주는지에 따라 시간 길이는 달라진다. 보통 긍정 행동은 강화하고 부정 행동에 따르는 강화는 하지 않는 방식이다.

각 목표에서 문제 해결을 위해 핵심으로 목표 행동에 작업하고자 하는 환자의 전념을 촉발시키는 과제가 있다(때로 반복적으로). DBT 모든 치료 전략은 환자와 협력할 때 더 유용하다. 만약 치료자가 같은 목표로 작업하려는 환자의 적극적인 전념 없이 특정 행동 목표를 작업하려 한다면 진전은 더딜 수밖에 없다. 내 경험상 자살 행동에 최소한 초기 전념을 확보하는 일은 흔히 어렵지는 않다. 유사 자살과 자살의 장기적인 부정적 영향은 대개 환자에게도 분명하고, 이러한 행동을 줄이자는 목표에 전념하지 않고 명확히 저항하기란 어렵다. 어떤 경우에든 나와 동료는 만약 환자가 자살 행동 감소라는 치료 목적에 동의하지 않는다면 그를 치료에 받아들이지 않는다. (지금까지 오직 환자 한 명만이 이 이유로 거절받았다.) 그러므로 이후 단계에서 이 목적에 따라 작업한다는 전념을 철회하는 일은 치료 방해 행동으로 간주한다. 따라서 즉각 자살 위험에 이어서 두 번째로 중요하다.

치료가 이루어지려면 치료에 참여해야 하는 필요성 역시 자명하다. 논리적으로 당연하듯 치료를 지속하려면, 치료를 방해하는 어떤 행동이든 나타났을 때 다루어야 한다. 환자에게는 만약 이러한 행동을 계속 허용한다면 환자, 치료자 혹은 둘 다 분개하거나 소진되거나, 치료 관계를 유지하려는 전념이 줄어들 거라고 설명한다. 치료 작업은 관계를 이어 붙이는 풀과 같아서, 작업에 방해가 되는 어떠한 행동도 역시나 관계에 방해가 된다. 경계성 환자는 1개 이상의 치료 요법에서 일방적으로 종결당한 경험이 있을 것이다. 따라서 대개 최소한 치료 시작에서는 치료자와 작업 관계를 발전시키고 유지하자는 목적이 매력적인 생각으로 다가온다.

목표 문제 하나에 작업하는 데 수많은 관련 치료 전략이 관여할 것이다. 이는 이후에 구체적으로 설명하겠다. 최소한, 문제 행동이나 탐지될 만한 진전이 나타난다면 치료자가 언급한다. 문제나 진전의 결정인은 시간과 상황 맥락에 따라 다르므로, 매번 목표 문제 행동이나 충분한 진전이 일어날 때마다 주로 행동주의 분석을 수행한다. 치료자는 때로 환자에게는 지나치게 세부적이라고 느껴질 만큼, 부정적 행동을 분석해 무엇이 문제 반응으로 이어지게끔 했는지 찾아낸다. 긍정 행동 역시 어떻게 문제 행동을 피할 수 있었는지 자세히 분석한다. 치료 초기에는 이러한 분석에 전체 회기 시간을 다 쓸 수도 있고, 다른 일은 달성하기 어려울 수 있다. 그러나 치료가 진전하면서 분석에 필요한 시간은 더 짧아지고, 이 경우 치료자는 해결 분석으로 넘어가서 환자가 문제 행동을 어떻게 예방할 수 있을지(혹은 예방했는지) 분석한다. 이러한 분석은 이어서 여러 다른 치료 전략을 활용하면서 목표 문제 행동에 기능적으로 연관된 문제를 중재하도록 한다. 이후 개인 치료 전략을 논의하면서, 목표 행동에 어떻게 작업하는지 더 자세하게 설명하겠다. 목표 설정 전략이라는 하나의 전략은 구조 전략의 하위 전략으로 치료 시간이나 어떤 목표에 집중할지를 배정한다(14장 참조).

목표 행동 논의에 대한 환자와 치료자의 저항

위계 목록에 따라서 목표 행동에 시간과 주의를 두는 건 DBT에서 더없이 중요하다. 이는 DBT의 핵심 특징이다. 그러나 DBT를 가르치고 지도하는 나의 경험에서 볼 때 치료에서 이 측면은 많은 치료자에게 가장 어려운 부분이다. 대개 환자든 치료자든 우선순위 목표에 집중하기를 원치 않는데, 이유는 그럴듯하다. 우선순위 논의는 환자나 치료자 모두를 때로 즉각적으로 부정적인 상태로 이끈다. 지지가 없이 혼자 일하는 치료자는 이러한 주제를 다루는 문제에 대해 환자를 달래거나 공격하는 방식을 오락가락하는 양상으로 떠내려가기 쉽다. 이 양상을 지속하면 치료는 너무 힘들어져 둘 중 한 명이 관계를 끝맺게 된다. DBT 자문팀은 개인 치료자를 타당화하고 문제를 해결하는 방식으로 접근하여 우선순위 행동에 집중하도록 돕는 과제를 맡는다.

환자 저항

환자는 대체로 문제 해결 방식으로 자신의 역기능 행동을 논의하길 원치 않는다. 예를 들어, 나는 개인 심리치료 회기에서 이전의 유사 자살 행동을 얘기하기 좋아하는 환자를 한 번도 만나지 못했다. 환자는 행동의 '원인' 문제를 이야기하거나 행동이나 행동 주변 사건에 관한 자기 느낌에 대해 마음을 나누고 싶어 한다. 유사 자살 행동으로 이어지는 행동과 환경 사건을 매 순간 초 단위로 구체적으로 논의하거나 다음번에 그런 행동 대신 행할 다른 대체 행동 목록을 만들기를 원하는 환자는 드물다. 어떤 환자는 자살 행동에 대해 말하고 싶지 않아 할 뿐만 아니라 그와 연관된 그 무엇도 말하고 싶지 않아 한다. 대개 이들은 정서 공포증 환자로, 문제에 관해 이야기한다면 압도적인 부정 정서를 불러일으킬까 두려워한다.

경계성 환자는 또 다른 무수한 이유로 이러한 논의를 거부한다. 한번 유사 자살 행동이 발생했을 때, 환자는 가끔 새로운 문제로 소위 '털고 나아간다'. 과거 행동을 논의하는 데 집중하면 환자가 치료 회기에서 이야기하고 싶은 현재 문제를 다룰 수 없기 때문이다. 때로, 경계성 환자는 자신의 유사 자살 행동에 수치감을 느끼고 이 이야기를 감당하기 어려워한다. 혹은 행동을 향한 DBT의 직설적 · 분석적 접근은 환자 입장에서 자기 정서 고통이 타당하지 않다고 느끼게 할 수 있다. 다른 행동이 가능하다는 관점을 비난이나 비판으로 해석할 수 있고, 극단의 불안, 공황 혹은 치료자를 향한 분노 감정을 이끌 수 있다. 그러나 여기서 회기 사이에 유사 자살 행동이 일어날 때마다 논의가 필요하다는 점을 기억해야 한다. 이 치료 요구에 따르지 않는다면 치료 방해 행동이고(치료가 DBT일 때), 이는 치료 회기에서 다뤄야 할 다음 쟁점이다.

경계성 환자는 또한 대체로 치료 방해 행동을 이야기하고 싶지 않아 한다. 특히 자기 행동으로 방해될 때 그러하다. 이러한 주저함의 이유는 앞서 유사 자살 행동 이야기를 회피하는 이유와 비슷하다. 삶의 질 방해 행동이 환자 관점에서 합당한 이야기 주제인지는 환자가 그 행동 양상이 문제라고 동의한 만큼에 따라 크게 달라진다. 그렇지 않다면 그러한 논의를 거부할 거라 예상할 수 있다. 그럴 때 치료자는 그 행동이 환자 삶에 미치는 실제 영향력을 자신이 잘못 평가했을 가능성을 열어 두어야 한다. 만약 어떤 행동이 환자에게 질 높은 삶을 구축할 기회를 심각하게 훼방하지 않는다면, 그 행동은 목표 목록의 우선순위에 놓여서는 안 된다. 물론 환자와 치료자 사이에 의견이 완전히 불일치할 수 있다. 이러한 상황에서 치료자가 취할 가장 좋은 방향은 두 사람 관점 사이에서 통합을 찾는 데 있다.

환자는 긍정 행동 역시 이야기하길 원치 않을 수 있다. 때로는 더 압박하는 문제를 이야기하고 싶어 한다. 그러할 때 긍정 행동을 강화하기 위해서는 환자의 선호를 아마 우선순위에 두어야 할 것이다. 또는 환자는 만약 성공이 드러날 경우, 더 많은 기대를 받으리라고 두려워할 수 있다. 혹은 칭찬받을 자격이 없다고 느끼기 때문에 칭찬을 불편해할 수 있다. 많은 사람에게 진전이란 치료나 치료 관계의 상실을 위협한다. 이러한 여러 상황은 치료 방해 행동이다. 따라서 지난 회기 동안 발생한 유사 자살 행동이나 자살 위기 행동을 분석한 바로 다음 두 번째 우선순위에 놓인다. 10장에서 논의한 것처럼 치료 초점을 통제하는 전략은 강력한 수반성 관리에 해당한다.

치료자 저항

어떤 치료자는 모든 사례에서 회기 초점을 통제하길 어려워한다. 특히 비지시적 치료 유형에 따라 훈련받았다면 더욱 그러하다. 그런데 어떤 환자는 모든 치료자가 통제하기 어렵다고 느낄 수 있다. 이 환자는 회기 동안 물러나 더는 말하기를 거부할 수 있고, 모든 질문에 "몰라요." "상관없어요."라고 반응하거나, 자살을 위협하거나, 극단적으로 흥분하거나 감정적이 되거나, 혹은 치료자가 처벌로 느낄 만한 여러 방법으로 반응한다. (물론 이러한 모든 반응은 치료 방해 행동의 예이다.)

어떤 치료자는 환자의 역기능 행동에 대해 듣고 싶지 않아 한다. 그러한 이야기는 치료자로서 유능감이나 통제감에 위협이 되거나, 치료자 자신이나 가까운 이의 행동 문제를 상기시킨다. 내가 지도한 어떤 치료자는 그 누구에게서도 '이상한' 행동에 대해 듣고 싶지 않다고 말했다. 어떤 치료자는 환자가 말하기 주저하는 이야기, 특히 자살 행동을 말하도록 강요한다면 환자 자살을 부추길까 두려워한다. 또 많은 사람은 환자가 이미 충분히 비참하다고 느낀다. 굳이 논의 주제를 강요해서 더 비참하게 만들 필요가 있을까 생각한다. 치료자가 이렇게 반응한다면 DBT에서 치료 방해 행동이다. 이는 단기적으로 환자의 기분을 나아지게 하지만 장기적 변화는 환자의 우선순위 문제 행동을 직접 다룸으로써 찾아온다.

흥미롭게도, 많은 치료자는 환자의 치료 방해 행동에 대해 환자와 직접 이야기하기를 주저한다. 나의 지도 경험을 보면, 많은 치료자는 소진되어 이미 늦은 시점까지 환자의 그러한 행동을 이야기하지 않고 미룬다. 지도 과정에서 이러한 문제가 발견되지만, 환자와는 쉽게 안 된다. 보통 이러한 치료자는 환자를 향한 자신의 '비치료적' 반응(예: 분노감, 소진, 치료 지속을 거부함)을 마치 자신의 부적절함으로 여기는 것 같다. 반대로, DBT는 이러한 반응에 치료 관계 문제가 있다는 지표로 접근한다. 즉, 치료 방해 행동이 일어나고 있다고 본다. 극소수 예외를 제외하고, 그러한 문제는 환자와 직접, 문제 해결 방식으로 논의한다. 이 주제는 9장, 15장에서 더 자세히 다룬다. 환자처럼 치료자도 자신의 치료 방해 행동을 이야기하거나 다루려 하지 않는다. 어떤 치료자는 자기 행동에 대한 환자의 호소를 마치 환자의 과도한 요구, 과잉민감성과 같은 식으로 논의를 탈바꿈하는 데 꽤나 능숙하다.

개인 치료 목표와 일지

치료자는 회기 사이 한 주 동안 유사 자살 혹은 다른 목표 행동이 일어났다는 사실을 어떻게 알 수 있을까? 물론 치료자가 물어볼 수 있다. 부정적 우선순위 행동이 자주 일어나거나 긍정적 행동이 낮은 빈도로 일어날 때 할 수 있는 간단한 방법이다. 예를 들어, 매일 자기 신체를 긋는 환자가 치료에 오고, 긋기를 멈출 수 있는 도움을 원한다면, 매 회기 시작할 때 치료자가 자해에 관해 물으면 된다. 그러나 내 경험상, 몇 주나 몇 달 동안 일어나지 않은 행동에 대해서는 치료자가 묻기가 점점 어려워진다. 마찬가지로, 어떤 경우 약물이나 술 사용이 당면한 문제가 아니라면 매주 이를 묻는다는 게 불편하거나 우스꽝스럽게 느껴질 수 있다. 만약 행동 기술 늘리기가 쟁점이고 환자가 성실하게 매주 기술을 적용한다면 매주 진전을 보고하도록 묻기란 어렵다. 내 경험상 약물이나 술 문제를 자발적으로 보고하는 경우는 드물다. 유사 자살 행동은 보고할 수도 있고 안 할 수도 있다. 유사 자살 행동에 치료자와 의사소통하는 기능이 있는지 아닌지에 따라 다르다. 그리고 환자가 행동 기술 활용 연습을 잊는다면, 이를 문제로 치료자에게 보고할 가능성은 작다.

이러한 어려움에 대한 가장 쉬운 해결책은 매주 환자가 일지를 작성해 오는 방법으로, 관련 행동에 대한 매일의 정보를 얻을 수 있다. [그림 6-1]에 일지 앞면을 제시하였다. 보이는 대로, 매일 마신 술 종류와 양, 처방 약물 유형과 양, 약국 구입 혹은 불법 약물 사용, 자살 생각 수준, 불행감 수준, 유사 자살 행동 충동 수준 그리고 이러한 행동 실행 여부에 관한 정보를 얻는다. 또한 매일 행동 기술 연습량을 평정한다. 일지는 다양한 목적을 위해 사용하는데, 하나의 주요 목적은 지난주 동안 발생한 목표 행동 관련 정보를 얻는 데 있다. 만약 일지에 유사 자살 행동이 있었다고 기록하면 이를 언급하고 논의한다. 만약 높은 자살 생각을 기록했다면 환자가 높은 자살 위험이 있는지 판단하기 위해 평가해 본다. 만약 과도한 술이나 약물 사용이 나타난다면 이를 논의한다(삶의 질 방해 행동으로). 처방 약을 먹지 않는 행동은 치료 방해 행동이 될 수 있다. 만약 일지를 가져오지 않거나 적절하게 채우지 않는다면 이는 치료 방해 행동이고 물론 논의 대상이다. 마지막으로, 환자와 치료자가 결정하여 기록할 수 있는 다른 행동을 위한 빈칸이 있다. 대개 적어도 치료 초기에

변증법행동치료 일지	이름:	시작 날짜:

날짜	술		약국 구입 일반의약품		처방 약물		길거리/불법 약물		자살 생각 (0~5)	불행감 (0~5)	자해						기술 사용 (0~7)*
	횟수	내용	횟수	내용	횟수	내용	횟수	내용			충동 (0~5)	행동 (○, ×)					
월																	
화																	
수																	
목																	
금																	
토																	
일																	

*
- 0=생각하지 않고, 사용하지 않음
- 1=생각했고, 사용하지 않고, 사용을 원치 않았음
- 2=생각했고, 사용하지 않고, 사용하길 원했음
- 3=시도했고, 사용 못함
- 4=시도했고, 사용했지만 도움이 안 됨
- 5=시도했고 사용했고 도움이 됨
- 6=자동으로 사용했고 도움이 안 됨
- 7=자동으로 사용했고 도움이 됨

[그림 6-1] DBT 일지 앞면

주: 우측 빈칸에 목록 이외 추가 행동을 환자가 기록할 수 있다. 이는 치료자와 함께 결정한다.

이 칸은 삶의 질 방해 행동을 기록하는 데 쓴다. 예를 들어, 나는 매일 환자에게 업무 시간, 백일몽에 빠지는 시간, 폭식 삽화, 운동량, 거부하고 싶은 상황을 회피하려는 충동의 횟수, 해리 경험 횟수 등을 기록하게 한 적도 있다.

환자는 최소한 치료 첫 두 단계 동안 일지를 작성한다. 유사 자살이나 물질 남용 문제가 완화되면, 환자들은 대체로 일지 작성을 지속하지 않으려고 한다. 그러나 외상후 스트레스 작업을 하는 동안 이러한 행동이 돌아올 가능성이 크므로, 일지는 3단계에 이르기까지는 멈추어서는 안 된다. 이 시점에서 지속할지는 환자와 치료자 사이에서 협상할 부분이다. 그렇다고 해서 첫 단계 마지막이나 두 번째 단계 무렵에 공정한 정도의 협상이 불가하다는 말은 아니다. 환자가 주장 기술을 더 배울수록 치료 안에서 이러한 기술을 더 자주 쓰도록 기대할 수 있다. 이러한 주장 연습에 일지는 언제나 완벽한 수단이다. 내가 휴가 갔을 때 일지 채우기를 거부하는 원칙을 세운 환자가 있었다. 만약 내가 휴가 갔다면 자신에게도 휴가가 허락되어야 한다는 이유에서였다. 그 이유는 내게 합당해 보였다.

기술 훈련: 목표 위계

말 그대로 기술 훈련은 행동 기술 습득과 단련에 일차 중점이 있다. DBT 기술 훈련에는 마음챙김, 고통 감싸기, 갈등 상황에서 대인관계 효과성, 그리고 정서 조절의 네 가지 개별 모듈이 있다. 기술 훈련에서 목표 순서를 〈표 6-3〉에 제시하였다. 기술 훈련 매뉴얼에서 목표와 순서를 구체적으로 다루었으므로 여기서는 다루지 않겠다. 기술 훈련에서 목표 위계는 개인 심리치료와 다르다는 점이 중요하다.

〈표 6-3〉 DBT 기술 훈련에서 일차 목표 위계

1. 치료를 파괴하는 행동을 멈추기
2. 기술 습득, 강화, 일반화
   - A. 핵심 마음챙김 기술
   - B. 대인관계 효과성
   - C. 정서 조절
   - D. 고통 감싸기
3. 치료 방해 행동 감소

지지 프로세스 집단: 목표 위계

기술 훈련에서 회기 내 프로세스 측면에 거의 직접 주목하지 않는 점과 달리, DBT에서 지지 프로세스 집단 치료는 집단 만남 도중에 발생하는 행동에 주목한다. 즉, 집단 프로세스가 변화의 운송 수단이다. 따라서 일차 목표는 집단 모임 바깥에서 환자가 보이는 문제를 특정한 예처럼 보여 주는 회기 내 행동 표본이다. 치료가 효과적이려면 이러한 공통점 찾기가 핵심이다. 만약 착하게 행동하는 게 환자 일상에서 전혀 좋은 기능이 되지 못할 때, 환자가 좋은 집단 구성원으로 행동하도록 가르친다면 해가 된다. 프로세스 집단의 안건은 다른 어떤 DBT 형태 중에서도 집단 치료자가 훨씬 덜 엄격하게 통제하고, 목표 위계도 덜 경직된 방식으로 적용한다. 그러나 환자에게 치료 방향을 잡아 주고 회기 내 언급이나 질문을 통해서 치료자는 치료 주제 혹은 어떤 행동을 강화할지에 영향을 미칠 수 있다.

프로세스 집단에서 목표 위계를 〈표 6-4〉에 제시하였다. 가장 중요한 목표 위계는 치료 방해 행동에 해당한다(예: 회기에 오지 않기, 지각하기, 중요하지 않은 이유로 빠지기, 동의한 바를 지키지 않기, 집단 규칙을 어기기, 뒤로 빠지기, 타인을 공격하기 등). 개인 DBT와 기술 훈련 집단에서 치료자는 이러한 쟁점을 다루는 일차 책임을 지닌다. 그런데 프로세스 집단에서 집단 구성원이나 집단 치료자의 치료 방해 행동은 두 번째로 가장 중요한 목표, 즉 특히 갈등 상황에서 대인관계 기술 사용을 강화하는 목표를 작업할 기회를 환자에게 제공한다. 세 번째 목표 위계는 집단 상호작용 안에서 벌어지는 행동 양상, 즉 집단 바깥이라면 환자 삶의 질을 방해하거나(줄일 행동) 높이는(늘릴 행동) 행동을 포함한다. 두 가지 지점을

〈표 6-4〉 DBT 지지 프로세스 집단에서 일차 목표 위계

1. 치료 방해 행동 감소
2. 대인관계 기술 강화
3. 긍정적 삶의 질을 위해 필요한 행동 증진, 긍정적 삶의 질을 방해하는 행동 감소
   A. 정서 반응성
   B. 자기 비타당화
   C. 위기 유발 행동
   D. 애도 억제
   E. 적극적 수동성 행동
   F. 기분 의존성 행동

주목해야 한다. 첫째, 치료 바깥 사건이나 행동이 아니라 회기 안에서 나타나는 행동에 초점을 두어야 한다. 둘째, 강조하거나 강화할, 처벌하거나 소거할 특정 행동은 개별 환자마다 다르다. 즉, 모든 환자에게 모든 목표가 똑같이 중요하지 않다는 뜻이다.

전화 사용: 목표 위계

환자와 전화 대화 목표는 전화가 주 치료자, 기술 훈련자, 보조 치료자 중 누구에게 왔느냐에 따라 다르다. 〈표 6-5〉에 목표 위계를 요약하였다.

〈표 6-5〉 전화 사용의 일차 목표 위계

개인 치료자와 전화
1. 자살 위기 행동 감소
2. 행동 기술 일반화 증진
3. 치료자와 갈등하는 느낌, 소외감, 거리감 감소
기술 훈련자 및 다른 치료자와 전화
1. 치료를 파괴할 행동 감소

주 치료자와 전화

DBT에서는 회기 사이에 주 치료자와의 전화 통화를 독려한다. (만약 환자가 너무 자주 전화할까 바로 걱정된다면, 너무 자주 전화하는 환자 행동은 치료 방해 행동으로 간주한다는 걸 기억할 필요가 있다.) 전화에서 목표 위계를 이해하려면, 주 치료자는 왜 DBT에서 전화를 선호하는지에 관한 세 가지 이유를 기억하도록 한다. 첫째, 직접 도움을 요청하기 어려워서 '도움을 절박하게 호소'하고자 자살을 시도하거나 이러한 어려움에 따른 고통스러운 결과에 괴로워하는 사람에게 전화란 바로 이 역기능 행동을 변화시키기 위한 연습이다. 치료자가 자살 행동을 멈추도록 개입하는 방법이다.

둘째, DBT를 일상에서 일반화시키는 데에는 가끔 도움이 필요하다. 전화를 통해 성공적인 일반화를 위한 코칭을 얻을 수 있다. DBT에서 주 치료자는 마치 고등학교 농구 코치 같다. 개인 심리치료 회기는 마치 매일 방과 후 연습 시간과 같이 기본기를 가르치고 경기를 위한 기본 기술을 쌓는 데 집중한다. 반대로, 전화는 실제 경기 동안 일어나는 코치와 팀원의 상호작용과 같다. 코치는 매주 연습 시간에 배운 바를 기억하고 활용하도록 팀원을 돕는다. 스포츠에서 경기에 참석하지 않거나 팀원을 돕지 않겠다고 거부하는 코치는 상상하기 어렵다. 어떤 코치도 그건 내 일이 아니라고 하거나, 경기 동안 선수를 돕는다면 의존성을 높인다고 하거나, 경기 도중 조언을 구하는 행동이 코치를 적대하고 공격하는 행동이라고 말하지 않을 것이다.

셋째, 친밀한 관계에서 대인관계 갈등이나 위기가 발생할 때, 어려움을 겪는 사람이 이 문제를 해소하려면 상대가 정한 특정 시간 동안을 기다려야 한다는 건 합당해 보이지 않는다. 이러한 상황에서 전화는 환자와 치료자 사이의 대인관계 유대를 높일 기회를 제공하고, 동시에 치료에서 균형 잡힌 권력 분배의 기회를 제공한다. 다른 치료 관점에서 보자면 전화가 환자의 '역량을 강화'시킨다.

전화를 쓰는 세 가지 이유는 전화 목표를 결정한다. 중요도에 따라 ① 자살 위기 행동 감소, ② 일상에서 기술 활용 증진, ③ 대인관계 위기, 소외감, 혹은 환자와 치료자 사이 거리감 해소 순서로 목표가 있다. 경계성 환자와 다른 상호작용과 마찬가지로 치료자가 전화 회기를 궤도 위에 올리기란 몹시 어려울 수 있다. 자살 위기 행동과 관련하여, 주 초점은 위기를 평가하고 대안 행동을 결정하기 위한 문제 해결 접근을 쓰는 데 있다. 보통 이 문제 해결은 현 상황에서 환자가 DBT 행동 기술을 어떻게 적용할지에 관한 논의로 이어질 것이다. 혹은 만약 문제가 치료자와 관계에 있다면 그 논의가 이어질 것이다. 어쨌든 환자를 살려놓는 일이 언제나 다른 목표에 우선한다.

기술 일반화와 관련하여, DBT 치료자가 전화에서 보통 하는 말은 "이런 상황에서 어떤 기술을 쓸 수 있을까요?"이다. 치료자는 다음 회기에서 만날 때까지 지금 문제에 대처하기 위해 환자가 기술을 어떻게 쓸 수 있을지에 부단히 초점을 맞춘다. 치료 초기에는 환자가 고통 감싸기 기술(위기 생존 포함)을 활용하는 게 일차 목표이다. 현재 위기를 분석하고 해결을 고안하는 것은 치료 회기의 주제이지, 전화 회기의 주제는 아니다. 전화 회기에서 목표는 문제나 위기를 해소하는 게 절대 아니다. 이 점을 치료자가 잘 기억하도록 해야 한다. 왜냐하면 전화에서 환자는 대체로 문제를 해소하려는 주목적을 갖기 때문이다.

경계성 환자는 때로 치료자에게 화가 나고, 치료자로부터 소외감과 거리감을 느낀다. 치료 회기 안에서 이러한 느낌은 자주 촉발된다. 그러나 이러한 상호작용에 대한 반응이 지연되어 나타나기도 한다. 분노, 슬픔, 소외감 혹은 다른 고통스러운 정서는 상호작용이 끝나고 시간이 흐르고 나서야 나타날 수 있다. 이러한 상황에서 치료자에게 전화할 수 있다면 적절하다. DBT 관점에서 이러한 전화 목표는 치료자에 대한 환자의 소외감과 거리감을 줄이는 데 있다. 환자에게 역기능 행동을 강화하지 않으면서 이러한 문제에 도움을 주어야 한다는 건 치료자에게 어려울 수 있다. 이는 15장에서 더 자세히 다루겠다. 치료 초기에 전화 상호작용은 빈번하고 꽤 오래 지속될 수 있다. 10장에서 한계 관찰이라는 치료 전략을 논의할 텐데, 치료자가 소진되지 않으려면 한계 관찰은 매우 중요하다. 치료가 진전하고 관계에서 믿음이 커질수록 전화의 빈도와 지속 시간은 모두 감소할 것이다.

기술 훈련자 및 다른 치료자와 전화

행동 기술을 일상에서 적용하는 데 전화로 도와줄 만한 사람은 언뜻 생각하면 기술 훈련자일 것 같지만, DBT에서 기술 훈련은 집단으로 수행하더라도 전화는 개인 치료자에게 하도록 안내받는다. 대개 개인 치료자는 환자의 현 능력이나 한계에 관해 더 잘 알고 있고, '아주 약간씩의 개선'을 요구하고 강화할 수 있는 좋은 입장에 있다. 다른 장면에서 전화나 부수적 접촉에 관한 이러한 제한은 필요하지 않을 수 있다. 예를 들어, 만약 기술 훈련을 개인으로 가르친다면, 환자가 치료 회기 바깥에서 구체적 행동 기술을 적용할 때 기술을 가르치는 사람에게 전화할 수 있는 게 합당해 보인다. 만약 병동이나 낮병원 장면에서 전형적인 병동 환경 조성 치료를 사용한다면 기술 일반화를 돕기 위한 자문 제공 역할은 아마도 대개 병동 직원에게 주어질 것이다. 이러한 경우 두 번째 목표는 일상에서 기술 활용이 된다.

우리 프로그램에서 기술 훈련자가 전화를 쓰는 유일한 목적은 환자를 기술 훈련에 계속 참여하도록 하기 위해서이다. 즉, 치료 지속을 위협하는 어떤 행동도 줄이도록 한다. 분명하게도, 이 목표를 달성하려면 환자가 살아 있도록 해야 한다. DBT 프로그램에서 다른 치료자 혹은 프로그램 책임자도 유사한 위치에 있다. 환자의 프로그램 참여 지속을 위협하는 모든 문제에 유일하게 집중한다. 모든 다른 문제는 주 치료자가 다룬다.

만약 환자가 기술 훈련자나 다른 치료자 혹은 프로그램이나 부서 책임자에게 전화를 해서 위기 상황이나 어떤 상황에서 기술 활용에 도움을 요청한다면, 전화를 받은 치료자는 개인 치료자에게 연결하고, 개인 치료자와 통화할 수 있을 때까지 고통 감싸기 기술 정도로 도울 수 있다. 만약 환자가 즉각 자살 위험에 처해 있다면 환자의 안전을 확보하기 위해 필요한 일을 하고 개인 치료자에게 문제를 넘긴다. 이러한 점에 관한 보다 구체적 논의는 기술 훈련 매뉴얼에 제공하였다.

목표 행동과 회기 초점: 누가 결정하는가

만약 환자가 우선순위 목표 행동을 이야기하고 싶지 않다면, 치료자는 환자 소망에 반대하여 치료 초점을 조절해야 하는 과제에 직면한다. DBT에서 치료자는 진행하는 회기에서 목표 위계에 굳건히 따라야 한다. 물론 이로 인해 힘의 다툼이 생기면서 다른 압도적인 문제로 주의가 이탈할 수 있지만 항상 그렇지는 않다. 치료자는 여러 사항을 기억하고 주의해야 한다. 가장 중요하게, 치료자는 우선순위 행동에 집중해야 함을 믿어야 한다. 다시 말해, 우선순위 행동에 문제 해결 접근을 적용하는 중요성을 믿어야 한다. 분명히, 환자는 이 접근을 믿지 않으며 자주 치료자의 인내를 처벌하고 다른 주제로 넘어가기를 강화한다. 만약 치료자도 문제 행동을 직접 직면해야 함을 믿지 않는다면 다른 주제에 집중하고자 하는 환자의 압력에 저항하기 어려울 것이다. 해법은 치료자가 회기 동안 단기적인 평화보다는 장기적 이득에 단호히 집중을 유지하는 데 있다(즉, 치료자는 기술 훈련에서 환자에게 가르친 고통 감싸기 모듈 위기 생존 전략을 본인이 연습해야 한다).

물론 회기에서 가장 먼저 나누는 말이 반드시 우선순위 행동은 아니어도 되지만 그럼에도 이를 무시할 수 없다. 만약 우선순위 행동 말고 다른 무언가를 나누는 데 치료자가 동의해 버린다면 본인도 모르게 회피 행동을 강화하는 셈이다. 우선순위 행동을 이야기하자고 주도함으로써 치료자는 회피 행동을 소거한다. 때로 환자는 치료자의 주도에 철수하는 반응을 보일 수 있다. 말하기를 거부하거나, 치료자나 치료를 공격하거나, 보통 '성질 부린다'로 뭉뚱그릴 수 있는 행동을 할 수 있다. 만약 환자가 이러한 행동에 효과를 본다면, 즉 치료자가 이런 환자의 반응으로 인해 우선순위 행동을 얘기하지 않도록 설득당한다면 환자의 역기능 양상이나 거부 행동에 보상을 주는 셈이다. 눈보라에 길을 잃은 채 누워서 잠들려는 저체온증 사람을 돕는 것과 비슷하다. 좋은 동행이라면 저체온증 피해자가 계속 움직이게끔 필요한 도움을 줄 것이다. (이 비유는 물러서는 환자로부터 협력을 얻어 내는 데 유용하다.)

구체적으로 10장에서 논의하겠지만, 핵심은 흔들리지 않고 양보하지 않음과 동시에 흔들리지 않고 위안을 주는 방법이다. 여기서 위안 주기란 우선순위 행동을 이야기하는 중요성에 대해 환자의 방향을 잡아 주고, 그러한 행동을 작업하기로 한 환자의 전념을 상기시키거나, 원치 않는 주제를 이야기하는 시점과 분량을 타협하거나, 이러한 접근에 대한 환자의 어려움을 타당하다고 전달한다는 뜻이다. 흔들리지 않는 양보 불가란 행동주의 및 해결 분석을 계속하고, 환자의 모든 반응을 보이는 그대로 받아들이고, 궤도를 이탈하지 않으면서, 이 모든 와중에 따뜻함과 관심으로 반응한다는 뜻이다. 내 경험상 환자가 한번 규칙을 배우고 치료자가 치료에서 예외 없이 우선순위 행동을 피하지 않는다는 점을 알게 되면 다음 둘 중 하나가 발생한다. 논의하지 않아도 될 만큼 우선순위 행동에 충분한 진전을 보이거나, 아니면 치료 지침에 협조한다.

다른 장면에서 목표 위계 변경하기

앞서 언급한 특정 목표나 목표 유형을 절대로 바꾸지 말아야만 하는 데 선험적 이유는 없다. 여기서 설명한 위계는 외래 치료 장면에서 분명 유용했지만, 다른 치료 장면에서 목표 유형이나 중요도 순서에 변경이 필요할 수 있다. 특정 행동을 목표로 하는 치료 계획을 갖춘 어떤 프로그램도 DBT 접근과 결합할 수 있다. 다른 장면에서 치료 목표는 전체 DBT 프로그램보다는 훨씬 제한될 가능성이 크다. 그럼에도 자살 위험을 낮추거나 치료 파괴 행동을 낮추는 목표는 어떤 장면에서나 우선해야 한다.

자살 행동 감소 책임

내 생각에 주 치료자는 항상 자살 행동, 유사 자살 행동 감소에 가장 우선순위를 두어야 한다. 주 치료자는 이 목표를 경시하거나 무시할 수 없다. 응급 장면에서 환자가 자살 행동을 줄이도록 돕는 중 책임을 맡은 사람은 개별 접촉을 하는 사람이거나 환자와 대체로 낯익은 사람이 된다. 이러한 응급 장면의 단기성 때문에 책임자는 특정 역할을 하는 사람이지 특정한 개인은 아니다. 예를 들어, 일차 접촉자는 매일 바뀔 수 있고 혹은 매일 있어도 교대 근무를 할 수 있다. 외래 치료자와 병동 치료자가 같은 사람이라면 그 치료자가 가장 이상적인 사람이다. 낮병동에서 책임자는 사례 관리자일 수 있다. 핵심은, 어떤 장면에서 치료를 받는 도중 자살 행동이 발생하거나 발생할 위험이 생기면 DBT는 치료 전략으로 행동에 직접 초점을 맞추어야 하고 누군가가 이를 수행해야 한다. 이러한 행동을 무시할 수 없다.

우리 클리닉에서 개인 심리치료자는 직접 자살 행동 감소를 목표로 삼는 유일한 사람이다. 다른 모든 치료팀 구성원은 환자를 살아 있게끔 하는 최소한의 요구만 수행한다. 덧붙여서 이들은 자살 혹은 유사 자살 위기를 기술 활용을 도울 기회로 활용할 수 있다(예: 개인 치료자를 만나기 전까지 유사 자살 행동을 하지 않고 스트레스를 감내하기). 그 외 경우에 모든 치료팀 구성원은 환자를 개인 심리치료자에게 보내고, 개인 심리치료자가 자살 행동 집중 작업이나 위기를 관리한다.

DBT를 사용하는 여러 사람은 각기 다른 체계를 개발하였다. 예를 들어, 모든 병동 환경 치료자(간호사, 정신건강 전문가 등)는 자살 혹은 유사 자살 행동에 즉각 문제 해결 전략을 적용하며 대응할 수 있다. 환자–직원 공동체 모임이 치료 일부라면 장면 전체가 유사 자살 삽화를 목표로 삼을 수 있다. 예를 들어, 한 주에 있었던 유사 자살 행동의 행동주의 및 해결 분석(9장 참조)은 매주 안건의 일부일 수 있다. 유사 자살 행동 뒤 프로세스 집단 회기에서 전체 집단은 이 분석에 조력할 수 있다. 외래 DBT라면 앞서 설명했듯이 목표를 지키지만, 누가 어떤 목표에 책임자인가는 치료 장소나 장면에 따라 다르다. 원칙적으로 치료팀 모든 전담자가 목표, 한계, 규칙을 선명하고 구체적으로 이해하고 있다면 DBT는 변화를 제한할 이유가 없다. 앞으로 10장, 15장에서 설명하겠지만 가장 중요한 원칙은 치료가 감소시키고자 의도한 행동을 오히려 강화하지 않도록 변화 전략을 적용하는 데 있다.

다른 목표에 대한 책임

가용한 치료 장면이나 기간에 따라 치료 목표는 한 장면 안의 모든 환자를 위해 조합한 일반 목표일 수 있고(예: 모든 사람이 참석하는 집단에서 배운 기술 늘리기), 개별 환자마다 발전시킨 개별 목표일 수 있다. 예를 들어, 환자 각각은 자기만의 삶의 질 방해 행동 목표를 갖출 수 있다. 내 경험상 응급 병동 장면에서 대개 목표하는 중요한 삶의 질 방해 행동으로는 살 만한 집을 구하거나 여러 위기 상황에 대처를 어렵게 하는 적극적 수동성이 있다. 만약 치료 전략이 학대 외상후 스트레스 단서에 대한 노출을 포함한다면, 때 이른 시도 결과로 자살 행동이 발생할 수 있으므로 병동 장면은 최소한 이러한 작업의 초반을 수행하는 데 이상적인 환경일 수 있다. 물질 남용 문제를 위해 구조화된 장면은 물론 물질 남용 감소를 일차 목표로 삼을 것이다. 외래 치료 말고 다른 여러 장면 역시 DBT에서 가르치는 행동 기술 습득을 다양한 방식으로 목표 삼는다. 주장성을 가르치거나, 우울 완화를 위한 인지 기술 혹은 분노 관리 기술을 가르치기 위한 삶의 기술 교실이나 집단은 흔하다.

다른 치료 형태를 위한 목표 구체화

앞서 말했듯이, 우리 클리닉에서 DBT 형태는 개인 심리치료, 집단 기술 훈련, 지지 프로세스 집단 치료, 전화 그리고 치료자 사례 자문으로 구성되어 있다. 그러나 어떤 장면에서는 다른 종류의 치료 형태가 매우 중요할 수 있다. 예를 들어, 병동이나 낮병원에서는 병동 환경 개입 형태의 치료가 있다. 환자–직원 공동체 모임은 또 다른 방법이다. 직업 상담, '웰니스' 혹은 운동 교실, 고등학교 교실 등은 어떤 장면에서 매우 중요한 형태이다. 공동체 정신건강 장면에서 사례 관리, 위기 아웃리치 그리고 응급실 관리는 때로 중요한 형태이다. 여기서 핵심은 제공하는 치료 형태가 무엇이든, 각 유형마다 목표를 분명하게 순서대로 나열해야 한다. 예를 들어, 위기 아웃리치나 응급실 관리 모두 우선으로 즉각 자살 위기 행동을 완화하고 다음으로 기술 일반화를 목표로 삼을 수 있다.

화이트 플레인즈 소재 코넬 의료센터/뉴욕 병원 Charles Swenson이 책임자인 장기 입원 병동 장면에서 DBT 기술 훈련 집단은 정규 치료의 일부이다. 더하여, 병동마다 기술 자문 제공자가 정해졌다(새로운 치료 유형). 이 자문가는 매일 출퇴근하여 환자가 병동 일상에서 새 기술을 적용하는 데 질문이나 문제가 생기면 그에게 찾아갈 수 있다. 행동 기술 일반화 목표는 개인 심리치료자가 아닌 이 자문가에게 일차 목표이다. 만약 개인 심리치료자가 DBT를 수행하지 않는다면 이러한 접근이 특히 유용할 수 있다.

DBT는 병동 환경 조성에서 점차 확산하고 있다. 이러한 장면에서 병동 환경 행동 목표를 분명히 정하고, 이 목표를 다루기 위해 DBT 치료 전략을 조직화하는 능력이 곧 성공과 밀접한 관련이 있다. 병동 환경 상호작용에서 목표 위계 목록은 다음과 같다. ① 유사 자살 및 자살 예방, ② 장면의 기능 혹은 응집력을 방해하는 행동 줄이기, ③ 장면 내 상호작용에서 DBT 행동 기술 일반화 늘리기, ④ 장면 안에서 일어나는 삶의 질 방해 행동 줄이고 삶의 질 증진 행동 늘리기.

입원 병동에서 자살 혹은 치료 방해 행동에 대해 가지는 한계는 개인 심리치료자의 한계와는 사뭇 다르다. 우리 사회는 병동이라는 특정 장면에서는 행동을 통제해야 한다고 기대하므로, 이 경우 행동을 완전히 통제해야 하는 한계가 더 중요할 수 있다. 따라서 병동 치료진은 개인 심리치료자가 정하는 바와는 다른 행동 규칙이나 수반성을 만들 것이다. 이러한 규칙은 개별 환자의 복지뿐만 아니라 병동 전체의 복지를 목표로 삼아야 하는 병동 치료진의 필요를 반영한다. 치료진 혹은 환자에게 발생한 치료 방해 행동을 집어내려면 보다 자세하고 맥락 구체적인 치료 방해 행동의 개념이 필요하다. 장기 입원 장면에서 병동은 기술 일반화 늘리기에 일차 책임이 있을 수 있다. 이런 장면에서 환자는 개인 심리치료자보다 병동 치료진에게 전화한다면 더 적절할 수 있다. 지지 프로세스 집단의 가치는 병동 안에서 유용한 행동이 바깥 세상에서도 유용한 정도에 따라 다르다. 경계성 사람에게 좋은 환자가 되도록 가르친다고 그게 유용한 목표는 아니다. 내 경험상 많은 경계성 사람은 이미 좋은 환자 역할에 익숙하다.

병동 혹은 다른 기관 장면에서는 대체로 한 명 이상 혹은 여러 명의 기관 책임자가 있다. 이러한 장면에서 이들 책임자 개인은 치료 목표를 구체화해야 한다. 대체로 이들은 환자나 치료자가 병동 혹은 기관의 한계를 잘 관찰하도록 할 책임이 있다. 또한 이들은 대개 치료자 행동에 책임이 있으므로 치료자의 제대로 된 DBT 전달을 목표로 삼는다.

목표 책임에 따른 영역 갈등

4장에서 논의했듯이 치료자를 위한 DBT 형태로는 매주 사례 자문 및 지도 모임이 있다. 내 경험상 여기에 잘 참석하고 전체 치료팀이 DBT의 정신과 변증법 틀을 수용한다면 목표 책임에 관한 갈등은 거의 일어나지 않는다. 이 협력에서 핵심은 어떤 치료 목표가 어느 치료 형태에 해당하느냐가 분명하고 각 치료 형태 안에서 목표 위계가 분명한 데 있다. 예를 들어, 우리 클리닉의 표준 DBT에서 기술 훈련자는 유사 자살이나 고위험 자살 행동이 자신의 최우선순위가 아니라는 점을 분명히 이해해야 한다. 이는 주 치료자에게 최우선순위이다. 따라서 그러한 행동 위험이 있을 때, 기술 훈련자는 환자의 주 치료자에게 연락하거나 의뢰하지 그 자리에서 위해 금지 계약을 쓰거나 환자를 병원에 보내는 식으로 일하지 않는다. 협력의 두 번째 요소는 13장에서 논의하겠지만 DBT 철학이다. 팀 구성원끼리 무언가를 항상 동의하거나, 환자에게 모두 똑같은 말만 하거나, 혹은 특별히 환자에게 일관적으로 대할 필요는 없다. 만약 2명의 팀 구성원이 대인관계 기술을 가르치는 데 서로 반대되는 행동을 가르친다면 무엇을 배우거나 버릴지 구분하는 책임은 환자에게 있다(필요하다면 주 치료자가 도울 수 있다). 팀 이탈을 예방하는 세 번째 측면은 팀 구성원 사이의 상호 존중이다. 갈등이 생길 때 변증법과 문제 해결 전략을 적용한다. 그러나 방어적이거나 판단하는 태도는 이러한 노력을 쉽게 이탈시키고 만다.

반대로, 환자가 보조 치료를 활용할 때 갈등할 가능성이 커진다. 어느 심리학자에게 구체적 문제, 예를 들어 비행 공포의 탈민감화 같은 문제에 행동주의 치료를 의뢰했을 때 이 치료자가 수동성과 회피와 관련된 만연한 두려움 등 문제로 목표를 확장할 수 있다. 약물치료자가 주 치료자에게 환자를 돌려보내지 않은 채 우울이나 자살 사고에는 다른 방식의 치료(예: 입원)가 필요하다고 결정할 수 있다. 병동 치료진이 완전히 다른 치료 계획을 세워서 환자를 전혀 다른 외래 치료자에게 보낼 수 있다. 물론 DBT는 DBT 팀에서 치료 우선순위를 결정하고 있지만 다른 보조 치료자의 치료 우선순위에 직접 영향을 미치려는 입장은 아니다. 영향을 미치는 부담을 환자가 지는데, 여기서 '환자에게 자문하기 접근'을 쓴다. 이는 13장에서 더 자세히 논의하겠다.

마치며

DBT 치료 구조화에는 두 가지 이해가 필요하다. 환자가 어떤 치료 단계에 있는지에 관한 분명한 이해, 그리고 특정 환자의 특정 치료 목표 및 이 목표가 전체 치료 그림과 어떻게 연관되는지에 대한 분명한 이해이다. 만약 한 환자에게 치료자가 본인 한 명일지라도, 치료자는 자기 목표를 이해하고 환자와 매 순간 상호작용에서 이를 분명하게 적용해야 한다. 이 분명함에 도달했다면 치료 방침을 따라야 한다. 많은 치료자가 바로 이 측면을 따르는 데 가장 어려워한다고 드러났다. 이 장에서 제시한 치료 방침을 굳건히 믿지 않는다면 따르기는 불가능할 것이다. 일단 믿기 시작했다면 환자를 보호하려는 태도를 지키고 고통과 역기능이 계속되기를 허락하지 않아야 한다. DBT에 관해 나의 학생 중 한 명은 이렇게 말했다. 환자가 변하도록 도우려면 치료자는 '따뜻하고도 가차 없이' 결심해야 한다. (만약 실증을 중시한다면) 치료 효능에 관한 실증 자료를 기억해 보면 도움이 된다.

3부

기본 치료 전략

Cognitive-Behavioral Treatment of Borderline Personality Disorder

7장

변증법 치료 전략

DBT 치료 전략은 5장과 6장에서 설명한 치료 목표를 달성하기 위해 치료자가 사용하는 조율된 활동, 책략 그리고 절차이다. 전략은 치료자가 어떤 역할을 하고 무엇에 초점을 둬야 하는지 설명하고, 환자가 제시하는 특정한 문제에 치료자가 어떤 조율된 반응을 보여야 할지 알려 준다. DBT에서 '전략'이라는 용어가 의미하는 바는 다른 치료 접근에서 '절차' '프로토콜' 그리고 '기법'과 같다. 내가 '전략'이라는 용어를 선호하는 이유는 행동 계획과 계획을 실행하는 수완을 모두 함축하기 때문이다. 하나의 전략 세트는 여러 요소를 포함하고 있지만, 이들 모두가 모든 경우에 꼭 필요하지는 않다. 여기에 제시한 정확한 지침을 융통성 없이 고수하기보다 여러 전략의 의도를 잘 적용하는 게 더 중요하다. 이 장에서 나는 DBT 주요 전략을 정의하고 개요를 설명하였다.

DBT 기본 치료 전략은 [그림 7-1]에 묘사하였다. 전략은 네 가지 큰 범주로 분류한다. ① 변증법 전략, ② 핵심 전략, ③ 스타일 전략 그리고 ④ 사례 관리 전략이다(이 네 가지 범주의 다양한 조합을 포함하는 구체적 통합 전략은 이 책 마지막 두 장에서 논의한다). 변증법 전략은 치료 전반에 걸쳐 있고 치료 전체를 이끈다. 핵심 전략은 문제 해결과 타당화 전략으로 이루어진다. '핵심 전략'이라는 이름이 시사하듯, 핵심 전략은 변증법 전략과 함께 치료에서 중심에 위치한다. 스타일 전략은 치료에 어울리는 대인관계 양식과 의사소통 양식을 구체화한다. 사례 관리 전략은 환자가 속한 사회 연결망에서 치료자가 상호작용하고 반응

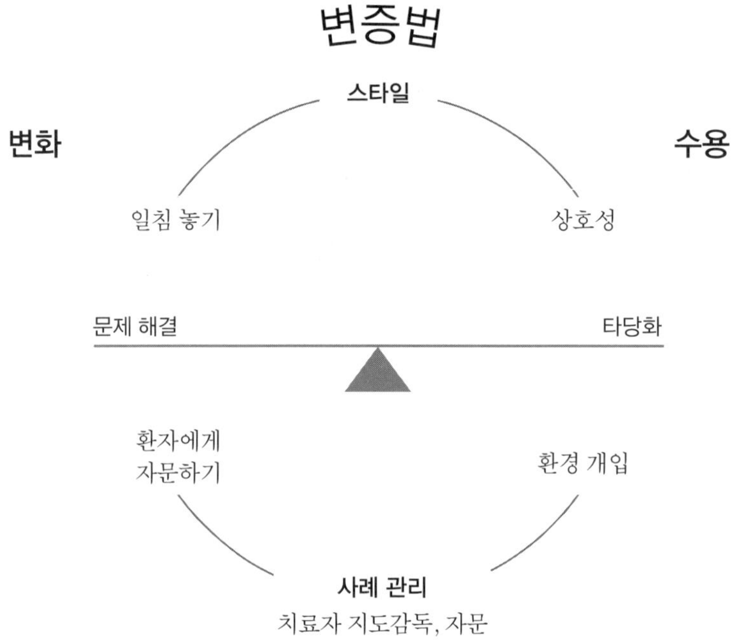

[그림 7-1] DBT 치료 전략

하는 방법과 관련 있다. 개별 환자에게 어떤 전략은 다른 전략보다 더 자주 사용하고, 하나 이상의 전략은 드물게만 필요할 수 있다. 하나의 회기에서 모든 전략이 필요하거나 적절하지는 않으며, 적합한 조합은 시간이 지나며 변화할 수 있다.

이 장과 이어지는 장에서 기술하는 전략은 의심할 여지 없이 현재 쓰이는 다양한 여러 심리치료 측면과 공통점이 많을 것이다. 치료 모형을 개발하는 사람은 그가 치료하는 환자로부터 치료를 어떻게 해 나갈지, 즉 무엇이 효과가 있고 무엇이 없는지를 배우게 마련이므로, 비슷한 환자와 문제를 다루는 다양한 접근 사이에는 겹치는 부분이 많을 수밖에 없다. 특정 치료 접근이 경계성 환자에게 어떻게 그리고 왜 효과가 있는지는 이론 지향점 사이에 차이가 있을지언정, 실제로 효과가 있는 치료 행동 자체는 아마 서로 크게 다르지 않을 것이다. 나는 이 책의 초고를 쓰면서 찾을 수 있는 모든 행동주의, 비행동주의 치료 매뉴얼을 읽었다. 나는 또한 초보 치료자가 치료에서 어떻게 행동해야 하는지 알려 주는 책도 읽었다. 내게는 다른 사람이 자기 치료의 특정 행동을 어떻게 설명하는지 보고자 하는 의도가 있었다. 내가 DBT에서 사용하는 것과 같거나 비슷한 치료 요소나 전략을 찾을 때마다 이를 기술하는 데 비슷한 언어를 사용하고자 했다. 따라서 어떤 의미에서 이 매뉴얼의 상당 부분은 앞서 나온 매뉴얼에서 '훔쳤다'. 내가 DBT 워크숍을 실시할 때면 치료자들은 내가 그들이 이미 경계성 환자에게 쓰는 방법을 이야기하고 있다는 반응을 보이곤 한다. 이러한 반응은 그들이 어떤 이론 입장을 따르는지 불문하고 흔히 나온다. 따라서 나는 많은 치료자가 이 장에서 기술한 치료 행동에서 그들 자신의 치료 행동을 상당히 찾아내게 될 거라 추측한다.[1)]

변증법 전략 정의하기

변증법 전략은 DBT 모든 측면에 스며들어 있다. 변증법 철학 관점(2장에서 충분히 논의)에서 현실이란 계속되는 발달과 변화의 상태에 놓인 전체적 과정이며, 여기에서부터 이 전략이 싹텄다. 변증법 전략은 개인 안에서 그리고 개인–환경 체계에서 일어나는 모순되는 감정, 반대되는 사고 양상, 가치 그리고 행동 전략이 생성해 내는 창조적 긴장을 강조한다. 내가 이 책 전체에 걸쳐 재차 강조하듯 주요한 치료 변증법은 현실을 있는 그대로 수용하는 맥락에서 변화로 나아가는 변증법이다. 치료자는 치료 상호작용 안에서 일어나는 변증법 긴장을 최적화하기 위해 전략적으로 반응함으로써 변화를 촉진한다. 그리고 매일의 삶뿐 아니라 치료 상호작용에서 벌어지는 변증법 대립의 양극을 조명함으로써 변화를 도모한다. 목적은 점점 기능적이고 실행 가능한 수준에서 연속적 화해와 해소를 길러 내는 데 있다. 치료자나 환자가 변증법의 어느 한쪽 극을 완고하게 고수하면 정체로 이어지고, 긴장이 상승하며, 화해와 통합을 가로막는다.

치료자가 변증법에 초점을 두는 치료 행동에는 두 가지 수준이 있다. 두 수준이 동시에 일어날 수 있지만, 관점이나 적용 측면에서 서로 매우 다르다. 첫째, 치료자는 치료 관계 자체에서 발생하는 변증법 긴장과 균형에 촉각을 곤두세운다. 이 관점에서 초점은 치료 상호작용과 그 관계 안에서의 움직임에 있다. 치료자는 수용과 변화 전략을 결합하고 모든 상호작용에서 생겨나는 현재 변증법 안에서 앞뒤로 움직임으로써 관계의 변증법에 주의를 기울인다. 변증법 안에서 환자와 협력적인 작업 동맹을 유지하기 위한 방식으로 움직인다.

---

1) 정도 차이는 있지만, 모든 치료 접근은 여기서 논의한 바와 같은 변증법 원칙을 강조한다. 예를 들어, 정신역동치료는 개인 내 역동적 긴장과 갈등에 주목한다. 행동주의 접근은 개인과 환경 사이의 전체 관계에 주목한다. 인지 접근은 환자의 변화를 돕는 맥락에서 현실을 있는 그대로 관찰하고 받아들이는 데 폭넓은 관심을 기울인다. 따라서 진정한 의미에서 DBT가 강조하는 변증법에는 '새로울 게' 없다.

둘째, 치료자는 변증법 행동 양상을 가르치고 본보기를 보인다. 이 관점에서 초점은 환자에 있으며, 치료자와 상호작용과는 독립적이다. 이 경우 전략은 환자를 직접 가르치기, 새로운 행동으로 향하는 문을 열기 위해 질문하기, 생각하고 행동하는 대안 방법을 제공하기, 그리고 무엇보다도 중요하게 변증법 행동의 본보기 보이기이다. 진실은 절대적이거나 상대적이지 않고, 시간에 걸쳐 진화하고 구성된다는 메시지를 환자에게 전달한다. 따라서 한 시점에서 모든 상황에 대한 온전한 진실을 장악할 수 없다. 정의상, 변증법 각 극단이란 머무를 곳이 아니다. 경직된 입장은 가능하지 않고 과정과 변화는 불가피하다. 변증법으로 생각하기 양상을 가르치는 핵심은 인지적 재구조화 절차를 적용하여(11장 참조) 변증법이 아닌 사고를 변증법 사고로 대체하고 기저 가정에 초점을 두는 데 있다. 치료 관계에서 변증법에 주의를 기울이고 변증법 행동 양상을 가르치는 둘 다 환자와 모든 상호작용에서 반드시 필요하고, 이는 또한 치료 지도 자문과 사례 자문 회의를 인도한다.

치료 전략 균형 맞추기: 치료 관계에서 변증법[2)]

치료자가 환자와 상호작용하는 동안 구체적 전략과 치료 입장을 균형 있게 사용하는 변증법 전략이 가장 중요하다. 이 전략에서 핵심은 수용과 변화를, 유연함과 안정성을, 보살핌과 도전을, 역량에 대한 강조와 한계 및 부족에 대한 강조를 결합하고자 부단히 주의를 기울이는 데 있다. 목표는 치료와 환자의 삶에서 대립이 드러나게 하고 통합을 위한 조건을 제공하는 것이다. 어떤 지점에서든 대립하거나 상보적인 입장을 취할 수 있다는 생각이 치료자 행동을 안내하는 열쇠이다.

따라서 변화는 수용을 강조함으로써 촉진되고, 수용은 변화를 강조함으로써 촉진된다. 때로는 대립성을 강조하는 과정이 한꺼번에 혹은 하나의 상호작용에서가 아니라 상호작용 전체에 걸쳐 오랜 시간 동안 일어난다. 경계성 환자에게 접근하는 이러한 지혜는 일찍이 Sherman(1961)이 언급한 바 있다. 그는 "치료자가 어느 편에 서든 환자는 대개 그 편을 떠나야만 할 것 같은 압력을 느낀다."(p. 55)라고 했다. 반대로, 변증법 각 극단을 완고하게 고수한다면 치료자와 환자 사이 긴장이 상승하며, 통합과 성장보다는 더 심한 양극화로 이어진다. 따라서 통합과 성장에는 균형에 대한 주의가 필요하다. 치료자는 자신과 환자가

2) 이 장부터 밑줄이 표시된 제목은 구체적 치료 전략이므로 집중하자.

현재 행동이나 현실을 규정하는 방법에 무엇이 빠져 있는지 찾아야 하며, 환자가 이전에 빠져 있던 부분을 받아들이고 포함하는 새로운 질서를 만들어 내도록 도와야 한다(열린 태도로).

치료 상호작용에서 변증법 태도를 유지하는 데는 여러 핵심 특징이 있다. 첫째, 속도가 생명이다. 핵심적으로, 그가 과거 행동, 정서, 인지에서 경직성을 유지할 수 있었던 단단한 발판을 찾을 수 없게 해 환자가 균형을 잃도록 만든다. 여기서 재빠르고 가벼운 발놀림이 중요하다. 둘째, 치료자는 환자의 모든 움직임을 관찰하고 감지하며 깨어 있어야 한다. '흐름에 맡긴 채' 환자가 움직이는 모든 순간에 딱 충분한 움직임으로 반응한다. 치료자는 마치 그와 환자가 그랜드 캐니언을 가로지르는 외줄에 놓인 장대 양쪽 끝에 마주 서 균형을 맞추듯이 기민해야 한다. 셋째, 변증법 접근은 치료자가 확신, 힘 그리고 완전한 전념을 다해 움직이도록 요구한다. 어떤 입장을 받아들인다면, 온 마음을 다해 받아들여야 한다. 경계성 환자를 향한 절반의 진심이나 망설임은 절반을 유보하는 효과를 낳을 것이다. Sheldon Kopp(1971)은 재능 있고 카리스마 넘치는 심리치료자를 다음과 같이 묘사하며 비슷한 지점을 짚는다.

> 중심이 되는 자질은…… 그런 사람은 자신을 믿는다는 데 있다. 그가 다른 사람(혹은 그보다 못한 치료자)을 뛰어넘는 방식으로 반응하기 때문이 아니다. 그보다 그는 자신이 잘하고 있는지에 대한 걱정을 넘어선 것처럼 보인다. 두려움이 없어지거나 확신하거나 완벽하기를 더 이상 기대하지 않은 채, 그는 그 순간에 그저 자신으로 존재하는 데 몰입한다(p. 7).

관계 맥락에서 변증법은 둘이 추는 춤에 비유할 수 있다. 치료자는 그가 위치한 곳에서 환자에게 그리고 그와 함께 반응한다. 환자가 살짝 균형을 잃도록 움직이되 손으로 단단하게 그를 이끌어 궁극적으로 그가 스스로 이완하고 음악에 몸을 맡길 수 있도록 하는 게 핵심이다. 그러나 환자는 때로 통제를 벗어나 빙글빙글 도는 댄서 같다. 치료자는 이를 상쇄하는 힘을 지니고 재빠르게 치고 들어가 환자가 댄스 플로어 밖으로 벗어나지 않도록 환자를 멈춰야 한다. 환자와 '춤'을 추려면 치료자가 이 전략에서 저 전략으로 빠르게 움직여야 한다. 수용과 변화, 통제와 내려놓기, 직면과 지지, 당근과 채찍, 날카로움과 부드러움 등의 사이에서 빠르게 번갈아 가며 움직여야 한다.

외줄 위 장대 이미지로 돌아가서, 치료자와 환자가 한가운데로 움직여 둘이 함께 한층 더 높은 단에 올라가 다시 장대 위에 설 수 있도록 하는 목적이 있다. 한쪽 편에서 장대 뒤로 물러선다면 반대쪽도 균형을 맞추기 위해 뒤로 물러서야 자연스럽다. 그러나 만일 둘 다 계속 뒤로 물러서기만 한다면 같이 떨어질 수 있고, 그러면 치료는 탈선하거나 끝난다. 경계성 환자의 치료에서 환자의 "견딜 수 없어요." 혹은 "못해요." 그리고 치료자의 "할 수 있어요." 사이에서 긴장은 변증법 갈등의 전형이다. 따라서 환자가 뒤로 살짝 물러설 때 치료자는 살짝 가운데 쪽으로 움직이며 환자도 함께 가운데 쪽을 향해 나오기를 바라야 한다. "그게 지독히 어려운 일이라는 걸 알아요. 혼자서 해낼 수는 없겠지요. 하지만 제가 도울 거예요. 저는 ○○ 님을 믿어요."

자살 행동이 있는 환자에게 그러한 전략을 사용하려면 위험이 따르고, 이러한 위험이 있기에 DBT가 치료자와 환자 사이에 벌어지는 '겁쟁이 가려내기 게임'이라고 생각할 수 있다. 예를 들어, 우리 클리닉 환자는 집단 기술 훈련에 질색했고 그만두고 싶었지만 그의 개인 치료자를 떠나기는 원치 않았다. 하지만 개인 치료자는 원래 치료 협의를 깨뜨리고 싶지 않다고 말했다. 환자는 회기를 떠났고 치료자에게 전화를 걸어 지금 버스 정류장이고 멀리 떨어진 곳에 내려 자살하겠다고 말했다. 치료자가 그를 찾으러 버스 정류장으로 가거나 즉시 치료 규칙을 바꾼다면 장대에서 환자 쪽으로 뛰어드는 행위나 다름없다. 치료자가 환자를 '조종자'라고 부르며 그와 이야기하기를 거부한다면 이는 균형을 맞추기 위해 장대 끝으로 물러나는 행위와 같다. 하지만 그렇게 할 때 문제는, 환자가 더 물러서 버릴 수 있다. 그렇게 하는 대신 치료자는 환자에 대한 믿음을 표현하고, 그의 고통을 타당화했으며, 그가 스스로 버스에서 내리고(만약 정말로 탔다면) 돌아와 치료자와 함께 문제를 해결하도록 격려함으로써 중심을 향해 약간 앞으로 움직였다. 치료자는 그가 돌아오길 바라며 기다린다.

방금 제시한 경우에서 환자를 뛰어넘어 장대의 다른 편에 선다면 역설적 움직임의 예가 될 수 있다. 그러한 움직임은 능숙하게 사용한다면 환자가 균형을 유지하기 위해 반대쪽 끝으로 빠르게 뛰어오도록 유도할 수 있다. 치료자는 이렇게 이야기할 수도 있다. "이 삶이 정말 견디기 어렵다는 걸 알겠어요. 정말 더는 스스로 돌볼 수가 없군요. 아마 생애 중 지금 시점에서 치료는 너무 어려운 일일지도 몰라요. 잠시 동안 내가 대신해서 돌보는 게 낫다고 생각하시나요? 경찰을 보내거나 차를 보내 데려와야 할 것 같네요. 이게 잘못된 프로그램일까요? 잠시 쉬는 기간을 가지는 게 필요할까요?" 혹은 보다 일침을 놓는 식으로, "6개월을 침대 속에서만 보내는 게 좋은 생각이겠네요."라고 할 수 있다.

모든 DBT 전략은 변증법 특징을 강조하도록 안배했다. 앞의 [그림 7-1]에서 보다시피 전략은 변화나 수용 중 주로 어느 쪽을 강조하는지에 따라 분류할 수 있다. 많은 경우 치료 답보 상태는 치료자가 치료 전략의 한쪽(수용 혹은 변화)과 반대쪽 균형을 맞추는 데 실패해서 온다. 여러 면에서 모든 전략은 수용과 변화 전부 포함하기 때문에 구분은 인위적이다. 내가 의뢰받은 한 환자를 대할 때 발견한 방법인데, 둘을 깔끔하게 결합하는 게 사실 최선의 전략이다. 그가 의뢰될 당시 그에게는 나와 치료에 들어가거나 주립 병원에 (또다시) 비자발적으로 입원하는 두 가지 선택지가 있었다. 환자는 거듭 유사 자살 행동을 했고 시애틀 지역 거의 모든 정신건강 자원을 소진했다. 그의 행동은 통제를 벗어나 보였다. 그의 입원 병동 의사는 그를 비자발적으로 입원시키려 하고 있었다. 간호사는 그를 내 프로그램에 참여시키려 했다. 첫 번째 만남에서 나는 그가 우리 프로그램에 딱 맞는 완벽한 사람이며 그를 치료에 받아들이겠노라고 했다(수용 전략). 단, 그가 자살 행동을 바꾸고자 작업하는 데 동의하는 한에서 그렇게 하겠다고 말했다(변화 전략). 그는 나와 치료를 하거나 하지 않기를 선택할 수 있었고(내려놓기), 하지만 나 또한 그와 치료를 할지 안 할지 선택할 수 있었다(통제). 수용과 변화의 면면은 이후 더 자세하게 논의하겠다.

변증법 행동 양상을 가르치기

치료 전반에 걸쳐, 변증법 추론을 치료자 자질이자 환자에게 가르치는 생각하기 양상으로서 강조한다. 변증법 추론은 논리 추론과 지적 분석이 진실에 닿는 유일한 길이라는 생각을 내려놓으며, 경험에서 오는 지식을 기꺼이 받아들이는 데 적극적으로 역할하기를 요구한다. 어떤 개념이나 명제에 그 반대 혹은 대안으로 대항함으로써 의미를 만들고 새로운 관계를 발견한다. 환자에게 전달해야 할 가장 중요한 메시지는 모든 주제에 반대되는 진술이 가능하다는 메시지이다. 변증법 치료자는 환자가 대립하는 주장의 한쪽을 입증하는 데 초점을 맞추기보다, 대립에서 통합을 달성하도록 돕는다. 치료자는 환자가 '이것 아니면 저것'에서 '이것 그리고 저것 전부'로 움직이도록 돕는다. 따라서 많은 진술에는 내재하는 반대 항이 밀접하게 뒤따라야 하며, 치료자는 그 안에 존재하는 모호함과 비일관성을 환자에게 몸소 본보기로 보여 준다. 여기서 다음 생각을 강조한다고 처음 생각이나 양극성을 비타당화하지 않는 게 핵심이다. "맞아요. 어, 아니네요. 내가 착각했어요."보다는 "맞아요. 그러나 또한……"의 입장이다.

행동과 정서 반응의 측면에서도 비슷한 입장을 채택한다. 여기서 두 가지 생각이 중요하다. 첫 번째로, 개인과 사회 변화는 체계 바깥이나 체계를 뛰어넘는 어딘가에서 시작되지 않는다. 변화가 시작되는 지점은 구체적 사회 맥락에 존재하는 모순에 있다(Sipe, 1986). 개인과 환경은 상호 서로 도전하고 제한한다. 개인과 그의 사회 맥락 모두에서 변화는 이러한 도전과 한계를 통한 현재 역량의 개선과 전환에서 온다(Mahoney, 1991).

두 번째로, 극단과 경직된 행동 양상은 변증법이 달성되지 않았다는 신호이다. 따라서 불교에서 주창하는 중도를 옹호하고 본보기로 삼는다. "깨달음으로 향하는 길을 따르는 데서 극단에 치우치거나 얽매임을 피함이 중요하며, 말인즉슨 항상 중도를 걷는다(Kyokai, 1966)." 이 점은 치료자와 환자 모두에게 해당한다. 따라서 치료자는 경직된 방식으로 융통성을 고수하거나 어떻게 해서든지 극단을 피하려고 해서도 안 된다. 선사 Robert Aitken은 "우리의 무탐(無貪)마저 벗어나야" 한다고 했다(Aitken, 1987, p. 40).

행동 관점에서 변증법은 DBT에서 주장하는 치료 목표에서 가장 분명하게 볼 수 있다. DBT 행동 기술이 좋은 예이다. 정서 혹은 다른 어떤 경험의 조절보다는 관찰, 기술 그리고 참여를 강조하는 마음챙김은 정서 조절과 균형을 이룬다. 정서 통제를 가르치는 데서도 한 손에는 주의 전환과 통제를, 다른 손에는 주의를 기울이며 경험하고 통제를 내려놓기를 옹호한다. 대인관계 효과성은 문제 상황을 변화시키는 데 초점을 맞춘다. 대조하여, 고통 감싸기는 문제 상황을 수용하기를 강조한다.

구체적 변증법 전략

치료자–환자 관계와 변증법 행동 양상을 목표로 하는 구체적 기법을 다음에 기술하였고 〈표 7–1〉에 요약하였다. 나는 이 전략을 각각 엄밀한 행동 용어로 기술할 수 있다고 믿지만, 모든 변증법 논의를 행동 용어로 바꾸고자 하지는 않았다. 그렇게 하는 건 내가 전달하고자 하는 변증법의 정신에 어긋나는 것처럼 여겨진다.

〈표 7-1〉 변증법 전략 점검표

_____ 치료자는 회기 안 **치료 전략에서 균형을 잡는다**.
- _____ 치료자는 회기에서 협력 작업 관계를 유지하는 방식으로 수용과 변화 전략을 번갈아 쓴다.
- _____ 치료자는 환자를 보살피면서 환자가 스스로 돕기를 요구한다.
- _____ 치료자는 지속성, 안정성, 유연함의 균형을 잡는다.
- _____ 치료자는 역량에 대한 초점과 한계와 부족에 대한 초점에서 균형을 잡는다.
- _____ 치료자는 신속하게 움직여 환자가 살짝 균형을 잃게 한다.
- _____ 치료자는 깨어 있으며 환자 움직임에 반응한다.
- _____ 치료자는 온 마음을 다하는 자세이다.

_____ 치료자는 변증법 생각과 행동의 **본보기**를 보인다.
- _____ 치료자는 환자와 자기 자신의 관점에서 포함되지 않은 부분을 찾는다.
- _____ 치료자는 변화에 발달적 설명을 제공한다.
- _____ 치료자는 문제 경계에 관한 영속성이나 타협 불가성 조건에 의문을 제기한다.
- _____ 치료자는 연속선에서 양쪽 끝의 측면을 포함하여 합하는 진술을 한다.
- _____ 치료자는 정체성 결정에서 상호 관계가 중요하다고 강조하는 진술을 한다.
- _____ 치료자는 중도를 옹호한다.

_____ 치료자는 다음에서 드러나는 **역설적** 모순을 강조한다.
- _____ 환자 행동
- _____ 치료 과정
- _____ 일반 현실

_____ 치료자는 **은유**로 말하며 우화와 이야기를 들려준다.

_____ 치료자는 **악마의 속삭임** 역할을 연기한다.

_____ 치료자는 환자가 소통하는 진중함과 의미를 **확장**한다.

_____ 치료자는 환자가 '**지혜로운 마음**'을 활성화하도록 돕는다.

_____ 치료자는 레몬으로 **레모네이드**를 만든다.

_____ 치료자는 치료에 **자연스러운 변화**를 허락한다.

_____ 치료자는 **변증법 평가**를 하며, 환자를 이해하기 위해 개인과 보다 넓은 사회 맥락 모두를 검토한다.

1. 역설로 들어서기

Allen Frances(1988)는 경계성 환자와 심리치료에서 가장 우선이고 중요한 과제 중 하나는 그의 관심을 끄는 일이라고 말했다. '역설로 들어서기'는 이를 위한 강력한 방법이다. 이 방법이 성공하는 이유는 부분적으로 역설이 그 자체에 놀라움을 담고 있기 때문이다. 유머가 그렇듯 역설은 예상 밖 무언가를 내놓는다. 사람은 역설과 마주하는 순간 자세를 고쳐 앉고 주의를 기울인다. 역설로 들어서기 전략은 선 수행자의 선문답과 비슷하다. 선문답은 선 수행자에게 던지는 딜레마 혹은 수수께끼로 논리적인 답이 불가능해 보인다. 수행자는 지적 이해를 넘어 직접 체험을 통해 지식에 닿아야 한다. 설탕이 어떤 맛인지 알기 위해 그 맛의 속성을 책으로 읽는다면 혀로 설탕을 직접 맛볼 때와 매우 다르다. 선문답에 대한 해결책은 논리적이거나 지적이지 않다. 그것은 체험에서 온다.

이 치료 전략에서 치료자는 환자 행동, 치료 과정 그리고 보통의 현실에서 역설적 모순을 조명한다. 역설을 합리적으로 설명하려는 환자의 시도에 치료자는 침묵을 남기거나 또 다른 질문을 하거나 또는 수수께끼에 약간의(너무 많지 않게) 실마리를 제공하는 이야기 혹은 약간 다른 역설을 일으킨다. Suler(1989)는 선문답이 "개인 고민 그리고 수행자를 선으로 이끈 개인 갈등을 둘러싼 절박한 분투이다. 그것은 삶 그 자체를 위한 분투이다." (p. 223)라고 썼다. 그래서 또한 잘 짜인 치료적 역설에의 조명은 경계성 환자에게 삶을 위한 분투가 된다. 사느냐 죽느냐와 같은 수많은 역설적 딜레마는 경계성 환자와 치료에서 전형적으로 등장한다. 예를 들어, 치료자는 "내가 ○○ 님을 아끼지 않는다면, 나는 ○○ 님을 구하려 할 거예요."라고 말할 수 있다. 환자는 "내가 이렇게나 절박한데 나를 구하지 않으면서 어떻게 나를 아낀다고 할 수 있죠?"라고 한다. 여기서 궁극의 합은 "○○ 님은 이미 구조되었어요."이다. 그러나 여기서 잠정적인 통찰은 사실 치료자는 환자를 구할 수 없다는 사실과 관련이 있다. 따라서 그렇게 하려 하면 환자에게 필요한 진짜 도움보다 가짜 도움을 주는 쪽으로 치료 방향을 돌리게 된다. 또한 지금 순간에 치료자가 환자를 구할 수 있다 하더라도, 치료자가 환자를 구조하기보다 환자가 스스로 구할 수 있도록 하는 데 한없이 더 많은 돌봄과 인내심이 필요하다.

다른 예는 전형적인 경계성 환자의 영원한 딜레마인, 불일치나 충돌이 발생했을 때 누가 옳고 누가 그른지와 관련이 있다. 둘 다 옳다(혹은 둘 다 옳지 않다)는 답은 환자로서는 파악하기 어려운 개념이다. 환자에게 치료 관계란 충돌이 발생했을 때 상대가 "나는 괜찮고 너도 괜찮다."라고 주장하는 최초 관계이다. 특히 이게 결정적인데, DBT 치료자는 환자 관점을 때로 타당화하되, 그러나 이와 동시에 '항복하거나' 자기 행동을 변화시키지 않는다. 예를 들어, 한계 관찰하기 전략(10장 참조)에서 치료자는 환자의 요구를 타당화하며("그래요, 내가 이번 주말에 출장 가지 않는 편이 ○○ 님에게 더 좋겠네요."), 동시에 한편으로는 출장 계획을 지속한다. 환자는 '좋은 사람'으로 그려지고("○○ 님은 정말로 필요하다고 생각할 때만 요구하네요."), 동시에 치료자 또한 그렇다("그리고 나는 그렇게 해 주지 않아도 여전히 괜찮고, 출장을 떠날 거예요.").

그러나 역설로 들어서기 전략에서 핵심은 치료자가 환자를 수렁에서 끄집어내려고 논리적이거나 지적인 설명으로 접어들기를 거부하는 데 있다. Suler(1989)가 이어서 말하듯, "이중 구속의 자기 모순에 균열을 내고 위기를 통찰력 있게 재구성하기 위해서는, 선불교 언어로 말하자면 '붙들고 있던 것을 내려놓을' 수 있어야 한다. …… 상황이 저절로 흘러가게 둔다."(p. 223) 심리치료와 경계성 환자 삶에 내재하는 어떤 역설은 해결하는 데 수년이 걸릴 수 있다.

역설로 들어서기를 통해 치료자는 계속해서 환자에게 진실이거나 진실이 아닌 둘 다가 가능하고, 답은 그렇다 아니다 모두일 수 있음을 강조한다. 치료자는 대립하는 논쟁에서 한쪽이 절대 진실임을 주장하고 반대편 관점에서 진실을 배제하려는 환자 소망에 휩쓸리지 않는다. 또한 치료자는 무조건 반대편 주장을 내세우지도 않는다. 치료자는 계속해서 양쪽 모두가 진실일 수 있으며 모든 질문에 대한 답이 그렇다와 아니다 둘 다일 수 있음을 주장한다. 앞서 말했듯, '이것 아니면 저것'에 대한 대안으로 '이것 그리고 저것'을 제공한다. 치료자는 이에 대한 환자 혼란을 해소하려고 지나치게 애쓰지 않아도 된다. 혼란은 환자가 변증법 접근에 점차 편안해지면서 해소될 것이다. 장대 은유로 돌아가자면, 환자가 장대 한쪽 맨 끝에 앉아 있을 때, 치료자는 균형을 맞추기 위해 다른 쪽 끝에 앉아 균형을 제공하는 동시에 장대는 하나라는 데 초점을 맞춘다.

DBT와 모든 치료에서 모든 행동은 '좋지만', 환자는 '나쁜' 행동을 바꾸기 위해 치료를 받아야 한다는 중심 역설이 있다. DBT는 환자 반응에 대한 타당화를 강조한다. 그러나 이는 오직 환자가 노출되어 온 비타당화를 상쇄하기 위해서이다. 타당화는 전략 면에서 필요하다. 환자(치료자)가 비타당화이든 타당화이든 늪에 빠져 있는 한, 그는 이분법 그 자체가 인위적임을 볼 수 없다. 행동은 타당하지도 안 타당하지도 않고, 좋거나 나쁘지도 않다. 균형을 달성하면, 치료자와 환자는 함께 타당도 비타당도 아닌 위치로 나아가야 한다. 그저 반응이 있을 뿐이다. 그것은 원인의 결과로서 일어나고, 지나갔고 또 목전에 당도해 있으며, 개인 내부에 그리고 외부에 있다. 그리고 반응은 원하든 원치 않든 결과를 가져온다.

수용과 변화 역설은 치료 전체에 걸쳐 작동한다. 역설로 들어서면서, 치료자는 수용 불가능함 또한 수용되어야 한다는, 모순처럼 보이는 것조차 강조하고 증폭한다. (우리가 환자에게 말하듯, "판단하는 것을 판단하지 마라.") 환자는 그 순간 그 자신을 있는 그대로 받아들이도록 촉구받는다. 물론 그렇게 한다면 상당한 변화가 따를 것이다. 사실 수용을 배우라는 충고 그 자체가 현재 상태를 수용하지 않는다는 뜻을 전달한다. 환자는 그가 있는 그대로 완벽하고, 좋거나 나쁘지 않으며, 완전히 이해받을 수 있지만, 반드시 그 행동 양상을 바꾸어야 한다는 말을 듣게 된다. 그런 의미에서 치료자는 환자가 마주하고 있는 자연스럽게 일어난 변증법 긴장을 더 고조시켜서 환자가 극단에서 벗어나지 않을 수 없게 만든다. 선과 기독교 명상의 지도자인 Patric Hawk는 "선문답은 스승과 관계를 통해 선명하게 드러나는 주제이다. 이처럼 선명하게 만드는 행동을 깨달음이라고 한다."라고 말했다(개인적 교신, 1992). DBT는 선에서와 마찬가지로 학생, 환자와 교사, 치료자 사이 교류를 통해 명료함과 깨달음에 도달한다. 특히 치료자는 환자가 변증법 딜레마를 해결하려면서 마주치는 여러 가지 역설로 들어서야 한다. 이 딜레마는 바로 극도의 취약성 대 취약성을 비타당화함, 끝없는 위기 대 위기에서 정서 요소 경험을 차단하거나 억제함, 그리고 문제와 고통스러운 정서 상태를 해결하지 못하는 수동적 무능함 대 겉으로 보이는 독립성, 강인함, 유능함이다.

많은 변증법 긴장이 심리치료 관계 과정에서 자연스럽게 일어난다. 환자는 자신의 행동을 선택할 자유가 있으나, 자살 행동 줄이기를 선택하지 않으면 치료를 유지할 수 없다. 환자는 다른 사람에게 요청하고 도움받기를 더 잘하게 되면서, 더 큰 자기 효능감을 이룰 수 있음을 배운다. 환자는 자살할 권리가 있지만, 만약 치료자에게 자살이 임박했다는 확신을 준다면 저지될 것이다. 치료자는 돈을 받고 환자를 돌보는 셈이지만, 환자가 치료자 돌봄의 진정성을 의심한다면 이는 대개 치료 관계에서 나타나는 환자 문제로 해석한다. 그리고 환자가 치료비를 내지 않는다면, 치료는 멈춘다. 치료자는 분리된 동시에 친밀하다. 자율성과 독립성의 본보기가 되고, 그러면서도 환자의 애착과 의존을 격려한다. 환자는 지금 자기 모습에 책임이 없지만, 그가 무엇이 될지에는 책임이 있다.

환자는 통제하려는 과도한 시도를 통제할 수 있도록 촉구받는다. 치료자는 환자의 자유를 늘리기 위해 고도로 통제하는 기술을 사용한다. 환자는 역설과 한판 붙고, 직면하고, 돌파하기를 통해 생각, 정서, 행동에서 경직된 양상을 내려놓아, 보다 자발적이고 유연한 양상이 생겨난다. 비슷하게, 치료 관계와 자문팀 모두에서 역설로 들어서기는 치료자가 경직된 이론 입장과 유연하지 못한 치료 규칙과 규제 그리고 행동하는 양상을 내려놓도록 한다.

2. 은유 사용하기

많은 심리치료자가 은유와 스토리텔링 사용을 강조했고 그중 가르침 이야기로 유명한 Milton Erikson이 두드러진다(Rosen, 1982). DBT에서도 간단한 비유, 일화, 우화, 신화, 이야기 형태를 취하는 은유 사용은 정말로 중요하다. 은유는 변증법 생각을 가르치고 새롭게 행동할 가능성을 여는 대안 수단이다. 은유로 환자와 치료자가 검토 중인 사건에 대안 의미와 참조점을 찾고 만들어 낼 수 있게 돕는다. 여러 의미를 이끌어 내는 은유는 대개 현실을 향한 다른 관점을 북돋기에 가장 효과적이다.

많은 다른 저자가 논의했듯(Barker, 1985; Deikman, 1982; Kopp, 1971), 은유 사용은 여러 이유로 심리치료에서 소중한 전략이다. 이야기는 직선적으로 강의하거나 지시하기보다 더 흥미롭고 기억하기 쉽다. 따라서 행동 정보나 지시를 제시했을 때에는 주의가 떠도는 환자에게 이야기는 주의하기가 훨씬 쉽다. 또한 이야기는 사람이 자기 방식대로, 자기 목적에 맞게 사용할 수 있게 허용한다. 따라서 환자는 치료자나 선생에게 통제받는다는 느낌이 덜하고, 긴장을 풀고, 생각하고 행동하는 새로운 방식에 열린다. 따라서 즉시 듣기를 멈추거나 압도된다고 느낄 가능성이 작다. 즉시나 나중에라도 자신이 쓸 만한 부분을 이야기에서 가져갈 수 있다. 마지막으로, 은유는 적절하게 구성한다면 사람에게 덜 위협적이다. 핵심을 간접적으로 전달하면서 충격을 완화할 수 있다.

이야기 사용은 특히 치료자가 환자 행동이 다른 사람에게 미치는 해로운 영향에 대해 전달하고자 할 때 도움이 된다. 이야기를 통해 환자를 직접 비판하지 않고도 다른 사람 반응이 타당함을 전달할 수 있다. 그리고 치료자 자신의 반응을 이야기할 때에도 유용하다(특히 치료자가 치료를 계속해 나갈 동기가 떨어졌을 때). 또는 치료자에게 무엇을 기대할 수 있는지 환자에게 말해 줄 때도 유용하다. 은유는 문제를 재정의하고, 재구성하고, 문제에 해결책을 제안한다. 환자가 어떤 상황에서 자기 행동이나 상황에 자신이 반응하는 측면을 알아차리도록 돕는다. 그리고 환자에게 희망을 준다(Barker, 1985). 보통 핵심은 환자가 이해하지 못하는 바를 환자가 이해할 수 있는 내용을 빌려 비유하는 방식이다. 이를테면, 환자가 이해하지 못하는 치료 과정을 환자가 이해할 수 있는 '산을 오르는 두 사람'에 비유할 수 있다.

수년간 나와 동료들은 자살 행동, 치료 위협 행동, 수용, 기꺼이 함, 치료 그리고 삶 전반을 논의하기 위한 수많은 은유를 개발했다. 치료 방해 행동은 눈 속에서 등산할 때 등산자가 겨울용 등산 장비를 착용하기 거부하거나 장비를 숨기거나, 폭풍이 몰려올 때 바위에 앉아 경치를 감상하거나, 노새가 그랜드 캐니언을 오르다 전진도 후진도 거부하는 행동(환자가 좋아하는 비유는 아니었다!), 그리고 요리사가 방에 없을 때 체리 파이에 설탕 대신 소금 몇 컵을 붓는 다른 요리사 행동에 빗댈 수 있다. 수동적 행동과 정서 회피(그리고 이와 반대로 환자가 해야 하는 행동)는 방에 불이 났고 빠져나갈 유일한 통로는 화염이 불타는 문밖에 없을 때 방구석에 움츠리기(그 사람은 젖은 천으로 몸을 감싸고 문을 헤쳐 나가야 한다), 그리고 얼어붙은 산 좁은 절벽 끄트머리에 발을 디디고 있고 안전을 위해서는 계속 움직이는 방법밖에 없을 때 그대로 멈춰 있기(그 사람은 아래를 내려다보지 않고 천천히 절벽을 따라 움직여야 한다)에 비유할 수 있다. 자살 행동은 안내자와 밧줄로 연결된 상태에서(안내자는 등반가를 끌어올려야 한다) 혹은 밧줄을 끊어 버린 상태에서 등반가가 절벽에서 뛰어내리는 행동, 내키지 않는 상대를 향한 이혼 요구, 술과 약 같은 중독 행동에 비유할 수도 있다. 고통 감내하기를 배우기란 가을날 땅에 펼쳐진 담요와도 같다. 담요는 낙엽이 그 위로 떨어지게 두며 낙엽과 싸워 떨어뜨리려고 하지 않는다. 수용을 배우기란 정원사가 아무리 없애 버리려 해도 해마다 정원에 날아와 온 정원에 퍼지는 민들레를 사랑하는 법을 배우기와 같다. 다른 사람이 원하는 사람이 되어야 하는 환자는 마치 장미 정원에 심어졌다는 이유만으로 장미가 되어야 하는 튤립과도 같다. 기꺼이 살아지는 삶이란 카드 게임과 같다(게임 목적은 주어진 패 안에서 각각 게임을 해 나가는 거지, 어떤 카드를 손에 쥘 수 있는지 통제하는 게 아니다). 혹은 공 던지는 기계에서 튀어나오는 야구공 혹은 테니스공을 치기와 같다(사람은 공이 나오지 못하게 멈추거나 심지어 속도를 늦출 수도 없다. 다만 할 수 있는 만큼 공을 향해 휘두르고 다음 공을 기다릴 뿐이다).

우리는 치료에서 성장과 변화 과정을 묘사하기 위해 더 확장된 은유를 사용했다. 그중 하나로 환자에게 치료란 빨갛게 달아오른 알루미늄 사다리를 장갑이나 신발 없이 타고 지옥에서 빠져나오기와 같다. 계속해서 뛰어내리거나 손을 뗀다면 환자의 치료 방해 행동이다. 더 빨리 뛰어 올라가도록 환자 발바닥에 토치로 불꽃을 쏜다면 치료자의 치료 방해 행동이다. 여기서 문제는 지옥 바닥은 보통 사다리보다 더 뜨겁다. 떨어지고 나면 환자는 언제나 일어나서 다시 사다리를 잡고 올라가야 한다. 치료에 대한 또 다른 은유로 다음과 같은 모든 조건에서 수영하는 법을 배우기가 있다. 환자는 수영하는 사람이고 치료자는 배를 타고 환자 주변을 돌면서 방향을 가르쳐 주고 격려하는 코치이다. 수영하는 사람은 코치 배에 타서 코치가 노를 저어 자신을 물가에 데려다주기를 원하는데, 코치는 수영하는 사람이 물속에 있기를 원하므로 긴장이 생긴다. 코치가 수영하는 사람을 배에 태워 물가에 데려다주면 그는 수영하는 법을 절대 배울 수 없다. 하지만 수영하는 사람이 거친 바다

밑으로 가라앉아 버린다면 또한 수영하는 법을 배울 수 없게 된다. 배에 매달려 수영하기를 거부하거나, 수면 아래 깊이에서 수영하며 코치를 놀라게 해 같이 바다로 뛰어들게 한다면 환자의 치료 방해 행동이다. 환자가 점점 물 밑으로 가라앉을 때 노를 내어 주기 거부하거나, 시커먼 구름이 몰려올 때마다 수영하는 사람을 배에 태워 물가로 데려다준다면 치료자의 치료 방해 행동이다.

환자는 치료자가 삶이 나아지는 변화 쪽으로 자신을 밀어붙일 때마다 이해받지 못한다고 느낀다. 경계성 환자는 치료자에게 흔히 "나를 이해한다면, 내가 할 수 없는 걸 나에게 요구하지 않을 거예요." 혹은 다른 식으로 말해서 "나의 고통을 진지하게 받아들인다면, 내 기분을 지금보다 더 나쁘게 만드는 이걸 하도록 요구하지는 않을 거예요."라는 메시지를 보낸다. 이 메시지가 치료자에게 일으키는 문제는 BPD 치료에서 매우 흔하다. 그래서 Lorna Benjamin(1993)은 「나의 불행은 너에게 달려 있다」라는 시나리오를 상연하는 BPD 대인관계 양상을 설명했다. 이러한 상황에서 환자의 정서 고통이나 무력감과 함께, 환자를 움직이게 하려는 치료자 시도를 모두 타당화하려면 특히 이야기가 유용할 수 있다. 내가 가장 좋아하는 이야기는 이 책 다른 곳에서 기술한 내용을 더 정교히 했다. 여성이 몹시 뜨겁게 달구어진 석탄이 깔린 바닥에 신발 없이 서 있다. 이 바닥은 매우 깊고 매우 넓다. 이 여성은 고통으로 몸을 움직일 수 없어 친구를 소리쳐 불러 발에 부어 식힐 수 있게 물 한 바가지를 떠 달라고 할 수 있다. 하지만 그 바닥 전체를 식힐 만큼 충분히 많은 물을 가져올 수는 없다. 그래서 친구는 몹시 염려하며 빨리 고통에서 벗어나게 하고 싶은 마음에 "뛰어!"라고 소리친다. 그리고 그 방법이 먹히지 않으면 석탄으로 뛰어들어 환자를 가장자리 차가운 잔디밭 쪽으로 계속 밀어낼 것이다. 친구는 그 고통을 이해하는가? **정말로** 고통을 이해했다면 과연 대신에 차가운 물 한 바가지를 부어 주었을까?

앞에서 간략하게 언급한 불난 방 은유를 가지고도 비슷한 이야기와 질문을 만들 수 있다. 그 여성은 불이 너무 무서운 나머지 뒷방 구석에서 가만히 있고 싶다. 그의 고통을 정말로 이해하는 친구는 거기에 그와 함께 머무르고 함께 죽을까? 아니면 좋은 친구는 그의 저항에도 불구하고 그를 붙잡고 함께 불타는 문을 헤쳐 나와 목숨을 구할까? 약간 변형한 이야기에서 나는 환자에게 그와 내가 며칠 전 난파로 바다 한가운데 뗏목 하나에 의지하고 있다고 상상해 보도록 요청한다. 그는 팔을 지독히 다쳤고 절망적인 고통 속에 있다. 거듭해서 그는 내게 진통제나 통증을 물리칠 무언가를 요청한다. 나는 더 나아가 그에게 구급상자가 파도에 휩쓸려 사라졌다고 상상해 보도록 요청한다. 내가 진통제를 찾아 그에게 주지 못한다면 내가 그 고통을 이해하거나 진지하게 받아들이지 못한다는 뜻일까? 만약 내가 진통제를 단 3개만 가지고 있고 이렇게 말한다면 어떨까? "너무 빨리 약이 다 떨어지면 안 되니 하루에 1개씩 나눠서 먹자." 혹은 환자가 내가 실제로는 더 많은 진통제를 가지고 있음에도 그저 내가 그를 약물 중독이라고 생각했기 때문에 그가 약을 먹지 않기를 바랄 뿐이라고 생각한다면 어떨까? 이러한 이야기 변주를 솔직하게 논의하면서 어려운 치료 교착 상태를 명료하게 할 수 있다.

이와 같은 혹은 치료자가 생각해 내는 다른 은유는 상황에 맞게 더 길거나 짧은 이야기로 만들 수 있다(내가 시연한 것처럼). 어떤 경우에 나는 회기 거의 전체를 은유 속에서 환자와 차례로 이야기를 주고받으며 보낸 적도 있다. 이야기와 은유로 가르치기는 모든 영성 전통에서 사용해 왔으며(베단타, 불교, 선, 하시디즘, 기독교, 수피교), 철학과 문학 그리고 동화에서도 사용하였다(다른 참고문헌은 부록 참조).

3. 악마의 속삭임 기법

Marvin Goldfried가 개발한 '악마의 속삭임' 전략(Goldfried, Linehan, & Smith, 1978)에서 치료자는 극단적 명제를 제시하고 환자에게 그 진술을 믿는지 물어본다. 그리고 악마의 속삭임 역할을 맡아 그 명제에서 오류를 입증하려는 환자 시도에 반박한다. 치료자는 정(正)을 제시하고 환자에게서 반(反)을 끌어내며, 논박하는 과정에서 합(合)에 도달한다. 치료자가 제시한 극단적 명제는 환자가 표현한 역기능 명제나 환자가 따르는 것처럼 보이는 문제 있는 명제 규칙과 관련 있어야 한다. 이를 새로운 반대되는 양상이 반작용할 수 있도록 쓴다. 기법은 치료자가 연속선에서 적응적이지 못한 끝 쪽을 맡아, 환자를 반대되는 적응적 끝으로 밀어낸다는 점에서 역설과 유사하다.

악마의 속삭임 기법은 변화에 대한 환자 전념을 끌어내기 위해 항상 처음 몇 회기에서 사용한다. 변화는 고통스럽고 어려우므로, 치료자는 변화와 치료 전념에 반대하는 논리를 펼친다. 이상적으로 이러한 움직임은 환자가 변화와 전념 편에 서는 대립 입장을 취하도록 만든다. 이러한 전략 사용은 9장에서 보다 자세히 논의한다.

악마의 속삭임 전략의 다른 예로, 인지 재구조화 치료에서 사용하는 논쟁 접근이 있다. 예를 들어, 정(正) 명제는 Ellis(1962)가 제시한 비합리적 신념 유형이 될 수 있다. '모든 사람은 나를 사랑해야 한다. 그렇지 않은 사람이 한 명이라도 있으면 나는 무가치한 사람이다' 혹은 '내가 어떤 이유로든 다른 사람에게 상처를 준다면 치명적인 재앙이다'와 같은 문장이다. 치료자는 비합리적 신념 편에 서서 왜 환자가 동의하지 않는지 질문한다. 예를 들어, 치료자는 두 번째 명제에 대해 환자가 어떤 합법 행동을 했는데(예: 고속도로에서 적정 속도로 운전하기) 모르는 사람이 다쳤거나, 누군가 오해해서 상처받거나, 환자가 불법으로 혹은 부도덕하게 행동하기(예: 부정 행위)를 거부해서 누군가 상처받는 경우에도 환자는 기대되고 승인된 바를 따르기 위해 행동을 바꾸어야 한다고 말한다. 환자가 제시하는 무엇이든 그의 평소 입장을 과장함으로써 반박을 유도하여 신념의 자기 패배적 특성이 분명해지도록 한다.

이 기법을 잘 쓰려면 여러 가지가 필요하다. 첫째, 치료자는 환자의 실제 역기능적 규칙과 일반화된 신념에 민감해야 한다. 둘째, 치료자는 어설픈 표현 방식을 써서는 안 되고 진지한 태도로 환자를 참여시켜야 한다. 셋째, 환자의 논박 하나하나에 약간 엇박자이긴 하지만 꽤 논리적인 반응을 하면 도움이 된다. 넷째, 치료자의 입장은 '진짜'처럼 보이기에 충분히 합리적이지만 환자의 반박이 가능할 만큼 충분히 극단적이어야 한다. 환자의 어떤 생각에 대한 집착을 타당화하는 동시에 그 생각의 지혜를 비타당화한다는 입장이 이상적이다. 어느 정도 가벼움과 논쟁을 자연스럽게 중재하는 능력도 꼭 필요하다. 마지막으로, 치료자는 논쟁에서 언제 죽도록 심각할지 혹은 진담 반 농담 반으로 '가볍게 할지' 알아야 한다.

4. 확장하기

'확장하기'는 환자가 자신을 받아들이는 수준보다 치료자가 환자를 더 심각하게 받아들이는 전략이다. 환자가 어떤 효과를 위해, 혹은 환경에 사소한 변화를 유도하기 위해 극단적 정서를 표출할 때, 치료자는 그러한 표현을 문자 그대로 받아들인다. 이러한 전략은 악마의 속삭임 전략과 비슷한 정서적 대응이라고 할 수 있다.

예를 들어, 환자는 삶의 어떤 사건이나 문제의 영향이나 결과를 극단적으로 진술할 수 있다("나와 추가 회기를 잡아 주지 않는다면 자살할 거예요."). 치료자는 먼저 영향이나 결과에 대한 환자의 진술을 있는 그대로 받아들이고, 환자가 말하는 사건이나 문제(추가 치료 회기 일정을 잡기)와 관계없이 결과의 심각성("자살할 거예요.")에 대해 반응한다. 치료자는 "자살할 만큼 힘들다면 당장 뭔가를 해야 할 것 같네요. 입원은 어떨까요? 그게 필요할 수 있겠어요. 지금 목숨이 위험한데 우리가 치료 예약 따위의 시시한 주제로 이야기해야 할까요? 당연히 이런 삶의 위기를 먼저 다루어야죠. 자살을 어떻게 계획하고 있나요?"라고 말할 수 있다. 환자 말에서 치료자가 심각하게 받아들이는 측면은 환자가 심각하게 받아들이길 바라는 측면이 아니다. 환자는 그 **문제**를 심각하게 받아들이기 원하며, 사실 이는 문제의 심각성을 확장하고 있다. 반면, 치료자는 끔찍한 **결과**를 심각하게 받아들이며, 그 문제가 해결될 때까지 초점을 거두지 않으며 심각성을 더 확장한다.

잘만 사용하면 이 전략은 환자가 결과를 과장하고 있음을 알게 해 주는 효과가 있다("그래요. 내가 과장하고 있나 봐요. 그렇게까지 죽고 싶진 않아요."). 그다음에 치료자는 문제를 심각하게 받아들이는 쪽으로 옮겨 와야 한다. 환자는 문제에 따르는 정서적 결과를 줄이는 방향으로 강화받아야 한다. 잘못 사용하면 이 전략은 환자의 정당한 문제를 심각하게 받아들이지 못한 치료자 실패를 변명하는 방패가 된다. 이 기법은 치료자가 자신을 심각하게 받아들이지 않을 거라 환자가 생각할 때, 혹은 위기나 정서적 결과를 과장하는 행동이 환경에 효과를 미치는 도구로 유지될 때 쓴다면 좋다. 특히 이 기법은 치료자가 조종당하고 있다고 느낄 때 효과적이다. 그럴 때 이 방법은 환자의 행동과 함께 때로 치료자도 공격하고 싶은 정동과 바람을 한 번에 다루는 이점이 있다. 성공적으로 이루어지면 굉장히 만족스럽다.

이 기법을 기술하기 위해 사용한 '확장하기'라는 용어는 일본 호신술 아이키도에서 빌려 왔다. 확장하기는 아이키도 전문가가 도전자의 움직임이 자연스러운 완결에 이르도록 허용하되, 그 동작이 끝나는 지점을 자연스러운 지점보다 살짝 더 확장시킨다. 그러면 도전자는 균형을 잃고 방향 전환에 취약해진다. 확장하기는 항상 '혼합하기' 뒤에 이어지는데, 이는 아이키도에서 상대편의 에너지가 흐르는 방향으로 흐름을 받아들이거나 참여하거나 함께 움직인다는 뜻이다(Saposnek, 1980). 예를 들어, 환자는 치료자에게 이렇게 말할 수 있다. "선생님이 다르게 행동하지 않는다면, 이 치료는 나에게 도움이 되지 않을 거예요[도전]." 치료자는 말한다. "치료가 도움이 안 된다면[혼합하기], 우리는 무언가 대책을 세워야겠네요[반응의 당연한 결론으로 간다]. 저를 해고해야겠다고 생각하나요? 새로운 치료자를 소개해 줘야 할까요? 저는 정말 진지합니다[확장하기]." 악마의 속삭임 기법에 대해 앞서 언급한 특성 각각(지나치게 극단적인 결과를 받아들여 천연덕스럽게 약간 엇박자로, 그러나 매우 논리적으로 반응하고, '진짜'처럼 보일 만큼 합리적이되 환자가 자신이 극단적으로 굴고 있다는 걸 알 수 있을 만큼 극단적으로 반응하기, 가벼움, 치료자 입장의 자연스러운 중재)은 여기서도 똑같이 중요하다.

5. '지혜로운 마음' 활성화하기

DBT에서 환자는 세 가지 주요 마음 상태 개념을 만나게 된다. '이성 마음' '감정 마음' 그리고 '지혜로운 마음'이다. 사람이 지식에 지적으로 접근하고, 합리적 혹은 논리적으로 생각하고, 경험 지식에 주의하고, 행동을 충분히 계획하고, 주의를 집중하고, 문제에 '차갑게' 접근할 때 그는 '이성 마음'에 있다. 생각과 행동이 주로 현재 정서 상태에 지배될 때는 '감정 마음' 상태이다. '감정 마음'일 때 인지는 '뜨겁다'. 이성적 · 논리적 생각이 어렵다. 현재 정동과 일치하도록 사실은 확대되거나 왜곡된다. 행동 에너지는 마찬가지로 현재 정서 상태와 일치한다.

'지혜로운 마음'은 '감정 마음'과 '이성 마음'의 통합이며 둘을 넘어선다. '지혜로운 마음'은 정서 경험과 논리 분석에 직관적 앎을 더한다. 직관에는 여러 정의가 있다. Deikman(1982)은 직관은 이성이 중재하지 않으며 감각 수용을 넘어선 앎이라고 제안했다. 직관은 지적 분석에 의지하지 않고, 직접 경험과 즉각적 인지의 특징을 지니며 사건의 의미, 중요성, 진실을 붙잡는다. 직관적 앎은 '일관성이 깊어지는 느낌'에 따른다(Polanyi, 1958). 경험과 이성이 일부 역할을 하지만 직관 경험은 질적으로 독특하다. '지혜로운 마음'은 관찰, 논리 분석, 운동 및 감각 경험, 행동 학습 그리고 직관이라는 모든 앎의 방식이 완전하게 협동함에 따른다(May, 1982).

경계성 환자는 '지혜로운 마음'에 접근하는 법을 배워야 한다. 사실상 그는 정서 처리와 논리 분석을 내려놓아야 하며, 고정관념과 극단 반응도 내려놓아야 한다. 그는 지혜로운 앎이 다른 보다 의도적인('이성 마음') 혹은 과잉 결정된('감정 마음') 유형의 앎에 방해받지 않고 진전을 허용할 수 있을 만큼 차분해져야 한다. 어떤 환자에게(분명 모두는 아니지만) 가장 우선하는 과제로 사실 자신이 그렇게 할 능력이 있다는 확신을 해야 한다. 경계성 환자는 자신이 그 어떤 지혜에 이르는 능력이 있다는 생각 자체에 의문을 지닐 수 있다. 첫째, 치료자는 모든 사람에게 심장이 있듯 모든 이에게는 '지혜로운 마음'이 있다고 주장해야 한다. 자신의 심장을 볼 수 없다고 해서 심장이 없음을 의미하지 않는다. 둘째, 이전에 환자가 '지혜로운 마음'을 경험해 본 일을 예로 많이 들어 주면 도움이 된다. 많은 사람은 위기 혹은 삶의 거대한 혼란 직후에 지혜로운 마음을 경험한다. 폭풍이 지나간 뒤 고요함이다. 이는 갑자기 문제 핵심에 다가서는 경험이며, 무언가를 직접 그리고 분명하게 보거나 알게 되는 경험이다. 때로 부분만이 아닌 전체 그림을 파악하는 경험이기도 하다. 어떨 때는 딜레마에서 바른 선택을 '느끼는' 경험일 수 있다. 그러한 느낌은 현재 정서 상태가 아닌 보다 깊은 곳에서 나온다. 셋째, '지혜로운 마음'을 둘러싼 내면의 고요함을 경험하도록 연습을 이끈다면 도움이 될 수 있다. 보통 나는 환자가 자기 호흡을 따라가도록(호흡이 들어오고 나가는 데 주의를 두도록) 하고, 잠시 후 주의 초점이 신체 중심, 들숨의 바닥에 자리 잡도록 한다. 중심을 잡은 바로 그 지점이 '지혜로운 마음'이다. 거의 대다수가 이 지점을 감각할 수 있다.

나중에 '지혜로운 마음'으로 들어가야 할 때, 환자는 이 자세를 취하고 고요함의 중심에서부터 반응하도록 안내받는다. 이는 마치 우물 속으로 깊이 들어가는데 비유할 수 있다. 우물 깊숙이 있는 물, 사실상 지하 대양 전체는 '지혜로운 마음'이다. 그러나 그곳으로 내려가는 길에는 보통 진전을 방해하는 함정 덮개가 있다. 그 덮개는 몹시 교묘하게 만들어져 우물 바닥에 물이 없을 거라 믿게 될 수 있다. 함정 덮개가 우물 바닥처럼 보일 수도 있다. 치료자는 환자가 각 함정 덮개가 어떻게 열리는지 알아내도록 도울 과제가 있다. 어쩌면 덮개가 잠겨 있어 열쇠가 필요하다. 어쩌면 못이 박힌 채 막혀서 망치가 필요할 수 있고, 접착제가 붙어 있어 끌이 필요할 수 있다. 그러나 인내와 부지런함을 통해 깊은 바닥에 있는 지혜의 바다에 다다를 수 있다.

경계성 환자는 '지혜로운 마음'을 '감정 마음'과 구분하기 어려워할 수 있다. 둘 다 무언가에 대한 '느낌'을 통해 닿을 수 있다. 둘 다 논리나 분석과는 다른 앎의 종류에 기대고 있다. 우리 이야기로 돌아가서, 세차게 비가 내리면 물이 함정 덮개 위에 고일 수 있다. 함정 덮개가 닫혀 있으면 웅덩이는 우물 밑바닥 바다와 혼동될 수 있다. 치료자와 환자 모두 혼동할 수 있다. 빗물이 바닷물처럼 보일 수 있다. 강도 높은 정서는 고요하고 안정된 지혜를 흉내 내는 확신에 찬 경험을 지어낼 수 있다. 여기에 단순한 해결책은 없다. 강렬한 정서가 뚜렷하다면, 결론이 '지혜로운 마음' 대신 '감정 마음'에 근거한다는 의심이 아마도 정확할 것이다. 보통 이러한 경우 시간이 가장 좋은 동맹이다.

경계성 환자는 자기 정서나 느낌 상태를 진술할 때("내가 뚱뚱해 보이고 사랑받을 만하지 못하다고 느껴요." "그 없이 살고 싶지 않아요." "내가 실패할까 두려워요.") 마치 그런 상태가 경험 실제에 대한 정보를 제공하는 것처럼 말한다("나는 뚱뚱하거나 사랑받을 만하지 못해요." "나는 그 없이 살 수 없어요." "나는 실패할 거예요."). 이런 일이 일어날 때 때로는 환자에게 이러한 방식으로 질문한다면 효과적이다. "저는 ○○ 님이 어떻게 느끼는지는 관심이 없어요. 무엇을 믿거나 생각하는지에도 관심이 없어요. 저는 (지혜로운 마음에서) 무엇이 진실이라고 알고 있는지에 관심이 있어요. 무엇이 진실이라고 알고 있나요? 진실은 무엇이죠?" 여기서 환자가 진실이라고 느끼는 것과 생각하는 것 사이에 변증법 긴장이 있고, 통합은 진실이라고 알고 있는 그 무엇이다. 치료자가 '감정 마음'이나 '이성 마음'에 장단 맞춰 주기를 거부하는 전략은 내려놓기를 위한 통제하기의 예시이다.

'지혜로운 마음'을 향한 치료자의 압박은 쉽게 남용될 수 있다. 특히 치료자가 자신이 믿는 바와 '지혜로운 마음'을 혼동할 때 그렇다. "내가 동의해야만 그건 '지혜로운 마음'에서 기능한 겁니다." 이는 특히 치료자가 자신의 지식이나 견해의 지혜를 믿을 때 어려울 수 있다. 한 사람의 '지혜로운 마음'이 어떻게 다른 사람의 지혜로운 마음과 충돌할 수 있을까? 이것은 흥미로운 역설이다. 치료적 겸손의 가치는 아무리 강조해도 지나치지 않다. DBT 자문, 지도팀이 수행하는 주요 기능 중 하나는 치료자처럼 영향력 있는 지위에 쉽게 따라오는 거만함에 균형을 제공하는 일이다.

6. 레몬으로 레모네이드 만들기

'레몬으로 레모네이드 만들기'에서 치료자는 명백한 문제를 자산으로 탈바꿈해야 한다. 이는 정신역동치료에서 환자 저항을 활용하는 개념과 유사하다. 환자가 치료에서 안 좋게 행동할수록 더 좋다. 치료 만남에서 문제가 나타나지 않는다면 치료자가 어떻게 도움이 될 수 있겠는가? 매일 삶에서 벌어지는 문제는 기술을 연습할 기회이다. 사실 기술을 연습하려는 관점에서 문제가 없다면 재앙이다. 연습할 거리가 없다는 뜻이기 때문이다. 괴로움일지라도 만약 수용한다면 공감을 끌어내며, 괴로웠던 적이 있는 사람은 다른 사람에게 손을 내밀어 도울 수 있다. 이를 다른 말로 하면, 환자의 가장 큰 약점은 대개 그의 가장 큰 장점이기도 하다(예: 변화에 '저항'하는 그의 고집 덕에 그는 변화가 이루어질 때까지 계속 움직일 수 있다).

레몬으로 레모네이드를 만들 수 있다는 생각은 환자가 늘 들어왔던, 삶의 레몬은 그저 잘 깨닫기만 하면 이미 레모네이드라는 식의 비타당 설교와는 구분해야 한다. 여기서 환자는 자기 문제를 치료자가 심각하게 받아들이지 않는다고 느낄 위험이 있다. 이런 긍정적 특징을 찾아내는 어려움을 과잉 단순화하지 않는 요령이 필요하다. 사실 이는 건초더미에서 바늘 찾기와도 같다. 따라서 이 전략은 무신경한 방식으로 사용해서는 안 된다. 환자가 자기 고통에 대해 치료자가 깊이 연민하고 있음을 아는 치료 관계가 바탕이 될 때 효과를 볼 수 있다. 그러한 맥락에서 이 전략은 가볍고 유머러스하게 사용할 수 있다. 예를 들어, 내가 기술 훈련을 할 때 환자들은 내가 최악의 위기마저도 연습하거나 기술을 배울 기회라며 기뻐하곤 한다는 걸 곧 알게 된다. 환자의 고통("나 해고당했어요.")에 어울리지 않는 나의 반응("와, 훌륭하네요!")이 환자를 멈추게 하고 새로운 정보를 받아들이게 만든다(즉, 당시 기술 모듈이 무엇이냐에 따라 대인관계 효과성을, 정서 조절을, 혹은 고통 감내를 연습하기 위한 기회이다). 치료자에게 필요한 건 짙은 먹구름이 드리워 있음을 부정하지 않은 채 구름의 빛나는 가장자리를 찾아내는 기술이다.

7. 자연스러운 변화를 허용하기

변증법은 과정, 발달 그리고 변화가 현실의 본성이라고 가정한다. 따라서 치료에 일률적인 안정이나 일관성을 도입한다면 변증법이 아니다. 다른 치료 접근과 대조적으로, DBT는 변화와 불안정을 치료에 들여오기를 피하지 않는다. 또한 일관성 있는 치료 환경을 유지해야 한다고 강조하지 않는다. 물리적 환경 배열은 때마다 달라질 수 있다. 약속 시간도 달라질 수 있다. 규칙은 바뀔 수 있다. 환자와 상호작용하는 여러 치료자가 모두 서로 다른 말을 할 수 있다. 모든 환경에 내재한 변화, 발달, 비일관성이 자연스럽게 진행하도록 허용한다. 핵심 단어는 '허용한다'와 '자연스럽게'이다. 변화를 허용하는 건 변화를 위해 변화를 도입하는 것과 다르다. 그런 변화는 일률적이다. 자연스러운 변화는 현재 조건으로부터 자라나지, 바깥에서 주입되지 않는다.

경계성 환자에게는 안정성과 일관성이 더 편안하며, 많은 이는 변화에 엄청난 어려움이 있다. 하지만 안전한 환경에서 변화에 노출한다면 치료적일 수 있다는 점이 중요하다. 치료 관계에서 변화를 회피한다면, 환자가 변화, 모호성, 예측 불가능성 그리고 비일관성에 편안함을 기를 기회를 거의 제공하지 못한다. (사실 변화에 효과적으로 대처하는 법을 배울 기회는 치료자 행동의 잦은 비일관성이라는 '레몬'에서 만들어지는 '레모네이드'이다.) 치료 관계에서 인위적 안정성과 예측 가능성은 치료 관계에서 배운 바를 자연스러운 관계로 일반화할 가능성 또한 제한한다. 자연스러운 관계에서는 종종 모호함과 어느 정도의 예측 불가능함이 우세하다.

이 전략은 DBT에 일관성이 없다는 뜻인가? 그렇지 않다. DBT에 존재하는 일관성은 대양의 오고 가는 파도 깊이 아래 있는 잔잔한 물과도 같다. 그것은 겉으로 드러나는 파도보다 진짜이다. 원칙적으로 행동 진전은 강화하고 현 상태에서 역기능이나 역행은 강화하지 않는 일관성만이 필요하다. 따라서 치료자는 계속해서 환자 편에 서야 하고, 환자 복지를 증진하기 위해 기꺼이 치료를 유연하게 할 필요가 있다. 사실 이러한 일관적인 보살핌이 충분히 안전한 관계를 만들며 변화에의 노출을 이롭게 한다.

8. 변증법 평가

모든 심리치료에서 이루어지는 여러 가지를 '평가'라고 생각할 수 있다. 이 말은 치료자와 환자는 무엇이 무엇에 영향을 미치는지, 어떤 요인이 그렇게 행동하고 느끼고 생각하게 하는지, 환자 삶과 치료에서 무엇이 잘못되고 잘되는지, 그리고 바로 지금 순간 무엇이 일어나고 있는지에 대해 완전히 정확하게 알아내고자 노력한다는 뜻이다. 환자가 어디에서 답을 찾아야 할지 치료자가 가리키는 방향은 치료자의 이론 근거에 따른다. 일반 미국 심리학과 정신의학에서, 특히 BPD에 대한 대부분 이론 접근은 개인을 둘러싼 사회 그리고 물리적 맥락보다는 개인 안에서 장애 근원을 찾는 편향이 있다. 경계성 환자 문제가 발달한 원인을 심리학 이론에서는 전형적으로 초기 환경 사건에서 찾긴 하지만, 대부분 이론에서 사람의 문제를 끌어내고 지속시키는 현재 환경 역할을 향한 관심은 극히 부족하다. 반면, 생물학 장애, 역기능 인지 도식, 부적절한 대상 관계 그리고 기술 부족은 모두 엄청난 관심을 받는다. 경계성 사람은 자기 문제가 개인적 결핍이나 장애의 결과라는 가정을 받아들이는 데 일가견이 있다. 사실 그들 중 많은 사람은 스스로에게 치명적인 결함이 있고 자신은 영원히 변하지 않을 거라고 본다.

하지만 변증법 세계관이 전체적 · 체계적 관점임을 기억하자. 영향은 상호 발달하는 양상이 있다. 정체성은 관계적이다. 변증법 평가는 치료자가 환자와 함께 현재 행동과 사건에 대한 개인적 혹은 사적 설명에서 무엇이 빠졌는지 끊임없이 찾기를 요구한다. 항상 "여기서 빠진 게 뭐지?"라는 질문을 해야 한다. 평가는 당면한 환경, 가족력 혹은 과거 학습 경험에서 그치지 않는다(물론 이들도 무시되지 않지만). 평가는 환자 현재 행동에 대한 사회, 정치, 경제의 영향도 검토한다. Robert Sipe(1986, pp. 74-75)는 Trent Schroyer(1972, pp. 30-31)를 인용하며 비슷한 지점을 기술한다.

> 변증법 자각은…… "역사적 자기 개념화에 빠진 부분을, 거짓된 겉모습에 참된 실제를 복원한다." 이를 통해 우리는 "사회적으로 불필요한 권위주의와 통제 체계를 꿰뚫어 볼 수 있다." 우리의 심리적 그리고 사회적 세계를 있는 그대로 바라봄으로써 우리는 그 전환을 위한 실제 가능성을 볼 수 있다. …… 빠진 부분이 복원되면서, 과거에 닿을 수 없었던 심리사회적 변화의 잠재력을 위한 새로운 통찰이 생겨난다.

특히 여성과 작업에서 변증법 평가를 할 때 개인 문제 안에 문화적으로 제도화된 성차별주의와 성 역할 기대에 주의한다. 사실 성 역할, 사회 계급, 종교, 지역 그리고 인종에 따른 기대가 빈번하게 이중 굴레를 씌우면서 개인 행동에 중요한 영향을 끼친다는 점을 변증법을 통해 바라볼 수 있으며, 경계성 개인에게 문제가 되는 행동도 마찬가지이다. BPD가 개인-환경 공동의 장애라는 가능성에 힘이 실린다.

경계성 환자는 마치 그들이 '속하지' 않는 것처럼 느낀다고 말한다. 그는 자신이 살아가는 문화에서 소외되거나 단절된 것처럼 느낀다. 그의 행동은 분명 살아가야 하는 사회 세계에 적응하거나 맞추는 데 큰 어려움이 있음을 시사한다. 전통적으로 그러한 개인이 더 잘 소속하거나 운명을 받아들이도록 스스로 바꾸는 법을 찾아내는 해결책을 썼다. 개인이 처해 있는 사회 맥락은 당연하고("세상이 다 그런 거지.") 바꿀 수 없다고 그려졌다. 사회 구조, 즉 사람이 처한 사회의 인간관계 및 사회관계 구조에 치명적 결함이 있다는 관점은 고려하지 않는다. 이 환상은 매우 만연하여, 사람은 자신이 부적합하거나 치명적으로 결함이 있다고 믿을 수밖에 달리 도리가 없다. 변증법 평가에는 더 큰 사회 연결망과 더 좁은 개인 맥락과의 상호 관계에 대한 분석이 필요하다. 말하자면 상황을 역전시켜 개인이 환경에 일으킬 수 있는 변화를 탐구한다. 변증법 평가는 다른 문화, 경계성 사람이 어울릴 수 있는 문화가 가능하다는 생각의 도입을 목표로 한다.

바로 이 지점을 경계성 환자의 안녕에 영향을 미치는 치료 구조를 분석하는 데도 적용한다. 수년에 걸쳐 심리치료가 어떻게 진전해야 하는지에 대한 규칙과 규제가 개발되었다. 때로 이러한 규칙과 규제가 당연하고 유일한 길처럼 보인다. 그러한 입장은 치료 행동의 특정한 경직성으로 이어진다. 또다시, 만약 환자가 나아지지 않는다면 문제는 치료가 아닌 환자에게 있다. 환자는 치료에 맞추도록 교육받는다. 우리는 보통 환자에 치료를 맞추려고 생각하지 않는다. 변증법 평가는 경계성 환자와 작업할 때 치료 규칙이나 양상에서 억압하는, 혹은 치료가 도리어 해롭게 하는 특성이 있는지 열린 자세로 검토하기를 요구한다. 그러한 분석은 치료의 가능성을 확장하고, 환자와 치료자의 최대 이익을 위해 치료 절차와 관계가 발전하도록 허용한다.

마치며

여기에 제안한 변증법 전략을 술책이나 게임과 혼동할 수 있다(비록 조금 정교한 게임이지만). 관심, 정직함, 언행에 전념이 없다면 그와 다를 게 없다. 변증법 태도는 치료자가 모든 극단의 양쪽을 다 담고, 자신이 절대 진실을 쥐고 있지 않다고 생각하고, 치료자와 환자가 세계에서 이해하고 반응하는 방식에 무엇이 빠져 있는지 성실하게 탐색해야 한다고 요구한다. 요컨대, 겸손이 필요하다. 이는 교묘한 속임수나 술책을 쓸 때 우월한 위치에 서는 방향과 정확히 반대이다. 물론 그렇다고 진정한 의미에서 환자와 즐거움을 누리는 게임을 배제하는 건 아니다. 그러나 주고받으며 온화해야 이 게임이 효과적이다.

이 장에서 기술한 각 전략을 잘못 사용하거나 틀린 방식으로 적용할 수 있다. 역설은 진술이 말이 안 되는, 난센스처럼 보이는 측면이 있다. 그러나 모든 난센스가 역설은 아니다. 은유와 이야기는 질문에 직접 답하기를 피하거나, 주의를 돌리거나, 시간을 때우거나, 뽐내기 위해 남용될 수 있다. 이야기는 매혹적이지만 눈앞 문제와 관계없을 수 있다. 악마의 속삭임 기법은 특정한 역기능 규칙이나 믿음에 대한 환자의 고집에 이득과 타당성이 있다고 주장하는 입장을 선택할 때 가장 유용하다. 같은 기법이 환자에게 창피를 주거나 그가 어리석고 바보같이 보이게 만들 때 가장 큰 악용이다. 확장하기는 적대와 냉소로 돌변하기 쉽고, 특히 치료자가 환자의 위협이나 극단적 반응에 조종당한다고 느낄 때 더 그렇다. '지혜로운 마음' 활성화하기는 환자의 내재한 지혜를 타당화하는 크나큰 잠재력이 있다. 그러나 이 방법은 환자를 타당화하는 기회를 희생시켜 치료자가 자기 지혜에 대한 감각을 타당화하는 데 이용하기도 쉽다. 비슷하게, 레모네이드를 만들려면 충분한 양의 설탕이 필요하다는 사실을 잊기 쉽다. 환자가 스스로 설탕을 조달할 수 없음을 치료자가 인식하는 데 실패하면 신맛 나는 레모네이드가 완성되고, 환자에게 자신감과 치료자에 대한 믿음이 줄어들 게 만들 수 있다. 자연스러운 변화 전략은 치료자의 임의적 비일관성, 약속을 어김, 치료 계획 실패, 변덕에 대한 핑계가 될 수 있다. 마지막으로, 변증법 평가는 엄밀하게 검토하고 검증하지 않는다면 그 자체로 착각을 일으키고 정당화할 수 있다. 세월의 시험을 견딘 치료적 만남의 전통과 규칙을 생각 없이 위반한다면 때로 환자나 치료자에게 끔찍한 결과로 이어질 수 있다. 빈대를 잡으려다 초가삼간 다 태운다.

8장

핵심 전략: I부 타당화

7장 초반에서 언급한 대로 타당화와 문제 해결 전략은 DBT에서 핵심을 이루며 다른 모든 전략은 이를 중심으로 구축되어 있다. 타당화 전략은 DBT에서 가장 분명하고 직접적인 수용 전략이다. 타당화는 그의 행동이 그럴 만했고 현재 맥락에서 이해할 수 있다는 점을 분명한 방식으로 환자에게 전달한다. 치료자는 환자가 스스로 자신의 행동, 감정, 생각 또는 암묵적 규칙을 이해하려고 노력하도록 환자를 동참시킨다. 이에 반해 문제 해결 전략은 DBT에서 가장 분명하고 직접적인 변화 전략이다. 문제 해결에서 치료자는 환자가 자신의 행동을 분석하고, 변화에 전념하며, 자신의 행동을 변화시키기 위해 적극적인 조처를 하도록 한다.

4장에서 논의한 대로 부적응 행동은 환자로서는 해결되거나 사라지기를 원하는 문제에 대한 해결책이다. 그러나 치료자 관점에서 보면 이 같은 행동은 해결해야 할 문제이다. 조금 단순하게 얘기하자면, 타당화 전략은 환자 관점의 지혜를 강조하고 문제 해결 전략은 치료자의 지혜를 강조한다. 그런데 때로 이 말은 너무 단순한데, 이 관점은 서로 바뀌기 때문이다. 환자는 자신의 행동을 문제로 보고 사실상 변화가 필요하다고 보지만, 치료자는 환자와 그의 행동을 있는 그대로 수용하는 데 초점을 두기도 한다. 타당화 전략과 문제 해결 전략 둘 다 환자와 모든 상호작용에 사용한다. 많은 치료적 난국은 한 가지 전략이 다른 전략에 비해 불균형한 데서 비롯된다.

경계성 환자는 임상 장면에서 자신이 극도의 정서 고통 속에 있음을 드러낸다. 그는 치료자가 문제 상태를 변화시키는 무언가를 하도록 애원하고, 때로는 요구한다. 치료자가 기분을 더 낫게 하고, 파괴적인 행동을 멈추게 하며, 자신이 좀 더 만족스러운 삶을 살게끔 만들어 주길 바란다. 환자는 매우 고통스러워하고 환자 주변 세상을 바꾸기란 어렵다는 사실을 고려해 볼 때, 치료자로서는 환자를 변화시키는 데 에너지를 집중하는 방향으로 빠지기 쉽다. 치료자 지향에 따라 치료는 환자의 비합리적 사고, 가정 또는 도식이 어떻게 역기능적 부정 감정을 만드는지, 부적절한 대인관계 행동이나 동기가 어떻게 대인관계 문제를 만드는지, 생물학적 이상이 기능적 적응을 어떻게 방해하는지, 정서 반응성과 강도가 전반적인 문제를 어떻게 만드는지 등에 초점을 맞출 수 있다. 치료는 전형적으로 변화 기술을 적용하는 방향으로 구성되어, 환자의 행동, 성격 또는 생물학적 양상을 변화시키는 데 초점을 두게 된다.

많은 측면에서 이러한 초점은 환자가 문제이고 환자가 변화할 필요가 있다고 말하는 비타당 환경을 재현한다. 변화를 촉진할 때 치료자는 환자의 최악의 두려움, 즉 결코 자신의 정서 반응, 인지 해석 또는 행동 반응을 믿으면 안 된다는 두려움을 타당화하는 셈이다. 그러나 사건에 대한 자신의 반응을 불신하고 비타당화한다면 자신이 하든 타인이 하든 극도로 유해하다. 상황에 따라 비타당화는 두려움, 분노, 수치심 또는 이 세 가지 전부를 유발할 수 있다. 그러므로 치료 전체 초점을 변화 기반 치료에 둔다면 불가피하게 자기 비타당에 기여하고 이를 유발하므로 유해할 수 있다. 환자가 자주 피하거나 저항하는 건 당연하다.

불행히도, 환자 행동에 대한 무조건적 수용과 타당화에 기반을 둔 치료 접근 역시 똑같이 문제가 있고 역설적으로 타당하지 않을 수 있다. 치료자가 환자에게 자신을 수용하고 타당화하도록 촉구한다면 치료자는 결국 환자 문제를 심각하게 여기지 않는 것처럼 보일 수 있다. 수용 기반 치료에서는 변화에 대한 희망을 거의 주지 않기 때문에 경계성 사람의 절망이 무시당한다. 그러므로 자기 삶을 받아들일 수 없고 견뎌 낼 수 없다고 보는 환자 개인의 경험이 비타당화될 수 있다.

이런 난관을 해결하기 위해 DBT는 수용 기반 치료 전략과 변화 기반 치료 전략의 균형에 주의를 기울인다. 환자에게 자신을 타당화하기와 변화하기 모두 가르치는 게 치료의 주요 초점이다. 치료에서 환자의 반응이 적절하거나 타당하다고 여기는 동시에, 이 반응은 역기능적이고 변화할 필요가 있다고 이해하도록 환자를 도와야 한다(유사점은 Watts, 1990 참조). 그러나 이러한 균형점은 끊임없이 변화하며, 그 결과 치료자가 치료에서 유연하고 신속하게 움직이고 반응할 수 있어야 한다. 유연성 그리고 보완적이거나 반대되는 양극의 통합과 균형이 필요하다는 인식에 근거하여 변증법은 이 치료의 토대가 되었다.

타당화 정의하기

타당화의 핵심은 다음과 같다. 치료자는 환자에게 그의 반응이 현재 삶의 맥락이나 상황에서 그럴 만하고 이해할 수 있다고 전달한다. 치료자는 적극적으로 환자를 수용하고 환자에게 이 수용을 전한다. 치료자는 환자의 반응을 진지하게 받아들이고, 무시하거나 하찮게 만들지 않는다. 타당화 전략으로, 치료자는 어떤 사건에 대한 환자 반응에 내재한 타당성을 찾아내고 인식하며 환자에게 반영해 주어야 한다. 부모는 다루기 힘든 아이의 행동을 강화하기 위해 아이가 좋은 행동을 할 때를 알아채야만 한다. 비슷하게, 치료자는 환자 반응에서 타당성을 발견하고, 때때로 증폭시키며, 그러고 나서 강화해야 한다. 타당화 전략은 개인 치료 초기 단계에서 주된 전략이 될 수 있다.

때로는 무엇이 타당화가 아닌지를 이해함으로써 타당화의 의미를 더 쉽게 이해할 수 있다. 반응이 과거에는 기능적이었지만 현재는 아니라고 언급하는 것은 타당화가 아니라 비타당화이다. 예를 들어, 환자는 치료자가 항상 자신에게 화가 나 있다고 말할 수 있다. 만약 치료자가 즉각 이를 부인하고, 환자의 다른 친밀한 관계에서 경험 때문에 치료자가 화났다고 예상한 게 그럴 만하다고 언급한다면 치료자는 환자의 말을 비타당화하고 있다. 치료자는 환자가 미치지 않았고, 과거 경험 맥락에서는 환자의 반응이 타당하다고 말하지만, 현재 맥락에서는 타당하지는 않다고 표현한다. 환자의 과거력을 타당화하는 것은 현재 행동의 타당화와는 다르다.

비슷한 예로, 만약 치료자를 향한 분노를 투사했다는 식으로 여성 환자의 말을 해석한다면 치료자는 환자의 반응을 비타당화하고 있다. 이같이 거의 모든 **인신공격**(혹은 이 경우 **여성공격**) 반응은 환자 관점의 내용을 비타당화한다. 비록 이런 주장에 타당성이 있을 수 있지만, 이는 환자의 말을 타당화하지 않을 뿐만 아니라 환자가 이를 타당화로 경험하기도 어렵다. 타당화 반응을 한다면 우선 치료자는 분노를 전달했을지 모르는 치료자 자신의 행동 표현을 개방하여 탐색한 후에, 이러한 행동이 반영하는 정서나 태도를 환자와 함께 사려 깊게 논의할 수 있다. 마지막으로, 타당화는 단순히 환자 기분을 좋아지게 하거나 자기 존중감을 높여 주는 게 아니다. 만약 환자가 자신이 멍청하다고 말할 때 아니라고 똑똑하다고 말한다면 멍청해졌다는 경험을 비타당화하는 셈이다.

타당화에는 세 단계가 있다. 처음 두 단계는 거의 모든 전통 치료의 일부이지만 세 번째 단계에 DBT의 핵심이 있다. 이 단계는 다음과 같다.

1. 적극적 관찰 첫째, 치료자는 환자에게 어떤 일이 일어났는지 혹은 그 순간에 무엇이 일어나고 있는지에 관한 정보를 모은다. 그리고 환자가 무엇을 생각하고, 느끼고, 행하는지 경청하고 관찰한다. 이 단계에서 핵심은 치료자의 깨어 있음이다. 치료자는 환자의 실제 정서, 생각, 행동을 관찰하는 데 방해되는 이론, 편견, 개인 편향을 내려놓는다. 기관과 병원 장면에서 치료자는 환자에 대한 소문이나 다른 전문가의 의견을 내려놓는다. 치료자는 직접적인 소통을 듣고, 공개적으로 드러난 행동을 관찰한다. 더불어 치료자는 '제3의 귀'를 가지고 드러나지 않는 정서, 생각, 가치, 신념을 듣는다. 치료자는 '제3의 눈'을 통해 드러나지 않는 환자의 행동을 관찰한다. 치료 초반에 치료자에게는 '환자의 마음을 읽는' 능력이 필요하다. 이는 적외선 필름으로 어둠 속에서 사진을 찍는 것과 비슷하다. 치료적 조성을 통해서 점차 환자는 스스로 그런 '사진'을 찍을 수 있도록 시간이 지나면서 발전한다.

2. 반영 둘째, 치료자는 환자 자신의 감정, 생각, 가정, 행동을 환자에게 정확하게 되돌려 반영한다. 이 단계에서 판단하지 않는 태도가 필수적이다. 치료자는 환자가 들을 수 있는 방식으로, 치료자가 깨어 있고 듣고 있다는 점을 환자에게 전달한다. 정확한 정서적 공감, 신념, 예상, 가정에 대한 이해(반드시 동의할 필요는 없음), 행동 양상에 대한 인식이 필요하다. 이런저런 논의를 통해 치료자는 환자가 자신의 반응 양상을 인식하고, 기술하며, 이름 붙이도록 돕는다. 이렇게 하여 환자는 치료자가 틀렸다고 말할 기회가 있다. 치료자는 "이게 맞나요?"라고 자주 물어야 한다. 반영하기에서 치료자는 환자가 관찰하고는 있지만 말하거나 인정하기 두려워하는 점도 짚어 준다. 이러한 단순한 반영 행동은 특히 치료자가 먼저 언급해 줄 때 강력한 타당화 행동이 될 수 있다. 경계성 환자는 처음에는 자기 자신을 정확하게 관찰하면서도 자기 불신 때문에 나중에 자기 지각을 비타당화하고 무시한다.

3. 직접 타당화 셋째, 치료자는 환자의 반응 안에 지혜와 타당성을 찾아서 반영하고 반응을 이해할 수 있다고 전달한다. 치료자는 현재 환경에서 환자의 반응을 뒷받침하는 자극을 찾는다. 모든 관련 원인에 대한 정보를 구하지 못했다 해도, 환자의 감정, 생각, 행동은 그의 현재 경험과 지금까지 삶의 맥락에서 온전히 이해할 만하다. 행동은 발생한 맥락

에 비추어 적응적이고, 치료자는 그러한 적응의 지혜를 찾아야만 한다. 치료자는 환자 반응의 역기능 특성에 사로잡히기보다는, 그 맥락에 합당하거나 적절한 측면에서 반응에 주의를 기울인다. 그러므로 치료자는 환자 반응에 내재된 정확성, 적절함, 합당함을 찾은 뒤에야 나아가 역기능적 특성을 고려한다. 반응의 아주 작은 부분만 타당하더라도 치료자는 행동에서 그 부분을 찾아내어 그에 반응한다. 이 세 번째 단계야말로 찾아내는 데 가장 큰 노력이 필요하고, 또한 타당화를 가장 분명하게 정의하는 단계이다. 치료자가 환자 반응에서 타당성을 찾아내야만 환자가 스스로 타당화하는 데 진솔하게 지지할 수 있다.

타당성 추구에는 변증법이 담겨 있다. 치료자는 크게 보아서는 역기능적일 수 있는 환자 반응에서 지혜와 진실의 낟알을 찾아내야 하기 때문이다. 때때로 환자 반응을 타당화하기란 모래가 든 컵에서 금 조각을 찾는 일과 비슷하다. DBT에서는 모든 모래 컵에 금 조각이 있다고 가정한다. 즉, 모든 반응에 타당성이 내재한다. 그러나 금 조각에 주의를 둔다고 모래에 주의하지 않는 건 아니다. 실제로 타당화 전략은 문제 해결 전략과 균형을 이루고, 변화해야 하는 환자 특성을 찾고 조처를 하는 데 중점을 두고 있다

타당화 전략에는 네 가지가 있다. 그중 세 가지 전략인 정서 타당화, 행동 타당화, 인지 타당화는 서로 매우 유사하다. 굳이 셋을 구분한 이유는 경계성 환자를 치료하는 데 중요한 구체적인 요소를 논의하고자 함이다. '응원하기cheerleading'는 치료자가 환자에 내재한 능력을 타당화한다는 점에서 다르다. 환자 눈에 이는 늘 분명하지는 않다. 그러므로 정서, 인지, 행동 타당화는 환자가 타당화로 경험하겠지만 응원하기는 때때로 그렇지 않다. 네 가지 전략 각각은 앞선 세 단계를 포함하고, 치료자는 다양하게 이 단계를 조합할 수 있다.

타당화하는 이유

특히 이 책 7장을 읽은 사람에게 경계성 환자 치료에서 타당화의 필요성은 분명할 수 있다. 그러나 치료자는 경계성 환자를 타당화하는 입장을 지키는 데 너무 많은 어려움을 겪기 때문에 이 점은 여러 번 말해도 과하지 않다. 앞에서 말한 내용을 요약하자면, 타당화는 변화 전략과 균형을 이루어야 하므로 먼저 필요하다. 변화에 얼마큼 집중할 때 타당화가 얼마나 필요한지는 환자마다 다르고, 특정 환자에게도 때에 따라 다를 수 있다. 일반적으로 주장하지 않거나 말로 잘 표현하지 않거나 직면할 때 철회하는 경향이 있는 환자에게는

이와 달리 똑같이 취약하고 민감하더라도 공격받았다고 느낄 때 '끝까지 버틸 수 있는' 호전적인 환자에 비해서 같은 변화를 위해 더 높은 비율로 타당화가 필요하다. 환경(치료 관계 안팎)에서 스트레스가 높아질 때 모든 환자에게 변화 대비 타당화 비율은 이에 따라 함께 올라가야 한다. 마찬가지로 특히 민감한 주제를 다룰 때 타당화도 증가하여야 한다. 한 회기 안에서조차 치료자가 타당화 정도를 달리할 필요가 있다고 예상할 수 있다. 경계성 환자 치료는 개인을 가파른 절벽 가장자리에 더 가깝게 밀어 넣는 일에 비유할 수 있다. 그 사람의 발뒤꿈치가 절벽의 끝자락에 닿을 때 타당화를 사용하여 그를 절벽으로부터 치료자가 있는 안전한 곳으로 다시 끌어당긴다.

두 번째로, 환자가 스스로 타당화하도록 가르치려면 타당화가 필요하다. 2장에서 논의한 대로 경계성 사람은 양립 불가능하지만 매우 강력한 두 가지 정보원에 맞닥뜨린다. 하나는 사건에 대한 자신의 강렬한 반응이고, 다른 하나는 모순되지만 똑같이 강렬한 다른 사람의 반응이다. DBT에서 경계성 환자가 사건을 왜곡할 때가 없다고 가정하지는 않지만, 왜곡되어 있지 않은 사건의 측면을 발견하는 접근이 항상 가장 우선한다. 사건 왜곡은 정서적 역기능의 원인이 아닌 결과일 때가 많다. 스스로를 불신하는 경험은 오래 지속되고 만연할 때에 극도로 유해하다. 적어도 사람은 누구를 믿어야 할지, 자신을 믿어야 할지 또는 타인을 믿어야 할지에 대한 자기 결정을 신뢰해야만 한다. 사건을 과장한다면 이는 원래 사건에 대한 꽤 유효한 관점에 타당화를 얻기 위한 시도이다. 나는 환자에게 내 치료 목적 중 하나는 그들 자신의 반응을 신뢰하는 법을 배우도록 돕는 거라고 말하기도 한다.

타당화를 효과적으로 사용하는 비결은 사용할 때와 사용하지 않을 때를 아는 데 있다. 그리고 일단 시작하면 언제 멈출지를 알아야 한다. 타당화는 강렬한 감정이 나타나거나 유발될 때 특히 문제가 될 수 있다. 어떤 환자에게는 치료자의 허용이 결국 치료를 정서적 카타르시스에 지나지 않게 만들 것이다. 만약 진전이 이루어진다면 정서 표현을 멈추고 문제 해결로 들어가는 능력이 중요하다. 특히 환경으로부터 타당화를 이끌어 내는 경향성 덕에 유지되는 어떤 역기능 행동이 있다면, 치료자는 이 행동에 즉각적으로 타당화 전략을 사용하지 않도록 해야 한다. (행동 조정을 위한 치료 수반성 사용은 10장에서 자세히 논의한다.) 때로는 환자의 현재 고통을 무시하고 문제 해결에 뛰어들도록, 말하자면 힘껏 환자를 끌어당기는 전략이 최선이다. 타당화는 다른 주제를 다루는 동안 간단한 언급이나 여담으로도 할 수 있다. 또는 전체 회기에서 초점이 될 수도 있다. 다른 DBT 전략처럼 타당화 전략은 목적을 위해 의도적으로 사용해야야 한다. 즉, 즉각적인 목적이 다음과 같을 때 타당화 전략을 사용해야 한다. 정서적으로 너무 각성되어 아무것도 말할 수 없는 환자를 진정시키기, 치료 실수를 바로잡기, 판단하지 않고 자기 관찰하며 비난하지 않고 자기 기술할 수 있는 환자 기술 개발하기(즉, 자기 타당화 가르치기), 환자 현재 경험이나 사건에 동반된 경험에 대해 알아가기, 변화를 위한 타당화 맥락 제공하기.

정서 타당화 전략

경계성 환자는 정서 억제와 강렬한 정서 반응성 사이에서 동요한다. 어떤 환자는 치료 상호작용 동안 특징적으로 정서 표현을 억제한다. 또 어떤 환자는 항상 정서 위기 상태에 있는 것처럼 보인다. 또 다른 환자는 이 둘 사이를 오간다. 이 단계는 3장과 5장에서 자세하게 기술하였다. 환자가 어떤 단계에 있느냐에 따라 정서 타당화에는 각기 다른 난관이 있다. 억제된 사람에게 정서 표현은 비 오는 날 모닥불 속 작은 불씨와 같다. 치료자는 지나치게 피상적인 관찰, 설명, 해석으로 정서를 억누르지 않도록 매우 주의를 기울여야 한다. 환자에게 자신의 정서를 관찰하도록 가르치고, 최소한의 정보에서 정서를 읽어 내며 잘못 추측할 가능성에 열려 있는 게 전부 중요하다. 반대로, 정서적으로 반응성이 높은 환자에게 감정을 고조시키지 않으면서 동시에 정서를 타당화하기란 도전이다. 이 경우 정서를 표현할 기회를 제공하고 정서를 반영하는 게 중요하다.

정서 타당화 전략은 정서 과잉반응성이나 정서 발생 근간의 왜곡에 초점을 두는 접근과는 다르다. 이는 Greenberg와 Safran(1987)의 접근과 유사한데, 이들은 일차 혹은 '진정한' 정서와 이차 혹은 '학습된' 정서를 구분한다. 후자는 일차 인지 평가와 정서 반응에 대한 반응이고, 생각과 감정의 연쇄에서 나오는 최종 부산물이다. Greenberg와 Safran은 역기능적 · 부적응적 정서는 주로 일차 정서의 경험과 표현을 막는 이차 정서라고 말한다. 이어서 그들은 "모든 일차 정동 정서는 유기체에게 적응을 돕는 동기에 관한 정보를 제공한다."(1987, p. 176)라고 하였다. 여기서 사건에 대한 역기능적 · 부적응적 반응이 사건에 대한 '진정한' 혹은 타당한 반응과 연결되어 있거나 얽혀 있다는 게 중요하다. 정서 타당화의 핵심은 일차 정서를 찾아내서 증폭시키는 데 있다. 이러한 전략을 적용할 때 치료자의 진솔성이 매우 중요하다. 만약 정서 타당화 전략을 변화 전략으로서 사용한다면, 즉 '진짜 작업'을 위해 단순히 환자를 진정시키기 위한 타당화로 입에 발린 말을 사용한다면, 치료자는 역효과를 예상해야만 한다. 진솔함은 결국 충분히 타당함을 찾아낼 수 있고, 찾아내는 것이 치료적으로 유용하다는 치료자의 신념에 달려 있다.

경계성 사람은 보통 자신이 경험하는 정서를 인식하지 못하는데, 대개 다양한 정서를 동시에 혹은 연거푸 경험하기 때문이다. 어떤 경우 환자의 일차 정서에 대한 이차 정서 반응(예: 공포, 수치심, 분노)은 너무 강렬하고 극단적이어서 환자가 경험하고, 처리하고, 분명히 표현할 기회를 얻기도 전에 일차 정서를 방해하거나 억제한다. 다른 경우 환자는 한 가지 감정을 강렬하게 경험하며 미치겠다고 보고할 수도 있지만 정서를 더 온전히 기술하는 묘사를 해내지 못한다. 환자는 일상에서 한참이 지나고서야 자기 감정을 알게 된다고 보고할 수도 있다. 환자가 자기 현재 정서 상태를 판단하지 않는 태도로 관찰하고 기술하도록 돕고, 정서에 대한 기술과 정서를 이끈 사건에 대한 기술을 신중히 구분 짓는 데 치료의 중요한 초점이 놓인다.

경계성 환자는 아주 강렬한 정서로부터 철수할 때가 있어 정서 각성에 대한 표면적인 조짐은 거의 보이지 않는다. 환자가 매우 수동적으로 행동한다면 이는 현재 상황에서 촉발됐을 법한 모든 정서 반응을 회피하거나 억제하고 있다는 조짐이 될 수 있다. 때로 완전히 도피하거나 회피하지 못하고 정서 일부는 반응하면서 다른 일부는 억제할 수 있다. 예를 들어, 슬픔이나 공포를 현상적으로 경험하면서도 표정이나 자세 같은 정서 표현은 없을 수 있고, 그 반대도 가능하다. 또는 상응하는 정서 경험이나 생리적 변화 없이 정서와 주로 관련된 행동 충동(예: 소리 지르기, 회기 중에 뛰쳐나가기, 치료자 때리기)을 느낄 수 있다. DBT에서는 환자가 정서를 무의식적으로 경험하면서 단지 정서를 알지 못하는 거라고 가정하지 않는다. 치료자를 때리고 싶은 환자가 반드시 치료자에게 화가 났다고 가정할 필요는 없다. 사실 이 경우 환자가 화에 반응하지 **않는** 것이 문제일 수 있다. 즉, 그는 자연스레 일어날 수 있는 반응의 흐름을 피하거나 억제하고 있다.

환자가 정서 경험과 표현을 피하기 때문에 치료자는 억제하는 감정과 환자가 자연스럽게 이를 표현하지 못하는 어려움을 모두 타당화하도록 주의해야 한다. 억제를 이해하려면 대개는 능숙한 행동 평가가 필요하다(9장에서 자세히 기술함). 예를 들어, 환자는 고전적 조건형성 경험의 결과로 자동으로 정서 반응을 피하거나 정서 표현을 억제할 수 있다(3장 참조). 앞에 언급한 대로 이차 정서는 전형적으로 일차 정서의 완전한 경험이나 표현을 차단하거나 방해한다. 마지막으로, 많은 환자는 다양한 정서가 과연 적절한가에 대해 매우 강한 도덕적 신념을 가지고 있다.

환자가 정서 위기에 있거나 강렬한 정서를 경험한다면, 치료자는 정서를 완화하는 기법으로 비타당화를 사용하는 너무도 흔한 전략을 쓰지 않도록 많은 주의를 기울여야 한다. 내 경험으로 볼 때 만약 치료자가 경계성 환자의 정서 경험을 알아차리거나 타당화하면 정서 행동에 보상을 주어서 행동이 유지되고 심지어 고조될지 모른다는 게 치료자로서 가장 큰 두려움 중 하나이다. 어떤 경우에 치료자는 환자와 마찬가지로, 환자를 타당화하면 치료자 자신을 비타당화하는 것처럼 느끼기도 한다. 그러므로 정서를 줄이게끔 처벌하고 싶은 유혹이 있다. 그러나 이는 거의 효과가 없다. 심지어 그렇게 하면 환자는 보통 정서 억제로 되돌아가고, 다음에 같은 상황에 직면해서 강렬하게 반응할 뿐이다. 그러나 일단 환자는 치료자가 자신의 이야기를 듣고, 경청하고, 진지하게 받아들여 준다고 느끼면 보통은 진정할 것이다. 사실 치료자가 환자보다 환자의 정서를 더 진지하게 받아들인다면(확장의 변증법 전략), 환자는 정말로 치료자에게 확신을 주기 시작할 수 있다. 구체적인 정서 타당화 전략은 다음에서 논의하고, 〈표 8-1〉에 요약이 있다.

〈표 8-1〉 정서 타당화 전략 점검표

_____ 치료자는 **정서 표현** 기회를 제공한다. 치료자는 환자의 감정을 공감하고 수용한다.

  _____ 치료자는 환자의 정서 표현에 대해 비판단적이고 공감하는 태도로 경청한다.

  _____ 치료자는 환자의 정서 고통과 어려움에 대해 공감을 나타내면서 동시에 정서 표현을 조절하거나 구조를 제공하는 말로 논의 주제에 초점을 맞추고자 시도한다.

_____ 치료자는 환자가 감정을 **관찰하고 명명하도록** 돕는다. 치료자는 환자가 속도를 늦추고, 뒤로 물러나서, 정서 반응의 요소에 주의를 기울이도록 돕는다.

  _____ 치료자는 환자가 자기 정서의 현상적 경험에 주의를 기울이도록 알려 준다.

  _____ 치료자는 환자가 감정과 연관된 신체 감각을 기술하고 명명하도록 돕는다.

  _____ 치료자는 환자가 감정과 연관된 상황에 대한 생각, 가정, 해석을 기술하고 명명하도록 돕는다.

  _____ 치료자는 환자가 감정과 연관된 욕구와 소망을 기술하도록 돕는다.

  _____ 치료자는 환자가 감정과 연관된 행동 경향성과 충동을 기술하도록 돕는다.

  _____ 치료자는 환자가 감정과 연관된 얼굴 표정과 자세 표현을 관찰하고 기술하도록 돕는다.

_____ 치료자는 **정서를 읽는다**. 치료자는 환자가 부분적으로만 표현하는 정서 반응을 비판단적 방식으로 표현한다.

  _____ 치료자는 적절한 때에 정서를 읽어 주고, 환자가 치료에서 진전을 보임에 따라 정서 읽어 주기를 점점 줄인다.

  _____ 치료자는 환자에게 그가 어떻게 느끼고 있는지에 대한 다중 선택지를 제공한다.

_____ 치료자는 환자의 감정이 타당하다고 **소통**한다.

  _____ 치료자는 환자의 정서 반응(또는 환자의 반응 중 일부)이 합당하고, 지혜로우며, 혹은 상황 맥락에서 그럴듯하다고 전한다("당연히 그렇게 느낄 것 같습니다.").

_____ 치료자는 환자가 과잉반응을 보이거나 상황에 대한 '왜곡된' 관점에 반응하더라도 환자가 자신의 행동이나 환경에서 뭔가를 탐지했을 것이라고 짚어 준다(즉, 감정을 촉발시킨 무언가 자극이 있었을 것이다).

_____ 치료자는 모든 행동(정서 포함)에는 원인이 있다고 가르친다.

_____ 치료자는 정서 반응에 대한 발달적, 학습 기반 설명을 제공하고 끌어내어 환자의 판단적 이론에 반박한다.

DBT 위배 전략

_____ 치료자는 환자 감정에 대한 자기 지각을 고집한다. 치료자는 환자 감정이 자기 예상과 다를 수 있다는 가능성에 열려 있지 않다.

_____ 치료자는 환자 감정을 비난한다.

_____ 치료자는 '진실의 일면'을 전혀 인정하지 않고 감정의 비합리성이나 근간의 왜곡을 강조한다.

_____ 치료자는 고통스러운 정서를 없애야 하는 대상처럼 반응한다.

_____ 치료자는 환자의 고통스러운 정서에 단지 불편함만 표현한다.

_____ 치료자는 역기능적 정서 표현이 나타날 때마다 지나치게 길게 타당화하여 반복적으로 변화 절차를 중단하면서 이러한 표현을 강화한다.

1. 정서를 표현할 기회를 주기

압도적인 위기 상태의 환자는 보통 정서 표현과 정서 처리에 상당한 회기가 필요하다. 강렬한 감정 표현을 통제하려는 치료자 측의 노력은 치료자가 자신을 이해하지 못한다는 말과 함께 강한 반대에 부딪힐 수 있다. 이런 경우 치료자는 판단하지 않는 방식으로 환자의 감정을 그대로 듣고, 확인하고 명료화하며, 직접적 타당화를 해야 한다. 앞에 언급한 대로 환자는 점차 가라앉고 문제 해결에 좀 더 초점을 맞출 준비가 될 것이다. 이 지점에서 감정에 대한 개방형 질문은 아마 유용하지 않을 것이다. 대개 이는 정서 강도를 단순히 지속시킨다. 반면, 환자의 감정이나 환경 상태를 반영해 주는 언급은 강렬함을 분산시키는 데 도움이 될 것이다.

억제하는 환자에게도 정서를 표현할 기회는 중요하다. 정서에 대한 의사소통을 끌어내기에 적정한 동시에 환자가 더 물러나지 않을 만큼의 구조를 만드는 게 중요하다. '적정한 구조'란 정서 반응에 관한 질문을 한 뒤에 환자가 답할 수 있을 만큼 충분히 침묵을 남기는 구조이다. 여기에서 침묵을 감내하는 인내심과 능력이 필수이다. 또한 침묵이 너무 길어질 때 판단하는 능력도 필요하다. 긴 침묵은 더 심한 철회로 이어질 수 있다. 대신 합당한 침묵 이후에 치료자는 환자가 다시 말하기 시작할 때까지 환자가 느끼는 감정과 반응을 대신하는 침묵에 관해 간간이 질문하며 대화를 이끌어 가야 한다.

2. 정서를 관찰하고 명명하는 기술 가르치기

정서 경험 및 정서 표현을 관찰하고 명명하는 기술 습득은 정서 조절 기술 훈련 모듈에서 중요한 목표이다. 치료자는 이 기술을 반드시 알아야 하고, 환자가 일상생활에서 이 기술을 적용하도록 도와야 한다. 만약 치료에서 별개 기술 훈련 요소가 없거나 기술이 필요한 시점에서 너무 오랜 시간이 지나고 나서 기술 훈련이 시작된다면, 치료자는 이 기술을 분명하게 가르쳐야 할 필요가 있다. 일부 경계성 환자는 정서를 관찰하고 기술하기를 꽤 잘하지만 또 다른 환자는 정서 안개 속에 빠져서 최소한의 능력만 갖추고 있다. 이들은 무언가를 느끼고 있다고 알기는 하지만 무엇을 느끼는지, 혹은 어떻게 말로 표현해야 할지 거의 모르거나 아예 모른다. 이 환자에게는 먼저 정서 요소별로 하나씩 관찰하고 기술하기를 가르쳐서 자기 감정에 성급하게 이름 붙이지 않도록 하는 게 유용하다.

정서 반응 요소에 관한 이론이 많은 것처럼 정서에 대해서도 많은 이론이 있다. DBT에서는 환자에게 촉발 사건(내적 혹은 외적), 사건과 관련된 생각과 해석, 정서 경험과 관련된 감각 반응과 신체 반응, 경험과 관련된 욕구와 소망(예: 최고가 되고 싶다, 사랑하는 사람과 친밀해지고 싶다), 관련 행동 경향성(예: "그를 치고 싶은 느낌이 든다." "내 발이 달리고 싶어 한다.")을 관찰하고 기술하는 방법을 가르친다. 또한 경험하는 정서에 대한 정보는 정서 표현에 해당하는 얼굴 표정이나 몸짓, 사용하는 단어나 하는 말, 행동과 같은 외현 반응으로부터 얻을 수 있다. 마지막으로, 정서의 잔존 효과를 검토한다면 유용할 수 있다. 예를 들어, 누군가와 가까이 있을 때 안전하고 신뢰감을 느낀다면 이는 분노보다 사랑일 가능성을 잘 나타낸다.

때로 촉발 사건에 대한 정보가 정서 반응을 알아내는 데 필요한 전부이다. 누군가 사람을 죽이려고 위협한다면 두려움으로 흔히 반응할 것이고, 사랑하는 사람이 죽은 뒤에는 주로 슬픔이 따라온다. 그러나 개인의 고유한 경험과 문화로부터 학습한 경험 때문에 사람마다 상황에 따라 정서 경험이 다양할 수 있다. 더 복잡한 요인은 경계성 환자를 포함한 우리 대부분이 촉발 사건(예: "그가 퉁명스러운 말투로 나에게 말했다." "내 심장이 뛰고 있다.")과 사건에 대한 해석(예: "그가 날 미워한다." "난 공황 발작이 있고, 굴욕감을 느끼게 될 것이다.")을 구분하기 어려워하는 데 있다. 실제 사건을 사건에 대한 추론으로부터 구별해 내는 능력은 인지치료 접근에서 중요한 첫 단계이며, DBT에서도 중요하다.

자기 관찰은 더 나아가 환자가 한 걸음 물러서서 신체 감각, 느낌, 정서가 실린 '뜨거운' 생각, 행동 경향성을 짚어 내도록 요구한다. 때로 치료자는 환자가 자신의 반응을 늦추고 관찰하도록 해야만 환자에게 도움이 되도록 반응하기에 충분한 정보를 얻을 수 있다. DBT 치료자가 적어도 치료 초기 단계에서는 '환자의 정서를 읽어 주어야' 하는데(다음 참조), 환자가 실제로 어떻게 반응한다는 정보가 있다면 이는 훨씬 더 쉽다. 그렇지 않으면 환자 정서를 찾는 게 마치 수수께끼처럼 느껴진다. 경계성 환자를 포함한 우리 대부분은 정서 반응에 휩쓸리지 않고 이를 관찰하기 어려워한다. 사실상 정서 관찰은 하나의 정서 조절 방법이기도 하다. 그러므로 환자가 치료 회기나 전화에서 상호작용할 때 반영하는 자기 관찰을 연습하도록 돕는 게 유용하다.

환자가 현재 정서를 관찰하고, 기술하며, 명명하기를 배우도록 돕는 데는 다음과 같은 기법이 포함된다. 촉발 사건에 대해 질문하고 언급하기, 한 걸음 물러나 현재 인지, 생리, 비언어 행동 반응을 관찰하는 방법을 환자에게 가르치기, 유사한 상황에서 다른 사람은 어떻게 하는지 규범적 반응에 초점 맞추기. 정서 조절 기술 훈련 모듈에서 '정서 관찰하고 기술하기' 연습지(별도 매뉴얼 참조)를 작성한다면 꽤 유용할 수 있다. 환자가 회기 사이에 정서를 찾는 작업을 하는 데 이 연습지를 유용하게 사용할 수 있다.

때로 환자는 정서를 반영하며 관찰할 수 있다는 생각을 정서 비타당으로 경험한다. 환자는 정서를 촉발 사건에 대한 정보 그 자체로 곧이곧대로 받아들이고, 정서가 촉발 사건에 대한 자신의 반응임을 보지 못하는 경향이 있어서 어려움이 발생한다. 정서를 관찰할 수 있거나 해야 한다는 제안은 정서를 유발한 사건이 아니라 '정서가 문제'라는 뜻을 담고 있기도 하다. 이를 줄이기 위해 치료자는 정서를 관찰하도록 요청할 때 정서를 타당화하는 표현을 충분히 곁들여야 한다.

3. 정서 읽기

정서 읽기는 정서 측면에서 다른 사람의 마음을 읽기와 같다. 정서를 잘 읽는 치료자는 환자에게 어떤 일이 일어났는지 아는 것만으로 그가 어떻게 느끼는지 알아차릴 수 있다. 치료자는 정서 자체에 대한 정보가 없더라도 촉발 사건과 정서 사이를 연결 지을 수 있다. 환자는 이를 늘 정서 경험을 타당화받는 것으로 경험한다. 사건에 대한 환자의 정서 반응은 정상이며, 예측할 수 있고, 이해할 만하다는 메시지를 전달받는다. 그게 아니라면 치료자가 어떻게 환자의 기분을 알 수 있었을까? 반대로, 환자가 자세히 설명하지 않는 한 환자가 느끼는 감정을 치료자가 알아낼 수 없을 때에는 비타당화, 무감각함, 무신경함으로 경험할 수 있다.

많은 치료자는 환자에게 정서를 읽어 주기를 꺼리거나 못 읽으며, 대신 환자가 스스로 어떻게 느끼는지 또는 무엇을 원하는지 말해야 한다고 주장한다. 치료자는 흔히 말하지 않은 환자의 느낌을 치료자가 알기를 기대하는 건 병리적이라는 뜻을 분명히 담은 말투로 환자에게 "마음을 읽을 수가 없네요."라고 말한다. 치료자에 대한 환자의 요구는 사례 자문에서 흔한 불평거리이다. 그러나 곰곰이 생각해 보면, 직접 듣지 않고 다른 사람이 어떻게 느끼는지 아는 능력은 일상의 대인관계에서 기대되는 중요한 사회 기술이다. 만약 사랑하는 사람이 죽거나, 해고되거나, 집이 불에 타거나, 직장에서 대형 거래처를 얻거나 잃거나, 아이가 탐나는 상을 타게 되면, 우리 대다수는 다른 사람이 자신의 기분을 알아주고 그에 따라 행동해 주기를 기대한다. 집단 간 여러 갈등에서 문제는 바로 여기에 있다. 다른 집단은 둔감하고 모든 것을 자세하게 설명하지 않고서는 우리 집단의 정서를 이해하지 못한다고 주장한다. 남성은 여성을 이해하지 못하고, 백인은 흑인의 관점에서 삶을 바라보지 못하며, 부자는 가난한 사람을 오해한다. 타인에게 우리를 잘 이해하고 우리 정서를 읽는 능력을 개발해 달라는 요구는 경계성 환자만 하는 게 아니다. 모든 경우 어떤 문화적 배경을 가진 사람이 다른 배경을 가진 사람의 정서를 읽지 못한다는 점이 문제이다. 이는 경계성 환자와 대부분의 치료자 사이에서 벌어지는 현상이다. 이들은 서로 매우 다른 삶을 경험했고, 이는 서로를 이해하지 못하게 만든다. 환자는 치료자를 길러 낸 문화를 가져 본 적이 없고, 치료자 대부분은 경계성 환자와 비슷한 경험을 해 본 적이 없다.

자살 시도를 한 경계성 환자가 하는 흔하고 중요한 정서적 주장 중에는 "이제 더는 상관없어요."라는 말의 변주가 있다. 이러한 표현은 환자 자신에 대한 견해에서 핵심을 차지하는 정서를 비타당화할 위험을 제공하기 때문에 매우 중요하다. 환자는 자신이 더는 노력하길 원치 않는다고 이야기하거나 그가 이전에 아주 많이 우려했던 무언가를 신경 쓰지 않는다고 이야기할 수도 있다. 말 그대로 받아들이면 그런 언급은 환자와 치료자가 논의 중인 주제에 대해 더 협력 작업을 하지 못하게 단절시킨다. 때때로 환자가 상관없다고 하는 말은 치료자의 비밀스러운 신념을 반영한다("환자가 상관한다면 더 열심히 하고 더 잘 할 텐데."). 그래서 상관없다거나 나아지길 원하지 않는다는 환자에게 동의하는 쪽으로 끌린다. 어떤 경우 치료자는 마치 환자 말에 조종당하는 것처럼 경험한다("분명히 상관없지 않을 텐

데 나를 이기려 하거나 나에게서 무언가를 얻어 내려고 그냥 하는 말이다."). 치료자는 적대감이나 냉정함을 은폐하며 반응하고, 두 가지 반응 모두에서 환자는 자신의 진정한 정서 상태를 비타당화한다고 경험할 수 있다. 더는 노력하지 않겠다는 말은 주로 좌절 반응이며, 상관한 뒤에 실망하고 마는 순환을 피하기 위한 환자의 시도이다. 치료자는 이 상황에서 환자에게 스스로 상관하도록 허용한다면 아마 상관하게 될 거고 상관없는 게 아니라 무기력과 절망감이 문제일 수 있다고 말해 주면서 반응하는 게 유용하다. 통제할 수 없다는 환자의 느낌을 그저 인정한다면 환자가 자신의 회피 전략을 발견하도록 돕는 데 유용할 수 있다.

정서를 읽으려면 환자 문화에 치료자가 친숙할 필요가 있다. 환자의 언어와 비언어 행동에 대한 관찰과 더불어, 환자의 현재 상황이나 촉발 상황에 대한 지식이 있다면 환자의 정서 반응을 기술하는 데 유용하다. 사건과 정서의 연결은 일부는 보편적이지만 일부는 학습에서 온다. 그러므로 치료자와 환자의 학습 이력이 유사할수록 치료자는 정서 읽기에 능숙해진다. 만약 그런 유사성이 없다면, (특히 경계성 환자와) 임상 경험이나 환자와 비슷한 사람에 관한 책이나 영화가 유용할 것이다. 사례 자문 집단은 치료자가 이 작업을 하도록 조력하는 중요한 과제가 있다.

시기

정서 읽어 주기는 경계성 환자 치료 초기에서 핵심이지만 치료가 진행될수록 점점 줄여야 한다. 정서 읽어 주기 전략은 타당화 기법으로 매우 강력한 동시에 어려움 투성이다. 치료자가 계속 환자의 정서를 읽어 준다면 결국 환자는 자기 정서를 어떻게 읽어야 할지 배울 필요가 없다는 게 주된 문제이다. 환자가 아니라 치료자가 작업하는 셈이다. 둘째, 치료자가 정서를 읽어 주면 환자에게 위안을 준다. 그러므로 치료자가 정서 읽기를 줄여 나가면서 환자가 스스로 정서를 읽는 능력을 향상해야 한다고 주장한다면 환자는 이를 마치 처벌받거나 돌봐 주지 않는다고 느낄 수 있다. 셋째, 치료자가 환자의 정서를 언어화해 주면 환자는 스스로 언어화하지 않고 피하게 된다. 따라서 환자가 정서에 관한 이야기에 노출되기를 더 피하고, 정서를 편안하게 이야기하도록 발달하는 데 방해가 된다. 마지막으로, 환자가 정서 표현을 회피한다면 정서적 자기 타당화를 피하도록 허용하게 된다.

치료 초기 혹은 치료가 시작되고 시간이 흐른 뒤에도 치료자가 환자 정서를 읽어 주기를 거부한다면, 결국 정서는 공개적으로 표현되기는 하지만 고조된 나머지 극단적이고 부적응적인 방식으로 표출된다. 즉, 정서 경험은 수치심, 두려움 혹은 자기 비타당처럼 감정을 상쇄시키는 경험보다 감정 자체가 더 강렬할 때에서야 표현된다. 이 지점에서 환자는 자해하거나 자살 시도를 하거나 극도의 정서 반응을 지지하는 관점을 경직되게 고수할지도 모른다. 환자가 그러한 부적응 행동을 억제하는 법을 배우기 전에 치료자가 환자에게 자신의 정서를 표현하도록 강요하면서 정서 읽기를 거부한다면 아마 역효과를 낳을 것이다. 하지만 이러한 행동을 조절할 수 있고 환자가 적절하게 고통을 감내할 수 있다면 정서를 계속해서 읽어 주는 게 그 자체로 역효과를 준다. 사실 치료자는 환자에게 정서 경험과 표현 기술을 가르쳐 주는 임무가 있다. 이는 특히 DBT 마지막 단계에 해당하는데 그 단계에서 일차 목표로 자기 존중을 발달시키고 자기 타당화를 배운다. 기술 훈련의 원리(11장에서 논의하는 것처럼 조성을 포함하여)를 여기에서 적용한다.

다중 선택지로 정서 질문하기

정서 읽어 주기에서 한 가지 위험은 치료자가 정서를 잘못 읽더라도 환자가 어쨌든 동의할 수 있다는 점이다. 환자는 단지 혼란스러워서, 치료자에게 동의하지 않거나 치료자를 실망시킬 두려움 때문에, 혹은 실제 자신이 느끼는 정서가 너무 나빠서 그것을 인정할 수 없다는 생각 때문에 그렇게 할 수 있다. 환자에게 선택할 수 있는 정서 명명의 범위를 준다면 대안 전략이 된다. 예를 들어, "지금 화가 났나요? 상처를 받았나요? 슬픈가요? 아니면 세 가지 모두인가요?" 이런 질문은 개방형이 아니기 때문에 이점이 있다. 경계성 환자는 현재 정서에 대한 개방형 질문에 쉽게 대답을 못한다. 다중 선택지 정서 질문은 환자에게 너무 많지 않은 적절한 선택지를 준다.

4. 정서 타당화 전달하기

치료자가 환자의 정서 반응을 이해할 만하다고 생각하고 이를 직접 전달한다면 환자의 정서 경험을 타당화하는 최선의 방법이다. 여기서 두 가지 유형의 이해를 전달할 수 있다. 첫째, 환자는 정서가 유발되는 상황에서 거의 모든 사람(또는 적어도 많은 사람)이 자신의 반응과 상당히 유사한 방식으로 반응한다고 배울 수 있다. 이는 정상화해 주는 방식의 타당화이다. 둘째, 환자는 과거 학습 경험에 비추어 자신의 정서 반응이 (다른 사람들이 다르게 반응하더라도) 그 맥락 안에서 이해할 만하다는 점을 배우도록 도움을 받을 수 있다. 어쨌든 두 경우 모두 정서를 촉발하는 현재 상황에서 이러한 측면을 확인하는 게 중요하다.

치료자는 일차 정서 경험뿐만 아니라 이차 정서 반응도 타당화해야 한다. 예를 들어, 만약 분노나 창피를 경험하거나, 치료자에 대해 의존한다고 느끼거나, 울기 시작하고 비통해하고 두려워한다면, 환자는 그런 자신에 대해 죄책감, 수치심, 분노, 공황 상태에 빠진 것처럼 느낀다. 이러한 이차 반응은 환자를 가장 쇠약하게 만들곤 한다. 다양한 정서 반응의 도덕성에 대한 종교 신념을 지닌 환자는 이러한 신념의 타당성을 탐색하는 데 도움을 받아야 한다. 물론 치료자는 환자의 도덕 기준에 반박하지 않도록 주의해야 하지만, 대체로 환자는 자신의 종교 전통에 대한 잘못된 이해에 근거하여 여러 정서를 억제한다.

환자가 반응을 조절하도록 돕는 노력에서 중요한 첫 번째 단계가 정서 타당화이다. 그러므로 환자에게 그런 식으로 느낄 필요가 없다고 하면서 마치 부적절한 정서를 대하듯이 반응한다면 유용할 리가 없다. 특히 환자가 치료자에게 정서적으로 반응할 때 치료자는 이렇게 하는 쪽으로 자주 끌린다. 예를 들어, 환자가 퇴근한 치료자에게 (치료 계획에 따라) 전화하고 나서 전화했다는 죄책감이나 수치심을 느꼈다고 하면, 치료자는 자연스럽게 환자에게 그렇게 느낄 필요가 없다고 말하고 싶을 터이다. 그런데 이는 비타당화로 인식해야 한다. 치료자가 전화를 거는 걸 수용할 수 있고 이해할 수 있다고 전달하고 싶을지라도, 환자가 느끼는 죄책감이나 수치심 역시 이해할 수 있다.

대부분, 환자 감정에 대한 비타당화는 환자가 즉각 기분이 나아지도록 돕기 위한 치료자의 지나친 우려에서 비롯될 것이다. 그런 경향성에 반대해야 한다. 왜냐하면 이는 치료가 전달하려고 하는 중요한 메시지, 부정적이고 고통스러운 정서는 이해 가능할 뿐만 아니라 감내가 가능하다는 메시지를 반박하기 때문이다. 게다가 치료자가 환자의 부정 정서를 무시하거나, 그가 그런 식으로 느낄 필요가 없다고 말하거나, 정서를 변화시키는 데 너무 빨리 초점을 두면서 반응한다면, 치료자는 환자의 일상 환경에서 타인이 했던 것처럼 행동할 위험이 있다. 의지를 키워 정서를 통제하려는 시도, '좋은 쪽으로 생각하기', 부정적인 생각 피하기는 비타당 환경에서 핵심 특성이다. 치료자는 이런 덫에 빠지지 말아야 한다.

행동 타당화 전략

행동 타당화 전략은 매 회기마다 사용한다. 행동 타당화는 자신의 행동 양상을 비타당화하고 처벌하는 경계성 환자의 경향성에 대응하기 위한 치료자의 주요 반응에 해당한다. 행동 타당화는 일지 내용, 한 주 동안 여러 행동, 치료 회기 내에서 혹은 치료자와 상호작용에서 발생하는 행동에 초점을 맞출 수 있다. 결국 핵심은 초점을 맞추려는 행동을 명확하게 기술한 후에 근원적으로 이해되는 점을 소통하는 데 있다. 행동 타당화는 모든 행동이 당시 발생한 사건에 의해 야기되므로 (적어도 원칙적으로는) 이해 가능하다는 관점에 기초한다. 치료자는 환자 반응에서 타당성을 찾아내고, 행동의 타당한 측면을 반영하는 임무가 있다. 비록 이런 전략은 겉으로 드러나는 행동과 행위의 측면에 해당하지만, 환자가 자기 정서 반응, 결정, 신념, 생각을 수용하도록 돕는 데에도 똑같이 적용할 수 있고, 여기에서는 편의상 구분하였다. 행동 타당화 전략은 〈표 8-2〉에 요약하였다.

〈표 8-2〉 행동 타당화 전략 점검표

_____ 치료자는 환자가 자기 행동을 **관찰하고 기술하도록** 돕는다(예: 소크라테스식 문답법으로 환자의 인식을 짚어 주거나 끌어낸다).

  _____ 치료자는 환자가 동기를 추론하거나 판단하는 식으로 붙인 이름에서 행동을 구별하도록 돕는다.

_____ 치료자는 환자가 **'당위'를 찾아내도록** 돕는다. 치료자는 스스로 어떻게 행동해야 한다고 정했거나 어떤 행동이 수용받을 수 있는가에 대한 비현실적인 기준을 관찰하고 기술한다.

  _____ 치료자는 행동 조정에 대한 환자의 비효과적 전략을 찾는다.

  _____ 치료자는 죄책감, 자책, 다른 처벌 전략을 사용하는지 관찰하고 기술한다.

_____ 치료자는 **'당위'에 맞선다**. 치료자는 원칙적으로 모든 행동이 이해할 만하다고 전달한다.

  _____ 치료자는 실현되지 않은 어떤 기준도 말 그대로 현재 순간에는 비현실적이라고 말한다.

  _____ 치료자는 세상의 맥락을 고려해 볼 때 일어난 모든 일은 일어날 수밖에 없었다고 말한다(즉, 원칙상 모든 것은 이해할 수 있다).

  _____ 치료자는 (한편으로는) 어떤 일이 일어나는 데 필요한 조건이 발생했다는 이해와 (다른 한편으로는) 사건 자체가 적절했다는 승인을 구분하도록 주의한다.

  _____ 치료자는 행동주의 원리에 관한 이야기, 은유, 비유, 예시 그리고 설명을 사용하여 환자의 행동을 포함하여 일어난 어떤 일이건 현재 있는 그대로 현실의 자연스러운 산물이라는 점을 환자가 볼 수 있도록 돕는다.

_____ 치료자는 환자가 스스로 부여한 '당위'를 포함하여 환자의 행동을 **수용**한다.

  _____ 치료자는 환자의 행동에 판단하지 않는 방식으로 반응한다.

  _____ 치료자는 '~을 위하여 ~해야 한다'에 대한 타당성을 환자와 함께 탐색한다.

  _____ 치료자는 환자의 행동에서 일말의 진실을 찾는다.

_____ 치료자는 환자가 스스로 행동에 대해 **실망**한다면 이를 타당화한다.

DBT 위배 전략

_____ 치료자는 자신이 선호하는 행동을 완전한 '당위'처럼 내세운다.

_____ 치료자는 환자가 실제와 반드시 다르게 (느끼고, 행동하고, 생각해야) 한다고 전달한다.

_____ 치료자는 다른 사람은 다를 것이라고 전달한다.

1. 행동 관찰하고 이름 붙이기 기술을 가르치기

행동 및 양상을 기술하는 요소는 모든 심리치료에서 필수이다. 경계성 환자는 자신의 행동 양상과 행동이 타인에게 미치는 영향 둘 다 놀랍게도 잘 인식하지 못할 수 있다. 다음과 같은 이유로 이는 꽤나 사실이다. 다른 사람은 그들의 행동을 행동 그 자체(예: "○○ 님은 주제를 바꾸고 있네요.")가 아니라 가정하는 동기(예: "너는 나를 통제하려고 한다.") 혹은 관찰자에게 미치는 행동의 영향(예: "너는 나를 조종하고 있어.")의 관점에서 기술해 왔기 때문이다. 비록 이게 관찰자 경험을 정확하게 기술했을지라도, 대개는 환자 경험에 대한 정확한 기술은 아니기 때문에 환자는 피드백을 무시하거나 반박하게 된다. 그 동기나 의도한 결과가 무엇이었건, 자기 실제 행동 양상과 영향을 이해하는 데 써야 할 에너지는 자기 방어로 바뀌고 만다.

환자에게 어떻게 행동을 관찰하고 기술할지 가르치는 중요한 기법으로 행동 분석과 통찰 전략은 다음 장에서 논의한다. 요컨대, 동기를 추론하거나 판단을 추가하지 않고 행동을 기술하기 자체가 타당화 반응이 될 수 있다. 이는 환자가 보이는 자기 행동에 대한 자기 비타당화나 자신을 판단하는 설명을 인식하도록 치료자가 도울 때 더 중요하다. 경계성 환자는 버스를 놓치면 "나는 너무 늦게 버스정류장에 가서 버스를 놓쳤다."가 아니라 "나는 멍청해."라고 말하는 게 전형적이다.

2. '당위' 찾기

경계성 혹은 자살 행동을 하는 환자는 스스로 받아들일 수 없는 방식으로 행동했기 때문에 극도의 화, 죄책감, 자신에 대한 실망을 표현한다. 그런 감정은 거의 예외 없이 그런 방식으로 행동해서는 '안 되고', 다르게 행동'했어야 한다'는 신념 체계에 기반을 두고 있을 터이다. 다시 말해, 이 환자는 지금과는 다르게 처신해야 한다고 자신에게 비현실적으로 요구한다. 환자가 스스로 강제한 이러한 유형의 요구를 찾도록 도와야만 행동 타당화를 달성하기 위한 핵심적인 진전이 가능하다. 환자가 그런 행동을 하지 말았어야 했다고 드러내 놓고 말할 때도 있지만, 어떤 경우 간접적으로 똑같은 메시지를 전달한다(예: "내가 왜 그렇게 했지?" "내가 어떻게 그럴 수 있었을까?" "그건 바보 같은 짓이었어!"). 따라서 말해지지 않은 '당위'를 찾아내는 기술이 중요하다.

경계성 환자가 사용하는 마술적 '당위'는 행동 조성을 방해하는 가장 중요한 요인 중 하나이다. 반드시 달라야만 한다는 신념은 애초에 환자가 원하는 변화를 가져오기 위한 현실적인 계획을 세우지 못하게 막는다. 사실상 비타당 가족에서 부과하는 비현실적 '당위'는 환자가 자기 행동을 어떻게 변화시켜야 하는지 배우지 못하게 막는다. 따라서 '당위'를 강제한다면 결국 그가 성장하면서 경험한 비타당을 재현하는 셈이다. 환자에게 이를 밝혀 주면 변화를 촉진하는 데 도움이 될 수 있다.

3. '당위'에 맞서기

'당위'에 맞서는 첫 단계로 무슨 일이 어떻게 혹은 왜 일어났는지에 관한 이해와 그 사건에 대한 승인을 구분한다. 사건을 둘러싼 상황을 고려해 볼 때 그 일이 일어날 수밖에 없었다고 믿는 데 가장 큰 저항감은 어떤 행동을 이해할 수 있으면 이를 승인해야 한다는 믿음에서 온다. 치료자는 주어진 현실을 수용하지 않으려는 행위는 결국 그 현실을 극복하거나 변화시키는 행동을 할 수 없게 한다는 뜻을 강조해야 한다. 여기 간략한 예시가 있다. 치료자는 가까운 벽을 가리키며 다음과 같이 말할 수 있다. 어떤 사람이 연두색 벽을 원하는데 지금은 벽이 연두색이 아니라는 사실을 수용하기를 거부한다면 그 사람은 결코 벽을 연두색으로 칠할 수 없을 것이다. 여기서 두 번째 의미도 있다. 현실이 달라지길 바란다고 현실이 바뀌지는 않는다. 현실이 원하는 그대로라고 믿는다고 그게 곧 현실은 아니다. 때로는 "그래서는 안 돼."라는 말은 존재를 부정하는 말, 예를 들어 "받아들일 수 없기 때문에 일어날 수 없다."와 같다. 이에 대비되는 말은 "그렇다." 혹은 "그 일은 일어났다."이다. 바람도 부정도 현실을 바꿀 수 없다는 사실을 환자가 동의해 가도록 도와야 한다.

'당위'에 맞서는 유용한 단계로 인과관계에 대한 기계론적 설명을 제시하면서 모든 사건에 원인이 있음을 보여 줄 수 있다. 치료자는 사건을 발생시킨 요인에 대해 차근히 설명하면서 원치 않거나 바람직하지 않은 행동의 여러 사례를 검토할 수 있다. 전략으로 생각('나는 원치 않아')과 정서(두려움, 분노)만으로 사건을 막기에는 충분하지 않다는 점을 보여 주도록 한다. 결국 세상 맥락에서 볼 때, 일어난 모든 일은 일어날 수밖에 없었고 원칙적으로 모든 일어남은 납득할 법하다는 뜻을 소통해야 한다.

'당위'와 맞서려면 상당한 시간이 필요하고, 치료자는 핵심을 설명하려면 많은 이야기와 은유를 마련할 필요가 있다. 예를 들어, 나는 주로 컨베이어 벨트를 따라 빌딩 밖으로 떨어지는 상자에 관한 이야기를 한다. 상자는 빌딩 밖 어디든 굴러 떨어진다. 지나가던 운전자는 멈추라고 소리를 지르거나 멈추기 충분할 만큼 간절히 바라면 상자가 빌딩 밖으로 굴러 떨어지지 않게 멈출 수 있다는 식으로 생각하지 않을 것이다. 그는 차에서 내려서 빌딩으로 가 무엇이 잘못되었는지 알아내야만 한다고 생각할 것이다. 빌딩에서 무슨 일이 일어나는지 알아야 왜 상자가 밖으로 굴러 떨어지는지 명확히 할 수 있다. 사람과 사람의 과거는 마치 아무도 들여다볼 수 없는 건물과 같다. 내가 사용하는 또 다른 예는 다음과 같다. 손에 물건 하나를 쥐고 그것이 레드와인 한 잔이라 하고, 바닥 카펫은 새 흰 카펫이라고 상상하게 한다. 나는 물건을 계속 바닥에 떨어뜨리면서 와인잔을 놓칠 때 잔이 과연 안 쏟아질지 묻는다. 내가 원치 않는데 왜 잔이 쏟아질까? 여기까지 전달하고 나서 나는 물건이 떨어질 때 손을 아래로 움직여서 잡는다. 와인잔을 카펫에 떨어뜨리지 않기 위해서는(내가 손에서 놓친 이상) 그걸 막기 위해 뭔가 조처해야 한다는 게 핵심이다.

치료 초기에는 이런 원칙을 다소 추상적인 방식으로 다루고, 환자가 추상적인 원칙에 동의하도록 하는 게 중요하다. 만약 기술 훈련 모듈을 시행한다면 환자가 마음챙김 기술과 고통 감싸기 기술을 배우는 동안 이 부분을 주로 논의한다. 판단하지 않는 게 판단하는 입장보다 더 좋다는 생각을 수용하려면, 항상 이 생각을 철저하게 논의해야 한다. 남은 치료 전반에 걸쳐 치료자는 이 원리를 되짚으면서 환자가 이미 동의했다는 점을 언급하고 각 사례에서 적용해 나갈 수 있다. 치료가 진전됨에 따라 환자는 자신과 자신의 '당위'를 알아차리기 시작한다. 물론 이를 격려하고 강화해야 한다.

4. '당위' 수용하기

어떤 사건이 발생하려면 그에 앞서 어떤 사건이 일어나야만 한다('만약 A가 일어났다면 B가 일어난다' 또한 '만약 A가 일어나지 않았다면 B는 일어나지 않는다'). 다른 일이 일어나기 위해서 반드시 어떤 일이 일어나야 한다고 진술할 때에는 보통 '당위'를 사용하고 이는 적절하다. 그러므로 다음 문구는 적절하다. 'B가 일어나려면 A가 일어나야만 한다'. 그래서 치료자는 환자가 자기 행동에 지니는 선호를 수용해야 한다. 환자는 특정 방식으로 자신이 행동하길 원할 수 있고, 이전에 행동 양상이 선행되어야 발생하는 여러 결과를 원할 수 있다. 이런 경우 치료자는 행동의 '당위'를 수용하는 데 기민해야 하고, 환자의 선호가 타당하다고 그에게 전달해야 한다. 그러면서 치료자와 환자는 함께 '~하려면 ~해야 한다'가 타당한지 탐색할 수 있다. 때때로 환자는 부정확하게 예측한다(예: 'B가 발생하기 위해 A가 필요하지 않다'). 어떤 경우에는 환자는 꽤 정확하게 예측하는데, 이런 경우 치료자는 환자 행동에서 일말의 진실을 찾는 셈이다.

5. 실망으로 옮겨 가기

치료자가 환자의 자기 행동을 향한 꽤 이해할 만한 실망감을 타당화할 중요성을 인지하지 못하고 환자의 '당위'를 비타당화하는 쪽으로 휘말리기 쉽다. 어떤 간단한 논의 맥락에서도 치료자는 사건을 이해할 만하다고 타당화하면서도 실망감을 똑같이 이해할 만하다고 타당화하는 사이를 오가도록 한다. 일어나야 할 행동도 있고 일어나지 말아야 할 행동도 있다. 이럴 때 실망은 적절한 반응이다.

인지 타당화 전략

강렬한 정서는 정서와 일치하는 생각, 기억, 이미지를 촉발할 수 있고, 반대로 생각, 기억, 이미지는 기분에 강력한 영향을 줄 수 있다. 그러므로 일단 강렬한 정서 반응이 시작되었다면 대체로 악순환이 발생한다. 정서는 기억, 이미지, 생각을 유발하고 지각과 정보처리에 영향을 미쳐 다시 정서 반응에 피드백을 주면서 정서를 지속시킨다. 그런 상황에서 왜곡은 걷잡을 수 없이 커져 대부분은 아닐지라도 사람과 사건의 상호작용과 반응에서 많은 부분을 채색한다. 하지만 기분과 관련된 모든 생각, 지각, 기대, 기억, 가정에 역기능이나 왜곡이 있는 건 아니다. 이는 DBT 수행에서 결정적인 지점이다.

DBT는 경계성 사람의 문제가 역기능적 인지 양식, 사건에 대한 잘못된 해석과 왜곡, 기저의 역기능적인 가정이나 인지 도식에서 기인한다고 가정하지 않는다. 경계성 환자가 때때로 왜곡하고, 때때로 과장하며, 때때로 선택적으로 기억하기 때문에 주변 사람들(치료자 포함)은 보통 경계성 환자의 생각과 지각이 항상 잘못되었다고 가정하거나 적어도 의견이 다를 때 그들이 부정확할 가능성이 더 크다고 가정한다. 개인 정서 반응을 촉발하는 사건에 대한 모든 정보가 없을 때 특히 그런 가정이 나올 가능성이 있다. 즉, 환자 반응을 유발하는 자극은 공공연하지 않다. 특히 경계성 사람이 강렬한 감정을 경험하고 있을 때 다른 사람은 그 개인이 어느 정도 왜곡하고 있다고 가정하기 쉽다. 모든 것은 그가 말하는 만큼 나쁘지 않거나 나쁠 수도 없다. 그러한 가정이 평가를 대체하고, 가설과 해석이 사실 분석을 대체하는 게 여기에서 함정이다. 다른 사람의 사적인 해석이 공공연한 사실로서 판단을 인도한다. 그런 시나리오는 비타당 환경을 재현한다.

환자가 표현하거나 표현하지 못한 생각, 신념, 기대, 기저의 가정 혹은 규칙을 인식하고,

언어화하고, 이해하며, 이들 전체나 일부에서 핵심 진실을 찾아서 반영하는 인지 타당화 과제가 치료자에게 있다. '생각을 포착하고', 가정과 기대를 확인하며, 행동을 이끄는 규칙을 알아내는 전략은 특히 이런 규칙이 의식 밖에서 작동할 때는 Beck 등의 인지치료자가 개괄한 지침과 거의 다르지 않다. 그러나 DBT에서 과제는 근거에 따른 논박이나 논리적 도전이라기보다는 타당화에 있다는 근본적 차이가 있다.

대개 경계성 사람은 '미치게 만드는' 가족에게서 자랐고, 이 가족에서 그의 현실 지각은 빈번히 비타당화된다. 그의 지각, 생각, 신념이 타당할 때와 그렇지 않을 때, 즉 그가 자신을 믿을 수 있을 때와 그럴 수 없을 때를 구별하기를 배우는 게 환자가 다음으로 해야 할 투쟁이다. 치료자에게는 이 과정을 돕는 과제가 있다. 타당하지 않은 환자의 신념, 가정, 인지 양식에만 초점을 맞추면 역효과를 낳는다. 그렇게 하면 환자가 언제(만에 하나) 자기 지각과 생각이 적응적이고, 기능적이며, 타당한지 확신할 수 없기 때문이다. 구체적인 인

〈표 8-3〉 인지 타당화 전략 점검표

_____ 치료자는 환자가 자신의 사고 과정(자동 사고, 기저 가정)을 **관찰하고 기술하도록** 돕는다(예: 소크라테스식 문답법으로 환자의 인식을 언급하거나 끌어낸다).

  _____ 치료자는 환자가 자신의 세계를 조직하는 데 사용한 구성을 확인한다.

  _____ 치료자는 환자가 사건에 부여한 의미를 확인한다.

  _____ 치료자는 환자 자신과 세계에 대한 환자의 기본 가정을 확인한다.

  _____ 치료자는 환자가 '미칠 것 같은' 자기 경험을 관찰하고 기술하도록 돕는다.

  _____ 치료자는 판단하지 않는 방식으로 환자 관점을 경청하고 논의한다.

_____ 치료자는 환자가 사실을 평가하고 사건에 대한 **해석과 사건을 구별하도록** 돕는다.

_____ 치료자는 환자가 사건을 바라보는 방식에서 '**진실의 일면**'을 찾는다.

  _____ 적절하다면 치료자는 치료자-환자 상호작용을 사용하여 환자에게 그의 현실 파악이 완전하지 않을 수도 있지만 불완전하지도 않다는 점을 보여 준다.

_____ 치료자는 '**지혜로운 마음**'**을 인정**한다. 치료자는 환자에게 직관적 앎이 실증적으로 검증 가능한 앎만큼 타당할 수 있다고 소통한다.

_____ 치료자는 **다른 가치를 존중**한다. 치료자는 환자의 가치보다 자신의 가치가 타당하다고 주장하지 않는다.

DBT 위배 전략

_____ 치료자는 현실과 진리에 대한 특정한 가치관이나 철학적 입장을 밀어붙인다.

_____ 치료자는 사건에 대한 융통성 없는 관점을 보여 준다.

_____ 치료자는 환자의 관점에서 현실을 볼 수 없다.

지 타당화 전략은 다음에 설명하였고 〈표 8-3〉에 요약했다.

1. 생각과 가정 끌어내고 반영하기

인지 타당화 첫 과제로 환자의 생각, 가정과 기대, 자신의 세계를 조직화하기 위해 어떤 구성을 사용하는지 정확히 알아내도록 한다. 이는 말처럼 쉽지 않다. 경계성 사람은 자신이 무엇을 생각하는지 정확하게 표현할 수 없기 때문이다. 때로 생각이 너무 빨리 마음에 스쳐 지나가 확인할 수 없거나, 가정과 기대가 명시적이기보다는 암묵적이다. 예를 들어, 능동적 기대는 의식적이고 주의를 차지하며 기술하기 쉬운 반면, 수동적 기대는 자동적이고 노력이 필요하지 않고 언어화되기 어렵다(Williams, 1993).

2. 사실과 해석 구별하기

환자의 관찰에 왜곡이 있다고 가정하기는 쉽지만, 환자가 정말로 무엇을 관찰하는지 확인하기는 더 어렵다. 여기서 과제는 사적 사건을 공공연하게 만드는 데 있다. 치료자는 환자에게 그저 무엇이 일어났는지, 누가 누구에게 무엇을 했는지를 주의 깊게 질문해야 한다. 이전에 내가 언급한 대로, 사건에 대한 해석과 사건을 구분하기란 매우 어려울 수 있다. 환자는 때로 관찰한 다른 사람의 행동에 대한 해석("그는 날 해고하고 싶어 한다.")이나 관찰에서 도출한 예상("그는 날 해고할 것이다.")을 말한다. 치료자는 반드시 "그의 어떠한 행동에 그러한 생각을 하게 되었나요?"라고 물어야 한다. 가장 중요하게 초반 가정에서부터, 다른 사람이 무언가를 했고 환자 해석이 어떤 방식에서 그럴 법하다고 여겨야 한다. 여기서 목적은 환자 신념을 뒷받침하는 경험 근거를 드러내는 데 있다.

3. '진실의 일면' 찾아내기

다음 과제로 환자가 처한 맥락에서 타당하거나 이해가 되는 생각과 가정을 찾아내고 조명한다. 사람(경계성 사람 포함) 말이 항상 '말이 된다'는 건 아니다. 사람은 때로 과장하거나 축소하고, 극단으로 생각하고, 가치 있는 걸 평가 절하하고 평범함을 이상화하며, 역기능적 결정을 내린다. 사실 통념이나 전문가가 말하는 의견 속에서 경계성 사람은 그런 왜곡으로 악명이 높다. 그러나 이때 경계성 환자의 의견, 생각, 결정을 속단하지 않는 게 중요하다. 치료자가 환자에게 동의하지 않을 때 단순히 치료자가 옳고 환자가 틀렸다고 가정하는 건 너무 쉽다. '진실의 일면'을 찾기 위해, 치료자는 믿는 마음을 크게 먹고 제대로 자세히 들여다보면 일말의 타당성이나 이유나 의미를 찾아낼 수 있다고 가정한다. 비록 환자의 현실 감각이 완전하지 않다고 할지라도 완전히 불완전하지도 않다. 때로 사태를 향한 환자의 생각은 상당히 말이 된다. 경계성 환자에게는 가끔 '벌거벗은 임금님'을 볼 수 있는 기묘한 능력이 있는데, 환경에서 다른 사람이 관찰하지 못하는 자극을 관찰하거나 주의할 수 있다. 치료자는 이때 낟알과 쭉정이를 구분하고, 이 순간 오직 낟알에 초점을 맞춘다.

4. '지혜로운 마음' 인정하기

7장에서 논의한 대로 DBT에서 환자에게 '감정 마음'과 '이성 마음'과 비교하면서 '지혜로운 마음' 개념을 제안한다. '지혜로운 마음'은 두 마음의 통합으로, 앎에서 직관, 경험, 혹은 영성의 방식을 강조한다. 그러므로 환자가 이러한 유형의 앎을 보일 때 치료자가 인정하고 지지한다면 인지 타당화 전략의 한 측면이다. 치료자는 환자가 입증할 수 없더라도 무언가 타당할 수 있다는 자세를 취한다. 논쟁에서 다른 누군가가 더 논리적이라고 해서 환자의 논점이 타당하지 않다는 의미는 아니다. 논리가 반드시 어떤 입장을 타당화할 수 없는 것처럼, 정서성이 어떤 입장을 비타당화하는 것도 아니다. 이러한 관점에서 치료는 비타당 환경 측면에 맞선다.

5. 가치 차이를 존중하기

때로 환자와 치료자는 다른 의견과 가치를 지닌다. 인지 타당화의 핵심으로, 우월성을 가정하지 않으면서 이런 차이를 존중한다. 치료자는 자기 견해와 가치가 한 수 위라서 환자 견해와 가치보다 더 존중받을 만하다는 입장을 취하기 쉽고, 그렇게 환자 관점을 비타당화한다. 예를 들어, 내 환자 중 한 명은 언제든 밤낮으로 전화해도 내가 받아야 한다고 생각했다. 그는 정신건강 분야에서 일하고 있었고 이게 환자를 진정 위하는 옳은 일이라고 믿기 때문에 자신은 자기 환자들이 언제든 찾을 수 있다고 말했다. 나는 환자가 나를 자기처럼 만들려고 애쓰고(내가 제공할 수 없다는 점에 좁은 한계를 갖기), 나는 환자를 나처럼 만들려고 애를 써서(더 많은 한계를 관찰하기) 문제라고 지적했다. 내 행동에 대한 의견을 내가 바꾸지 않더라도, 나는 환자 관점의 가치 또한 존중할 수 있었다.

응원하기 전략

경계성 환자와의 작업은 여러모로 시즌 마지막 경기에서 리그 최하위 고등학교 미식축구팀 코치가 되는 상황과 비슷하다. 팀은 네 번째 쿼터에서 92 대 0으로 지고 있고, 관중석에 3명만 남아 있다. 춥고, 눈 내리고, 진흙탕인 데다가, 다른 팀은 또 다시 터치다운을 하려 한다. 팀 주장이 타임아웃을 요청했다. 팀은 용기종기 모여서 포기를 바라고 있다. 코치는 무엇을 하는가? 코치는 이 상황이 암울하다고 인정하면서도 단호하고, 격려를 외치고, 팀이 계속하도록 고취시킨다. 즉, 코치는 응원한다.

경계성이나 자살 시도 환자는 좌절하고 절망하며, 삶의 문제에 대해 자살 외에 다른 해결책을 찾을 수 없다. 그에게 삶과 치료는 매우 어렵다. 그의 자기 개념 그리고 그를 향한 다른 사람의 견해도 내림세이다. 그런 환자는 한 회기 동안 희망과 좌절 사이를 오갈 수 있다. 최소한의 직면도 좌절을 촉발하기에 충분하다. 환자가 순간 좌절하지 않을 때조차도 치료자는 다음 회기 사이에 다시 그 감정이 돌아온다고 확신할 수 있다. 응원하기 전략은 현재 절망감에 대응하고, 다가올 낙담을 예상하고 대응하는 데 도움이 될 수 있다. 경계성 환자의 적극적 수동성 행동에 맞서는 주요 전략 중 하나가 응원하기이다.

응원할 때 치료자는 어려움을 극복하고 삶을 살 만하게 만드는 환자 고유의 능력을 타당화한다. 비록 주어진 시점에서 삶의 모습은 희망이나 기대와 다를 수 있지만, 장애물을 극복하고 가치를 만들어 가는 잠재력은 무엇에 주의하고 관찰하느냐에 따른다. 응원하기의 묘수는 사람이 자기 능력이 닿는 데까지 행하게 하고 그 능력이 확장될 수 있다는 믿음을 주는 동시에, 자기 능력이 무엇인지 그 능력이 얼마나 확장될 수 있는지에는 현실적인 데 있다. "나는 ○○ 님을 믿어요."가 치료자의 핵심 태도이다. 가장 단순하게 말해서 응원하기는 환자를 믿기이다. 어떤 환자에게 이는 누군가 자신을 믿고 자신감을 주는 첫 경험이 된다. 응원하기에서 치료자는 환자의 내적인 능력과 지혜를 타당화한다. 그러므로 응원하기 전략은 때로 정서 타당화, 행동 타당화, 인지 타당화 전략과 균형을 맞추고, 대조를 이루고, 이에 반박할 것이다.

응원하기 전략은 모든 상호작용(예: 모든 회기, 모든 전화 코칭)에서 사용한다. 극도로 역기능적인 환자라면 가장 많이 사용해야 한다. 자기 존중과 자기 타당화를 목표로 하는 치료 마지막 단계에서는 환자가 나아질수록 응원하기 양은 줄어야 한다. 그러나 대부분 사람이 삶을 편안하게 지내려면 일정 정도의 응원이 필요하다는 인식이 중요하다. 이는 누군가 심리치료와 같이 어려운 작업을 감당할 때 특히 그러하다. 따라서 응원하기는 치료 과정이 지나면서 줄어야 하고 응원하는 초점은 확실히 변하겠지만, 치료 관계 전반에 걸쳐 중요한 부분으로 남아 있다.

응원하기는 때로 환자에게 비타당화로 경험된다. 만약 치료자가 실제로 얼마나 끔찍한지, 실제로 환자가 정말로 능력이 없다는 사실을 이해한다면, 치료자는 환자가 무엇을 변화시키거나 달성할 수 있거나 요구를 수행할 수 있다고 믿지 않을 것이다. 응원할 때 치료

〈표 8-4〉 응원하기 전략 점검표

_____ 치료자는 환자가 **최선을 다하고 있다**는 믿음을 전달한다.
_____ 치료자는 **격려**하고 적극적으로 희망을 표현한다.
  _____ 치료자는 환자가 해낼 수 있다는 믿음을 표현한다.
  _____ 치료자는 환자에게 문제나 상황에 대처하거나 다룰 수 있다고 말한다.
  _____ 치료자는 "할 수 있어요."라고 말한다.
_____ 치료자는 환자의 **가능성**에 초점 맞춘다.
  _____ 치료자는 환자의 주의를 문제 반응 양상에서 가능성의 영역으로 방향 잡는다.
  _____ 치료자는 직면에 더불어 환자의 강점을 관찰하고, 비판에 더불어 칭찬한다.
  _____ 치료자는 환자가 자신의 어려움을 극복하고 살 만한 삶을 만드는 데 필요한 무언가를 가지고 있다는 믿음을 표현한다.
    _____ 치료자는 환자의 '지혜로운 자기'에 대한 믿음을 언급하고, 인정하며, 표현한다.
  _____ 치료자는 치료자와 환자가 팀이라는 믿음을 표현한다.
  _____ 치료자는 감정, 생각, 행동을 타당화한다.
_____ 치료자는 **외부 비난을 조절**한다.
  _____ 치료자는 비난은 정확하지 않을 때가 많고 심지어 정확할 때도 환자나 상황이 절망적이라는 뜻은 아니라고 언급한다.
  _____ 치료자는 환자 편이라는 입장을 전달한다.
_____ 치료자는 환자를 **칭찬하고 안심**시킨다.
_____ 치료자는 **현실적**으로 기대하고, 치료자가 솔직하지 않다는 환자의 두려움을 직접 다룬다.
_____ 치료자는 위기 상황에서 **가까이 있다**.

DBT 위배 전략

_____ 치료자는 환자 가능성을 과잉 일반화하고 과대평가한다.
_____ 치료자는 환자를 '떨궈내려고' 응원하기를 사용한다.
_____ 치료자는 환자 면전에서 혹은 사례 자문에서 다른 치료자에게 환자를 '조종자'라고 부르거나 '이겨먹는다' '분란을 일으킨다' '노력하지 않는다'와 같은 식의 이유로 비난한다.

자는 환자가 스스로를 구해 낼 수 있다고 믿지만, 환자는 자신이 구원받는 게 필요하다고 믿는다. 진전을 이루기 어렵다는 사실을 수용하면서도 희망과 확신 속에서 환자가 실제 변화할 수 있다는 현실적인 기대 사이에서 균형을 맞추는 과제가 여기 있다. 응원하기는 정서 타당화와 다량의 현실주의를 함께 엮어 내야 한다. 이러한 요소가 없으면 응원하기는 정말 비타당화가 될 수 있다. 치료자는 환자 문제의 어려움을 알아차리는 데 기민한 동시에, 문제로부터 결국 나아갈 수 있다는 생각을 절대 포기해서는 안 된다. 치료자는 환자가 현실적인 목표로 향하도록 응원하고, 능력에서 개인차를 고려한다. 몇 가지 구체적인 기술을 다음에 설명하였고 〈표 8-4〉에 요약하였다.

1. 최선을 가정하기

경계성 환자에게 일어나는 가장 힘 빠지는 일 중 하나는 그의 진전이 부족하거나 비효과적인 행동을 할 때 다른 사람이 동기 결여나 노력 부족으로 귀인할 때이다. 4장에서 논의한 대로, DBT에서 환자는 개선되기를 원하고 최선을 다하고 있다는 기본 가정이 있다. 따라서 환자가 진전을 바라고 최선을 다하고 있음을 치료자가 알고 있다고 환자에게 자주 이야기해 준다면 도움이 된다. 환자가 스스로 나아지고 싶은 소망에 대해 의심을 표현하거나 자신이 더 잘했어야 한다고 말할 때 이런 말이 가장 필요하다. 환자가 자신이 더 잘했어야 한다고 말한 후에는, 그가 할 수 있는 최선을 다했다는 치료자의 말이 항상 뒤따라야 한다. 이런 진술은 앞에서 설명한 행동 타당화 전략을 직접 따른다.

환자가 할 수 있는 최선을 다하고 있다는 신념을 유지하는 건 핵심인 동시에 극도로 어렵다. 환자가 마치 치료자를 조종하고 있거나 고집을 부린다고 느낄 수 있다. 나와 내 사례 자문팀 치료자가 응원하기(처벌하기보다는) 마음가짐을 유지할 때 다음 이야기가 유용하다고 생각한다.

내가 방금 끔찍한 지진을 겪었다고 가정해 보자. 거대한 건물이 무너졌다. 사방에 불이 난다. 경찰관, 소방관, 공사 현장 인부가 무리하고 있고, 아무도 나를 도울 수 없다. 내가 세상에서 가장 사랑하는 아이가 아직 살아 있지만 건물 아래 작은 공간에 갇혀 있다. 만약 기어서 도망갈 수 있는 작은 구멍이 있어서 아이가 그곳까지 간다면 혹은 아이가 구멍까지 반 미터 가까이 움직일 수 있다면 나는 아이를 붙잡고 밖으로 꺼낼 수 있다. 내가 기어들어 가 아이를 붙잡기에는 구멍이 너무 작다. 시간이 생명이다. 확성기를 단 트럭이 모든 사람에게 이 지역에서 물러나라고 방송하면서 지나갔다. 다음 여진이 오면, 더 많은 건물이 무너진다. 나는 아이가 붙잡을 수 있는 막대 같은 걸 찾아보지만 성과가 없다. 아이가 울면서 도움을 청하고 있다. 뼈가 다 부러졌기 때문에 아이는 움직일 수 없다! 아이가 움직이지 않으면 아이에게 다가갈 수 없다. 아이가 나를 조종하거나 고집을 부리고 있다고 생각할 것인가? 아이가 나오고 싶을 때 나올 거라고 추측하면서 아이가 움직이기를 가만히 앉아서 기다릴 것인가? 아마도 아닐 것이다. 무엇을 할 것인가? 응원한다. 큰 소리로 외치기, 명령하기, 소리 지르기, 회유하기, 부드럽게 말하기, 주장하기, 애원하기, 제안하기, 위협하기, 지시하기, 주의 전환하기. 적절한 맥락에서 적절하게 톤을 조절하여 표현하면 이 모든 방법이 곧 응원하기이다.

2. 격려하기

격려하기는 말 그대로 환자가 결국 자신의 어려움을 넘어서고, 필요한 행동을 하고, 주어진 상황에 대처할 수 있다는 신념을 표현한다는 뜻이다. 본질적으로 환자가 이루길 원하는 바를 이룰 수 있다는 희망을 소통하는 방법이다. 구체적이거나(예: "다가올 면접에서 잘 할 수 있다는 걸 알아요.") 전반적으로(예: "언젠가 문제를 넘어서서 삶을 살아낼 거라고 난 믿어요.") 격려할 수 있다. 격려로 환자의 대처 능력에 대한 믿음 혹은 단기 변화(예: "오늘 밤 술을 마시지 않고 보낼 수 있다고 믿어요.")나 장기 변화(예: "언젠가 알코올 중독을 넘어설 거라고 확신해요.")를 표현할 수 있다. 그러나 격려할 때 치료자가 환자에게 희망과 확신을 직접 표현하는 것뿐만 아니라 환자에 대한 희망을 포기하지 않는 게 절대적으로 중요하다.

환자와 치료자 모두가 범하는 흔한 실수로, 환자의 가용한 능력과 강점을 과소평가한다. 어떤 치료자는 환자처럼 과소평가와 과대평가 사이에서 동요한다. 그러나 격려는 치료자 기분에 따라서가 아니라 환자 능력에 대한 명확한 평가에 기반을 두어야 한다. 보통 환자가 쉽게 할 수 있는 일보다 조금은 더 많이 하도록 격려한다면 좋다. 즉, 치료자는 환자가 더 어려운 일을 하도록 격려한다. 환자가 무엇을 할 수 있다고 믿는다고 해서, 그게 쉬운 일이라고 생각한다는 뜻은 아니다. 환자는 대체로 자신이 할 수 없다고 생각한다. 그런 경우 치료자는 응원하기에 대응하여 환자 스스로나 능력에 대한 환자의 감을 타당화하는 균형을 맞추어야 한다. 치료자는 "지금 할 수 있다고 생각해요."에서 "그걸 배울 수 있다고 생각해요."로 조율하는 데 능숙해야 한다.

만약 치료자가 이해하지 못한다고 하면서 환자가 격려를 거부한다면, 치료자는 자신이 너무 구체적이었는지 고려해야 한다. 이런 경우 치료자가 조금은 일반적인 진술로 물러서서 그야말로 환자를 믿고 확신하며 언젠가는 방법을 찾을 수 있을 거라 믿는다고 말하면 도움이 될 수 있다. 혹은 치료자가 환자를 믿는다고 할 때 오히려 오해받는다고 느낀다는 환자가 만든 딜레마에 대해 환자와 상의한다면 또한 유용할 수 있다. 이때 치료자가 환자를 향한 믿음을 그만두는 게 결코 답이 아니다.

3. 환자 가능성에 초점 맞추기

환자가 자신의 부적응적 사고 양상, 정서 문제, 역기능 행동 양상에 통찰을 얻도록 돕는 데 초점을 기울이기는 참 쉽다. 여기서 핵심은 문제에 초점을 맞춘 후에는 환자의 가능성에 초점을 맞추고 격려하는 데 있다. 특히 구체적인 가능성을 정확히 기술한다면 가장 도움이 된다.

환자가 성공하는 데 필요한 모든 것을 가지고 있다고 소통하기

3장에서 언급한 대로 경계성 환자는 '치명적 결점' 이야기에 빠져든다. 어려움을 넘어서는 데 필요한 무언가를 지금이나 앞으로나 절대로 가질 수 없다고 생각한다. 치료자는 환자가 어려움을 넘어서는 데 필요한 모든 것을 가지고 있다고 자주 소통해야 한다. 이런 관점에서 문제는 치명적이거나 치유할 수 없는 결점이 아니라 발달상 문제이다. 따라서 환자의 내적 강점, '지혜로운 자기'의 존재를 약간 구체적이지 않은 방식으로 긍정하는 전략이 좋다. 사실 이러한 특성은 직접 관찰할 수 없으므로 치료자가 긍정하는 말의 타당성을 입증하려 애쓰는 함정에 빠질 필요는 없다. "난 그냥 진실이라고 알아요."라거나 "그저 그렇게 느껴요."와 같은 말로도 충분하다. 경계성 환자는 자신이 경험하는 생각이나 정서의 타당성을 입증해야만 한다고 느낀다. 치료자가 이렇게 말하면 환자에게 직관적인 앎이 받아들여질 수 있다는 본보기를 보이는 데 도움을 줄 수 있다. 환자가 격려에 대해 논쟁한다면 치료자는 항상 이 전략으로 돌아갈 수 있다.

치료 관계에서 믿음 표현하기

치료자는 치료에서 같은 편이라는 믿음을 자주 표현해야 한다. 이는 환자를 믿는다는 말보다 더 환자에게 안심과 격려가 될 수 있다. 만약 환자가 치료자를 믿고 치료자가 환자를 믿는다면 같은 편으로 서로 믿는다는 좋은 합이 생긴다. 환자는 치료가 도움이 될지 확신하지 못한다. 몇몇은 치료자에게 계속해서 이야기하고, 또 몇몇은 속으로 의심을 한다.

각 경우에 치료자가 주기적으로 치료와 치료팀에 대해 믿음이 있다고 말한다면 유용하다. 비록 환자가 종종 논쟁으로 돌아갈지라도, 간단하지만 이 말의 힘은 과소평가해서는 안 된다.

환자의 정서, 행동, 생각 타당화하기

앞에서 논의한 정서, 행동, 인지 타당화 전략은 응원하기 맥락에서도 꽤 적절할 수 있다.

4. 외부 비난을 반박하고 조절하기

치료자가 환자를 응원하려 하면, 환자는 자신을 믿지 못했던 다른 사람의 말이나 비난을 언급하면서 절망감과 자기 신뢰 부족이 정당하다고 말할 수 있다. 치료자는 이러한 비난이 타당하든 그렇지 않든, 이게 반드시 환자가 절망적이라는 근거가 아니라고 언급해야 한다. 치료자는 (솔직하다면) 비난에 단호하게 반대할 수 있다. 치료자는 환자가 다른 사람의 비난을 받은 뒤 느끼는 어떤 부정적 감정도 비타당화해서는 안 된다. 그런 감정 반응은 이해할 수 있고 이런 이해는 전달해야 한다.

5. 칭찬하기와 안심시키기

환자 행동을 칭찬한다면 강화와 격려가 될 수 있다. 치료자는 진전의 증거를 찾고 조명하는 데 마음을 먹고 노력을 기울여야 한다. 환자가 치료에 남아 있다는 사실이 증명하듯 자기 문제를 해결하기 위해 꾸준히 애쓰고 있다는 사실은 항상 칭찬할 수 있는 부분이다. 내가 다음 장에서 광범위하게 논의하겠지만, 경계성 환자는 칭찬을 위협으로 느낄 때가 있다. 그러므로 칭찬이 효과적인 응원하기 기법이 되기 위해서 치료자는 안심시키기와 함께 묶어야 한다. 물론 안심시키는 내용은 위협의 원천에 따라 다르다. 예를 들어, 칭찬이 도움이나 치료가 종결되는 조짐을 나타낸다면 치료자는 "여전히 도움이 필요하다는 점을 알아요."라고 말할 수 있다. 만약 칭찬이 미래를 향한 과도한 기대의 조짐을 나타낸다면, 치료자는 "그게 여전히 얼마나 어려운지 알아요."라고 여러 가지 방법으로 말할 수 있다.

몇몇 경계성 환자는 끊임없이 안심시키기를 요구하는 것처럼 보인다. 치료자는 아무리 안심을 시키려 해도 안심이 전달되지 않고 아무런 효과가 없다고 느낄 수 있다. 이런 일이 일어난다면 치료 방해 행동으로 간주하고 직접 다루어야 한다. 이후 10장에서 논의하는 대로, 칭찬과 안심시키기는 환자가 자신을 타당화하고 스스로 진정시키는 법을 배워 갈수록 점차 줄여야 한다. 특히 자기 존중이 일차 목표인 3단계(6장 참조)에서 특히 중요하다.

6. 현실적이기, 솔직하지 않을 거라는 두려움을 직접 다루기

환자는 때로 치료자의 진솔성을 믿기 어렵다는 말로 응원하기에 반박할 수 있다. 이에 대해 첫 번째로는 신뢰 부족을 타당화하는 반응을 해야 한다. 치료 규칙은 다른 관계 규칙과 너무 달라서 환자의 불확실감은 이해할 만하다. 적어도 치료자의 칭찬, 격려, 응원이 다른 사람이 하는 것과 같은 의미를 지니는지 명확하지 않을 수 있다. 사실상 치료자는 돈을 받고 칭찬하기, 격려하기, 응원하기를 한다. 신뢰가 쌓이는 데는 시간이 걸리고 이를 인정하는 자체가 환자에게 상당한 타당화를 제공할 수 있다.

두 번째로, 치료자는 응원할 때 반드시 현실적이어야 한다. 나는 사례 자문 집단에서 이 점을 언급하기 위해 지진을 겪은 아이 이야기에 다음과 같이 덧붙인다.

> 이제 같은 지진 상황을 상상해 보자. 그러나 거기에 거대한 바위가 아이 위에 떨어졌다고 보태 보자. 아이 다리와 엉덩이가 눌려서 그 안에서 꼼짝 못하게 되었다. 아이에게 할 수 있다고 말하면서 기어오라고 재촉할까? 그렇지 않다. 달래고 위안할 것이다. 자신에게 위험이 닥치더라도 구조대를 더 찾거나 아이 가까이 있으려 할 것이다. 이게 응원하기에서 필요한 균형이다.

현실적인 목표에서만이 응원하기가 효과적이다. 환자 입장에서 사실상 최소한의 성공 가능성조차 제한되는 상황이라면 치료자가 무엇이든 할 수 있다고 말한다고 도움이 되지 않는다. 치료자는 난관을 극복하는 환자의 전반적인 능력을 언제나 믿어야 하지만, 동시에 구체적 목표를 달성할 수 있는 환자 능력에 대해서는 현실에 명확히 초점을 맞추어 믿음을 조율해야 한다.

7. 가까이 있기

치어리더와 코치는 팀이 잘하고 있다고 해서 경기장을 일찍 떠나지 않는다. 마찬가지로 환자가 문제에 닥칠 때 치료자가 코칭 및 다른 도움을 줄 수 있어야 한다. 만약 치료자가 환자에게 혼자 할 수 있다고 말하고 나서 기다리지 않고 환자를 내버려 둔다면, 말 그대로 환자로서는 치료자가 응원하는 동기를 의심할 법하다. "나 없이 할 수 있어."라고 말하면서 다른 사람을 '떨궈 내는' 바쁜 사람들의 습관이다. 치료자는 무심코 이 습관에 빠지지 않아야 한다.

마치며

DBT에서 타당화는 아무리 강조해도 지나치지 않다. 치료에서 많은 문제는 타당화가 불충분하고 변화에 과도하게 초점을 맞춘 결과 일어난다. 모든 변화 전략은 타당화에 둘러싸여 있어야 한다는 일반 원칙을 명심하자. 변화를 향한 과도한 초점은 환자를 도울 수 있을지에 대한 치료자 불안에서 비롯된다. 이때 치료자는 환자와 마찬가지로 고통을 감내하는 데 어려움을 겪는 셈이다. 타당화는 DBT에서 많은 역할을 한다. 치료에서 어려운 순간에 환자를 안심시킨다. 잘 쓴다면, 환자와 치료자의 치료 연결을 향상시킨다. 환자가 이해받고 지지받고 있다고 느끼게 한다. 치료자는 환자의 공감적 태도를 다지고 치료자의 타당화는 환자에게 스스로를 타당화하고 신뢰할 수 있도록 가르친다. 마지막으로, 타당화는 환자가 항복하고 싶을 때 계속해서 나아갈 수 있도록 환자를 격려한다.

9장

핵심 전략: II부 문제 해결

문제 해결 전략은 DBT의 핵심 변화 전략이다. DBT는 회기 안팎으로 보이는 모든 역기능 행동을 해결해야 할 문제, 혹은 또 다른 관점에서는 삶의 문제에 대한 잘못된 해결책으로 본다. 경계성 환자를 위한 문제 해결 전략은 이 사람들이 흔히 보이는 수동적이고 무력한 대응 반응에 대항할 수 있는 능동적인 접근을 향상시키도록 설계하였다.

문제 해결 수준

1차 수준

1차 수준에서 전체 DBT 프로그램 자체는 전반적으로 문제 해결 적용으로 볼 수 있다. 여기서 해결할 문제는 환자 삶 전반이며 해결책은 DBT 구현이다. 여기서 문제 해결 효과성 여부는 이 특정 환자에게 DBT가 적합한 치료인지에 달려 있다. 현재까지 실증 자료에 따르면 이 치료는 심각한 장해를 보이는 경계성 개인에게 적절하며 다른 집단에는 적절할 수도 있고 그렇지 않을 수도 있다.

2차 수준

DBT는 여러 치료 전략과 절차를 포함하는 매우 유연한 치료법이다. 문제 해결 2차 수준에서는 특정 환자가 이 순간 당면한 바로 이 문제에 과연 어떤 전략과 절차를 적용해야 하는지 파악한다. 여기서 치료자가 어떤 변화 전략이 가장 도움이 되는지 알아내는 게 중요하다. 문제 해결 효과는 무엇이 원인이고, 무엇이 변화가 필요한 문제 행동을 유지하는지 치료자가 정확히 알아낼 수 있는가에 달려 있다. 이 수준의 문제 해결에서는 특정 변화 절차를 적용한다. DBT에서 사용하는 네 가지 주요 변화 절차(수반성 관리, 기술 훈련, 인지 조정, 노출)는 다음 두 장에서 설명한다.

3차 수준

3차 수준에서는 환자의 일상 삶에서 일어나는 구체적 문제를 다루고 해결한다. DBT 치료 회기는 대체로 환자가 지난주 일어난 일을 설명하며 시작한다. 지난주 일지를 검토하고, 자살 사고나 유사 자살에 관한 질문에 답하는 맥락에서 설명을 할 수 있다. 이러한 대화 시작 단계에서 환자는 통제할 수 없다고 느끼는 정서, 생각, 행동과 관련된 상황을 설명할 수 있다. 또는 환자가 자기 문제에 자살이나 다른 역기능 행동으로 대응했을 수 있다. 그 문제가 진행형이라면, 환자는 수행하려고 마음먹은 행동(자살 또는 비자살) 계획을 드러낼 수 있는데, 치료자는 그 계획이 충동적이거나 역기능적이라 여길 수 있다.

보통 환자 문제는 앞선 내용처럼 명확하게 표현되지 않는다. 때로 환자에게서 문제를 '끄집어내야' 할 수 있는데, 특히 환자가 이미 문제를 해결했다고 느끼고 새로운 문제를 다루기 원할 때 그렇다(예: 이는 환자가 유사 자살 행동을 통해 문제를 '해결했다고' 느낄 때 특히 그렇다). 다른 때에는 환자 문제가 분노, 절망, 불안 또는 눈물에 가득 찬 우울 등 정서를 분출하는 맥락에서 나타날 것이다. 어느 쪽이든 치료자에게는 환자 현재 삶의 문제에 새롭고 더 효과적인 해결책을 발전시키고 수행할 수 있도록 환자로부터 협력과 노력을 이끌어 내는 과제가 있다. 여기서 효과적 문제 해결 여부는 치료자와 환자가 함께 환자가 가져온 특정 문제에 해결책을 도출할 수 있는지, 환자가 그 해결책을 이행할 수 있는지에 달려 있다.

기분과 문제 해결

경계성 환자와 작업할 때에는 핵심적으로 기분이 문제 해결에 미치는 영향을 이해해야 한다. 이 책에서 반복적으로 언급했듯이, 경계성 환자는 기분이 급격하게 변동하는 특징이 있다. 만성적 자살 위험을 보이는 경계성 환자에게 부정적 기분이 기저선이라는 점은 전형에 해당하지만, 모든 이가 기분에 영향을 미치는 치료 행동에 민감하다. 그러니까 우발적이거나 부주의한 치료자 반응은 부정적 기분을 개선하는 데에도, 긍정적 기분을 망치는 데에도 기여할 수 있다.

문제 해결, 인지 유연성, 기분은 서로 떼어 놓을 수 없는 관계에 있다. 유연성은 특정 시점에 자기 목적에 부합하는 인지 전략을 적극적으로 선택하고, 환경에 적응하며 문제에 대한 창의적이고 적절한 해결책을 찾는 능력에 해당한다(Berg & Sternberg, 1985; Showers & Cantor, 1985; Simon, 1990). 그러므로 문제(특히 문제와 관련된 자기 행동 측면과 환경 측면)를 분석하는 능력과 효과적 해결책을 도출하는 능력에는 일정 정도 인지 유연성이 필요하다. 여러 연구는 긍정적 기분이 인지 유연성과 그에 따른 문제 해결을 대개 촉진한다는 점을 강하게 제시하였다.

긍정적 기분은 어떤 상황에서 여러 대안 해석을 개발하며, 과제 수행에서 필요한 상호 연결성이나 유사성을 보는 데 더하여, 분별력을 발휘하는 능력을 높인다(Murray, Sujan, Hirt, & Sujan, 1990; Showers & Cantor, 1985). 마찬가지로 이러한 능력은 행동 양상을 분석하고 해석하는 데 치료자와 협력하기 위해 필요하다. 또한 긍정적 기분은 문제 해결책을 도출하게 하고 창의성을 향상시킨다(Isen, Daubman, & Nowicki, 1987; Isen, Johnson, Mertz, & Robins, 1985). 문제 해결책을 도출하라는 요청이 주어졌을 때, 긍정적 기분에서 사람은 다른 사람에 비해 정보를 다르게 조직하고, 다른 이가 보통 볼 수 없는 관계를 보고, 더 창의적이고 직관적인 인지 전략을 사용할 수 있다(Fiedler, 1988). 특정 해결책과 연결된 결과를 평가할 때에도 역시 기분에 영향을 받는다. 예를 들면, 위험이나 긍정적 혹은 부정적 결과가 일어날 확률에 관한 주관적 추정은 그 시점에서 사람의 긍정적 또는 부정적 기분과 관련이 있다(문헌 개괄은 Williams, 1993 참조).

경계성 환자와 함께 문제 해결을 적용할 때 이 점에 명심해야 한다. 무엇보다 치료자는 많은 다른 환자보다 이들과의 문제 해결이 더 느리고 어려울 수 있다는 점을 예상해야 한다. 문제를 해결하는 동안 공감적으로 이해하고, 현재 긍정적 기분을 높이기 위해 개입할 필요성은 너무도 중요하다. 타당화 전략이 효과적인 이유는 일부 기분을 향상하는 효과에 있다. 이 점을 이해하고, 환자와 교류하는 동안 이를 정신적으로 숙지한다면 제안한 해결책에 환자가 단순히 노력하지 않거나 변화를 원하지 않는다는 식으로 적절치 않게 해석하지 않도록 도와줄 수 있다.

치료자는 주된 임무로 환자가 부적응 행동을 삶의 문제를 해결하고자 시도한 결과로 바라볼 수 있게 준비시킨다. 도움을 받으면 이러한 문제를 보다 실질적이고 적응적인 방법으로 해결할 수 있다. 이 장에서 논의한 문제 중심 전략 6개 묶음, 즉 행동주의 분석, 통찰 전략, 교육 전략, 해결 분석, 방향 잡기 전략, 전념 전략은 새로운 문제를 논의할 때마다 반복한다. 어떤 경우에는 순서를 조정하거나, 문제 하나의 쟁점을 해결하는 과정에서 몇 부분을 (외견상 여러 번) 반복할 필요가 있다. 특정 환자를 위한 치료로 DBT를 선택하는 보다 전반적인 문제 해결 전략을 적용한다면 이는 14장에서 더 광범위하게 다룬다.

문제 해결 전략 개관

문제 해결은 2단계 과정이다. ① 당면한 문제를 이해하고 수용하며, ② 유사한 문제 상황에서 사용했거나 미래에 사용할 수 있는 대안 해결책을 만들고, 평가하며, 실행한다. 수용 단계는 행동주의 분석, 통찰 전략, 교육 전략을 쓰고, 변화를 목표로 하는 두 번째 단계에서는 해결 분석, 방향 잡기 전략, 전념 전략을 쓰게 된다.

당연해 보이지만, 문제를 해결하려면 먼저 문제의 존재를 수용해야 한다. 앞에서 언급한 바와 같이 치료에서 변화는 오직 무언가를 수용하는 맥락 안에서만 일어날 수 있다. 경계성 환자는 자신을 부정적으로 보는 경향이 빈번하고 그로 인한 정서적 괴로움을 조절하지 못하기 때문에 문제 해결이 대단히 복잡하다. 한 극단에서, 그들은 환경에 있는 문제를 정확하게 찾기를 어려워하고, 대신 모든 문제를 스스로 만들어 냈다는 관점을 지닌다. 다른 한 극단에서는, 환자는 모든 문제를 자기가 만들었다는 게 너무 고통스러운 나머지 자기 성찰 과정을 억제하며 반응한다. 양극단으로 이끌린 채 변증법 사고방식에서 실패한 점과 그에 수반하는 부정 감정 모두를 다루는 반복적 시도는 환자가 더욱 고통스러운 문제의 존재를 인정하기에 앞서 필요할 수 있다. 8장에서 설명한 타당화 전략과 12장에서 설명할 일침 놓기 의사소통 전략은 자살이나 다른 극단적인 행동을 강화하지 않고 이 과정을 해 나가도록 돕는다.

행동주의 분석을 위해서는 당면한 특정 문제 반응까지 이어지는 사건과 상황 요소에 대한 체인 분석을 수행한다. 체인 분석은 환경 상호작용과 환자의 인지, 정서, 행동 반응에 세심한 주의를 기울이며 매우 상세하게 이루어진다. 지금 나는 논의할 목적으로 행동주의 분석 전략과 통찰 전략을 임의로 구분했는데, 통찰 전략은 시간 경과에 따른 상황적 영향과 행동 양상을 관찰하고 이름 붙이는 전략이다. 문제를 분석할 때에는 비판단적으로 진행하고, 행동이나 행동 결과가 기대나 소망보다 저조할 때마다 극심한 공포를 경험하며 가차 없이 보복하고 평가하는 판단을 내리는 경향성에 주목한다. 전형적으로 이렇게 판단하는 대상은 문제를 일으키는 자기에서부터 문제의 유일한 근원인 다른 사람 혹은 환경으로 때로 번개 같은 속도로 뒤바뀐다. 전반에 걸쳐 치료자는 보통 사람이 보이는 행동 특징과 특별히 경계성 행동 특징에 대해 교육하는 방식으로 환자에게 정보를 제공한다. 이 정보는 환자 자신의 행동을 정상화하며, 무엇이 환자 행동을 유지하는지뿐 아니라 변화 과정에서 무엇이 도움이 될지에 관한 가설을 수립하는 원천으로서 역할을 맡는다.

두 번째 문제 해결 단계는 앞으로 사용할 수 있는 대안 해결책을 만들고 평가하면서 시작한다. 일단 다양한 해결책을 도출하면, 치료자와 환자는 변화 절차를 이행하는 데 필요한 사항을 점검한다. 즉, 치료자는 환자를 변화 과정으로 방향 잡아 준다. 마지막으로, 치료자와 환자는 도출한 해결책을 실행하는 데 전념한다. 전념을 문제 해결 끝 순서로 둔 이유는 단순히 설명하기 위해서이다. 현실에서 전념은 변화 절차에 선행하고, 동반하며, 뒤따른다.

행동주의 분석 전략

행동주의 분석은 DBT에서 가장 중요하고 어려운 전략 중 하나이다. 대부분은 아니더라도 많은 치료에서 오류는 평가 오류, 즉 당면한 문제를 잘못 이해하고 평가한 데서 기초한 치료적 대응에서 온다. 행동주의 분석은 문제 해결에서 첫걸음이다. 새로운 혹은 현재 만나는 환자와 새로운 문제 행동을 치료하려면 적절한 개입을 선별하도록 안내하는 충분한 행동주의 분석이 필요하다. 한 회기와 다음 회기 사이에 현재 목표한 문제 행동이 출현(또는 누락)하거나, 자기 조절 프로그램(예: 긍정적 행동을 늘리고 부정적 행동을 줄이는 시도)에 실패하거나, 치료 과정 자체에서 일어나는 문제가 있다면 먼저 행동주의 분석을 통해 대응해야 한다.

행동주의 분석에는 다음 목적이 있다. 무엇이 문제이고, 무엇이 이를 야기하는지, 무엇이 문제 해결에 방해가 되고, 문제 해결을 돕거나 가용할 수 있는 도움이 무엇인지 알아낸다. 어떤 경우에는 이러한 정보 중 일부를 이미 알고 있거나 추측이 가능하다. 따라서 행동주의 분석을 해 나가는 과정은 몇 가지 질문만 포함하여 간략히 할 수도 있고, 한 회기 또는 그 이상의 치료 회기를 온전히 필요로 하며 상당히 긴 시간이 걸릴 수도 있다. 그러나 어느 경우든 핵심은 치료자가 특정 환자와 경험으로부터 추측한 바, 또는 이론으로부터 세운 가설을 실증 방식으로 검토하는 데 있다. 이는 치료자 편견에 맞서는 일종의 방식이다. 따라서 무신경한 방식으로 처리하거나 다루어서는 안 된다. 다만 개입이 평가할 사이 없이 시급한 경우, 다른 활동이 명백하게 우선하는 경우 또는 치료자가 상황에 대한 평가를 매우 확신하는 경우만 예외로 한다.

앞서 언급한 바 있듯이, 이 장에서 행동주의 분석을 통찰 전략과 별도로 제시한 이유는 전적으로 쉽게 설명하려는 목적 때문이다. 사실 행동주의 분석은 항상 통찰 전략을 포함한다. 결국 환자 문제와 행동 양상에 대한 통찰은 행동주의 분석을 현명하게 사용하느냐에 달려 있다. 행동 평가에 관한 교재 대부분에서는 두 가지 전략이 결합해 있으며, 전체적으로 '행동주의 분석' 또는 '기능분석'이라고 표기되어 있다. 우리는 목적을 위해 두 전략을 다음과 같이 나눌 수 있다. DBT에서 행동주의 분석은 특히 문제나 목표 행동과 관련된 하나의 특정 상황 또는 일련의 상황에 관한 심도 있는 분석을 말한다. 따라서 이는 해당 행동에 이르게 하고, 행동에 뒤따르며, 행동을 '통제'하거나 영향을 미치는 요소를 결정하는 치료자(그리고 희망컨대 환자)의 의식적이고 집중적인 시도이다. 치료적 통찰은 관계 내에서, 회기에서 이어지는 논의 과정 중에, 또는 여러 번 수행한 행동주의 분석 과정 전반에서 나타난 행동 양상에 대해 치료자가 환자에게 제공하는 피드백이다.

행동주의 분석 과정에서 다음 세 가지 측면은 매우 중요하다. ① 분석은 협력하여 수행해야 한다. (이는 타당화 및 수반성 관리와 같이 다른 전략을 동시에 사용하게 한다.) ② 분석은 문제 행동과 연결된 내부 및 외부 사건의 일련의 장면 연속에 대해 정확하고 합리적으로 완전한 그림을 제공할 수 있도록 충분히 구체적으로 제공해야 한다. ③ 결론은 나중에 부합하지 않는 경우 버릴 수 있다는 태도로 받아들여야 한다. 궁극적으로, 목적은 환자가 스스로 유능한 행동주의 분석을 수행하도록 가르치는 데 있다. 행동주의 분석은 여러 단계로 구성되고, 이는 〈표 9-1〉에 요약하여 제시하였다.

분석을 나누어 수행하는 방법에는 여러 가지가 있다. 다음에서 논의한 모든 단계 측면을 항상 해야 하는 건 아니고, 순서가 변할 수 있다. 그러나 치료자는 최소한 명시된 모든 정보를 얻어야만 한다.

〈표 9-1〉 행동주의 분석 전략 점검표

_____ 치료자는 환자가 **문제 행동을 정의하도록** 돕는다.
  _____ 치료자는 행동 측면에서 문제를 명확히 개념 짓도록 돕는다.
  _____ 치료자는 환자가 문제 행동을 다음에 따라 구체적으로 기술하도록 돕는다.
    _____ 행동 빈도
    _____ 행동 기간
    _____ 행동 강도
    _____ 행동 지형
  _____ 치료자는 전반에 걸쳐 타당화를 해 나간다.
_____ 치료자는 **체인 분석**을 실시한다.
  _____ 치료자와 환자는 분석할 문제가 일어난 상황 하나를 고른다.
  _____ 치료자는 작은 행동 단위(체인의 연결고리)에 주목하는데, 체인의 시작(선행 사건), 중간(문제 상황 그 자체) 그리고 끝(결과)을 다음에 따라 정의하는 데 집중한다.
    _____ 정서
    _____ 신체 감각
    _____ 생각 및 심상
    _____ 외적 행동
    _____ 환경 요인
  _____ 치료자는 회기 내 사건에 대해 필요한 경우 간단한 체인 분석을 수행한다.
  _____ 치료자는 환자의(그리고 자신의) 협력을 지킨다.
  _____ 치료자는 환자가 회기 사이에 자신의 행동을 추적 관찰하는 방법을 증진하도록 돕는다.
_____ 치료자는 환자와 함께 문제 행동에 영향을 미치거나 통제하는 변인에 대한 **가설을 세운다**.
  _____ 치료자는 현재 분석에서 이전 분석 결과를 지침으로 삼는다.
  _____ 치료자는 DBT 이론에 인도받는다.

DBT 위배 전략

_____ 치료자는 목표로 삼은 행동에 대한 행동주의 분석을 회피하는 데 환자와 결탁한다.
_____ 치료자는 환자 행동에 대한 자기 이론을 증명하기 위해 지나치게 편향된 정보를 수집한다.

1. 문제 행동 정의하기

무엇을 초점에 둘지 선택하기

어떤 문제를 정의할지 초점은 여러 요인에 따라 결정한다. 1차 수준(앞의 '문제 해결 수준' 참조)에서는 치료가 시작될 때나 치료의 목적이나 목표가 바뀔 때 목표 우선순위 목록(6장

〈표 6-1〉 참조)을 지침으로 사용한다. 문제는 자살 행동, 치료 방해 행동, 삶의 질을 저해하는 행동, 행동 기술 부족, 외상후 스트레스 반응, 자기 존중 문제, 개인 목적 달성의 어려움 등 일곱 가지 구체적 영역 모두를 탐색한다. 2차 수준에서는 치료가 진행 중일 때, DBT 위계 목표의 우선순위에 따라 평가할 초점을 결정한다. 따라서 치료의 첫 번째 국면에서는 마지막 회기 이후 발생한 자살 행동, 치료 방해 행동 또는 삶의 질을 떨어뜨리는 행동을 명시적으로 분명하게 다룬다. (우선순위 순서에 따라 다루지만 회기 내에서 무엇부터 다루는지 순서는 바뀔 수 있다.) 두 번째 치료 국면에서는 외상후 스트레스 반응을 조사하고 분석한다. 치료 마지막 국면에서는 자기 존중과 개인 목표 달성 실패를 관찰하고 다룬다. 이 수준에서 우선순위 문제 행동이 발생하지 않았다면 환자가 회기의 의제와 초점을 정한다.

분석해야 할 문제에 이르는 이러한 과정은 Turkat(1990)의 행동주의 사례 개념화 방법과 다르다. 우선순위가 가장 높은 목표는 다른 모든 증상을 일으키는 '주요' 문제가 아니다. 삶을 지속하고, 치료를 지속하며, 최소한의 삶의 질을 지속하는 순서로 중대하고 즉각적인 위협을 담고 있는 문제에 우선순위가 있다. DBT 관점에서 어떤 문제에 대한 평가는 궁극적으로는 '주요' 문제를 찾아 줄 것인데, 이는 행동 체계 간 상호 관계와 반복적인 행동주의 분석을 통해 드러나는 문제들 사이에서 나타날 것이다. 이렇게 주요 문제에 도달하는 방법은 이후 설명한 바와 같이 매우 철저한 체인 분석 수행에 달려 있다.

행동 용어로 문제를 개념화하기

해결해야 할 문제가 환자가 아닌 환경의 행동에 있을 때라도, 치료는 환자나 치료자의 감정, 생각, 행동의 특정 측면에서 문제를 기술한다. 예를 들어, 심하게 폭력적인 결혼 생활을 하는 환자의 경우, 환자 자신이 상황을 직시하지 않는 점이 문제로 나타날 수 있다. 궁극적인 해결책은 자신이 파트너를 떠나거나, 파트너가 학대를 멈추거나 타인에 의해 통제되도록 조처하는 방법일 수 있다. 파트너를 떠나지 않는다거나 파트너의 폭력적인 상호작용을 바꾸기 위해 행동하지 않는 환자 행동을 문제로 규정한다고 하여, 환경에 역기능, 부적절, 해로움이 없다는 뜻이 아니다. 그렇다 하더라도 DBT를 포함하여 성인과 함께 하는 모든 심리치료에서 결정적인 특징은 상황 자체가 아니라 상황에 대한 환자 행동에 주안점을 두는 데 있다.

앞서 언급한 바와 같이 경계성 환자는 문제를 파악하지도 못한 채 문제에 대한 해결책(예: "나는 자살할 거다.")을 제시하는 경우가 많다. 환자는 그러한 사건을 해결해야 할 문제 상황으로 인지하지 못한 상태에서 극도로 고통스러운 정서를 보이거나 해로운 환경 상황을 논의할 수 있다. 또 어떤 경우 환자는 상황이나 사건을 어떤 정확성을 가지고 문제를 분리하여 파악하기 어려울 정도로 모호하고 구체적이지 않은 용어로 설명할 것이다. 어느 경우든, 치료자는 환자에게 첫 번째 과제로 행동 면에서 구체적 문제를 분명하게 확인해야 한다고 말해야 한다. 때로 환자는 그러한 논의에 관여하기를 꺼리는데, 그럴 때 치료자는 환자를 대신해 무엇이 문제 행동으로 보이는지 반복하여 설명해야 한다. 그러나 8장에서 지적한 바와 같이 치료자는 상황 자체가 문제가 아니라 오히려 상황에 대한 환자의 왜곡이 문제라고 자동으로 가정하지 않아야 한다.

문제를 구체적으로 기술하기

문제를 정의할 때에는 일반적이지 않고 구체적이어야 한다. 문제를 '매일 기분이 언짢고 안 좋다'라고 정의한다면 일반적이다. '매일 우울감이 든다'라고 한다면 조금 더 구체적이지만 여전히 너무 일반적이다. 목적은 사람이 '우울'과 '매일'이라고 할 때 무슨 뜻인지 더 정확하고 상세하게 기술하는 데 있다. 그러므로 문제 행동 양상이 일반 수준에서 확인되면, 치료자는 행동의 지형(환자가 정확히 무엇을 했는가), 마지막 회기 이후 행동이 나타난 빈도, 행동의 강도(행동의 크기나 깊이) 측면에서 정확한 기술을 얻어야 한다.

구체적 설명을 끌어내기 유용한 질문에는 다음이 있다. "그게 정확히 무슨 뜻이죠?" "지난주에 몇 번이나 그런 일이 일어났나요?" "그 감정이 얼마나 오랫동안 곁에 머물렀나요(몇 분간 지속되었나요)?" "그때 어떤 생각이 머릿속을 스쳤나요?" "그러한 느낌과 욕구는 1~100점 척도가 있다면 어느 정도로 강렬했나요?" 비록 여러 차례 행동주의 분석 덕에 치료자와 환자는 그러한 상세한 질문이 필요치 않을 수 있다 하더라도, 치료자는 명확하지 않다면 명확하다고 가정하지 않도록 매우 조심해야만 한다. 근거 없는 사실에 대한 가정은 행동주의 분석을 할 때 가장 흔히 저지르는 실수 중 하나이다.

이 정보를 얻고 문제를 정의하는 데 도달하기 위한 구체적인 치료 전략에는 다음 타당화 전략이 해당한다. 적극적 관찰, 반영, 정서를 관찰하고 명명하도록 돕기, 정서 읽기, 다중 선택지로 정서 질문하기, 행동에 판단이나 추론을 배제하고 기술하도록 끌어내기, 환자의 생각을 유도하고 촉진하기, 그리고 사실 평가하기(8장 참조).

환자의 고통을 타당화하기

우선 문제가 있을 수밖에 없다는 타당성을 수용하기도 전에 문제 해결에 초점을 두기는 어렵다. 8장에서 언급했듯이, 경계성 자살 위기의 사람은 고통스러운 정서나 도움이 필요하다는 사실을 인식하고 인정하는 데 어려움이 있다. 따라서 타당화 전략은 모든 평가 전략과 상호 연결되어야 한다.

2. 체인 분석하기

분석할 구체적 행동 상황을 선택하기

일단 문제 행동을 찾았다면 다음 과제로, 행동으로 이어졌거나 행동 후 뒤따랐던 일련의 사건 연결에 관해 철저한 기술을 한 걸음씩 발전시켜야 한다. 치료 초반 1차 수준에서 치료자는 전반적 문제 행동, 선행 사건 그리고 결과에 관한 일반 분석을 했다면, 이에 더하여 더 구체적인 상황에 대한 더 구체적인 분석을 이어 가야 한다. 14장에서 이를 수행하는 방법을 설명한다.

2차 수준에서 체인 분석은 마지막 회기 이후 발생했거나 현재 치료 상호작용에서 발생 중인 DBT 목표 행동의 모든 상황에 초점을 둔다. 치료자가 특정 문제 행동이 얼마나 여러 번 발생했는가에 대해 회기마다 개괄적 정보를 얻어야 할지라도, 체인 분석을 할 때는 하나의 행동 상황을 선택해야 한다. 이 점은 아무리 강조해도 지나치지 않을 만큼 중요하다. 체인 분석을 실시하는 핵심은 구체적 역기능 행동의 특정 사례를 매우 면밀하게 검토하는 데 있다. DBT에서 많은 치료 작업은 목표 행동의 구체적 사례를 끊임없이 분석하는 작업이고, 매번 새로운 정보를 오래된 정보와 통합하면서 행동 양상의 정의를 발전시키고 지속되는 문제 사건을 새롭게 해결하는 행동법을 탐색하는 작업이다.

왜 하나의 개별 사건을 자세하게 평가해야 한다고 이토록 강조하는가? 치료자는 환자가 도움 없이 여러 삽화에 걸쳐 기억하고, 분석하고, 주요 선행 사건과 결과를 찾아내고, 정보를 통합하는 능력이 있다는 듯이 환자에 의존하지 않기 때문이다. 치료자는 환자가 이미 좋은 행동주의 분석 기술을 가지고 치료를 받는다고 가정하지 않는다. 목표 행동이나 문제 상황이 지난주 동안 한 번 이상 발생했거나 현재 회기에서 명백하게 드러날 때, 분석에 무엇을 선택하는지에 여러 가지 요인이 영향을 미칠 수 있다. 사례가 얼마나 심각하거나 강렬했는지, 얼마나 잘 기억나는지, 다른 사건을 촉발하는 데 얼마나 중요한지, 환자 자신의 선호 등이 모두 중요하다. 심각도와 우선순위가 같다면 치료자는 회기 사이에 발생하는 행동보다 회기 내에서 일어나는 행동을 먼저 분석하도록 선택해야 한다. 시간이 지남에 따라 분석을 반복하면서, 여러 사건 전체를 대표할 수 있는 행동 상황의 표본을 선택할 수 있을 것이다.

3차 수준에서, 분석해야 하는 DBT 상위 우선순위 행동이 없거나 관심을 요하는 위기 상황이 전개되지 않았다면, 앞서 언급했듯이 분석 초점은 환자가 결정한다.

체인 연결고리 다루기

어떻게 시작하는가 환자는 부적응 행동을 문제에 대한 해결책으로 보기 때문에, 환자에게 그 문제가 언제 시작되었는지 묻는다면 체인의 시작점을 알아보기 좋다. 부적응 행동이란 맥락에서 발생하거나 하나의 삽화이기 때문에, 분석 목표에는 시작, 중간(탐구하려는 행동) 그리고 끝이 있다. 경험상으로 볼 때 환자는 주로 그 사건이 언제 시작되었는지 정확하게 찾아낼 수 있고, 적어도 대략이라도 기술할 수 있다. 중요한 점은, 일련의 환자 행동을 촉발한 사건의 발생 지점을 환경 안에서 찾아야 한다. 때로 촉발 사건을 정확히 찾아내기 어려울 수 있지만, 이 과제는 매우 중요하다. 전반적인 목적은 환자 행동을 환경 사건과 연결하는 데 있고, 특히 환자가 자기 행동에 영향을 주는 환경 사건을 인식하지 못한다면 더욱 필요하다. 예를 들어, 한 환자는 아침에 잠에서 깨어 무망감과 자살 충동을 느끼거나 무엇이 일련의 걱정을 촉발했는지 환경에서 아무것도 찾지 못할 수 있다. 비록 어떤 사건이 처음에는 환자 행동과 관련 없어 보이더라도, 치료자는 문제 발생과 동시에 나타나는 사건에 관한 적절한 기술을 얻어야만 한다. 치료자는 "그것의 원인은 무엇입니까?"라고 묻기보다는, "그것이 어디서부터 시작되었습니까?" 혹은 "문제가 시작되는 순간 무엇이 일어나고 있었습니까?"라고 물어야 한다. 환자뿐만 아니라 행동주의 치료를 훈련받지 않은 치료자는 이러한 조사를 매우 쉽게 포기하고 싶을 수 있다. 그러나 인내심과 함께 시간이 흐른다면, 문제 발생과 연결된 사건 양상은 그 모습을 드러낼 것이다.

연결고리 채우기 여기서 핵심으로, 치료자는 행동을 아주 작은 단위 측면, 즉 체인의 연결고리로 생각해야 한다. 많은 치료자가 한 가지 행동 반응과 그다음 반응의 연결고리를 이해하고 있다고 가정해 버리면서 체인에서 정말 중요할 수 있는 많은 연결고리를 찾지 못하는 문제는 흔히 나타난다. 치료자와 환자가 일단 체인의 시작점을 찾았다면 치료자는 그 지점에서부터 행동 측면과 환경 측면으로 환자에게 어떤 일이 일어났는지에 대한 매우 구체적인 정보를 알아내야 한다. '행동 측면'이라 함은 환자가 무엇을 했고, 느꼈고(감정과 감각), 생각했으며(외현적/암묵적으로, 기대나 가정을 포함), 상상했는지를 의미한다.

일단 하나의 연결고리를 기술한 후에 치료자는 "그다음은요?"라고 물어야 한다. 모두 체인 개별 연결고리마다 행동과 환경 측면에서 사건을 기술해야 한다. 때로 환자와 치료자 모두 연결고리 여러 개를 건너뛰려는 쪽으로 기울 수도 있다. 연결고리를 채우기 위해서 치료자는 "여기에서 저기로 어떻게 넘어갔나요?"와 같은 질문을 할 수 있다. 예를 들어, "나를 만나서 이야기하고 싶다고 느낀 다음에 어떻게 해서 나에게 전화를 하게 된 건가요?"와 같은 질문이다. 한 환자와 내가 자살 시도에 대해서 분석하던 중에, 환자는 나에게 자살을 시도하기 전에 자살하겠다고 마음을 먹었다고 말하였다. 나는 무엇이 이런 결심을 하게 이끌었는지 물었다. 환자는 더 이상 살아가기에 삶이 너무 고통스럽다는 느낌 때문에 그런 결심을 했다고 말했다. 환자 관점에서 보면, 삶이 견딜 수 없다는 느낌과 자살하겠다는 결심 사이 연결고리가 자명한 것처럼 보일 수 있지만, 나에게는 그렇지 않았다. 내가 생각하기에 어떤 사람은 삶이 너무도 고통스러워 더 이상 살아가기 힘들다고 생각하고서는 삶을 바꾸기로 결심하기도 한다. 아니면 어떤 사람은 죽음이 훨씬 더 고통스럽다고 믿으며 고통에도 불구하고 삶을 감내하기로 마음먹기도 한다. 질문하는 중에 밝혀진 것처럼, 그 환자는 실제로 자신이 살기보다 죽는다면 더 행복할 거라고 가정하고 있었다. 이 가정에 도전함으로써 그의 지속적 자살 시도를 중단하는 해결책 하나가 생겼다.

이 전략은 8장에서 설명한 환자의 정서, 행동, 마음을 읽는 타당화 전략과 거의 정확하게 반대되는 전략이다. 체인 연결고리를 앞서 이해하는 대신, 치료자는 순수한 관찰자 역할을 맡아 아무것도 이해하지 않은 채 전부 물어보아야 한다. 그렇다고 치료자가 단독으로 체인 연결고리를 찾아 나가는 게 전혀 도움이 안 된다는 말은 아니다. 환자가 사건 체인에서 일부분을 건너뛸 때는 그렇게 해야 하는데, 이런 지점에서 치료자는 특정 사건, 사고, 감정이 중요한 연결고리가 될 수 있는지 물어볼 수 있다.

여기서 목적은 여러 가지이다. 첫째, 치료자는 부적응 행동을 자동으로 끌어내거나 그러한 행동에 선행하는 사건을 찾고자 한다. 다른 행동 또한 그렇지만 특히 정서 반응은 주로 사건에 조건화된 연합을 통해 통제될 수 있다. 둘째, 치료자는 문제 반응을 야기하는 행동 부족을 확인하고자 한다. 만약 유사 자살이 '도움을 요청하는 행동'이라면, 대안적 도움 요청 행동을 쓰지 못하는 상태일 수 있다. 셋째, 치료자는 더 적절한 행동을 못 하게 방해했던 사건을 정확히 찾아내고자 한다. 이러한 사건은 환경 안에 있을 수도 있고, 개인의 반응(두려움, 신념, 능숙하지 못한 행동) 안에 있을 수도 있다. 마지막으로, 치료자는 환자가 어떻게 역기능 반응에 이르게 되는지에 대한 주요 개념뿐 아니라 선택할 수 있는 가능한 대안 경로를 찾고자 한다.

어디에서 멈추는가 체인 분석에는 문제 행동으로 이어지는 사건(선행 사건)뿐만 아니라 행동한 결과에 대한 정보 역시 필요하다. 가장 중요한 결과로는 문제 행동을 유지, 보강, 증가시킴으로써 문제 행동에 영향을 줄 수 있는 결과(강화물)이다. 여기에는 선호하는 사건이 발생하거나, 부정적 사건이 발생하지 않거나 중단되거나, 또는 선호 행동을 할 기회가 증가하는 등의 결과가 해당한다. 유사하게, 치료자는 문제 행동을 약화하거나 감소시키는 데 중요한 행동의 결과를 찾고자 한다.

치료자는 행동에 선행하는 사건과 마찬가지로, 결과에 대한 외적 사건(행동이 외적 맥락이나 관계에 주는 영향)뿐 아니라 내적 사건(정서, 신체 감각, 행동, 이미지, 사고, 가정, 기대)에 관한 정보를 얻어야 한다. 발생한 사건에 대한 정보, 그 사건이 주는 정서나 환자에게 주는 끌림에 대한 정보를 얻어야 한다. 치료자는 강화의 기초 원리를 알 필요가 있다. 예를 들면, 시간상 행동으로부터 거리가 있는 효과보다 즉각적인 효과가 행동에 영향을 줄 가능성이 더 크다. 간헐적 강화는 행동을 소거하기 어렵게 만들 수 있는 강력한 방법이다. 처벌은 행동을 억제하지만, 잠재적으로 보상을 주는 다른 반응이 없다면 처벌이 제거될 때 그 행동은 다시 나타나기 마련이다.

여기서는 행동의 기능을 찾는 게 목적으로, 다른 말로 하자면 그 행동이 어떤 문제를 해결해 주는지 알아내야 한다. 명심해야 하는 가장 중요한 핵심으로, 행동에 어떤 기능이 있는지 그리고 많은 결과 중 무엇이 행동을 유지하는 데 중요한지는 환자가 인식하지 못할 수 있다. 대부분 사람에게 대부분 행동이 사실 그렇다. 많은 행동주의 학습은 알아차림 밖에서 일어난다. (혹은 다른 관점에서 보면 대부분 학습은 외현적이기보다 암묵적이다.) 어떤 결과가 행동을 유지시킨다는 말이 한 사람이 그 결과를 얻기 '위해서' 무언가를 한다는 말과 같지 않다는 점을 중요하게 명심해야 한다. 이를테면, 학생은 교수가 어떤 방향으로 걷거나 특정 말을 할 때에 단순히 고개를 끄덕이거나 미소를 짓는 행동을 하여 교수가 강의실 어디에 서 있을지, 무슨 말을 할지에 영향을 줄 수 있다. 당연히 예상할 수 있듯이, 이 영향은 교수의 알아차림 없이 일어난다. 과연 교수가 학생의 끄덕임이나 미소를 얻기 위해 자기 행동을 바꿨다는 의미일까? 컴퓨터는 결과에 따라서 '행동'을 다양하게 할 수 있도록 프로그래밍 될 수 있다. 이것이 컴퓨터가 특정 결과를 얻기 위해서 행동했다는 의미일까? 이러한 '위해서'라는 오명은 자기 행동에 미치는 결과의 영향을 탐색하려는 환자의 의지에 방해가 된다. 왜냐하면 '위해서'는 추론의 결과이고 부정확하고, 환자의 현상 경험과 일치하지 않으며, 비난이 담긴 경멸적인 동기를 전가하기 때문이다. 이후에 교육 전략에서 지적하겠지만, 치료자는 이러한 점을 중요하게 잘 설명해야 한다.

회기 내 행동에 대한 간단한 체인 분석하기

최근에 목표로 둔 행동이 치료 회기 중에 일어났을 때, 그 행동을 즉각 분석해야 한다. 초점이 회기 내 행동에 있을 때에는 체인 분석을 몇 가지 질문만으로 구성하여 짧게 해낼 수 있다. 이를테면, 한 환자가 자살하겠다는 위협에 있을 때, 치료자는 잠시 멈추고 무엇이 그 위협에 이르게 했는지를 알아보기 위해 몇 가지 질문을 하고, 각 시점에서 환자가 할 수 있었던 다른 대안 반응을 이야기하고 나서 앞서 논의하던 주제로 돌아갈 수 있다. 이렇게 단지 몇 분 동안 옆길로 빠질 뿐이지만 일관적으로 꾸준히 해낸다면 매우 강력한 효과를 가질 수 있다. 이 기술은 개념적으로 통찰 전략과 맥을 같이한다(다음 참조).

협력 지키기

체인 분석에서 치료자는 필수적으로 환자가 협력하도록 해야 한다. 나의 경험에 따르면 치료자와 환자 모두 이 작업에 저항할 때가 있다. 환자에게는 이를 피할 만한 여러 이유가 있다. 우선 체인 분석은 너무 지칠 때, 보살핌을 원할 때, 적극적 수동성 반응 안에 안착하고 싶을 때 엄청난 노력을 동반시킨다. 과거 역기능 행동을 분석하는 작업은 극심하고 고통스러운 수치심을 흔히 유발한다. 게다가 체인 분석은 환자가 자기 행동에 관해 붙들고 싶어 하는 현재 해석에 맞지 않는다. 마지막으로, 그 행동이 이미 과거 일이기 때문에 환자는 이를 잊고 현재 위기를 다루고 싶어 한다. 오래된 문제를 다루고 있을 때라 하더라도, 환자는 부적응 해결책보다는 오히려 체인이 시작된 상황(환경, 자기 행동 혹은 이 둘의 혼합)에 초점을 두기를 원한다. 치료자는 대체로 역기능 행동이 치료자에게는 문제이지만 환자에게는 해결책이라는 관점을 기억해야 한다. 환자에게 행동에서 문제가 되는 측면과 이러한 행동을 변화시켜 나갈 전념을 상기시켜야 하고, 이를 반복하고 또 반복해야 할 수 있다.

치료자 또한 이러한 분석을 피하고 싶을 수 있다. 환자와 마찬가지로 치료자에게도 이 과정은 상당히 적극적인 작업을 동반한다. 가끔은 그냥 앉아서 환자 이야기를 듣는 게 더 쉽고 흥미로울 수 있다. 많은 치료자는 치료에서 환자에게 지시하거나 환자가 원치 않는 바를 하도록 만들기를 어려워한다. 어떤 치료자는 환자에게 체인 분석을 시키면 환자가 자살 시도를 하지 않을까 두려워한다. 혹은 치료자에 대한 강렬한 저항과 직접적 적대감은 그저 너무 피하고 싶은 일이다. 내 경험상, 행동주의 분석을 꺼리는 경향이나 특정하게 체인 분석을 피하는 행동은 DBT를 수행하는 데 주된 장애물 중 하나이다. 가장 도움이 되는 해결책은 자문팀이다.

이전 분석을 현재 분석의 지침으로

특정 행동 양상에 여러 차례 체인 분석을 한 뒤, 치료자는 환자와 협력하여 전반적 혹은 전형적인 통제 변인에 대해 몇 가지 가설을 도출해 내야 한다. 이 가설은 문제 행동이 발생하는 상황, 문제 행동을 이끄는 다른 행동(사고, 감정, 감각, 외현 행동), 문제 행동을 유지시킬 수 있는 강화물, 문제 행동의 유용성에 대한 신념이나 기대 등과 관련될 수 있다. 치료자와 환자는 함께 논의하며 이러한 가설을 세워야 한다. 개념화한 가설은 다음번 체인 분석을 하는 동안 어떤 정보를 탐색해야 할지에 대한 지침을 준다. 즉, 일단 가설을 형성하면 이후 체인 분석을 통해 그 타당성을 검증할 수 있다. 이러한 방법으로 시간이 지나면서 어떤 정보를 찾아야 하는지 보다 잘 조율할 수 있다.

환자가 자기 행동을 모니터링하도록 돕기

이 장에서 앞서 언급했듯이, 현재 기분은 기억에 강한 영향을 줄 수 있으며 정보를 어떻게 조직하고, 검색하고, 처리하는지에 영향을 준다는 충분한 실험 근거가 있다(Williams, 1993). 이는 경계성 환자를 치료할 때 문제가 되는데, 기분과 정동 조절의 변이가 이 집단을 정의하는 특징이기 때문이다. DBT에서는 치료 회기 안에 일어나는 행동뿐 아니라 지난 회기 이후에 일어난 행동이나 사건도 중요시한다. 이러한 행동들을 적절하게 평가하고 치료하기 위해서 어느 정도 정확한 정보는 필수이다.

뒷받침할 수 없는 기억에 의지하는 방법은 정보를 얻는 방법 중 가장 받아들일 수 없는 방법이다. 따라서 DBT는 대부분 행동주의 치료와 마찬가지로 환자가 매일 삶에서 스스로 행동을 모니터링하도록 강조한다. 6장에서 설명했던 일지 사용은 DBT에서 핵심 요소인데, 적어도 치료 처음 두 국면 동안은 매우 특정한 행동이 목표가 되기 때문에 일지 사용이 중요하다. 일지는 각 회기 사이 시간 동안 문제 행동의 빈도와 강도에 관한 기록을 제공한다. 그러나 문제 행동을 둘러싼 사건에 대한 정보를 기록하지는 않는다. 따라서 이 일지는 추적하여 평가할 필요가 있는 문제의 신호로 사용한다면 가장 바람직하다.

환자에게 더 자세한 일지 기록을 계속하도록 요청할지는 환자가 사건을 기억하는 능력, 문제 평가에 따른 현재 국면, 환자가 서면으로 행동을 모니터링하고 이를 기꺼이 여기는 능력에 달려 있다. 어떤 환자는 문제 행동을 둘러싼 사건을 말로 꽤 잘 재구성한다. 한두 주 동안 매일 행동을 모니터링하는 법이 환자의 기억 회상이 타당한지 확인하는 좋은 방법이겠지만, 계속해서 매일 모니터링할 필요는 없을 수 있다. 또 어떤 환자는 스트레스 행동을 둘러싼 특정 세부 사항을 회상하는 데 큰 어려움이 있는 것 같다. 이런 환자와 회기에서 행동에 대한 체인 분석을 한다면 어떻게 사건을 회상하고 조직화하는지 가르치는 데 도움이 될 수 있다. 경험상, 이러한 분석을 수차례 하고 나면, 대부분 환자는 문제 행동과 이를 둘러싼 사건의 상세한 세부 상황에 집중하고 이를 조직하며 회상하는 능력이 향상된다. 구체적인 회상 능력의 향상이 DBT 치료 기제 중 하나라는 근거들도 있다(Williams, 1991).

종합 행동 기록지에서 치료자는 문제 행동의 간략한 기술을 기록하기 위한 자리를 포함해 두어야 한다. 여기에는 문제 행동이 일어난 날짜, 지속 시간, 빈도, 행동이 일어난 장소나 맥락(어디에서 누구와), 문제 행동에 선행하는 생각, 느낌 그리고 다른 행동(선행 사건) 이후에 일어난 일(결과) 등에 대한 간략한 기술을 기록한다. 과제에 따라서 이 요소 중 하나 이상을 생략하거나 서로 합칠 수 있다. 그러한 기록지를 사용하면 치료자가 환자에게 사건에 관해 누구와, 무엇을, 언제, 어디에서, 어떻게와 같이 관찰하고 기술하는 방법을 배울 기회를 제공하고, 관찰로부터 추론을 구분할 수 있도록 해 주며, 행동 변화의 유익을 최대로 높이기 위해 회상을 구조화하고 조직할 수 있도록 돕는다.

매일 모니터링을 해 나갈 때, 치료자와 환자는 모니터링 체계를 어떤 형식으로 할지 협력해야 하며 이러한 협력은 아무리 강조해도 지나치지 않을 정도로 중요하다. 환자는 거의 항상 이 과제를 어떻게 구조화할지에 대한 명백한 의견과 선호가 있으며, 그에게 특정한 형식을 강요하는 건 핵심에서 벗어나고 불필요하다.

어떤 환자는 일기 쓰기를 매우 좋아하여 매 회기마다 지난 한 주의 풍부한 메모와 기록을 가지고 오거나 메일로 매일 쓴 일기를 보내기도 한다. 이러한 환자에게 적당한 과제는 대개는 기록을 구조화하여 필요한 자료를 쉽고 빠르게 뽑아내고 조직할 수 있도록 하는 일이다. 다른 환자는 기록을 매우 꺼리거나 종합적인 매일 모니터링이 사실상 불가능할 수도 있다. DBT에서 일지를 채울 필요가 있지만(그리고 지금까지 나는 일지 기록이 불가능한 환자를 만나 본 적은 없지만), 다른 모니터링도 각 치료자와 환자마다 판단한 대로 해낼 수 있다. 예를 들어, 난독증 환자에게는 어떤 종류의 쓰기 과제에 상당한 어려움이 따를 것이다. 어떤 환자는 자기 문제가 자기 모니터링 과제에 집중하는 능력을 방해한다고 보고한다.

자기 모니터링에 착수하기를 거부하거나 착수하는 능력 부족을 과연 치료 방해 행동으로 여길 수 있는지는 치료 수행에서 해당 정보의 중요성에 달려 있다. 이를테면, 계속되거나 빈번한 생각과 추측을 변화시키기 위한 인지 조정 과정을 사용 중이라면 환자가 지난주 동안 생각하는 흐름이나 이러한 생각이 문제 행동과 어떤 식으로 관계가 있었는지를 회기 안에서 정확하고 자세하게 회상하지 못할 것이다. 이럴 때는 매일 자기 모니터링이 필수적이며 치료자는 단순히 환자가 원치 않고 어려워한다는 이유로 이를 빠뜨리지 않도록 매우 주의해야 한다. 다른 때에는 모니터링이 유용할 수 있지만 실제로 꼭 필요하지는 않다. 예를 들어, 내 경험상 대부분 환자는 (도움을 받는다면) 선행 사건이나 사건의 배경, 그에 따른 유사 자살 행동을 꽤 정확하게 기억하는 법을 배울 수 있다. 치료자는 자기 모니터링이 단지 좋게 여겨진다는 이유로 이를 고집해서는 안 된다.

3. 행동 통제 요인에 대한 가설 세우기

이론을 분석 지침으로 활용하기

DBT는 각 개인마다 '경계성' 행동을 통제하는 고유한 변인 양상이 있으며, 하나의 상황에서 행동을 통제하는 변인은 다른 상황에서는 다를 수도 있다고 가정한다. 또한 2장에서 언급했듯이, DBT는 행동, 인지, 생리 및 생물학적 반응이나 감각 반응과 같은 특정 행동 체계가 문제 행동을 끌어내고 유지하는 데 무엇이 더 내재적으로 중요하다고 가정하지 않는다. 이러한 점에서 DBT는 순전히 인지 이론이나 행동주의 이론에만 기반하지 않는다. 행동의 환경 맥락을 항상 언급하기는 하나, DBT는 행동의 근접 요인이 특정 상황에 따라 행동일 수도, 환경일 수 있다고 가정한다.

물론 이는 DBT가 이론을 선호하지 않는다는 뜻이 아니며, 실제로 이론은 매우 중요하다. 선행 사건이나 유도 변인과 관련하여, DBT는 강렬하거나 고통스러운 정서 상태에 가장 긴밀히 초점을 둔다. 넓은 범위에서 볼 때 부적응 행동은 정서 조절 문제에서 기인했다고 본다. 경계성 역기능 행동의 동기 요소로는 견딜 수 없는 정서 고통을 해소하려는 동기를 주요하게 꼽는다. 따라서 모든 체인 분석에서는 선행 사건이 되는 정서 행동을 특히 깊게 탐색해야 한다. DBT는 또한 이러한 고통스러운 정서 상태가 이어질 수 있는 전형적 양상이나 사건의 체인을 제기한다. 즉, DBT는 경계성 행동을 생성하고 유지시키는 데 아마도 도구적 역할을 할 환경 사건이나 환자 행동을 제기한다. 변증법으로 생각하기나 양극성을 통합하는 능력의 행동 부족, 마음챙김, 대인관계 효과성(특히 갈등 해결에서), 정동 조절, 고통 감내 그리고 자기 관리에서 나타나는 행동 기술 부족을 평가하는 건 이론상 중요하다.

다소 다른 관점에서 볼 때, DBT는 극단적 행동 양상이 경계성 행동의 생성과 유지 그리고 변화 과정에서 도구적 역할을 할 수 있다고 본다. 이러한 양상에는 정서 조절, 자기 타당화, 현실적 추론과 판단, 정서 체험, 적극적 문제 해결 그리고 정서 상태와 능력에 대한 정확한 표현에서의 부족이 있다. 이러한 부족과 관련하여 과도한 정서 반응성, 자기 비타당화, 위기 유발 행동, 애도 억제, 적극적 수동성 행동, 기분 의존성이 보통 같이 나타난다. 이러한 양상과 BPD 그리고 치료 간 관계는 이 책 처음 세 장에서 광범위하게 다루었다. 관심 있는 독자는 경계성 환자에 대한 DBT 평가를 시작하기 전에 이 세 장을 주의 깊게 다시 보길 바란다.

통찰(해석) 전략

통찰 전략에서 목적은 말 그대로 환자가 자기 양상을 알아차리고 기능적 상호 관계로 들어서는 통찰을 성취할 수 있도록 돕는 데 있다. 물론 이는 앞서 설명한 행동주의 분석에서 근본적 목표이지만, 치료자는 정식 행동주의 분석에 더하여 치료의 여러 지점에서 자신의 '통찰'을 제공할 수 있다. 치료적 통찰(전통 심리치료에서 전형적으로 '해석'이라 일컫는)을 제공한다면 긍정적 혹은 부정적 양방향으로든 강력하다. 따라서 통찰은 불변하는 사실보다는 검증해 볼 만한 가설로 제공하는 정도가 필요하다. 게다가 치료자는 제공하는 통찰이 치료자 자신의 인지 과정에서 나왔고, 따라서 치료자 외부 사건에 대한 정확한 표상은 아닐 수 있다는 점을 주의 깊게 인식해야 한다.

통찰이라는 제목 아래 포함되는 치료 행동은 여러 가지를 포함한다. 환자 행동에 대해 언급하기, 특정 측면을 종합하여 강조하는 방식으로 환자 말이나 행동을 요약하기, 관찰한 상호 관계에 대해서 알아차리고 언급하기, 특정 환자 행동에서 태도 혹은 정서적 함의를 언급하기가 있다. 이러한 통찰이나 해석 제공은 DBT뿐만 아니라 모든 심리치료에서 기본이다(Frank, 1973). 혹은 다른 주제에 치료의 주 초점이 있지만 나중에 참고하기 위해 특정 행동이나 양상을 짚고 싶을 때 통찰을 사용할 수도 있다. 혹은 환자가 피하고 있거나 치료자가 알아차리지 못하기를 바라는 주제를 재조명하기 위한 회기 시작의 전주가 될 수도 있다. 통찰은 간단하고 미묘할 수 있는데, 치료자가 환자 스스로 결론에 도달하기를 원하여 환자에게 행동이나 양상의 단서를 제공할 때 그렇다. 혹은 직면으로서 쓰일 수 있는데, 치료자가 환자를 더 적극적이거나 더 유연한 자세로 밀어붙이고자 할 때이다. 행동주의 분석과 달리 통찰 전략은 대체로 치료 상호작용 안에서 발생하는 행동에 초점을 둘 때가 많다.

통찰 전략은 행동주의 분석을 대신하지 않는다. 통찰은 환자가 하는 행동과 그 행동의 이유에 대한 다양한 가설을 개념화한다. 행동주의 분석에서 환자와 치료자는 이러한 통찰을 검증하고자 한다. 그러나 반드시 명심할 점으로, 다른 가설과 마찬가지로 해석 또한 '진실'의 측면에서 평가할 수 없으며 단지 유용성의 측면에서만 평가할 수 있다. 이러한 해석은 변화 과정을 도울 수도 있고 돕지 못할 수도 있으며, 때로는 실제 해롭기도 하다. Kohlenberg와 Tsai(1991)는 "모든 심리치료 형태는 치료자가 받아들일 수 있는 [행동의] 이유를 환자가 댈 수 있도록 가르치는 일과 같다."라고 하였다. 이들은 Woolfolk와 Messer(1988)의 언급을 요약하였는데, 여기서 정신분석이란 환자가 어떤 일이 일어났고 그 이유는 무엇인지 설명할 수 있게 하는 과정과 같다고 하였다. 그리고 치료자는 해석하고, 다양한 이유를 제시하며, 치료는 내담자의 이유가 치료자의 이유와 동일할 때 종결된다. 통찰 전략은 〈표 9-2〉에 요약하였다.

〈표 9-2〉 통찰(해석) 전략 점검표

_____ 치료자는 DBT 목표 행동과 그 선행 요인에 대한 통찰에 주목한다.
_____ 치료자는 현재의 관찰 가능한 공개적 행동과 사건을 탐색한다.
    _____ 치료자는 회기 내 행동에 대해 언급하며, 치료자가 관찰할 수 있는 행동에 특별히 중점을 둔다.
_____ 치료자는 통찰을 구조화하기 위해 환자에 대한 DBT 가정과 생물사회 이론을 사용한다.
_____ 치료자는 경멸이 담겨 있지 않은 공감 어린 해석을 선호한다.
_____ 치료자는 현재 작동하는 생성 및 유지 변인의 개념으로 행동을 해석한다.
_____ 치료자는 통찰 효과를 관찰하고 그에 따라 제공하는 통찰 양상이나 유형을 변화시킨다.
_____ 치료자는 통찰을 드문드문 사용하고 통찰을 타당화로 아우른다.
_____ 치료자는 환자 행동을 **조명하고** 언급한다.
    _____ 치료자는 환자와 논의를 지속하면서 행동 관찰을 제공한다.
    _____ 치료자는 "~을 알아차렸나요?" 또는 "~에 대해서 어떻게 생각하시나요?"와 같이 환자 행동에 대해 언급한다.
    _____ 치료자는 조명할 때 부정적 행동과 긍정적 행동 간에 균형을 맞춘다.
_____ 치료자는 환자에게 반복되는 양상(행동, 환경 혹은 둘 다)을 환자 삶의 사건에서 의미를 구성하는 맥락 안에서 **관찰하고 기술하도록** 돕는다.
    _____ 치료자는 반복하여 일어나는 생각을 찾는다.
    _____ 치료자는 반복하여 일어나는 정동 반응을 찾는다.
    _____ 치료자는 반복하여 일어나는 일련의 행동을 찾는다.
    _____ 치료자는 환자 반응 양상을 촉발하는 자극과 연합 관계 양상(고전적 조건형성 모형)이나, 강화나 처벌하는 양상(조작적 조건형성 모형)을 환자가 관찰하고 기술하도록 돕는다.
_____ 치료자는 환자 행동에 담긴 **의미**에 대해 언급한다.

_____ 치료자는 개방적이고 유연한 방식으로 행동에 대한 가설을 수용하거나 거절하는 **어려움을 탐색한다**.

_____ 치료자는 환자 해석이 정확할 가능성을 열어 둔다.

DBT 위배 전략

_____ 치료자는 환자 자신의 소망, 욕구, 목적에 대한 지각과는 별개인 동기를 강요한다.

_____ 치료자는 환자 행동과 그를 둘러싼 사건에 대한 관찰을 바탕으로 하는 대신 이론 편향에 따라 통찰을 지속한다.

_____ 치료자는 해석을 고집하며 비협조적인 방식으로 실시한다.

_____ 치료자는 동일한 행동과 사실에 경멸적이지 않은 해석이 가능할 때에 경멸적 해석을 제공한다.

_____ 치료자는 행동의 결과가 동기를 증명한다고 주장하며 순환 추론에 빠진다.

_____ 치료자는 환자를 공격하거나 비난하거나 처벌하기 위해 해석을 사용한다.

무엇을 어떻게 해석하는가: 통찰 지침

경계성 환자에게 어떤 행동을 해석해야 하는지, 이러한 해석을 어떻게 수행해야 하는지에 대해 이론가마다 의견이 분분하다. 예를 들어, Kernberg(1975)는 '전이'의 부정적 특성에 초점을 두라고 제안했다. Masterson(1990)은 회기 밖에서 일어나는 부적응 행동에 초점을 유지하라고 권하였다. 많은 임상가는 환자의 해석에 도전하고 직면하기를 지지하지만(Kernberg, 1975; Masterson, 1990; Gunderson, 1984), 직면하는 위험에 대하여 지적하는 임상가도 있다(Sederer & Thorbeck, 1986; Schaffer, 1986). Gunderson(1984)과 Schaffer(1986)는 공감적이고 긍정하는 해석이 중요하다고 강조하였다. DBT에서 통찰이나 해석은 다른 치료 유형에서 제안한 바와 어떤 차이가 있을까? 주된 차이점은 관찰 가능한 목표 행동(무엇을 해석하는가)뿐만 아니라 통찰 형성을 안내하는 가정(어떻게 해석하는가)을 강조하는 데 있다.

무엇을 해석하는가

어떤 환자 문제를 해석할 수 있고 해석해야 하는지에는 세 가지 일반 지침이 있다. 첫 번째, 해석에서 대부분을 DBT 목표 위계에 해당하는 행동이나 이와 기능적으로 관련된 행동에 직접 초점을 맞춰야 한다. 이를테면, 자살 행동이나 흔히 자살로 이끄는 행동이 가장 우선순위를 차지하며, 진행 중인 치료를 방해하는 행동이나 앞으로 나타날 문제를 예측하는 행동이 두 번째 우선순위에 온다. 두 번째, 다른 모든 조건이 동등하다면, 통찰은 사적인 행동이 아니라 관찰 가능하거나 겉으로 드러난 행동과 사건에 중점을 두어야 한다. 행동은 두 가지 조건에서 (치료자에게) 드러난다. 치료자가 행동을 관찰할 때와 환자가 직접 관찰한 자신의 사적인 행동(환자가 생각하고, 감정을 느끼고, 감각을 경험하는 등)을 보고할 때이다. 세 번째 지침으로, 통찰은 과거에 일어난 일보다는 현재 사건이나 행동에 중점을 두어야 한다.

이러한 모든 점을 종합하면 가장 효과적인 통찰은 치료자와 상호작용(전화 또는 대면)에서 일어나는 환자의 행동에 관한 통찰이다. Marziali(1984)는 회기 내 행동에 초점을 두어 해석한 정도가 많을수록 치료 결과는 더 긍정적이라는 근거 자료를 제시하였다. 환자의 문제 행동이 치료자와 상호작용에서 자동으로 나타나거나 혹은 촉발될 때 이러한 접근을 가장 잘 발휘할 수 있다. Kohlenberg와 Tsai(1991)가 지적했듯이 이상적인 치료 관계는 환자에게 문제가 되고 임상적으로 부합하는 행동을 불러일으키며, 동시에 더 효과적인 대안 행동을 발전시키기 위한 기회를 제공하는 관계이다. 치료를 방해하는 대인관계 양식 문제와 행동 양상은 경계성 환자가 자기 치료자와 상호작용할 때 가장 잘 일어날 수 있으며, 따라서 가장 좋은 통찰 후보이다. 또한 그 밖의 다른 많은 중요한 문제 행동, 자살 사고와 위협, 정서 조절 문제, 고통이나 초조함에 낮은 감내력, 자기 관리 실패, 충동 행동, 마음챙김 어려움(특히 판단하지 않고 관찰하고 기술하기) 그리고 외상후 스트레스의 광범위한 반응이 치료 상호작용에서 발생할 것이다. 따라서 치료자는 임상적 진전에 부합하는 환자 행동이 보이는 경우를 관찰하고 해석할 기회에 깊은 주의를 기울여야 한다.

치료 회기 안에서 발생하는 행동에 지속적이고도 간헐적으로 집중하는 방식은 DBT를 다른 여러 치료 유형과 구분시키는데, 다른 행동치료에서는 회기 사이에 발생하는 행동에 주로 초점을 둔다. 이 지침에서 한 가지 예외는 유사 자살 행위, 자살 계획 및 준비와 관련이 있는데, 이는 치료자가 있는 곳에서는 거의 발생하지 않는다. 이 행동은 높은 우선순위 행동이기 때문에 치료자는 반드시 이러한 행동을 끌어내고 유지시키는 요인에 대한 적절한 통찰을 쌓아야 한다. 그러나 일단 조짐이 확인되면 치료자는 치료적 상호작용에서 이것이 출현하는지 지켜보아야 한다. 예를 들어, 나의 환자였던 메리는 강렬한 정서를 경험하는데 다른 사람이 자기 감정을 진지하게 받아 주지 않는다고 여길 때마다 특징적으로 손목을 그었다. 회기 내에서 나는 메리가 종종 밋밋하고 정서가 느껴지지 않는 방식으로 강렬한 정서를 의사소통한다는 점을 알아차렸고, 그러한 방식은 그를 진지하게 받아들이지 못하게 했다. 나는 그에게 언어 표현과 비언어 표현이 서로 다른 정보를 전달하고, 그래서 그가 실제 얼마나 강렬하게 느끼는지를 내가 알기 어렵게 만든다고 자주 말해 주었다. 때로 이러한 언급은 그의 언어 그리고 비언어 표현을 통제하는 요인에 대한 행동주의 분석에 다시 초점을 맞추어 논의할 수 있게 했고, 이러한 과정은 회기 내에 바로 그때 거기에서 다루었다.

어떻게 해석하는가

어떻게 해석하는가는 어떤 행동에 중점을 두는가만큼이나 중요하다. 상호작용에서 한 사람의 행동에 대해 언급하면서 그러한 행동과 관련 있을 만한 요인에 관한 생각을 전하는 행위는 두 사람이 상호작용하는 강도를 뚜렷하게 증가시키는 잠재력이 있다. 만약 환자가 어떤 설명이나 해석에 동의하지 않는다면, 통찰하는 시도는 실패할 뿐만 아니라 이후에 반드시 처리해야 할 문제를 만들어 내기도 한다. 특히 통찰이 현재 행동을 향한다면 매우 주의 깊게 사용해야 한다.

DBT에는 해석하는 내용과 방법에 대한 세 가지 지침이 있으며 무엇을 해석할 것인가 하는 지침과 어느 정도 맥을 같이한다. 첫 번째 지침으로, 해석은 2장에 기술한 생물사회 이론과 4장에서 개관한 환자에 대한 DBT 가정에 기반해야 한다. 실제로 모든 임상 이론이나 가정에는 치료자가 환자 행동을 해석하는 가설을 구성할 수 있도록 안내해 주는 기본 기능이 있다. 치료자는 환자 행동을 지배하는 규칙뿐만 아니라, 환자 행동이 근접 행동 촉발 요인이나 행동 결과와 어떻게 기능적으로 관여하는지, 사람에게 보통 흔한 잘 알려진 심리적 과정과 생물학적 영향 그리고 상황 사건이나 맥락을 설명하는 데 초점을 맞춰야 한다. 앞에 논의한 바와 같이, 행동 분석에서 가설을 만드는 지침은 통찰을 제공할 때에도 사용한다.

두 번째 지침으로, 통찰을 제공하기 위해 경멸이 담기지 않은 언어를 찾기 위해 노력해야 한다. 어떤 상황이든, 경멸이 없는 통찰을 앞세워야 한다. 이와 유사하게 환자의 현상 경험과 일치하는 통찰은 불일치하는 통찰보다 더 진중하게 다루어야 한다. 12장에서 설명하겠지만, 이에 대한 예외는 치료자가 변화를 꾀하기 위하여 일침 놓기 의사소통 전략을 사용하는 경우이다. 이 경우, 전략적으로 사용한다면 해석은 과격할 수는 있더라도 경멸은 없다(예: 치료자는 앞서 강조했던 치료 방해 행동을 백만 번쯤 하는 것처럼 느껴지는 환자에게 "또 이렇게 치료를 소용없게 만들고 나를 돌아 버리게 하려는 중인가요?"라고 말할 수도 있다).

해석에서 세 번째 지침으로, 현재 행동을 현재 사건과 연결하고자 시도해야 한다. 경계성 환자는 어떻게 지금 자신의 상태에 이르게 되었는지를 절실하게 알고 싶어 한다. 그들은 어린 시절 사건을 이야기하고, 자기 문제가 커져 온 과정에서 초기 학습 역사가 끼친 역할을 확인하기를 원한다. 치료자는 그 목적이 명백하게 정당하므로 그러한 논의를 완전히 피해서는 안 된다. 그러나 중요하게, 행동 양상의 발전에 기여한 요인에 대해 이해한다고 해서 행동 유지에 기여하는 요인에 대한 정보를 제공받는 건 아니다. 이런 분석을 했다고 환자가 어떻게 변화할 수 있는지를 항상 알게 되지도 않는다. (실제로 환자는 "내가 이렇게 살아왔는데 어떻게 나아질 수 있겠어요?"라고 반응할지도 모른다.) 적절하게 다룬다면 이러한 논의로부터 환자가 얻은 마음의 평화는 그만큼 시간을 쓴 충분한 가치가 있을 수 있다. 그러나 그 논의가 현재 맥락에서 환자 행동을 이해하려는 시도를 대체해서는 안 된다.

언제 해석하는가

DBT에서 언제, 어떤 해석을 하는지를 모든 환자에게 적용할 수 있는 지침은 없다. 이때 중요한 점은 세 가지이다. 첫째, 언제 얼마큼 해석할지는 경험에 따라, 개별 사례별로 결정해야 한다. 즉, 치료자는 통찰이 환자에게 주는 영향을 관찰해야 하고, 환자 행동에 따라서 수정해 나가야 한다. 둘째, DBT 치료자는 경계성 환자를 매우 취약한 사람으로 대하거나, 치료자가 무언가에 대한 실제 해석을 할 때 이를 못 듣고 견뎌내지 못하는 사람으로 대하지 않는다. 셋째, 조성 원리에 따라 현재 초점을 맞춘 문제를 위해서 다른 행동을 이후로 미루고 논외로 둘 수 있는지 안내받을 수 있다(10장 참조).

네 가지 통찰 전략을 다음에 설명하였다.

1. 조명하기

조명하기에서 치료자는 반영하기, 조명하기, 환자 행동 양상을 전면으로 가져오기와 같은 방법으로 환자 행동의 어떤 측면에 피드백을 제공한다. 조명하기는 매우 짧고 간명한 언급일 수 있고(예: "매우 흥미롭네요."), 이때 이 주제는 추후 시간이 좀 흐르고 나서야 다루게 될 수 있다. 조명하기는 질문으로 표현할 수 있다(예: "이번 회기 동안 주제를 세 번 바꾸었는데 혹시 알아차리셨나요?")

부정적 행동을 조명한다는 건 대개 모든 사람에게 비판으로 여겨지므로, 치료자는 적개심을 표출하거나 가려진 비판을 감추기 위한 수단으로 이 전략을 사용하지 않도록 주의를 기울여야 한다. 경계성 환자는 이런 걸 매우 기민하게 알아차린다. 대개는 환자 강점을 강조하거나 문제 반응에 초점을 두는 사이에 균형을 맞춘다면 좋다.

2. 반복되는 양상을 관찰하고 기술하기

어떤 치료에서든 반복적이고 신빙성 있는 양상과 관계를 관찰하여 삶의 사건에서 의미를 형성하는 부분이 중요하다. 환자 삶에 관해 지속하여 논의하고 관계 안에서 일어나는 행동을 관찰하면서, 치료자는 다양한 환자 행동이나 행동과 환경 사건 사이에서 반복되는 관계성에 주의를 기울여야 한다. 특히 치료자는 인과 양상을 설명하는 데 도움이 될 관계성을 찾아야 한다. 따라서 행동주의 분석에서와 마찬가지로, 행동을 유도하거나 강화하는 사건을 알아내는 데 초점을 맞춘다. 때로는 치료자가 환자에게 흥미로운 양상을 아는지 먼저 물어본다면 가장 유용하다. 또는 치료자는 환자가 방금 한 말이나 일련의 사건에서 관찰된 양상을 조명하는 방식으로 요약함으로써 핵심을 간접적으로 전달할 수 있다. 다른 경우에는 치료자가 관찰한 내용을 직접 전달하고 환자와 이러한 관찰의 타당성을 논의한다면 가장 도움이 된다.

3. 행동에 담긴 의미 언급하기

앞에서 언급한 바와 같이, DBT는 사람(경계성 환자 포함)이 보통 자기 행동을 통제하거나 행동에 영향을 미치는 변인을 알고 있다고 가정하지 않는다. 비록 인간 행동을 이끄는 몇몇 규칙은 명백할 수 있지만, 대체로 행동은 암묵적 규칙과 가정의 통제 아래 있다. 일정한 행동 양상을 주기적으로 끌어내는 사건뿐만 아니라 행동을 강화하는 사건 또한 인식 밖에서 기능한다. DBT는 이러한 인식 부족이 꼭 억압한 결과(즉, 인식하지 않도록 동기부여된)라고 가정하지 않는다. 대신에, 대부분 사람은 대체로 자기 행동을 통제하는 요소를 정확히 찾아내는 데 어려움을 겪는다고 가정한다. 실제로 대부분, 그렇게 찾을 필요가 없다.

보통 행동에 담긴 의미는 환자가 알지 못하는 '만약 ~라면, ~이다' 규칙과 관계성을 기반으로 한다. 치료자는 "만약 ○○님 반응이 X라면, 아마 Y가 있었을 가능성이 높습니다."라고 설명한다. (반면, 양상을 관찰하고 기술하는 중이라면 치료자는 "X와 Y가 항상 함께 나타나는데 호기심이 드네요."라고 말한다.) 예를 들어, 환자가 치료자를 때리고 싶다고 말한다면, 그가 화가 나거나 위협을 느끼고 있다고 추론하는 게 합리적이다. 만약 그가 어떤 상황을 피하거나 달아난다면, 그는 두렵거나 그 상황이 절망적이라고 생각할 가능성이 높다. 복학을 결심했다면 그가 교육 과정을 이수할 수 있다는 자신감이 있다는 의미이다. 치료자는 그 결과가 특히 고통스럽거나 사회적으로 용납될 수 없는 경우, 그 결과를 의도해서 행동했다고 말하지 않도록 특히 주의해야 한다. 2장과 4장에 요약한 이론과 가정을 특히 여기서 명심하도록 한다.

4. 가설을 수용하거나 거절하는 어려움을 평가하기

환자는 반복되는 양상이나 의미를 인식하지 못할 수 있다. 때로 양상이나 의미를 인식할 수 있을지라도, 치료자에게 이를 인정하거나 현실로 받아들이기가 어려울 수도 있다. 치료자와 환자가 행동 양상의 존재나 의미에 대해 의견이 다를 경우, 이러한 대안 각각을 환자와 함께 탐구해야 한다. 동시에 치료자는 자신의 편향과 '통찰'을 포기하지 못하는 어려움을 자각해야 한다. 제안한 통찰은 단지 부정확할 수 있다. 이러한 논의에서 치료자는 환자 관점을 존중해야 한다. 더 나아가 치료자는 환자와 치료자가 상호 협력과 노력에 관여하고 있음을 환자에게 직간접적으로 전달해야 한다. 따라서 환자와 치료자 사이 의견 불일치에 판단하지 않고 접근하며, 환자가 양상을 인식하는 데 겪을 어려움은 직시하면서도 수용하는 태도로 논의한다.

치료를 진행하다 보면, 환자가 치료자 행동이나 두 사람 사이(또는 집단 치료에서 치료자와 다른 구성원 사이) 상호작용 양상에 대한 통찰과 해석을 제공할 수 있다. 치료자는 이러한 양상을 인식하고 적절한 경우 환자의 통찰력을 타당화하는 데 개방적이어야 한다. 환자의 투사, 방어, 통찰 기술 부족 또는 치료자 행동 쪽으로 논의를 유도한다는 숨은 동기를 찾기 이전에, 치료자는 타당화를 선행해야 한다. 특히 치료자가 봤을 때도 자기 양상이 본받을 만한 행동이 아니라면, 이 상황을 환자의 타당한 관찰을 강화하고, 환자에게 방어하지 않으며 판단하지 않고서 자기를 탐색하는 본보기를 보여 주는 기회로 삼을 수 있다. 이 주제는 12장과 15장에서 더 광범위하게 논의한다.

교육 전략

교육 전략에서 핵심은 행동에 일반적으로 영향을 준다고 알려진 요인에 관한 정보와 특정 행동 양상을 이해하도록 돕는 심리, 생물, 사회 이론을 전달하는 데 있다. 환자에게 경계성 행동(유사 자살 행동 포함)과 BPD에 대한 정보, 다양한 치료 전략에 대한 실증 자료와 이론 관점을 전달하고, 때로 가족이나 사회 관계망에도 전달한다. 이때 전달하는 구체적 정보는 14장에서 더 자세히 논의한다. 전략은 〈표 9-3〉에 요약하였다.

교육 전략은 다양한 행동 양상(약물 섭취 포함)의 생리적 결과, 그리고 감정, 인지, 행동 과정에 관한 학습 및 발달 원리를 직접 교육하는 방식이 기본이다. 보통 환자 문제에 관한 행동 변화와 효과적인 자기 조절 기법과 연관 있는 교육 정보를 전달한다. 때로 이 정보가 환자와 관계하는 다른 사람의 행동을 이해하는 데도 유용하다. 이 교육 전략은 환자가 행동주의 분석 중에 관련 정보에 초점을 맞추고 해결책을 도출하며, 치료에서 특정 목표에 관한 결정과 전념을 하도록 돕는다. 교육을 통해 정보를 주는 데는 행동 변화에 관한 지나치게 도덕적이고 미신적이며 비현실적인 관점에 대항하는 의도가 담겨 있기도 한다. 경계성 환자는 정말 심하게 그러한 지식이 부족한데, 행동에 영향을 주는 전형적 요인이나 자신이 처한 상황에서 어떤 반응이 규범적인지에 대해 흔히 부적절한 정보를 가지고 있다. 이러한 부족은 결핍되었거나 잘못된 교육 그리고 비타당 환경의 전형적 학습을 포함한 다양한 요인에서 기인할 수 있다.

〈표 9-3〉 교육 전략 점검표

_____ 치료자는 행동 발전, 유지 및 변화에 대한 일반적인 **정보**를 환자에게 제공한다.
  _____ 치료자는 실증 결과를 제시한다.
  _____ 치료자는 학습 기반 및 기타 최신 행동주의 이론을 제시한다.
  _____ 치료자는 행동의 정신 생물학에 대해 논의한다.
  _____ 치료자는 행동 양상의 상호 관계와 기능에 대해 논의한다.
  _____ 치료자는 환자 현재 상태나 행동에 대한 자기 비난하는, 도덕적인 또는 '정신질환이라서'라는 설명에 도전한다.
  _____ 치료자는 실증 결과에 근거한 대안 설명을 제공한다.
  _____ 치료자는 환자에게 문제를 이해할 수 있도록 '문제가 어떻게 들어맞았는지' 개괄해 준다.
_____ 치료자는 유사 자살 행동 및 충동 행동(예: 음주, 약물 사용, 아동 학대, 회피 행동)을 문제를 해결하고자 했던 행동으로 제시한다.
  _____ 치료자는 행동과 문제 해결 기술 부족의 관계를 논의한다.
  _____ 치료자는 행동과 기능적 결과의 관계를 논의한다.
_____ 치료자는 환자에게 행동, 치료, BPD에 대한 **읽을 자료**를 제공한다.
_____ 치료자는 필요에 따라 환자 **가족**에게 행동 및 BPD에 대한 정보를 제공한다.

DBT 위배 전략

_____ 치료자는 환자에게 정보를 지나치게 많이 준다.
_____ 치료자는 현실에 대한 한 가지 설명만을 고집한다.

1. 정보 제공하기

앞서 언급했듯이, 경계성이나 자살 경향이 있는 사람은 자기 문제를 떠올릴 때 통제할 수 없는 부정적인 개인의 속성으로 기술할 때가 잦다. 자신은 문제가 있어서 '미쳐 가거나' '통제를 잃거나' 또는 '끔찍한' 사람이라고 생각한다. 환자는 빈번히도 자기 행동과 삶의 상태에 대해 오직 두 가지로만 설명한다. 나는 미쳤거나 악하다('미친 사람 혹은 악한 사람'). 대안적으로 혹은 비교할 수 있게 설명하면 꽤 도움이 될 수 있는데, 환자 행동을 잘못된 학습 이력이나 평범한 심리 과정에서 온 결과라고 설명한다. 가능하면 학습에 기초한 설명이나 그 밖의 최신 실증 기반 심리학 이론을 제시해야 하며, 환자가 '정신질환'이나 '죄'의 결과로 자기 행동을 설명하려는 시도에는 직접 반박해야 한다.

심리학 설명을 강조한다고 해서 당연히 행동에 대한 생물학적 또는 유전적 설명이 적절할 때 이를 배제하지 않는다. 예를 들어, 경계성 사람의 극단적 정서 불안정에 유전 또는 생물학 요소와 기질이 부분적으로 관여한다는 설명은 적절하다. 왜곡된 지각, 인지 편향(특히 기억에서) 그리고 사고에서 경직성은 결국 높은 정서 각성의 일반적이고 전형적인 결과물로 설명할 수 있다. 집중이나 주의 곤란은 우울증으로부터 기인했다고 볼 수 있는데, 이는 생리적 요인이나 유전 소인에서 일부 기인한다고 더하여 설명할 수 있다. 다른 문제는 화학적으로 유발될 수 있다(예: 무기력과 동기 결여는 영양 부족, 과식, 약물 사용 등의 결과일 수 있다). 항상 치료자는 문제가 잘못된 학습 이력에서 기인할 수 있다고 알리면서도, 그 문제가 환자의 불변하는 특성에서 비롯될 수 있다고 제안하는 사이에서 적정한 선을 찾아야 한다. 여기서 변화 대 수용의 변증법이 가장 중요하고, 치료자는 동전의 한쪽만을 단독의 진실로 지키기보다는 이 두 가지 관점을 통합하는 데 주의해야 한다.

2. 읽을 자료 제공하기

일부 환자는 자기 문제와 관련된 정보를 읽으려는 의지와 열의가 있다. 치료자는 환자에게 이 책과 동반하는 기술 훈련 매뉴얼, BPD 혹은 환자의 다른 진단에 대한 글과 연구 논문, 심리사회 및 약리학 치료 결과 연구, 심리학 입문, 사회 심리학, 행동주의 치료 또는 치료자가 사용하는 여러 절차에 관한 교과서나 읽기 자료, 환자가 더 잘 이해하기를 바라는 주제에 대한 정확하고 충분한 정보를 담은 대중서(학습 원리, 성학대와 그 영향에 관한) 등을 제공할 수 있다. 보통 나는 내가 아는 만큼 환자를 가르치려고 노력한다. 그러므로 내가 읽는 어떤 자료도 환자에게 제공할 수 있다. 대다수 환자는 길고 지루하거나 학술적이고 무미건조한 책을 읽지 않겠지만, 여러 환자는 짧은 글이나 한 단원 정도는 읽는다. 불행히도, BPD에 관한 대부분의 인기 있는 책은 DBT 개념화와는 다른 이론적 개념화를 제시한다. 특히 많은 저서가 사람의 행동 장애는 실제 변화를 만들기에 앞서 반드시 극복해야 하는 '정신질환'에 의해 발생한다는 생각을 전파한다. 하지만 DBT는 BPD의 정신질환 개념에 기초하지 않는다. DBT를 받아들인다면, 치료한 다음 실제 변화가 생기는 게 아니다. 실제 변화를 만들어 낸다면 질환을 치료할 수 있다.

3. 가족 구성원에게 정보 제공하기

경계성이나 자살 경향이 있는 사람의 가족은 환자가 겪고 있는 어려움에 대해 환자를 탓할 때가 있다. 비난은 대개 행동과 BPD에 대한 잘못된 정보에 근거하고, 가족이 환자를 이해하고 도우려다 좌절한 데서 시작한다. 이유야 어떻든, 환자 행동에 온정적인, 경멸하지 않는 설명을 해내는 능력이 가족에게 없을 때 특히 환자와 가족 모두가 고통스럽다. 환자의 여러 부적응 행동은 자신에 대한 가족의 부정적이고 비난하는 시각을 바꾸려다 잘못 들어선 길과 같다. 가족 치료 회기에서 가장 중요한 과제로, 치료자는 가족에게 BPD와 경계성 행동의 형성과 유지에 관한 교육 정보를 제공해야 한다. 가족은 환자에게 제공하는 정보와 같은 정보를 제공받는다(자세한 내용은 14장 참조). 물론 치료자는 환자 가족의 관점을 바꾸려는 시도에도 역시 신중하게 타당화 전략을 밑바탕 삼도록 명심한다.

해결 분석 전략

DBT와 행동주의 치료는 행동주의 분석을 수행하고 문제의 기원, 양상, 유지에 대한 통찰을 얻는다 해서 영구 행동 변화를 충분히 일으킬 수 없다고 가정한다. 대신 일단 이해와 통찰을 달성하면, 치료자와 환자는 부적응 행동을 대체할 수 있는 적응 행동 양상을 생성하고 변화를 위한 계획을 개발하기 위해 적극적 시도를 이어 가야 한다. 비록 해결이 삶에 있는 그대로 적응하기 위한 새로운 방식(즉, 문제 해결과 변화보다는 문제 수용)을 의미한다고 해도, 치료자는 해로운 생활 상황을 환자와 해결할 수 있는 문제로 다룬다. 해결 분석에서 치료자는 문제 해결하는 본보기를 적극적으로 보여 주고, 치료 과정에서 환자가 능동적으로 문제 해결책을 생성하고 사용하도록 이끌고 강화한다. 다음에서 논의하는 단계는 특정 상황에 맞춰 순서와 조합을 정해 활용할 수 있다. 이를 〈표 9-4〉에 요약했다.

분석 수준

1차 분석 수준으로 치료 초반에 치료자와 환자는 서로 목표가 양립할 수 있는지 결정해야 한다. DBT 목표는 살 만한 가치가 있는 삶을 만들기 위해 환자와 협력하여 경계성 행동

〈표 9-4〉 해결 분석 전략 점검표

_____ 치료자는 환자가 **소망, 욕구, 목표를 찾도록** 돕는다.
- _____ 치료자는 환자가 유사 자살 행동을 하거나 죽기를 소망한다면 고통을 줄이고 삶의 질을 향상하고자 하는 욕구 표현이라고 재정립하도록 돕는다.
- _____ 치료자는 환자가 변화 욕구가 부족하거나 목표를 만들어 낼 수 없다면 절망과 무력함의 표현이라고 재정립하도록 돕는다.

_____ 치료자와 환자는 **해결책을 생성**한다.
- _____ 치료자는 환자가 가능한 해결책을 브레인스토밍하도록 독려한다.
- _____ 치료자는 환자가 구체적 대처 전략을 개발하고, 충동적 자기 파괴 행동을 멈추도록 연습을 돕는다.

_____ 치료자는 환자가 생성한 해결책을 **평가**하도록 돕는다.
- _____ 치료자는 다양한 전략의 장단기 결과에 초점을 맞춘다.
- _____ 필요한 경우 치료자는 환자가 자기 행동 선택에 잠재하는 부정적 결과에 직접 직면하게 한다.
- _____ 치료자와 환자는 문제 해결 기준을 논의한다.
- _____ 치료자는 환자가 문제 해결을 방해할 수 있는 요인을 찾도록 돕는다.

_____ 치료자는 환자가 해결책을 **선택**하도록 돕는다.
- _____ 치료자는 필요할 때 조언 또는 최소한의 의견을 준다.
- _____ 치료자는 필요에 따라 특정 DBT 절차를 수행한다.
  - _____ 사례 관리 전략
  - _____ 기술 훈련 전략
  - _____ 노출 전략
  - _____ 인지 조정 전략
  - _____ 수반성 관리 전략

_____ 치료자는 환자와 문제를 해결하고자 하는 시도가 잘 안 될 수 있는 경우를 함께 검토한다(**걸림돌 해결**).

과 자살 행동이 문제를 해결하는 방법이 되지 않도록 줄이는 데 있다. 만약 이게 환자 목표가 아니라면 아무리 가능성이 조금이나마 있다 해도 문제 해결은 진전할 수 없다. 2차 수준에서 치료자는 환자가 DBT에서 목표로 하는 다른 행동을 개선하길 원하는지 점검한다. 유사 자살 행동과 치료 방해 행동을 넘어선 다른 목표는 전부 환자가 결정한다. 치료자가 어떤 특정 목표가 추후 치료 진행에 필수라고 믿는다면 예외로 둘 수 있다. 3차 수준에서는 고려하는 문제 상황에 초점을 유지할지라도 훨씬 더 넓게 그물을 던진다. 기본적으로 "문제를 해결하거나 상황을 개선하려면 무엇이 달라져야 하는가?"라는 질문이다. 3차 수준에서는 환자가 당면한 문제를 해결하기 위해 노력하고 싶은지 치료자가 확실히 해야 한다. 때로 환자도 (다른 사람처럼) 자기 문제를 누군가에게 말하고 싶을 뿐이고, 상대방에게서 이해와 위로를 받고 싶을 뿐 그렇게 내버려 두고 싶을 때가 있다. 이 경우 그 문제를 계속 '해결'해야 한다고 주장한다면 역효과를 낳을 수 있다. 만약 문제 규명에서 멈추고자 하는데 문제 해결을 회피하는 특성이 있다면, 치료자는 우선 문제 해결에 대한 초반 협의를 얻기 위해 먼저 전념 전략(뒤 참조)으로 넘어가야 할 수 있다.

1. 목표, 욕구, 소망 찾기

환자 스스로 무엇을 원하는지 알지 못하게 하는 장애물

자살 경향이 있는 사람은 자기 삶의 목표가 죽는 거라고 말하거나, 스스로 상처 입히거나 다치게 하거나, 다른 충동 행동을 하기를 원한다고 말한다. 요컨대, 이 사람은 자기 문제에 해결책으로 자기 파괴 행동을 보인다. 치료자에게 첫 번째로, 환자가 자살 행동을 하고 싶을 가능성이 실제로는 매우 낮다고 지적해야 할 과제가 있다. 오히려 환자는 겪고 있는 문제를 해결하고, 기분이 좋아지고, 삶에 더 만족하기를 원한다. 다음 과제로, 이러한 목표를 달성하기 위한 다른 방법이 있을 수 있다는 견해가 뒤따라야 한다. 환자는 진정으로 죽거나 다치게 하기를 원한다고 계속 주장할지 모른다. 치료자는 환자가 자기 파괴 행동을 치료자가 허락해 주기를 진정으로 원한다고 느낄 수 있다. 실제로 환자는 치료자에게 자기 마음이 얼마나 아픈지 알리려고 시도하는지도 모른다. 여기서는 그저 환자 고통을 타당화하고 대화를 대안 해결책으로 다시 초점을 맞추는 말을 따라가는 기법이 유용하다. 때로는 한 번 상호작용할 때 이러한 순환을 열 번 또는 스무 번 반복해야 할 수도 있다. 어떤 경우에(앞선 상호작용 중에라도), 환자는 아무것도 바꾸고 싶지 않고 다 괜찮다고 말할 수 있다. 그러한 말은 대개는 절망과 통제력을 상실한 감정에서 나온다.

목표를 설정할 때, 환자가 원하는 바를 자유롭게 선택하거나 얻을 수 없다면 동시에 자신이 무엇을 원하는지 알기란 불가능한 데서 근본적인 변증법 긴장이 발생한다. 상황에서 환자가 무엇을 원하는지 길게 토론하는 건 유용하지 않다. 환자가 다양한 목표를 달성할 수 있는 능력을 높이는 데 먼저 치료 시간을 쓰는 게 낫다. 예를 들어, 나의 경계성 환자는 직장 동료로부터 무엇을 원하는지, 승진을 원하는지, 현 직장에 머물지, 아니면 그만둘지 결정할 수 없었다. 여러 차례 장시간 논의 끝에, 환자에게 자기주장 행동이 극히 부족하여 그가 직장에서 자신을 옹호하거나, 승진을 시도하거나, 다른 직업을 찾는 일을 사실상 방해했다는 점이 명백해졌다. 내가 스스로 옹호하고 갈등을 직접 다루는 법을 배우자고 제안했을 때, 그는 갈등 상황에서 자신이 무엇을 원하는지 전혀 모르기 때문에 할 수 없다고 불평했다. 나로서는 그에게 언젠가 '해와 달'을 따와 달라고 요구하는 방법도 배우는 편이 낫다고 설득하면서, 여러 가지 문제에 맞서서 다양하게 요구하는 방법을 가르쳐 주는 전략을 썼다. 그는 나중에 **무엇**을 요구할지를 결정할 수 있었다. 그가 주장에 능숙해질 때쯤, 우리에게 목표와 바람에 대한 논의는 필요치 않았다. 그는 자신이 무엇을 원하는지 알았다.

때로, 특히 위기 상황에 새로운 대응책을 고안해야 할 때, 치료자는 가능한 목표나 목적을 생성해야 하며 환자가 이를 달성할 수 있는 어떤 수단이든 함께 설명해야 한다. 치료자는 필요하다면 치료자가 만들어 낸 목표를 논의하는 데 환자를 참여시키기 위해 반복으로 시도해야 하며 외견상 도달 불가능한 목표나 장기 목표보다는 단기적이고 현실적인 목표에 초점을 맞추도록 신경 써야 한다. 환자와 함께 특정 문제에 관해 가능한 목표나 목적 목록을 생성한 다음 가장 원할 수 있는 것부터 가장 원할 수 없는 것까지 순위를 매긴다면 유용할 수 있다.

목표, 욕구, 소망을 확인할 때 마지막으로 주요 장애물은 자살 경향이 있고 경계성인 사람이 실제로 자신이 행복, 좋은 삶, 사랑 또는 이와 같은 걸 누릴 자격이 없다고 일관되게 생각하는 경향이다. 완전한 무가치함에 대한 이러한 신념은 매번 반박해야 한다. 이러한 역기능 신념을 바꾸기 위한 기술과 전략은 11장에서 더 자세히 설명한다.

2. 해결책 생성하기

해결 수준

앞서 언급했듯이, 1차 수준에서 환자 문제의 가능한 해결책은 DBT에 참여시키고 머무르게 하는 방법이다. 특히 DBT와 약물치료 또는 기타 보조 치료를 결합한 다른 해결 전략도 모색해야 한다. 2차 수준에서 해결책은 DBT를 구성하는 구체적 문제 해결 절차 중 하나 또는 그 이상일 수 있다. 일단 특정 행동 양상을 적절한 해결책으로 찾았다면, 우선 대응해야 하는 새로운 문제가 나타날 수 있다. 즉, 환자는 현 상태에서 그 해결책을 활용하지 못할 수 있다. 3차 수준에서 치료자와 환자는 특정 문제가 발생할 때 해결책을 만들어 내거나, 오래된 문제를 다루기 위해 새롭고 더 효과적인 방법을 만들어 낸다. 일단 해결책을 생성하고 선택했다면, 환자는 이제 적용해 볼 수 있고, 적어도 괜찮은 시도를 할 수 있다. 일상적인 개인 DBT에서 이 두 가지 2, 3차 접근방식은 보통 서로 결합하여 쓴다.

일상 해결책 생성

행동주의 분석을 하는 동안, 치료자는 당면한 문제를 해결하기 위해 체인을 따라 할 수 있는 가능한 대안 반응을 기록한다. 체인 분석이란 환자가 한 지점에서 다음 지점으로 어떻게 이동했는지를 확인하는 로드맵을 만드는 일과 비슷하다. 그러나 모든 로드맵이 그러하듯 체인도 환자가 취할 수 있었던 다른 '길'을 제시하기도 한다. 이러한 다른 길, 즉 해결책은 분석을 구성해 낼 때 짚어야 한다. 그러나 이 시점에서 가능한 모든 대안 해결책에 관한 긴 논의는 대개는 바람직하지 않다. 그러한 논의는 치료자와 환자 모두가 완전한 체인을 구성하는 작업에서 이탈하게 한다. 때로 대안 해결법을 몇 개 제시하는 방식으로 해결 분석을 마치기도 한다.

그렇지 않은 때에는 보다 완전한 해결 분석을 실시한다. 이는 전화 통화로, 환자가 위기 동안에 문제에 좀 더 적응적으로 대처하려고 할 때 실시할 수 있다. 또는 현재 치료 회기 중에, 위기 상황에 해결책을 생성하는 핵심 작업에서 수행할 수 있다. 어떤 관점에서 치료 대부분은 환자가 직면하는 만성적 문제에 새로운 해결책을 만들고 실행하는 시도라고 볼 수 있다. 이 경우 첫째로, 해결책을 '브레인스토밍'하는 과제가 있다. 치료자는 환자에게 문제를 해결할 다른 방법을 생각해 낼 수 있는지 물어봐야 한다. 환자가 생각할 수 있는 한 많은 대안 해결책을 끌어내는 게 중요하다. 환자는 해 보지 않은 여러 해결책을 거부하는 경향을 당연히 보일 수 있다. 따라서 그가 평가를 중단하고 그저 대안을 만들도록 하려면 많은 촉구와 격려가 필요하다. 치료자는 브레인스토밍 전술에서 기초가 되는 '양이 질을 낳는다'는 원칙을 가르치고 본보기를 보여 준다.

환자가 해결책 목록을 생성하고 그중 하나 이상이 효과적으로 보인다면, 치료자가 다른 해결책을 제공할 필요가 없다. 그러나 치료 초반에는 이런 일이 일어날 것 같지는 않다. 이 시점에서 치료자는 '능숙한 겉모습'에 속을 수 있는데, 환자가 실제로 문제를 해결하는 방법을 알고 있지만 동기가 없거나 너무 게을러서 좋은 대안을 만들 수 없다고 생각하는 식으로 속아서는 안 된다. 이게 사실인 경우는 드물다. 궁극적으로, 환자가 치료자와는 단독으로 새로운 행동을 생성, 기억, 구현하는 목표가 있다. 따라서 특정 문제를 해결하는 특정 행동 계획을 환자로부터 끌어내는 데 점점 더 중점을 두면서, 시간이 지남에 따라 치료자의 제안은 희미해져야 한다.

자살 경향이 있는 경계성 환자는 유달리 엄격하고 이분법적인 사고방식 때문에 문제에 대해 단 하나의 해결책만을 치료자에게 제시할 때가 있다. 만약 이 해결책이 적응에 좋은 경우(또는 적어도 환자의 평상시 해결책보다 나은 경우), 치료자는 당연히 그를 강화해야 한다. 그러나 제시한 해결책이 부적절하거나, 부적응적이거나, 가능한 최선의 해결책이 아닌 경우(최소한 치료자 견해로)가 있다. 이때는 새로운 해결책을 만들어야 한다.

환자는 때로 효과적인 행동 계획을 수립할 수 없거나 효과적인 대안을 제시하지 못하는데, 그 이유는 대안과 관련된 정서 억제나 생각의 오류 그리고 대안에 뒤따른다고 지각하는 결과를 예상하느라 방해받기 때문이다. 이 경우, 치료자가 문제 해결을 위한 다양한 행동 계획을 제안한다면 도움이 된다. 치료자는 또한 해결책 실행에 훼방을 놓을 수 있는 환자의 자기 손상 행동에 환자가 대처할 수 있도록 구체적인 전략 개발을 도와야 한다.

3. 해결책 평가하기

해결책은 잠재하는 효과성과 실행할 때 나타날 수 있는 장해물이라는 두 가지 측면을 다 평가해야 한다.

해결책에 잠재하는 효과성 분석

치료자는 다양한 해결책에 뒤따르는 결과의 유용성(단기 및 장기 전부)에 대하여 환자가 예상하는 바를 신중하게 평가해야 한다. 논의 중에 치료자는 환자의 이러한 예상이 얼마나 현실적인지 평가하도록 도울 수 있다. 치료자는 환자의 부정적 예상이 비현실적이라고 자동으로 가정해서는 안 된다. 그는 발생 가능한 부정적 결과의 범위가 상당할 수 있는 해로운 환경 상황에서 실제로 기능하는 중일 수 있다. 환자가 부정적 예상을 보고할 때, 치료자가 그러한 예상 결과를 어떻게 극복하거나 완화할 수 있는지 질문하면서 응답한다면 더 바람직하다.

또 어떤 경우에 치료자는 환자가 '네, 그런데……' 증후군에 몰두한다고 느낄 수 있다. 환자는 치료자가 제안한 모든 해결책은 부적절하다고 말한다. 이 경우 치료자는 치료 상호작용에서 일어나는 일에 대한 자기 감각을 파악하고, 환자에게 이 난국을 해결하기 위한 제안을 해 달라고 요청해야 한다. 치료 과정에 대한 환자의 기대를 논의한다면 도움이 된다. 다시 말하지만, 치료에 장애물을 던졌다고 환자를 (직접 또는 간접적으로) 비난하기보다는 환자가 느꼈을 법한 좌절과 절망을 타당화하도록 한다.

효과적 해결책에서 발생 가능한 장해물 분석

특정 해결책을 적용한다면 효과적일지라도, 이런저런 이유로 환자는 일상에서 그 해결책을 못 쓴다. 따라서 해결책 구현에 방해가 될 수 있는 요인을 자세히 분석하는 부분은 문제 해결에서 매우 중요하다.

DBT에서 발생할 수 있는 장해물 분석은 주장성 행동 실패에 대한 나의 과거 분석에서 제안한 행동 부족과 반응 억제 모델에 기초한다(Linehan, 1979). 행동 부족 모델에서는 행동이 부족하면 필요할 때 효과적인 행동을 하지 못한다고 가정한다. 다시 말해, 적절하고 효과적인 행동(행동 수행에 더해 언제 어떻게 행동해야 하는가에 대한 지식)이 행동 목록에 존재하지 않는다. 반응 억제 모델은 그 사람이 필요한 행동을 할 줄 알지만 수행이 억제됐다고 가정한다. 억제 결정 요인에는 두 가지 가설이 있다. 첫 번째 가설은 억제는 조건화된 부정적 정동 반응 때문이라 하고, 두 번째 가설은 억제는 부적응 생각, 자기 진술 그리고 예상 때문이라고 한다. 반응 억제 접근을 확장한다면, 사람은 필요한 행동을 알고 있지만 이러한 행동 수행에 방해를 받는다고 가정한다. 다시, 두 가지 주요 간섭원이 있다. 첫째, 능숙하지 못한 행동이 앞서 나타나, 능숙한 반응이 불가능할 수 있다. 즉, 적절하고 효과적인 반응보다 능숙치 않은 부적절한 행동이 개인의 반응 체계에서 더 앞서 자리 잡고 있다. 둘째, 현재 환경에서 작동하는 수반성은 효과적인 행동보다 비효과적인 행동을 선호할 수 있다. 효과적인 행동은 처벌을 받고 비효과적인 행동은 보상을 받는다.

특정 문제 상황이나 생활 양상에 대한 해결 분석을 할 때, 치료자는 미리 구성해 둔 이론을 맹목적으로 적용하지 않고, 특정 영역에서 환자 행동에 영향을 미치는 변인을 신중하게 평가해야 한다. 치료자와 환자가 효과적인 문제 해결 행동을 막는 방해물이 무엇인지를 파악했다면, 그다음 진전할 방법을 함께 고민할 수 있다. 기술이 부족하다면, 기술 훈련이 적절할 수 있다. 조건화된 두려움이나 죄책감에서 기인한 억제는 대개 노출 기반 기술의 필요성을 알려 준다. 생각 오류는 표준 인지 조정 절차로 교정할 수 있다. 수반성 문제가 환경에 있다면 수반성 관리 절차를 제안한다. 이러한 절차는 10장과 11장에서 자세히 설명한다.

4. 수행할 해결책 선택하기

문제를 해결할 잠재적 방책을 생성, 평가, 논의하는 과정은 궁극적 목적을 위한 수단이다. 환자는 그 자체가 목적이 되기를 원할지라도, 그 자체는 목적이 아니다. 목표는 효과 있거나 상황을 개선할 가능성이 어느 정도 있는 해결책을 실행하는 데 있다. 따라서 평가 과정에서 치료자는 환자가 당장 수행할 특정 해결책을 선택할 수 있도록 안내해야 한다. 선택 기준을 구성하는 방법에는 여러 가지가 있지만, 치료자는 특히 단기 가치보다 장기 가치에, 환자의 소망 및 목적을 달성하는 여러 가지 해결책의 효과(객관적 효과성)에, 대인관계 유지와 증진(대인관계 효과성)에, 그리고 환자의 자기 존중 증진(자기 존중 효과성)에 주목해야 한다. (이러한 효과성 유형에 대한 자세한 설명은 동반 기술 훈련 매뉴얼에 설명하였다.) 이 단계에서 함께 작업한다면 환자가 적절한 판단 기준에 따라 의사결정을 할 능력을 높이는 데 도움을 줄 수 있다.

특정 DBT 절차를 적용하는 해결책이라면, 환자가 선택하도록 돕는 데 치료자는 훨씬 큰 역할을 맡는다. 예를 들어, 문제에 대처하기 위하여 기술 훈련, 노출 또는 인지 조정 기법을 선택한다면, 이러한 절차에는 긴밀한 협력이 필요하므로 환자와 치료자 사이 협의가 필수적이다. 이와 대조적으로, 수반성 관리는 환자(치료자 행동을 강화하거나 처벌) 또는 치료자 양쪽 모두에 의해 양방향으로 수행할 수 있다. 그러나 여기서 치료자가 융통성을 유지해야 한다는 게 중요하다. 로마로 가는 길은 많다는 생각을 기꺼이 받아들이자.

5. 해결책에서 걸림돌 해결하기

해결책 중 걸림돌 해결하기에서 치료자와 환자는 해결책 실현이 잘 안 될 수 있는 모든 방향과 환자가 이때 무엇을 할 수 있는지 논의한다. 여기서 핵심으로, 환자가 어려움을 대비할 수 있도록 준비시키고, 앞으로 다가올 새로운 문제를 해결할 방법에 대해 미리 생각해 보아야 한다. 치료 초반과 위기 관리 때에 치료자는 매우 적극적이어야 한다. 걸림돌 해결을 위해 새로운 해결책을 예행 연습할 수 있고, 이는 다음 방향 잡기와 연관하여 논의하였다. 걸림돌 해결은 잊지 않고 하는 게 가장 중요하다.

방향 잡기 전략

방향 잡기와 전념 전략은 항상 서로 맞물려 있으며 여기서는 교육을 위해 구분하였다. 방향 잡기 전략에서는 환자에게 정보를 제공하는데, 전체 DBT 과정과 필수 사항(1차 수준에서 전반적 문제 해결로서 DBT), 적용할 치료 절차(예: 자살 행동에 대안을 제공하는 행동 기술 훈련) 또는 특정 문제 상황의 해결 분석에서 선택한 해결책을 수행하는 데 필요한 정보가 해당한다. 환자를 치료로 방향 잡게 하는 구체적인 전체 내용은 14장에서 설명한다. 매번 새로운 학습 상황에서 환자에게 직접적이고 의도적으로 똑같이 방향을 잡아 주고 과제 개요를 전달하여, 무엇을 학습해야 하는지와 학습이 일어나는 개념 모델을 명료히 하는 정확한 정보를 제공해야 한다.

학습에서 일어나는 많은 명백한 실패는 습득이나 기억력에 관한 문제보다는 학습해야 할 내용을 이해하지 못하기 때문에 발생한다. 연습이 시작되기 전에 과제 요건이 명확하다면 과제 이해도가 향상된다. 환자가 무엇을 배워야 하는지 정확히 알고 있어야만 적절한 학습을 보장할 수 있다. 기술을 가르치면서 실패하는 또 다른 원인으로 개념 모델 또는 절차에 기초하는 이론 근거를 불충분하게 설명했을 때가 있다. 치료 이득에 영향을 미치는 치료 근거가 얼마나 중요한지는 Rosen(1974)은 물론 다른 사람도 입증하였다.

치료 동안 계속 과제에 반복하여 방향을 잡아 주어야 하고, 이는 치료와 구체적 치료 절

〈표 9-5〉 방향 잡기 전략 점검표

_____ 치료자는 환자를 DBT와 치료에의 역할로 방향을 잡아 준다(**역할 인도**).
  _____ DBT 전체에 방향 잡아 주기
  _____ 구체적인 치료 작업에 방향 잡아 주기
    _____ 치료자는 특정 개입의 목적(목표)을 설명하고 환자가 원하는 전체 결과와 어떤 관계가 있는지 논의한다.
    _____ 치료자는 환자와 치료자 모두 개입에서 어떤 역할을 하게 될지 환자에게 명확히 한다.
_____ 치료자는 환자와 함께 문제에 대응하려고 시도하는 과정에서 정확히 무엇을 해야 하는지를 **재정리**한다.
  _____ 치료자는 환자의 치료 작업이 얼마나 어려운지 환자에게 위안을 표한다.
  _____ 치료자는 치료자가 학습/변화의 법칙을 만들어 내지 않았고 (때로는) 환자만큼이나 법칙을 좋아하지 않는다는 점을 지적한다.

차, 그리고 이전에 이미 협의한 행동 해결책을 적용하기 위한 반복적 재전념을 위한 대개의 첫 단계이다. 만약 환자가 변화에 필요한 요건, 선택한 치료 전략의 근거, 치료 과정과 결과의 관계에 대해 가능한 많은 정보를 안다면 진전이 더 원활하고 빨라질 거로 생각한다. 방향 잡기 전략은 〈표 9-5〉에 요약하였고 다음에 설명하였다.

1. 역할로 인도하기

역할 인도에서 환자가 치료나 치료 절차 자체, 그리고 치료자로부터 현실적으로 무엇을 예상할 수 있는지 명확히 한다. 여기서 초점은 치료 과정 전반과 특정 절차를 이행하는 과정에서 환자와 치료자가 실제로 무엇을 하는가에 둔다. 치료자가 환자로부터 기대하는 바뿐만 아니라 환자가 치료자에게 기대할 수 있는 바도 명확히 한다. 구체적 개입을 논의하는 경우, 개입 목표와 환자의 필요 및 욕구가 어떻게 관련되는지 강조한다. 치료자와 치료에 대한 부정적 감정은 치료 과정에서 환자가 현실적으로 기대할 수 있는 바에 대한 정보 오류나 부족에서 비롯될 수 있으므로 역할 인도가 중요하다. 반대로, 환자가 초기에 형성한 기대치를 확증해 주는 사건은 치료자에 대한 환자의 끌림과 신뢰를 높일 가능성이 있다.

치료 전반에 걸쳐, 상호 기대를 명료히 논의해야 한다. 특히 치료자는 환자 입장에서 말로 표현되지 않거나 현실적이지 않은 기대치를 포착하는 데 정신을 바짝 차려야 한다. 이러한 기대를 환자에게 판단하지 않는 방식으로 반영하고 정리해 주며, 명확한 논의를 이어간다. 중요하게, 환자가 어떻게 그런 비현실적인 기대에 도달했는지 치료자가 이해함을 전달해야 한다. 항상 그렇듯이, 수용과 변화의 균형을 유지한다.

2. 새로운 기대를 재정리하기

환자가 오래된 문제나 새로운 문제에 새로운 행동 반응을 준비할 수 있도록 도울 때, 치료자는 환자에게 무엇을 기대하는지, 즉 환자가 정확히 무엇을 해야 하는지를 자세히 환자와 되짚어 보아야 한다. 특히 동요가 심한 환자라면 환자가 시도할 행동에 대한 상세하고 단계적인 정리를 대체할 만한 것은 없다. 보통 해결책을 논의하고 선택하는 대로 정리를 진행해야 한다. 회기 또는 전화 상호작용이 끝나기 직전에 간단히 정리할 수 있다. 어떤 환자는 각 단계를 적어야 할 수 있고, 또 어떤 환자는 필요한 경우 스스로 '응원하기'를 할 수 있도록 해결책을 실행할 근거를 적어 볼 수도 있다. 이 인지적 정리는 그 자체로 새로운 학습 상황이고, 문제 상황에서 수행을 높일 수 있도록 과제를 기억하는 데 도움이 된다.

치료자와 환자가 해야 하는 행동을 정리하고 마칠 무렵, 만약 그 과정에서 치료자가 상당한 정도로 타당화하지 못한다면 환자는 너무 낙담해서 행동을 시도할 수 없을 것이다. 나는 보통 먼저 그 과정이 얼마나 어려울지 환자와 대화한다. 그런 다음, 내가 학습 법칙을 구성하지 않았으며 환자보다 학습 법칙을 더 좋아하지 않는다고 강조한다. 나는 이것을 '네, 그런데……'의 반대 전략이라고 생각한다.

전념 전략

문제 해결에서 최종 단계는 선택한 해결책을 실행하려는 환자의 전념을 끌어내고 지키는 단계이다. 특정 방식으로 행동하고자 하는 전념 혹은 일반적으로 과제, 일 또는 관계와 같은 행동 계획에 대한 전념이 미래 성과와 강하게 관련이 있다고 뒷받침하는 증거는 매우 많다(예: Wang & Katzev, 1990; Hall, Havassy, & Wasserman, 1990). 사람은 자신이 하겠다고 동의한 일을 행동할 가능성이 높다. 강한 전념을 결의한 직업이나 관계에 머물 가능성이 더 크다.

전념 수준

치료의 초기 단계에서 환자는 특정 기간 동안 이 특정 치료자와 DBT에 참여하고 4장에 요약한 환자 협의를 유지하는 일에 전념해야 한다. 치료를 시작할 때, 최소한 환자는 자살 행동을 없애고 더 가치 있는 삶을 만드는 일에 반드시 협의해야 한다. 이 정도 전념과 협력 수준에 일치하지 않는다고 간주할 수 있는 회기 내 행동에는 치료에서 작업하기를 거부하거나, 목표 행동과 관련된 감정과 사건에 대해 말하기를 피하거나 거부하거나, 치료자의 모든 의견이나 대안 해결책을 생성하는 시도를 거부하는 행동 등이 있다. 이러한 순간에는 재전념을 이끌어 낼 목적으로 치료에 대한 전념 자체를 분석하고 논의해야 한다. 환자가 헌신하고 협력하는 태도를 보이는 순간(초기에는 매우 드물지만) 치료자는 기민하게 강화를 제공해야 한다.

두 번째 수준에서 전념은 환자가 선택한 특정 치료 절차에서 협력하는 목표가 있다. 만약 기술 훈련 절차를 수행한다면, 문제 상황에서 새롭고 더 능숙한 행동을 배우고 적용하기 위해 노력하도록 전념해야 한다. 노출에서는 두려워하거나 스트레스를 받는 상황에 들어서거나, 감정을 피하기보다 경험하거나, 시도하기 두려워하는 무언가를 생각하거나 행동하는 데 전념한다. 인지 조정에서는 문제 행동과 관련된 가정, 신념, 생각의 양상 특징을 필요할 때 검토하고 조정하려고 시도하는 데 전념한다. 수반성 관리에서 전념은 필요한 협력의 종류와 수준이 다소 다르다. 수반성 관리에서 치료자는 환자 행동에 대한 관찰이나 보고에 기반하여 수반성을 적용한다. 이때 새로운 수반성에 대한 노출로 행동이 변화된다고 가정한다. 따라서 환자 측에서 스스로 수반성에 자신을 노출하고 자기 행동을 정직하게 보고하는 전념이 필요하다. DBT에 참여하는 대부분 환자는 각기 이러한 전념이 필요하다.

세 번째 수준에서 환자와 치료자는 해결 분석에서 선택한 행동 해결책을 실행하는 데 전념한다. 치료자는 중요하게, 새로운 행동을 시도하거나 특정 문제를 작업하는 데 환자 협의를 직접 끌어내야 한다.

전념과 재전념

내 경험상, 많은 치료 실패와 조기 종결을 일으키는 주된 이유 중 하나는 환자, 치료자 또는 둘 다 전념이 불충분해서이다. 변화 과정의 초기 단계에는 불충분하거나 말만 앞서 전념했을 수 있고, 치료 안팎에서 발생하는 사건이 이전에 결심한 강력했던 전념을 줄이는 데 관여했을 가능성도 크다. DBT에서 환자 전념은 효과적인 치료를 위한 중요한 전제조건이자 치료 목표이다. 따라서 오래된 문제에 새로운 행동 해결책을 실행하거나 변화하는 전념이 그냥 생긴다는 가정은 없다. 전념은 그 자체로 끌어내고, 배우고, 강화할 수 있는 행동이다. 치료자에게는 이 과정을 돕는 법을 알아낼 임무가 있다.

치료 전반에 걸쳐 치료자는 환자가 이미 결심한 전념을 상기시켜야 한다. 또한 치료자는 환자가 행동 전념을 정교히 하고, 확장하고, 다시 결심하는 데 (때로 계속 반복하여) 도와야 한다. 어떤 경우 환자와 나는 한 번 (매우 어려웠던) 회기 내에서 원래 전념으로 여러 번 돌아가야 했고, 또 결심하고 또 결심해야 했다. 어떤 경우에는, 변화에, DBT에, 또는 특정 절차에 재전념하기 위해 하나 이상의 전체 회기가 필요할 수도 있다. 전념 실패는 치료에서 문제가 발생할 때 가장 먼저 평가하는(가정하지 않고) 사항 중 하나여야 한다. 문제를 해결하고자 움직이기 전에, 치료자는 먼저 환자와 함께 전념 전략으로 돌아가야 한다. 일단 재전념이 되면, 두 사람은 당면한 문제 해결을 진행할 수 있다.

때로는 전념하지 않은 사람이 환자가 아닌 치료자일 때도 있다. 이는 여러 상황에서 발생할 수 있다. 환자는 치료자가 가용할 수 없는 자원을 요구해 왔거나, 오랫동안 진전을 이루지 못했을 수도 있다. 또는 지금 이루어지는 진전이 치료자가 지각할 수 없을 정도로 느릴 수도 있다. 때로는 많은 진전을 거쳐 환자가 변화를 재구성하거나 통합할 시점에서 치료자는 단순히 환자에 대한 흥미를 잃게 된다. 가치 충돌이 있을 수도 있고, 치료 초기에 너무 소모적인 위기가 지나간 후, 치료자는 자신이 결국 환자를 좋아하지 않는다고 알게 될 수도 있다. 이 환자를 치료하는 일이 더 이상 우선순위가 아니거나 보람이 아닌 방향으로 치료자 삶이 바뀌었을지도 모른다. 나는 경계성 환자에게 놓인 전념에 관한 많은 치료 실패에서 그 책임이 치료자 앞에 적절히 놓여야 한다고 생각한다. 따라서 치료자는 환자에 대한 자신의 전념 수준을 분석하고 필요에 따라 새롭고 더 왕성한 전념을 발전시켜야 한다. 이 작업이 가장 적합한 장은 DBT 사례 자문팀이다. 치료자의 전념 상실이 환자의 치료 방해 행동에 관한 중요한 단서일 때도 마찬가지이다.

유연할 필요성

두말할 나위도 없겠지만 환자의 소망, 목표, 그리고 '여기서 저기까지 어떻게 갈 것인가'에 대한 아이디어에 유연성과 존중이 필요하다. 따라서 치료자는 환자의 목표 또는 전념 선택을 판단하지 않아야 한다. 치료자는 자신의 목표나 절차가 DBT에 입각하거나 치료자 자신의 한계에 입각하지 않는다면 이를 환자에게 강요하지 않도록 주의해야 한다. 필요에 따라 임의로 치료자 선택이나 선호를 제시하는 데 끌릴지라도, 그러한 경향을 인지할 때는 어떻게든 방지하고 수정해야 한다. 여기서 사례 자문팀이 특히 유용할 수 있다.

환자로부터 전념을 끌어내는 데는 여러 단계가 필요할 수 있다. 치료자는 좋은 판매원처럼 기능할 줄 알아야 한다. 판매하는 제품은 DBT, 새로운 행동, 변화를 위한 새로운 노력 또는 때로는 삶 그 자체이다. 다음에서 논의하고 〈표 9-6〉에 요약한 대부분의 단계는 환자에게 큰 노력이 필요할 때, 장기간에 걸쳐 노력해야 할 때, 역경 또는 환자를 만류하려는 다른 사람의 시도에 직면해도 지속해서 노력해야 할 때, 환자가 변화 능력에 절망감을 느낄 때, 또는 환자가 크게 두려워하는 무언가를 해야 할 때 필요할 수 있다. 가장 좋게는 애당초 치료에 전념하는 일인데, 이는 14장에서 논의한다. 때로는 말로만 전념하는 정도가 필요할 수 있고, 다른 전술은 버려야 할 수 있다. 치료자는 필요에 따라 다양한 전략 사이를 자유롭게 오가야 한다.

〈표 9-6〉 전념 전략 점검표

_____ 치료자는 변화를 향한 전념의 **장단점**을 강조하고 논의한다.
　_____ 치료자는 전념을 '판촉'한다.
　_____ 치료자는 환자 생활 양상의 변화, 미래에 대한 현실적 기대 그리고 치료에서 이론 근거와 기대 결과를 전념과 연관 짓는다.
_____ 치료자는 **악마의 속삭임** 기법을 사용하여 환자 전념을 강화하고 통제감을 키운다.
_____ 치료자는 DBT 목표와 절차에 환자 전념을 얻기 위해 '**문 안에 발 들여놓기**'와 '**문 안에 얼굴 들이밀기**' 기법을 사용한다.
　_____ 치료자는 모호하고 호의적인 수준으로 목표를 제시하고, 목표가 얼마나 성취하기 어려운지는 논의를 생략하여 사실상 누구나 동의할 수 있게 한다.
　_____ 치료자는 목표에 도달하기 위한 환자 전념을 이끌어 낸다.
　_____ 치료자는 목표를 재기술하여 점차 구체적 내용을 제시하고 어려움을 조금씩 조명한다.
　_____ 치료자는 목표에 도달하기 위한 또 다른 전념을 끌어낸다.
　_____ 치료자는 목표가 도달하기 매우 어렵다고, 어쩌면 환자의 그 어떤 시도보다 어렵다고 제시하면서 '값을 높인다'. 그렇지만 환자가 시도하길 원한다면 성취할 수 있다고 제시한다.
　_____ 치료자는 목표에 도달하기 위한 또 다른 전념을 이끌어 낸다.
_____ 치료자는 환자가 **과거에 한 전념**("하지만 나는 우리가, ○○님이 동의했다고 생각했다.")을 조명한다.
　_____ 치료자는 환자와 그가 이전에 했던 전념이 아직 있는지 논의한다.
　_____ 치료자는 환자가 전념을 명료화하도록 돕는다.
　_____ 치료자는 DBT나 치료자 한계에서 중요하다면 목적에 재전념하는 데 초점을 맞춘다.
　_____ 치료자는 변화가 DBT나 치료자 한계와 상충하지 않는다면 전념을 재협상한다.
_____ 치료자는 환자에게 **선택**할 자유를 조명하는 동시에 선택한 현실적 결과를 분명하게 제시한다.
　_____ 치료자는 환자가 유사 자살 행동으로 대처하는 삶을 계속해서 선택할 자유가 있다고 조명하지만, DBT는 목표로 유사 자살 행동의 감소를 요구하기에 앞서와 같이 선택한다면 다른 데서 치료해야 한다고 말한다.
　_____ 치료자는 환자가 자유롭게 치료 방해 행동을 계속할 수 있다고 조명하지만, 그렇게 선택했을 때 치료자 한계도 명확히 한다.
_____ 치료자는 환자로부터 전념을 끌어내기 위해 **조성** 원리를 사용한다.
_____ 치료자는 **응원하기**를 통해 환자 안에 희망을 생성한다.
_____ 치료자와 환자는 **숙제**에 대해 분명하게 협의한다.

DBT 위배 전략

_____ 치료자는 환자가 선택한 목표나 전념에 대해 판단을 내린다.
_____ 치료자는 DBT나 치료자 한계에 입각하지 않을 때조차 목적이나 목적 도달 과정에서 경직되어 있다.

_____ 치료자는 DBT나 치료자 한계에 입각하지 않을 때조차 자기 목표나 치료 절차를 환자에게 강요하며 임의적인데도 마치 필수인 것처럼 제시한다.

1. 전념을 판촉하기: 장단점 평가

사람들은 믿지 않는 전념보다 스스로 믿는 전념을 더 잘 지킨다. 따라서 하나 이상의 실행 계획을 제안했다면, 치료자는 특정 계획이나 해결책에 실제로 전념했을 때 장단점을 논의하는 데 환자를 참여시켜야 한다. 여기서 두 가지를 한다.

① 해결 분석에서 이미 평가하고 선택한 해결책의 장점을 정리하고, ② 대개 환자가 혼자고 도움 없이 의심과 싸워야 할 때 거의 확실히 나타날 의구심에 대한 반론을 발전시킨다. 치료자는 환자 자신의 생활 양상의 변화, 미래에 대한 현실적인 기대 그리고 치료의 이론 근거와 예상 결과와 전념을 연결 짓기 위해 노력해야 한다.

2. 악마의 속삭임

때로 환자는 미래의 난관을 견딜 만큼 강하지 않은 손쉬운 전념만 결심할 수 있다. 따라서 일단 전념이 잠정적이라면 치료자는 가능한 한 전념을 늘리려고 노력해야 한다. 장단점(앞 참조)에 대한 논의가 한 방법이고, 또 다른 방법은 7장에서 논의한 '악마의 속삭임' 기법이다. 이 경우 치료자는 전념에 반대하는 주장을 펼친다. 여기서 비결로 환자가 주장할 수 있는 전념 측 입장보다 약간 약한 반론을 써야 한다. 만약 반론이 너무 강하면, 환자는 항복하고 초기 전념을 철회할 수 있다. 이렇게 되면 치료자는 약간 뒤로 물러서서 전념을 위한 주장을 강화한 다음 다시 한번 악마 위치로 되돌아가야 한다. 이 전술은 환자가 선택할 수 있다는 느낌과 통제할 수 있다는 '착각'을 높이는 데도 도움이 된다.

3. '문 안에 발 들여놓기, 문 안에 얼굴 들이밀기' 기법

'문 안에 발 들여놓기'(Freedman & Fraser, 1966)와 '문 안에 얼굴 들이밀기'(Cialdini et al., 1975) 기법은 요구나 과거 전념에 대한 이행을 높이기 위한 사회심리학 절차로 잘 알려져 있다. (이 용어는 자선단체 기부를 위한 방문 외판 기초 연구에서 나왔다.) 문 안에 발 들여놓기 기법에서 치료자는 첫 번째 요청을 하고 그다음 더 어려운 요청을 함으로써 첫 번째 요청을 더 쉽게 만들어 이행을 증가시킨다(예: 먼저 환자가 어려운 통화를 하는 데까지 협의하고, 그다음 새로운 대인관계 기술을 조금씩 전화에서 사용하도록 잇따라 협의한다). 문 안에 얼굴 들이밀기 기법에서 절차는 다음과 같이 뒤바뀐다. 치료자는 먼저 실제 기대보다 훨씬 큰 일을 요청하고 나서 더 쉬운 일을 요청한다(예: 먼저 이번 주 동안 환자가 자신을 해치지 않도록 협의를 구하고 나서, 그다음 해를 입히기 전에 치료자에게 전화하라고 요구한다). 처음에는 매우 어려운 일을 요구하다가, 다음에는 아주 쉬운 일로 옮겨 가고, 때로는 더 어려운 요구를 하는 절차를 결합하면 가장 효과적인 전략이 될 수 있다(Goldman, 1986). 세 가지 전략 모두 단순히 전념을 직접 요구할 때보다 더 효과적일 수 있다.

치료자가 치료 자체 또는 특정 치료 절차에 전념을 얻고자 할 때, 다음과 같은 다양한 전략을 결합하여 사용할 수 있다. 첫째, 치료자는 (치료나 절차의) 목표를 어느 정도 모호하고 호의적인 수준으로 제시하며, 목표에 도달하기가 얼마나 어려울지에 대한 논의는 생략하여 거의 누구나 협의할 수 있도록 한다. 둘째, 치료자는 이러한 목표에 도달하기 위한 전념을 환자에게서 끌어낸다. 셋째, 치료자는 목표를 다시 기술하고, 좀 더 구체적인 내용을 제시하며 어려움을 약간 더 조명한다. 넷째, 치료자는 목표에 도달하기 위한 또 다른 전념을 끌어낸다. 다섯째, 치료자는 '값을 높여' 목표를 마치 달성하기 매우 어렵다고, 어쩌면 환자가 이제껏 시도한 그 무엇보다 어렵다고(실제보다 더 어렵다고), 하지만 환자가 시도하고자 하면 달성할 수 있다고 제시한다. 마지막으로, 치료자는 목표에 도달하기 위한 또 다른 전념을 끌어낸다.

숙제 연습에 참여하거나 새로운 행동을 시도할 전념을 이끌어 낼 때, 문 안에 얼굴 들이밀기 절차는 자주 성공한다. 예를 들어, 나는 먼저 환자에게 매일 새로운 기술을 연습하자고 한 다음, 지금과 다음 회기 사이에 한두 번 하자고 요청을 줄일 수 있다. 일단 환자가 이에 협의하고, 내 생각에 성공적인 이행이 가능해 보이면, 나는 다음 회기 전까지 세 번 정도로 약간 더 높여서 요청할 수 있다

4. 과거 전념을 현재 전념과 연결하기

문 안에 발 들여놓기 전략을 변형한다면, 환자에게 이전의 전념을 상기시킨다. 전념하는 힘이 약해지는 것 같거나, 환자 행동이 이전 결심과 일치하지 않을 때 항상 해야 한다("하지만 나는 우리가, ○○ 님이 동의했다고 생각했습니다."). 이는 특히 환자가 자살이나 다

른 파괴적 반응으로 위협하는 위기 상황에서 유용할 수 있다. 위기 동안에 새로운 전념을 개발하기는 유난히 어렵기 때문이다. 이 전략은 치료자가 꽤 성공적으로 쓸 수 있고 환자를 공격하거나 즉각적인 반동 행동으로 위협하는 대응보다 더 바람직하다. 예를 들어, 집단 기술 훈련에 가야 할 때 느꼈던 굴욕감 때문에 위기에 처한 한 새로운 환자가 (클리닉 대표인) 내게 전화했던 적이 있다. 내가 집단 기술 훈련을 그만두기를 허가하지 않고 우리 프로그램을 계속 이어 가도록 했을 때, 그는 "좋아요, 그럼 그냥 나를 해칠 거예요."라고 말했다. 나는 즉시 "하지만 그렇게 하지 않기 위해 최선을 다하려 한다고 알고 있었어요. 그건 우리와 함께 치료를 시작할 때 결심한 전념 중 하나입니다."라고 말했다.

환자에게 이전 전념을 상기시키면서 치료자는 또한 환자가 이전에 한 전념이 아직 있는지 논의해야 하며, 그다음 환자가 전념을 명확히 할 수 있도록 도와야 한다. 전념 또는 목표가 DBT(앞의 예시처럼 유사 자살 행동을 작업하기)나 치료자 한계에서 중요한 경우, 치료자는 재전념을 확립하는 데 다음 초점을 맞춰야 한다. 변화가 DBT 또는 치료자의 한계와 상충하지 않는다면 전념을 재협상하는 순서가 맞다.

5. 선택할 자유와 대안 선택지 부재를 조명하기

사람이 자유롭게 전념을 선택했고 목표에 다른 대안이 없다고 믿을 때 전념과 이행은 증진한다. 따라서 치료자는 환자 목표를 달성하기 위한 대안 방법이 부족함을 강조함과 동시에 환자가 선택한다는 느낌을 높이기 위해 노력해야 한다. 이렇게 하는 데 환자가 간단히 목표를 바꿀 수 있다는 사실을 강조하는 방법이 있다. 즉, 목표를 어떻게 달성할 것인가 선택할 여지가 많지 않을 수 있지만, 인생 목표는 자신이 선택할 수 있다. 자기 목표를 선택한다면, 더하여 그 목표에 수반하는 일을 수용할 준비가 되어야 한다는 점이 핵심이다. 즉, 자기 선택에 따른 당연한 결과를 수용해야 한다.

따라서 치료자는 환자가 선택할 자유를 조명하는 동시에 선택한 현실적 결과를 분명하게 제시해야 한다. 예를 들어, 자살 시도를 중단하겠다는 환자의 전념을 계발(또는 재계발)할 때, 치료자는 환자가 삶에 대처할 때 유사 자살 행동을 선택할 자유가 있지만, DBT는 유사 자살 행동 감소를 목표로 하므로 만약 그렇게 선택한다면 다른 치료법을 찾을 필요가 있다고 강조할 수 있다. 마찬가지로, 치료자는 환자가 치료 방해 행동을 계속할 자유가 있다고 말할 수 있지만, 만약 그렇게 선택한다면 치료자 한계는 무엇인지 분명히 해야 한다. 예를 들어, 나는 특별히 (나에게) 반감을 불러일으키는 행동 양상을 고집하는 환자에게 그 양상을 계속할 수는 있지만, 만약 그렇다면 나는 그와 함께 작업하고 싶지 않을 거라고 말한 적이 있다. 그는 즉시, 멈추지 않으면 치료를 끝내겠다고 협박하는 거냐고 물었다. "아니요." 내가 말했다. "난 함께 치료를 계속할 겁니다. 다만 하길 싫어하겠죠, 그게 다입니다."

독자는 두 가지 결과가 모두 치료 관계와 관련이 있다는 점을 알아차릴 수 있다. 이는 이 특정 전략에서 쓰는 가장 강력한 결과인데, 치료자가 가장 확신할 수 있기 때문이다. 그러나 10장에서 논하듯이 치료 수반성은 강한 관계에 달려 있다. 따라서 아직 관계가 형성되지 않았다면 주의해서 사용해야 한다.

치료자는 이전에 논의한 장단점이나 역기능 행동의 결과 분석을 통해 역기능 행동에 따르는 현실적 결과에 관한 아이디어를 얻을 수 있다. 중요하게, 치료자와 환자 모두 환자가 이러한 행동과 결과를 자유롭게 선택할 수 있다는 점을 수용해야 한다. 이러한 자유를 조명하는 동시에, 특정 전념을 하지 못하는 경우 발생하는 부정적 결과를 강조한다면 전념과 협의를 이어 나갈 가능성 모두 강화할 수 있다.

6. 조성 원리 사용하기

전념에는 때로 조성이 필요하다는 점을 명심해야 한다. 변화 초기 단계에서 전념은 제한된 목표에서 시작하여 시간이 지남에 따라 확장할 수 있다. 다른 경우에 환자가 단순히 피곤하거나 사기가 저하될 수도 있으며, 과거 큰 전념은 한동안 줄어들어야 할 수도 있다. 치료자는 환자가 줄 수 있는 만큼보다 더 큰 전념을 원할 수 있다. 치료자는 때로 조금이라도 눈에 띄는 작은 전념을 얻는 데 유연하고 창의적이어야 한다. 요청을 줄이거나 문 안에 얼굴 들이밀기 기법을 쓸 줄 앎과 동시에, 환자를 마치 실패자처럼 보이지 않도록 하는 게 중요하다.

7. 희망 생성하기: 응원하기

자살 경향이 있는 경계성 사람이 직면하는 주요 문제 중 하나로, 생성한 해결책을 실행에 옮길 수 있다거나 시도했을 때 실패와 굴욕으로 끝나지 않을 거라는 희망이 없다는 문제가 있다. 전념을 지킬 수 있다는 희망 없이 전념하기는 매우 어렵다. 이때 응원하기 전략은 문제 해결에서 가장 중요하게 쓰인다. 문제를 해결하는 각 상호작용 동안(특히 상호작용이 거의 끝나가고 전념할 필요가 있을 때), 치료자는 환자를 격려하고, 환자 입장에서 최소한의 진전까지도 강화하며, 결국에는 문제를 극복하기 위해 필요한 모든 것을 이미 그 안에 지녔다고 일관되게 짚어 줄 필요가 있다.

8. 숙제 협의하기

심리교육 기술 훈련 집단에서 새로운 문제 해결책이나 새로운 행동 기술 연습을 구조화하여 숙제로 필수 배정해야 한다. 구조화된 숙제가 개인 치료에서 일반적이지는 않지만, 환자와 치료자는 환자가 다음 회기까지 시도할 구체적 행동을 협의할 수 있다. 그러한 경우, 치료자는 반드시 행동 '숙제'가 있다고 기록해 두어야 한다. 다음 회기 중에 숙제를 물어보는 일을 중요하게 잊지 않아야 한다. 때로는 환자가 자신이 할 일을 적어 둔다면 유용하다. 만약 그 과제가 매우 어렵다면, 치료자는 환자가 주중에 진행 상황이나 예상치 못한 어려움을 보고하고 점검하도록 요청할 수 있다.

마치며

DBT에서 문제 해결 전략은 대부분 인지행동주의 치료 형태에서 사용하는 전략과 다르지 않다. 만약 그 치료 자체로 충분하다면, 물론 BPD에 특정 치료법을 개발할 필요는 거의 없을 터이다. 경계성 환자와 그 밖의 환자에게 이 전략을 적용할 때 주요한 차이점으로, 전자의 경우 치료자가 각 단계를 여러 번 반복할 준비가 되어야 한다. 결심한 전념은 또다시 결심해야 한다. 같은 통찰은 가라앉기 전에 거의 끝없이 반복할 필요가 있다. 행동주의 분석은 특히 반복적 치료 방해 행동으로 과정이 중단되는 경우 시간이 오래 걸리고 지루할 수 있다. 치료자에게 가능해 보이는 대안 행동과 해결책은 환자에게는 불가능해 보일 수 있다. 보통은 치료자와 환자가 함께 개발한 문제 해결을 환자가 실천할 수 있도록 돕기 위해, 방해하는 정서를 감소시키는 목표로 기술 훈련, 수반성 적용, 인지 조정, 노출 기반 절차 등이 단독 또는 종합으로 필요하다. 이러한 절차는 다음 두 장에서 상세히 설명한다.

10장

변화 절차:
I부 수반성 절차(수반성 관리와 한계 관찰)

DBT 수행 전반에 걸쳐 수반성 절차, 행동 기술 훈련, 노출 기반 절차 그리고 인지 조정의 변화 절차를 엮어 나간다. 모든 치료자는 치료 형태나 치료 국면에 따라 다양하게 혼합하여 변화 절차를 활용한다. 이 절차를 어떻게 적용하는가는 행동주의 분석에서 다루는 네 가지 주요 질문과 연결되어 있다. 각 질문과 구체적 절차의 관계는 〈표 10-1〉에 제시하였다. 각 절차 유형은 거의 모든 치료 상호작용에서 간략하게 약식으로, 혹은 구조화하여 정식으로 사용한다.

정식 수반성 절차의 예를 보면, 특정 행동의 결과를 구체화하는 자기 의식적 치료 계획을 적용하는 방법(예: 유사 자살 행동 이후 24시간 이내에 치료자에게 연락을 할 수 없는 DBT 규칙, 혹은 한 주에 치료자에게 x번 이상 전화하면 그다음 주에 치료자에게 연락할 기회를 잃는다는 결정), 입원 장면에서 수준과 권한 체계를 도입하기, 혹은 회기 사이에 정해지거나 정리된 자기 관리 프로그램을 활용하는 방법이 있다. 약식 절차는 종종 의식하지 못한 채 발생하는데, 환자가 관찰하거나 경험하는 모든 치료자 반응(즉, 치료자의 공개적 행동)은 중립적이거나, 처벌이 되거나, 강화가 될 수 있다. 따라서 모든 수반 반응은 능숙하든 그렇지 않든 일종의 약식 수반성 관리이다. 새롭거나 더 효과적인 행동을 지지하기 위해 환경에 직접 변화를 가한다면 역시 수반성 절차를 활용하는 한 예이다.

〈표 10-1〉 행동주의 분석에서 다루는 질문과 변화 절차의 관계

질문	절차
1. 행동 레퍼토리 안에 필요한 행동 기술이 있는가? 다음을 할 줄 아는가?	행동주의 기술 훈련
a. 정서를 조절할 수 있는가?	정서 조절
b. 고통을 감내할 수 있는가?	고통 감싸기
c. 갈등에 능숙하게 반응할 수 있는가?	대인관계 효과성
d. 평가 없이, 자각을 가지고, 효과성에 초점을 두면서 관찰, 기술, 참여할 수 있는가?	마음챙김
e. 자기 행동을 관리할 수 있는가?	자기 관리
2. 효과적이지 못한 행동이 강화받는가? 이러한 행동이 긍정적이거나 원하는 결과를 이끌거나, 다른 선호하는 행동이나 정서 상태가 생길 여지를 주는가? 효과적인 행동 이후 중립 혹은 처벌받는 결과로 이어지는가, 혹은 보상 결과가 지연되는가? 목표 행동에 근접한 행동에 강화가 주어지는가?	수반성 절차
3. 효과적인 행동이 정당하지 않은 두려움이나 죄책감 때문에 억제되는가? '정서 공포증'이 있는가? 회피나 도피 행동 양상이 있는가?	노출
4. 왜곡된 신념이나 가정 때문에 효과적인 행동이 억제되는가? 효과적이지 않은 행동에 앞서 이러한 신념이나 가정이 확실히 나타나는가? 환경에서 혹은 치료에서 작동하는 수반성이나 규칙을 자각하지 못하는가?	인지 재구성

변화 절차를 적용할 때 중요한 점으로, 새로운 행동이 필요한 맥락에서는 학습이 가능한 항상 발생해야 한다. 예를 들어, 입원 장면에서 자살 행동을 억제하고 고통 감싸기나 정서 조절 기술로 대체하는 학습을 했다 하더라도, 이 새로운 기술을 다른 환경이나 상황, 특히 위기 상황에 일반화시키지 않는다면 이 학습은 그다지 유용하지 않다. 유사하게, 치료자와 적절하게 상호작용하는 법을 학습했다 할지라도 다른 관계 상호작용에 일반화되지 않는다면 유용한 기술이 아니다. DBT는 환자가 문제나 위기 상황 속에 있다면 동시에 새로운 문제 해결 방법이나 외상 대처 전략을 가르치는 데 강조점을 둔다. 예를 들어, 환자가 감당하기 어려운 상황처럼 보일 때마다 치료자가 환자를 위기로부터 구제해 준다면 위기 생존 기술(고통 감싸기 훈련의 중요한 초점)은 학습하기 어려워진다. 이 주제는 DBT 전화 전략과 병원 프로토콜과 관련하여 15장에서 중대하게 논의하겠다. 치료자는 행동이 필요한 해당 맥락 안에서 새로운 행동의 학습이 일어나야 한다는 점을 명심해야 한다. 그럴 수 없다면, 학습한 바를 해당 상황에서 확실히 일반화할 수 있는 특별한 노력을 들여야 한다.

수반성 절차 원리

DBT 이론은 기술 부족을 강조하지만, 만약 환자가 기술을 가지고 있다면 동기 요소는 기술을 활용하는 데 분명히 중요하다. 따라서 DBT는 Kohut(1977, 1984)이나 Adler(1985, 1989)의 결핍 모형과 Kernberg(1984)나 Masterson(1976)의 동기 모형에 균형을 맞춘다. 경계성 환자는 특정 상황에서 필요한 기술을 지니고 있을지라도 사용하지 않을 때가 있다. 이는 기술 습득과 기술 수행의 차이에서 비롯된다. DBT에서 동기 문제는 바로 그 행동에 지속적으로 영향을 미치고 그 행동을 통제하는 환경과 개인 요인 측면에서 분석한다. 행동주의 분석은 이러한 요인을 찾아내는 데 주된 초점을 둔다.

DBT에서 수반성 절차는 단순한 전제에 기반한다. 행동에 뒤따르는 결과는 이후에 그 행동이 재발할 가능성에 영향을 미친다. 목표는 치료적 수반성을 이용하여 환자에게 이득이 되도록 하는 데 있다. 수반성 절차에서 최소한 치료자는 본인과 환자의 대인관계 행동을 신중하게 관찰하고 이에 따라 조직적으로 행동하며, 이를 통해 변화시키고자 하는 행동을 무심코 긍정적으로 강화하거나 적응 행동이 처벌받지 않게끔 한다. '첫째로, 해를 끼치지 않는다'. 더 나아가, 가능하다면 치료자는 기술 행동을 강화하고 기술이 부족하거나 적응적이지 못한 행동은 대체하거나 소거되도록 결과를 조정해야 한다. 자살 행동에서 이는 분명 정교하면서 동시에 위험한 균형 잡기인데, 치료자는 과하게 자살 반응을 강화하지 않으면서도 환자가 생명을 위협하는 수준까지 반응을 높일 만큼 무시하지도 않아야 한다. 이 접근에서 치료자는 장기 이득을 달성하기 위해 단기 위험을 감수해야 한다.

여기에서 '강화reinforcement'는 엄밀히 정의하자면 행동이 발생할 가능성을 높이거나 다지는 모든 결과나 수반물을 지칭한다. 사실 이 정의에는 기능적 측면이 있는데, 즉 어떤 사건은 오직 강화로 기능해야지만 강화물이다. 따라서 모든 사람마다 구체적인 강화물을 구분하여 확인해야 한다. 이는 매우 중요한 측면으로 이후 구체적으로 논의하겠다. 강화물은 대체로 긍정적인, 원하는, 혹은 보상이 되는 사건으로 여겨지지만, 꼭 그렇지만은 않다. Kohlenberg와 Tsai(1991)는, 예를 들어 치과에 가기 너무 싫어하는 사람에게서도 치과 의사가 시간이 나느냐는 우리가 치과에 예약을 하는 행동(예약 없이 치과에 가는 행동보다)을 강화시킨다고 했다. 강화 절차와 반대로, 소거나 처벌은 행동 가능성을 약화시키거나 감소시킨다. '소거extinction'는 이전에 강화했던 행동에 강화를 중단하는 것이다. '처벌punishment'은 행동 가능성을 억누르도록 결과를 적용하는 것으로, 처벌로 기능하는 그 어떤 결과도 말 그대로 '혐오적'이다. 두 절차 모두 행동을 약화시키거나 제거하지만, 각기 작동하는 방법은 확연히 다르다. 이 차이는 치료 작업에서 매우 중요하다.

원칙적으로 DBT는 강화 절차 사용을 선호한다. 혹은 처벌이나 소거를 단독으로 쓰기보다는 강화에 소거를 더하기를 선호한다. 앞서 언급했듯이 이상적으로 치료자는 기술이 부족하거나 부적응 행동을 양립할 수 없는 능숙한 행동으로 대체하여 개인에게 더욱 보상이 되도록 상황을 조정하고자 한다. 그러나 이러한 이상적인 조건은 경계성 환자에게 흔하지 않다. 따라서 때로는 소거나 혐오 결과가 필요하다.

DBT에서 수반성 절차, 특히 혐오 결과를 쓰는 절차는 다른 치료 접근에서 한계를 정하는 절차와 유사하다. 대개 '한계를 정하다'는 치료자가 생각하기에 환자에게 해롭다고 여겨지는 행동을 처벌하거나 강화물을 박탈하기로 위협하는 치료자 행동을 말한다. '한계'는 이 맥락에서 수용 가능한 행동의 한계를 말한다. 늘 그렇지는 않지만, 대체로 제한된 행동이라 하면 치료자 생각에 부적응적이고 환자가 통제하지 못하는 행동 혹은 치료에 심각하게 방해되는 행동이다. DBT에서는 '한계$_{\text{limits}}$'를 더 좁게 정의하며 한계 관련 행동과 목표 관련 행동을 구분한다(다음 참조). 그럼에도 DBT에서 실제로 사용하는 절차는 다른 유형의 치료에서 사용하는 한계 설정 절차와 유사하다.

수반성 관리와 한계 관찰 구분하기

DBT에는 두 유형의 수반성 절차가 있어서 두 가지 행동 유형을 다룬다. 첫 번째 유형은 '수반성 관리'이다. 수반성 관리는 DBT에서 우선순위 목표 행동과 이와 기능적으로 연관된 행동을 다룬다. 이는 모두 '목표 관련 행동'으로, Kohlenberg와 Tsai(1991)가 제시한 '임상적으로 관련된 행동'이라는 용어와 의미가 매우 비슷하다. 물론 기능적으로 연관된 행동을 포함하는 것은 분명 판도라의 상자를 여는 일이지만, 목표 행동은 치료 초반에 분명히 구체화한다(최소한 원칙적으로는). 환자는 DBT에 들어서기를 선택하는 동시에 이러한 행동에 대해 작업하기를 선택하는 것이다. 장기 치료에서 우선순위 목표가 높은 행동 양상을 일단 다루었다면, 목표 관련 행동은 우선 환자가 선택한 행동 양상을 중심으로 구성할 수 있다. 즉, 이는 환자 개별 목적이라는 가장 중요한 DBT 목표를 반영할 수 있다. 목표 관련 행동이 무엇인지 결정하는 유일한 요인은 환자의 복지이자 장기 목적이다.

두 번째 유형인 '한계 관찰$_{\text{observing limits}}$'은 치료자 개인의 한계를 압박하거나 넘는 모든 환자 행동을 다룬다. 다 합쳐서 이러한 행동은 '한계 관련 행동'이라고 할 수 있다. 이 경우 환자의 복지와 소망이 주요하거나 결정적인 요인이 아니다. 대신, 치료자 개인의 한계와 환자 행동의 관계가 결정적 요인이다. 따라서 한계 관련 행동은 치료자에 따라 다르다. 한 치료자가 목표로 삼은 행동을 반드시 다른 치료자가 목표로 삼지는 않는다.

DBT는 수반성 절차에서 이 두 가지 행동 유형을 매우 강조하여 구분한다. 한계 관찰은 DBT 수반성 절차의 특별한 부분으로, 치료자 한계와 이와 관련된 환자 행동에 초점을 둔다. 한계는 경계성 환자와 그의 치료자 모두에게 때로 엄청난 논쟁거리이다. 한계 관찰 접근을 개발한 이유는 이 영역에서 일어나는 문제를 공정하게 효과적으로 다루기 위해서였다. 이는 다른 치료에서 말하는 한계 설정 접근과는 다른 측면이 있다.

수반성으로서 치료 관계

대개 경계성 환자에게 가장 강력한 강화물은 치료 관계의 질에 달려 있다. 어떤 환자에게는 이미 자리 잡힌 파괴적인 부적응 행동이 주는 강화 효과를 넘어설 만큼 강력한 다른 강화물은 거의 없다. 따라서 환자와 치료자 사이에 강한 관계가 발달하기 전에 수반성 절차를 사용하기란 거의 불가능하다. 이후 강한 관계는 치료자 행동의 유인가를 높이고 환자 행동을 강화하기 위해 DBT에서 언제든 쓰인다. 종합하건대, 환자와 강하고 단단한 대인관계를 발달시키는 일이 핵심이다. 다른 강화물이 없어서가 아니라, 대체로 다른 강화물은 너무 약하거나, 환자 문제 행동이 주는 강화물과 대립하거나, 치료자가 통제할 수 없기 때문이다.

강한 긍정적 관계가 발달했다면 치료자에게 가용한 가장 효과적인 강화물은 긍정 관계의 표현과 유지이다. 가장 효과적인 처벌은 치료자의 따뜻함, 선한 의지 그리고/혹은 승인의 철회(혹은 때로 치료 전체의 철회)이다. 관계는 환자의 장기 목적을 위해 활용한다(4장에서 언급한 표현처럼, 치료자는 처음 강한 긍정적 관계를 형성하고 그다음 이를 사용하여 환자가 목표하는, 그러나 극심히 어려운 행동 변화를 만들도록 환자를 '압박'한다). 여기서 두 가지가 매우 중요하다. 첫째, 치료자는 강한 긍정적 관계를 형성하기 전에 관계 수반성을 사용할 수 없다. 말하자면, '돈을 쓰려면 미리 예금을 해야' 한다. 둘째, DBT가 인위적 수반성보다는 자연스러운 수반성을 강조하므로(뒤에서 논의), 관계의 힘이나 강도는 상호적이어야 한다. 즉, 치료자가 환자에게 보이는 겉치레 혹은 진솔하지 못한 애착은 결국 인위적이거나 진솔함 이하의 반응을 가져올 것이다(환자와 진솔한 연결성을 유지하는 목표는 13장에서 논의할 치료자 지도감독/자문 전략의 목표 중 하나이다). DBT는 관계의 힘을 강조하며 치료 관계를 무시하거나 경시하는 것과 아주 멀다.

많은 치료자는 대인관계 따뜻함이나 애착을 강화물로 사용한다는 언급에 환자를 진정으로 보살핀다면 그럴 수 없다고 여길 수 있다. 어떤 사람은 그 생각 자체를 마치 환자를 조종하는 것처럼 여길 수도 있다. 또 어떤 사람에게 진정한 보살핌이란 상대가 무슨 행동을 하든 따뜻하게 애착을 유지한다는 의미일 수 있다. 모든 논란이 그러하듯이, 양쪽 측면 모두에 진실이 있다. 한편으로, 대부분 관계에서 사람은 친사회적이고 적응적인 행동을 자연스럽게 강화하고, 부정적이거나 싫어하는 행동에는 강화를 멈춘다. 예를 들어, 어떤 사람이 거짓말하거나 훔치면, 그를 사랑하는 연인은 즉각적으로 승인이나 따뜻함을 표현하지 않는다. 사람은 적대적으로 언어 공격을 하는 사람과 시간을 더 보내는 방식으로는 대개 반응하지 않는다. 다른 유형의 대인관계가 치료 관계와 다른 점이라면 긍정적 행동에 어떻게 반응하는가의 측면에서가 아니라, 긍정적 행동이나 수반성의 의도적 사용에서 누가 이득을 보는가의 측면에서 다르다. 치료 관계는 환자에게 이득이 되는 행동을 강화하고, 수반성 사용은 의도적이고 의식적이다. 이와 다른 대부분 관계에서(특별히 또래 관계에서) 어떤 행동을 강화할지 결정할 때에는 양자 모두의 이득이 똑같이 중요하고, 수반성은 의식적이지 않은 방식으로 쓰인다.

다른 한편으로, 관계를 박탈당한 환자에게 따뜻함, 애착, 친밀감, 승인 그리고 타당화를 멈추려고 대인관계 수반성 사용을 핑계 삼아서는 안 된다. 가장 힘든 환자도 대부분은 매 순간 언제나 더, 문제 행동보다는 긍정적인 적응 행동을 한다. 치료 회기에 단지 나타나고 치료를 유지하기만 해도 많은 이에게는 성취가 된다. 분명 많은 경계성 사람의 박탈당한 삶을 생각하자면 치료자는 그만큼의 대인관계 의존, 양육 그리고 보살핌을 가능하면 제공하도록 노력해 주어야 한다. 즉, 치료자는 환자를 강화할 수 있는 기회를 찾아야 한다. 더 쉽게 말해서, 치료자는 환자를 사랑해야 하고, 이들이 번영하고 성장하는 데 필요한 바를 주거나, 아마도 그보다 조금 더 주어야 할 수 있다. 또한 따뜻함과 승인의 기준이 너무 높아서도 안 된다. 살짝 헛디뎠다고 파국적 상실을 맞아야 할 이유는 없다. 이는 조성 원리와 연관 지어 다음에 더 자세히 논의하겠다.

수반성 관리 절차

대인관계 상호작용에서 모든 반응은 잠재적으로 강화, 처벌, 소거의 형태를 띠고 있다.

다른 어떤 관계와 마찬가지로 심리치료 관계에서도 이는 맞는 말이고, 치료자나 환자가 의도했거나 하지 않았거나 그렇다. 매 순간 치료자가 환자에게 어떻게 반응하는지에 따라 환자는 어떻게 행동하고, 느끼고, 생각하고, 감각할지에 영향을 받는다. 수반성 관리 전략이란 환자 행동과 치료자 반응 사이의 수반성 관계를 관리하는 방법으로, 이를 통해 치료 결과가 오히려 해롭지 않고 궁극적으로 이득이 되도록 한다. 이 중 가장 중요한 내용을 여기에서 다룰 것이다. 이를 〈표 10-2〉에 요약하였다.

〈표 10-2〉 수반성 관리 절차 점검표

- _____ 치료자는 환자에게 수반성 관리 방향을 잡아 주었다.
  - _____ 치료자는 강화를 포함하여 학습이 어떻게 일어나는지 설명했다.
  - _____ 치료자는 결과를 '의도했다'와 결과에 행동이 '기능적으로 연관되었다'의 차이를 논의했다.
- _____ 치료자는 목표 관련 적응 행동을 **강화**했다.
  - _____ 치료자는 강화를 즉각 제공했다.
  - _____ 치료자는 환자의 적응 반응의 세기에 걸맞은 강화 계획을 적용했다.
    - _____ 반응이 약할 때, 치료자는 환자가 적응 행동을 할 때 매번(혹은 거의 매번) 강화한다.
    - _____ 반응이 점차 강해지면, 치료자는 강화의 빈도와 강도를 서서히 줄여 간헐적 계획을 수행한다.
    - _____ 환경과 자기 관리 수반성이 점차 효과적이 되면 치료자는 강화를 점진적으로 완전히 줄여 나간다.
  - _____ 치료자는 치료 관계를 강화물로 사용한다.
- _____ 치료자는 목표 관련 부적응 행동을 **소거**한다.
  - _____ 치료자는 어떤 행동이 강화 결과로 유지되는지 평가한다.
  - _____ 치료자는 달래지 않는다.
  - _____ 치료자는 행동 폭발이 일어날 때 소거 계획을 유지한다.
  - _____ 치료자는 환자가 문제 해결을 하도록 하여 강화받을 수 있는 다른 행동을 찾을 수 있게 돕는다.
    - _____ 치료자는 대안 적응 행동을 신속하게 강화한다.
  - _____ 치료자는 소거 단계에서 환자를 돌본다.
    - _____ 치료자는 환자의 고통을 배려하고 타당화한다.
    - _____ 치료자는 따뜻하게 환자에게 소거 원리를 상기시킨다.
- _____ 치료자는 필요하다면 **혐오 수반성**을 사용한다.
  - _____ 최우선 목표 관련 부적응 행동을 강화시키는 수반성이 치료자의 통제 아래 없을 때
  - _____ 부적응 행동이 다른 모든 적응 행동을 방해할 때

   _____ 치료자는 비승인, 직면 혹은 따뜻함을 철회하는 방식을 쓴다(신중하게).
   _____ 치료자는 교정–과잉교정을 사용한다.
   _____ 치료자는 필요하다면 치료 휴가를 사용한다.
   _____ 치료자는 오직 최후 수단일 때 한하여 치료를 종결한다.
_____ 치료자는 결과의 잠재성을 파악한다.
   _____ 치료자는 경험을 통해 강화물과 혐오 결과를 확인한다. 치료자는 특정 사건, 물건 혹은 반응(특히 칭찬)이 특정 환자에게 반드시 강화물이거나 혐오물이라고 단순히 가정하지 않는다.
   _____ 치료자는 다양한 다른 결과를 사용한다.
_____ 치료자는 가능할 때마다 인위적 결과보다는 자연스러운 결과물을 사용한다.
   _____ 치료자는 인위적 결과를 자연스러운 결과물과 짝 지어, 시간이 지남에 따라 인위적 결과를 점차 줄여 자연스러운 결과의 효과성을 강화한다.
_____ 치료자는 환자의 행동을 강화하기 위해 조성 원리를 사용한다(현재 환자의 역량에 대한 상황적 요구에 따라 균형을 맞춰 강화 수반성을 적용한다).
   _____ 치료자는 지향하는 목적 행동을 향한 환자의 반응을 점진적·발전적으로 조성하는 강화 계획을 사용한다.
   _____ 치료자는 환자의 행동 레퍼토리 중 이미 목표 행동을 지향하는 행동을 강화한다.
   _____ 치료자는 환자의 역량 한계 직전까지 밀고 나간다. 강화받을 과제의 난이도는 환자가 이미 성취한 행동의 난이도보다 아주 조금 더 어려운 수준으로 맞춘다.
   _____ 환자가 자기 역량의 한계까지 최선으로 행동하면, 치료자는 행동을 강화한다.
   _____ 치료자는 목적 행동과 유사한 행동을 할 역량이 환자에게 있다면, 목적 행동과 먼 행동은 강화하지 않는다(소거한다).
   _____ 치료자는 한 상황에 대한 모든 변수의 정보(환자의 현재 취약성을 악화하는 변수를 포함하여)를 바탕으로 과제의 난이도를 매긴다.

DBT 위배 전략

_____ 치료자는 환자 요구에 '맞춰' 주느라 닥친 상황에서 보다 유용한 행동이 요구될 때에도 환자의 역량에 못 미치는 행동을 강화한다.
_____ 치료자는 수반성 관리 절차의 사용에서 비일관적이다.
_____ 치료자는 혐오 수반성을 사용할 때 가혹하다.
_____ 치료자는 행동하려는 시도를 강화하기도 전에 환자의 역량을 넘어서는 행동을 요구한다.

수반성 관리 방향 잡기: 과제 개관

치료자는 심리치료에서 수반성 관리를 활용할 때 환자에게 방향을 잡아 주어야 한다. 환자와 전문가 모두 강화 원리가 행동에 미치는 영향을 혼동하기 때문에 이 과제는 더욱이 중요하고 추가로 어렵다. 환자가 자기 행동을 통제하는 힘을 발견하는 이 과제에 협력할 수 있으려면 학습이 어떻게 작동하는지에 관한 정확한 정보를 접할 수 있어야 한다. 당연히 치료자는 학습 원리에 충분히 익숙해야 한다. 행동 조정과 행동주의 치료에 관한 일반 교재는 이러한 원리를 잘 요약하고 있다(예: Martin & Pear, 1992; Masters et al., 1987; Millenson & Leslie, 1979; O'Leary & Wilson, 1987). 치료자 역시 사회적으로 수용되지 못한 강화 양상의 낙인을 줄이는 데 힘써야 한다. 내 경험으로, 다음이 가장 도움이 되었다(순서는 무관하다).

첫째, 치료자는 개인이 세상에 반응하고 행동하는 데 영향을 미치는 의도, 행동 계획, 목적, 결과 간 차이를 논의해야 한다. 경계성 환자에게 이는 특히 민감한 부분이다. 그들이 행동을 한 의도는 최소한 결과와, 특히 그 행동을 강화하는 결과와 관련 없는 경우가 빈번하다. 내가 이 책에서 계속 강조했듯이, 치료자는 환자에게 행동의 결과가 필연적으로 행동의 의도를 증명한다고 가정한다면 논리에 오류가 있다고 강조해 주어야 한다. 많은 결과는 사실상 의도 없이 일어난다. 나아가, 결과가 행동을 강화한다는 사실(결과가 강화물인 경우)은 그 결과를 의도했거나 원했다기보다는 의도되지 않은 결과가 행동을 빈번하게 강화할 수 있다는 뜻이다.

둘째, 치료자는 대부분 학습이 지닌 자동적 속성에 대해 논의해야 한다. 예를 들어, 유아와 동물 학습에서 우리는 의식적 혹은 무의식적 의도를 탓하지 않는다. 사람이 무엇을 의도하건 원하건 상관없이 강화가 뇌에 가하는 신체적 영향에 대해서도 논의할 수 있다. 강화 결과는 뇌에 화학적 변화를 야기하고, 신경망을 변화시킨다.

셋째, 치료자는 사람의 자각 없이도 결과는 행동에 영향을 미친다는 점을 강조해야 한다. 사실상 우리 대부분은 언제 어떻게 행동 결과가 우리 행동에 영향을 미치는지 알지 못한다. 따라서 우리가 특정 이유나 목적으로 어떤 행동을 하는 '것처럼 느낀다'는 사실이 이러한 이유나 목적이 실제로 우리 행동에 영향을 미친다는 뜻이라고 보기는 어렵다. 모든 인간('정신과 환자'만 얘기하는 것이 아니다)은 '원인'이 분명하지 않을 때 자기 행동의 이유를 구성하는 경향이 있다(Nisbett & Wilson, 1977). 예시로 다음이 있다. 동물 연구에서 뇌의 특정 보상 중추를 자극할 때 자극에 즉각 앞선 어떤 행동도 빈도가 높아진다고 하였다. 사실 그 효과가 너무 강력하여 동물이 빈번하게 '보상받은' 행동을 계속하도록 만들어 결국 음식을 주지 않아도 섭취를 멈추지 않는 수준까지 만들 수 있다(이 연구는 Millenson & Leslie, 1979가 요약하였다). 인간에게 만약 뇌의 보상 중추를 결과적으로 자극할 방법이 있다면, 마찬가지로 바로 직전의 행동을 증가시킬 것이다. 만약 사람이 이렇게 자극받는 사실을 알게 된다면, 당연히 그는 행동 증가 원인은 뇌 자극에 있다고 설명할 것이다. 그런데 만약 사람이 모르게 그의 뇌 자극 중추를 자극하는 방법이 있다면? 만약 이 자극이 특정 행동에 수반하여 나타난다면 그 행동은 증가할 테지만, 당사자는 자극이 행동에 영향을 주고 있다는 사실은 모를 것이다. 이런 상황에서 보통 사람은 스스로의 행동을 설명하기 위해 합리적 이유(예: "내가 그렇게 행동하는 걸 좋아해.")를 만들어 내는데, 대개는 뇌 자극과는 관련 없는 이유이다. 치료자는 예를 환자에게 설명할 수 있다. 결국 나중에 완전히 다른 이유에 영향을 받았다고 알게 된 특정 행동을 하는 이유를 언제 '구성'했는지에 대한 예시를 보여 주고, 이어서 환자가 자신의 예를 생각해 볼 수 있다.

넷째, 만약 무엇이 자기 행동에 영향을 주는지 알게 되었다면, 치료자는 이를 '통찰'이라고 언급해야 한다. 만약 치료자나 환자가 의도, 결과, 강화가 결국 같을 뿐이라고 가정한다면, 혹은 행동의 원인에 대한 느낌이나 신념(근거 자료 없이)이 언제나 실제 원인에 관한 가장 좋은 정보라는 생각에 결탁하고 만다면, 사회적으로 수용받지 못하는 행동의 강화 양상에 대한 통찰을 얻기는 어려울 것이다. 만약 환자와 치료자 모두 이런 방식으로 강화 원리를 설명한다면 결국 행동에 영향을 미치는 수반성 관계를 관찰하고 찾지 못하게 방해받는다.

다섯째, 행동의 소거 효과에 대한 설명은 매우 도움이 된다. 필요하다면 치료자는 환자에게 부적응 행동에서 강화를 제거한 이후 일시적으로 행동의 빈도나 강도가 증폭할 수 있다고 설명할 수 있다. 이러한 효과를 이해한다면 유용한 강화물을 제거할 때 나타나는 고통을 줄일 수 있다. 9장에서 설명한 문 안에 발들이기 기법을 사용하여 수반물 변화에 따른 고통스러운 측면을 감내하도록 전념하는 데 도움을 줄 수 있다.

마지막으로, 뒤에서 논의하겠지만 처벌 원리는 환자와 함께 계획해야 한다. 이 정보는 단순한 방향 잡기 작업을 넘어서 몇 가지 목적을 지닌다. 이는 환자가 자기 통제 기법으로 처벌을 버리도록 결정하는 근거를 제공한다. 앞서 여러 번 언급했듯이, 자기 처벌은 경계성 사람이 사용하는 유일한 자기 통제 절차일 때가 있다. 더하여, 처벌의 한시적이고 부정적인 효과에 관한 정보를 제공함으로써 치료 관계에서 환자의 힘을 상승시키고, 치료자가 지혜롭지 못한 강요를 할 때 중단시킬 수 있는 '무기'를 환자에게 쥐어 줄 수 있다.

강화를 목표로 삼는 행동 유형(예: 고통 감내, 마음챙김)과 소거와 처벌을 위한 행동(예: 위협적인 자살 행동, 치료자 공격)의 구분에 대해서는 초반부터 이어지는 지속적인 평가와 치료 계획하기 일부로 논의해 왔을 것이다. 치료 초기 방향 잡기 단계에서부터 앞에 언급한 원리와 이후 더 자세히 논의할 원리를 환자와 정기적으로 살펴보아야 한다. 무엇이 특정 행동을 계속 지속시키는지 환자와 치료자가 파악하고자 한다면 반복하여 방향을 잡을 필요도 있다. 새로운 주요 수반성이 환자 행동에 나타나고 있다면 원리를 다시 살펴볼 필요가 있다. 그러나 치료자가 매 순간 왜, 어떤 수반성이 어떻게 나타나고 있는지 설명하는 게 항상 필요하거나 특별히 도움이 되지 않을 수 있다. 이렇게 한다면 일상적인 수반성 양상을 제거해 버려 일반화에 상당한 문제가 발생할 수 있다. 특히 소거와 처벌을 사용할 때 이는 중요한 문제이다. 다음에서 더 자세히 논의하겠다.

1. 목표 관련 적응 행동 강화

DBT 중심 원리 중 하나로 치료자는 목표 관련 적응 행동이 발생했을 때 이를 강화해야 한다. 치료자는 ① 환자가 무엇을 하는지, ② 환자의 행동이 늘릴 행동인지, 줄일 행동인지, 혹은 현재 목표와 무관한지(행동이 목표와 관련 있는지), ③ 치료자 자신이 환자 행동에 어떻게 반응하는지에 언제나 주의해야 한다. Kohlenberg와 Tsai(1991)처럼 말하자면, 치료자는 임상적으로 관련된 행동을 관찰하고 진전을 뜻하는 행동을 강화해야 한다. 강화의 중요한 두 가지 원리는 적절한 시점 그리고 적절한 계획에 있다.

강화 시점

즉시 강화는 지연 강화보다 훨씬 더 강력하다. 많은 행동은 단기의 즉각적 강화를 받기 때문에 행동을 줄이기가 극도로 어렵다. 그러나 때로 이 같은 행동은 장기적으로 부정적 혹은 처벌적 결과로 이어진다. 중독 행동은 좋은 예시이다. 약물, 술, 도박, 음식 그리고 당연히 자살 행동의 즉각적 강화는 장기적 혐오 결과가 약화시키는 것보다 훨씬 더 효과적으로 행동을 강화한다. 따라서 치료자는 가능하면 빨리 개선된 행동을 강화해야 한다. 치료자가 있을 때에 나타나는 행동, 전화 통화에서 나타나는 행동은 즉시 강화가 더 용이하다. 따라서 치료 상호작용을 할 때 환자의 개선에 민감해야 한다.

강화 계획

치료 초기에는 지속적인 강화가 필요할 수 있다. 만약 긍정 행동이 낮은 비율로 발생한다면 어떤 방식으로든 매번 긍정 행동을 강화해야 한다. 일단 환자가 높은 비율로 능숙한 행동을 보여 준다면 치료자는 강화 계획을 점진적으로 줄이기 시작하고, 마지막으로 다음 국면으로 완전히 넘어갈 수 있다. 간헐적으로 강화받은 행동은 소거에 보다 더 저항을 보인다. 그러나 치료자는 강화 빈도를 갑작스럽게 감소시켰는지, 강화를 너무 오래도록 안 주었는지에 민감해야 한다. 이러한 상황에서 치료자는 긍정 사건에 대한 자신의 주의와 환자에 대한 자기 태도를 점검해야 한다.

강화물로서 타당화, 반응성 그리고 비지시적 관심

경계성 환자에게 어떻게 강화할지는 특히 복잡한 일이다. 어떤 환자에게 따뜻함과 친밀함의 표현은 매우 효과적이지만, 다른 이에게 그러한 표현은 너무 위협적이어서 의도와는 달리 완전히 반대 효과를 줄 수 있다. 물론 DBT의 중심 절차는 긍정적 관계를 발전시키고 그 관계를 진전의 강화물로 사용하라 하지만, 치료자와 환자가 얼마나 그러한 관계를 발전시킬 수 있는가에 따라 어떤 행동이 강화물인지 혹은 처벌물인지 결정된다. 결과의 잠재성을 확인하는 방법은 뒤에서 논의한다.

대부분(당연히 전부는 아닌) 경계성 환자에게 다음 관계 행동은 강화가 된다. ① 치료자의 승인, 돌봄, 염려, 관심의 표현, ② 환자를 좋아하고 존경하고 환자와 함께 작업하고 상호작용하고 싶다고 보여 주는 행동(그러나 칭찬의 사용에 대해 다음 주의점을 확인하라), ③ 치료자가 의지할 만하고 치료가 안정적임을 환자에게 확인시켜 주는 행동, ④ 거의 모든 타당화 반응(응원하기는 때에 따라 다름), ⑤ 환자의 요구와 전달에 반응하는 행동, ⑥ 치료자의 관심과 접촉(예: 정기적 혹은 추가 회기 예약, 회기 사이에 치료자에게 전화할 수 있기, 환자가 원함에 따라 회기 길이를 늘리거나 줄이기)

2. 목표 관련 부적응 행동 소거

행동을 유지시키는 강화물을 제거했을 때, 행동 반응은 소거된다. 치료자는 어떤 강화물이 사실상 특정 부적응 행동 양상을 유지시켰는지 확인해야 하고, 행동에 이은 이러한 강화물을 체계적으로 막아야 한다. 어떤 상황에서든 일단 우선순위 부적응 행동을 소거하는 목표를 세웠다면 치료자는 이를 강화해서는 안 된다. 치료자는 목표 우선순위와 뒤에서 논의하는 조성 원리에 따라 수반성 관리의 특정 우선순위가 결정된다는 점을 염두에 두어야 한다. 한번 행동을 소거 계획에 포함했다면, 치료자는 우선순위 목표 행동이 발생할지라도 이 소거 계획을 버려서는 안 된다.

소거 절차는 잘못 쓰기가 너무 쉽다. 따라서 모든 행동이 결과에 따라서만 유지되지는 않는다고 기억해도 좋겠다. 어떤 행동은 대신, 선행 사건에 따라 자동으로 일어나기도 한다. 예를 들어, 아기가 핀에 찔렸을 때 울고, 핀을 빼면 울음을 멈춘다. 핀을 빼는 행동이 울음을 강화하고 유지한다고 볼 수 있을까? 울음이 핀에 찔려서 자동으로 촉발되었다고 본다면 더 합리적이다. 핀을 그대로 두어서 울음을 강화하지 않기보다 핀을 제거한다면 훨씬 분별력 있다(그러나 '생존 수반성'의 관점에서 보면 이 수반성이 원인이 되어 인간은 최초의 고통스러운 사건에 따른 자동 울음을 발달시켰는지도 모른다. 고통이나 위험에 있을 때 울거나 소리 지르는 아기는 보살핌 받을 가능성이 더 높고 유아기를 생존하여 유전자를 전달할 잠재력을 높이게 된다). 무엇이 특정 부적응 행동을 유지하는지 확인할 때 사실상 잘 된 행동주의 분석을 대체할 만한 건 없다(이 시점에서 특히 자살 행동에 적용하기는 15장에서 더 자세히 논의한다).

그럼에도 경계성 환자의 부적응 행동을 포함하여 대부분의 인간 행동은 그 결과에 의해 유지된다. 그런데 소거하려는 행동에 이은 강화를 중단하는 생각은 단순하고 명백해 보일지라도, 실제 수행하려면 엄청난 어려움이 있을 수 있고, 자살 시도 환자와는 특히 그렇다. 어려운 이유는 소거를 목표로 하는 많은 행동은 치료에 영향을 주는 두 가지 유형의 결과에 지배받기 때문이다. 첫째, 결국 대인관계 결과를 강화하고, 둘째, 혐오 상황으로부터 도피를 제공한다. 대인관계에서 자살 행동은 의사소통하거나, 도움을 구하거나, 가까움(혹은 거리감)을 유지하거나, 자신이 원하거나 필요한 자원을 획득하거나, 복수하는 등의 기능을 할 수 있다. 더하여, 행동은 고통스러운 사건이나 상호작용을 종결 짓거나 환자가 이로부터 주의 전환을 하도록 해 준다. 경계성 환자의 문제 행동은 때로 꽤나 효과적으로 기능한다. 정신건강 전문가(이전 치료자를 포함), 가족 구성원 그리고 다른 가까운 사람들은 아마도 부지불식간에 대개 간헐적 방식으로 현재 치료자와 환자가 제거하고자 하는 바로 그 행동을 강화했을 것이다.

예를 들어, 환자는 대처하기에는 너무 압도된다고 느껴서 입원을 호소할 수 있다. 만약 치료자가 환자의 대처 가능성을 믿어 이를 거절하고서도 환자가 입원하지 않으면 죽겠다고 위협했다고 이를 재고한다면, 이는 환자와 치료자 모두의 자각 없이 훗날의 자살 충동과 위협의 가능성과 강도를 높여 버릴 것이다. 환자가 자신이 원하는 바를 직접적이고 능숙하게 요청하기보다는 무력한 입장이나 통제할 수 없는 정서를 보일 때 치료자가 더 많은 관심과 더 많은 도움을 준다면, 치료자가 줄이려 하는 무력감과 정서성을 곧 강화할 것이다. 만약 환자가 피하고자 하는 어렵고 고통스러운 주제를 논의하는 중간에 치료자가 주제를 바꾸거나, 환자가 해리되거나 이인증을 보이거나 사적인 공격을 행할 때 치료자가 양보한다면, 해리, 이인증 그리고 사적인 공격은 (다른 조건이 없다면) 결국 증가하고 만다.

반대로, 치료자가 이러한 행동을 강화하지 않는다면 환자와 효과적으로 소거 계획을 실행할 수 있다. 이렇게 할 때 예상할 수 있는 몇 가지 결과가 있다. 첫째, 실행할 때에는 행동이 줄어들 것으로 기대할 수 있지만, 소거 초기와 이후 간헐적으로 '행동 폭발'이 있을 것이다. 소거는 일시적으로 행동의 크기, 강도, 빈도를 높이는 역설 효과를 보인다. 둘째, 행동이 이전에 그 사람의 매우 중요한 욕구를 만족시키거나 매우 힘든 상태를 중단시켜 준 기능을 했다면, 그리고 그만큼 잘 기능하는 다른 행동이 없다면, 치료자로서는 환자의 전반적 행동이 어딘 듯 와해되거나 격렬해질 것을 예상할 수 있다. 그 사람은 기능할 만한 다른 유사 행동을 찾게 되고, 이 역시 실패한다면 극단적 정서와 사고로 반응할 수 있고 혼란스러운 행동을 보일 수 있다.

치료자가 여기에 어떻게 반응하느냐가 핵심이다. 어떤 행동이 치료자에게 해롭다면, 혹은 치료자가 환자에게 바꿀 수 없는 해를 줄까 두렵다면 일시적으로 소거 절차를 중단하는 결정을 내리는 데 혹할 수 있다. 이와 같은 경우에는 자살을 위협하는 환자를 입원시키지 않는 입장을 유지하거나, 통제 바깥에 있는 환자에게 더 많은 관심, 도움, 염려를 주지 않거나, 환자가 해리, 이인증을 보이거나 공격을 할 때 철회하지 않고 치료 회기에 다시 집중시키기란 몹시 어렵다. 가끔 소거 절차를 중단하는 식의 반응 역시 필요하고 단기적 이득을 줄 수 있지만, 환자의 장기적 복지 측면에서는 오히려 해로울 수 있다. 이러한 반응이 분명 특정 환자에게 강화물이라면 소거를 목표로 한 행동은 소거에 더욱 저항할 테고 미래에 다시 나타날 가능성이 높아진다. 더하여, 만약 행동 폭발이나 와해된, 극단적인 혹은 혼란스러운 행동에 뒤이어 강화 반응이 주어진다면 이 역시 행동을 더욱 악화시킨다. 목표 행동이 만약 자살 행동이라면 분명 불행한 상황이 될 수 있다. 그 사람은 이 행동을 증폭시켜 결국 죽음에 이를 수 있다.

치료자가 소거 계획을 위반할 가능성을 높이는 요인에는 여럿이 있다. 만약 환자가 고집이나 매우 극단적인 반응에 보상을 받아 왔다면 환자는 쉽게 치료자를 지치게 할 수 있다. 치료자가 지쳤거나 도를 넘었거나 스스로의 한계를 관찰하지 않을 때 더 그럴 수 있다. 치료자가 자신의 치료 계획이 불확실하거나, 행동을 적절히 평가하지 않았거나, 환자가 분명히 원하고 필요한 바를 주지 않았다고 죄책감을 느낀다면 계획을 깨고 한발 물러서기가 쉽다. 치료자가 물러서는 행동은 소거 절차 이후 치료자가 감당할 수 없는 수준 이상으로 환자가 더욱 고통을 드러낼 때 혹은 환자 행동에 치료자가 위협을 느낄 때(예: 환자가 자살하거나 혹은 결국 스스로 크게 해칠까 봐 치료자가 두려울 때) 대체로 발생한다. 경계성 환자는 자기 고통을 치료자가 경감시켜 줄 무언가를 하지 않을 때 자주 자살을 위협한다. 치료자의 '봐주기'는 위협과 고통 표현을 감소시키고 치료자에게나 환자에게나 위안이 된다.

치료자는 환자와 치료자 모두에게 소거 절차를 조금은 쉽게 해 주는 여러 행동을 할 수 있다. 그렇게 하지 않으면 둘 중 하나는 이 작업을 그저 포기할 수도 있으므로 이는 중요하다. 소거 계획은 목표 행동에 초점을 두어야 하지, 환자라는 사람에게 하는 게 아니다. 목표는 목표 행동과 강화 결과 사이의 관계를 깨는 데 있고, 사람에게 강화 결과를 완전히 박탈시킬 필요는 없다. 두 가지 전략이 여기서 유용하다. 강화할 다른 행동을 찾기와 위안하기이다.

1. 강화할 다른 반응을 찾기 첫 번째 전략으로 소거할 행동을 대체하여 강화할 수 있는 다른 행동을 환자가 수행하도록 한다. 조성 원리에 따르면(뒤에서 논의하듯이), 환자가 평소보다 아주 조금 더 나은 행동을 하도록 하고 그다음 재빠르게 강화로 넘어가는 게 핵심이다. 경계성 환자를 위해서는 문제 해결을 많이 써야 할 수 있고 상당한 인내가 필요하지만 치료자와 환자가 지속할 수만 있다면 대개는 긍정적인 혹은 개선된 행동을 얻을 수 있다(최소한 두 사람 다 멈추자고 합의한 행동에 대해 치료자가 포기하거나 강화할 사람이 아니라는 점을 일단 환자가 알게 된다면 얻어질 거다). 부적응 행동이 보상이 되지 않고 적응적 문제 해결 행동에 보다 보상이 되는 결과를 연합시키는 장기적 과제가 있다.

2. 위안하기 소거 계획이 있는 환자에게 원하고 필요한 것을 얻는 게 얼마나 중요한지, 치료자가 충분히 타당화하고 치료 과정이 얼마나 어려운지 세심히 인정하는 데 핵심이 있다. 문제는 환자가 무엇을 원하거나 필요로 하는지가 아니라, 그걸 어떻게 획득하려 하는지에 있다. 따라서 치료자는 소거에 상당량의 위안과 친절을 섞어야 한다. 치료자는 이를 특히 어려워할 수 있는데, 환자가 원하는 것을 주지 않을 때 죄책감을 느끼는 치료자는 더 그렇다. 어떤 치료자는 환자에게 마음의 문을 닫는 방법으로 스스로의 고통스러운 정서에 대처한다. 즉, 치료자 스스로 전부 혹은 전무라는 경계성 방식으로 행동한다. 이때 한 가지 가능한 전략으로 치료자는 환자와 함께 고통을 나눌 방법을 고안하면서 소거를 지속하는 전략이 있다(자녀를 꾸짖는 아버지가 꾸짖는 자신이 자녀보다 더 아프다고 자녀에게 말하는 예와 같다). 방향 잡기, 설명하기, 전념 전략 역시 적용할 수 있다. 때로 환자는 소거를 임의적으로 여기거나 치료자가 마음에 곁을 두지 않는다고 여길 수 있다. 왜 소거를 쓰는지 설명하

고, 목표 행동에 노력하려고 다시 전념하는 작업을 한다면 도움이 될 수 있다.

요점은 세 가지이다. 첫째, 일단 환자가 소거 계획에 있다면 치료자는 이를 엄수할 용기와 전념을 찾아내야 한다. 둘째, 개인에게 기능적인 행동을 소거할 때, 치료자는 환자가 똑같이 기능하거나 더 잘 기능하는 다른, 더 적응적인 행동을 찾도록 돕고 반드시 이를 강화해야만 한다. 셋째, 환자와 소거 계획을 수행할 때 치료자는 반드시 과정 동안 위안을 주어야 한다. 소거는 환자를 처벌하기 위한 수단이 아니다.

3. 혐오 결과를 사용하기…… 돌보면서

혐오 결과는 언제 쓰는가

앞서 언급한 바와 같이, 처벌에서는 행동 반응에 혐오 결과를 짝 짓는다. 예를 들어, 환자가 원하지 않는 행동을 하거나 원하는 행동을 앗아가 버리는 방식은 대부분 사람에게 혐오 결과에 해당한다. 그러나 강화와 마찬가지로 어떤 특정 결과의 효과는 특정 상황, 목표로 삼은 특정 행동 그리고 그 밖의 맥락 특징에 따라 다르다. 어떤 맥락이나 상황에서 혐오 사건은 다른 상황에서는 혐오가 아닐 수 있다. 다시 말해, 강화와 마찬가지로 처벌도 기능적 혹은 절차적 정의를 담고 있다. 특정 사례에서 행동을 억제하는 사건이나 결과에는 '혐오적'이라고(전체 절차에는 '처벌'이라고) 이름 붙일 수 있다.

소거와 처벌의 차이는 때로 미세하지만 중요하다. 소거에서는 행동을 강화하는 결과를 제거하는데, 처벌에서는 원래 반응과 관련이 없었던 긍정 조건을 제거한다(혹은 혐오 조건이 더해진다). 예를 들어, 만약 입원 병동에서 유사 자살 행동이 직원의 관심을 통해 강화받을 때, 유사 자살 행동 뒤에 환자를 무시한다면 소거이고, 원하는 권한을 주지 않거나 공개적으로 창피를 준다면 처벌이다.

때로 혐오 결과는 목표로 삼은 부정적 행동을 제거하는 유일한 방법이기도 하다. DBT에서는 두 가지 경우에 사용한다. 첫째, 목표 관련 우선순위 행동을 강화하는 결과를 치료자가 통제할 수 없거나 더 강한 강화물이 가용하지 않을 때 사용한다. 즉, 행동에 소거 계획을 할 수 없을 때 혹은 양립할 수 없는 대안 행동을 강화할 수도 없을 때이다. 예를 들어, '경계성' 행동은 즉시 효과적으로 고통스러운 정서, 생각, 상황을 감소시키거나 종료시켜 주고 좋은 걸 만들어 주고, 원하는 입원(혹은 퇴원) 혹은 공적 자금을 통한 금전 지원을 가져다주고, 어려운 과제로부터 빠져나가는 방법을 제공하며, 다른 이로부터의 돌봄과 관심의 표현이나 타당화를 촉진시킨다. 이러한 강화물을 치료자가 통제할 수 없을 때 혹은 이것이 다른 동등한 강화물보다 훨씬 강력할 때, 치료자는 자기 뜻대로 혐오 결과를 적용할 필요도 있다. 둘째, 부적응 행동이 모든 다른 적응 행동을 방해할 때 혐오 결과를 사용한다. 다시 말해, 강화할 만한 다른 행동이 전혀 발생하지 않을 때이다. 이는 특히 상황이 거의 자동적으로 문제 행동을 촉발할 때 그러하다. 예를 들어, 우리 프로그램의 한 환자는 때로 치료자에게 너무 적대적이어서 어떤 치료 작업도 진행할 수 없었다. 이 행동은 치료에 등장하는 특정 주제에 대한 자동적 연합 반응으로 드러났다. 그러나 어찌됐든 이 행동은 시작되면 지속되었고 강화할 만한 긍정 행동은 거의 나타나지 않았다. 이 경우 치료자는 환자가 적대적 공격 행동을 20분 이내에 스스로 통제하지 못하는 경우 회기를 일찍 끝내는 방식으로 대응하였다.

혐오 결과로서 비승인, 직면 그리고 따뜻함 철회

비판, 직면 그리고 치료자의 승인과 따뜻함을 철회하는 행동은 보통의 경계성 환자에게 극도로 혐오스러울 수 있다(결과의 잠재성을 파악할 때 유의할 점은 뒤 참조). 분명 너무도 혐오스러워서, 치료자는 오직 매우 신중하게, 매우 조금씩, 그리고 매우 짧게 써야 한다. 환자는 때로 치료자가 보기에 경미한 비판을 자기 존재 방식 전체에 대한 비판으로 경험할 수 있는데, 이는 치료 지속 자체에 위협이 될 수 있다. 따라서 강렬한 수치심과 동등하게 강렬한 버림받을 두려움이 즉각적 결과가 될 수 있다. 많은 경우 처벌하는 수준에는 의도가 있지만, 대개는 문제 행동에 비추어 너무 멀리 나가 버리게 된다. 치료자가 좌절과 실망을 표현한다면 분노를 표현하기보다 훨씬 효과적일 수 있다. 치료자의 분노는 환자를 강력하게 휘젓고 환자는 정서적 와해를 겪거나 이전보다 더 역기능을 보일 수 있다(반대로 어떤 환자에게 치료자의 분노는 사실상 강화물이 되는데, 이는 치료자가 화날 만큼 '충분히 관심 있음'을 소통하기 때문이다). 혐오적 대인관계 결과를 활용할 때, 치료자는 신중하게 매 단계마다 효과성을 분석해야 한다.

그럼에도 적절히 숙고했다면, 적정한 비승인, 직면 혹은 정서적 철회는 효과적이다. 때로는 그보다 더 효과적인 반응은 없다. 부정적 견해와 정서 반응을 표현하는 방법은 여러 가지이다. 12장에서 자세히 논의할 상호성 및 일침 놓기 의사소통 전략을 사용할 수 있다. 예를 들어, 치료자는 "○○ 님이 X하면 나는 Y를 느낍니다/합니다."(여기서 X는 문제 행동이고 Y는 환자가 원치 않는 반응이다)라고 하거나, 일침 놓기를 더하여, 자살하겠다고 위협하는 환자에게 치료자는 "만약 자살한다면 나는 ○○ 님 치료자를 그만할 겁니다."라고 말할 수도 있다.

만약 치료자가 목표 관련 부적응 행동에 비승인, 직면 혹은 따뜻함 철회로 반응한 뒤라면 환자가 보이는 개선에는 그 어떤 심지어 매우 경미하고 겨우 알아볼 수 있는 수준일지라도 이어서 긍정적 대인관계 환경을 복구해야 한다. 즉, 승인, 칭찬 그리고 대인관계 따뜻함이 반드시 뒤따라야 하며, 그렇지 않다면 환자는(때로는 과할지라도 꽤 합당하게) 무슨 일을 해도 치료자를 만족시킬 수 없다고 느낄 가능성이 높다. 물론 때로 치료자가 보기에 너무 좌절되거나 처벌이 되는 행동을 환자가 한다면 이후 환자가 상황을 복구하려고 시도해도 치료자는 정서적 따뜻함으로 바로 응하기 어렵다. 환자가 행동한 결과가 자연스럽게도 환자나 때로는 치료자가 바라기보다 더 오래 지속되는 경우이다. 이럴 때에는 환자와 함께 수용적이고 열린 방식으로 이 문제를 의논하는 전략이 좋다. 이러한 논의는 그 자체로 관계 복구를 향한 한 걸음이고 환자의 개선을 아마도 강화할 것이다.

혐오 결과로서 교정-과잉교정

혐오 결과를 활용할 때 가장 첫째로 중요한 지침인데, 그 결과에서 반드시 '형량이 적절'해야 하고, 환자는 이를 피하거나 멈출 방법을 갖추고 있어야 한다. '교정-과잉교정 correction-overcorrection' 기법은 이 두 가지 기준을 충족한다(이 절차에 관한 개괄은 Cannon, 1983; Mackenzie-Keating & McDonald, 1990 참조). 더하여, 이는 치료자에게 대체로 만족스럽다.

교정-과잉교정에는 세 단계가 있다. 첫째, 문제 행동 발생에 이어 치료자는 긍정 조건을 철회하거나, 환자가 원하는 바를 주지 않거나, 혹은 혐오 결과를 더한다. 가장 좋은 방법은 행동에 대해 (환자 입장에서) 원치 않는 영향력을 자연스럽게 확장하는 식의 결과이다. 둘째, 치료자는 환자가 부적응 행동의 영향을 교정하는 동시에 더 나아가 그 영향을 과잉교정하도록 요구한다. 지시는 분명하다. 교정-과잉교정의 근거를 분명히 설명하고 교정-과잉교정을 수행하는 긍정적 결과를 보여 준다. 요구되는 교정 행동은 그러므로 문제 행동과 변증법 관계를 갖는다. 셋째, 새로운 '교정-과잉교정' 행동이 일어나면 치료자는 즉시 처벌을 멈춘다. 부정적 조건을 그만두거나 철회를 멈춘다. 이로써 환자는 처벌을 멈출 수 있는 준비된 방법을 갖출 수 있다. 물론 충분히 혐오를 주는 동시에, 사소하지 않고, 치료자가 가르치고 싶은 행동과 무관하지 않은 결과와 과잉교정 행동을 고안하기는 어렵다.

회기 사이에 유사 자살 행동을 하는 환자가 다른 주제를 다루기 전에 그 행동의 구체적인 행동주의 분석과 해결 분석에 참여해야 한다는 DBT 방침은 한 가지 교정-과잉교정 방법의 예시이다. 부정적 결과를 확장시킨 데는 환자에 대한 치료자의 자연스러운 염려와 이 어려운 행동을 반드시 멈춰야 한다는 의지가 있다. 만약 한 사람이 너무 비참하여 실제로 유사 자살 행동을 한다면, 책임감 있는 치료자가 과연 이를 어떻게 무시할 수 있을까? 치료자는 문제를 다루기를 주장한다. 행동주의 및 해결 분석이 곧 교정-과잉교정 절차에 해당한다. 비록 많은 경계성 환자가 유사 자살 행동을 촉발시킨 문제에 대해 이야기하기를 원하지만, 유사 자살 행동에 이르기까지의 사건과 행동에 대해 논의하기는 별로 좋아하지 않는다. 대부분 사람에게 이는 혐오스러운 결과인 반면에 이야기하고 싶은 주제는 대체로 따로 있다. 다른 일에 대해 이야기할 수 있는 능력은 강화물이 된다. 내 환자 중 자살 시도, 약물 과다복용 그리고 자해를 사용하던 사람은 치료 6개월 후 갑자기 이를 완전히 멈추었다. 어떻게 한 거냐고 내가 물었다. 그는 만약 이 행동을 멈추지 않으면 다른 얘기는 절대로 할 수 없음을 알게 됐다고 말했다.

기술 훈련에서도 유사한 전략을 쓴다. 예를 들어, 환자가 숙제를 전혀 안 했을 때 치료자는 연습을 억제하거나 방해한 요인에 관한 매우 공감적이면서 철저한 분석을 시작한다. 집단 장면에서 다른 구성원은 이러한 요소의 영향을 어떻게 이길지 아이디어를 제공하도록 격려받는다. 만약 환자가 이를 따르기를 거부한다면 치료자는 또한 철저한, 그리고 동등하게 세심한 방식으로 저항을 분석한다. 한 환자는 정서에 휩싸여서 기술 훈련에 참석하곤 했는데, 기술 연습을 잊어버렸거나 기술 연습을 하기에는 너무 힘들었다고 말했다. 몇 달간의 좌절스러운 시기가 지난 후 어떤 주에 그는 연습할 마음을 얘기하고 논하기 시작했다. 연습뿐만 아니라 집단 상호작용도 늘어났고 얼마 되지 않아 다른 환자들과 비슷한 수준으로 상호작용했다. 그의 개인 치료자가 어떻게 한 거냐고 물었다. 그는 왜 연습을 하지 않았는지 분석하느라 집단 시간을 잡아먹는 데 지쳤고 그냥 연습을 하는 게 더 쉽다는 점을 알게 됐다고 했다.

교정-과잉교정은 당근과 채찍을 동시에 쓰는 하나의 예시이다. 치료자와의 상호작용은 때로 당근이고 교정-과잉교정은 채찍이다. 어떤 환자는 늦은 밤 회기가 끝나고서 벽에 걸린 물건을 던졌을 뿐만 아니라 클리닉 다른 직원의 물건을 훔쳤다. 분명 그는 치료자와 클리닉 모두의 한계를 넘어섰고(다음에서 더 자세히 논의하겠다), 이는 치료 방해 행동의 명확한 사례였다. 결과로 그는 클리닉을 원 상태로 복구할 뿐만 아니라 훔쳐간 물건을 되돌려 줄 것을 요청받았고, 접수자의 야근 수당에 비용을 보탬으로써 클리닉 연장 근무 안전을 개선하는 데 기여하도록 했다. 당근은 치료자와의 예약 추가였다. 이렇게 유사한 한계 위반 상황에서 어떤 환자는 자신이 하도 발로 차서 구멍 난 벽을 고치고 페인트칠을 하고 깨끗하게 정비하였다. 구멍을 고쳤을 때 회기가 다시 시작됐다. 나의 환자는 (나와 결탁하여) 저녁마다 내게 전화하여 자살을 위협하고 꽤 학대적인 방식으로 행동하는 양상이 생겨 나는 저녁에 퇴근하기가 끔찍했고 그와의 치료를 중단하고 싶었다. 중단 대신 나는 매주 두 번 총 20분만 통화를 하도록 한계를 제한했다. 나아가 내가 그와 대화하고자 하게끔 전화 상호작용을 교정하는 것뿐만 아니라, 내가 정말 대화를 원하도록 과잉교정하는 것 역시 그의 과제라고 말해 주었다. 그 시점에서 한계 방침을 바꾸겠다고 말했다. 1년이 걸렸지만, 그는 결국 성공했다.

혐오 결과로서 치료 휴가

처벌을 쓸 때에는 처벌이 작동할 만큼 충분히 강해야 한다. 궁극적 처벌은 치료 중단인데, 많은 경계성 환자는 이 결과를 한 번 이상 경험해 보았을 것이다. 여러 입원 병동이나 치료자는 특정 행동이 한 번 이상 발생하면 치료를 중단한다는 분명한 규칙을 내세운다. 유사 자살 행동, 특히 치명적 행동은 자동으로 치료 중단으로 이어지는 대표적 행동이다. 다른 예로는 다른 치료자를 만난다거나, 승인되지 않은 병동 입원을 하거나, 치료에 무기를 가져오거나, 치료자를 공격하는 행동 등이 있다.

DBT는 일방적인 중단에 찬성하지 않는다. 이는 마치 "치료받으려 하는 문제를 실제로 보인다면 나는 치료를 중단하겠다."라는 말과 같다. 치료 중단은 환자가 필요한 변화를 보이는데 치료자가 도와줄 수 있는 기회 역시 중단시킨다. 환자를 '치료 휴가' 보내기는 DBT의 후퇴 전략이다. 휴가는 목표 관련 행동과 한계 관련 행동 모두에 쓰인다. 두 가지 조건이 필요하다. ① 다른 모든 수반성이 실패했다, ② 행동이나 행동 부재가 너무 심각하여 치료자의 치료적 혹은 개인적 한계를 넘어섰다. '치료 한계'란 치료자가 효과적인 치료를 수행할 수 있는 한계 범위를 말한다. 만약 치료자 생각에, 환자가 행동을 변화시키지 않는다면 치료자가 더 이상 도움을 줄 수 없다 여겨질 때 휴가를 쓴다. 즉, 환자 행동이 효과적인 치료가 불가능할 정도로 치료를 방해할 때 쓴다. '개인 한계'는 이 장 앞에서 언급했듯이, 치료자가 환자와 기꺼이 작업할 수 있는 한계 범위이다. 환자에게 변화가 없는 한 치료자가 개인적으로 치료를 지속할 마음이 없을 때 휴가를 적용할 수 있다. 휴가로 귀결되는 조건은 치료자와 환자마다 다르다.

'휴가'란 특정 기간 내 치료 중단 혹은 특정 조건을 충족하거나 변화할 때까지 치료 중단을 일컫는다. 휴가를 계획하려면 여러 단계가 필요하다. 첫째, 치료자는 변화해야 할 행동을 정해야 한다. 둘째, 치료자는 환자가 행동을 변화시킬 수 있는 합당한 기회와 그렇게 할 수 있는 도움을 제공해야 한다. 즉, 환자에게 휴가를 피할 방법이 있어야 한다. 셋째, 조건은 치료자로서 자신의 한계 때문이라고 제시해야 한다(한계 관찰 관련 논의는 뒤 참조). 즉, 이때 치료자는 겸손함을 좀 보여야 하는데, 특정 조건이 없는 다른 치료자가 더 잘 도울 수 있다고 인정해야 한다. 넷째, 치료자는 일단 조건이나 시간 요청이 충족되면 환자가 치료로 돌아올 수 있음을 분명히 해야 한다. 다섯 번째, 환자가 휴가 중에 있을 때 치료자는 전화나 편지로 간헐적으로 접촉을 유지하여 환자가 변하고 돌아오도록 격려해야 한다(소위 말해, 치료자는 환자를 쫓아낸 다음 이어서 환자가 돌아오는 데 간절해야 한다). 마지막으로, 치료자는 휴가 중인 환자를 의뢰하거나 뒷받침할 치료자를 제공해야 한다.

예를 들면 이렇다. 얼마 동안 이 환자와 작업하면서 점차 나는 그가 과한 음주를 줄이는 작업에 동의하지 않았고 우리가 더 이상 나아갈 수 없다고 생각하게 됐다. 나는 알코올 남용이 그의 다른 여러 문제의 원인인지 결과인지 판단할 수 없었다. 그는 부인했고, 술이 자신을 해치기보다는 도움을 주고 있다고 생각했다. 나는 그가 다른 결정을 내릴 때까지 3개월의 시간을 주었다. 나인지 술인지 둘 중에 하나 선택하는 셈이었다. 그는 나와 함께 물질 남용 작업을 하거나 알코올 치료 프로그램에 들어서야 했다. 그가 거절한다면 나는 치료를 지속할 수 없으나(이것이 휴가가 중단과 다른 점이다), 그가 기꺼이 나에게 동의한다면 우리는 가능한 한 빨리 만날 수 있었다. 그는 나에게 압박을 받으면서 술을 끊지는 못하겠다고 느꼈다. 이는 꽤 납득할 만했는데, 그래서 나는 그가 스스로 결정할 수 있도록 다른 사람에게 도움을 받으면서 치료 휴가를 가라고 제안했다. 음주 운전으로 유죄선고를 받은 뒤, 그는 법정 명령으로 한 주에 몇 시간짜리 물질 남용 치료에 참여해야 해서 나와 작업할 시간은 없었다. 2년짜리 법원 명령 치료를 끝마친 뒤, 그는 나와의 치료를 재개하려고 연락하였다.

또 다른 환자는 어떠한 생산적 활동에 참여하지 않는다면 더 이상 내가 도움을 줄 수 없을 것 같아 휴가를 보냈다. 그는 심각한 난독증, 뇌전증 그리고 퇴행성 신경과 증상뿐만 아니라 15년 동안의 빈번한 정신과 입원 때문에 공적 지원을 받고 있었다. 주 20시간 학교에 가거나 일을 하거나 봉사 활동을 하거나, 아니면 치료 휴가를 가는 선택지였다. 나는 그가 직업 상담을 받거나 학교에 입학하기까지 6개월을 만나기로 했고, 직장이나 학교를 다닐 때까지 6개월을 더 주기로 했다. 첫 번째 조건은 마감 직전에 달성했다. 두 번째 조건은 달성하지 못하여 그는 휴가에 보내졌고, 나는 나와 치료를 지속할지 결정하는 데 다른 치료자의 도움을 받도록 제안하였다. 그는 집단 치료에는 남았고 개별로 만날 수 있는 사례 관리자를 찾았다. 그는 나에게 너무 화가 나서 나와 대화하기를 거부했고, 결국 다시 정신과 병동에 입원하여 병동 직원이 내게 전화해서 내 생각을 바꾸게 하려고 시도했다. 몇 주 동안 매번 나는 집단 모임 시간에 그를 붙잡고는 같이 개인 치료를 하던 게 그립고 그가 어서 빨리 생산적인 활동을 계획하면 좋겠다고 말해 주었다. 그는 결국 해냈고, 치료는 전환을 맞이했다.

치료를 수행하기 위해 기본이 되는 환자 행동이 있다고 생각하는데, 앞선 두 예시 환자 모두 이를 보여 주지 않았다. 환자가 치료를 파괴하는 행동을 높은 비율로 보이거나, 치료를 지속하려는 치료자의 의도가 소진되었을 때(개인 한계), 그리고 모든 변화 절차가 실패했을 때 치료자는 어떻게 해야 할까? 우리 치료진의 환자 중 한 명은 반복적으로 치료자 집 전화 응답기에 메시지를 남기곤 했다. 메시지의 빈도와 사나움은 한동안 수반성 관리의 초점이 되었다. 한 전화에서 환자는 치료자 목숨뿐만 아니라 치료자의 9세 아들 목숨까지 위협했고 그 순간 아들이 메시지를 듣게 됐다. 환자 행동은 분명히 치료자의 한계를 위반했다. 치료자는 이 행동이 어떤 이유로든 다시 발생한다면 치료 휴가를 가게 될 것이라고 환자에게 말했다. 환자는 행동을 반복했고 휴가에 보내졌다. 여기에 또 다른 치료자는 의뢰하는 데 도움을 주었다. 환자가 30일 동안 치료자나 치료자의 동료와 어떤 방식(전화, 메시지, 편지 등)으로든 연락하지 않은 채 지낼 수 있다면 치료로 돌아올 수 있다는 조건이었다. 이는 이후에는 환자가 행동을 통제할 수 있을 거라고 치료자가 확신을 얻기 위해 반드시 필요했다. 환자는 자신의 행동을 통해서 치료를 지속해도 치료자 가족에게 해를 끼치지 않는다는 사실을 보여 주어야 했다.

혐오 행동에 따른 휴가는 행동이 실제로 치료 수행에 방해가 될 때만 사용해야 한다. 이를 기억하기 위해서 한 가지, 환자의 행동과 처벌은 가능하면 동일한 체계, 영역 혹은 맥락에서 발생해야 한다. 행동이 치료를 방해한다면 치료는 중단되어야 한다. 확장의 변증법 기법(7장 참조)과 같이 치료자는 환자 행동의 자연적 결과를 확장하거나 과장한다. 또한 치료자는 휴가가 얼마나 혐오적일지 알아야 한다. 어떤 환자에게 역기능 행동에 이어 한두 주 치료를 빠지게 되는 건 실제로 강화가 될 수도 있다. 어차피 치료에 오기에 너무 창피할 수 있다. 당연히 그러한 환자는 단기 휴가에 보내서는 안 된다. 그러나 어떤 사람에게는 한 주 휴가도 매우 힘들고 행동에 영향을 충분히 미친다. 혹은 부분 휴가도 가능하다. 특정 기간 안에는 전화를 할 수 없는(만약 환자가 사나운 전화를 한다면) 식도 충분하다. 일반적으로 행동 양상이 극단적이고 다른 모든 게 실패했다면(단기 휴가를 포함하여) 치료자는 계약 기간 말까지 휴가를 보내는 방법도 생각해야 한다. 그 정도가 되면 환자는 치료자와 새 치료 계약을 협상하기 위해 돌아올 수 있다. DBT에서 계약 말일까지 반드시 휴가를 보내야 하는 경우는 단 한 가지이다. 연속으로 4주 예약 회기에 불참하는 경우이다(이 규칙은 4장 참조).

치료 종결…… 최후의 혐오 절차

결혼이나 가족 관계와 마찬가지로 DBT의 마지막 수단으로 완전한 종결도 가능하다. 어떤 조건에서 종결은 피할 수 없고 심지어 더 필요하다. 치료 초기에 단단한 관계가 형성되기 전에, 치료자는 만약 다른 치료자가 더 도움이 된다고 생각이 들면 종결할 수 있다. 물론 이는 다른 치료자가 있을 때 가능한 선택지이다. 관계가 형성된 이후 DBT에서 계약 기간에 앞서 치료가 종결될 수 있는 경우는 치료 방해 행동에 절대적인 집중을 포함하여 관계를 구하기 위한 모든 가능한 선택, 외부 자문 혹은 '관계' 상담 그리고 휴가를 다 수행하고 난 이후이다. 소진이 되기 전에 소진을 시키는 행동을 치료하는 게 핵심이다. 그러나 최선의 노력에도 불구하고 소진이 발생한다면 이 상황을 돌이킬 수 없을지 모른다. 즉, 치료자는 회복하지 못할 수 있다. 이런 경우 종결하고 의뢰한다면 아마 파괴적인 관계를 지속하는 것보다 낫다. 기억해야 할 중요한 점은 DBT에서 치료자에 의한 종결은 치료의 실패이지, 환자의 실패로 보지 않는다는 점이다.

처벌 대 가혹함

경계성 환자를 치료하는 일은 몹시 힘들다. 종종 변화를 목표로 하는 행동이 바로 이 스트레스를 증가시킨다. 이 상황에서 치료자가 환자를 향해 느끼는 복수심과 적대감은 흔한 감정이다. 그러나 환자를 처벌한다면 이러한 감정을 표현하는 적절한 방법이 아니다. 내 경험상 치료자는 아주 쉽게 환자를 은근히 처벌하면서 치료적 반응이라는 가장 뒤에 숨는다. 비자발적으로 환자를 입원시키거나(혹은 입원을 반대하거나), 의뢰하거나, 치료를 종결하거나, 강한 약을 쓰거나, 환자를 직면시키거나, 무의식적 동기가 있다면서 비타당화하거나, 사례 일지를 경멸적으로 쓰는 행동은 확실히 치료에 위배하는 방식으로 쓰였음에도 '치료적'으로 둔갑한다. 특히 혐오 결과에서 치료자는 경계성 환자에 대한 자신의 행동을 매우 신중하게 관찰해야 한다. 자문팀은 이때 몹시 유용하다.

혐오 반응의 적법성을 평가하는 지침은 여러 가지이다. 첫째, 처벌할 행동은 목표와 관련되어야 한다. 한계 관찰(뒤 참조)을 예외로 하고, DBT는 설령 치료자가 개인으로서나 전문가로서나 승인하는 행동이 아니라도, 목표가 아닌 행동은 무시한다. 둘째, DBT 목표 위계에서 후순위에 있는 행동은 우선순위 행동을 위해서 무시한다. 즉, DBT에서 치료자는 많은 부적응 행동을 갓길에 내버려 둔다. (그러나 치료 초기 국면에서 무시했던 행동은 이후 국면에서는 무시하지 않을 수도 있다.) 셋째, 소거나 경쟁 행동 강화가 충분히 효과가 있다면, 혐오 결과는 미루도록 한다. 마지막으로, 이득이 위험을 능가해야 하며, 이는 다음에서 설명하겠다.

혐오 결과의 부작용

의식적으로 혐오 결과를 적용하더라도 치료자는 반드시 부작용을 고려해야 한다. 첫째, 처벌이 행동을 억제하는 기능만 하고 새로운 행동을 가르쳐 주지 못하는 경우이다. 따라서 처벌만 단독으로 쓰면 사람이 문제를 해결하거나 보다 적응적으로 자기 필요를 충족할 방법을 가르쳐 주지 못한다. 일단 처벌을 중단하면, 예를 들어 치료 말기나 치료 병동에서 퇴원할 때, 처벌받은 행동이 다시 발생할 가능성이 높다. 둘째, 처벌 효과는 처벌하는 사람이 가까이 있는 동안만 지속된다. 따라서 처벌받은 행동은 비밀스럽게 계속될 가능성이 높다. 만약 치료자가 자살 행동을 통제하기 위해 처벌을 쓴다면 심각한 치료 문제를 야기할 수 있다. 셋째, 사람들은 자신을 처벌하는 사람으로부터 멀어지거나 그를 피한다. 따라서 치료 절차로 혐오 결과를 쓴다면 경계성 환자 치료에 필요한 긍정적인 대인관계 유대를 약화시킬 가능성이 높다. 특히 경계성 환자에게 혐오 결과는 소외, 정서적 철회, 말하는 어려움, 조기 종결 그리고 자살 행동(실제 시도를 포함)을 촉발할 수 있다. 행동에 틀린 처벌을 대응시킬 때 오히려 해로운 결과가 일어날 수 있다. 예를 들어, 회기 안에서 철수하거나 해리되는 환자를 가혹하게 직면시킨다면 그가 말하는 데 도움이 될 리가 없다. "이게 몹시 힘들다는 점을 잘 압니다. 그런데 다시 회기로 돌아오는 방법을 우리가 찾지 못하면 나는 도움을 줄 수가 없습니다."라고 철회의 영향에 대해 설명한다면 도움이 될 수 있다. 종합컨대, 이러한 부작용을 미루어 봤을 때 혐오 결과는 최후에 고려해야 할 수반성 관리 절차임이 틀림없다.

결과의 잠재성 파악하기

어떤 특정 결과가 환자에게 강화가 될지, 중립적일지, 아니면 처벌이 될지 치료자가 단순히 가정할 수는 없다. 한 환자에게 잘 통하는 결과가 다른 사람에게는 통하지 않을 수 있다. 결과가 잘 작동하는지 결정할 수 있는 유일한 방법은 자세히 관찰하는 방법뿐이다. 물론 치료자 혹은 환자가 자기 이론이나 가정을 바탕으로 가능한 강화물이나 처벌을 제안할 수 있지만, 이론이나 가정은 실제로 작동이 될지 보증하지 못한다. 이 상황에서는 무엇도 관찰과 실험을 대체할 수 없다. 잠재적 강화물은 사람 사이에서 다르고, 한 사람에게서도 맥락에 따라 다르다. 이러한 점은 치료자에게 상당한 어려움과 좌절로 다가올 수 있다. 칭찬, 따뜻함, 조언, 보살핌, 응원, 환자를 향한 믿음, 접촉, 치료자가 거기 있음은, 예를 들어 환자의 상태나 현재 사건(예: 맥락)에 따라 강화물일 수도 있고 아닐 수도 있다. 그러므로 치료자와 환자는 어떤 다양한 결과가 강화가 될지 또는 처벌이 될지, 또한 어떤 조건에 따라 강화 혹은 처벌이 될지 함께 배우도록 해야 한다.

강화로서 칭찬

경계성 혹은 자살 행동을 하는 사람은 칭찬을 몹시 바라는 동시에 이를 몹시 두려워한다. 그는 두려움을 직접 혹은 간접적으로 표현한다(칭찬하지 말라는 요청, 치료자가 칭찬하는 타당성에 대한 의문 등). 때로는 칭찬받은 뒤에 더 역기능적인 행동으로 되돌아갈 수 있다. 칭찬을 좋아하지 않는 이유는 여러 가지이다. 환자는 칭찬이 치료에서 아주 잘 하고 있다는 뜻이어서 치료가 끝나 버리는 게 두려울 수 있다. 버려지는 두려움이 부상한다. 혹은 환자는 칭찬을 마치 치료자가 그를 '따돌리려는' 시도라고 해석할 수 있다. 분노 혹은 공황이 나타날 수 있다. 칭찬받을 때, 경계성 환자는 또한 자신이 할 수 있는 이상으로 치료자가 기대할까 두려울 수 있다. 실패하거나 치료자를 실망시킬까 하는 두려움이 시작된다. 어떤 경우에 칭찬은 환자의 매우 현실적인 어려움이나 다른 영역에서 실패를 부정한다고 느껴질 수 있다. 환자는 타당화받지 못했다고 느낀다. 이 모든 반응의 공통점은 환자가 할 수 있거나 준비가 되기 전에 혼자 남겨져 치료자로부터 독립하고 오직 스스로에게 의지해야 한다는 두려움에 있다.

칭찬에 대한 환자의 두려움은 여러 방법으로 강화받았을 것이다. 과거에 칭찬은 더 많은 도움이나 조력이 철회된 경험과 연합되었을 수 있고, 같은 과제에 이후 실패했을 때 받은 처벌과 연합되었을 수 있다. 그럴 때 다시 성공할 수 있을지 확실하지 않은 과제에 성공했다거나 잘 했다고 칭찬을 받는다면 이는 추후 필요할 때 도움을 받지 못하거나 처벌을 받을 위협 신호이다. 나의 기술 훈련 내담자는 칭찬할 기회를 절대로 주지 않았는데, 늘 새 행동을 전혀 연습하지 않았고, 그 어느 때보다 비참하고 죽어 버리고 싶다고 말하곤 했다. 칭찬을 하려고 하면 나는 결국 이해하지 못하는 사람이라는 주장에 대면해야 했다. 6개월 정도 지나고, 나는 프로그램이 그에게 효과적인지, 계속해야 할지 의문을 갖게 됐다. 그때서야 그는 사실 얼마나 많이 배웠는지 보여 주었고, 내가 그 사실을 알게 되면 기술 훈련을 계속해 주지 않을지도 모르기 때문에 나에게 알리고 싶은 마음이 없었다고 말했다.

경계성 환자는 자신에 대해 비현실적인 높은 기준을 자주 세운다. 그 결과 칭찬받을 자격이 없다고 생각한다. 치료자가 칭찬해 준 일은 누구나 할 수 있는 일이 되어 버린다. 칭찬은 자신이 부적절하다는 증거처럼 체험된다. 특히 사소한 행동으로 칭찬받거나 칭찬이 번지르르하거나 진심이 아닌 방식으로 주어졌을 때 더 그렇다. 그 결과 죄책감이나 모욕감을 느낄 수 있고, 이는 순식간에 자신을 향한 분노, 때로는 유사 자살 삽화로 이어질 수 있다. 치료자는 이와 함께 칭찬의 다른 부정적 영향을 예상하고 상쇄하기 위한 시도를 해야 한다. 예를 들어, 치료자는 환자가 스스로에게 세운 비현실적 기대를 탐색할 수 있다. '당위'를 분석할 수 있고(8장 참조), 인지 조정 전략(11장 참조)을 적용할 수 있다.

대개 적절한 칭찬을 받아들이지 못하는 모습은 치료 방해 행동으로 보고 이에 따라 분석하고 치료할 수 있다. 치료자는 치료 안팎에서 칭찬을 받아들이지 못하는 결과에 대해 논의해야 한다. 적절하다면 계속 칭찬하는 전략도 있다. 즉, 진전이나 긍정 변화에 이어 지속적으로 긍정 피드백을 준다. 그러나 이것이 작동하려면 치료자는 환자에게 칭찬과 부정적 결과를 연합시키지 않도록 주의해야 한다. 그러므로 칭찬에 이어서 접촉에 철회나 제한이 있어서는 안 된다. 환자를 칭찬한 다음에 나는 여전히 많은 다른 문제와 어려움을 작업해야 한다고 확신시킬 때가 있다. 치료자는 또한 칭찬받을 만한 행동 뒤에 환자를 향한 지나친 기대를 높이지 않도록 특히 민감해야 한다. 예를 들어, 환자가 특히 어려운 경험을 하고도 유사 자살 행동을 하지 않았다고 칭찬받은 뒤에 만약 그가 다시 유사 자살 행동을 했다면 (치료자 입장에서는 이제 개선할 수 있다고 알고 있으므로) 스스로 개선을 원치 않는다고 환자를 비난할 수 있는데, 이는 환자에게 칭찬받는 두려움을 강화시킨다.

두려움, 수치심, 분노를 강화하지 않는 환경에서 칭찬에 반복적으로 노출되면 장기적으로 칭찬은 부정에서 중립으로 변화한다. 칭찬을 다른 긍정적 치료 행동과 짝 지으면 궁극적으로 칭찬은 긍정으로 변한다. 이면에 중요한 원리는 환자가 칭찬을 통해 강화를 받는 법을 학습하는 데 있다. 칭찬은 우리 일상에서 가장 흔히 쓰는 사회적 강화물이다. 만약 한 사람이 칭찬을 처벌이나 중립으로 느낀다면 절대적으로 불리하다.

관계 수반성에 관한 추가 논의

5장에서 나는 '애착' 환자와 '나비' 환자에 대해 얘기했다. 애착 환자는 치료자와 가깝고 친밀한 관계를 확립하는 데 어려움이 거의 없는 사람이다. 이 환자에게 치료자의 따뜻함, 승인, 친밀감은 매우 강한 강화일 가능성이 높다. 반대로, 나비 환자에게 가까운 치료 관계는 잠재적 강화물이 못 될 수도 있다. 이 환자에게 치료적 친밀감은 분명 혐오적일 수 있다. 이는 치료자와의 관계에 특히 관련된 주변 요인 때문일 수도 있고, 대인관계 가까움과 친밀감에 관련된 보다 일반적인 문제를 반영할 수도 있다. 예를 들어, 10대 환자는 성인 치료자를 포함하여 모든 성인으로부터 자율성을 달성하는 작업 중일 수 있다. 이때 지나친 친밀감이나 가까움을 뜻하는 치료자 행동은 비생산적일 수 있다.

여기서 핵심은 모든 수반성 관리에서 그러하듯이, 대인관계 따뜻함과 애착이 환자 행동에 미치는 영향을 긴밀하게 관찰하는 데 있다. 체중 조절 분야에서 쓰는 기준점 이론을 대인관계 영역에 적용하니 내게 도움이 되었다. 기준점 이론은 모든 개인에게 체중 조절에서 특정 체중을 유지하는 '기준점'(±4kg가량)이 있다고 제안한다. 기준점 범위 이상에서 사람은 배고픔을 느끼지 않고 먹기 힘들어하고, 체중을 기준점으로 다시 돌려놓기 위해 신체 대사는 속도를 더한다. 기준점 범위 이하에 있다면 사람은 배가 몹시 고파지고 먹는 것 외에 다른 생각을 할 수 없고, 체중을 더 잃지 않기 위해 신체 대사는 느려진다. 유추하자면, 대인관계에서 각 개인은 친밀감에 편안함을 느끼는 기준점이 있어서 소위 그 범위를 유지하려고 한다. 기준점을 넘어선다면 다른 사람을 밀어내고, 더 친밀해지기 위한 시도는 혐오로 경험하며, 더 많은 친밀감을 위한 작은 접근도 위협으로 느낀다. 기준점 이하라면, 사람은 친밀감을 향해 다가간다. 다른 사람의 따뜻함과 가까움을 강화물로 경험하고, 냉정함과 거리를 두는 행동은 혐오로 경험하며, 더 많은 친밀감을 위한 큰 접근에도 부족함을 느낄 것이다. 치료자가 흔히 경계성 환자를 결코 '충족시킬 수 없다'고 말하는 건 이 현상을 반영한다. 나는 이게 사실이 아니라고 본다. 내 관점에서 애착 환자와 나비 환자는 각기 관계 기준점이 다르다. 애착 환자는 충분한 시간 동안 안전하고 따뜻한 유대 관계를 경험하면 결국 안심하고 매달리기를 멈춘다(높은 체중 기준점을 지닌 마른 사람이 그 기준점 범위에 들어설 만큼 체중을 늘리면, 먹어도 계속 배고픈 상태가 더 이상 나타나지 않는 것과 같다). 나비 환자는 만약 물러설 충분한 여유가 주어지고, 치료자 손 밖으로 자주 도망가 버릴 때 처벌받지 않고, 돌아올 때 처벌받지 않는다면 차차 더 애착을 가질 수 있다.

충족감 원리

기준점 비유는 앞서 논의한 칭찬뿐만 아니라 다른 강화물 사용에 적용할 수 있는 두 번째 중요한 쟁점을 제공한다. 강화물의 잠재성이란 그 사람이 이미 원하고 필요한 수준만큼 그 강화물을 받았는가에 따른다. 다음의 질문에 답할 수 있어야 한다. 이 사람에게 이미 이 강화물은 충분한가? 방금 배불리 식사를 마친 사람에게 음식은 좋은 강화물이 못 된다.

너무 많은 칭찬, 자유, 따뜻함 혹은 지나치게 잦은 전화 통화 등은 작동하지 않을 것이다. 요령은 '적당히'에 있다. 불행히도, 환자에 따라 '적당히'를 결정할 때 시행착오와 긴밀한 관찰을 대체할 만한 방법 역시나 없다. 이 원리는 또한 만약 치료자가 '좋은 것'을 지나치게 많이 제공하면, 강화물로서의 가치는 감소할 수밖에 없다고 알려 준다.

인위적 결과보다 자연스러운 결과를 쓰기

가능한 인위적 수반물보다는 자연스러운 수반물을 적용하도록 한다. 자연스러운 결과는 일상 행동에서 나오는 일상적인 결과이다. 이는 다른 데서 오는 게 아니라 상황이나 행동에 내포한다. 미소 짓기, 가까이 다가가기, 끄덕임은 누군가 듣기 좋은 말을 할 때의 자연스러운 결과이며, 알사탕을 주는 건 인위적 강화의 한 예이다. 환자가 능숙하게 주장하기 기술을 써서 요청을 할 때 원하는 바를 준다면 자연스러운 결과이다. 원하는 바는 해 주지 않으면서 "잘했어요!"라고 한다면 인위적 강화물일 뿐 아니라 잠재력도 적다.

다음 두 가지 이유로 자연스러운 결과를 써야 한다. 환자는 이를 더 선호하고, 효과가 더 좋다. 선호 측면에서, 내 경험상 경계성 사람은 인위적 결과에 매우 민감한 눈을 가지고 있고 이를 극도로 불신하고 싫어한다. 환자와 치료자 사이의 논쟁은 결과의 합당함, 특히 혐오적 결과의 합당함을 둘러싸고 벌어진다. 결과가 인위적일수록, 환자가 이를 자기 행동의 결과로 보기는 더욱 어렵다. 대신 자신과 무관하게 치료자나 치료 장면의 특징에서 오는 결과라고 보기 쉽다. 그는 치료자를 권위주의적인, 곁을 안 내주는 사람으로, 혹은 단지 돈을 받아서 승인하는 사람으로 볼 수 있다. 행동에 따른 결과라는 관계성 학습의 핵심은 사라진다.

자연스러운 결과는 일반화를 증진하므로 더 잘 작동한다. 인위적 결과에 통제받는 행동이 다른 상황에서 일반화될 가능성은 적다. 퇴행이나 습득의 손실이 일어날 수 있다. 앞서 설명한 대인관계 결과와 교정-과잉교정 전략은 이 기준을 만족하도록 설계하였다. 치료자의 긍정 혹은 부정적 대인관계 반응은 그 반응이 진정한 선에서 그리고 다른 사람이 흔히 하는 반응과 어느 정도 유사한 선에서 자연스럽다고 볼 수 있다. 한계 관찰(뒤 참조)과 상호성 의사소통 전략(12장 참조) 역시 자연스러운 결과를 향한 선호를 반영한다.

그러나 때로 인위적 강화물이 치료자가 쓸 수 있는 유일하게 효과적인 결과일 수 있다. 이때 치료자는 인위적 결과를 보다 자연스러운 결과와 짝 지어야 한다. 자연스러운 결과가 점차 인위적 결과와 연합되면서, 치료자는 점차 시간이 흐르면서 인위적 강화물의 사용을 줄여 갈 수 있다. 가장 가용한 인위적 결과물에 자연스러운 결과를 연결 지어 효과 강화를 꾀하는 게 핵심이다. (이 점은 칭찬을 논의하면서 다룬 바 있다.) 앞서 주장 행동의 예시로 돌아가서, 치료자에게 영향을 미친 환자의 말에 칭찬함과 동시에 환자가 요청한 바를 들어준다면 인위적 강화물과 자연스러운 강화물을 연결 짓는 예이다.

조성 원리

조성에서는 목표(혹은 목적) 행동을 향한 점진적 접근을 강화한다. 조성을 위해서 치료자는 목표 행동을 작은 단계로 나누고 연쇄적으로 이 단계를 가르쳐야 한다. 모든 환자에게 조성은 중요하지만, 경계성 환자에게 특히 중요한 이유는 무망감과 수동성이 우세한 그의 과거사 때문이다. 목적 행동을 향한 길에서 아주 작은 발걸음을 강화하지 않고서 이 환자에게 적응 행동을 이끌어 내려는 시도는 별로 잘 되지 않을 것이다. 이건 마치 등산가에게 반대편 산을 오르면 호화로운 만찬을 열겠다고 약속하고 열흘의 등반 동안 밥을 주지 않는 행위와 같다.

치료자는 환자에게 기대하는 행동 그리고 강화를 주고자 하는 행동에 조성을 적용한다. 부분적으로 환자 환경이 적응 행동을 가르치는 데 실패한 이유는 조성 원리를 활용하지 못한 실패와 연관될 수 있다. 즉, 환자 능력에 비추어 너무 높은 환경의 기대로 인해 기대에 미치지 못한 진전은 과거 행동보다 나아갔다는 면에서 강화를 받기보다는 처벌을 받았을 것이다. 이 책에서 내내 논의한 경계성 환자의 비현실적 기준은 조성 원리를 적용하지 못한 또 다른 결과이다.

환자가 치료 초기에 서 있는 데서부터 환자가 도달하려고 하는(목적 행동) 지점까지 선을 상상하면 도움이 된다. 치료자가 목표 관련 행동을 강화, 처벌 혹은 무시할지는 다음에 따른다. ① 연속선상 환자의 현재 위치, ② 연속선을 따라 앞으로 행동을 해낼 수 있는 능력, ③ 상황의 요구. 환자가 연속선상에서 움직였으면, 즉 행동이 진전을 의미하면 치료자는 이를 강화해야 한다. 그렇지 않았다면 치료자는 무시하거나 처벌하는데, 필요하다면 새로운 행동을 가르쳐야 한다. 매번 상호작용할 때마다 치료자는 계속 환자의 행동을 현재 환자의 위치(상황에 따른 취약성을 포함하여), 잠재 능력 그리고 상황의 특징과 견주어 보아야 한다. 이 정보는 이어서 치료 반응을 만드는 데 쓰인다. 이들과 작업하기가 어려운 이유는 당연하다. 경계성 환자가 지닌 문제의 복잡성과 규모 때문에 특히 맥락에 따라 문제가 바뀌는 속성이 있으므로 치료자는 머릿속에 여러 개의 선을 동시에 띄우고 있어야 한다. 가장 좋은 조건에서도 그만한 양의 정보를 정리하고 쓸 수 있게 유지하기란 어렵다. 치료자에게 개인적 스트레스를 더 많이 주는 환자와는 작업이 더 커지고, 정보를 유연하게 쓰기란 더 희박해진다.

DBT는 두 가지 방법으로 이 문제를 다룬다. 첫째, 분명한 목표 위계는 치료자가 정보를 구분 짓게 해 준다. 어떤 행동에 더 주의하고, 다른 행동은 무시한다. 치료자는 모든 환자 행동에 동등하게 주의하지 않는다. 대신, 목표 위계에 따라 행동을 검토하고 현재 우선순위 목표와 관련된 행동에만 주의한다. 따라서 과제가 단순해진다. 둘째, 13장에서 논의할 환자에게 자문하기 전략은 치료자가 '대하는' 사람의 명수를 제한하도록 설계하였다. 다른 대부분 치료 프로그램과 달리 DBT는 치료자만이 환자를 치료하기로 규정한다. 다른 전문가의 치료 계획을 정리하고 적용할 필요가 없다. 즉, 각 치료자는 환자를 향한 자기 자신의 반응만 신경 쓰면 된다. 다시 말해, DBT는 치료자가 다룰 수 있는 정도의 복잡성에 한하여 초점을 좁히는 방법으로 대처한다.

한계 관찰 절차

한계 관찰observing limits 접근은 이론으로는 단순하지만 실전에서는 어렵다. 이는 치료자의 개인 한계를 위협하거나 위반하는 환자 행동에 문제 해결 전략과 수반성 관리를 적용하는 절차이다. 한계 관찰은 DBT에서 핵심이다. DBT에서 치료자 한계를 돌보는 책임은 환자에게 있지 않고 치료자에게 있다. 치료자는 환자 행동에서 감내할 수 있거나 기꺼이 감내할 만한 행동이 무엇인지, 그러나 무엇을 수용할 수 없는지를 자각해야 한다. 이 정보는 더 늦기 전에 제때 맞춰 환자에게 전달해야 한다. 마찬가지로 치료자는 일시적으로 받아들일 수 있는 행동은 무엇인지 그리고 전반적으로 받아들여질 수 있는 행동은 무엇인지뿐만 아니라, 어떤 행동이 치료자 소진으로 이어질 수 있는지 그리고 무엇은 안 그런지 구체적으로 전달해야 한다. 치료자 한계를 위반하는 환자 행동은 특수한 유형의 치료 방해 행동이다. 따라서 한계 관련 행동은 자살 위기 행동이나 유사 자살(혹은 다른 생명 위협) 행동에 바로 이은 두 번째 치료 목표이다. 이 행동은 치료자가 치료를 수행할 수 있는 능력이나 의지를 방해하므로 치료를 위협한다. 치료자는 절대로 이러한 행동을 무시해서는 안 되는데, 그렇지 않다면 치료자는 곧 소진되고, 치료를 중단하고, 다른 방식으로 환자에게 해를 주게 된다. 한계 관찰에서 치료자는 자신을 돌보는 방식으로 환자를 보살핀다.

한계 관찰의 근거

거의 모든 경계성 치료에 관한 논의에서 한계와 한계를 정하는 방법은 주요 논점을 구성한다. 이러한 논의에서는 대개 환자의 부적응 행동을 담아 두기$_{\text{containing}}$ 혹은 중단시키기와 같은 용어로 설명한다. 예를 들어, Green, Goldberg, Goldstein, Leibenluft(1988)는 다음과 같이 진술한다. "[표준 심리치료 기법]이 개인의 퇴행적 행동화를 저지하지 못한다면, 더 적극적인, 적절한 한계를 설정하는 형태의 개입 수단이 필요하다."(p. ix) 부적응 행동은 환자가 자기감에 경계나 한계가 없는 결과로 해석되고, 따라서 한계 설정의 주요 목적은 환자의 개인 경계를 증진하는 방식으로 정체감을 강화하는 데 있다(이 문헌의 개괄은 Green et al., 1988 참조).

반면에 DBT에서 한계 관찰은 치료자의 개인 한계를 유지하는 문제이다. 말하자면, 치료자의 자기감 문제이다. 목적은 치료에서 작동하는 수반성이 치료자가 치료에 계속 집중하는 행동을 처벌하지 않게 하는 데 있다. 초점은 치료자 한계와 환자 행동의 관계에 있다. 환자가 치료자 한계를 밀치는 상황은 환자의 필요나 욕구와 치료자의 능력과 소망 사이의 합치 여부에서 바라본다. 즉, 환자에게 문제가 있다고(예: 너무 요구하거나, 너무 물러터졌거나) **가정하지** 않는다. 또한 치료자에게 문제가 있다고(예: 역전이 문제를 일으키는) **가정하지** 않는다. 대신 사람은 종종 적법하든 아니든, 다른 사람이 줄 수 없거나 주기 싫은 것을 원하고 요구한다고 가정한다. 그래서 다른 사람의 한계를 밀친다. 이때 대인관계 합치는 좋지 않다.

물론 환자 행동이나 치료자 한계를 문제로서 탐색하면 안 된다는 뜻은 아니다. 자신의 요구와는 독립적으로 타인에게 요구할지 안 할지 제한하는 능력은 아주 중요한 대인관계 기술이고, 상호 관계는 다른 사람의 한계를 관찰하고 존중하는 능력을 요구한다. 많은 경계성 환자는 이 능력이 부족하다. 반대로, 관계에서 자기 한계를 알고 관찰하는 능력은 동등하게 중요하고, 많은 치료자는 이 능력이 부족하다. 물론 DBT는 다른 많은 행동주의 치료가 그러하듯 치료에서 환자의 경험과 지각에 미치는 치료자의 영향을 강조하지만, 더해서 치료자 역시 환자 행동에 의해 상호 영향을 받는다고 본다. 이는 치료자와 환자의 역할을 대칭으로 본다는 뜻은 아니다. 분명 치료자는 관계에 영향을 미치는 요인에 관한 더 정확한 가설을 만들어 내야 하고 치료 회기에서 대인관계 기술을 더욱 발휘해야 한다. 또한 치료자는 자신의 행동을 조절하는 역할을 맡아 치료자 행동이 환자에게 해를 주지 않음을 확실히 해야 한다. 이러한 규정에도 불구하고 치료자는 불가피하게 환자 행동에 영향을 받고, 어떤 행동인지에 따라서 이는 환자를 돕는 치료자의 동기나 능력을 간섭하거나 증진할 수 있다.

자연스러운 한계와 인위적 한계

몇 가지 예외를 제외하고는 DBT에서 인위적 한계란 없다. 개인 치료와 기술 훈련에서 유일하게 일률적으로 제한되는 환자 행동은 바로 치료 탈락이다. 환자가 둘 중 하나를 그만두면 치료는 중단된다. 치료자 행동에서 유일한 일률적 한계는 전문가 윤리 지침에서 정한 바이다. 예를 들어, 환자와의 성적 상호작용은 어떤 조건에서든 용납되지 않는다.

자연스러운 한계는 치료자마다 다양하고, 같은 치료자라 하더라도 시간에 따라 여러 요인에 의해 달라진다. 이 요인은 치료자 삶과 직장에서 개인적 사건, 현재 환자–치료자 관계, 환자에 대한 치료자 목표 그리고 특정 환자의 특징을 포함한다. 치료자가 아프거나 업무가 과할 때 한계는 좁고, 휴식을 잘 취하거나 사례 수가 감당할 만할 때 넓다. 우리 팀의 한 치료자는 한계가 넓었지만 아기를 가진 뒤로는 좁혀졌다. 혼자 일하거나 적대적인 환경에서 일하는 치료자보다는 지지적인 자문팀과 지도감독이 있는 치료자가 아마도 한계가 넓을 것이다. 나는 개인 사무실에 있을 때에는 회기 중에 환자가 소리 지르는 행동을 더 기꺼이 감내하지만, 다른 이들을 방해하는 클리닉 장면에 있을 때에는 그만큼 하지 못한다. 내가 회기 끝에 나타나는 자살 위협을 더 기꺼이 견디는 경우는 기다리는 다음 환자가 있을 때보다 다음 환자가 없을 때이다.

더하여, 같은 환자와 작업하는 팀의 각 치료자는 서로 다른 한계를 지닐 수 있다. 어떤 치료자 한계는 매우 넓고, 다른 치료자 한계는 매우 좁을 수 있다. 예를 들어, 한 치료자는 아무리 길게 자주 보내더라도 환자가 쓴 편지를 하나씩 신중히 읽겠지만, 다른 치료자는 안 그럴 수 있다. 어떤 치료자는 휴가 동안 기꺼이 환자에게 연락을 하지만, 다른 치료자는 아닐 수 있다. 내가 외래 환자의 자살 위험을 기꺼이 감내할 수 있는 나의 한계는 시애틀 다른 여러 치료자의 한계보다는 넓다. 어떤 치료자는 치료에 못 올 때 미리 예약을 취소하지 못하거나 치료비를 늦게 내는 환자에게 개의치 않지만, 다른 치료자는 신경이 쓰인다. 환자가 매달리거나 의존하는 행동을 보이거나 하루 종일 대기실에 앉아 있는 행동에 어떤 치료자는 상관하지 않지만 어떤 치료자에게는 신경이 쓰인다. 예시는 무궁무진하다.

대개 강한 치료적 동맹은 더 넓은 한계로 이어진다. 사람은 멀게 느껴지는 사람보다는 보통 가깝다고 느껴지는 사람에게 더 기꺼이 해 주려 하고 감내하려 한다. 치료자 한계도 대체로 치료에 열심히 임하는 환자에게는 넓고, 협력을 거부하거나 개입에 저항하는 사람에게는 좁다. 그러나 환자 행동이 한계에 영향을 주는 방식은 같은 치료팀일지라도 치료자 구성원에 따라 다르다. 예를 들어, 어떤 치료자는 환자가 공격할 때 한계가 좁고 공격하지 않을 때 한계가 넓다. 다른 치료자는 공격을 덤덤히 넘기고 공격 여부에 그다지 영향을 받지 않는다. 나는 전화를 사용하고 전화를 통해 도움을 받는 환자에게는 적당하지 않을 때에도 적정한 시간을 주어 통화를 한다. 전화하기 전이나 후나 기분이 좋지 않다고 말하는 특징이 있는 환자나, 더 길게 통화하지 못하는 나를 비난하는 환자에게 나는 기꺼이 더 긴 전화 통화를 하려 하지 않는다. "알아요. 하지만……." 하는 말이 습관이거나 내 모든 제안을 거부하는 환자는 나의 한계에 별로 영향을 미치지 않고, 나는 이것을 하나의 도전으로 본다. 나와 같이 일하는 다른 치료자는 감사할 줄 모르는 행동에 나만큼 방해받지는 않지만 제안을 거부하는 환자와는 길게 대화하기를 싫어한다.

DBT에서 팀 구성원 사이에 혹은 환자 사이에 제한을 통일할 필요는 없다. 각 치료자가 자기 자신의 한계를 이해하고 각 환자에게 이를 분명히 소통하는 것만이 가장 중요하다. 치료자 사이 한계의 차이 그리고 같은 치료자 안에서 한계 차이는 그대로 치료 환경과 일상 사이의 유사성을 높여 준다. 삶과 사람들은 당연히 일관적이지 않고 개인의 욕구를 언제나 충족시켜 줄 수 없다. 심지어 가장 가까운 사람조차도 때로는 모든 기대에 다 동의하거나 들어 줄 수는 없다. DBT는 이러한 자연스러운 대인관계 한계 속에서도 생산적이고 행복하게 상호작용하는 방법을 환자에게 가르치는 목적이 있다.

자연스러운 혹은 개인적 한계를 관찰하려면 일률적 한계를 관찰할 때보다 더 많은 개방성과 주장성을 필요로 한다. DBT 치료자는 이미 정해진 규칙 뒤에 숨을 수 없다. 35번째 지각한 환자에게 어떻게 대응해야 할지 알려 주는 책 따위는 없다. DBT는 한계에 관한 규정을 제시하지 않는다. 왜냐하면 일률적 규칙과 한계는 관계 안에서 개인의 고유성을 고려하지 않기 때문이다. 따라서 치료자가 자신의 한계에 스스로 책임을 져야 한다. 때로 이는 몹시 어려운데, 특히 환자가 강하게 고통스러워하고 한계가 고통을 더할 때 더욱 어렵다. 경계성 환자와 효과적으로 한계 관찰하는 몇 가지 지침은 있는데, 〈표 10-3〉에 요약하고 이어서 논의하겠다.

〈표 10-3〉 한계 관찰 절차 점검표

_____ 치료자는 치료 수행에서 자기 자신의 한계를 **모니터링한다**.
  _____ 지속적으로 모니터링한다.
  _____ 개별 환자마다 모니터링한다.
_____ 치료자는 자신의 현실적 능력이나 환자의 욕구나 소망을 충족시켜 주려는 자신의 욕구 측면에서 자신의 한계를 환자에게 **솔직하게** 직접적으로 소통한다.
  _____ 전화 코칭 시간대, 지속 시간, 빈도에 대해서
  _____ 치료자의 사생활 침해에 대해서
  _____ 치료자의 소유물이나 시간 침해에 대해서
  _____ 회기 안에서 공격 행동이나 치료자를 향한 공격 행동에 대해서
  _____ 치료자가 기꺼이 수행하거나 참여할 치료 유형에 대해서
  _____ 환자의 자살 위험을 치료자가 기꺼이 감수할 수 있는가에 대해서
_____ 치료자는 필요하다면 일시적으로 한계를 **확장한다**.
  _____ 치료자가 한계에 임박하고 환자는 더 많은 요구를 할 때 치료자는 전문가 백업이나 도움을 얻는다.
  _____ 환자가 한계 때문에 위험에 있지 않다면 치료자는 자기 한계에 환자가 효과적으로 대처하도록 돕는다.
_____ 치료자는 자기 한계에서 **일관된 단호함**을 보인다.
  _____ 치료자는 한계에 대해 수반성 관리를 사용한다.
_____ 치료자는 **위안하기, 타당화, 문제 해결**을 한계 관찰과 결합한다.

DBT 위배 전략

_____ 환자가 보통보다 더 많이 치료자가 필요하다는 점이 분명할지라도 치료자가 일시적으로 한계를 확장하기를 거부한다.
_____ 치료자 한계가 자의적이거나 예측할 수 없는 방식으로 변하거나 동요한다.
_____ 치료자가 한계에 대해서 자기 자신이 아닌 환자에게 좋으라는 식으로 제안한다.

1. 한계 모니터링

개별 치료 관계마다 어떤 환자 행동이 수용할 만한가 하는 측면에서 치료자는 자신의 한계를 관찰해야 하고, 치료 수행 중에 관찰해야 한다. 특히 치료자는 환자 행동과 환자와 상호작용하고 작업하려는 치료자 자신의 의지와 동기, 압도당하는 느낌, 환자에게 효과적으로 행동할 수 있다는 믿음, 소진된 느낌 사이 관련성을 신중하게 지속적으로 관찰해야 한다. 이 과정은 신참보다는 경험이 있는 치료자에게 훨씬 쉽다. 우리 팀의 치료자가 이렇게

말했다. "위반당하기 전에는 한계를 알아차리기 어렵다." 신호로는 불편감, 분노, 좌절 그리고 "아 이런, 또 그러네!"와 같은 느낌이 있다. 중요한 점은 위반하기 전에 치료자 스스로 자신을 붙잡는 거다. 즉, 더 이상 특정 환자와 상호작용할 수 없거나 그러기 싫어지기 전에 붙잡아야 한다. 자문팀은 이때 꽤 유용하다.

2. 한계에 관해서 솔직하기

치료자 한계는 환자 좋으라는 제안이라기보다 치료자 좋으라는 제안이다. 물론 어떤 치료 관계에서든 양쪽 이득은 엮여 있으므로 이 구분은 인위적이지만, 환자 좋으라는 식으로 한계를 제안할 때 강조점은 굉장히 달라진다. 이 다른 지점은 다른 결과로 이어진다. 중요한 점은 비록 환자는 무엇이 궁극적으로 자기 이득에 좋은지 말할 수 있고 말해야 하지만(환자는 애가 아니다), 치료자에게 무엇이 좋은지 말하지는 못한다. 말하자면 치료자가 환자에게 당신 건강에 나쁘니 흡연하지 말라고 말하는 식과 치료자 본인이 연기를 들이마시는 게 싫으니 사무실에서 흡연하지 말라고 말하는 식은 다르다. 전자에 대해 둘 다 논쟁할 수 있는데, 최소한 환자는 자기 건강은 자기 소관이라고 합당하게 주장할 수 있다. 두 번째 상황에서 논쟁할 여지는 거의 없다. 전자에서 치료자는 상대방의 자율성 그리고 스스로 좋고 나쁨을 판단하는 능력에 존중을 보이지 않고 있다. 후자에서 치료자는 자기 돌봄의 본보기를 보이고 있다. 때로 후자가 유일하게 솔직한 대응이다. 결국 우리는 많은 경우(치료자 포함) 타인의 행동을 통제하기 위해 다 너를 위해서라고 말하지만, 사실은 자기 자신을 위할 때가 많다.

전략으로서 솔직함은 극도로 효과적이다. 경계성 환자는 존중에 허기졌다. 치료자 자신의 한계에 솔직함은 궁극적으로 환자를 존중하는 행위이다. 환자를 어른 대접하는 셈이다. 치료자는 한계가 공평하지 못하다는 환자 의견에 동의할 수 있다(공평하더라도). 그럼에도 치료자가 한계를 넘어선다면 아마도 끝내 환자에게 상처를 줄 수 있다고 짚어 줘야 한다. 필요하다면 다른 치료자가 스스로 제대로 돌보지 않았기 때문에 환자가 상처받았던 때를 함께 돌이켜 볼 수 있다.

과연 누구의 한계인가에 솔직하지 않거나 혼동하는 건 치료자에게 몇 가지 이유로 특별히 끌린다. 첫째, 심리치료 몇몇 이론은 치료자 한계를 밀치는 행위는 곧 환자의 병리라고 제안한다. 치료자가 집에 있을 때 전화하는 모든 환자 행동은 다 치료자를 향한 공격이라고 말했던 어느 치료자 말이 한 예시이다(3장 참조). 이와 같은 이론 관점은 상호작용을 유연하게 평가하는 데 상당한 어려움을 준다. 이때 치료자는 문제가 환자 복지를 위해 한계를 늘리지 않는 자신의 능력이나 자발성 부족에 있을 가능성을 전혀 탐색하지 못한다. 역전이와 같은 개념은 치료자 한계에서 병리 가능성을 지혜롭게 짚지만, '어려운 합' 상황, 즉 치료자의 정당한 한계가 환자의 역시 정당한 욕구를 충족하지 못하는 상황은 다루지 못한다. 둘째, 치료자라 함은 사람 사이에서 권력이 있는 위치에 있다. 거만함과 솔직하지 못함이 검열 없이 허락된다. 이 위험성이 DBT에서 지도감독 자문이 중요한 역할을 맡는 이유이다.

셋째, 많은 치료자는 치료가 오직 환자의 이득을 위해서라고 배웠다. 훈련 프로그램에서 치료자 이득은 거의 언급조차 되지 않는다. 따라서 치료자는 자기 욕구나 필요에 주의할 때 죄책감을 느끼거나 치료적이지 못하다고 쉽게 느낀다. 경계성 환자는 끔찍하게 고통받기 때문에 때로 치료자는 자기 한계가 더 넓다면 더 잘 낫게 해 줄 수 있을 것처럼 느낀다. 여기서 치료자 선택지는 다음과 같다. ① 자기 한계를 반복하여 위반하기, ② 환자 욕구가 순전히 병리적이라고 결론 내리기, ③ 환자가 고통을 지속하도록 두고 도와줄 수 없는 책임을 받아들이기. 치료자가 환자 고통의 근접 원인임을 받아들이기가 어렵다면 ① 혹은 ② 선택지로 이어진다. 한계 관찰은 ③ 선택지로 이어진다. 내 경험상, 자신의 무능을 받아들이지 못하는 어려움은 신참이나 경험이 없는 치료자에게 가장 큰 문제가 되고, 경험이 많은 치료자에게는 거만함이 문제일 때가 많다.

3. 필요할 때 일시적으로 한계 확장하기

한계 관찰은 중요한 환자 욕구를 돌보지 않거나 이에 반응하지 않아도 된다는 허가증이 아니다. 또 환자의 요청과 요구에 혼란스럽게 반응해도 된다는 뜻이 아니다. 치료자가 때로 자기 한계를 밀치고, 확장하고, 주고 싶지 않은 무엇을 줄 필요도 있다. 이는 만성 자살 환자와 경계성 환자에게 특히 그렇다. 외과 의사 비유가 적절하겠다. 외과 의사는 응급 상황에서 병원에 출근한다면 자기 한계를 넘어서니 가지 않고 집에 있겠다고 할 수 없다. 그러나 외과 의사라도 당직 일정이 정해져 있다. 만약 매일 밤 한두 시간밖에 못 자고 5일 밤 연속으로 일을 했다면 그의 한계를 넘어서서 며칠은 다른 사람이 응급 상황을 맡아 줄 필요가 있다. 아무도 자지 않고 오래 살아남지 못한다. 마찬가지로 치료자는 자기 한계에 도달하기 직전이고 환자 삶이 위험하다면, 다른 전문가를 돌봄 영역에 들이는 전략이 적절하다. 한계가 쟁점이고 환자가 위험하지 않다면, 문제 해결과 다른 변화 절차가 적절한 전략이다. 여기서 한쪽 측면에서는 필요하다면 한계를 넘어서기, 그리고 다른 측면에서 필요하다면 한계를 관찰하기 사이에 변증법이 놓인다.

4. 일관적으로 단호하기

환자는 가끔 자기 욕구가 타당함을 주장하거나, 치료자의 부적절함을 비난하거나, 때로는 다른 치료자에게 가거나 자살을 하겠다고 위협하면서 치료자 한계를 늘리려고 시도한다. 반복적으로 유사 자살 행동을 할 수 있고, 치료자가 '협조'할 때까지 환자는 협조하기를 거부할 수 있다. 클리닉이나 입원 장면에서는 다른 직원에게 가서 그들의 도움을 유발하고자 하고, 다른 환자에게 떠들썩하게 불평하거나, 치료자의 감독자에게로 직행할 수 있다. 정신역동치료자는 이를 '행동화'라고 부른다.

중요하게, 한계 관찰에는 환자 행동에 소거 계획을 세운다는 뜻도 있다. 한계를 늘리게 하려는 환자 노력에 대한 응답은 간단하다. "나는 나일 수밖에 없다." 결국 치료자에게는 자기 한계를 관찰하는 대안밖에 없다. 한계를 늘리거나 환자를 공격하는 사이를 오가며 많은 압력을 받을 때에 치료자로서는 환자 욕구가 과하거나 부적절하다고 치부해 버리고 싶을 것이다. 그 유혹에 저항해야 한다. 행동 증폭에 이어 져 주거나 환자를 달래 준다면 치료자가 중단시키려 하는 바로 그 행동을 강화하고, 처벌로 반응한다면 혐오 결과의 부작용을 감수하겠다는 뜻이다. 이때 전략으로 대인관계 기술 훈련에서 환자에게 가르치는 똑같은 '반복하기' 기술을 쓴다. 계속해서 반복하여, 치료자는 자기 위치를 차분하고 명료하고 단호하게 전달한다. 이러한 한계 관찰이 결국에는 환자에게 이득이 된다고 자주 말해도 도움이 된다. (치료자는 갑작스럽게 치료를 중단하거나 환자에게 해를 주지 않을 수 있기 때문이다.)

5. 한계 관찰에 위안하기, 타당화 그리고 문제 해결을 결합하기

한계 관찰과 동시에 환자에게 위안을 주는 중요성은 여러 번 말해도 충분치 않다. 환자가 원하는 바를 주지 않거나 특정 행동을 감내하려 하지 않는다고 환자를 전혀 위안할 수 없다는 뜻은 아니다. 치료자는 환자의 스트레스를 타당하게 여기고 이 문제를 대처할 다른 방법을 찾도록 도와야 한다. 한계 관찰은 다방면에서 타당화와 문제 해결 전략과 엮어야 한다. 환자 소망과 욕구를 타당하지 않다고 해 버리면 치료적일 리가 없다.

경계성 환자와 한계 관찰할 때 어려운 점

전화 코칭

DBT는 전화 접촉을 제한하기보다는 격려하므로, 치료자는 언제 가능하고 얼마 동안 가능한지 결정해야 한다. 퇴근 후 전화 통화를 받아들일 수 없는 치료자는 아마도 경계성 환자와 작업하지 않는 게 좋겠다. 이를 제외하고 적절한 전화 규칙을 결정할 때 개별 환자와 치료자 욕구 그리고 일시적 문제 상황을 고려해야 한다. 한 번도 전화에 제한을 두지 않아 본 치료자는 (환자가 수다 떨기 위해서 새벽 2시에 전화하면 안 된다 빼고) 아마 요구하는 환자를 한 번도 만난 적이 없거나 소진과 환자 거부로 향해 가고 있을 테다.

가능한 통화의 시간과 빈도는 치료자마다 다르고 같은 치료자라도 환자마다 다르다. 어떤 치료자는 거의 언제나 전화를 받고자 하고 여러 통화에도 간섭받지 않는 것 같다. 나와 같이 일했던 한 치료자는 저녁에 지하실에서 목공과 미술 작업을 했다. 저녁 때 전화하는 환자는 시간제한을 거의 받지 않았고, 치료자는 대화하면서 사포질을 하거나 페인트칠을 했다. 다른 치료자는 그만큼 시간을 전화로 보내고자 하지 않고 빨리 전화를 끊거나 편할 때 환자에게 전화하는 방식을 습득한다. 전화 통화 조건 역시 모두 다르다. 예를 들어, 우리 클리닉에는 이런 치료자들이 있다. ① 응답기로 연락을 받고 환자에게 전화를 거는 사람(치료자는 '준비'하기 위해서 시간이 필요하거나 물 한 잔 마셔야 한다), ② 응급 상황이 아니라면 특정 시간대 이후로는 전화를 빨리 마치는 사람, ③ 낮에는 환자가 위기 클리닉이나 응급실에 전화할 수 있으니 저녁 시간에만 전화를 받는 사람(이 사람은 전화를 하기에는 낮 일정이 너무 빼곡했다), ④ 환자가 이미 몇 가지 기술을 써 본 게 아니라면 전화를 빨리 마치는 사람(이 치료자는 환자 '대신에 다 해 주기'에 지쳤고 치료적이지 않다고 믿었다), ⑤ 6시간 전 이내로 술을 마신 환자라면 전화 끊는 사람(음주는 도움을 받으려는 환자의 능력을 간섭했다), ⑥ 환자가 전화했을 때 문제 해결 시도를 거부했다면 같은 주에 다시 전화할 수 없게 한 사람(치료자는 전화마다 좌절을 느꼈다). 모든 치료자가 자기만의 한계를 정해야 하고, 이 한계는 치료자와 지도감독/자문팀에게 존중받아야 한다는 점이 가장 중요하다.

자살 행동

어떤 치료자는 다른 치료자에 비하여 특히 심각한 종류의 자살 위협을 더 잘 감내한다. 신중하게 고안해 낸 동시에 위험성이 높은 치료 계획을 더 기꺼이 따르느라 환자가 자살을 시도하는 경우 고소당하는 치료자도 있다. 어떤 치료자는 자살을 예방하려는 비자발적 감금에 반대하는 철학을 지니며, 그렇지 않은 이들도 있다. 모든 치료자는 이 영역에서 자신의 한계를 탐색해야 한다. 어찌 됐든, 환자는 만약 자신이 심각한 자살 행동을 지속한다면 최소한 치료자의 한계를 압박하리라는 사실을 알고 있어야 한다. 나의 클리닉과 임상 책임 영역에서 치명적 행동을 행할 수 있는 사람은 치명적일 수 있는 약물을 처방받을 수 없다. 어떤 위험은 나의 한계 영역 밖에 있기도 하다. 나 역시 환자의 위기 전화와 자살 위협으로부터 휴식이 필요할 때 환자를 입원시키기도 했다. 그러나 한계 관찰 결과가 환자 입장에서 극단적이 될 때(예: 비자발적 감금), 치료자는 제대로 경고하고 그러한 부정적 결과를 피할 수 있는 방법을 환자에게 제공해야 한다. 치료자가 자기 한계를 관찰하는 것 역시나 중요하다. 자살 행동과 한계에 관한 주제는 15장에서 더 자세히 다루겠다.

마치며

치료자는 심리치료에 나타나는 결과 수반성을 잘 알고 있어야 한다. 그 영향에 의도가 있건 없건, 행동에 결과 수반성이 미치는 영향에 똑같이 중요하게 주의해야 한다. 많은 치료자는 수반성을 적용하여 환자 행동에 영향을 주는 걸 용납하기 어려워한다. 긍정적 수반성은 매수라고, 부정적 수반성은 강제적이고, 조종하고, 위협한다고 생각한다. 대체로 이러한 치료자는 자율성을 중시하고, 외부 영향에 통제되는 행동은 내적 영향에 통제받는 행동만큼 '진짜'이거나 지속적이지 못하다고 여긴다. 다시 말해, 이들 치료자는 개인의 '선택'과 '의도'하에 행해지는 행동에 가치를 둔다. 무의식적 의도와 선택이 있다고 생각하는 치료자는 때로 **모든** 행동이 의도와 선택의 통제 아래 있다고 여기기도 한다. 이때 의도와 선택은 단지 의식적이거나 무의식적일 뿐이다. 이 경우 치료 목표는 모든 행동을 의식적 의도와 선택의 통제 아래 두는 게 되겠다. 인지행동주의 치료자는 물론 최소한 원치 않는 부적응 행동에 한하여 이 목표에 동의할 것이다.

'선택'과 '의도'에 기반을 둔 접근과 인지행동주의 접근에서 차이는 두 가지이다. 첫째, 인지행동주의 치료자는 무엇이 '선택'과 '의도'를 통제하는지 묻는다. 만약 내가 원하고 선호해서 선택했다는 답을 듣는다면 거기에는 별로 정보가 없다. 이는 차후에 덧붙인 설명일 뿐이다. 인지행동주의 치료자는 선택과 의도가 행동이나 환경의 결과에 의해 통제된다고 주장할 것이다. 사람은 이전에 강화받은 선택을 내리고 의도를 구성한다. 처벌받은 행동은 피한다.

둘째, 인지행동주의 치료자는 행동이 의식적 선택과 의도의 통제 아래 있지 않았다 해서 무의식적 의도 아래 있다고 보지 않는다. 분명 이는 중언부언일 뿐이다. 대신 인지행동주의 치료 관점에서 의도나 선택이 행동으로 연결되지 않는다면 이는 해결해야 하는 문제라고 본다. 그러한 연결은 학습해야 한다. 만약 의도하거나 선택했던 행동에 강화하는 결과가 뒤따른다면 학습을 할 수 있다. 이 관점에서 의도와 선택은 인지 활동에 해당한다(물론 특히 의도에는 정서적 요소가 포함될 수 있다). 따라서 의도나 선택 그리고 행동 사이의 관계는 행동–행동 연결에 해당한다. 이 연결에는 경험이 있어야 한다. 물론 경계성 환자는 사전의 의도, 선택, 전념을 통해 행동에 영향을 미치는 능력이 부족한 문제가 때로 있다. 따라서 치료자는 이러한 행동–행동 연결에 체계적으로 강화를 계획해야 한다.

행동을 결정하는 데 선택에만 과잉 의존한다면 행동 역량이 수행하는 역할을 간과할 수 있다. 선택이라는 관념은 개인이 선택할 자유를 가정한다. 그러나 수없이 여러 번 선택했음에도 불구하고 할 수 없는 무언가는 할 수가 없다. 경계성 환자는 자신과 치료자가 원하는 방식으로 행동을 통제하지 못하기도 한다. 완전히 없거나 몹시 부족했던 역량은 수반성을 통해 만들 수 있다. 좋은 의도만으로 효과적인 행동 통제와 변화를 이룰 수는 없다.

11장

변화 절차: II부 기술 훈련, 노출, 인지 조정

기술 훈련 절차

기술 훈련 절차는 현재 개인의 행동 레퍼토리에 없는 기술이 문제 해결에 필요할 때 있어야 한다. 달리 말하면, 이상적 환경(두려움, 갈등하는 동기, 비현실적 믿음이 행동을 방해하지 않을 때)에서도 필요한 행동을 실행하지 못할 때이다. DBT에서 '기술'이라는 용어는 '능력'과 동의어로 사용하고, 넓은 의미에서 인지, 정서 그리고 외현 행동 반응 레퍼토리이자 이들 간 통합으로서 효과적 수행을 위해 필요하다. 효과는 행동의 직접 그리고 간접 결과로 가늠할 수 있다. 효과적 수행이란 최대한 긍정적 결과와 최소한 부정적 결과를 낳는 행동이라고 정의할 수 있다. 따라서 '기술'은 상황에 적응적 혹은 효과적으로 반응한다는 의미뿐 아니라 '능숙한 수단을 사용한다'는 의미로 사용한다.

DBT에서는 기술 통합을 강조하는데, 이는 때로(사실 대체로) 사람이 기술을 이루는 행동 요소는 지니고 있지만 필요할 때 이를 일관성 있게 조합하지 못하기 때문이다. 예를 들어, 모든 사람은 레퍼토리에 '아니'라는 단어가 있다. 초대를 거절하면서도 초대한 사람과 소원해지지 않기 위해 '아니'라는 단어를 다른 단어와 능숙하게 결합한 문장을 만들어 내야 하는데, 어떤 사람은 그걸 하지 못한다. 대인관계에서 능숙한 반응을 위해서는 이미 아는 단어를 효과적 문장으로 조합하고, 적절한 몸짓 언어, 어조, 눈 맞춤을 통합해야 한다. 기술 요소 하나하나는 그다지 새롭지 않지만, 기술 조합은 새롭다. DBT에서는 대부분 바람직한 행동을 하나의 기술이라 생각할 수 있다. 따라서 문제에 효과적으로 대처하고, 부적응 혹은 효과적이지 못한 반응을 피한다면 모두 기술을 썼다고 볼 수 있다. DBT에서 목표는 효과적이거나 적응적이지 못하고 능숙하지 못한 행동을 능숙한 반응으로 대체하는 데 있다.

기술 훈련 동안 그리고 DBT 전반에 걸쳐 치료자는 기회가 생길 때마다 환자가 삶에 대처하기 위해 기술 습득과 연습에 능동적으로 참여하도록 주장한다. 치료자는 직접, 단호하게, 그리고 반복해서 경계성 사람의 수동적 문제 해결 양식에 도전한다. 다음에 기술한 절차는 적당한 지점에서 모든 치료자가 약식으로 적용할 수 있다. 또한 정식으로 구조화된 기술 훈련 모듈로 활용할 수 있다(이 책 동반 매뉴얼에 설명하였다).

기술 훈련 절차에는 세 가지 유형이 있다. ① 기술 습득(설명, 본보기), ② 기술 보강(행동 예행연습, 피드백), ③ 기술 일반화(예: 숙제 내주기, 상황에서 공통점과 차이점을 논의하기). 기술 습득에서 치료자는 새로운 행동을 가르친다. 이어서 기술 보강과 일반화를 통해 치료자는 기술 행동을 섬세하게 조정하고 이미 행동 레퍼토리에 있는 기술 행동을 적절한 상황에 사용할 가능성을 높인다. 기술 보강과 일반화에는 수반성 관리, 노출, 인지 조정 절차를 적용해야 한다. 일단 특정 반응 양상이 환자의 현재 레퍼토리에 들어섰다고 확신했다면, 일상에서 이 양상을 더 늘릴 수 있도록 여러 절차를 적용한다. DBT는 이처럼 행동주의 및 인지치료에서 전형인 능동적 · 자기 의식적 교육을 강조하면서 다른 여러 경계성 환자 치료법과 차이를 보인다. 물론 어떤 기술 훈련 절차는 지지적 역동 심리치료에서 사용하는 절차와 겉보기에 비슷하다.

기술 훈련의 목표는 DBT 기준 기술(예: 마음챙김, 대인관계 효과성, 정서 조절, 고통 감싸기, 그리고 자기 관리 기술)뿐 아니라 개별 사례에서 행동주의 분석을 통해 결정한다. 개인이 현재 레퍼토리에 가지고 있지 않으나 삶을 개선하기 위해 도움이 되는 거의 모든 행동 양상을 기술 훈련에서 목표로 할 수 있다. 어떤 구체적 절차를 선택하느냐(예: 습득 대 보강 절차)는 환자가 이미 어떤 기술이 있느냐에 달려 있다.

기술 훈련에 방향 잡고 전념하기: 과제 개관

방향 잡기는 새로운 행동이 배울 가치가 있고 DBT 절차가 효과가 있을 거라고 판촉하기 위한 주요한 수단이다. 기술 훈련은 치료 프로그램에 능동적으로 협력할 때에 달성할 수 있다. 몇 환자는 기술이 부족하고 또 새로운 기술 습득을 두려워한다. 이때 새로운 기술을 배운다고 그 기술을 실제 써야 한다는 뜻은 아니라고 짚어 준다면 유용할 수 있다. 기술을 습득하고 나서, 각 상황에서 그 기술을 쓸지 안 쓸지 선택할 수 있다는 뜻이다. 환자 문제는 비행을 두려워하는 사람의 문제와 비슷하다. 만약 두려움이 감소하면 비행을 해야 하므로 두려움을 줄이길 원치 않는다. 때로 환자는 무언가 정말 도움이 되리라는 희망을 잃었기 때문에 새로운 기술을 배우기 원치 않을 수 있다. 나로서는 내가 가르치는 기술이나 자신 혹은 내가 아는 다른 사람에게 도움이 되었다고 짚어 주었을 때 유용했다. 그러나 치료자는 특정 기술이 정말로 그 사람을 도울지 미리 입증할 수는 없다.

새로운 기술을 가르치기 전에 치료자는 왜 특정 기술이나 기술 세트가 유용할지 원리를 제시해야 한다(혹은 환자로부터 소크라테스 문답법으로 이끌어 내야 한다). 어떨 때는 한두 마디면 충분할 수 있고, 다른 경우에는 폭넓은 논의가 필요할 수 있다. (각 DBT 목표 기술 세트의 구체적 근거는 이 책 동반 매뉴얼에 제시하였다.) 개인 문제 해결에서는 이 과정이 해결 분석 단계에서 일어난다. 어떤 지점에서 치료자는 그가 가르치는 방법에 대한 일반 원리를 설명해야 할 수도 있다. 다시 말해, DBT 기술 훈련 절차 자체에 대한 원리를 설명한다. 여기서 가장 중요하고도 필요할 때마다 거듭 강조하기로, 새로운 기술을 배우는 데는 연습, 연습, 연습이 필요하다. 마찬가지로 중요하게, 기술이 필요한 바로 그 상황에서 연습해야만 한다. 이러한 점을 환자에게 전달하지 않는다면 실제 뭔가를 새로 배우리라는 희망이 별로 없다.

기술 습득 절차

기술 습득 절차는 기술 부족에 주목하여 개입한다. DBT는 경계성 사람의 모든 혹은 대부분 문제가 원래부터 동기에서 비롯되었다고 가정하지 않는다. 대신에 특정 영역에서 환자 능력 수준을 평가하고, 기술 부족이 있다면 기술 습득 절차를 사용한다. 때로 다른 평가 방법을 쓰는 대신 치료자는 기술 습득 절차를 사용한 뒤에 그에 따른 행동의 변화가 있는지 관찰한다.

능력 평가에 관하여

경계성 환자가 무언가를 해낼 역량이 없는지, 혹은 역량은 있으나 정서적으로 억제됐거나 환경 요인으로 제한을 받은 건지 알기란 매우 어렵다. 이러한 평가는 어떤 환자군에서도 복잡하긴 하지만 특히 경계성 환자에게 어려운데, 왜냐하면 이들은 자기 행동과 능력을 분석할 줄 모르기 때문이다. 예를 들어, 무언가를 하기 **두렵다**와 **할 줄 모른다**를 혼동한다. 게다가 때로 강력한 수반성은 어떤 행동 역량이 있다고 인정하지 못하게 방해한다. 이에 대해 10장에서 논의한 바 있다. 여기서 특히 환자는 자신에게 역량이 있다고 인정하면 치료자가 (너무 이르게) 치료가 완결되었다고 결정할까 두려워한다는 문제가 중요하다. 혹은 환자는 자신이 하나의 맥락에서 무언가를 해낸 게 알려지면 치료자가 그 일을 해내지 못하는 맥락을 포함한 모든 맥락에서 해낼 수 있다고 생각하게 될까 두려워할 수 있다. 이렇게 되어 만약 치료자가 환자에게 여전히 필요한 지원을 거둔다면 앞으로 실패할 가능성이 커진다(더불어 관련된 상실과 더 나아간 문제까지 생긴다). 환자는 또한 어떻게 느끼고 생각하는지 모른다거나 정확한 표현을 찾지 못하겠다고 말할 수도 있는데, 사실상 이는 생각과 느낌을 표현하기 두려운 거다. 많은 환자가 말하듯이, 약해지기 싫을 때가 있다. 마지막으로, 어떤 환자는 가족이나 치료자로부터 본인의 모든 문제는 동기 때문이라고 보는 관점을 배웠을 수 있다. 그들은 이 관점을 전적으로 받아들이거나(따라서 자신이 뭐든지 할 수 있지만, 그저 하고 싶지 않을 뿐이라고 믿는다), 혹은 완전히 저항하는 바람에 능력 관련 요인만큼이나 동기 요인도 중요하다는 가능성을 추호도 생각지 않는다(자신이 아무것도 할 수 없으며, 더욱 적응하는 방식으로 행동하는 법조차 배울 수도 없다고 믿는다).

어떤 치료자는 아무것도 할 수 없다고 말하는 환자에게 똑같이 극단적인 위치에서, 하려고만 한다면 할 수 있다고 말한다. 환자가 능숙하게 행동하지 못하거나 달리 행동할 방법을 모르겠다고 주장하면 그건 저항이 되어 버린다(혹은 최소한 의식 밖의 동기로 결정된 거라고 한다). 조언하기, 코칭, 제안하기 혹은 새로운 행동을 가르치는 방법은 '진짜' 치료를 방해하는 의존성과 욕구 충족을 부추긴다고 여긴다. 다른 치료자는 결국 마찬가지인데, 환자가 아무것도 할 수 없다고 믿는 덫에 빠진다. 때로는 환자가 새로운 기술을 배울 능력이 없다고 믿기에 이른다. 수용, 보살핌, 환경 개입이 이 치료자가 쓰는 치료 도구 세트를 이룬다. 당연하게도 환자 치료팀에 이 두 입장이 동시에 있는 경우 갈등과 '치료진 분리'가 일어난다. 변증법 접근은 합을 찾아내기를 제안한다(13장에서 이 주제를 깊이 있게 다룬다).

어떤 행동 양상이 환자 레퍼토리에 있는지 잘 평가하기 위해 치료자는 환자가 행동을 보여 줄 수 있는 적정한 환경을 만드는 방법을 알아야 한다. 대인관계 행동에서는 상담실 안에서 역할극이 비슷한 환경 역할을 한다. 만약 환자가 거부하면 환자에게 특정 상황에서 무엇을 말할지 기술해 보도록 요청할 수 있다. 나는 대인관계에서 마치 숙련된 것처럼 보이는 사람이 특정 역할극 상황에서 합리적으로 반응하지 못하고, 수동적이고 순하고 숙련되지 않아 보이는 사람이 편안한 치료실 상황에서는 꽤 능숙하게 반응하는 모습을 보며 놀라곤 한다. 고통 감내를 분석할 때 치료자는 어렵거나 스트레스가 많은 상황에서 무슨 기법을 사용할지 혹은 도움이 될지 환자가 기술해 보도록 요청할 수 있다. 정서 조절은 때로 회기에서 잠깐 멈추고 환자에게 자신의 정서 상태를 지금 바꿀 수 있겠냐고 물어봄으로써 평가할 수 있다. 자기 관리와 마음챙김 기술은 회기 내 환자 행동을 관찰하거나 일과를 질문하여 분석할 수 있다.

환자가 어떤 행동을 해냈다면 치료자는 그 행동이 레퍼토리에 있다고 알 수 있다. 그러나 만약 행동을 못한다 해도 치료자는 확신할 수 없다. 통계학에서처럼 영가설을 검증하는 방법은 없다. 의심스럽다면 (대개 그러하듯) 기술 습득 절차를 진행하는 편이 더 안전하다. 대체로 그렇게 하는 데 해로울 일은 없고, 절차 대부분은 행동 숙달과 관련된 다른 요인에도 영향을 준다. 예를 들어, 설명과 본보기(주요 기술 습득 절차)는 개인 행동 레퍼토리에 새로운 행동을 추가한다기보다는 개인이 행동해도 된다고 '허락'해 주어 억제를 풀기 때문에 작용한다. 이 두 기본 절차를 다음에 설명했고 〈표 11-1〉에 간략히 정리하였다.

〈표 11-1〉 기술 습득 절차 점검표

_____ 치료자는 표적 관련 행동을 평가한다.
- _____ 치료자는 환자가 가진 기술을 보여 줄 수 있는 환경을 만든다.
- _____ 치료자는 회기 그리고 전화 상호작용에서 환자 행동을 관찰한다.
- _____ 치료자는 상황이나 문제를 어떻게 다루어야 이상적일지 환자에게 물어본다.
- _____ 치료자는 회기나 전화 상호작용에서 환자에게 정서 변화하기와 같은 새로운 행동을 시도하도록 요청한다.
- _____ 치료자는 환자와 역할극을 한다.

_____ 치료자는 배워야 할 기술을 환자에게 **설명**한다.
- _____ 치료자는 필요한 행동과 양상을 환자가 이해할 수 있을 만큼 충분히 구체적으로 명시한다.
- _____ 치료자는 따라 하기 쉬운 단계로 지시를 쪼갠다.
- _____ 치료자는 환자의 역량과 두려움에 견주어 쉬운 과제에서 시작해 보다 어려운 기술 측면으로 나아간다.
- _____ 치료자는 배워야 할 기술 예시를 환자에게 제공한다.
- _____ 치료자는 환자에게 기술을 설명하는 유인물을 준다.

_____ 치료자는 숙련 행동에 **본보기**를 보인다.
- _____ 치료자는 환자와 역할극을 한다.
- _____ 치료자는 환자와 상호작용할 때 숙련 행동을 사용한다.

_____ 치료자는 적응에 도움이 되는 생각의 본보기를 보여 주기 위해 자기 대화를 소리 내어 말해 준다.
_____ 치료자는 일상에서 이전에 숙련 행동을 했던 경험을 개방한다.
_____ 치료자는 숙련 행동을 보여 주는 이야기를 들려준다.
_____ 치료자는 환자가 관찰할 수 있도록 주변 본보기를 찾아준다.
    _____ 숙련 행동을 하는 환자가 아는 다른 사람
    _____ 숙련 행동을 보여 주는 유명인
    _____ 책(예: 전기), 영화

1. 설명

배워야 할 반응 요소를 언어로 기술하여 설명한다. 환자가 무엇을 필요로 하느냐에 따라 설명은 일반 지침("생각을 재구조화할 때는 끔찍한 결과가 일어날 확률을 반드시 확인하세요." "강화를 생각하세요.")에서부터, 환자가 해야 할 행동("충동이 올라오는 순간 얼음을 꺼내 10분간 손에 쥐고 계세요.") 혹은 생각("스스로 계속해서 말하고 또 하세요, '나는 할 수 있어'.")에 관한 구체적 제안까지 다양하다. 설명은 강의 형태로 하여 칠판을 보조 도구로 하여 가르칠 수 있다. 표준 DBT에서는 각 기술 영역에서 유인물 형태로 설명을 제공한다(이 책의 동반 매뉴얼 참조). 다른 자조 서적을 줄 수도 있다. 설명은 고려해 볼 가설로 제시할 수 있고, 통합할 명제와 반명제로 제시할 수 있으며, 소크라테스식 문답법으로 환자에게서 이끌어 낼 수 있다. 모든 경우에 치료자는 효과적으로 행동하거나 기술을 배우는 일이 쉽다고 과잉 단순화하지 않도록 주의해야 한다.

2. 본보기

본보기는 치료자, 환자 주변 다른 사람, 녹음 자료, 동영상, 영화 혹은 인쇄 자료를 통해 제공할 수 있다. 환자에게 적절한 대안 반응의 예를 제공할 수 있는 모든 절차가 일종의 본보기이다. 치료자가 제공하는 본보기의 경우 상황과 자료를 환자 필요에 맞게 조정할 수 있는 이점이 있다.

치료자가 숙련 행동의 본보기가 되는 여러 가지 방법이 있다. 적절한 대인관계 행동을 예시로 보여 주기 위해 회기 내 역할극을 사용할 수 있다. 환자가 일상에서 마주치는 상황과 유사한 사건이 환자와 치료자 사이에서 일어난다면 치료자는 그러한 상황을 효과적으로 다루는 방법을 보여 줄 수 있다. 치료자는 자기 진술, 자기 지시, 문제 있는 기대와 믿음 재구조화하기를 자기 대화(소리 내어 말하기)로 하며 대처 본보기를 보일 수 있다. 예를 들어, 치료자는 "좋아요, 나는 스스로 이렇게 말해요. '나는 압도감을 느껴. 내가 압도될 때 첫 번째로 하는 게 뭐더라? 상황을 하나하나 단계로 쪼개고 목록을 만들자. 목록 첫 번째에 있는 행동을 하는 거야.'"라고 말해 준다. 대안적 삶의 전략을 보여 주는 데 이야기 들려주기, 역사적 사건과 연관 짓기, 우화를 제공하기(7장)가 때로 유용할 수 있다. 마지막으로, 치료자의 자기 개방이 적응 행동의 본보기가 될 수 있다. 특히 환자가 현재 마주하고 있는 삶의 문제를 치료자 역시 만난 적이 있을 때 사용한다. 이 전략은 12장에서 자세하게 논의한다.

회기 내 본보기에 더해, 환자가 자기 주변에서 능숙한 사람의 행동과 반응을 관찰하도록 하는 방법이 유용할 수 있다. 환자가 관찰한 행동을 궁극적으로 환자 자신이 쓸 수 있도록 다루고 연습할 수 있다. 독서를 통해 치료에서 받은 제안을 어떻게 적용할지 따라 해 보면 또한 유용하다. 비슷한 문제에 대처한 사람의 전기, 자서전 그리고 소설은 새로운 아이디어를 준다. 중요하게, 치료자가 본보기가 되거나 치료 외 장면에서 본보기로 제시한 행동을 환자와 함께 논의해야 하고, 환자가 관련 있는 반응을 관찰하고 있는지 확실히 해야 한다.

기술 보강 절차

숙련 행동을 습득한 뒤에는 기술 사용을 조성하고, 정제하고, 사용 가능성을 높이기 위

〈표 11-2〉 기술 보강 절차 점검표

_____ 치료자는 **예행연습**을 한다.
  _____ 치료자는 환자와 함께 역할극을 한다.
  _____ 치료자는 환자를 회기 내 연습으로 인도한다.
  _____ 치료자는 환자를 상상(내현) 연습으로 인도한다.
  _____ 치료자는 환자를 실제 연습으로 인도한다.
_____ 치료자는 숙련 행동을 **강화**한다.
_____ 치료자는 환자에게 구체적인 행동 **피드백**을 준다.
_____ 치료자는 환자를 **코칭**한다.

DBT 위배 전략

_____ 치료자는 개선을 보이는 환자 행동이 치료자를 불편하게 한다면 처벌하거나 무시한다.
_____ 치료자의 피드백에서 수행보다 동기에 초점을 맞춘다.
_____ 치료자가 추론한 동기와 특정 행동 사이 연결고리를 찾아 주지 않는다.
_____ 치료자가 중요한 지점을 선택하지 않고 환자에게 모든 지나친 세부 피드백을 준다.

해 기술 보강 절차를 쓴다. 이 절차는 여러 번 강조해도 지나치지 않은데, 연습하고 강화받지 않는다면 기술을 학습할 수 없고, 특히 기술 연습 행동에는 노력이 필요하고 경계성 환자가 수동적 행동 양식을 사용하는 경향에 직접 대응해야 하기 때문이다. 기술 보강 절차는 〈표 11-2〉에 정리하였다.

1. 예행연습

예행연습은 환자가 학습할 반응을 연습하는 모든 절차이다. 이는 치료자와 상호작용, 모의 상황 연습 혹은 **실제** 상황에서 이루어질 수 있다. 모든 숙련 행동, 즉 언어 표현 장면, 비언어 행동, 생각이나 인지적 문제 해결 양상 그리고 생리적 혹은 정서적 반응 일부 요소 등을 모두 연습할 수 있다.

연습은 외현 혹은 내현적 방법으로 할 수 있다. 다양한 외현 행동 형태에 예행연습이 가능하다. 예를 들어, 치료자와 환자는 함께 문제 상황을 역할극으로 연습하면서 적절하게 대응하는 법을 연습할 수 있다. 바이오피드백은 생리 반응 조절을 연습하는 하나의 방법이다. 혹은 회기 내에서 환자에게 이완을 연습하도록 할 수 있다. 인지 기술 학습에서 환자가 효과적인 자기 진술을 말로 표현하도록 요청할 수 있다. 특정 인지 재구성 상황에서 환자는 먼저 문제 상황에서 나타난 역기능 신념, 법칙, 기대가 있는지 검토하고 표현한 다음에, 더욱 유용한 대처 진술, 법칙을 만들어 내 이러한 믿음을 재구성한다. 내현적 대응 연습은 환자가 상상 속에서 필요한 대응을 연습하는 방법으로 또한 기술을 효과적으로 보강한다. 이 방법은 복잡한 인지 기술을 가르칠 때 외현 방법보다 효과적일 수 있고, 또한 환자가 외현으로 예행연습에 참여하기를 거부할 때도 유용하다. 또한 환자에게 정서 조절 연습을 제안할 수 있는데, 보통 '정서 행동'은 직접 연습할 수는 없다. 그러니까 화, 슬픔, 기쁨을 만드는 연습을 할 수는 없다는 말이다. 대신 특정 정서 요소를 연습해야 한다(표정을 바꾸기, 정서를 끌어내거나 억제하는 생각 만들기, 근육 긴장을 변화하기 등).

내 경험에 따르면 환자는 예행연습을 썩 좋아하지 않는다. 따라서 상당한 회유와 조성이 필요하다. 예를 들어, 환자가 대인관계 역할극을 하지 않으면 치료자는 대화를 통해 이야기하도록 시도하거나("그럼 그다음 뭐라고 말할 수 있을까요?"), 환자가 압도되지 않을 만큼만 새로운 기술 일부를 연습해 보는 시도를 할 수 있다. 어쨌든 여기에서 환자는 달라지기 위해서는 다르게 **행동하기**를 연습해야 한다는 점이 가장 중요하다. 치료자가 예행 연습을 좋아하지 않기도 하는데, 특히 역할극을 해야 할 때 그렇다. 치료자가 역할극에 대해 부끄럽거나 불편하게 느낄 때 가장 좋은 해법은 자문팀 다른 구성원과 함께 연습하는 방법이다. 어떤 경우에는 치료자가 환자에게 예행연습을 강요하고 싶지 않아서 역할극에 저항하기도 한다. 그런 치료자는 예행연습이 치료 성과와 관련 있다는 자료가 얼마나 풍부한지 의식 못하기 때문일 수 있다(예: Linehan et al., 1979).

2. 새로운 기술 강화

환자 행동에 치료자가 주는 강화는 경계성 그리고 자살 행동을 하는 환자의 숙련 행동을 조성하고 보강하는 가장 강력한 수단이다. 환자는 처벌을 지나치게 많이 사용하는 환경에서 살아왔다. 그들은 세상 전반, 특히 치료자에게서 부정적이거나 처벌하는 피드백을 예상한다. 그리고 자기 행동을 조성하려는 시도에서 자기 처벌 전략을 거의 단독으로 사용한다. 장기적으로 치료자가 기술을 강화한다면 환자의 자기상을 개선하고, 숙련 행동을 늘리고, 환자가 삶에서 긍정 결과를 통제할 수 있다는 감각을 향상할 수 있다. 적절한 강화를 제공하는 기법은 10장에서 충분히 논의하였다. 그러나 여기서 중요한 점을 짚고자 하는데, 치료자는 기민함을 유지하여, 설령 그 행동이 치료자를 불편하게 만든다 해도, 발전을 드러내는 환자 행동에 놓침 없이 주목할 수 있어야 한다. 예를 들어, 환자에게 부모한테 사용할 대인관계 기술을 가르치고서는 치료 회기에서 같은 기술을 사용했을 때 치료자가 처벌하거나 무시한다면 치료적이지 않다. 환자가 스스로 생각하도록 장려해 놓고 치료자와 의견이 불일치할 때 치료자가 처벌하거나 무시한다면 치료적이지 않다. 모든 환경에 '맞추지 못한다'고 해서 재앙이 아니고 고통은 감내할 수 있다고 강조해 놓고서 환자가 치료자 일정에 편안하게 맞추지 않거나 경계성 환자 행동에 대한 고정관념에 딱 맞지 않는다고 치료자가 감내하지 않는다면 치료적이지 않다.

3. 피드백과 코칭

반응 피드백을 통해 환자에게 수행에 대한 정보를 제공한다. 나는 피드백은 수행과 관련되어야 하지, 수행으로부터 추정한 동기와 관련되어서는 안 된다고 강조한다. 많은 경계성 개인의 삶에서 불행한 요인인데, 다른 사람은 이들 행동에 대해 동기와 의도를 지레짐작하여 해석하고 오염되지 않은 피드백을 좀처럼 주지 않는다. 짐작한 동기가 틀렸다면 사람은 자기 행동에 받을 수 있는 값진 피드백을 깎아내리거나 여기에 귀 기울이지 못한다. 치료자 피드백은 행동상 구체적이어야 한다. 말인즉슨, 치료자는 문제를 지속하거나 개선한다고 여겨지는 환자 행동을 그에게 정확히 말해 주어야 한다. 조종한다거나, 통제하려는 욕구를 표현한다거나, 과잉반응한다거나, 매달린다거나, 혹은 행동화한다고 말한다면, 그 용어가 가리키는 행동 대상이 명확하지 않다면 한마디로 전혀 도움이 안 된다. 이는 당연히 치료자가 문제 행동을 정확히 찾아냈으나 동기를 잘못 추론했을 때 특히 그렇다. 환자와 치료자 사이 많은 논쟁이 바로 그 오류에서 발생한다.

치료자는 환자 행동에 빈틈없이 주의하고(회기 안에서 행동과 회기 중간에 스스로 보고한 행동 모두에), 피드백을 주어야 할 환자 행동을 선택한다. 치료 초반에는 환자가 능숙해 보이는 행동을 거의 보이지 않을 텐데, 이때 치료자는 최소한의 요소에만 피드백을 주는 게 좋다. 예를 들어, 치료자는 언급할 만한 다른 부족함이 있더라도 개선이 필요한 한두 가지 행동에만 피드백을 준다. 더 많은 행동에 피드백을 준다면 자극 과부하로 이어질 수 있고 느린 진전에 좌절을 줄 수 있다. 반응 조성 패러다임(10장에서 논의한)에 더하여 효과적 수행이라는 목표에 점차 성공적으로 다가갈 수 있도록 설계한 피드백, 코칭, 강화를 쓴다.

경계성 환자는 절박하게 행동에 대한 피드백을 바라면서 동시에 부정적 피드백에 민감하다. 해결책은 긍정적 피드백으로 부정적 피드백을 감싸는 방법이다. 환자를 마치 부정적 피드백을 다루기에 너무 취약한 사람으로 대한다면 그에게 득이 되지 않는다. 환자 행동이 치료자에게 미치는 영향에 관해 정보를 주는 부분 역시 피드백에서 중요하다. 이에 대해서는 12장에서 상호성 의사소통 전략과 관련해 더욱 폭넓게 논의한다.

코칭은 피드백과 설명을 결합한다. 치료자는 환자에게 어떤 반응이 숙련된 수행 기준에서 어떻게 어긋나 있는지 그리고 어떻게 개선할 수 있는지 말해 준다. 다시 말해, 코칭하여 환자에게 무엇을 해야 할지 그리고 어떻게 발전할 수 있을지 알려 준다. 임상 실제에 비춰 보자면 코칭을 통해 특정 방식으로 행동해도 된다는 '허락'을 암묵적으로 받은 자체가 행동 변화를 달성하는 데 필요한 전부일 수 있겠다.

기술 일반화 절차

DBT는 치료에서 배운 행동이 반드시 치료 밖 일상에서 일반화되리라 가정하지 않는다. 따라서 치료자가 기술 전파를 적극적으로 격려하는 게 중요하다. 구체적 절차를 다음에 논의하였고 〈표 11-3〉에 정리하였다.

〈표 11-3〉 기술 일반화 절차 점검표

_____ 치료자는 기술 **일반화를 설계**한다.
- _____ 치료자는 각 상황에 다양한 숙련 반응을 가르친다.
- _____ 치료자는 환자가 기술을 연습할 훈련 상황이 다양해지도록 변화를 준다.
- _____ 치료자는 환자가 치료 밖에서 맺고 있는 대인관계의 중요한 특징을 치료 관계 안에서 재연한다.

_____ 치료자는 환자가 실제 상황에서 기술을 적용할 수 있도록 회기와 회기 사이에 **자문을 제공**한다.
- _____ 치료자는 전화로 내담자가 문제 상황에 기술을 적용할 수 있도록 돕는다.

_____ 치료자는 환자가 회기와 회기 사이에 들을 수 있도록 **녹음 파일**을 준다.

_____ 치료자는 환자에게 실제 상황에서 **예행연습 과제**를 내준다.
- _____ 표준 DBT(개인 치료자와 기술 훈련 치료자가 구분된)에서 개인 치료자는 환자에게 기술 훈련 치료자와 연습할 수 있는 구체적 과제를 내준다. 기술 훈련 치료자는 환자에게 개인 치료자와 연습할 과제를 내준다.
- _____ 치료자는 환자의 필요와 역량에 맞추어 과제를 내준다. 치료자는 조성 원리를 사용한다.

_____ 치료자는 환자의 숙련 행동을 강화하는 **환경을 조성**하도록 돕는다.
- _____ 치료자는 환자가 실생활 공동체에서 어떻게 강화를 이끌 수 있는지 가르친다.
- _____ 치료자는 환자 환경에서 자연스러운 수반성에 적합한 행동을 가르친다.
- _____ 치료자는 환자에게 자기 관리 기술, 그중에서도 환경을 구조화하는 법을 가르친다.
- _____ 환자 삶이 변화하려면 환자가 적절한 반응을 하도록 강화해 줄 환경을 환자가 강화하고 조정해야 한다는 필요성을 치료자는 겉으로 분명하게 드러낸다.
- _____ 가족과 커플 회기에서 치료자는 적응 행동을 위한 사회적 강화의 필요성과 적응 행동에 대한 처벌의 감소를 조명한다.
- _____ 치료자는 자신이 제공하는 강화가 환경에서의 강화보다 덜 빈번하도록 간헐적 계획에 따라 강화를 서서히 줄여 나간다.

1. 일반화 설계

기술 훈련 모든 단계에서 치료자는 두 유형의 일반화를 적극적으로 설계한다. 기술적으로 '반응 일반화'라고 부르는 첫 번째 유형에서 치료자는 학습한 기술이 보편화되고 유연해져 대부분 장면에서 환자가 선택할 수 있는 여러 행동 선택지를 가질 수 있도록 고려한다. 앞에서 기술한 절차를 적용하면서 치료자는 갖가지 상황에 따른 다양한 숙련 반응을 본보기로 보이고, 가르치고, 강화하고, 제시하도록 주의를 기울여야 한다. 예를 들어, 문제 상황에서 숙련된 해결책을 만들어 낼 때 치료자는 환자가 숙련 반응 하나를 만드는 데서 그치지 않고 여러 가지 다른 반응을 생각해 낼 수 있도록 도와야 한다. 비슷하게, 같은 상황에서 여러 가지 서로 다른 반응을 본보기로 보이고 강화해야 한다. 기술적으로 '자극 일반화'라고 일컫는 두 번째 유형에서 치료자는 하나의 장면에서 학습한 기술을 다른 장면에도 일반화하는 데 관심을 가진다. 앞(<표 11-3> 참조)에 목록으로 제시한 대부분 절차는 이러한 유형의 일반화를 향상하고자 고안하였다. 치료자는 환자가 가능한 여러 상황 유형에 걸쳐 기술을 시도하도록 하자는 게 기본 생각이다. 특히 환자가 치료 밖에서 맺는 대인관계의 중요한 특징을 치료자가 치료 관계에서 재연하고자 시도할 때 중요하다. 이를 수행하면서도 관계에서 진정성을 유지하려면, 치료 밖 상황과 치료 회기 안에서 벌어지는 문제와 상호작용의 유사점을 조명하는 방법이 한 가지 있다.

2. 회기 사이 자문

환자가 실생활에서 새로운 기술을 적용하지 못한다면 회기 사이에 자문을 구하도록 격려해야 한다. 개인 외래 치료에서 이러한 자문은 보통 치료자와 전화 통화로 이루어진다. 코넬 의학센터 화이트 플레인즈뉴욕 병원의 Charles Swenson이 개발하고 6장에서 논의한 다른 기법이 있는데, 여기서는 정규 일과 업무 시간에 환자가 새로운 기술을 일상에서 적용하도록 돕는 일을 하는 행동주의 상담가를 둔다. 입원 혹은 낮병동에서 환자는 어려움이 있을 때 치료진으로부터 도움을 받도록 격려받을 수 있다.

이러한 상호작용에서 치료자와 환자는 실생활 상황에서 적절한 기술 적용을 논의한다. 일반적으로 상호작용은 문제 해결 방식으로 실시해야 한다. 치료자는 환자에게 단순히 해법을 주기보다는, 환자가 효과적인 해법이나 발전해 가는 기술을 사용하는 방법에 다다를 수 있게 돕도록 주의해야 한다. 치료자가 시간이 부족하거나 그 순간 환자로부터 방해받고 싶지 않을 때 해법을 주고자 하는 유혹이 가장 강해진다. 이러한 경우에 환자에게 더 편한 시간에 전화하거나 다시 오기를 요청하는 편이 낫다. 15장에서 전화와 다른 구체적 자문 전략을 더 자세히 논의한다.

3. 복습을 위해 회기 녹음 제공하기

모든 심리치료 회기는 평가와 지도감독을 위해 녹음해야 한다. 환자를 위해 각 회기에 사본을 만들 수 있다. 환자는 회기 사이에 녹음 파일 전체를 들을 수 있다. 녹음 파일을 복습하는 전략에는 몇 가지 이유가 있다. 첫째 회기 중 높은 정서 각성으로 인해 우울과 불안, 해리 반응을 동반한 집중력 저하가 생기고, 환자는 치료 회기에 일어나는 일 중 상당 부분에 주의할 수 없다. 따라서 환자는 녹음 파일을 들어서 회기 중 다룬 내용을 더 많이 기억할 수 있다. 둘째, 녹음을 들으면 환자에게 자기 행동, 치료자 반응 그리고 둘 사이 상호작용에 대해 중요한 통찰을 줄 수 있다. 그러한 통찰은 환자가 자기 대인관계 행동과 치료자와의 관계를 이해하고 개선하도록 돕는다. 셋째, 회기를 집에서 들으면서 환자는 이 내용을 일상 환경에 사용하고 통합하도록 도움을 받는다. 핵심으로, 환자는 치료에서 얻은 통찰을 치료 회기 밖에서 다시 학습한다. 마지막으로, 많은 환자는 회기 사이에 압도되거나 공황이 오거나 대처하기 어렵다고 느낄 때 녹음을 들으면 매우 도움이 된다고 보고한다. 그저 녹음 회기를 듣는 데에서도 치료자와 추가 회기를 한 듯 유사한 효과가 있다. 이렇게 녹음 사용을 장려할 수 있다.

환자가 회기 녹음을 복습하도록 할 때 몇 가지 문제가 발생할 수 있다. 한 가지는 환자에게 녹음기나 테이프가 없는 경우이다. 이런 경우(생길 수 있다)에 치료가 시작될 때 환자에게 공테이프 몇 개를 제공해야 한다. 환자가 녹음기를 빌릴 수 있어야 하고, 녹음기를 사기 위해 필요한 돈을 구하거나 누구에게 녹음기를 빌릴지 찾는 문제 해결이 회기 초점이 되어야 한다. 다른 해법을 찾을 수 없다면 환자가 치료자 사무실에서 테이프를 들을 수 있도록 사전에 조정해야 한다. 때로 환자는 회기에 테이프를 가져오기를 잊어버릴 수 있다. 테이프를 듣는 일이 치료에서 필수라면 그러한 누락을 분석하고 치료 방해 행동으로 다루어야 한다. 마지막으로, 환자가 회기 녹음을 들을 수 없다고 말할 수도 있다. 보통은 녹음을 듣기가 매우 불편하기 때문이라고 말한다. 이러한 예에서 치료자는 대부분 환자가 처음에는 테이프 듣기를 어려워하지만 시간이 지나면 듣기가 더 쉬워질 뿐 아니라 때로 꽤 유익함을 알게 된다고 말해 줄 수 있다. 그러나 녹음 듣기가 치료 회기에서 힘겨루기로 번져서는 안 된다. 환자가 요지부동으로 녹음 듣기를 거부한다면 그 바람을 존중해야 한다. 치료 과정에서 때로 이 주제를 다시 논의할 수 있으며 환자가 설득되어 마음을 바꿀지 알아볼 수 있다.

4. 실제 예행연습 과제

주간 행동 과제는 구조화된 기술 훈련 모듈에서 중요하고 매일 생활에서 기술 일반화를 보장하는 주요한 방법이다. 따라서 기술 훈련자와 개인 치료자가 모두 환자에게 내준 과제를 도와주고, 어떻게 하고 있는지 물어보고, 연습을 막는 장애물을 극복할 수 있도록 돕는 일이 필수이다. 때로 구조화된 기술 훈련에서 시간이 충분치 않은데, 특히 집단으로 이루어질 때 개인 문제에 충분히 주의하기가 어렵다. 환자는 연습하면서 겪는 어려움을 인정하거나 논의하기 꺼린다. '표준' DBT는 기술 훈련과 개인 심리치료를 결합한다. 환자가 배우는 기술을 그에게 도움이 필요한 문제에 적용할 수 있도록 밀착해서 초점을 맞추는 역할은 개인 치료자의 몫이다. 환자가 구조화된 기술 훈련에서 무엇을 배우는지 놓치지 않고 따라가야 함은 말할 것도 없다.

구조화된 기술 훈련에서는 현재 가르치는 진도에 맞는 특정 기술로 과제를 내준다. 그러나 개인 치료자는 숙제용 서식을 치료 전체 과정에서 혹은 때마다 필요에 따라 쓰고 싶을 수 있다. 개인 치료에서 숙제 서식 사용은 개인 필요에 맞춰 재단할 수 있다. 예를 들어, 어떤 서식은 정서를 찾고 이름을 붙이는 데 초점을 맞추고, 환자가 무엇을 느끼는지 분명히 하기 위해 일련의 단계를 밟도록 한다. 개인 치료자는 환자가 혼란스럽거나 정서에 압도될 때면 언제든 이 서식을 사용하도록 제안할 수 있다. 이 책 동반 매뉴얼은 각 DBT 행동 기술을 다루는 수많은 숙제 서식을 포함한다. 개인 치료자가 이 서식을 환자나 자신의 개인 선호와 필요에 맞게 수정하지 못할 이유는 당연히 없다.

숙제를 내주며 환자에게 자문하기 전략 사용하기 표준 DBT에서 환자는 어떤 치료자와 상호작용하며 다른 치료자에 대해 불평한다. 그러한 불평은 병원, 낮병원, 입원 장면에서도 있다. 치료 프로그램에서 다른 치료자와의 문제는 환자와 치료자가 다양한 기술을 작업하고 그 치료자에게 기술을 연습할 수 있는 풍부한 기회를 준다.

예를 들어(나의 프로그램에서 때로 그러하듯이), 구조화된 기술 훈련을 받는 환자가 개인 치료자에게 기술 훈련 치료자가 불합리하다거나 무언가 다른 실수를 했다고 불평할 수 있다. 개인 치료자는 환자가 상황을 분석하고 어떤 기술 세트가 다른 치료자와 연습하기에 가장 적절하거나 유용할지 결정하도록 도울 수 있다. 환자는 기술 훈련 치료자가 행동을 바꾸도록 하기 위한 대인관계 기술을 연습할 수 있다. 혹은 기술 훈련에서 상황과 그에 대한 환자 자신의 느낌을 있는 그대로 수용하기 위해 고통 감싸기 기술을 연습하는 기회일 수 있다. 혹은 정서가 특히 강렬하거나 고통스러울 때라면 이는 환자에게 이러한 특정한 유형의 대인관계 문제에서 정서 반응을 조율하거나 바꾸는 연습을 할 기회일 수 있다. 그 동안 내내 개인 치료자는 환자가 그 상황에서 마음챙김 기술(특히 평가하지 않는 태도)을 연습할 수 있도록 돕는 데 특히 관심을 기울여야 한다. 다음 회기에 환자와 치료자는 기술 연습이 어떻게 됐는지 검토할 수 있다. 나의 프로그램에서 그만큼 흔한 일은 불평이 반대 방향으로 가는 상황이다. 환자가 기술 훈련 시간에 자신의 개인 치료자에 대한 불평을 한다. 기술 훈련자는 그런 환자가 개인 치료자와 어떤 새로운 기술을 연습할 수 있을지 찾도록 도와줄 수 있다.

자살 행동 환자에게는 병동이나 응급실 치료진과 특히 자살 행동을 소통하는 새로운 기술을 연습하도록 돕는다면 유용하다. 예를 들어, 환자는 입원할 때, 퇴원할 때, 병원 의료진에게 더 많은(혹은 적은) 관심을 얻고자 할 때, 응급 요원의 걱정을 덜 때, 비자발적 구금(입원)을 막으려 할 때 대인관계 기술을 연습할 수 있다. 규칙이 임의적이거나 제한이 불합리하거나 요구가 압도적일 때 고통 감싸기와 정서 조절 기술을 연습할 수 있다. 다른 건강 전문가에게 행동 기술을 사용하도록 환자를 가르치는 일은 DBT에서 매우 중요하다. 따라서 한 세트의 치료 전략 전체를 이에 할애하였다. 바로 환자에게 자문하기 전략이다(13장에서 설명).

숙제를 고안할 때 변증법 전략과 조성을 사용하기 DBT 관점에서 **실제** 문제 상황이나 치료 상황은 곧 행동 기술을 연습할 기회이다. 프레임 전환(문제에서 기회로)은 7장에서 설명한 '레몬으로 레모네이드 만들기' 예이다. 여기서 발생하는 전반적 변증법 긴장은, 대개는 힘든 상황에서 환자가 새로운 기술을 연습하길 원함과 새로운 기술을 강화하고 보강할 수 있게 성공하기를 원하는 사이에서 발생한다. 숙제를 만드는 데에 조성 원리(10장 참조)는 마찬가지로 결정적이고, 치료자는 이를 강하게 지지해야 한다. 매우 안전한 상황에서만 연습하려고 하는 환자는 밀어붙여야 하며 능력 수준을 한참 넘어서는 상황에서 연습하려는 환자는 만류해야 한다.

5. 환경 변화

앞서 논의했듯, 경계성 사람은 수동적 양식으로 자신을 조절한다. 내적 자기 조절과 외부 환경 조절이 양극단인 연속선으로 이루어져 있다면 경계성 사람은 환경 조절 쪽 극단에 가까이 있다. 많은 치료자가 연속선에서 자기 조절 극단이 기본적으로 낫거나 더 성숙하다고 생각하고, 경계성 개인이 보다 자기 조절을 할 수 있도록 돕는 데 상당한 치료 시간을 들인다. DBT가 반대로 환경 조절 양식이 더 낫다고 제안하지는 않지만, 환자 강점과 함께 가는 쪽이 더 쉽고 장기적으로 이로울 가능성이 크다. 따라서 일단 행동 기술이 자리를 잡으면 치료자는 자연환경이 환자의 숙련되지 않은 행동 대신 숙련된 행동을 강화해 줄 경향을 극대화할 방법을 환자에게 가르쳐야 한다. 환자에게 구조를 만드는 법, 사적 약속 대신 공개 약속을 하는 법, 새로운 행동을 지원할 공동체와 생활 양식을 찾는 법, 숙련되지 않은 행동보다 숙련된 행동에 강화를 끌어내는 법을 가르치는 일 등이 있다. 그렇다고 환자가 자기 조절 기술을 배우지 말아야 한다는 말이 아니다. 그보다는 가르치는 자기 조절 기술 유형이 그의 강점에 알맞아야 한다는 뜻이다. 예를 들어, 준비된 일지 양식에다 자기 모니터링을 기록하는 편이 매일 행동을 관찰하고 마음속으로 기록하는 편보다 낫다. 집에서 술을 없애는 대응이 술에 손대지 않기 위해 자기 대화 전략을 시도하는 대응보다 낫다.

마지막으로 강조할 점은 바로 이거다. 때로 환자는 실제 세계에서 자신의 행동을 스스로 처벌하기 때문에 배운 기술을 일반화하지 못한다. 대체로 자기 행동에 기대가 스스로 너무 높아 강화할 기준에 절대 도달할 수 없기 때문이다. 일반화와 진전이 일어나기 위해서는 이러한 양상을 반드시 바꾸어야 한다. 자기 강화와 자기 처벌 문제는 8장과 10장에서 보다 자세하게 논의했다. 이러한 문제에 대응하기 위해 행동 타당화 전략을 여기서도 사용한다.

가족과 커플 회기 환자가 속한 사회 공동체가 회기에 참여하는 방법으로 일반화를 최대화할 수 있다. 보통 환자 가족 구성원이나 배우자 혹은 파트너이다. 가족과 커플 회기는 여러 방법으로 일반화를 촉진한다. 치료자와 학습하고 연습한 기술은 중요한 타인과 연습할 수 있다. 이 회기에서 치료자는 환자와 함께 어려움이 정확히 무엇인지 관찰할 수 있고, 가끔 두 사람 다 지금까지 배운 기술이 그저 충분하지 않으며 새로운 기술을 개발해야 한다는 점을 깨닫게 될 수 있다. 이러한 회기는 또한 가족, 배우자, 파트너에게 숙련되지 않은 기술보다는 숙련된 기술을 강화하라고 교육할 기회가 된다. 새로운 기술은 자연 공동체에서 보상보다는 처벌을 받기 때문에 일반화되지 못한다. 특히 자기주장 기술이 전형적으로, 현재 사회 환경이 개인 필요에 반응할 수 있는 시간, 에너지, 욕구가 없을 때 일반화를 막는다.

줄여 나가기 원칙 기술 훈련을 시작하며 치료자는 환자가 치료 회기와 자연 상태 환경에서 기술을 쓰도록 본보기를 보이고, 설명하고, 강화하고, 피드백을 주고, 코칭한다. 능숙한 행동이 일상 환경에서 치료자의 영향과 독립적으로 나타난다면 치료자는 이러한 절차, 그중에서도 특히 설명과 강화를 점진적으로 줄여 나간다. 이때 목표는 기술 훈련 절차를 간헐적 계획으로 바꾸는 데 있다. 치료자는 환자가 스스로 할 수 있는 정도보다 낮은 빈도로 설명과 코칭을 제공하고, 환자가 자연 상태 환경에서 얻을 수 있는 정도보다 적은 본보기, 피드백, 강화를 준다.

노출 기반 절차

노출 기반 절차는 원래 원치 않는 공포 문제와 공포 관련 정서를 감소시키기 위해 고안되었다.[1] DBT에서는 이러한 절차를 확장하여 죄책감, 수치심, 분노를 포함하는 다른 정서를 처치하는 데에도 사용한다. 경계성 개인에게 널리 나타나는 네 가지 상태는 이들을 위한 어떤 치료에서든 고통스러운 정서에 직접 초점 맞추는 작업이 필수임을 시사한다. 첫째, 불안, 공포, 공황, 수치심, 죄책감, 슬픔 그리고 분노는 많은 이에게 현재 주요 문제이다. 많은 역기능 경계성 행동 양상은 이러한 정서를 감소시키는 데 효과적이라는 기능적 가치가 있다. 둘째, 경계성 개인이 종종 특정 상황에서 필요한 행동 기술을 많이 가지고 있음에도, 기술을 사용하는 능력은 예기 공포, 수치심, 죄책감에 억제되며 과도한 분노나 슬픔으로 방해받는다. 셋째, 많은 경계성 환자는 정서를 경험하고 표현하는 데 커다란 두려움이 있어 치료에서 정서 주제를 논의하기가 불가능하다. 다른 말로, 이들에게는 정서 공포증이 있다. 마지막으로, 과거 외상 사건(아동기 성학대 포함) 때문에 많은 경계성 개인은 스트레스와 관련된 해소되지 않은 침습 정서 반응에 시달린다. 일부 경계성 양상은 이러한 계속되는 정서 반응에 직접 관련될 수 있다. DBT에서 넓은 의미의 노출 기반 절차는 이러한 어려움을 치료하는 데 중요한 재료이다.

두려워하는 대상과 상황에 강화받지 않고 노출하면 불안을 바탕으로 한 정서 장애를 치료하는 데 효과적이라는 점에는 의심할 여지가 없다. 불안 관련 단서에 노출이 역기능적 두려움, 공황, 공포증, 외상후 스트레스 반응, 광장 공포증, 강박 사고, 강박 행동 그리고 범불안증 치료에서 중요하다(Barlow, 1988). 그러나 노출 기반 치료는 전통적으로 수치심, 죄책감, 분노와 같은 정서에는 적용하지 않아 왔다. DBT는 노출 기반 절차의 수정 버전을 단지 공포 관련 정서뿐 아니라 이러한 다른 정서를 감소시키기 위해 사용한다. 특히 DBT에서 사용하는 절차는 강화 없는 노출로 공포, 설움, 죄책감, 수치심, 분노를 촉발하는 사건에 노출하고, 동시에 자동 부적응 정서 행동과 표현 경향성을 차단 혹은 역전시킨다. '노출'과 '다르게 행동하기' 두 가지 모두 강조한다.

노출 기반 절차는 DBT에서 다소 약식으로 사용한다. 이는 전체 회기 혹은 일련 회기에

1) 이 부분에서 지침과 구조의 많은 부분은 여러 효과적 노출 기반 치료 프로그램을 개발한 Edna Foa(개인 서신, 1991)가 제공했다.

명시적으로 이러한 절차를 사용하는 공식 모듈이 없다는 뜻이다. 치료 2단계에서 외상후 스트레스 반응을 치료하는 경우 예외이다. 특히 성학대 경우 DBT 노출 기반 절차를 매우 집중적인 방식으로 사용하는 전략이 있다. 모든 잘 개발된 치료 모듈, 그중 성학대 피해자를 위해 개발한 방법을 동시에 끼워 넣거나 수행하는 대안이 있다.

DBT에서 노출은 약식 절차임에도, 그 과정은 치료 전체에 걸쳐 진행한다. 내가 앞서 논의했던 전략 상당수는 환자를 정서적으로 조건화된 자극에 노출하고 정서 행동 경향을 차단하는 특징이 있다는 측면으로 다시 설명할 수 있다. 노출의 핵심 단계는 다음과 같다. ① 문제 상황에 맞고 조건화된 정동 반응을 끌어내는 자극을 제시한다, ② 정동 반응은 강화하지 않는다, ③ 도피 반응과 다른 행동 경향을 포함하는 부적응 대처 반응을 차단한다, ④ 상황과 자신에 대한 통제감을 향상한다, ⑤ 노출은 효과가 있을 만큼 충분히 오래 지속한다(혹은 충분히 자주 일으킨다).

노출에 방향 잡고 전념하기: 과제 개관

"말에서 떨어지면 다시 올라타라."라는 오래된 격언은 두려움에 노출 치료를 적용한 예라고 할 수 있다. 대부분 환자는 이 속담과 비슷한 말을 들어보았을 테다. 환자를 노출에 방향 잡아 줄 때 치료자는 이 조언의 효과를 강조해야 한다. 즉, 치료자는 환자에게 정서가 움직이는 반대 방향으로 행동한다면 장기적으로 도움이 된다는 확신을 주어야 한다. 보통 환자는 격언에 원칙상 동의하더라도 자기 문제와 어떻게 관련되는지는 모른다. 치료자는 이를 관련지어 주는 역할이 있다. 이야기 들려주기와 은유 사용 등 변증법 전략이 여기서 꽤 도움이 된다.

경계성 환자는 정서, 특히 부정 정서를 두려워한다. 그래서 정서 경험을 차단함으로써 회피하고자 한다. 정서 단서를 회피하며 정서 경험을 억제한다는 말이다. 따라서 자유롭게 놓아둔다면 정서가 다가오고 사라짐을 배울 기회가 없다. 치료자는 그런 환자에게 정서란 먼 바다에서 해변으로 오는 파도와 같다는 확신을 줄 임무가 있다. 내버려 두면 물은 밀려오고 다시 빠진다. 정서 공포가 있는 환자는 파도가 밀려오지 못하게 장벽을 쌓으려고 한다. 그러나 장벽은 사실 물이 들어오지 못하게 쌓은 벽 안에 물을 가둘 뿐이다. 따라서 해결책으로 벽을 무너뜨려야 한다.

대부분 노출에서 환자 협력은 결정적이다. 환자는 해리하고, 이인화하고, 다른 생각과 심상으로 주의를 분산하고, 떠나거나 걸어 나가 버리고, 주제를 벗어나거나 곁가지로 샌다. 한마디로 눈을 감고 귀를 닫는다. 따라서 방향을 잡고 전념하는 전략이 중요하다. 특히 환자에게 매우 짧은 노출은 고통을 더할 뿐 줄이지 못한다는 사실을 안내해 주면 도움이 된다. 이는 계속해서 노출을 즉시 차단한다면 나아지기보다는 나빠질 수 있다는 말이다. 고통스럽고 위협이 되는 자극에 노출하기란 극도로 어렵다는 타당화와 함께, 문 안에 발 들여놓기 전략(9장 참조)을 결합해야 한다.

환자가 노출 기반 치료의 논리적 근거를 이해하도록 도와야만 전념과 협력을 끌어낼 수 있다. 연구 결과와 치료자의 개인 혹은 임상 경험을 간추려 말해 주어도 꽤 도움이 된다. 정서가 어떻게 작동하고 어떻게 변화하는지 명확히 설명해도 도움이 된다. 학습 이론과 수반성 관리와 마찬가지로, 환자에게 노출 기반 절차를 적절히 설명하고 작업하기 위해 정서 연구를 충분히 확실하게 이해할 필요가 있다. Barlow(1988), Greenberg와 Safran(1987)을 비롯해 훌륭한 책이 많다. 정서 변화에 관한 많은 우수한 이론이 있다. 방향 잡기 과정에서 환자가 노출에 저항하는 정도와 갖춘 소양에 맞게 이러한 자료를 논의할 수 있다. 노출 기반 치료 효과는 소거, 습관화 그리고 생리적 단련의 결과라고 알려져 있다(개관은 Barlow, 1988 참조). 정보처리 이론가는 기존 위협 관련 인지 구조와 양립할 수 없는 새로운 교정 정보의 통합으로 이끄는 정서 처리 결과로 변화가 일어난다고 제안한다(Foa & Kozak, 1986). 기본적으로, 학습된 혹은 조건화된 불안 반응은 탈학습, 탈조건화될 수 있다는 생각이다. 그러나 Barlow(1988)와 다른 이들(예: Izard, 1977)은 현재 정서 이론과 연구를 인용하며 이러한 절차 효과성은 노출 기반 절차가 정서와 연관된 행동 경향성을 방지한다는 사실 때문이라고 제안하였다. 예를 들어, 공포 관련 문제를 표적으로 하는 모든 절차에서 정서로 유발된 도피와 회피는 단호하게 차단된다. 즉, 공포와 관련된 행동 경향성(도망)이 가로막힌다. Barlow가 말하듯, 노출 절차에서 사람은 새로운 느낌을 향해 '자발적으로 행동한다'.

공포를 치료할 때, 때 이른 도피를 차단하는 경우를 제외하고, 표준 노출 기반 절차에서는 보통 정서를 촉발하는 상황에 노출하면서 정서 행동 변화에 초점을 맞추지 않는다. DBT는 그러나 여기에 강조를 추가하고 환자에게 이에 대한 분명하고 설득력 있는 근거를 전달하는 게 중요하다. 많은 환자는 그가 느끼는 정서와 다르게 정서를 표현하는 건 비타당이라고 믿는다. 사실 비타당 환경은 부정 정서를 숨기고 '가리는 데' 높은 가치를 부여했기 때문에 정서 행동을 바꾸는 작업을 하자는 치료자 제안을 또 다른 비타당으로 경험하기 쉽다. 치료자는 이 제안을 논의하면서 여러 가지를 전달할 수 있다.

'정서를 가리기'와 '정서 표현성을 변화시키기'를 구분해야 한다. 가리기는 보통 얼굴 근육에 긴장을 포함한다. 그러나 공포와 대조되는 침착함, 죄책감이나 수치심과 대조되는 만족감처럼 반대 정서를 표현할 때에는 같은 근육에 이완을 요구한다. 가리기나 긴장은 이완과 매우 다르다. 예를 들어, 분노를 감추기 위한 억지 웃음 짓기는 기쁨을 표현하는 미소 짓기와 매우 다르다. 환자에게 다른 표정을 지어 보도록 한다면 매우 효과적이다.

표정과 자세를 바꾸는 개입의 근거로는 근육, 특히 얼굴 근육이 현재 느낌에 대한 메시지를 뇌로 보낸다는 사실이 있다. 메시지는 원래 정서를 증폭시키고 유지한다. DBT 노출 기반 절차에서 핵심은 얼굴과 몸이 뇌로 다른 메시지를 보내도록 하는 데 있다. 예를 들어, 두려워하는 상황이 사실 무섭지 않다는 메시지를 보낸다. 정서 가리기는 이완과 다르게 다음과 같은 메시지를 보낸다. "이 상황은 무서운데 드러내서는 안 돼." 비슷한 맥락에서 행동 또한 뇌에 정서 메시지를 보낸다. 행동을 바꾸면 메시지가 바뀐다. 연구 문헌은 메시지 바꾸기가 정서의 지속 시간과 강도를 바꿀 수 있음을 분명히 말해 준다. 정서 표현을 억제하기, 표현의 강도와 지속 시간을 조절하기(줄이거나 늘리기), 정서 표현을 흉내 내기는 진짜 정서를 조절하거나 심지어 활성화할 수 있다(Duncan & Laird, 1977; Laird, 1974; Laird, Wagener, Halal, & Szegda, 1982; Lanzetta, Cartwright-Smith, & Kleck, 1976; Lanzetta & Orr, 1980; Rhodewalt & Comer, 1979; Zuckerman, Klorman, Larrance, & Spiegel, 1981). 따라서 정서 표현 조절은 정서를 조절하고 통제하는 한 방법이다. 이 연구 문헌을 환자와 함께 살펴볼 수 있다.

표현과 행동 경향 바꾸기는 환자 스스로 바꾸고 싶다 하는 정서를 바꾸기 위한 전술로 제시해야 한다. 따라서 전술은 원치 않는 역기능적 부정 정서를 일으키는 상황에서 그러

〈표 11-4〉 노출 기반 절차 점검표

_____ 치료자는 환자에게 노출 기반 절차에 방향을 잡아 주고 협력하겠다는 전념을 끌어낸다.
- _____ 치료자는 환자가 노출 기반 절차 원리를 확실히 이해하도록 하여 환자가 더 잘 협력할 수 있게 한다.
- _____ 치료자는 '정서 표현성 바꾸기'로부터 '정서 가리기'를 구분한다.

_____ 치료자는 문제 정서를 일으키는 단서에 **강화 없는 노출**을 제공한다.
- _____ 치료자는 공포와 불안 유발 상황에 대한 새로운 정보를 받아들이고 처리하도록 확실히 한다.
- _____ 죄책감과 수치심 문제에 대해, 치료자는 죄책감과 수치심이 상황에 뒷받침되지 않을 때만 노출 기반 절차를 사용한다.
- _____ 환자가 약간의 좌절감을 감내한다면, 치료자는 결국은 환자가 원하는 방식으로 해결될 분노 유발 상황을 제시한다.
- _____ 치료자는 노출 상황을 문제 상황에 맞춘다.

_____ 치료자는 노출이 실제 일어나고 있음을 확실히 한다.

_____ 치료자는 주의 전환 전략을 경계한다.

_____ 내현 노출에서 치료자는 환자가 장면을 상세히 그리고 현재 시제로 기술하게 한다.

_____ 치료자는 노출 강도를 점진적으로 둔다.

_____ 치료자는 정서가 유발되고 약간의 감소가 일어날 만큼 노출을 충분히 오래 지속하되, 환자가 통제를 잃을 만큼 오래 하지 않는다.

_____ 치료자는 특정 변화 전략과 절차를 노출 기법 일환으로 적절히 사용한다.

_____ 행동주의 분석

_____ 기술 훈련

_____ 수반성 절차

_____ 지지적 활동의 철수나 감소

_____ 치료자는 환자의 문제 정서와 연합된 **행동 경향을 차단한다**.

_____ 치료자는 환자가 두려움을 느낄 때 도피하거나 회피하는 경향을 막는다.

_____ 치료자는 환자가 수치심을 느낄 때 숨거나 철수하는 경향을 막는다.

_____ 치료자는 환자가 근거 없는 죄책감을 느낄 때 복구하려거나 스스로 벌하려는 경향을 막는다.

_____ 치료자는 환자의 적대적이고 공격적인 반응을 막는다. 혹은 환자가 분노를 경험하기 두려워한다면 분노 회피를 막고 분노 경험을 억제하는 데서 벗어나도록 돕는다.

_____ 치료자는 환자가 느끼는 정서의 **반대 정서를 표현**하도록 돕는다.

_____ 치료자는 '정서 가리기'와 '다른 정서 표현하기'를 구별한다.

_____ 치료자는 부정 정동을 일으키는 사건에 **환자의 통제를 향상**한다.

_____ 치료자는 노출 치료를 환자와 협력해 계획한다.

_____ 치료자는 노출을 시작할 때 환자에게 자극에 대한 최종 결정권을 환자가 가지고 있으며 언제라도 끝낼 수 있음을 알려 준다.

_____ 치료자는 환자가 정서 자극 조건에 가능하면 오래 머무르도록 협력을 얻어 낸다.

_____ 치료자는 환자가 자동이 아닌 자발로 상황을 떠나거나 빠져나갈 수 있게 돕는다.

_____ 치료자는 환자의 영향에 따른다.

_____ 치료자는 필요에 따라, 특히 외상후 스트레스 반응 치료에는 보다 정식으로 노출 기반 절차를 사용한다(DBT의 2단계).

DBT 위배 전략

_____ 치료자는 환자가 정서를 가리도록 격려한다.

_____ 치료자는 정서로부터 도망치거나 회피하는 환자의 부적응 시도를 강화한다.

_____ 치료자는 부정적 상황을 끝내는 적응적 양식을 처벌한다.

_____ 치료자가 조성 원리를 잊는다.

_____ 치료자는 환자를 지나치게 연약한 사람으로 대한다.

한 정서를 감소시키기 위해 사용하지, 모든 부정 정서를 줄이기 위해 사용하지 않는다. 사실 DBT는 많은 경계성 행동 양상의 원천이 주요 부정 정서 그 자체보다, 부정 정서를 감내하지 못하는 데 있다고 본다. 따라서 때로 정서를 바꾸기보다는 감내하는 편이 DBT에서 목표가 된다. 또한 노출 기반 절차도 정서 표현성 그 자체만을 변화하는 쪽을 겨냥하지 않는다. 오히려 반대로, DBT는 평범한 정서 표현성과 연합된 공포를 감소시키는 데 주 초점을 둔다. 구체적 노출 기반 전략을 다음에 논의했고 〈표 11-4〉에 정리하였다.

1. 강화 없는 노출 제공하기

첫째, 부정 정서를 촉발하는 단서에 노출할 때 치료자와 환자가 줄이고자 하는 바로 그 정서를 다시 조건화하지 않는 방식으로 노출해야만 한다. 애초에 부정 정서 반응을 만들어 낸 같은 종류의 조건을 재경험해서는 안 된다는 뜻이다. 쉽게 말하자면, 노출 상황은 불안 반응을 강화하지 않는 상황이어야 한다. Foa와 Kozak(1986)이 말한 대로, 노출 상황은 '교정 정보'를 담고 있어야 한다.

강화 없음의 기준

불안 관련 정서인 경우, 현재 불안이나 공포 반응을 촉발하는 단서에 노출할 때에는 새로운 정보를 받아들이고 처리하는 방식이어야 한다. 노출 상황은 상황의 위협 요소에 대한 새로운 정보를 제공해야 한다. 예를 들어, 어떤 학생이 시험에 다섯 번 연달아 낙제하고 시험 불안이 생겼다고 해 보자. 다시 시험을 봤는데 또 낙제한다면 시험 불안은 줄지 않을 것이다. 상황은 재현되고 공포도 일어났지만 교정 정보가 없다. 오히려 시험 보기에 두려움이 강화된다. 만약 어떤 사람이 정서가 나타나면 완전히 통제를 잃을까(즉, 기절할까) 두려워한다면, 그리고 기절한다면, 노출은 공포를 감소시키기보다 증가시킨다. 오직 정서 반응이 현재 환경에서 과잉반응일 경우에만 부정 정서에 노출 기반 절차가 적절하다는 점을 중요하게 생각해야 한다. 공포인 경우, 공포가 실제 위협에 비해 지나친 경우에 노출한다.

죄책감인 경우, 죄책감을 뒷받침하는 근거가 없을 때만 노출 기반 절차를 해야 노출이 강화되지 않는다. 죄책감의 근거는 그 사람의 확고한 신념이나 도덕률 혹은 사회 공동체가 될 수 있다. '뒷받침하는 근거가 없는 죄책감'이라는 말은 사람이 더 침착한 순간에, 말하자면 '지혜로운 마음'일 때, 자기 스스로 문제 행동이 잘못되거나 부도덕하지 않았다고 여긴다는 의미이다. 즉, 죄책감이 그 자신의 신념이나 도덕률로 뒷받침되지 않는다. 또한 재노출 과정에서 그럴듯한 사회적 비난이나 자신의 도덕적 추궁에 직면하지 않아야 한다. 즉, 자신의 도덕적 입지를 수용에서 추궁으로 바꾸는 새로운 정보를 줘서는 안 된다. 따라서 아동기 성학대와 연합된 단서에 노출 기반 치료를 한다면, 공감적 치료자가 있어야 조건화된 죄책감이 감소한다. 개인이 확고하게 잘못했다고 믿는 행동(예: 절도, 부정 행위, 거짓말, 친구를 다치게 함)에 연합된 단서에 노출하는 경우 특히 행동을 복구하지 않았다면 죄책감을 줄이기보다는 강하게 만들 수 있다. 자신의 권리를 옹호하는 데 죄책감을 느끼는 사람이 자기주장 기술을 연습할 때마다 이기적이라거나 과잉 통제한다는 말을 들으면 아마 더 심한 죄책감을 느낄 것이다.

수치심은 특히 까다롭고 어려운 정서이다. 그 이유는 수치심이 주로 경계성 개인에게 너무 깊이 스며 있고 본래 특성상 치료 대화의 자유로운 흐름을 방해하기 때문이다. 수치심을 강화하는 대인관계 사건으로 공개적 질책이나 모욕이 있다. 경계성 개인과 치료를 수행할 때 수치심에서 생기는 문제로는, 첫째, 수치심은 치료자가 이해할 수 있는 방식으로 표현되지 않고, 둘째, 환자는 수치심을 숨기고자 시도한다. 따라서 치료자는 수치심 문제가 있다는 존재조차 알지 못한다. 수치심을 강화하는 대인관계 사건은 배척, 거절 그리고 타인의 존중을 잃는 사건이다. 따라서 환자가 수치스러운 내용을 드러낼 때 비난이 아닌 타당화로 반응하고, 거절보다는 수용으로 반응하도록 특별히 주의한다. 특히 치료자는 수치스러운 사건은 말하기 자체가 창피하다는 사실에 경계를 늦춰서는 안 된다. 따라서 드러내는 행동에 반응하고 타당화하도록 관심을 가져야 한다.

분노 감소를 위한 노출 효능은 죄책감과 수치심 경우처럼 정서 연구 문헌에서 상세한 탐색이 이루어지지 않았다. 효능은 대체로 분노 행동이나 표현 경향성을 예방하거나 반대 행동이나 생각을 유인하는 방향과 뗄 수 없게 연결되어 있을 텐데, 이는 추후 더 논의하겠다. 강화 없는 노출 절차 측면에서 보자면, 실제로든 혹은 지각상으로든 개인의 목표 달성을 좌절시키는 상황 수준을 바꾸는 데 주의해야 한다는 가정이 합리적이다. 예를 들어, 환자가 회기 동안 주제 A를 이야기하고 싶을 때 치료자가 지난주 유사 자살 행동을 이야기하고자 하면 환자는 분노로 반응할 수 있다. 유사 자살 행동을 이야기한 다음 이어서 주제 A를 논의하는 회기에 계속해서 노출하면 치료자가 지난주 유사 자살 행동에 행동주의 분석을 하려고 할 때 자동으로 분노로 반응하는 일은 줄어들 것이다. (다른 모든 조건이 같을 때) 주제 A를 논의할 기회를 잃는 일에 계속해서 노출된다면 분노가 커질 것이다. 마찬가지로 위기 상황에서 치료자 도움을 구할 수 없어 강렬한 괴로움이나 입원처럼 원치 않는 결과로 이어지는 일에 계속해서 노출되면, 위기 상황에서 치료자 도움을 구할 수 없는 상황에 다시 노출

될 때 환자 분노가 커질 수 있다. 치료자 도움을 구할 수 없을 때 다른 도움을 받거나, 괴로움이나 입원을 피할 수 있는 행동 기술을 혼자 사용할 수 있다면 상황은 진정될 수 있다.

추가로 여러 원리를 기억해야 한다. 첫째, 치료자는 반드시 노출 상황이나 사건이 문제 상황이나 사건과 일치하도록 해야 한다. 둘째, 치료자는 단순히 환자가 그 상황에 있다고 해서 노출이 일어나고 있다고 추측해서는 안 된다. 셋째, 노출은 정서를 환기할 만큼 강해야 하지만 정보처리를 방해하거나 치료 회피를 가져올 만큼 강해서는 안 된다. 넷째, 정서가 생길 만큼 노출을 충분히 지속해야 하지만, 환자가 통제를 잃을 만큼 오래가서는 안 된다.

노출 상황을 문제 상황에 일치시키기

문제 정서를 유발하는 상황 특징과 정서 반응을 더욱 강화하는 상황 요소를 평가하지 않고 넘어갈 수 없다. 노출 상황은 문제 상황을 모방해야 한다. 여기서 맥락이야말로 지극히 중요하다. 예를 들어, 가까운 친구에게 자기 욕구를 주장하기 두려워하는 사람이 낯선 사람에게는 두려움이 없을 수도 있고, 그 반대일 수도 있다. 집에서 비난에 신경 쓰지 않는 사람이 일터에서 받는 비난에는 몹시 신경 쓸 수 있다. 가게에서 좀도둑질에 별다른 죄책감을 느끼지 않으면서 친구 물건을 훔치는 일에는 상당한 죄책감을 느낄 수 있다. 치료자는 정서를 유발하는 맥락을 평가하는 만큼이나 정서를 강화하거나 재조건화하는 사건도 신중히 평가해야 한다. 예를 들어, 시험 불안이 있는 학생은 아마도 시험 보기 자체와 시험 낙제 둘 다 두려워할 것이다. 시험 보는 두려움은 시험에서 낙제하는 사건으로 강화받을 것이다. 낙제하는 두려움은 낙제한 결과, 이를테면 학교에서 퇴학당하는 사건으로 강화된다. 퇴학당하는 두려움은 친구나 사회적 지위를 잃는 사건 등으로 강화된다. 변화를 만들어 내는 맥락 단위는 환자, 정서, 문제에 따라 달라지고, 효과적인 치료에는 단위마다 노출이 필요할 수 있다. 상대적으로 안전한 치료 상호작용에서 이루어지는 노출은 환자 일상 환경에서 직접 노출로 보충해야 한다. 환자가 일상 세계에서 더 많은 연습 노출을 겪을수록 더 좋다. 앞서 기술 훈련에서 논의한 일반화 절차는 노출 절차에서도 마찬가지이다.

확실히 노출하도록 하기

정서 관련 단서는 직접 혹은 간접으로 제시할 수 있다. 직접 노출에서 환자는 정서와 관련된 실제 상황이나 사건에 노출한다. 사람은 두려워하는 상황으로 진입하고, 두려워하는 일을 하고, 두려워하는 정서와 연합된 주제를 생각하고 말한다. 그는 수치스럽거나 죄책감을 느꼈던 바로 그것을 반복해서 재연한다. 여기서 메시지는 간단하다. 정서를 관통하는 길이 정서에서 벗어날 수 있는 유일한 길이다. 문제 상황에 따라 회기에서 언어적 직면하기, 회피하는 정서 주제를 구조화하여 논의하기, 혹은 환자에게 상호작용 동안 마음챙김하며 자기 자각하도록 하기 등이 노출이 될 수 있다. 많은 경계성 환자에게는 그저 치료 회기에 가는 자체가 노출 조건이다. 사실상 치료에서 조건연합 없는 문제 정서를 불러일으키는 모든 작업이 직접 노출에서 초점이 될 수 있는데, 다만 치료자는 정서를 불러일으키는 요소에 새로운 교정 정보를 반드시 나란히 두어야 한다. 내현 혹은 간접 노출에서 환자는 정서를 촉발하는 장면을 상상한다. 상상 노출에서 치료자는 환자가 TV 모니터에서 보듯이 상상을 '바라보지' 않고, 상상 속으로 '들어서도록' 특히 중요하게 안내한다. 회기와 회기 사이에서 내현 노출은 치료 녹음을 들으면서 연습할 수 있다. 특히 어려운 주제를 다룰 때 치료자는 다음 회기 전까지 환자가 사용할 수 있는 특별한 노출 녹음 자료를 만드는 방식을 고려할 수 있다.

중요하게, 확실히 노출이 실제로 일어나도록 해야 한다. 치료자는 해리, 이인화, 관련 없는 생각과 이미지에 초점 맞추기, 백일몽과 같은 인지적 주의 분산 전략에 촉각을 곤두세워야 한다. 때로 이러한 회피 전략이 너무 자동으로 나타나 환자는 일어나는지조차 의식하지 못할 수 있다. 내현 노출을 사용할 때 치료자는 환자에게 장면을 매 순간 상세하게 현재 시제로 기술하라고 요청해야 한다.

노출 강도를 점진적으로 조절하기

환자를 풀장에 들어가도록 할 때 얕은 가장자리에서 시작해야 할까, 처음부터 깊은 곳으로 밀어 넣어야 할까? 이 질문은 오랫동안 논쟁이었다. 노출 강도는 체계적 탈민감화의 아주 낮은 강도와 점진적 노출에서부터 내파와 홍수 기법의 아주 강렬한 노출에 이르기까지 다양하다. 축적된 문헌은 노출이 조건화된 정서를 끌어낼 만큼 충분히 강해야 한다고 제시한다. 그러나 극단적 상황에의 노출은 필요하지 않다. 대신, 정서를 일으키는 단서에 점진적으로 노출하는 편이 더 쉽고 충분히 효과적이다.

노출 지속 시간을 조절하기

노출 지속 시간 문제 또한 공포 연구 문헌에서 상당한 이론 논쟁의 대상이었다. 자료는 복잡하지만 세 가지가 중요하다. 첫째, 노출은 부정 정서를 상대적으로 강하지만 그래도 견딜 만한 수준으로 끌어낼 만큼 충분히 길어야 한다. 정서가 유발되기 전에 도피하거나 주의를 분산시키면 유익하리라 기대할 수 없다. 둘째, 환자는 노출을 멈추기 위해 자동 과정(해리, 이인화, 충동적 도망, 치료자 공격 등)을 허용하는 대신 자발로 노출을 끝낼 수 있어야 한다. 특히 공포에서 환자가 스스로 노출하는 양과 정도를 조절할 수 있다고 배운다면 그 자체로 치료적이며 이후 노출을 덜 무섭게 만들어 준다(이는 다음에서 더 깊이 논의한다). 셋째, 문제 정서가 공포(정서에 대한 공포를 포함), 수치심 혹은 죄책감일 때, 노출이 끝나기 전에 정서 강도가 어느 정도 줄어들어야 한다. 이것이 필수인지는 분명하지 않지만, 정서는 통제할 수 없고 끝나지 않는다는 경계성 환자의 믿음에 이 기법이 주는 교정 정보가 매우 중요할 수 있음을 시사한다. 노출 지속 시간과 효능 간 관계 때문에 때로 보통 회기보다 긴 회기가 필요할 수 있다. 예를 들어, 강렬하고 복합적인 두려움(외상 생존자에게 전형적인)에는 1시간 이상 지속하는 노출이 필요할 수 있다.

노출 기법으로서 특정 변화 전략과 절차

노출로서 행동주의 분석 내가 9장에서 거듭 지적하고 설명했듯이, 환자가 회기와 회기 사이에 혹은 회기 도중에 높은 우선순위 목표 행동을 한다면 구조화되고 정밀하며 상세한 행동주의 분석을 이어 간다. 이는 환자가 자기 부적응 행동과 행동을 둘러싼 상황을 공개적으로, 자세한 세부 사항까지 말해야 한다는 뜻이다. 자신의 부적응 행동과 반응을 기술하도록 요청받을 때 경계성 환자는 강렬한 수치심, 모욕, 거부당하는 두려움, 불안 그리고 때로 공황을 경험한다. 어떤 경우에는 말하면서 강렬한 설움과 비탄을 경험하고, 이 경험을 이겨 내지 못할까 두려워하기도 한다. 거의 모두가 분석을 회피하거나 단축하려고 한다. 우리 프로그램에서 한 명 이상의 환자는 그 과정에서 '발버둥 치고 비명을 지르며 끌려가야' 했다.

우리가 보아 왔듯이, 목표 경계성 행동에 대한 행동주의 분석은 주요한 문제 해결 전략이다. 행동주의 분석은 평가인 동시에 행동 통찰과 해석을 개발하는 진입로이다(9장). 그리고 수반성 관리에서 교정-과잉교정 절차이다(10장). 또한 노출하는 기회로 간주할 수 있다. 사람은 언어로 또 상상 속에서 자신의 부정적 행동과 이를 둘러싼 사건에 노출할 수 있고, 공개적으로 드러내는 상황에 노출한다. 치료자가 판단하기보다는 타당화하고, 사회적 검열을 하기보다 공감을 제공하고, 모욕을 주기보다 이해하고 수용하는 정도에 따라 이러한 노출은 더 이상 수치심을 강화하지 않는다. 사람이 치료자가 있는 자리에서 자기 행동을 반복해서 분석하고, 이 경험에서 살아남고, 치료자가 주는 애정을 잃지 않는다면 노출은 불안과 공포를 강화하지 않는다.

노출로서 수반성과 기술 훈련 전략 기술 훈련 모듈과 연결된 대부분 행동 연습에는 사람을 강렬한 부정 정서와 연합된 활동과 상황에 노출하는 효과가 있다. 환자는 정기적으로 두려워하거나 비현실적으로 죄책감을 느끼는 일을 실행하고, 화나 슬픔을 촉발하는 상황에 진입하고, 주목을 받는 창피한 활동에 노출한다. 수반성 관리와 한계 관찰에서 치료자는 환자가 문제 행동을 직면하도록 한다. 다른 말로 하면, 기술 훈련과 수반성 절차는 환자에게 문제 행동과 있을 법한 결과에 대해 직접 평가와 피드백을 준다. 환자는 대인관계에서 비승인과 비판에 노출되고, 공개적으로 부정적 행동이나 문제 행동이 조명받는 데 노출된다. 행동주의 분석과 마찬가지로, 이러한 절차는 환자를 조건화된 수치심과 공포 관련 정서를 끌어내는 환경에 노출한다. 그러나 행동주의 분석에서는 자기 공개 행동에 대한 정서 반응을 한다면, 여기서는 치료자 행동에 대한 정서 반응이 나타난다. 사실 이러한 치료자 행동(직면, 비승인)은 환자가 자기 공개를 하면서 두려워하는 바로 그것이다. 환자는 자동으로(때로 눈 깜짝할 새) 버려짐에 대한 두려움으로, 의존과 관련된 수치심으로, 강렬한 분노로, 혹은 이 셋 모두의 빠른 연속으로 반응한다. 도피, 숨기 그리고 공격하기를 넘나드는 행동 경향으로 환자와 치료자 모두 혼란스럽다.

일단 치료자가 수반성과 기술 훈련 절차에 노출 요소가 포함돼 있다고 이해한다면 이 절차를 사용할 때 몇 가지 추가 지침이 따른다. 첫째, 치료자는 단순히 환자가 불편해한다는 이유만으로 이 절차를 중단해서는 안 된다. 특히 치료자는 노출을 너무 짧게 제공하여 환자가 과각성되어 있는 와중에 이를 멈추어서는 안 된다. 여기서 전략으로 약간 물러서서, 환자를 달래고, 환자 각성(두려움, 수치심 등)이 조금이라도 내려가면 멈춘다. 둘째, 노출은 밀집됐거나 강렬하기보다는 점진적이어야 한다. 약간의 직면이나 비승인 표현조차 경계성 환자에게는 상당히 영향을 미칠 수 있다. 셋째, 다른 모든 노출 형태와 마찬가지로 치료자는 이 절차로 더 심한 수치심과 공포 관련 반응을 강화하지 않도록 조심해야 한다. 절차가 분노를 끌어낸다면, 치료자는 노출을 유지하면서 동시에 실제 중요한 목표나 욕구에 관한 좌절을 감소시키는 정보를 제공한다. 마지막으로, 수반성과 기술 훈련 절차는 언제나 환자 반응에 대한 타당화와 결합해야 한다. 그가 변화해야 한다는 사실은 그의 행동을 이해할 수 없다는 뜻이 아니다. 또한 문제 행동과 연관된 모든 게 다 문제라는 뜻도 아니다. 여기서 행동을 피드백할 때 동기를 추측하는 방식을 끊어 낸다면 특히 유익한 전략이다.

노출로서 마음챙김 연습 마음챙김 연습(동반 기술 훈련 매뉴얼에 상세히 설명)에서 환자는 그 순간에 일어나는 것을 밀어내거나 붙잡지 않고 '경험하기'를 배운다. 또한 '물러나서'

자기 행동을 판단하는 반응을 관찰하도록 배운다. 마음챙김 연습은 생각과 정서를 두려워하거나 수치스러워하는 사람에게 특히 도움이 된다. 생각, 느낌, 감각이 오고 가고, 올라가고 내려가도록 허용하고 통제를 발휘하려고 시도하지 않는 게 핵심이다(그러나 실제로 통제할 수 있고 어떤 시점에서든 과정을 멈출 수 있다고 짚어 주어야 한다). 마음챙김은 그 자체로 자연스럽게 나타나는 생각, 느낌, 감각에 노출하는 상황이다. 특히 정서와 연합된 신체 단서에 대한 노출을 격려하는 방법으로 유용하다. 사람이 물러서서 감각, 생각, 느낌을 관찰한다면 그저 왔다가 간다는 사실이 재조건화의 밑바탕이 된다. 많은 경계성 사람에게 이는 전적으로 새로운 경험이고 정서에 대한 두려움을 줄이는 데 중요한 경험이다.

노출로서 치료자의 지지 활동 철수 치료 후반 단계에서 치료자는 전과 같은 타당화와 지지 활동 중 일부를 거두거나 서서히 없앤다. 보통 이러한 철수는 강렬한 불안과 이따금 분노를 유발하는 단서가 된다. 환자는 도움이 없는 상황에 노출하고, 도움을 받지 않고 스스로 도와야 한다. 치료자는 가끔 환자와 담합하여 이러한 노출을 우회하는데, 사실 철수는 모두에게 고통스럽기 때문이다. 그러나 적절한 시기와 방향 잡기가 있으면 노출은 독립하고 홀로서는 불안을 감소시키는 결과로 이어진다. 비결은 물론 환자가 적절히 자기 앞가림을 하기 전에 타당화와 지지를 거두지 않는 전략에 있다. 그렇지 않으면 부정 정서를 강화하고 재조건화하게 된다.

2. 문제 정서와 연합된 행동 경향을 차단하기

노출 절차 동안 치료자는 문제 정서와 연합된 환자의 행동 경향을 필수로 차단해야 한다. 어떤 면에서는 DBT 전체가 이 전략의 한 예라고 할 수 있다. DBT는 정서를 먼저 바꾸기보다는 그 정서를 통제하려는 행동을 우선 변화시키는 데 초점을 둔다. 기본 개념은 Barlow(1988)의 조언을 따라, 환자가 달리 느낄 수 있는 '방향으로 행동하도록' 한다.

가장 중요하게 차단해야 할 반응은 회피이다. 공포 관련 정서에는 근본적으로 도망이나 회피의 행동 경향성이 있다. 경계성 환자(그리고 많은 다른 환자군)는 부정 정서를 만들어내는 상황을 끊임없이 피하고자 한다. 회기에서는 행동주의 분석을 하거나 정서를 유발하는 상황을 논의하지 않으려 저항한다. 일단 참여하도록 설득되고 나서도 계속해서 논의를 보다 편안한 주제로 바꾸고자 시도한다. 상상 절차 동안에는 다른 무언가를 생각하기 시작한다. 대부분 환자는 숙제 연습을 피하며 회기 안에서 역할극 하기를 꺼린다. 때로 회피 행동은 정서 체인 앞쪽에 위치해 환자는 부정 정서를 절대 경험조차 하지 않게 된다. 수치심과 연합된 근본적 행동 경향성은 숨기이다. 치료에서 숨기는 입을 다물고, 중요한 정보나 사건을 말하지 않고, 일지를 가져오지 않거나 그걸 채우지 않고, 정서적으로 또 언어적으로 철수하고, 회기에 오지 않거나 조기에 종결시켜 버리는 방식으로 나타난다. 죄책감과 연합된 중요한 행동 경향성은 복구하거나 자기 처벌하려는 시도이다. 과도한 자백과 사과, 선물, 용서를 구하는 긴 편지, 상처받은 사람에게 호의 베풀기, 경멸적이고 과도하게 비판적으로 자기를 판단하기, 유사 자살 혹은 자살 행동하기가 전형적 반응이다.

치료자에게는 환자가 두려움을 회피하거나, 수치심으로부터 숨거나, 죄책감을 복구하지 않게 차단하는 과제가 있다. 도망치기, 숨기, 복구하기로 상황을 바꾸는 행동을 허락하지 않고 정서 상황에 노출하려는 목적이다. 이를 위해 당연히 환자에게 협력을 요청하는 방법이 가장 좋다. 이는 노출 원리에 적절히 방향을 잡아 줄 때 이루어질 수 있다. 때로 한 회기에서도 여러 번 다시 방향 잡기가 필요할 수 있다. 어떤 경우 도피 반응은 일방적으로 차단해야 한다. 이는 거듭해서 언어로 환자 주의를 다시 단서로 끌어들이는 방법으로 이루어진다. 비결로 치료자는 환자를 잘 달래 가며 끈질기게 해내고, 스스로 의기소침해지지 않아야 한다.

분노의 경우 특별히 언급해야 하겠다. 정서를 유발하는 상황으로부터 도피는 화의 행동 경향성과 반대로 가는데, 화는 공포, 수치심, 죄책감과는 대조적이다. 즉, 화는 자연스럽게 '싸우기' 반응으로 이어지는데, 이는 접근하기, 공격하기, 상황을 바로잡고 극복하기 등을 포함한다. 이 반대는 상황으로부터 얼마간 물러나거나(그리고 다른 걸 생각하기) 주제를 바꾸는 일이다. 분노가 치료자와 환자가 줄이고자 하는 조건화된 정서일 때, 억제할 반응은 적대적 접근 혹은 공격 반응이라는 하나의 묶음으로 분류할 수 있다. 첫째, 당연히 치료자는 실제 공격성을 막기를 원한다. 여기에는 자신을 향한 분노를 동반하는 자기 파괴 행동이 포함된다. 더 나아가 치료자는 외현 혹은 내현 측면에서 언어 공격성으로 반응하는 개인의 경향(적대적 대화와 비난, 소리 지르기, 공격적 위협, 빈정거리는 언급)을 차단하거나 억제하고자 한다. 언어 공격은 외현적이든 내현적이든 대체로 판단적이고, 일방적이며, 실제 좌절한 사건이나 환자가 목적을 달성하는 데 입은 해로운 결과에 관한 언어적 · 정신적 곱씹음을 증폭시킨다. 때로 내현적 공격성은 화의 대상을 향해 언어 공격을 상상하는 형태를 취한다. 이러한 적대 반응을 판단하지 않고, 파국화하지 않는 반응으로 대체할 수 있도록 격려할 수 있다. 관련 없는 주제에 관한 생각이나 대화로 대체하기(주의 전환) 또한 그만큼 효과적이다. 마음챙김 연습 활동 중 적에게 공감하기는 자연스러운 분노 반응을 변화시키는 효과가 있다. 카타르시스가 분노를 줄이기보다 키운다는 근거는 상당히 강하다.

많은 경계성 환자에게는 과도한 분노 경험과 표현보다 부족한 분노 표현이 문제가 된다. 즉, 그들은 분노에 대한 공포가 있다. 이 경우 분노 경험과 표현의 억제를 푸는 게 목표이다. 역설이지만, 일단 분노가 자극되었을 때 억제를 배워야 분노 시작 경험과 표현의 탈억제를 배우는 데 매우 중요하다. 많은 환자는 화가 나면 통제를 잃고 폭력적으로 반응할까 두려워한다. 그들은 또한 외현 또는 내현으로 적대 행동을 하면 거부당할까 두려워한다. 많은 이가 실제로 과거에 그런 경험을 했다. 치료자는 그런 환자를 분노 각성에 노출하고 분노 행동을 동반시키면서 표현 조절을 훈련해야 한다. 분노 공포증을 줄이려면 분노 각성과 표현을 수용하면서(분노와 관련한 수치심과 거절당할 두려움이 더 강화되지 않도록), 분노 과잉 표현은 억제하도록(통제 상실에 대한 두려움이 더 강화되지 않도록) 돕는 균형이 필요하다.

3. 문제 정서와 연관된 표현 경향을 차단하기

내가 앞서 언급했듯이 정서 표현 행동을 바꾸는 방법은 경험하는 정서를 변화시키는 효과적인 수단이다. 따라서 환자에게 노출 단서가 불러일으키는 정서와는 다른 정서를 신체로 표현하는 시도를 최선으로 해 보자고 설명한다면 도움이 된다. 예를 들어, 얼굴 긴장을 풀고, 살짝 미소 짓도록 한다. 환자는 이 절차에 저항한다. 얼굴 긴장을 풀면 울음을 터뜨릴까 두려울 수 있다. 대부분 경계성 환자는 울기를 매우 두려워하고 창피해한다. 치료자는 점진적으로 접근해야 할 수 있다.

자세로 나타나는 정서 표현에 대한 작업도 효과적일 수 있다. 머리, 어깨, 팔, 몸통 그리고 다리는 정서를 표현하는 데 중요하다. 치료자는 환자에게 정확히 필요한 변화에 대해 매우 꼼꼼한 지도를 제공해야 한다. 환자가 거울 앞에서 연습하도록 조언할 수 있다. 신체상에 대한 문제, 특히 신체 크기에 대한 불편함은 내가 작업해 온 경계성 환자에게 특히 문제였다. 따라서 치료자는 이 문제에 대해 높은 민감성을 가지고 주의 깊게 진행해 나가야 한다. 앞서 언급했듯, 가리는 행동과 실제 표정과 자세를 이완하고 변화시키도록 하는 행동에는 차이가 있다고 짚어야 한다. 이 점에서는 보통 많은 준비가 필요하다.

언제 환자에게 정서 표현 행동을 바꾸도록 지도할지, 언제 하지 않을지를 잘 알아야 한다. 규칙은 꽤 단순하다. 일차 정서에 대한 이차 정서 감소가 목표라면(공포에 대한 공포, 화에 대한 수치심), 치료자는 환자를 일차 정서 단서(각각 두려움과 화)에 노출하기를 원한다.

이 경우 목표는 일차 정서 표현을 바꾸는 게 아니다. 대신 환자를 정서 표현과 연관된 일차 정서 단서(신체 단서 포함)에 노출한다. 이 경우에서 일차 정서 표현성을 변화시킨다면 노출을 회피하는 식이 된다. 대신 이차 정서를 차단하고 표현성을 변화시켜야 한다. 두려움에 대한 두려움인 경우, 두려움 단서에 대한 회피를 차단해야 한다. 화가 끌어낸 수치심인 경우, 화를 숨기거나 사과하는 행동을 차단해야 한다. 대조적으로 일차 정서(이를테면, 역기능적 일차 두려움 혹은 화) 감소가 목표라면, 치료자는 정서 표현성을 변화시키도록 제안해야 한다.

4. 부정적 사건에 대한 통제를 향상하기

회피를 차단한다는 사실이 환자가 노출 시행을 절대 멈출 수 없다는 의미는 아니다. 사실 부정적 사건에 대한 통제감을 얻어야 정서 통제력을 다시 찾을 수 있다. 따라서 사람은 회피가 차단되는 동안 어떻게 사건을 통제할지 배워야 한다. 때로 상황을 떠나거나 노출을 멈추는 방법이 실제 치료적이다. 앞에서 언급했듯, 환자가 노출을 자발적으로 마쳐야 하고(즉, 종료를 통제한다), 환자가 통제하지 못하는 자동 혹은 충동 반응으로 끝나면 안 된다는 원칙이 기본이다. DBT 전체 구조는 개인이 환경과 자신에 대한 통제를 향상하도록 설계했다. 통제 능력이 향상하는 동시에 정서 관련 조건에 노출하면서, 정서 조절 능력을 증진하고 쇠약하게 만드는 정서를 완화한다.

DBT에서 많은 치료 상호작용은 결국 노출 시행으로 이해되므로, 이 원리 안에서 회기 시간을 어떻게 사용할지에 대해 환자가 어느 정도 통제를 지녀야 한다는 데 주의한다. 즉, 환자가 촉발된 정서를 견딜 수 없을 때, 노출을 적정하게 조절하거나 멈출 수 있도록 허용해야 한다. 따라서 치료자와 환자는 협력하여 노출을 부정적 · 역기능적 방식이 아닌, 긍정적 · 적응적 방식으로 끝낼 수 있도록 한다. 직면하거나 유사 자살 행동에 행동주의 분석을 제안할 때 신경질을 내거나 자살 위협을 하는 예는 격려할 행동 통제 유형이 아니다. 회기 안에서 직면하는 강도나 양을 협상하고(특히 환자가 보통보다 취약할 때), 행동주의 분석과 함께 다른 주제에 대한 논의를 포함하도록 안건을 설정하는 식의 책략은 격려할 행동이다. 특히 행동주의 분석을 할 때 나는 거기에 할애할 시간과 회기 중 언제 이를 실시할지(초반, 중간, 끝날 때)를 모두 협상한다. 요약하면, 치료자 행동이 노출할 조건에 해당할 때 환자는 치료자가 무엇을 어떻게 할지에 약간 통제할 수 있어야 한다. 치료자는 영향받기 쉬운 상태여야만 한다.

구조화된 노출 절차

많은 DBT 전략이 치료적 노출을 증진하지만 성학대에 따른 외상 치료는 특히 보다 정식으로 노출 절차를 실시할 필요가 있다. 가까운 가족 구성원의 죽음이나 신체적 재해와 같은 다른 외상 사건에도 또한 구조화된 관심이 필요할 수 있다. 이러한 목표는 DBT 두 번째 단계에서 초점이 되고, 이 단계에서 치료자는 DBT 재료를 보다 조직화한 노출 접근에 통합한다. 이 단계에서는 거의 모든 회기를 노출 실시에 할애해야 한다. 노출은 학대 관련 외상 단서를 상상으로 재생하는 방식으로 이루어진다. 치료자는 보통 환자에게 외상 사건의 세부 사항(시각, 운동 감각, 청각, 후각 그리고 신체 단서뿐만 아니라 그가 각 시점에서 무엇을 생각하고 행동했는지를 포함하는)을 하나하나 묘사하도록 요청함으로써 환자가 노출을 따라가고 주의를 유지할 수 있도록 한다. 치료 회기는 녹음할 수 있다. 환자가 회기와 회기 사이에 노출을 연습하도록 지시가 주어져야 한다. 분량을 잘 조절하여 다룬다 해도 이 치료 절차는 엄청나고 때로 예측할 수 없는 스트레스를 동반하기 때문에 1단계 목표를 통제할 수 있을 때까지 늦춘다. 어떤 경우에는 초기 노출 회기 동안 환자를 입원시키는 방법도 상당히 유용할 수 있다. 정식 노출 기반 치료 절차는 Foa(Foa & Kozak, 1986; Foa, Steketee, & Grayson, 1985)와 Horowitz(1986)가 개발하였고 2단계 치료를 위해 맞춰서 적용할 수 있다.[2)]

인지 조정 절차

인지 처리, 정서, 행동의 관계는 복합적이고 여러 쌍방향성이 있다. 경계성 사람이 선택적으로 주의하거나 사건을 확대하고 과장하고, 절대적 결론을 형성하고, 세상을 이분법과 흑백으로 바라보며 인지적으로 사건을 왜곡한다는 임상적 설명은 충분히 전해졌다. 자살 행동이 있는 경계성 사람은 인지적으로 경직되어 있어 다른 인지 문제를 악화시킨다고 한다. 정서와 정서 장애에 대한 인지 이론(예: Arnold, 1960, 1970; Beck et al., 1979; Beck et al., 1990; Lang, 1984; Lazarus, 1966; Mandler, 1975; Schachter & Singer, 1962)은 사건에 대한 개

2) 역자 주: DBT 2단계 치료에는 대표적으로 E. Foa의 점진적 노출prolonged exposure을 DBT에 결합한 Harned의 DBT PE가 있다. 자세한 내용은 다음을 참고할 수 있다. Harned, M. (2022). *Treating Trauma in Dialectical Behavior Therapy: The DBT Prolonged Exposure Protocol (DBT PE)*. New York, NY: Guilford Press.

인의 인지 평가가 정서 반응을 결정하는 일차 요인이라고 제시한다. Young(Young, 1987; Young & Swift, 1988)에 따르면 초기 부적응 도식이 성격장애의 바탕이 되고, 자극의 초기 지각과 그 지각의 인지적 정교화가 둘 다 중요하다. 많은 양의 연구와 이론은 인지 기대와 법칙 혹은 수반성에 대한 외현 그리고 내현 신념이 똑같이 행동의 중요한 결정 요인이라고 제시한다(이 문헌의 개관은 Hayes et al., 1989 참조). 정서의 인지 이론에 기초한 인지치료에는 정서와 행동 문제를 교정하기 위해 개인의 전형적 평가, 법칙 그리고 인지 양상을 변화시키는 목표가 있다.

다만 DBT는 인지 조정이 어디에 위치하는지 측면에서 다른 인지치료 및 인지행동치료와 다르다. 내가 반복해서 언급했듯, DBT에서 경계성 사람의 타당하고 기능적인 신념, 기대, 법칙 그리고 해석을 찾고 강화하는 과제가 첫 번째이다. 다시 말해, 개인 특징적인 인지 내용과 인지 양식의 측면을 타당화하는 목표가 있다. 그러나 일단 이를 달성하면 치료자는 어떤 경우에는 타당한 결론에 도달하면서도, 다른 많은 상황에서 정보를 역기능적으로 선택하고 기억하고 처리하는 환자와 남겨지고 만다. 이는 현재 문제에 해결을 제공하기보다는 새로운 문제를 만든다.

간결성을 위해 가정, 신념, 기대, 법칙, 자동적 사고, 자기 대화, 도식을 가리키는 데 '인지 내용'이라는 용어를 사용하겠다. 다시 말해, 개인이 생각하고 기억하는 모든 내용을 포함한다. 여기서 '생각하기'라는 용어는 언어 혹은 명제적 인지 처리를 가리키며 의식과 무의식 수준 모두에서 일어난다(이에 대한 개관은 Williams, 1993 참조). '인지 양식'이라는 용어는 인지 경직성과 유연성, 발산 혹은 수렴적 사고 양식, 이분법 사고, 집중, 추상화 양식 그리고 주의 부족을 가리킨다. 사실 이러한 구분은 보이는 것만큼 뚜렷하지 않지만, 인지 절차의 초점을 논의하는 데 도움이 된다. DBT에서 인지 조정 절차는 환자가 인지 내용을 평가하고 변화시키며 인지 양식을 조정하도록 돕는다. 그러나 노출과 마찬가지로 인지 조정은 정식으로 수행하기보다는 약식으로 이루어진다. 이 말은 DBT에 그 자체로 인지 변화를 겨냥한 구조화된 활동 구성 모듈이 포함돼 있지 않다는 뜻이다. 성격장애의 인지치료와는 대조적으로, 경계성 양상을 뒷받침한다고 알려진 만연한 인지 도식을 확인하고 변화시키는 게 치료의 주목적은 아니다. 그렇지만 DBT에서 인지 과정을 무시하지는 않는다. 정서를 포함한 행동 목표가 발생하고 유지되는 데 인지 내용과 양식의 역할을 알아내는 중요한 평가 과제가 있다. 인지 조정 절차는 DBT 전체에 걸쳐 엮는다.

경계성 환자에 대해 기억할 중요한 점으로, 인지 절차에서 언제나 수정보다는 타당화를 많이 섞어야 한다. 대부분의 경계성 사람은 현실을 왜곡하고 오지각한다는 타인의 비난을 평생 들어 왔다. 너무나 자주 그러한 비난은 환자의 정당한 주장을 깎아내리는 식이 되었다. "다 네 머릿속에서 일어나는 거야."라는 말은 인지치료를 단순화한 접근에 지나지 않지만, 환자 대부분은 이에 마주한 적이 있다. 따라서 환자 지각, 사건에 내린 결론, 사건 기억의 유용함을 검토해 보는 게 도움이 되겠다고 피드백을 줄 때, 환자는 이를 전형적으로 전부 아니면 전무의 방식으로 해석해 문제가 '머릿속에서 일어나는 일일 뿐'이라고 받아들일 수 있다. 하나의 결론이나 믿음에서 '틀렸다'고 해서 그가 믿거나 생각하는 모든 것이 '틀린' 게 아니라고 이해하기 어려워하는 문제가 생길 수 있다. 이러한 문제는 이해할 수 있다. 그가 왜곡하고 있음을 모르는 채 왜곡한다면, 지금 어떻게 자신의 지각, 신념, 기억을 믿을 수 있겠는가? 즉, 언제 자신을 믿고 언제 믿지 말아야 할지 구별하기 위해 어떤 지침을 쓸 수 있을까? DBT 인지 조정에서는 이러한 지침을 발전시키도록 환자를 돕는 부분이 중요하다.

두 가지 유형의 인지 조정 절차가 있다. 인지 재구조화와 수반성 명료화이다. 인지 재구조화에서는 환자 사고에서 일반적인 혹은 습관적인 내용이나 형식 그리고 환자의 인지 양식을 바꾸는 목표가 있다. 수반성 명료화는 전반적 인지 재구조화보다 더 구체적인 형태이다. 특정 상황에서 작동하는 역기능적 규칙이나 '만약 ~라면, ~이다' 기대를 조정하는 데 초점이 있다. 수반성 명료화가 인지 재구조화와 맺는 관계는 행동주의 분석이 통찰과 맺는 관계와 유사하다(9장 참조). 수반성 명료화와 행동주의 분석 모두 초점은 특정 상황이나 사건, 지금–여기, 구체적 상황, 수반하는 관계에 있다. 인지 재구조화나 통찰 전략에서 초점은 여러 사건 상황과 시점에 걸쳐 나타나는 사건, 생각, 사적 규칙 양상에 있고, 일반적·습관적으로 나타나는 양상을 강조한다.

수반성 명료화는 그 중요성에 주의할 수 있도록 여기서 특수 절차로 논의하였다. 내 경험상 경계성 사람은 적절한 행동 법칙을 배우는 데 어려움이 있다. '법칙'이라는 말은, 명시적이거나 암묵적이든, 사건 사이 수반 관계에 대한 언어 명제라는 뜻이다. 행동과 결과의 수반 관계가 행동 법칙이다. 경계성 환자는 특히 10대나 20대의 경우 나이에 비해 두드러지게 허술해 보인다. 예를 들어, 그들이 절망감을 느낀다고 보고함에도, 실제 행동을 지켜보면 부적절하게 타인을 믿거나 타인이 긍정적이고 이타적으로 반응할 거라는 비현실적 기대가 있다는 사실을 알 수 있다. 경계성 환자는 높은 수준의 위협에 빈번히 반응한다. 반대로, 그들은 일상의 수반성 의사소통을 잘 이해하지 못하는데, 특히 소통이 미묘하거나 간접적일 때 더 그러하다. 때로 극도의 위협만이 그들의 행동을 중재하는 데 효과가 있다. 마치 그들의 관심을 얻거나 어떤 규칙을 알아차리게 하려면 위협을 해야 하는 것처럼 보인다. (이를 긍정 측면으로 표현하자면, 바닥을 친 다음에는 아주 잘 해낸다.) 수반성을 학습하는 어려움은 여러 요인에서 비롯된다. 학습과 주의에 미치는 기분의 영향, 주의 문제 그 자체, 혹은 관련 정보를 선별하고 추상화하고 기억하는 보다 전반적인 어려움이 해당한다. 이러한 문제를 다루는 목표가 수반성 명료화에 있다.

인지 조정 절차에 방향 잡기

DBT 관점에서 역기능 인지 내용과 양식은 정서 및 행동 역기능의 원인이자 결과이다. DBT는 결과 측면을 강조하므로 여러 다른 인지행동치료와 다르고, 이는 환자에게 제공하는 방향 잡기에서 중요한 부분을 구성한다. 다시 말해, 환자는 자신의 평가 오류와 정보처리 오류 중 많은 부분이 기분과 극단적 정서 각성의 결과라고 배운다. 적절한 법칙을 학습하거나 기억하지 못했다면 기분이 학습과 기억을 방해한 결과이다. 왜곡(혹은 정상적 왜곡의 실패)은 그들이 가진 문제의 결과이지, 근본 원인이 아니다. 그러나 일단 인지 왜곡과 정보처리 오류가 시작되면 이는 문제를 개선하기보다는 악화시킨다. 학습과 기억 실패는 이해할 수는 있지만, 반드시 개입해야 한다.

치료자를 지도하고 자문해 온 나의 경험에서, 경계성 환자가 언제나 왜곡하고, 과장하고, 확대하고, 그저 '잘못 본' 게 아니라는 앎을 실천에 옮기기는 대다수 치료자에게 극도로 어려워 보였다. 환자는 치료자와 정보를 다르게 사용하며, 치료자가 무시하는 상황 부분을 관찰하며, 다른 결론을 내리기 때문에, 치료자 스스로 이분법 생각을 피하기란 몹시 어렵다. 누군가는 틀릴 수밖에 없다면, 치료자는 너무나 자주 그게 환자라고 생각한다. 치료자가 기꺼이 자신이 '틀렸다'는 가능성을 탐색하려 한다 해도 얻는 건 거의 없다. 환자와 치료자 둘 다 '옳을' 수 있다는 생각이 필요하다. 두 사람 모두 기분, 행동, 인지 처리에 관한 문헌을 잘 알고 있다면 정말 도움이 된다. 보통은 인지와 주의 통제에 관한 2장 자료('정서 취약성' 부분)를 필요에 따라 치료 과정에 걸쳐 환자와 조금씩 공유한다. 치료자가 이 자료를 이해하고, 환자가 이해하고 수용할 수 있는 언어로 제시하도록 한다.

수반성 명료화 절차

수반성 명료화는 사람이 자기 삶에서 작동하는 수반성을 관찰하고 추출하도록 돕고자 만들었다. 앞에서 언급한 대로 경계성 사람은 때로 관련 수반성에 주의하는 데 어려움이 있고 긍정적 결과를 이끄는 방식으로 행동하지 못한다. 다른 경우에는 수반성을 의식하지

〈표 11-5〉 수반성 명료화 절차 점검표

_____ 치료자는 **현재 수반성을 조명**한다. 치료자는 행동이 현재 결과에 미친 영향에 환자가 주목하도록 초점을 맞춘다.
- _____ 일상에서
- _____ 환자의 문제 행동에 관해서
- _____ 환자 행동이 다른 사람에게 준 영향과 환자에 대한 다른 사람의 반응에 관해서
- _____ 환자 행동이 치료 관계에 주는 영향에 관해서
- _____ 환자 행동이 치료 결과에 주는 영향에 관해서
- _____ 치료자는 행동주의 분석, 통찰, 상호성 소통 전략을 사용할 때 수반성 명료화를 마음챙김한다.

_____ 치료자는 **치료에서 훗날 나타날 수반성을 명료화**한다. 그중에서도 환자에게 DBT 전반이나 특정 치료 절차에 방향을 잡아 줄 때 수반성을 밝힌다.
- _____ 환자가 특정 행동(특히 자살 행동과 치료 방해 행동)을 할 때 치료자가 무엇을 할 것인지
- _____ 치료자와 치료 절차로부터 환자가 무엇을 합리적으로 기대할 수 있는지

만 중요한 법칙을 추출하거나 기억하지 못한다. 수반성 명료화 개입에는 두 가지가 있다. 첫째, 환자 삶에서 작동하는 자연 법칙을 조명한다. 즉, 환자가 '만약 ~라면, ~이다' 관계에 주목하고 이를 추출하도록 돕는다. 이런 의미에서 수반성 명료화는 행동주의 분석, 통찰 그리고 상호성 소통 전략의 일부이다. 둘째, 치료자는 환자가 곧 들어설 새로운 상황에서 작동하는 법칙에 대해 환자에게 말해 주고 적절한 기대를 조명해 준다. 이런 의미에서 수반성 명료화는 주로 치료에서 작동하는 수반성과 관련해 사용한다. 다음에서 이 절차를 논의하였고 〈표 11-5〉에 요약하였다.

1. 현재 수반성 조명하기

일상에서 작동하는 수반성을 관찰하고, 간추리고, 기억하기를 돕는 목표가 첫 번째이다. 법칙을 알고 결과를 정확하게 예측한다면 적응 행동의 가능성을 높인다. 특히 환자가 자기 행동의 결과와 행동이 다른 사람에게 미치는 영향을 중요하게 이해해야 한다. 환자는 상황의 엉뚱한 세부 사항에 주의하거나, 반대로 세부 사항에 너무 민감한 나머지 중요한 '만약 ~라면, ~이다' 관계를 찾아내지 못한다. 부적응 행동의 결과를 명료히 한다면 변화를 위한 중요한 전념을 얻어 낼 수 있다. 결과가 부정적이거나 고통스럽지 않다면 뭐 하러 변하겠는가? 여기서 즉각적이고 장기적인 결과에 모두 주의해야 하고, 환자는 물론 다

른 사람에게 미치는 영향 모두 살펴야 한다.

상황, 그중에서도 다른 사람의 행동이 자기 반응(느낌, 생각, 행동 충동)에 주는 영향을 명료히 하는 것 또한 중요하다. 경계성 사람은 때로 특정 상황이나 사람이 반복적으로 자신에게 해로운 영향을 준다는 사실을 놀랄 만큼 잘 잊어버리는 능력을 보인다. 반대 증거가 손에 있음에도, 그는 상황이나 자기 반응이 다르리라는 기대를 계속한다. 마지막으로, 치료자는 또한 환경에서 작동하는 일반 법칙, 특히 사회 상황의 법칙을 찾아내도록 환자를 돕는다. 앞서 언급했듯, 경계성 사람은 다른 사람이 다양한 사건에 어떻게 반응할지에 허술한 개념을 가지고 있다. 그들은 자신과 비슷한 사람을 예측하는 데는 제법 정확하지만 경험해 본 적 없는 사람의 반응을 예측하는 데는 어려움이 많다. 자신과 유사한 상황을 경험하는 사람에게는 강하게 공감하지만, 자신과 닮지 않은 사람에게는 약하게 공감한다.

행동주의 분석과 통찰 전략에서 수반성 명료화 행동을 순간 단위로 분석하는 체인 분석은 수반성 관계를 조명할 기회를 준다. 역기능 행동으로 이어지는 사건 연쇄를 조사하며 치료자는 무엇이 무엇으로 이어지는지 환자가 규칙을 찾아낼 수 있도록 돕는다. 목표 행동의 기능적 유용함을 조사할 때 치료자는 환자가 자기 행동의 결과에 대한 법칙을 찾도록 돕는다. 치료자는 질문하고, 환자가 스스로 질문하도록 격려한다. "그리고 무엇이 일어났죠?" "그것이 ○○ 님에게 어떤 영향을 주었죠?" "○○ 님이 한 행동의 효과는 뭐였죠?" "다른 사람이 어떻게 반응했나요?" 핵심적으로, 환자 행동과 다른 이의 반응 사이 관계에 주의가 향하도록 해야 한다. 통찰 전략에서 치료자는 환자가 여러 행동에 걸쳐 얻은 정보를 요약할 수 있게 돕는다. 치료자는 오랜 기간 드러난 법칙(예: 일관적인 '만약 ~라면, ~이다' 양상)을 조명해야 한다. 법칙을 간결한 명제 형태로 다듬고 환자가 정기적으로 이를 치료자에게 반복하여 말해 보도록 격려한다.

상호성 의사소통 전략에서 수반성 명료화 다음 장에서 상호성 의사소통을 논의한다. 이 전략에서는 환자 행동이 치료자에게 어떤 영향을 주는지 환자에게 정보를 제공하는 부분이 중요하다. "○○ 님이 X하면 나는 Y를 느껴요."는 엄격하게 말하자면 환자 행동과 치료자 행동 사이 수반 관계에 관한 진술이다. 치료자는 계속해서 "○○ 님이 X할 때, Y가 일어납니다."라는 식의 말을 반복한다. 이러한 진술을 통해 환자는 자기 행동이 다른 이에게 미치는 영향을 배울 수 있고, 이는 DBT에 상호성 의사소통 전략을 포함시킨 주요 이유 중 하나이다.

2. 치료에서 훗날 나타날 수반성을 소통하기

경계성 환자에게 가장 중요한 수반성은 치료에 대한 수반성이다. 여기서 수반성 명료화에는 두 측면이 있다. ① 환자 측의 특정 행동에 대해 치료자가 무엇을 할 것인가, ② 치료자에게 그리고 치료에 환자가 무엇을 합리적으로 기대할 수 있는가. DBT는 적어도 치료 시작 단계에서는 치료자가 분명하고 명쾌하기를 강조한다. 만약 최종 단계라면 환자가 관계에서 미묘하고 간접적인 소통을 읽는 능력을 기르도록 그러한 명쾌함은 줄여 나가야 한다.

전체 DBT와 치료 절차 실시에서 방향 잡기는 이 장과 앞선 두 장에서 폭넓게 다루었다. 방향 잡기를 통해 환자에게 치료 규칙을 가르친다. 환자는 어떤 행동이 긍정적이거나 부정적인 결과를 가져오는지, 그가 무엇을 기대할 수 있고 또 없는지, 그의 어떤 행동이 어떤 결과를 가져오는지에 대해 듣는다. 방향 잡기는 치료 시작이나 새로운 절차를 시작할 때만 하는 건 아니고(전달해야 할 구체적 규칙은 14장 참조), 치료에서 지속해서 배경을 형성한다. 즉, 치료자는 계속해서 가르치고 환자의 이해와 기억을 확인하고 코칭해야 한다. 수반성 명료화를 여러 다른 맥락과 기분 상태에서 계속해 나가는 절차가 DBT에서 필수이다. 특히 치료 초기 단계에서 치료자는 환자가 모든 법칙을 추출하고 기억하리라 기대해서는 안 된다. 또한 수반성을 배우거나 기억하지 못한다 해서 이를 동기와 연관 지어 해석해서는 안 된다.

인지 재구조화 절차

인지 재구조화는 환자가 사고 양식과 내용을 바꾸도록 도와주는 방법이다. 인지 재구조화에서는 네 가지 사고 측면에 관심을 가진다. ① 변증법이 아닌 사고(예: 이분법적, 경직된, 극단적 사고 양식), ② 행동을 지배하는 잘못된 규칙 일반(믿음, 기저에 깔린 가정, 생각, 기대), ③ 역기능적 기술(예: 자동 사고, 판단 식 명명, 과장된 꼬리표), ④ 역기능적 주의 분배. 첫째로, 환자의 이러한 사고 측면에 관찰과 분석이 필요하고, 다음으로는 환자에게 문제를 일으키는 양식, 법칙, 기술, 주의 전략을 새롭고 보다 기능적인 양식, 법칙, 기술 그리고 주의 전략으로 대체하도록 하는 시도가 이어진다. 현재 사고와 주의 편향에 언어로 도전하고, 대안 이론과 설명과 기술을 제공하고, 환자의 법칙과 꼬리표의 정확성과 관련된 증거를 검토하면서(그리고 필요하다면 새로운 증거를 얻어) 변화를 시작할 수 있다. 변화는 치열한 연습을 통해 단단해진다. 인지 재구조화 절차를 다음에서 논의하였고 〈표 11-6〉에 요약했다.

〈표 11-6〉 인지 재구조화 절차 점검표

_____ 치료자는 환자가 자신의 사고 양식, 법칙, 언어 기술을 **관찰하고 기술하도록** 명시적으로 돕는다.
_____ 치료자는 특정 역기능 법칙, 꼬리표, 양식을 **찾아내고 직면**시키며 도전하되 이를 변증법 방식으로 한다.
_____ 치료자는 환자가 더 기능적이거나 정확한 사고 양식, 법칙, 언어 기술을 **만들도록** 돕는다.
  _____ 치료자는 절대 진리의 자물쇠를 가지고 있다고 주장하지 않는다.
  _____ 치료자는 앎의 직관적 출처를 중시한다.
  _____ 아무도 자료를 수집한 적이 없을 때 치료자는 자료 수집을 중시한다.
  _____ 치료자는 반드시 '참'이거나 '정확한' 사고 대신 기능적 · 효과적 생각에 초점을 맞춘다.
  _____ 치료자는 환자가 자신만의 적응적 사고 양식, 법칙 그리고 언어 기술을 생성할 때 환자 능력 끝까지 밀어붙인다.
_____ 치료자는 환자가 자기 해석을 언제 믿고 언제 의심할지 **지침**을 개발할 수 있게 돕는다.
  _____ 치료자는 인지 조정에서 수반성과 기술 훈련 절차를 적용한다.
  _____ 치료자는 환자가 기술 훈련 모듈에서 사용하는 인지 전략을 일상에서 통합하도록 돕는다.
  _____ 치료자는 적절하다면 환자를 정식 인지치료 프로그램에 의뢰하거나 이를 실시한다.

DBT 위배 전략

_____ 치료자는 환자에게 문제는 '모두 머릿속에 있다'고 말한다.
_____ 치료자는 환자 문제를 과잉 단순화한다. 환자가 자신의 '태도', 생각 그리고 세상을 바라보는 방식만 바꾸면 모든 게 괜찮아질 거라고 암시한다.
_____ 치료자는 생각하는 방법에 대해 환자와 힘겨루기를 한다.

1. 인지적 자기 관찰 가르치기

환자가 시간에 걸친 그리고 상황에 따른 자신의 인지 양상을 추적하고 변화시키는 데 성공하려면 자신의 사고 양상과 양식을 관찰하는 법을 중요하게 배워야 한다. 자살 행동을 하는 경계성 사람에게 이런 능력이 거의 없는 이유는 다양하다. 그들은 사건이나 상황을 평가하거나 생각하는 과정에 너무 깊이 몰두하여 말하자면 스스로 벗어나 생각하지 못하고, 생각과 평가에 빠져 실제 사고와 평가 과정을 돌아보지 못한다. 주로 사용하는 치료 전략은 인지적 자기 관찰 연습(예: 인지 과정을 스스로 관찰하는 행동을 예행하는 일종의 예행 연습)으로, 연습에서 치료자는 환자에게 설명, 피드백, 코칭 그리고 강화를 제공한다. 연습 방법은 환자에게 상상 속에서 자기 자신에게서 벗어난 채 회기에서 무엇이 일어나는지 관찰하도록 가르치는 데서부터, 특정 상황이나 조건에서 자신의 사고 양상을 추적하고 기록해 오도록 숙제를 내주는 방법을 포함한다. 쓰기 과제를 내줄 때 치료자가 환자와 함께 과제를 수행하는 여러 가지 방법을 자세히 검토한다면 유용하다. 마음챙김 연습(동반 매뉴얼 참조)과 다른 명상 훈련 또한 자기 관찰을 배우는 데 도움이 될 수 있다.

인지적 자기 관찰을 가르칠 때 나타나는 주요 문제는 보통 환자가 극심한 부정 정서를 경험하고 있을 때 자기 관찰이 가장 필요하다는 사실이다. 그리고 꼭 그런 순간에 환자는 자신의 사고와 판단 양상을 정확하게 관찰할 수 있을 만큼 충분히 오래 정서를 감내할 가능성이 가장 낮다. '내면'을 가깝게 들여다볼 때 무엇을 발견할지에 대한 두려움 또한 과제 회피로 이어진다. 따라서 치료자는 환자가 숙달할 수 있는 수준에 맞춰 연습할 수 있도록 절차를 주의 깊게 모니터링해야 한다. 조성 원리를 반드시 기억하자.

2. 부적응적 인지 내용과 양식을 찾아내고 직면시키기

여러 번 언급했듯이 DBT에서는 역기능적 경계성 양상이 발달하고 지속하는 데 인지 내용과 인지 양식이 환경 요인 혹은 다른 행동 요인만큼 중요하다고 제안한다. 따라서 행동주의 분석을 수행할 때 치료자는 역기능 행동과 반응의 **인지적** 선행 요인과 결과를 다른 선행 요인과 결과만큼이나 주의 깊게 탐색해야 한다.

많은 DBT 전략은 (명시적으로 아니라면 암묵적으로) 문제 있는 신념, 가정, 이론, 판단 식 평가, 융통성 없는 절대적 · 극단적 생각(예: 변증법이 아닌 생각)을 치료자가 찾아내고, 도전시키고, 직면시키도록 한다. 변증법 전략, 문제 해결 전략, 일침 놓기 소통 전략 그리고 모든 기술 훈련 모듈의 전체 혹은 일부는 어떻게 정보를 조직화하고 사용하는지, 그리고 자기 자신, 치료 그리고 자신과 세상의 관계에 대해 무엇을 생각하는지에 초점을 맞춘다. 치료자가 구체적 상황에서 인지 문제를 찾아내고, 환자에게 이를 설득력 있게 제시하고, 실행 가능한 대안을 제시할 수 있는 능력은 매우 중요하다. 앞선 장에서 논의한 많은 전략(예: 악마의 속삭임 변증법 전략, 문 안에 발 들여놓기 전념 전략)은 이를 염두에 두고 만들었다. 그러나 치료자는 환자가 '틀렸음'을 증명하기 보다는 인지적 선택 폭을 넓히도록 도와야 하며, 따라서 변증법 양식이 매우 중요하다. 그러므로 기존 관점을 타당화하면서 동시에 다른 관점도 가능하다고 제안해야 한다.

3. 대안적 · 적응적 인지 내용과 양식을 만들기

일단 역기능 사고 양상, 역기능 법칙과 기대 그리고 인지 양식 문제를 찾았다면 다음 단계는 환자가 채택할 수 있는 보다 적응적 사고방식을 찾는 단계이다. 여기서 가장 중요한 건 순전히 '이성적' 혹은 순전히 감정에 기반한 생각이 아닌 변증법 사고 양식을 가르치고 강화해야 한다는 DBT 원칙이다. 변증법 사고(또한 경계성 환자의 변증법 딜레마)는 2, 3, 5, 7장에서 상세히 다루었다. 따라서 여기서는 이를 정의하거나 논의하지 않겠다. 변증법 접근과 더불어 치료자는 자신이 절대 진리의 자물쇠를 가지고 있지 않음을 반드시 기억해야 한다. 변증법 사고조차 한계를 가지고 있다. 인지 조정에서는 한편에 합리적인 실증주의 생각과 다른 한편에 직관적, 정서 초점 생각 사이에 변증법 긴장이 나타난다. 한편으로는 보다 순수한 인지치료(예: Beck의 인지치료)에서 하듯이 치료자는 누군가의 가정, 믿음 그리고 법칙을 검증하기 위해 '실험 수행'을 중요하게 여겨야 한다. 다른 한편 치료자는 어떤 관습적 이해로도 증명할 수 없는 직관적 앎을 중요시해야 한다. 필연적으로 '참'이거나 정확한 생각보다는 기능적이고 효과적인 생각의 가치를 높이 산다.

다른 기술처럼 변증법으로 또 기능적으로 생각하는 법을 배우기 위해서는 환자의 능동적 노력이 필요하다. 치료자는 회기 안에서 신중한 질문을 통해, 그리고 인지 숙제를 통해 이러한 노력을 도울 수 있다. 숙제에서 치료자는 환자가 한 주 동안의 역기능 사고를 추적하고, 이를 대체할 수 있는 기능적 사고를 찾고, 기록하고, 다음 회기에서 논의할 수 있도록 한다(이러한 연습을 위한 양식은 동반 기술 훈련 매뉴얼 참조). 많은 경우 치료자는 처음에는 어느 정도는 환자가 더욱 적절한 생각을 할 수 있도록 이끌어 줘야 한다. 경계성 환자는 오래된 문제에 새로운 방식을 찾아 접근하도록 요구받으면 "몰라요."라고 대답한다. 그들은 그저 벌을 받거나 놀림 받을 두려움 때문에 보다 효과적인 생각을 말하기 두려워한다. 따라서 환자가 스스로 적응적 사고 양식, 법칙, 사건의 언어 기술을 생성하려면 상당한 정도의 독려, 응원하기, 조성이 필요하다.

4. 해석을 언제 믿고 언제 의심해야 하는지 지침을 개발하기

환자는 한 번의 상황에서 틀리거나 치우치거나 왜곡했다면, 지금까지 자신이 전부 틀렸으며 앞으로도 항상 틀릴 거라고 생각하는 경향이 있으므로 중요하게 주의를 기울여야 한다. 이것은 당연하게도 거의 완전히 변증법이 아닌 생각이다. 하지만 이에 적절한 대응이 무엇일까? 최고의 해결책은 환자가 언제 자신을 믿고 다른 의견은 지나칠지, 언제 자신의 지각과 결론을 적어도 확인은 해 볼지 지침을 마련하도록 돕는 방법이다.

이러한 문제에 대한 일반 지침은 거의 대부분 사람에게 해당한다. 예를 들어, 사회인지 및 성격 심리학자는 오랫동안 사람의 평가나 판단이 편향되는 경향을 연구해 왔다. 보통 사람에게 영향을 미친다고 알려진, 따라서 이 작업과 관련 있는 편향 효과를 〈표 11-7〉에

〈표 11-7〉 판단 어림짐작(휴리스틱)과 편향

1. 사람은 판단할 때 관련 사건이 상대적으로 얼마나 가용하고 기억에 접근 가능한가에 영향을 받는다('가용성 어림짐작'). (예: 죽는 원인이 일어날 확률에 대한 주관적 추정치는 치명적 사건이 실제 얼마나 발생하느냐의 빈도보다는 사건에 대한 매체의 묘사에 노출한 정도와 관련이 있고, 이러한 묘사가 기억에 남는 정도와 상상할 수 있는 정도도 관련이 있다.)
2. 사람은 큰 사건의 집합 안에서 특정 사건이 전형적이라고 믿는 정도에 기초해 판단한다('대표성 어림짐작'). (예: 누군가 무엇을 할지 예측할 때 기저 확률을 간과하는 경향이다. 예를 들어, 대부분 박사과정 프로그램에 등록한 학생의 90%는 결국 박사학위를 취득한다. 그러나 많은 학생은 지도교수 눈 밖에 난 학생은 박사과정을 끝내지 못한다고 예측한다. 박사과정을 끝내지 못한 사람보다 끝낸 사람이 훨씬 많으며, 이들 중 적어도 일부는 지도교수의 미움을 샀으리라는 사실을 간과한다.)
3. 처음에 정한 입장은 적절하지 않음이 분명할 때에도 이어지는 판단에 계속해서 영향을 미친다('고정 어림짐작'). (예: 사람은 판단한 근거로 삼은 증거가 완전히 신빙성 없음이 밝혀져도 원래 가설을 고수한다.)
4. 사람은 자기 믿음에 반박하는 정보보다는 믿음을 확인해 주는 정보를 모으기를 선호한다('확증 편향'). (예: 사람은 보통 어떤 사람이 특정 성격 특성이나 경향이 있는지 알아내려고 할 때 자신이 생각하는 특성을 반증하는 질문보다는 확인하는 질문을 한다.)
5. 사람은 과거의 확률 판단을 기억하거나 재구성할 때 현재 알고 있는 지식과 일치하도록 조정하는 경향이 있다('후견 편향'). (예: 자살과 같은 결과가 일어날 가설을 설명하라고 할 때, 임상 사례의 과거력을 알려 준 뒤에는 자살할 가능성에 관한 확률 추정은 사실상 체계적으로 증가한다.)
6. 부정적 기분 상태는 판단과 추정치에서 일관되게 부정적 편향을 만든다('기분 편향'). (예: 기분이 좋을 때[중립적이거나 부정적인 기분일 때와 비교해서], 사람은 자신이 가진 것에 더 만족한다고 보고하고, 자신의 수행을 긍정적으로 평가한다. 성공과 실패에 대해 거짓 피드백을 주어 실험적으로 수행을 통제할 때도 그렇다. 부정적 기분일 때 사람은 주관적으로 재난 수준의 일이 일어날 가능성을 전반적으로 높게 추정하는 것으로 나타났다.)
7. 사람이 어떤 결과의 발생을 상상하면, 그 결과가 실제로 일어날 확률을 높게 추정한다('상상한 결과 편향'). (예: 허위 고소를 당하는 일을 상상해 본 적이 있는 사람은 그렇게 고소당할 수 있다는 생각을 더 잘 받아들인다.)

출처: *The Psychological Treatment of Depression: A Guide to the Theory and Practice of Cognitive Behavior Therapy* (2nd ed.), J. M. G. Williams, 1993, New York: Free Press에서 발췌하였다. Copyright 1993 by Free Press. 승인 후 발췌하였다.

제시하였다. 이에 더해, 개별 환자마다 편향과 왜곡을 자주 보이는 특정 영역이 있을 것이다. 따라서 지침은 반드시 관찰해야 하는 일반 영역을 찾는 데 더해, 환자의 특정 편향 경향을 포괄해야 한다. 예를 들어, 어떤 사람은 몹시 화가 났을 때 특정 사람에 대해 특징적인 오류를 범한다. 어떤 사람은 주로 슬플 때 편향을 보일 것이다. 월경전 증후군이 있는 여성은 월경 기간 전 며칠 동안 특히 주의할 필요가 있다. 경계성 사람은 거절 단서에 선택적으로 주의한다. 페미니스트는 성적이거나 성차별로 해석할 수 있는 단서에 선택적으로 주의할 것이다. 내 환자 중 한 명은 독신이었고 결혼을 하고 싶어 했는데, 그가 길을 걷는 동안 혼자 걷는 사람은 거의 알아차리지 못하였지만, 얼마나 많은 커플을 보았는지는 거의 정확한 수를 기억할 수 있었다.

여기서 핵심은 다음과 같다. 첫째, 환자에게 모든 사람은 편향과 왜곡하는 경향이 있다고 알려 줘야 한다. 그렇다고 사람이 자신을 절대 믿을 수 없다는 뜻이 아니다. 둘째, 아는 것은 힘이며 적어도 안전을 확보할 수 있다. 언제 그리고 어떤 조건에서 편향과 왜곡이 가장 잘 일어나는지 안다면 오류를 알아차리고 바로잡는 데 유용하다. 요컨대, 정보 편향을 병리적으로 보기보다 정상화한다.

인지 조정에서 수반성과 기술 훈련을 적용하기

다른 능동적 DBT 기술과 마찬가지로, 환자가 자신의 인지 오류와 편향을 관찰하고 대체하는 데 점점 능숙해질수록 역기능 사고 양식과 내용에 직면하고 도전하며, 새롭고 보다 적응적인 변증법 양상을 만들어 내는 치료자 역할은 차차 줄어야 한다. 치료 초반에는 '마음 읽기'를 해 주어야 할 때가 있다(이 주제에 대한 상세한 논의는 8장 참조). 치료 중반에 치료자는 환자가 역기능적 가정, 믿음, 법칙을 관찰하고 기술하며, 새로운 사고방식을 생성할 수 있도록 독려한다. 치료의 마지막 단계에 이르면 환자는 치료자 코칭이 거의 없거나 아예 없어도 더욱 변증법으로 생각할 수 있어야 하며 스스로 양식과 내용 문제를 알아차릴 수 있어야 한다. 10장과 이 장 앞부분에서 다룬 수반성 관리와 기술 훈련 원칙을 인지 조정에도 적용한다.

기술 모듈의 인지 기술을 통합하기

앞에서 언급했듯이 모든 기술 모듈에서 인지 기술을 배운다. 특정 자기 진술은 고통 감싸기와 대인관계 효과성 모듈에서 배운다. 결과와 결과에 대한 적절한 기대 또한 대인관계 효과성 모듈의 중요한 부분이다. 마음챙김 모듈에서는 평가나 판단이 담긴 기술을 찾고 바꾸는 법을 배우며, 거리를 두고 관찰하는 기술도 배운다. 정서 조절 모듈은 감정과 연관된 인지 평가를 찾는 법을 포함한다. 기술 훈련에서 이러한 기술을 가르치는 데 개인 치료자가 다른 용어를 사용하거나 단순히 이 기술을 무시한다면 환자는 기술을 배우기 어렵고 도움도 되지 않는다. 따라서 개인 치료자가 기술 모듈에서 가르치는 인지 기술에 매우 세심한 주의를 기울이고, 그 가르침 위에 쌓아 올리고 강화하는 작업이 DBT에서 핵심이다.

정식 인지치료 프로그램

DBT는 환자가 정식 인지치료 프로그램에 참여하지 못하게 할 리 없다. 특히 준비되어 있고 기꺼이 할 마음이 있는 환자에게 인지치료는 보조 치료 프로그램으로서 충분히 추천할 만하다. 그러나 다음 이유로 DBT는 조직적인 구조화된 인지 변화 절차를 정식 모듈로 포함하지 않았다. 첫째, 내 경험상 문제의 해결책으로서 어떻게 생각하고 어떤 정보를 사용하는지를 바꾸는 데 초점을 맞춘 개입은 비타당 환경과 지나치게 닮아 있다. 환자가 제대로 생각하기만 하면 전부 괜찮아질 거라는 메시지에 반박하기 어려워진다. 물론 이는 잘 수행한 인지치료에서의 의도가 아니고 변증법 생각도 아니지만, 나는 이러한 이의 제기를 넘어서기가 매우 어렵다는 걸 알게 됐다.

둘째, 정식 인지치료는 보통 적어도 어느 정도 자기를 관찰하고, 생각과 가정을 기록하고, 생각과 신념을 검증하기 위한 시도와 실험을 생각해 내며, 실제로 실험을 하는 게 필요하다. 이러한 활동을 하는 데에는 여러 예비 기술이 필요하지만 많은 경계성 환자에게는 없다. 심각하게 불안정한 환자에게 시작부터 상당량의 독자적 사전 작업이 필요한 프로그램은 적절하지 않다. 만약 인지 처치를 조정하여 치료 회기 안에서 치료자와 변화 절차를 함께 수행한다면, DBT 변화 절차와 다른 여러 인지치료 및 인지행동치료 간 차이점은 줄어들 것이다.

마치며

이 장과 10장에서 나는 기초 인지행동 변화 절차를 개괄하였고 경계성 환자의 문제에 적용하는 법을 논의했다. 이 네 가지 절차 세트(수반성 적용, 기술 훈련, 노출 기반 기법, 인지 조정)는 본 행동주의 치료에서 큰 덩어리를 이룬다. 이러한 면에서 DBT는 새로운 무언가를 그리 많이 포함하지는 않는다. 이 책을 읽는 독자가 효과적인 변화 절차라고 생각하거나 연구에서 효과적이라고 밝혀진 다른 기법도 추가할 수 있다는 점을 명심해야 한다. 즉, 내가 혹은 독자가 여기에 수록하지 않은 치료 절차에 관한 추가 원고를 보태 쓸 수 있다. 예를 들어, 만약 게슈탈트 치료자라면 게슈탈트 기법을 더하지 않을 이유가 없다. 특히 치료의 두 번째 그리고 세 번째 국면에서 두 의자 기법과 같은 절차가 매우 유용하다.

특정 행동 문제(예: 결혼 혹은 성기능 부전, 물질 남용, 섭식 장애 혹은 다른 축 I 장애)에 대해 작업할 때는 그러한 문제에 효과적이라고 알려진 절차를 더하는 작업도 고려할 수 있다. 다중 성격장애 진단이 있는 사람과 작업한다면 해당 영역 전문가가 성격의 통합 혹은 '병합'을 향상하기 위해 발전시켜 온 기법 일부를 추가할 수 있다. 그러나 다른 절차를 통합할 때에는 신중하고 이론상 일관성 있는 방식을 지켜야 하겠다. 이는 낙담할 때마다 전략을 바꾸거나 새로 들어봤다고 모든 새로운 기법을 적용하라는 말이 아니다.

12장

스타일 전략: 의사소통 균형 잡기

스타일 전략은 그 이름에서 나타나는 대로 치료자가 의사소통하는 스타일 및 형식에 관한 전략이다. 이는 의사소통 내용이라기보다는 치료자가 여러 치료 전략을 **어떻게** 사용하는가에 초점을 맞춘다. 스타일은 어조(따뜻함 대 차가움과 직면함), 시작과 끝(부드러움과 흘러감 대 딱딱함과 갑작스러움), 강도(가벼움과 유머 대 매우 진지함), 속도(빠르고 신속하거나 끼어듦 대 느리고 사려 깊고 반영함) 그리고 반응성(영향받는 대 휘둘리지 않는)과 관련이 있다. 치료자 스타일에서 태도는 우월과 거만함 대 존중과 애정을 전달할 수 있다.

DBT에서 주요 의사소통 스타일은 두 가지이다. 상호성 의사소통 스타일은 반응성, 자기 개방, 따뜻함, 진정성으로 정의된다. 반면, 일침 놓기 의사소통 스타일은 소위 정제되지 않고, 뜬금없고, 조화롭지 않다. 상호성은 약함을 드러내고, 일침 놓기 스타일은 직면적이다. 두 스타일은 변증법에서 극을 구성한다. 이 둘은 서로 균형을 맞출 뿐만 아니라 합을 이루어야만 한다. 치료자는 두 스타일 사이를 빠르게 오가며 스타일의 혼합 자체가 하나의 스타일 전략이 되도록 한다.

경계성 사람은 대인관계에서 힘의 차이와 치료자와 겨루는 '게임'에 놀랍게 민감하다. 그들은 삶의 경험 중 대부분 '한 단계 아래' 위치에 있었다. 그들이 겪는 많은 대인관계 문제는 힘의 불균형을 바로잡으려는 다소 어설픈 시도의 결과물이다. 상호성으로 의사소통하는 의도는 그런 불균형을 능숙하게 바로잡고 치료 장면 안에 환자를 붙드는 환경을 제공하는 데 있다. 또한 환자가 중요한 관계에서 평등하게 상호작용하는 본보기를 보여 주는 의도도 있다.

경계성 사람은 삶에서 발생하는 사건과 과정을 관찰하고 기술할 만큼 충분한 심리적 거리를 확보하는 데 어려움이 있다. 그러나 관찰은 변화에 필수적이다. 일침 놓기 의사소통은 삶, 자신, 문제 해결에서 전형적으로 경직되고 좁은 관점에서 접근하는 방식을 뒤흔들 수 있을 정도로 균형을 무너뜨려 거리를 확보하도록 도우려는 의도가 있다. 어느 쪽도 부인하지 않고 변증법 양극에 주목하는 게 중요하다.

상호성 의사소통 전략

반응성, 자기 개방, 따뜻한 관계, 진정성은 상호성 의사소통 전략의 네 가지 기본 요소이다. 상호성은 어떤 좋은 대인관계에서도 중요하다. 심리치료와 같은 친밀한 관계에서 특히 중요하고, 경계성 사람과 치료 관계에서 필수적이다. 상호성 의사소통은 DBT에서 기본적인 의사소통 방식이다.

힘과 심리치료: 누가 규칙을 정하는가

심리치료에서 환자는 치료자에게 정서적으로 영향을 받고 깊이 상처를 받을 수 있지만 비슷한 방식으로 자신이 치료자에게 영향을 줄 수는 없다고 불평한다. 그들은 취약하고, 치료자는 철벽이다. 말하자면, 치료자가 옷을 입고 있는 동안 환자는 알몸 상태이다. 위험은 고르게 나뉘어 있지 않다. 환자는 또한 치료자가 침투 불가능하다고 느낀다. 즉, 치료자는 절대 경계가 있지만 그에게는 아무것도 없다. 요컨대, 치료 관계에서 힘은 불평등할 뿐만 아니라, 심리치료의 특성에 비추어 보면 환자 인생의 가장 중요한 영역에서 불평등한 셈이다. 심리치료에서 일어나는 많은 전투는 이러한 힘의 불평등한 분배와 이를 바로잡으려는 환자의 시도에서 온다.

물론 치료자는 환자가 흔히 생각하는 만큼 절대 취약하지 않은 건 아니지만, 현대 심리치료 관습을 보면 이 주제에 관한 환자의 불만족과 혼란을 충분히 설명할 수 있다. 치료자는 달리 전개되기를 바랄지라도, 환자의 불평은 타당할 때가 있다. 치료자 행동과 대인관계 스타일을 이끄는 규칙은 일률적으로, 치료자는 알고 있지만 환자는 알 수 없다. 그 결과, 치료자 행동은 환자 입장에서 이해할 수 없을 뿐만 아니라 예측할 수도 없다. 치료자는 관계에서 정서적 친밀감을 장려하지만 친밀한 관계에 관한 일반 규칙은 적용되지 않는다. 동시에 여러 사람과 환자-치료자 관계를 맺고 있는 사람(치료자)을 위해 고안한 친밀감의 규칙이 오직 하나의 관계를 맺고 있는 사람(환자)에게는 완전히 부적절할 수 있다. 치료자는 환자의 자기 개방을 요구하면서도 자기 입장에서는 자기 개방을 불편해하거나 이론에 따라 반대한다. 치료 관계는 돌봄과 도움의 관계처럼 보이지만, 거의 모든 보통의 돌봄 관계에 내재한 가용성과 유연성은 빈번히도 아예 없거나 심하게 부족하다.

어떤 측면에서 경계성 환자는 부모-아이 관계에서의 아이와 유사하게 대해진다. 그는 자신의 안녕에 관한 결정을 내리는 데 치료자보다 자격 미달 식으로 대우받는다. 아이는 결국 부모와 동등한 존재가 되지만 환자는 '성장'해도 치료 관계에서 그 힘은 반드시 변하지는 않는다. 그 사건(평등성)이 심리치료에서 나타날 가능성이 보이면 그 관계는 종결될 가능성이 크다.

학계에서는 제자가 스승의 어깨 위에 선다는 말이 있다. 스승에서 제자로 전해 내려오는 영향을 추적할 수 있다. 그러나 심리치료의 경우 문화 관습은 이 관계를 비밀로 하려고 공모하며, 이 관계를 자랑스러워하기보다는 부끄러워한다. 심리치료 환자였던 치료자 자신조차도 환자에게 이러한 정보를 밝히지 않는다.

특히 경계성 환자는 힘의 차이를 금방 알아차리고 치료 관계에서 자의성을 용납하지 않는다. 그들이 과거 대인관계에서 불공평한 힘의 차이로 고통을 겪었기 때문일 것이다. 게다가 그들은 치료 관계에 균형을 맞출 만큼 힘의 크기가 거의 동등한 다른 친밀한 관계가 없는 경우가 많다. 경계성 환자와 심리치료에서 발생하는 많은 문제는 근본적인 불평등과 관련 있다. 관계에서 힘을 균등화하지도 관계를 포기할 수도 없이 그들은 복종하고, 애정에 굶주리며 매달리는 행동과 지배하고, 무시하고, 거절하는 행동 사이를 계속 오간다. 그들은 과잉 의존과 과잉 독립 사이를 왔다 갔다 한다. 자신의 힘과 영향력이 제한되는 친밀한 관계에 오래 머물려고 하는 사람은 거의 없다. 장기적인 치료 관계를 향한 욕구는 경계성 사람을 특히 취약한 위치에 처하게 한다. 치료자가 특히 이런 딜레마에 민감해져야 효과적 치료가 가능하다.

상호성 의사소통 전략은 다음과 같은 목적으로 만들었다. 치료자와 환자 사이에 지각된 힘의 차이를 줄이고, 환자에 대한 치료자의 취약성을 증가시켜 환자에 대한 신뢰와 존중을 전달하며, 관계에서 애착과 친밀감을 심화한다(반응성과 자기 개방에 관한 문헌 개괄은 Derlega & Berg, 1987 참조). 다음에서 전략을 논의하였고, 〈표 12-1〉에 요약하였다.

〈표 12-1〉 상호성 의사소통 전략 점검표

_____ 치료자는 환자에게 **반응**한다.

  _____ 치료자는 환자에게 마음챙김하여 주의를 기울인다. 치료자는 환자와 상호작용하면서 '깨어' 있다.

    _____ 치료자는 상호작용하는 동안 환자 행동에서 작은 변화에 주의를 기울인다.

    _____ 치료자는 환자의 의사소통 내용에 따라 정서 표현과 비언어적 반응(자세, 눈 맞춤, 미소, 고개 끄덕임)을 다르게 하고, 관심과 적극적인 관여를 표현한다.

    _____ 치료자는 환자의 강도에 맞춘다.

    _____ 치료자는 반응 시점을 통해 이해와 관심을 전달한다.

  _____ 치료자는 환자의 안건을 진지하게 받아들인다.

    _____ 치료자는 환자의 의사소통 내용에 반응한다.

      _____ 치료자는 환자 질문에 관련된 답변으로 반응한다.

      _____ 치료자 반응 내용은 환자 의사소통과 직접 관련이 있다.

    _____ 치료자는 환자가 말하는 내용을 정교화한다.

_____ 치료자는 **자기 개방**한다.

  _____ 치료자는 환자에게 DBT에서 자기 개방의 역할에 관해 방향을 잡는다.

  _____ 치료자는 자기 입장 개방에 동참한다.

  _____ 치료자는 환자에게 '○○님이 X를 할 때, 나는 Y를 느낀다[또는 생각한다 또는 하기 원한다]'라는 형식의 '나' 진술을 사용하여 환자와 그의 행동에 지속적인 반응을 제공한다.

  _____ 치료자는 치료자 자신의 상호작용 경험과 현재 관계를 개방한다. 치료자는 '마음을 나눈다'.

    _____ 치료자는 상호작용 과정에 초점을 둔다.

    _____ 치료자는 환자에게 치료자와 마음이 맞는 부분에 대해 알려 준다.

  _____ 치료자는 자기 입장 개방과 반응성을 결합한다.

    _____ 치료자는 환자 행동과 치료자 자신의 행동을 구별하면서 명료히 한다.

    _____ 치료자는 환자의 행동에 대한 자기 개방과 반응성의 영향을 추적한다.

  _____ 치료자는 자신에게 다른 사람이 어떻게 반응하는지 밝힌다.

  _____ 치료자는 사적인 자기 개방에 참여한다.

    _____ 치료자는 자기 개방으로 본보기를 보여 준다.

      _____ 치료자는 환자와 유사한 문제에 대처했던 개인적 노력(그리고 성공 또는 실패)을 스스로 드러낸다.

      _____ 치료자는 규범 행동과 문제에 대한 본보기를 보여 준다.

      _____ 치료자는 삶에서 자신의 문제에 대처하는 본보기를 보여 준다.

      _____ 치료자는 실패에 대처하는 본보기를 보여 준다.

    _____ 치료자는 자신에 관한 전문 정보를 밝힌다.

      _____ 전문가 훈련, 학위

_____ 치료 학파

_____ 경계성 환자나 자살 시도 환자와의 경험

_____ 치료자는 치료자가 편하게 할 수 있고 그것이 환자에게 도움이 된다고 보이는 정도까지 자신의 개인 정보(나이, 결혼 여부 등)를 공개한다.

_____ 치료자는 자문팀을 활용하여 자기 개방에 대해 다룬다.

_____ 치료자는 **따뜻한 관계**를 표현한다(환자와 상호작용하거나 함께 작업하기 꺼리는 모습과 반대임).

_____ 치료자는 순간 마음에 내키지 않을 때 솔직하다.

_____ 치료자가 성격상 대인관계에서 내성적이라면 다른 방식으로 보살핌을 표현한다.

_____ 환자가 치료자에게 분노를 일으킬 때, 치료자는 그에 대처한다.

_____ 치료자는 신체 접촉을 치료적으로 사용한다.

_____ 치료자의 치료 계획에서 신체 접촉의 역할은 매우 명확하다.

_____ 포옹이나 신체 접촉은 짧다.

_____ 포옹이나 신체 접촉은 치료 관계에서 친밀감의 현재 수준을 표현한다.

_____ 치료자는 환자의 소망이나 편안함에 매우 예민하다.

_____ 치료자는 신체 접촉에 대한 개인 한계에 관해 정직하다.

_____ 치료자는 성적 접촉을 절대적으로 금한다.

_____ 치료자는 신체 접촉이나 포옹을 부적절하게 시작하는 행동을 치료 방해 행동으로 다룬다.

_____ 치료자는 신체 접촉을 공개적으로 한다.

_____ 치료자는 **진정성**이 있다.

_____ 치료자의 행동은 임의적이라기보다는 자연스럽다.

_____ 치료자의 도움은 역할에 구애받지 않는다.

_____ 치료자는 관계에서 자연스러운 한계를 관찰한다.

DBT 위배 전략

_____ 치료자의 자기 개방은 환자의 욕구가 아닌 치료자의 욕구와 관련 있다.

_____ 치료자는 반응성과 자기 개방에 관해 한계를 관찰하지 않는다.

_____ 치료자는 관련 문제 행동을 다루지 않고 환자와 '마음을 나누는' 대화로 들어간다.

_____ 치료자는 위선적이다.

_____ 치료자는 환자와 성행위를 하거나 환자를 성적으로 유혹하거나 추파를 던진다.

1. 반응성

넓게 정의하자면, '반응성'은 환자 말이나 행동을 향한 관심과 이해에 더하여, 환자의 소통, 소망, 욕구의 핵심에 관심을 드러내는 방식으로 의사소통을 다루는 정도를 말한다. 치료자가 환자가 말하고 원하는 바를 소홀히 하고 무시하거나 간과하는 대신, 환자 말을 경청하고 그를 진지하게 받아들인다고 나타내는 스타일이다. 반응성 스타일 특징은 다음과 같다.

깨어 있기

깨어 있기는 환자에게 주의를 집중한다는 뜻으로, 주의를 산만하게 하는 반추나 몽상에 사로잡히지 않고, 듣는 동안 낙서하지 않고(필기할 필요가 없는 한), 전화하느라 말을 멈추지 않고, 시계를 주시하지 않는다. 치료자는 특히 상호작용에서 환자 기분이나 감정 반응의 변화에 깨어 있어야 한다. 내가 여러 번 언급했듯이 경계성 환자의 비언어 감정 표현은 매우 미묘하고 좀처럼 알아채기 어렵다. 따라서 치료자는 작은 변화를 기록해야 하고 어떤 일이 일어나거나 변화하고 있는지 환자와 주기적으로 확인해야 한다. "지금 어떤 기분이 드세요?"라는 질문은 유용하다. 때로 현재 상호작용이 환자에게 미치는 영향을 탐색하는 데 몇 분이 필요할 수 있다. 치료 방식이나 초점에 변화는 필요할 수도 있고 필요하지 않을 수도 있다. 이렇게 하면 순간 지금 일어나는 일의 내용에서 주의 분산될 수 있지만 비교적 쉽게 제자리로 돌아온다. 깨어 있기는 무엇도 놓치지 않는 자질이다.

또한 깨어 있기에는 주고받는 상호작용에 참여하는 양상이 필요하다. 환자가 뭐라고 말하고 행동하는지에 따라 정서의 언어 표현, 표현의 강도, 비언어 반응(자세, 눈 맞춤, 미소, 고개 끄덕임)을 달리하여 상호작용에 적극적으로 참여하고 있음을 전달한다.

환자의 안건을 진지하게 받아들이기

반응성을 갖추려면 환자의 소망과 욕구를 회기 안건으로 고려하고 진지하게 받아들여야 한다. 그러나 환자의 안건을 진지하게 받아들인다고 해서 반드시 치료자 안건 대신 환자 안건만 따른다는 뜻은 아니다. 환자의 소망을 무시하지 않고 드러내어 인정하고, 가능하다면 절충안을 타협하고, 정말로 더 중요하다면 치료자 안건보다 환자 안건을 우선 다루며, 치료자가 자신의 안건을 계속 주장하기로 선택했다면 환자 소망의 정당성은 타당화해야 한다는 뜻이다.

환자의 의사소통 내용에 반응하기

반응성이 있는 치료자는 환자의 질문과 관련 있는 대답을 하면서 따라가고, 환자가 방금 한 말이나 행동과 관련 있는 발언을 하며, 환자가 방금 한 말의 내용을 정교화하거나 확장한다. 환자 질문에 "왜 질문하나요?"라고 반문으로 반응한다면 치료적일 수 있겠지만, 반응성은 아니다.

2. 자기 개방

'자기 개방'에서 치료자는 환자에 대한 자신의 태도, 의견, 정서 반응뿐만 아니라 치료 상황에 대한 반응이나 적합한 삶의 경험 정보를 전달한다. 심리치료 문헌에서 치료자의 자기 개방은 여러 전문 논쟁 주제 중 하나이다. 또한 환자와 치료자 사이 논쟁점이 될 수 있다. 늘은 아니더라도 보통 환자는 치료자가 편안하게 느끼는 수준보다 더 많은 치료적 자기 개방을 원하기도, 그러나 분명 때로 덜 원하기도 한다. DBT는 어떤 경우에는 치료적 자기 개방을 권장하고 다른 경우에는 이를 반대한다. 자기 개방은 항상 환자에게 도움이 되고 그때 고려하고 있는 주제와 관련 있는가의 관점에서 결정해야 한다.

DBT에는 두 가지 주요 자기 개방 유형이 있다. ① 자기 입장 개방, ② 사적 자기 개방. '자기 입장 개방'은 치료자가 환자에 대한 즉각적 자기 반응을 환자에게 말한다는 기법 측면의 용어이다. 상담 문헌에서는 이것을 '즉각성'이라고 부른다. 정신역동 용어에서는 역전이에 초점을 맞추어 이를 언급할 수도 있다. '사적 자기 개방'을 한다면 치료자가 전문 자격, 치료 이외 사회 관계(예: 결혼 상태), 과거 혹은 현재의 경험, 의견 또는 치료나 환자와 관련되지 않는 계획 등 자신에 대한 정보를 환자에게 제공한다.

자기 개방은 거의 모든 DBT 전략에 넣어 효과적으로 쓸 수 있다. ① 타당화 중에 환자의 상황 인식이나 해석에 동의를 표현하고, 감정을 이해하며, 의사결정을 가치 있게 생각한다고 공개하면서 환자 경험과 반응을 정상화할 때, ② 문제 해결 중에 치료자가 유사한 문제를 겪으며 문제나 해결책을 분석했던 방법을 공개할 때, ③ 기술 훈련 중에 치료자가 개인 경험을 공개하면서 상황을 다루는 새로운 방법을 제안할 때, ④ 수반성 관리와 명료화 중에 환자 행동에 대한 치료자의 반응을 공개할 때, ⑤ 노출 중에 환자가 두려워하거나 좌절감을 느끼는 대상이 치료자 반응일 때. 더불어, 자기 개방은 친밀감과 따뜻함을 높여 치료 관계의 힘을 증진한다. 모든 전략과 마찬가지로, 자기 개방을 지혜롭게 이용하기 위한 여러 지침이 있다.

치료자 자기 개방에 관해 방향 잡기

환자가 도움을 주는 관계 일부로 치료자의 자기 개방을 기대하는지에 따라 자기 개방의 유용성이 달려 있다. 전문가나 유능한 치료자는 자기 개방을 하지 않는다는 말을 들은 환자는 치료자가 자기 개방을 하면 주저할 가능성이 크고, 그런 치료자를 효과적이지 않고 무능하다고 볼 수도 있다. 내 환자 중 한 명은 예전 치료자가 일방적으로 치료를 종결한 후에 나에게 의뢰되었다. 얼마 후에 나는 출장이 있었는데 환자가 내게 어디로 가느냐고 물었다. 여기에 답했던 나는 곧 환자의 분노와 조롱에 부딪혔다. 내가 어디로 가는지 기꺼이 말해 주었기 때문에, 나는 확실히 좋은 치료자가 아니란다. 예전 치료자는 그에게 절대 답하지 않았을 거라면서! 나는 환자에게 DBT와 정신분석의 차이점에 관해 방향을 잡아 주지 않았다. 비록 이 경우 세심한 방향 잡기로 문제를 해결하지 못했을지라도, 치료자는 환자에게 치료 초기에 DBT에서 치료자의 자기 개방이 하는 역할에 관해 방향을 잡아 주어야 한다. 자기 개방에 관한 환자의 예상이나 신념을 알아내고 논의한다면 유용하다.

자기 입장 개방

환자와 그의 행동에 대한 반응 개방하기 DBT에서 치료자는 환자와 그의 행동에 대한 자신의 즉각적 반응을 치료 대화 안에서 이어지는 방식으로 제시한다. 여기서 자기 개방은 "○○ 님이 X를 할 때, 나는 Y를 느낍니다[혹은 생각합니다 혹은 하기를 원합니다]."의 형태이다. 예를 들어, 치료자는 다음과 같이 말할 수 있다. "전화할 때 도우려는 저의 모든 노력을 비난하시면 나는 좌절감을 느껴요." 또는 "저는 더 얘기하고 싶지 않아요." 또는 "정말 제가 도와주길 원치 않으신가 하는 생각이 들기 시작했어요." 환자의 전화 행동이 호전되고 일주일이 지난 후 치료자는 "이번 주에 전화에서 저를 덜 비난하셨을 때 저는 더 잘 도울 수 있다고 느꼈어요."라고 말할 수 있다. 내 클리닉에서 한 치료자는 환자가 치료자의 냉정함에 불평하자 "저에게 따뜻함을 요구하시면 저는 더 멀어지고 따뜻해지기 더 힘들어요."라고 말했다. 내 환자가 계속 도와달라고 애원하면서도 일지를 작성하지 않자, 나는 "계속 저에게 도와달라고 하지만 제가 돕는 데 필요하다고 생각하는 일은 안 하시네요. 저는 돕고 싶지만 그렇게 못하게 하시니 좌절감이 듭니다."라고 말했다. 나는 내 환자가 개선을 보이거나, 특히 어려운 일에 도전하거나, 나에게 친절한 일(예: 생일 카드를 보내 주기)을 할 때 흔히 "기뻐요."라고 개방한다. 내 충고를 무시하고 10번째 병동에 입원한 환자에게 나는 "힘이 빠져요."라고 개방할 수 있다.

치료자가 환자에게 반응을 자기 개방한다면 타당화와 변화 모두에 기여할 수 있다. 이는 치료자와 관계에서 환자 행동을 목표로 하는 수반성 관리, 한계 관찰, 수반성 명료화의 주요 방법이다. 환자 행동에 대한 치료자 반응이 환자에게는 거의 중립적일 리 없으므로 수반성 관리에 해당한다. 긍정적이면 'X' 행동을 강화하고, 부정적이면 처벌한다. 10장에서 논의한 바와 같이 환자와 치료자 관계는 경계성 환자와 함께 하는 작업에서 가장 중요한 수반성 중 하나이다. 치료자의 자기 입장 개방은 관계의 순간 상태를 소통하는 수단이다.

한계 관찰 절차에서는 능력과 선호에 대한 개인적 한계를 개방하는 게 필수이다. 여기서 실제 치료자는 치료 속성이나 치료 지침서에 근거했다고 하지 않고, 치료자 '자기' 입장으로 한계를 밝히도록 주의한다. 자기 개방은 그 자체가 한계를 관찰하는 한 형태이다.

환자와 그의 행동에 대한 반응을 공개하는 건 환자 행동이 주는 영향에 관한 정보를 환자에게 제공하므로 수반성 명료화이다. 치료자 반응이 충분히 평균 범위에 드는 한, 이 정보는 환자가 자신의 대인관계 행동을 변화시키도록 돕는 데 매우 중요할 수 있다. 경계성 개인은 자기 행동에 대한 반응을 전달받지 못했거나 평범하지 않은 가정에서 자라났다. 그러므로 환자는 너무 늦어서 그 피해를 복구할 수 없을 때까지 자기 행동이 다른 사람에게 어떤 영향을 미치는지 알지 못한다. 특히 해로운 대인관계 행동의 체인 초반에 환자 행동에 대한 피드백을 주도록 하여, 관계를 복구할 수조차 없는 정도까지 강한 반응이 되도록 내버려 두어서는 안 된다.

'마음을 나누기' 자기 입장 개방에서는 또한 전화로든 치료 회기에서든 즉각적 상호작용에서 무슨 일이 일어나고 있는지 치료자 경험을 환자와 논의한다. 물론 환자 행동에 대한 반응을 개방하기와 별반 다르지 않지만 여기서는 두 당사자 사이 오고 가는 상호작용에 초점을 둔다. 치료자는 현재 상호작용에 대한 자신의 지각과 반응을 드러낸다. 형식은 "제가 볼 때 우리 사이에 X가 일어나고 있는 것 같아요. 어떻게 생각하세요?"와 같다. 예를 들어, "저는 우리 상호작용에서 긴장이 점점 더 고조되는 것 같아요. 그렇게 느끼시나요?"이다. 치료자는 대화 초점을 지금-여기 상호작용 과정으로 전환한다. 전환은 매우 빠를 수도 있고(단순히 지나가는 말로), 상호작용에 관한 깊이 있는 논의로 이끌 수도 있다.

질문을 받으면 치료자는 환자와의 관계에서 자신의 견해를 환자와 기꺼이 논의할 수 있어야 한다. 이 경우 치료자는 특정 상호작용에 초점을 맞추는 대신 그가 전체적으로 관계를 어떻게 보는지를 환자와 검토한다. 예를 들어, 내 환자 중 한 명이 (또) 항경련제를 복용하지 못했기 때문에 전화도 없이 (또) 치료 회기에 오지 않고, 그 결과 (또) 뇌전증 클리닉에 입원하게 되었다. 다음 회기에, 그는 내가 자신에게 (또) 화를 낼 것 같은지 물었다. 나는 (핵심을 짚어) 다음과 같이 대답했다. "음, 그래요, 그럴 것 같아요. 하지만 이런 일을 하실 때 나는 괴로워하고, 우리가 같이 해결해도 다음에 또 계속된다는 걸 알아차려요. 우리는 꽤 좋은 관계를 맺고 있는 것 같고, 우리 둘 다 이런 부침을 꽤 잘 참아 낼 수 있어요. 그러니 이 문제를 어서 해결해서 다른 일로 넘어갈 수 있도록 합시다." 경계성 환자는 직접 질문하기도 한다. "나에 대해 어떻게 느끼나요?" 혹은 "나와 함께 작업하는 게 좋나요?" 이런 질문은 즉시 그리고 명확하게 답해야 한다. 앞선 질문의 경우 "지금 당장은 저를 미치게 하시지만 어쨌든 저는 ○○ 님이 좋아요."라고 답할 수 있다.

환자가 상호작용하는 동안 치료 방해 행동을 보일 때에는 과정에 대한 논의가 필요하다. 안건을 고수하고 치료 방해 행동을 무시할지, 아니면 중단하고 과정으로 들어갈지 결정하기는 매우 어려울 수 있다. 내 경험상 만약 항상 방해 행동을 논하기 위해 멈춘다면 다른 치료 작업은 거의 완수하지 못할 것이다. 그러나 그런 행동을 절대 논의하지 않는다면 같은 결과가 발생하는데, 결국 치료는 거의 또는 전혀 되지 않는다. 방해 행동은 당면한 치료 과제를 피하기 위한 회피 행동일 때가 있다. 치료자는 이 전환에 결탁하지 않도록 매우 조심해야 한다. 반대로 과정에 대한 논의는 환자와 치료자 모두에게 상당한 강화가 되고 소위 말해 '마음을 나누는' 논의를 구성한다.

마음을 나누는 대화를 효과적으로 사용하기 위해서 치료자는 특정 환자와 함께 주어진 그 순간에서 대화의 기능을 확실하게 파악해야 한다. 이러한 대화 사용은 문제 해결을 앞당기거나 치료 활동을 강화하기 위해서이고, 만약 당면한 중요한 주제에서 주의를 딴 데로 돌리는 역할을 한다면 쓰지 않아야 한다. 다시 말해, 마음을 나누는 대화가 적절한 경우에는 다음 몇 가지가 있다.

첫째, 간단한 마음 나눔은 높은 우선순위 문제에 대한 작업을 방해하는 회기 내 환자 행동을 차단하는 데 쓰인다. 이러한 방법으로 사용하면 마음 나누기는 조명하기(통찰 전략: 9장 참조)의 한 예이며, 직면하는 수준에 따라 혐오 수반성(10장 참조) 역할을 한다. 예를 들어, 환자는 적대적이고 수동적인 기분으로 치료에 올 수 있고, 치료에서 문제를 해결하려는 내 모든 생각과 시도를 거부할 수 있다. 나는 이렇게 물을 수도 있다. "우리가 힘겨루기를 하고 있다는 기분이 들어요. ○○ 님은 이 문제에 대해 나에게 책임을 지게 하려고 하고, 나는 ○○ 님이 책임을 지도록 하려는 것 같아요. 어떻게 느끼나요?" 또는 이렇게 말할 수도 있다. "지금 무슨 일이 일어나고 있죠? 나는 이 문제에 대해 ○○ 님을 도와주기 위해 최선을 다하고 있고 마치 ○○ 님이 뒤로 물러나서 내가 모든 일을 다 하도록 하는 것처럼 느껴져요. 그래서 나는 ○○ 님이 참여하도록 하려고 점점 더 노력하고 있어요. 하지만 별로 효과가 없는 것처럼 보여요. ○○ 님은 어떻게 생각하나요? ○○ 님은 이 상황이 어떻게 보이나요?" 이 주제에 관한 잠깐의 상호작용 후에(우리 관계에 대한 일반적인 논의로 주제가 벗어나지 않도록 주의하면서), 나는 원래 당면한 문제로 되돌아간다. 이 전술은 회기 동안 여러 차례 반복할 수 있다("우리는 또 힘겨루기하고 있네요."). 그러나 항상 원래 주제로 돌아오는 게 중요하다. 그렇지 않으면 마음을 나누는 대화는 환자가 어려운 주제를 피하도록 부추기는 데 효과적인 방법이 되고 만다.

둘째, 정교한 마음 나누기는 강화 요인이 된다. 이런 경우 시점이 중요한데, 환자 행동이 개선되었거나 회피하던 작업에 약간 노출했을 때 즉각 사용해야 한다. 예를 들어, 나는 환자를 끌고 가면서 행동주의 분석을 다 마친 뒤에 얼마나 힘들었는지 마음을 나눈다.

셋째, 정교한 마음 나누기는 치료자가 실수했을 때 관계를 회복하기 위해 사용한다. 또한 환자가 실수했고 그것을 바로잡기 원할 때 관계 회복을 위해 사용할 수 있다. 15장에서 자세히 언급한 관계 문제 해결 전략은 어떤 면에서 '마음 나누기'의 구체적인 버전이다. 그러나 여기서 중요한 점은 대부분 환자에게 마음을 나누는 대화에는 강화의 가치가 있다는 점이다. 치료자는 '마음 나누기'가 치료 초점을 어려운 주제에서 다른 곳으로 돌리게끔 해서는 안 된다. 치료자가 타당화와 적극적인 문제 해결 사이에서 절충하는 균형을 잡듯이, 마음 나누기와 환자가 회피하는 주제에 초점을 맞추는 사이에서 균형을 잡아야 한다.

자기 입장과 반응성 결합 이 논의에서 알 수 있듯이, 자기 입장 개방에서 치료자는 환자와 자기 자신 모두에게 주의를 기울여야 한다. 치료자는 자기 감정과 반응을 명료히 아는 능력뿐만 아니라 그 반응을 환자가 알아들을 수 있는 말로 표현하는 능력이 있어야 한다. 두 가지 점이 중요하다. 첫째, 상황을 제시할 때 치료자는 환자의 동기, 상상 또는 소망에 대한 추론을 제시하기보다는 '관찰 가능한 대상'을 고수해야 한다. 해석은 상황에 대한 치료자 자기 반응의 일부이지, 상황 그 자체가 아니다. "저를 골탕 먹이는 것처럼 느껴져요."라는 말은 "저를 골탕 먹이고 있네요."라는 말과 매우 다르다. 둘째, 반응을 보일 때 치료자는 반응 강도가 너무 세거나 너무 약하지 않도록 주의해야 한다. 예를 들어, 거절을 두려워하는 내 새로운 환자에게 "저는 매우 속상해요."라는 말이 "저는 화가 났어요."라는 말보다 나을 수 있다. 치료자의 강도(꼭 정서는 아닐지라도)를 환자의 강도와 맞춘다면 시작하기 좋은 방법이다.

모든 치료자 행동을 추적하듯이, 개별 환자에게 자기 개방 행동의 영향을 추적해야 한다. 여기에는 치료자가 환자에 대한 자신의 반응을 언어와 행동으로, 공개적으로 자연스럽게 환자와 나누는 목표가 있다. 치료 초기에는 불가능할 수 있다. 개방은 수위 조절을 한다.

치료자를 향한 다른 사람의 반응에 관해 자기 개방하기 다른 사람이 치료자에게 어떻게 반응하는지를 자기 개방하기 또한 환자가 치료자에 대한 자신의 반응과 자신에 대한 치료자의 반응을 수용하는 데 도움이 된다. 앞에 언급했던 감정적으로 냉정한 치료자는 따뜻함이 부족하다는 불평에 대해 (실질적으로) 다음과 같이 말했다. "○○ 님만 그렇게 느끼는 것은 아니에요. 내 인생에서, 직장에서, 직장 밖에서 다른 사람도 똑같은 말을 했어요. 내가 더 따뜻하면 ○○ 님이 더 편하다는 걸 알지만, 난 최선을 다하고 있어요." 이러한 자기 개방과 취약한 반응은 환자가 계속 요구하기 어렵게 만들었다. 환자는 더 이상 치료자에 대한 자기 경험을 타당화하거나 더 많은 따뜻함이 필요하다는 자기 생각을 입증할 필요가 없었다. 대신 환자와 치료자는 환자가 원하고 아마도 필요로 하는 따뜻함을 줄 수 없는 다른 사람과 어떻게 관계를 조율해야 하는지에 초점을 맞출 수 있다. 내 환자는 다른 사람들도 한마디씩 하는 내 대인관계 약점에 대해 불평해 왔다. 다른 사람도 불평한다는 사실을 공유하는 게 이런 환자에게 매우 타당하고 신선하다. 내가 정당하지 않은 죄책감이나 수치심 없이 그 특성(그게 정말 해롭다면 그리고 그게 변화 가능하다면)을 해결하기 위해 애쓰고 있다는 사실을 공유한다면, 환자가 모방할 수 있는 적당한 자기 수용의 본보기를 보여 줄 수 있다.

사적 자기 개방

본보기로서 자기 개방 DBT는 상황에 보통 어떻게 반응하는지, 혹은 어려운 상황을 어떻게 다루는지 본보기를 보여 주고자 사적 자기 개방을 장려한다. 치료자는 상황에 대한 의견이나 반응을 드러내면서 환자의 반응을 "나는 동의해요."라고 타당화하거나 혹은 "나는 동의하지 않아요."라고 반응에 도전할 수 있다. 이러한 본보기는 규범 문화에 적합하지 않은 견해와 반응에 노출됐던 혼돈 가족 혹은 '완벽한' 가족에서 자란 환자에게 특히 강력할 수 있다. 그들은 사건에 다르게 반응할 수 있고 세상에 다른 의견이 가능할 뿐만 아니라 받아들여질 수 있다는 사실을 알지 못한다.

마찬가지로 환자 반응이 규범 반응과 불일치하지만 그럼에도 타당하고 감탄할 만하거나 아니면 격려할 만할 때 치료자 자기 개방은 유용할 수 있다. 치료자와 환자 모두가 유사한 방식으로 문화와 '들어맞지' 않은 사람들이라면 치료자의 자기 개방은 환자에게 상당한 타당화가 될 수 있다. 성차별 문화에 사는 페미니스트 여성, 다수 문화에 사는 소수 민족 구성원, 개인화된 문화에서 사는 관계 중심적인 사람이 그 예이다. 이러한 경우 치료자는 들어맞지 않는 이질감을 개방하는 데 더하여 어떻게 대처하는지도 마찬가지로 중요하게 개방해서, 자기 타당화와 더불어 다수와 긍정적 관계를 유지할 수 있도록 해야 한다.

행동 기술을 가르칠 때 기술 적용의 대처 본보기(능숙한 본보기보다는)를 제시해도 매우 유용할 수 있다. 여기서 치료자는 가르쳐 준 기술을 사용하는 데 성공 경험뿐만 아니라 실패를 포함한 자신의 노력을 환자와 나눈다. 치료자가 실패 다루기를 설명할 때 이 역시 실패할 수 있다고 추가하는 게 특히 중요하다. 그러나 치료자 상황이 환자 상황과 비슷할지라도 전혀 똑같지 않다는 점을 기억해야 한다.

전문가 정보 자기 개방 치료자는 환자에게 자신의 전문가 배경, 훈련, 치료 학파, 전문 주제에 대한 관점을 명확하게 전해야 한다. 환자는 때로 BPD를 치료한 치료자 경험과 그런 치료의 성공 혹은 실패 경험에 대해 질문할 것이다. 이 정보는 지도감독과 자문 준비에 대한 정보와 함께 개방해야 한다.

개인 정보 자기 개방 환자는 치료자의 사적인 세부 정보에 관심을 둔다. 나이, 결혼 여부, 자녀, 친구 관계, 종교나 종교 신념, 일하는 습관, 치료자 자신이 치료를 받아 왔는지 등. 치료자는 나누어도 괜찮다고 느끼는 정보를 개방해야 한다. 만약 개방했을 때 환자의 최선의 이익에 부합한다면 환자에게 정보를 제한하는 규칙은 (상식과 앞의 지침을 제외하고는) 없다는 원칙이다. 어떤 치료자는 다른 치료자보다 더 자기 얘기를 하지 않기 때문에, 치료자가 자기 사생활에 한계를 관찰하고 개방하는 게 중요하다. 만약 환자 행동이 어떤 친밀한 관계에서도 확실히 부적절한 정도가 아니라면, 치료자는 더 많은 개방에 대한 환자의 소망이 병리적이라고 전달해서는 안 된다.

때로 환자는 치료자가 그와 비슷한 개인적 문제를 경험한 적이 있는지 물어볼 수 있다. 어떻게 대응하느냐는 치료자의 실제 경험, 치료자가 자신의 삶에 대해 얼마나 기꺼이 개방하고자 하는지, 그리고 그 정보를 환자가 효과적으로 사용할 수 있는지에 달려 있다. 여러 치료 프로그램, 특히 약물 남용에 초점을 맞춘 프로그램에서 치료자는 자기 환자와 같은 문제를 경험했기 때문에 선발되고, 따라서 이 정보를 공유하는 게 치료 프로그램에서 중요한 부분이다. 여성 단체는 치료자와 단체 구성원의 경험에는 공통성이 있다는 같은 뜻에 기반을 두고 있다. DBT에서 그런 공유가 치료에서 결정적이지는 않지만 그렇다고 금지하지도 않는다.

이런 종류의 자기 개방에 대해 몇 가지 사항을 염두에 두어야 한다. 첫째, 상황이 아무리 비슷하더라도 치료자와 환자 사이 차이점은 유사점보다 더 클 수 있다. 차이점과 유사점 모두 존중해야 한다. 둘째, 치료자는 현재진행형 문제를 공유할 때 매우 주의를 기울여야 한다. 환자에게 부담을 주거나 '치료자를 위한 치료자' 역할을 맡기지 않도록 해야 한다. 이러한 점은 다음에 자세히 설명하였다.

지도감독, 자문 활용하기

자기 개방을 관리하는 과업은 매우 어려운 일이고, 많은 치료 학파가 치료자 스스로 개인 심리치료를 받도록 제안하는 한 가지 이유이다. DBT에서 개인 지도감독자 또는 사례 자문 팀은 치료자가 현재 진행 중인 자기 개방 행동을 추적하도록 돕는 데 필수적일 수 있다.

3. 따뜻한 관계

대인관계에서 따뜻함과 치료적 다정함은 심리치료 연구 문헌에서 긍정적 결과와 관련이 있다(행동주의 치료에 대한 문헌 개괄은 Morris & Magrath, 1983 참조). 다른 집단과 마찬가지로, 경계성 환자에게도 해당한다(Woollcott, 1985). 역설적으로 이들은 치료자에게 매우 강한 긍정 정서와 매우 강한 부정 정서를 모두 끌어낼 수 있다. 한편, 점검하지 않은 공감, 따뜻함, 다정한 성향(즉, 지나치게 강한 긍정 정서)은 치료자가 치료 계약을 파괴하고 치료적이지 않은 다정함, 정서적 · 신체적 친밀함, 때때로 역할 역전을 하게 만들 수도 있다. 한편, 1장에서 논의한 대로 경계성 환자를 좋아하기란 때로 어렵다. 많은 치료자가 분노와 적대감을 느끼고, 비타당화하고, '피해자를 비난하는' 경향이 너무 크기 때문에 DBT는 경계성 환자와 함께 작업하고자 하는 선호와 동기를 키우기 위해 적극적으로 노력한다. 때로 똑같은 치료자가 과도하게 개입하는 행동과 공격적으로 환자를 밀어내는 행동 사이에서 동요한다(이 주제는 13장에서 더 자세히 다룬다).

양극이 아닌 중도에서 따뜻한 관계 표현은 DBT에서 대개 취하는 치료적 입장이다. '따뜻함'이란 환자를 향한 긍정적 반응의 적극적 의사소통으로 정의할 수 있다. 따뜻한 관계는 환자에 대한 긍정적 반응을 치료 장면에서 그와 함께 하는 작업에 대한 긍정적 관심에 연결한다. 치료 상호작용에서 목소리 어조와 대화 스타일은 거부와 철회와는 반대로 따뜻함과 관계를 반영해야 한다. 특히 전화에서는 대화에 온전히 집중하도록 하여 성급함이나 방해받아서 성가시다는 표현을 의도치 않게 전달하지 않도록 한다. 자세는 관심과 돌봄을 반영해야 한다. (일부 매우 타당한) 여러 가지 이유로 경계성 환자는 치료자가 자신에게 화가 났고, 자신을 떨쳐내고 싶거나 지루해하는 식으로 느낀다고 믿는다. 그렇다면 환자는 차갑고 인정받지 못하고 무관심한 환영이 두려워 회기에 오기가 끔찍할 수 있다. 이 특정한 지침이 더하는 치료적 측면은 따뜻함을 소통하고 매주 환자를 만나기를 기대한다는 마음을 전달하는 데서 온다. 무심하거나 마치 업무를 보는 태도보다는 다정하고 정감 있는 스타일이 목적이다.

따뜻함에서 한계

따뜻한 관계는 특히 환자가 전화나 계획되지 않은 상담소 방문을 통해 추가 치료 접촉을 원한다면 때로 더 어려울 수 있다. 치료자가 특정 때에 환자와 만날 필요를 못 느낀다면(주의해야 할 즉각적 위기가 없을 때) 다음에 대화하자고 제안할 수 있다. 또는 치료자가 예약 일정을 공개하고 짧은 상호작용을 협상한 뒤에 이 짧은 시간 동안 가능한 한 온전하고 따뜻하게 환자와 이야기를 나눌 수 있다. 정규 회기 동안 반복적으로 환자에게 차갑고, 거리를 두고, 관심이 없고, 혹은 지루해하는 치료자는 치료자 자신, 환자 혹은 둘 모두에게 뭔가 잘못되고 있음을 확신할 수 있다. 이때는 자문팀과 이 주제를 논의하고, 환자와 상호작용을 분석하고, 관계 문제 해결을 사용하는 전략이 있다. 대체로 치료자가 느끼는 꺼리는 마음은 환자가 치료 방해 행동을 하거나 치료자가 자신의 한계를 관찰하지 않고 있다는 신호이다.

어떤 치료자는 그저 '따뜻한 유형'이 아닐 뿐이다. 즉, 이들은 천성적으로 대인관계에서 내성적이다. 물론 관계에서 어느 정도 거리를 두고 잘하는 환자에게는 문제가 되지 않는다. 반대로 더 많은 따뜻함을 좋아하거나 필요로 하는 환자에게 혹은 내성적인 성격을 애정이 부족하다고 잘못 해석하는 환자에게는 치료에서 걸림돌이 될 수 있다. 가장 첫 번째로, 한계 관찰 절차(10장 참조)를 기억하라. 이 경우에 내성적인 치료자는 애정을 분명하거나 직접 표현할 수 있는 자신의 능력에 관해 환자에게 솔직하게 말하는 전략을 쓴다. 둘째, 치료자는 관계의 다른 특성을 치료자의 다정함과 애정으로 해석하도록(그리고 이상적으로는 경험하도록) 도와주어야 한다. 즉, 치료자는 관계의 다른 긍정적 측면을 강조하면서 자신의 내성적 측면의 영향을 완화하도록 노력해야 한다. 예를 들어, 특별히 믿음직한 치료자는 이것이 돌봄과 애정의 증거라고 언급할 수 있다. 셋째, 치료자는 감정을 전달하기 위해 말로 표현할 수 있다. 예를 든다면, "나는 함께 작업하는 게 좋아요." "나는 관심이 갑니다." "나는 다음 주에 만나기를 기대하고 있어요." 또는 "나에게 전화하시면 되고 통화해도

괜찮아요."(이게 사실일 때에만)

환자를 향한 분노에 대처하기

치료자에게 따뜻한 관계를 표현하라는 지침은 좋고 할 수 있다. 만약 환자가 모든 상호작용에서 치료자의 능력, 신뢰성, 진정성에 이의를 제기하는 게 아니라면, 때를 가리지 않고 원치 않는 전화를 해서 치료자를 압도하지 않는다면, 치료자가 매우 사소하게 실수할 때마다 또는 치료자가 다른 문제로 과부하가 걸렸을 때 자살하겠다고 위협하지 않는다면, 매주 치료를 중단하겠다고 위협하지 않는다면, 듣는 사람에게 (과장되게 느껴지는 방식으로) 치료자에 관해 불평하지 않는다면, 치료자가 방금 한 말을 왜곡하고 극단적 방식으로 경직되게 바꾸어 받아치지 않는다면(더해서 "음, 그러시다면 나도 ……하는 게 좋겠네요."라고 말하거나), 무심코 언급을 할 때마다 긴 침묵으로 반응하지 않는다면, 그리고 치료자가 최선으로 노력함에도 제자리이거나 심지어 더 나빠지는 게 아니라면, 따뜻할 수 있다. 그러나 환자가 이러한 행동 일부 또는 전부에 관여하고 있을 때, 아니, 그보다 더 심할 때는 어떨까? 이런 경우에 따뜻하게 관계하기가 매우 힘들 뿐만 아니라 환자를 공격하면서 보복하지 않기도 어려울 수 있다. 나는 경계성 환자에게만큼 다른 환자에게 분노하는 다른 치료자를 보거나 겪은 적이 없다. 환자가 강렬한 괴로움을 표현하고 있지만 개선되지 않을 때 그 분노는 특히 극렬하다. Main(1957)은 치료가 진전되지 않는 괴로움을 겪는 치료진의 어려움을 아름답게 공감적으로 분석하면서 문제 핵심을 다음과 같이 포착하였다.

> 치료가 진전되지 않는 괴로움이 있다면, **환자**가 진전되지 않는다고 말하는 사람도 있겠거니와, 그 치료는 늘 절박해지는 경향이 있어 점차 사랑뿐 아니라 증오를 이행하는 데 쓰이고, 생기를 줄 뿐만 아니라 죽게 하고, 누그러뜨리고, 침묵시킨다. …… 해석을 쓸 때, 커다란 저항의 괴로움을 마주한 치료자가 마치 간호사가 진정제를 주사하는 것과 같은 방식으로, 단지 절박할 때 자기 스스로 위안하거나 양가성과 증오의 괴로운 앓이로부터 탈출하는 방편으로 쓰지 않는 데 면역이 됐다는 보장이 없다. 우리 자신과 환자로부터 증식되는 미움을 곧 미칠 것 같은 선함으로 덮어 두려는 유혹은 우리가 걱정할수록 더 커진다. 아마 우리는 '걱정한다'는 단어에 두 가지 의미가 있음을 기억해야 할 것이다. 만약 환자가 우리를 격하게 걱정시킨다면 친근한 객관성은 유지하기 어렵거나 불가능하다.

분노를 극복하기 위한 첫 단계는 기꺼이 '오고 가도록 두는' 마음이다. 즉, 치료자는 환자에 대한 분노를 포함하여 자신의 정서 반응을 단순히 왔다 가는 정서 반응이라고 바라보는 마음챙김 자세를 길러야 한다. 비록 어떤 정서 반응은 치료자에게 환자와 그의 어려움을 더 잘 이해할 수 있는 중요한 단서를 줄 수 있지만, 분노가 계속된다면 얻을 게 거의 없다. 지속적이거나 매우 빈번한 분노는 대개 치료자 개인의 문제가 환자 행동 때문에 유발되었다는 단서이다. 기관과 집단 임상 장면에서는 지속적 분노가 기관 문제를 나타낼 수도 있다. 이때 치료자의 정직한 자기 분석과 지도감독 및 자문 전략(13장에서 논의)을 필수로 쓴다. 개인 지도감독 또는 치료 혹은 기관 외부 자문 역시 권고할 수 있다.

분노는 언제나 분노를 유발하는 사건에 대한 일종의 경멸적인 판단이나 '당위' 진술에 근거한다. 싫어하는 행동을 하는 사람이 마음만 먹었다면 책임감 있고, 자유롭고, 더 나은 행동을 할 수 있다고 본다. "그는 그렇게 하지 말았어야 했다." "그는 나를 조종하고 있다." "그는 그저 좋아지길 원하지 않는다." 식이다. DBT 생물사회 이론은 부분적으로 이러한 태도에 반대하여 만들었다. 그러므로 분노에 대항하는 두 번째 단계로 환자 행동을 아직 교정되지 않은 생물사회적 요인의 결과로 보고 관점을 바꾸려고 노력해야 한다. 치료자는 환자 관점에서 사건을 보면서 현상학 관점으로 나아가야 한다. 치료자가 한 번에 두 가지 관점, 즉 "내 삶의 이력을 고려해 볼 때 내 반응만이 가능하다."라는 환자 관점과, "그렇기는 하지만 ○○ 님의 반응은 받아들일 수 없고 반드시 변화해야 한다."라는 치료자 관점 두 가지 다 붙들 때 치료에서 진전이 일어날 수 있다. 내게는 여러 특정 환자와 한순간의 상호작용에서 여러 차례 이런 변화를 만들어야 했던 시기가 있었다. 그러므로 치료자는 이 과정을 반복하는 데 사실상 무궁무진한 인내심을 가져야 한다.

셋째, 치료자는 환자 행동에 대한 자기 한계를 면밀하게 검토하고, 이 한계를 적절히 관찰하여 환자에게 전달하고 있는지 의문을 제기해야 한다. 10장에 요약한 한계 관찰 절차는 주로 치료자의 좌절과 분노를 완화하기 위해 만들었다. 격분한 반응 도중에 이러한 한계를 전달한다면 거의 도움이 되지 않는다. 그러나 일단 치료자가 진정하면 그런 논의는 성과가 있을 수 있다. 불행하게도, 많은 경계성 환자에게 치료자는 환자 행동이 나아질 때까지 얼마 동안 자신의 한계를 늘려야만 한다. 조성 원리는 여기서 필수로 기억해야 한다(개괄은 10장 참조). 사실 이러한 원칙을 스스로 상기한다면 화를 줄이는 데 도움이 될 수 있다.

마지막으로, 완벽한 통제와 치료는 그야말로 불가능하다고 명심해야 한다. 치료자가 가끔 화가 폭발하거나 적대적이거나 성난 행동을 한다고 그게 재앙이 아니다. 즉, 치료자가 관계를 잘 고친다면 재앙이 아니다. 이 주제는 15장에서 더 자세히 다루므로 여기서 더 논하지 않는다. 그러나 끝없는 따뜻함이 아무리 긍정적이라도, 어떤 관계에서도 그런 건 없다는 점을 기억한다면 유용할 수 있다.

심리치료에서 따뜻한 관계와 신체 접촉

경계성 환자와 발생하는 문제는 **너무** 따뜻하고 **너무** 관계하는 방식으로 과도해지기 쉽다는 점이다. 이를 피하기 위한 노력으로 어떤 치료자는 반대 방향으로 가고 그의 환자에게서 신체적으로도, 정서적으로도, 너무 멀리 철수한다. 치료 중 신체 접촉 영역에서도 마찬가지이다. 많은 치료자(특히 소송의 시대에서)는 어떤 상황에서도 환자에게 절대 신체 접촉을 하지 않는다는 일률적 규칙을 가지고 있다. 그러나 개인의 필요나 요구에 반응할 때 신체 접촉은 치료 관계를 포함한 어떤 대인관계에서는 치유적일 수 있다. 경계성 환자는 때로 신체 접촉이나 포옹을 요청하거나 시작한다. 적절하다면 일률적인 이유로 이러한 요청을 거절하거나 환자를 밀쳐내는 게 불합리해 보인다. 작별 인사 포옹은 몇몇 경계성 환자에게 특히 위안을 줄 수 있다. 적어도 일부 환자에게는 이런 경우 신체 접촉의 가치를 과소평가해서는 안 된다. 회기가 적절히 마무리되었을 때조차도 헤어짐은 많은 사람에게 매우 어렵다.

내 생각에는 규칙은 모호한데 규칙 위반(일부러 했든 무심코 했든 간에)에 대한 처벌이 매우 높다는 점이 문제로 보인다. 규칙이 더 명확하다면 훨씬 쉬울 수 있다. 그렇다면 DBT에는 어떤 규칙이 있는가?

1. **신체 접촉은 신중해야 한다.** 각 특정 환자와 치료 관계 맥락에서 신체 접촉이 하는 역할을 치료자가 분명히 알고 있어야 한다. 치료 계획에서 접촉의 관련성은 의식적이고 분명해야 한다. 요컨대, 접촉은 부주의하기보다는 사려 깊어야 한다.
2. **신체 접촉은 짧아야 한다.** 환자가 치료실 의자로 갈 때 그의 어깨를 두드리기, 작별 인사를 하거나 어느 정도 시간이 흐른 후에 만났을 때 포옹하기, 특히 어려운 개방 중에 환자 손 위에 잠깐 손을 얹기, 환자가 통제할 수 없을 때 그의 손이나 팔을 단단하게 잡기 등은 모두 특정 상황에서 적절하고 치료적일 수 있다.
3. **신체 접촉은 실제 치료 관계를 표현해야 한다.** 신체 접촉은 의사소통 전략이다. 이를 변화 절차로 사용해서는 안 된다. 그러므로 신체 접촉은 관계에서 치료적 친밀감 수준에 적합해야 한다. 가까운 관계에서 접촉(예: 작별 포옹)은 관계의 현재 상태를 반영해야 한다. 다른 관계 상태를 만들려고 사용해서는 안 된다. 예를 들어, 관계가 경색되

었다고 접촉을 사용하여 관계를 바로잡는 시도를 해서는 안 된다. 포옹은 (양 당사자에게) 이미 이루어진 복구를 반영하지, 복구하기 위한 수단이 아니다. DBT에서 환자 목을 이완하기 위해 마사지하는 건 적절치 않다. 또한 신체 접촉은 변화 절차를 둘러싼 타당화 절차도 아니다. 따라서 치료 회기 내에서 환자를 안아 준다면, 심지어 아무리 어려운 개방 중이라 할지라도 DBT 전략이 아니다. 매우 불안해하는 환자를 제지하거나 통제하기 위해 신체 접촉이 도움이 되거나 불가피한 드문 상황만이 여기서 유일한 예외이다.

치료자가 접촉이 편안할 정도로 관계에서 가깝지 않다고 느낄 때에도 환자는 때로 작별 포옹이나 위로를 요청한다. 이는 특히 새로운 환자와 적대감이 두드러지거나 애착이 안 생긴 특징의 치료 관계에서 발생할 가능성이 크다(예: 5장에서 논의한 '나비' 환자). 그런 경우 환자가 접촉을 요청하거나 시작할 때 언제가 적절한지 관찰하고 그에 따라 행동하기를 배우도록 돕는 데 논의 초점을 맞추어야 한다. 성적 학대 이력이 있는 사람은 이 부분에서 문제를 겪을 수 있다.

환자가 작별 포옹을 계속 요청하는데 치료자는 편하지 않다면, 회기가 어떻게 끝나는지 살펴봐야 한다. 치료자는 헤어지기 전에 환자에게 서서히 멈추는 시간을 충분히 주지 않을 수도 있다(이 주제에 대한 자세한 내용은 14장 참조). 환자가 감정이 너무 취약할 때 강제로 상호작용을 끝내야 한다면 작별 포옹이 특히 중요해질 수 있다. 접촉과 관련된 많은 논쟁이 바로 이 문제를 중점에 두고 있다. 환자 문제를 간과해서는 안 되지만 포옹을 적절한 회기 마무리로 대체해서는 안 된다.

4. **신체 접촉은 환자의 소망과 편안함에 민감하게 따라야 한다.** 치료자는 환자를 안거나 손을 만지기 전에 허락을 구해야 하며, 접촉을 원치 않는 환자에게 손을 대서는 안 된다. 치료자는 편안한 수준의 변화에 기민해야 하고, 그에 따라 행동해야 한다. 환자가 단순히 이의를 제기하지 않기 때문에 신경 쓰지 않는다고 가정해서는 안 된다. 여기서는 비언어 의사소통이 중요하다.
5. **신체 접촉은 치료자 개인 한계 안에 있어야 한다.** 예를 들어, 누구와도 '얼싸안는' 유형이 아닌 치료자는 환자 소망이 어떤 식으로든 병적이거나 원칙상 문제가 있는 게 아니라고 하면서 환자에게 이 점을 분명히 해야 한다(앞 참조). 10장에서 논의했듯, 타인의 한계를 관찰하는 법은 중요한 사회 기술이다. 혹은 치료자는 환자와 접촉하는 게 안전하지 않다고 느낄 수도 있다(심지어 그렇게 하는 게 명백히 안전한 경우에도). 특히 친구나 동료가 환자와 성관계를 하여 고소를 당하거나 질책을 받았을 때 더욱 그렇

다. 이런 우려는 남성–여성 쌍일 때 가장 가능성이 크지만, 한쪽 혹은 양쪽이 레즈비언이나 게이일 때 동성 쌍에서도 똑같은 고려가 있을 수 있다. 치료자는 작별 포옹을 개방된 공공장소(복도나 문이 열린 사무실과 같은)에 국한하길 원할 수도 있다. 경계성 환자와 접촉을 둘러싼 윤리적 문제에 관한 논의는 매우 중요하다.

6. **성적 접촉은 결코 용납할 수 없다**는 두말할 나위도 없다. 접촉, 말, 어조 혹은 초대를 통해 성적 의도를 표현하는 행동도 절대 부적절하다. 특히 경계성 환자와 치료자는 부적절한 성관계에 빠지는 경향이 있다. 다른 환자 집단보다 경계성 환자와의 신체 접촉에서 위험성이나 문제가 더 높다. 따라서 세심한 주의가 필요하다. 치료자는 환자가 접촉을 어떻게 이해하는지에 특히 주의를 기울여야 한다. 환자가 포옹이나 어깨를 두드릴 때 어떻게 해석하는지를 대화하는 방법이 유일하다. 치료자는 신체 접촉을 성적으로 경험하지 않는지를 성별이나 성적 지향에 근거해서 단순히 가정해서는 안 된다.

   치료자가 어느 쪽이든 약간 성적으로 되지 않고는 환자와 접촉할 방법이 없다면 어떠한 접촉도 일어나서는 안 된다. 치료자가 환자에게 성적으로 끌린다면(잠깐 이상으로) 신체 접촉을 피하는 것뿐만 아니라 즉시 자문받기를 추천한다. 자신을 너무 믿지 않는 게 비결이다.

7. **환자가 부적절한 접촉이나 성적 제안을 시작했을 때, 치료자는 '죽도록 얘기해야' 한다.** 그러한 행동은 치료 방해 행동이며 그렇게 다루어야만 한다. 치료자 또한 환자 행동을 의도하지 않게 격려하거나 강화하지 않았는지 자기 행동에 대해 기꺼이 점검해야 한다.

8. **신체 접촉은 공개적이어야 한다.** 이는 모든 접촉이 공공장소에서 일어나야 한다는 뜻은 아니다. 또한 치료자가 자신의 전문가 동료 중 일부 혹은 모두와 공개적으로 논의해야 한다는 의미도 아니다. 단지 예를 들어, 치료자가 환자와 작별 인사를 할 때 포옹한다는 사실을 비밀로 해서는 안 된다는 의미이다. 이 주제는 지도감독, 자문 회의에서 정기적으로 논의해야 한다. 회기를 비디오테이프에 녹화하는 치료자는 환자와 포옹할 때 카메라 범위를 벗어나서는 안 된다. 이 규칙의 목적은 정직과 자기 보호이다. 이 주제를 계속 논의하는 치료자는 실수할 가능성이 훨씬 작다.

4. 진정성

거의 모든 경험이 풍부한 심리치료자와 치료 학파는 진정성을 치료자의 중요한 특성으로 평가한다. DBT도 예외는 아니다. 특히 경계성 환자는 치료자에게 계속하기 지칠 수 있는 진정성을 요구한다. 환자는 미묘한 표현에 민감하고, 치료자는 역할 뒤로 숨는 게 엄청나게 어렵다. 경계성 환자가 있다고 한다면 마치 환자를 위한 감독자가 있는 것 같다. 환자는 모든 인위적 반응, 서투른 개입, 비일관적 언급, 부적절하게 힘을 사용하려는 시도 등을 언급하고 지적한다.

경계성 환자는 치료자에게 '진짜'여야 한다고 표현한다. 그들은 치료자 역할에 부과된 모호한 의미를 자주 불편해한다. 치료자가 '진짜 관심 있는가', 혹은 돌보는 행동은 단지 역할 수행일 뿐인가? 대부분 다른 환자는 치료자 역할에 부과된 인위적 한계와 장벽을 감내한다. 경계성 사람에게 이를 견디기란 어렵다. 부분적으로 그들의 삶이 임의적 규칙, 한계, 구별로 가득 차 있었기 때문이다. 이것은 치료자가 장벽이 없어야 한다는 의미는 아니다. 장벽이 없다면 또한 자의적이다. 치료 맥락 안에서 진정한 관계를 통해 환자는 좋은 관계에서도 자연스러운 또는 자의적인 한계와 장벽이 있다는 점을 배워야 한다.

DBT는 치료를 전이 관계로 보지 않으며 '실제' 관계를 중요하게 강조한다. 치료자는 환자가 전이 문제를 해결하기 위한 거울 역할이 아니라 단지 자기 자신일 뿐이다. 치료자는 환자와 실제 관계를 만들고, 환자가 관계 내에서 변화하도록 돕는다. 진정한 관계 안에서 치유가 일어난다는 생각이다. 치료자의 진정성은 변화를 가져오는 치료 절차를 담아내는 수단을 제공한다. 진정성은 또한 대인관계 행동을 개선할 수 있도록 환자가 동조하기도 하고 반발하기도 하는 상대를 제공한다. 마지막으로, 치료자 진정성은 환자와 치료자 모두의 삶을 향상하는 친밀함과 연결성을 준다. 자기 자신이 되는 이러한 장점은 다음과 같이 설명할 수 있다.

> 치료자는 겉모습도 허울도 없이 솔직하게 그 순간 그 안에 흐르는 느낌과 태도 그 자체이다. 여기에는 자기 자각의 요소가 필요한데, 치료자는 경험하는 자기 느낌에 다가갈 수 있어야 하고, 자각에 들어서야 하고, 또한 이러한 느낌을 생생하게 느낄 수 있어야 하고, 관계 안에서 그 자체가 되어야 하며, 적절하다면 이를 소통할 수 있어야 한다. 치료자는 내담자와 직접적인 인간적 조우에 들어서 그를 사람 대 사람으로 만난다. 이는 그가 그 자신으로 **있다**는 뜻이며 스스로를 부정하지 않는다는 뜻이다(Rogers & Truax, 1967, p. 101).

비슷한 맥락에서 Safran과 Segal(1990)은 인지치료에서 다음과 같이 관계를 논한다.

> 그러나 궁극적으로 모든 이론적 개념과 기법은…… 단지 도구일 뿐임을 명심해야 한다. 이는 치료자가 환자와 나-너$_{\text{I-Thou}}$ 관계를 하는 데 막는 장해물을 극복하도록 돕고자 고안한 도구이다. 그러나 이러한 도구 그 자체를 진정한 인간 만남을 촉진하기보다 피하고자 사용한다면 장해물이 될 수 있다. 오랜 선불교 가르침에 따르면, **"그릇된 사람의 손안에 있는 올바른 도구는 곧 그릇된 도구가 된다."** 그러므로 현명한 치료자는 변화를 위한 특정 수단과 변화를 위한 기저의 정수를 혼동하지 않을 것이다.
>
> 이 순간 환자에게 진실로 일어나는 실제를 보지 못하게 만드는 개념에 눈먼 치료자는 환자를 대상으로 대하며, 혹은 Buber의 표현에서 '**너**$_{\text{Thou}}$'가 아닌 '**그것**$_{\text{It}}$'으로 대한다. 진정한 인간 만남에 뛰어들기보다는 여기서 제공하는 개념 틀의 안전함 뒤에 숨는 치료자는 자신이 어떻게 해야만 한다는 모든 역할과 선입견을 아우르는 데 끌려간 채 환자에게 치유를 제공할 인간 관계성이라는 바로 그 경험의 가능성을 배제해 버린다(pp. 249-250).

진정성의 가장 중요한 특성은 일률적인 역할에 기초한 행동과 자연스럽고, 조화롭고, 역할 무관한 행동의 대립에 있다. DBT에서 치료자는 자신의 역할을 지나치게 강조하지 않는다. 즉, 일률적인 역할 정의보다는 효과성과 자연스러운 한계에 따라 치료자 반응을 결정한다. 이러한 자연스러움은 엄격한 경계와 '전문가' 행동을 강조하는 학파에서 훈련받은 치료자에게 꽤 어려울 수 있다. 한계 관찰과 마찬가지로 DBT에는 어떻게 해야 치료에서 자기 자신이 될 수 있는지 알려 주는 지침서란 없다. 대신 치료자는 자연스럽게 도움을 주는 자기 모습을 잘 들여다봐야 한다.

치료자가 취약할 필요성

일부 치료 접근방식은 환자와 치료자 둘이 취약성과 자기 개방 수준이 같지 않을 뿐만 아니라 같지 **않아야 한다**고 기정사실로 받아들인다. 이러한 접근방식에서 치료자-환자 관계는 높은 권력-낮은 권력 관계와 유사하다. 이 관계의 핵심은 한 사람(낮은 권력)이 다른 사람보다 훨씬 취약하다는 데 있다. 그러나 내가 이전에 언급했듯이 경계성 사람은 관계에서 힘의 차이에 매우 민감하다. 그들은 많은 치료 관계에 담긴 부모와 같은 특성을 강하게 싫어하며, 그들 자신이 아이가 아니라고 꽤 정당하게 주장한다. 그들은 왜 취약성이 더 동등하게 공유되지 않는지 묻는다. DBT는 의료 모델을 기반으로 하지 않으며 유사 부모 관계 또는 환자를 아이로 대하는 관계에 적극적으로 반대한다. 관계 모델에서 페미니스트 치료와 가장 유사하며, 여기서 목적은 환자에게 '힘을 강화하는' 것이다. 그러나 DBT에서도 취약성과 상호성은 치료자와 환자 사이에서 똑같이 공유하지 않는다. 따라서 다음 질문은 매우 좋은 질문이다. 환자가 상호 취약성과 자기 개방이 치료를 방해하지 않고 강화할 거라고 주장할 때 치료자는 어떻게 반응해야 하는가? 한 환자는 나의 동료 치료자에게 다음과 같이 말하기도 했다. "치료자인 척을 덜 할수록 더 도움이 됩니다."

답은 여러 가지이다. 역설적이게도, DBT에서 모든 답은 관계 내에서 일률적이기보다는 자연스럽고자 하는 치료자의 기꺼운 마음을 중심으로 맴돈다. 세 가지 중요한 이유는 치료자의 개인적 한계, 환자의 특정한 특징, 효과적으로 치료를 수행할 수 있는 치료자 능력과 취약성의 상호작용과 관련이 있다.

취약성에 대한 치료자 한계

환자와 치료자 간에 취약성과 자기 개방의 수준이 같지 않은 일차적 이유는 치료자가 만약 그렇다면 견딜 수 없기 때문이다. 어떤 사람이든 참을 수 있는 상호성이 있고, 누구도 자신이 속해 있는 모든 관계에서 완전히 취약하고 개방적이지 않다. 우리 중 누구도 실제로 이를 지탱할 수 없다. 우리 대부분은 삶에서 (대개 가족 구성원) 한두 명, 혹은 기껏해야 서너 명쯤 되는 사람에게 개방을 하고 취약하다. 가족이 없는 사람은 한두 명 친한 친구가 있는데, 그들에게 취약하고 자기 개방을 한다. 대체로 인간은 모두에게 상호 취약하지는 않다. 만약 치료자가 매일 모든 환자에게 이런 식으로 취약하다면, 퇴근할 때 결국 집에 기어들어 가지도 못할 거다.

치료자가 치료를 위해 취약성과 자기 개방을 밀어붙인다면 그 상호작용은 진실하지도 진정하지도 않다. 그렇다면 결국 돌보는 행동이 단지 치료자 역할의 일부일 뿐이라는 환자의 불평은 옳다. 비록 환자가 상호 취약성을 원하더라도 기대하거나 요구를 한다면 비현실적일 수 있다. 진정 상호적이고 스스로를 개방하는 진실한 관계는 치료자가 무엇을 하거나 무엇이 되기를 원하는지 그리고 할 수 있는지의 맥락에서만 일어날 수 있다. 비록 상호 개방과 취약성이 정말 해로울지라도 그것이 환자에게 얼마나 해로울 것인가에 관한 규칙이나 핑계를 만들어 낼 필요는 없다. 치료자는 환자가 원하는 대로 기꺼이 상호작용하지 않거나 못하는 게 마치 환자의 최선의 이익인 것처럼 환자를 이해시킬 필요는 없다. 또한 더 많은 상호성에 대한 환자의 필요와 소망이 병리적이라고 가정할 필요도 없다. 여기서 단지 치료자의 진솔성이 필요할 뿐이다. 내가 '상호 의사소통'이라고 이야기할 때 나는 치료자가 자신의 삶에서 일어나는 모든 일을 개방하거나 환자에 대한 모든 반응을 공유하자고 말하는 게 아니다. 그보다 나는 순간의 열려 있음 그리고 순간을 향해 열려 있음을 말하고 있다.

취약성을 제한하는 환자 특성

DBT에서 치료자는 대인관계에 경계나 장벽을 세우지 않는다. 그렇다고 치료자와 환자 사이에 장벽과 경계가 존재하지 않는다는 의미가 아니고, 치료자가 치료 일부랍시고 의도적으로 만들지 않는다는 뜻이다. 한계 관찰은 취약성과 자기 개방에 대한 장벽을 포함하여 그러한 경계를 관찰하는 일을 포함한다.

많은 환자 특성과 행동 양상은 친밀감과 상호성에 장벽을 만들 수 있다. 경계성 환자는 치료자를 포함한 다른 사람에게 드물지 않게 친밀감과 취약성을 강요하거나 침해하거나 요구한다. 이렇게 되면 밀리고, 침범당하고, 혹은 요구받은 사람은 멀어지면서 장벽을 세운다. 자연스러운 반응이다. 대인관계에서 실수했을 때 자살하겠다고 위협하는 사람에게 느긋하고 자발적인 태도를 보이기는 어렵다. 어느 날 따뜻하게 반응하고 다음 날 혹독한 공격을 하는 사람과는 친해지기 어렵다. 상호성 의사소통에는 이러한 장벽과 그 이유에 대한 관찰이 필요하다. 치료자는 환자가 장벽에 어떻게 이바지하고 있는지 설명하면서 환자와 함께 장벽에 대해 논의한다.

가끔은 환자와 치료자 사이가 그냥 안 맞는 사이일 수 있다. 예를 들어, 성격과 의사소통 스타일, 사회 계급, 성별, 종교, 정치, 교육 혹은 나이 차이는 자기 개방의 유용성뿐만 아니라 치료자의 편안함을 떨어뜨릴 수 있다. 상호성 의사소통은 그러한 장벽을 허물어 내기보다는 그 장벽을 공공연히 인정한다. 다양한 이유로 사람 사이에 문화와 양식의 장벽이 존재하고 이는 생활 속 자연스러운 사건이다. 환자의 도덕성과 관계없이 판단하지 않는 맥락에서 자연스러운 장벽에 관해 배우는 데 치료 가치가 있다. 장벽이 없음을 알게 된다고 환자에게 최선의 이익이 아니다. 환자가 세상을 있는 그대로 배울 때 최선의 이익이다. 장벽은 존재한다.

DBT 치료자는 많은 심리치료 훈련이 환자와 치료자 사이 경계를 만드는 것을 옹호한다는 사실에 열려 있어야 한다. 대부분 치료자는 그러한 훈련을 받아 왔다. 그러므로 DBT 치료자는 존재하는 장벽과 경계 중 얼마만큼이 인위적인지, 얼마만큼이 자연적인지 끊임없이 탐색해야 한다. 그리고 인위성을 낮추고 자연스러움을 인정하도록 애써야 한다.

치료 효과를 위한 한계

치료자 취약성과 자기 개방 정도는 효과적인 치료와 비효과적인 치료 사이 경계에 의해 제한해야 한다. 한계에는 두 가지 근거가 있다. 첫째, 취약성과 개방에 대한 치료자의 이전 경험, 둘째, DBT에서 환자에게 맞추려는 초점이다. 이 중 전자에 관해서 DBT에서는 서로 다른 환자와의 개인적 경험과 해당 환자의 개별성을 받아들이는 사이의 어려운 균형이 필요하다. 한 환자에게 효과적이었지만 다른 환자에게는 그렇지 않을 수 있다. 특정 환자에게 한때 효과가 있었더라도 더는 그렇지 않을 수도 있다. 어떤 환자는 가깝고 친밀한 관계에서 잘 지내고, 어떤 환자는 겁을 먹고 어느 정도 거리가 있는 관계에서 더 잘 지낼 수 있다. 모든 전략과 마찬가지로 지속적인 평가를 대체할 수 없다.

둘째, DBT에서는 치료 초점을 환자에게 유지해야 한다. 치료자는 자신에게 초점을 전환하는 방식으로 자신의 감정이나 인생사에 관해 이야기하지 않도록 주의해야 한다. 이러한 초점 전환은 심리치료에 내재한 불평등과 역할 규범에 반대하며 때로 설득력 있는 주장을 하는 경계성 환자에게 특히 솔깃할 수 있다. 흔히 더 큰 친밀감에 대한 그들의 욕구, 보살핌을 주는 능력과 치료자 자기 개방을 강화하는 능력, 대인관계 거리를 처벌하는 경향성은 치료자가 치료 관계를 버리는 위험한 길로 가도록 끌어들인다. 경계성 환자가 환자 역할에 불편함을 느끼는 경우, 때로 완전한 역할 반전을 초래한다. 치료자는 사실상 환자가 된다. 어떤 경우에는 부분적으로 이 반전이 일어나고 관계가 하나의 공동상담이 된다. 비록 역할 반전 혹은 공동상담 관계가 항상 환자에게 해롭지는 않더라도, 두 가지 모두 여러 가지 이유로 문제가 있다. 둘 다 처음에 협의한 관계 유형이 아니다. 즉, 각각은 치료 계약을 위반하고 있다. 그런 전환이 일어나면 환자는 자기 문제에 더 많이 주의하길 원할 때조차도 불평하기가 매우 어렵다고 느낀다. 또한 환자는 치료자 문제나 인생사가 부담스럽다고 느낄 수 있다. DBT에서는 치료 계획 틀 안에서 자기 개방을 전략적으로 사용해야 한다.

일침 놓기 의사소통 전략

일침 놓기 의사소통 전략은 말하자면 환자를 자극하여 '궤도에서 벗어나도록' 하는 데 사용한다. 주요 핵심은 환자가 '균형을 잃도록' 밀어내서 다시 균형 잡기가 일어나도록 한다. 일침 놓기 의사소통은 ① 환자 주의를 끌기 위해, ② 환자 정동 반응을 바꾸기 위해, ③ 환자가 완전히 다른 관점을 보게끔 하기 위해 사용한다. 환자 혹은 환자와 치료자 모두가 역기능적 정서, 생각 또는 행동 양상에 '갇혀' 있을 때마다 사용한다. 이탈하는 스타일이다.

일침 놓기 의사소통은 치료자나 환자가 가지고 있는 어떤 생각이나 신념을 궁극적으로 의심할 여지가 있고, 탐색할 여지가 있고, 변화할 수 있다고 환자에게 알려 준다. 논리는 환자가 빠져나올 수 없는 망을 짜는 데 쓰인다. 효과적으로 되려면 일침 놓기는 두 가지 요소를 가지고 있어야 한다. ① 치료자의 '중심'에서 비롯돼야 한다(즉, 진정성이 있어야 한다). ② 연민, 보살핌, 따뜻함의 기반 위에 세워야 한다. 그렇지 않으면 문맥에 맞지 않게 사용하면서 오용할 가능성이 있다. 일침 놓기 의사소통은 상호성 의사소통과 균형을 유지한다.

일침 놓기 의사소통은 행동을 정의하거나 설명하기 어렵고 사례 혹은 관찰로 배우기가 더 쉽다. 많은 경우에 직시하는, 거의 정색하는 스타일을 요구한다. 치료자는 감정을 빼고 환자의 기저 가정을 취하여 이를 최대화하거나 최소화하여(희극에서 조연 역할을 하는 사람의 방식과 유사), 환자가 이전에 고려하지 않았던 일침을 구성한다. 반대로, 환자 자신이 진지하고 정색할 때에 치료자는 높은 강도와 정서성을 보이거나 극단적 진술을 한다면 또한 효과적인 일침 놓기가 될 수 있다. 정색이든 강렬하든, 이 스타일은 상호성에서 따뜻한 반응성과 극명한 대조를 이룬다.[1] 구체적 일침 놓기 의사소통 전략은 다음에서 논의하고, 〈표 12-2〉에 요약하였다.

〈표 12-2〉 일침 놓기 의사소통 전략 점검표

_____ 치료자는 부적응 행동과 관련해서는 딱 부러지는 어조를 쓴다.
_____ 치료자는 일침 놓기 논리로 망을 짠다.
_____ 치료자는 적절하게, 환자 스타일과는 반대로 정색하거나 혹은 매우 강렬한 스타일을 이용한다.
_____ 치료자는 일침 놓기 식으로 변증법 전략을 사용한다.
    _____ 역설로 들어서기
    _____ 악마의 속삭임
    _____ 확장하기
    _____ 변화 허용하기

1) DBT 일침 놓기 의사소통 스타일은 Carl Whitaker(설명은 Whitaker, Felder, Malone, & Warkentin, 1962/1982 참조; Whitaker의 전반적인 작업에 관한 소개는 Neil & Kniskern, 1982 참조) 스타일과 매우 유사하다. Whitaker 스타일은 적어도 기록된 바에 따르자면 여기서 권유한 정도에 비해 다소 강하다. 이 스타일은 일부 치료자가 쓰는 역설적 의도와도 유사하다.

_____ 레몬으로 레모네이드 만들기

_____ 직시하는 방식으로, 치료자는 환자의 의사소통을 빗겨 간 방식으로 **재구성**하고 환자 의사소통에서 의도하지 않은 측면을 짚어 낸다.

_____ 치료자는 민감한 영역으로 **뛰어든다**.

_____ 치료자의 스타일은 솔직하고 직접적이며 분명하다. 치료자는 '대놓고' 말한다.

_____ 치료자는 유머를 사용한다.

_____ 치료자는 당연하다는 태도로 역기능 행동에 대해 논한다.

_____ 치료자는 일침 놓기를 타당화로 둘러싼다.

_____ 치료자는 역기능 행동에 대해 **직접 직면**을 사용한다.

_____ 치료자는 목표한 적응 반응이 아닌 반응에 대해 '허튼 소리'라고 말한다.

_____ 치료자는 주의를 분산시키는 역기능적 트라우마로의 도피를 막는다.

_____ 치료자는 환자의 **엄포에 올라탄다**.

_____ 치료자는 정서, 목소리, 자세의 **강도를 오르내린다**. 또한 치료자는 환자와 맞닥뜨리기 위해 **침묵**을 사용한다.

_____ 치료자는 적절한 만큼 **전능함**을 가정하거나 **무능함**을 인정한다.

DBT 위배 전략

_____ 치료자는 비열한 방법으로 일침 놓기 의사소통을 사용한다.

_____ 치료자는 환자에게 미치는 영향을 인식하지 않고 일침 놓기 의사소통을 사용한다.

_____ 치료자는 부자연스럽거나 경직된 방식으로 일침 놓기 의사소통을 사용한다.

변증법 전략과 일침 놓기

7장에서 설명한 많은 변증법 전략(대부분은 아닐지라도)에는 일침 놓기와 비슷한 풍미가 있다. 전략의 성공은 치료자가 역설이나 정통에서 벗어난 입장을 믿을 수 있게 합리적으로 보여 줄 수 있는가에 달려 있다. 역설로 들어서기, 악마의 속삭임, 확장하기, 변화 허용하기, 레몬으로 레모네이드 만들기는 치료자가 확신을 가지고 완전히 태연하게 제시할 때만 효과적이다. 치료자는 '당연하지 않나' 스타일을 사용하는데, 환자가 즉시 이해하기 어렵다는 점에서 다소 의문스러워할 수 있다. 예를 들어, 확장하기에서 치료자는 의문스럽다는 듯 환자 입장을 재구성한다. "지금 자살을 생각하고 계신다면 어떻게 내가 해고당한 비참함에 대응할 수 있다고 생각하나요? 아니, 당연히 우리는 자살을 먼저 다뤄야 합니다! ○○ 님이 죽는다면 직장이 무슨 소용이 있겠어요?" 변화를 위해서 치료자는 만약 환자가

"지난주에 선생님은 내가 필요한 모든 걸 가지고 있다고 말했으면서, 이번 주에는 내게 필요한 기술이 없다고 말하는 건가요?"라고 질문한다면, "맞아요."라고 간단히 응답한다. 그러고 나서 치료자는 계속하고 합은 환자가 찾아 나가도록 한다. 또는 치료자는 아무런 경고도, 사과도, 설명도 없이 갑자기 기법이나 기술을 바꾼다. 만약 환자가 "또 치료법을 바꿨나요?"라고 말하면 치료자는 "네."라고 말하고 정색하며 계속한다.

1. 빗겨 간 방식으로 재구성하기

일침 놓기 반응을 예상하는 환자는 거의 없다. 일침 놓기는 환자의 의사소통에는 반응하지만, 환자의 기대(그리고 아마도 즉각적인 소망)에는 응답하지 않는다. 치료자는 환자의 의사소통을 정통과는 다른 방식으로 재구성하거나 환자가 의도하지 않은 측면을 짚어 낸다. 예를 들어, 환자가 "나는 자살할 거예요."라고 말하면 치료자는 "나는 ○○ 님이 치료를 중단하지 않는 데 동의했다고 생각했어요."라고 대답할 수 있다.

내 환자가 직업을 유지하려다가 또 실패하고 있었다. 다음 주 중에 해고될지도 모른다는 (꽤 현실적인) 사실을 알게 되면서 그는 끊임없이 실패하는 스트레스가 자살하기에 충분한 이유라고 나를 설득하려고 애썼다. 그러고 나서 그는 내가 분명히 매우 성공한 전문가이기 때문에 이게 얼마나 힘든지 모른다거나 제대로 인식하지 못한다는 뜻을 내비쳤다. 매우 격렬하고 감정적인 논의 가운데 나는 차분하고 직시하는, 일침 놓는 식으로 대답했다. "아! 하지만 나는 정말 이해해요. 나는 많은 시간 동안 비슷한 양의 스트레스를 받으며 살아가야 해요. 자살하겠다고 끊임없이 위협하는 환자가 있다는 게 나에게 얼마나 큰 스트레스일지 상상할 수 있을 거예요. 우리 둘 다 해고당할까 봐 걱정해야만 해요!" 신중하게 사용한다면 일침 놓기 재구성은 문제 해결을 촉진하고 동시에 자살 행동을 강화하지 않는다.

2. 불길에 뛰어들기

경계성 사람은 직설적이고 강렬하다. 이전에도 말했듯이 이들은 사회적 조종을 잘하지 못한다. 이들은 흔히 유사한 스타일을 가진 사람과 관계를 더 잘 맺고, 솔직하고 직접적이며 분명한 방식으로 의사소통을 한다. 이런 스타일은 일침 놓기 의사소통의 한 부분이다. DBT는 경계성 환자가 깨지기 쉽지만 동시에 그렇지 않다고 가정한다. 일침 놓기는 환자의 단단한 측면을 향한다. 일침 놓기는 보통 '해석'이나 가설의 시점을 맞추어야 한다고 가정하지 않는다. 치료자 스타일은 직접적이고 분명하고 구체적이고 솔직하며 개방적이다. 치료자는 '대놓고' 말하고, 불길에 뛰어든다. 유머, 일부 겉보기에 순수하고 속임이 없는 모습 또한 이 스타일의 특징이다. 이러한 일침 놓기 원리는 범절을 생략하고 화재 희생자를 창밖 안전망으로 던지는 소방관이나 물에 빠진 사람을 잡아끌어 안전한 곳으로 데려오는 안전 요원의 방식과 같다. 고통이 심할 때는 시간이 가장 중요하다. 직항하면 시간을 절약한다.

역기능적 문제 해결 시도와 여러 민감한 주제, 예를 들면 자살 행동, 치료 방해 행동 그리고 여러 회피 행동은 개인의 학습력이나 현재 삶에 작동하는 요인에 따른 자연스러운 결과로 수용한다. 다시 말해, 이러한 행동을 비정상 맥락에 따른 정상적 결과로 여긴다. 치료자는 논의에서 물러나거나 조심스럽게 접근하지 않고, 오히려 침착하고 단호하게 앞으로 뛰어든다. 특히 자살 사고, 자살 위협, 유사 자살도 다른 행동을 논하는 방식과 마찬가지의 방식으로 논의한다. 환자가 사실상 자살할 가능성을 터놓고 인정한다(권장하지는 않지만). 이러한 직시하는 모습에 환자는 보통 놀라게 되는데, 과거에는 이 행동으로 상당한 집단적 반응을 유발했던 사람은 그럴 수 있다. 직시하는 스타일은 주제의 강도나 평상시 강한 감정으로부터 환자를 약간 주의 분산시킨다. 이때 치료자는 환자를 끌고 갈 수 있을 만큼 빠르고 자연스럽게 움직여야 한다. 핵심은, 자살 행동에 반응할 때에는 가볍고 직시하는 방식과 동시에 이를 완전히 진지하게 받아들이는 방식으로 다룬다.

마지막으로, 일침 놓기는 타당화로 둘러싼다. 그러니까 만약 치료자가 환자에게 치료를 방해하니까 자살하면 안 된다고 말했다면 즉시 이어서 환자가 얼마나 끔찍하게 좌절하거나 절망했을지를 소통해야 한다. 일침 놓기 전략을 무심함과 혼동해서는 안 된다. 극적이고 정서적인 표현을 권장한다.

3. 직면하는 어조 사용

일침 놓기를 하는 치료자는 역기능 행동에 직접적으로, 때로 노골적으로 직면한다(예: "또 저에게 비합리적으로 대하시는 건가요?" "도대체 무슨 생각인 거예요?" 또는 "내가 여기에 찬성할 거라고 잠시라도 그렇게 생각한 건 아니죠?"). 치료자는 목표로 삼은 적응 반응이 아닌 반응에 대해 '허튼 소리'라고 말한다. 치료자는 또한 주의를 딴 데로 돌리려는 역기능적 트라우마로 달아나지 않게 하려고 일침 놓기 스타일을 사용할 수도 있다. 예를 들어, 환자가 불안을 유발하는 주제를 피하려고 다른 관련 없는 트라우마나 '막장 드라마' 이야기로 뛰어들거나(그러자고 주장하거나) 할 때 치료자는 "진짜 문제에 대해 도움을 원하는 게 아닌가요?" 혹은 "아이고, 또 다른 드라마인가요?"라고 말할 수 있다. 이러한 사례가 암시하듯이, 직면은 매우 강한 긍정적 관계에 달려 있다. 또한 타당화로 둘러싸지 않고 홀로 설 수도 없다.

4. 환자의 엄포에 올라타기

일침 놓기를 하는 치료자는 환자의 엄포에 올라탄다. 예를 들어, 환자가 "치료 그만둘게요."라고 하면 치료자는 "다른 곳을 소개해 드릴까요?"라고 대답한다. 환자가 원하는 이상으로 그를 더 심각하게 받아들이는 확장하기 변증법 전략은 대개 환자의 엄포에 올라타는 예이다. 그러나 치료자는 환자가 엄포를 부릴 때 그가 자리를 벗어날 수 있게 해 주거나 탈출구를 마련해 주도록 주의를 기울여야 한다. 여기서 비밀은 엄포에 올라타는 타이밍과 안전망을 제공하는 타이밍이다. 온순한 치료자는 한 번에 두 가지(올라타기와 안전망)를 제공한다. 잔인하고 둔감하며 화가 난 치료자는 안전망을 잊어버린다.

5. 강도 오르내리기와 침묵 사용하기

감정, 목소리, 자세의 강도를 의도적으로 오르내려 환자 자신의 강도에 티끌만큼 영향을 미칠 때 일침 놓기가 될 수 있다. 여기서 치료자는 높은 강도에서 이완된 평안함으로 오가고, 절대 진지함에서 장난기로 오가며 빠르게 움직인다. 오르내리기 그 자체도 일침 놓기이고, 환자의 겉으로 드러나는 기분과 치료자의 기분 사이의 부조화도 일침 놓기이다.

또한 침묵은 강도를 증가시키거나 감소시킬 때 혹은 환자에게 멀어지거나 가까이 가는데 사용할 수 있다. 예를 들어, 치료자는 환자에게 전념, 감정 변화를 끌어내거나 비합리적인 상태에서 움직이게 하고 싶을 때, 옥신각신하다가 치료자는 침묵을 사용하여 환자를 마주하고 환자가 채울 수 있도록 주도성의 공백을 만들어 낼 수 있다. 치료자는 말하지도 웃지도 전혀 움직이지 않고, 환자나 허공이나 혹은 고정점을 응시한다. 치료자는 환자로부터 목표 반응(예: 정동, 전념, '합리적인' 반응)을 기다린다. 그리고 나서 치료자가 반응을 보인다.

6. 전능함과 무능함 표현하기

치료자가 때로 자신과 작업하거나 자기 제안을 따라야만 진전할 수 있다고 환자에게 제안하면서 전능을 가정한다면 매우 효과적일 수 있는데, 이 역시 일종의 일침 놓기이다. 예를 들어, 치료자는 "물론 자살할 때 문제는, 죽으면 ○○ 님을 도울 내가 없다는 거예요."라고 말할 수 있다. 혹은 환자가 "나에게 '지혜로운 마음'이 있다는 것을 어떻게 아나요?"라고 물으면 치료자는 "내가 어떻게 아냐고요? 내 말을 믿어도 좋아요. 난 그냥 알고 있어요."라고 답한다. 그 반대로 무능함을 인정하기도 그만큼 효과적이다. 예를 들어, 치료 방해 행동에 대한 반응으로 치료자가 "○○ 님이 이겼어요. 이 치료는 ○○ 님에게 도움이 안 되는 것 같아요."라고 인정할 수 있다. 혹은 치료 관계를 논의하면서 치료자는 "원하면 나를 이길 수 있어요. 그건 어렵지 않아요. 거짓말만 하면 돼요."라고 인정할 수도 있다. 환자가 치료자 행동이나 자신의 절망감에 대해 또다시 불평하면 "아마 나보다 더 좋은 치료자가 필요한 것 같아요."라고 반응할 수 있다. 이러한 예시에는 환자의 엄포에 올라타는 일부 요소가 분명히 있다. 금 조각이 들어 있는 모래 한 컵처럼, 표현에는 반드시 진실의 요소가 포함되어야 한다. 일침 놓기는 진정성을 대체할 수 없다.

마치며

상호성과 일침 놓기는 하나의 멋진 직물로 함께 지어야 한다. 배타적으로 혹은 불균형하게 사용하면 둘 다 DBT에 해당하지 않는다. 상호성 그 자체는 너무 '달콤한' 위험에 처해 있고, 단독으로 일침 놓기는 너무 '못 될' 위험에 빠져 있다. 상호성은 온순하거나 죄책감을 느끼는 치료자가 과용할 수 있다. 일침 놓기는 오만하거나 화가 난 치료자가 과용할 수 있다. DBT에서 스타일은 서로 균형을 이루어야 한다. 불행히도, 이걸 안다고 해서 이 조합을 이룰 방법에 대한 정확한 지침을 알게 되지는 못한다. 변증법 이론은 안내할 수 있지만, 오직 연습과 어느 정도의 확실성이나 자신감만이 DBT 의사소통이 필요로 하는 빠른 움직임과 조화를 만들어 낼 수 있다. 한 스타일에서 다른 스타일로 움직이는 타이밍은 치료 상호작용의 지금-여기에서 무엇이 일어나는지에 근거해야 한다. 무슨 일이 일어나는지와 무엇이 필요한지, 그리고 어디에 있는지와 어디로 가고 있는지 모두 주시해야 한다.

일침 놓기는 대개 단기적으로 더 위험하다. 아마도 가장 예상치 않을 때 폭발을 유발할 수 있다. 반대로, 일침 놓기는 오랜 시간의 미미한 진전에 이은 돌파구를 만들 수 있다. 상호성은 단기적으로는 대개 안전하지만, 장기적으로는 위험할 수 있다. 변화 없는 타당화처럼 환자의 비참한 상황을 심각하게 받아들이는 데 실패할 수 있다. 타당화를 변화 전략과 조합하는 방식처럼, 상호성도 반드시 일침 놓기와 조합해야 한다. 어떤 회기에서는 일침 놓기가 두드러지고, 다른 회기 동안에는 상호성이 우선할 것이다. 여느 기술과 마찬가지로(환자에게 가르치는 기술 포함), 시점을 맞추는 재주가 결정적이다. 이는 오직 경험을 통해서만 배울 수 있다.

13장

사례 관리 전략: 공동체와 관계 맺기

사례 관리 전략은 치료자가 환자–치료자 관계 바깥 환경에 어떻게 반응하고 상호작용하는지에 관한 전략이다. 이러한 전략은 치료자가 다른 전문가(환자의 다른 자문가 혹은 치료자의 자문가 포함), 가족 구성원이나 환자에게 중요한 그 밖의 사람들, 환자 일상 환경에서 요구를 하는 사람 등에게 어떻게 반응하는가에 초점을 맞춘다. 사례 관리 전략에는 새로운 치료 전략이 없다. 대신, 사례 관리 문제에서 문제 해결 전략, 타당화, 변증법 철학을 어떻게 적용할지 지침을 제공한다. 환자에게 자문하기 전략, 환경 개입 전략, 치료자 지도감독 및 자문 전략이라는 세 가지 사례 관리 전략이 서로 균형을 이룬다.

'사례 관리'는 환자가 물리적 · 사회적 환경을 관리하도록 도와 환자 삶 전반의 기능과 안녕을 증진하고, 환자 삶의 목적을 향한 진전을 촉진하며, 치료 진전을 가속한다. 따라서 환경에서 문제나 장해물이 환자 기능이나 진전을 방해할 때마다 치료자는 사례 관리 전략으로 이동한다. 경계성 환자의 경우, 치료자 외 다른 전문가나 기관이 보조 의학 또는 심리학 치료에 관여할 때 문제가 가끔 발생한다. 사례 관리자로서 치료자는 환자가 다른 전문가나 기관과 상호작용을 관리하도록 도우며, 일상 세계에서 생존을 위한 문제를 다루도록 조력한다.

사례 관리자 역할에서는 자율성 대 의존성, 자유 대 안전, 통제 대 무력감의 주제가 핵심이다. 보통 전통적 사례 관리(그리고 DBT의 환경 개입 전략)에서는 치료자가 환자 환경에 개입하기를 강조한다. 이러한 관점에서 사례 관리자는 체계를 조율하고 서비스를 중개한다. 반면, DBT는 환자가 스스로 사례 관리자(환자에게 자문하기 전략)가 되도록 가르친다. 따라서 사례 관리의 주된 형식은 환자에게 자문하기이며, 만약 필요하다면 전통적 개입 기반 사례 관리 전략으로 균형을 맞춘다. 환경 개입 전략은 환경 특징이나 환자 능력이 제한되어 환자에게 자문하기 전략이 명백히 작동하지 않거나 부적절할 때 사용한다.

치료자 측면에서 사례 관리는 치료자가 DBT 지침을 능숙하고 효과적으로 적용하도록 돕는 일이다. DBT에서 지도감독과 자문은 DBT 틀을 벗어나려는 유혹이 아무리 강하더라도 치료자를 DBT 틀 안에 데려놓기 위해 고안하였다. 돌봄을 제공하는 사람이 다수인 환경에서 지도감독 및 자문팀은 만나서 진행 사항을 조정하고 정보를 교환한다. 이 팀은 치료를 전달하는 치료 공동체를 제공하고 치료자가 환자와 상호작용할 때 균형을 잡도록 한다.

간단히 말해, 환경 개입 전략은 환자를 돌보고, 환자를 대신하여 환자 정보를 다른 이에게 전달하고, 환자를 어떻게 치료할지 다른 사람에게 조언을 주며, 변화를 위해 환자 환경에 개입한다. 환자에게 자문하기 전략은 환자가 스스로 이와 같은 과제를 달성하도록 돕는다. 환자가 스스로 돌보고, 자기 정보를 다른 사람에게 전달하고, 환자 자신의 필요와 소망에 관해 다른 사람에게 조언하며, 자기 환경을 스스로 변화시킨다. 치료자 지도감독 및 자문 전략은 치료자끼리 공동으로 치료하는 환자에 관한 정보를 교환하고, 서로 돌보며, 치료 계획에 서로 조언을 해 주고, 치료 환경에서 유익한 변화를 만드는 방법에 관해 서로 자문을 주고받는다.

전략마다 치료 장면과 서비스 제공자에 따라 치료를 조율해야 한다. 또한 각 전략에서 치료 작업에 가족과 사회 관계망을 포함한다면 환영하고 권장한다. 각 전략에서 환자의 안전, 복지, 장기적 진전은 다른 무엇보다 중요하다. 치료자가 이러한 목적에 도달하는 방법은 전략마다 차이가 있다.

사례 관리 전략의 정신을 반드시 유념해야 한다. 과하게 위험하거나 안전하지 않은 환경에서 환자가 자기 삶(사회 및 의료 건강 망을 포함하여)을 효과적으로 관리하도록 가르쳐야 한다. 치료자가 다른 사람과 어떻게 상호작용해야 하는지를 결정하는 건 사례 관리 정신으로부터 흘러나오며, 정해진 법칙은 없다. 이러한 상황에서 발생할 법한 모든 잠재한 어려움을 앞서 파악하기란 특히 어렵다. 이때 치료자 지도감독 및 자문 전략은 특정 상황에 맞춰 나머지 두 가지 전략에서 치료자가 균형을 잡을 수 있도록 돕는 중요한 기능을 맡는다.

환경 개입 전략

DBT에서 주목적은 환자가 자기 삶의 문제(환자에게 자문하기 전략에 기초한)를 더 적극적으로 해결하도록 하는 데 있지만, 때로는 문제가 매우 중대하거나 환자가 스스로 돕기 위해 개입할 수 있는 능력이 너무 제한되어 치료자가 개입해야 할 수 있다. 환경 개입 전략은 ① 그 결과가 매우 중대하고, ② 환자가 결과를 도출할 능력이나 힘을 명백하게 가지고 있지 않을 때 환자에게 자문하기 전략 대신 사용한다. 이러한 맥락에서 '중대하다' 함은 보통은 환자가 상당한 해를 입지 않고 피하도록 한다는 의미이다. 환경이 환자에게 강한 힘을 행사할 때에도 환경 개입 전략이 때로 필요하다. 그러한 경우, 치료자는 힘을 균등하게 분배하는 일에 착수한다.

치료자가 직접 또는 일방적으로 개입한다면 환자의 안녕에 따라 개입을 절대 최소 수준으로 유지하는 게 DBT 규칙이다. 치료자는 환자를 대신하여 개입하는 해악보다 개입하지 않아서 환자에게 발생하는 해악이 클 **때만** 개입한다. 더하여, 치료자가 적극적으로 개입할 때, 일방적 개입 정도는 가능하면 가장 낮은 수준이어야 한다. 따라서 치료자가 가족 구성원이나 다른 전문가에게 자문할 때 환자가 참석해야 할 뿐 아니라, 자문 상황에서 가능하면 환자가 적극적일 수 있게 격려해야 한다. 환자가 참석할 수 없지만 개입이 절대 필요한 경우, 가능한 한 빨리 환자에게 개입의 완전한 개요를 전달해야 한다. 두말할 필요 없이, 가능하면 개입하기 전에 환자에게 개입에 대해 알려야 한다. 실제로 자살 위험, 심각한 자해 또는 타인에 대한 폭력과 같은 위급 상황을 제외하고, 환자에게 개입을 착수하기 전 **반드시** 사전 동의를 받아야 한다.

사례 관리 및 한계 관찰

여러 장면에서 환자는 대개 사례 관리자와 심리치료자 둘 다 만난다. 이러한 장면에서 대부분 사례 관리 개입은 치료팀의 다른 치료자가 아니라 사례 관리자가 수행할 수 있고, 수행해야 한다. 상당량의 지원이 필요한 어떤 장면에서는, 치료자는 환자와 함께 사례 관리자를 구할 수 있는지를 고려해 볼 수 있다. 환자에게 지정 사례 관리자가 있는 경우, 주치료자를 포함한 다른 치료자는 환자가 이러한 서비스를 적절하게 사용할 수 있도록 돕는 역할을 한다. 개인 치료자가 으레 사례 관리 관련 작업을 수행한다면 DBT에서 적절하기도 하지만, 치료자의 시간과 에너지에서 개인 한계는 치료자의 능력을 제한할 수 있다.

환경 개입이 필수인 조건

환자가 자신을 위해 행동할 수 없고 그 결과가 매우 중대할 때 개입하기

때로 아무리 좋은 코칭에도 불구하고 환자는 자기 최선의 유익에 따라 행동하지 못한다. 환자가 일시적 정신증 상태이거나 약물 과다복용으로 의식이 없을 때가 그 예이다. 어떤 문제 상황에서는 매우 많은 새로운 행동이 필요한데, 행동 조성 원리를 위해 환자가 자신을 위해 행동하고 치료자 또한 환자를 대신해 행동해야 할 때도 그렇다. 우리 프로그램한 청소년 환자는 매우 느리지만 꾸준한 진전을 보였다. 그런데 갑자기 매우 굴욕적인 범죄 혐의로 고발당했다. 우리가 아는 한, 그는 범죄를 저지르지 않았다. 그가 의지했던 양부모가 그의 범죄 혐의를 믿고 이사하라고 하자 그는 해리되었고, 이인화를 경험했으며, 극단적 자살 위기에 처했다. 그는 과거력 속에서 그러한 상황에서 자신을 칼로 베는 행동으로 대처해 왔으며, 때로는 상처가 100바늘 꿰매야 할 정도였다. 그는 자신을 해치지 않고 정신과 병동에 입원하는 데 동의는 했지만 대부분 시간 동안 명백한 심리적 충격에 빠져 있었다. 적시에 입원할 수 있도록 치료자는 입원 코디네이터와 직접 상의하여 입원과 병동 배치 결정에 필요한 정보를 제공하였다. 입원하는 동안 환자가 위기 상황을 소화하고, 거주형 치료 시설을 찾을 계획이었다. 그러나 입원 후 환자는 위기로 이끈 사건에 대해 알지 못하는 병원 모든 의료진과 어떤 이야기도 나누려 하지 않고 철수했다. 의료진은 그를 어떻게 도와야 할지 막막했다. 치료자는 병원 의료진과 전화로(환자가 허락은 했지만 참석하지는 않은 상황에서) 개입하고 자문을 하였다. 치료자는 환자가 스스로 개입을 시작할 때까지 병동 내 의료진과 전화로 간헐적 연락을 지속하였다.

때로 환자는 혼수 상태 혹은 심각한 의료 위기와 위험 상태에서 응급실에 입원할 수 있다. 환자가 복용하는 약물에 관해 알고 있어야 한다. 치료자는 환자가 자신에 대한 정보, 약물, 치료 과정에 대한 정보를 제공할 수 없을 때 필요한 정보를 제공해 주거나, 환자가 제공한 정보를 확인 혹은 수정해 준다.

환경이 비타협적이고 힘에서 우세할 때 개입하기

때로 문제는 타협하지 않는 힘이 우세한 환경에 있다. 예를 들어, 정신건강 전문가는 환자가 아무리 숙련된 기술로 상호작용하더라도, 높은 지위의 사람이 개입하기 전에는 자신의 치료를 조정하려 하지 않는다. 우리 치료 프로그램을 시작할 때, 나는 시애틀 대도시 병원 대부분에 전화를 걸어서 "네, 환자 말이 사실입니다." 하고 말해야만 했다. 나는 환자가 입원했을 때에도 치료를 받을 수 있는 출입증을 받을 수 있을 거라고 예상했다. 4주 연속 정한 치료에 참여하지 않으면 DBT 치료 프로그램이 중단되는 건 사실이었다.

마찬가지로, 보험 회사는 환자가 아무리 숙련된 기술로 상호작용하더라도 치료자의 진단과 치료 계획 없이 치료 비용을 지급하기 꺼릴 수 있다. 공공 지원 프로그램에서는 치료자 보고서가 있어야 혜택을 유지할 수 있다. 치료자가 응급 정신과 병동에 환자를 입원시키려면 전화로 의뢰하거나 입원 담당자와 상담을 한다면 때로 매우 유용하다(혹은 반드시 필요하다). 만약 치료자가 개입하지 않는다면, 겁에 질린 병동 직원은 환자에게 최선으로 이득이 되지 않을 때도 자살을 시도하는 환자를 주립 병원에 비자발적으로 입원시키고자 할 수 있다.

환자 생명을 구하거나 타인을 향한 심각한 위험 방지를 위해 개입하기

환자가 스스로 개입하기 꺼리는 점도 스스로 개입하는 능력을 저해한다. 치료자는 이 경우 보통 개입하지 않지만, 환자에게 상당한 위해의 위험(자살 고위험과 같은)이 있을 때 치료자는 환자를 보호하기 위해 적극적으로 개입할 수 있다. 마찬가지로 모든 치료에서와 같이, 치료자는 환자가 아이 혹은 다른 사람의 안녕에 심각한 위험을 초래한다면 반드시 개입해야 한다. 법과 전문가 지침 및 윤리 기준을 준수해야만 한다. 자살 방지를 위한 개입은 15장에서 더 자세히 논의하며 여기서는 더 논하지 않는다.

인도적 행동이고 해를 초래하지 않을 때 개입하기

때로 문제는 환경의 비협조와 일시적 환자 능력 부족의 조합에 있다. 예를 들어, 한 환자가 치료를 받으러 오는 길에 예상치 못하게 차가 고장 났다. 자동차를 즉시 수리할 수는 없다. 환자는 버스나 택시를 탈 수 있는 돈을 가지고 있지 않다. 그는 약속 시간에 맞춰 다른 대안 교통수단을 찾을 수 없다. 환자는 치료자에게 전화했고, 치료자는 시간이 있어 가서 그를 태워 온다. 여기서 치료자는 비슷한 상황에 있는 어떤 친구에게도 할 수 있는 일을 환자에게 하는 게 규칙인데, 환자가 능동적인 문제 해결 행동을 수동적으로 대신하도록 하지 않는 한에서 그렇게 해야 한다. 전형적인 심리치료와 대조되며 대부분 사례 관리 형태와 유사하게, DBT는 치료자 사무실에 국한하여 개입해야 한다고 명시하지 않는다. 대신 치료자는 위기 상황에 환자 집으로 갈 수 있고, 환자 차가 고장 나면 길바닥으로 나갈 수 있고, 환자가 주택 관리 기관의 복잡한 행정 절차를 마치는 데 코칭이 필요하다면 그곳까지 간다.

하지만 환자가 배워야만 하는 능력이 부족해서 문제일 때, 치료자는 (모든 위기가 아니라) 예외 상황에만 개입한다. 즉, 치료자는 주기적으로 개입하지 않는다. 따라서 환자가 필요한 기술을 습득할 때까지 환자의 고통과 불운을 감내할 수 있는 능력이 필요하다. 환자가 얻기 불가능한 능력(치료자 보고서 없이 보험 회사가 비용을 지급하게 하는 법)이거나, 합당하지 않거나 불필요한 능력(고장 난 차를 작동시키는 법)일 때 치료자가 개입한다.

환자가 미성년자일 때 개입하기

나의 치료팀은 15세 미만 환자를 치료하는 데 DBT를 사용해 본 적은 없다.[1] 미성년자 경우 법적 혹은 실질적 고려 사항 때문에 치료자가 특정 상황에서 환자에게 자문하기 역할을 중단해야 할 수 있다. 특히 미성년 환자의 부모, 보호자 또는 교사와 함께 하는 작업이 매우 중요할 수 있다. DBT 일반 방침에 따르자면 환자가 동석한 상태에서 개입하도록 하지만, 이는 매우 어린 청소년에게는 실용적이거나 항상 유용하지 않을 수 있다. 미성년자가 동석했을지라도 치료자가 환자보다 훨씬 더 적극적이어야 할 필요가 있을 수 있다. 마지막으로, 아동 학대를 보고하기 위한 법적 요건으로 치료자가 그러한 학대 모든 경우에 개입하며 당국과 연락을 취해야 한다.

구체적인 환경 개입 전략을 다음에서 설명하였고 〈표 13-1〉에 열거하였다.

〈표 13-1〉 환경 개입 전략 점검표

_____ 치료자는 환자가 혼자 힘으로 행동할 수 없고, 결과가 매우 중대할 때 개입한다.
- _____ 치료자는 필요시 환자가 정신과에 입원하는 과정을 준비한다.
- _____ 치료자는 즉각 입원을 돕고 DBT 외래 치료와 일관된 치료 계획을 적용하기 위해 입원 병동 치료진에게 필요한 정보를 제공한다.

_____ 치료자는 환경이 비타협적이고 힘에서 우세할 때 개입한다.
- _____ 치료자는 보험이나 장애 수급을 유지하고 보조 치료 프로그램에 등록하기 위해 필요한 편지를 쓰고 전화를 건다.
- _____ 치료자는 환자의 비자발적 대안 치료나 입원 치료를 막기 위해 개입한다.

1) 역자 주: 현재 아동·청소년을 위한 DBT는 효능이 검증되었고 널리 쓰인다.

_____ 치료자는 환자 생명을 구하거나, 타인을 향한 높은 위기 상황을 막기 위해 개입한다.
_____ 적절한 경우 치료자는 환자 자살 위기 시 환자 가족에게 알리며, 치료자는 자살 위기에 비밀을 보장하지 않는다.
_____ 치료자는 환자가 아동 또는 노인을 학대 또는 방치하거나 특정 개인에게 신체 위해를 위협하는 경우 담당 기관에 신고한다. 치료자는 다른 개인의 보호에 관한 법률을 준수한다.
_____ 치료자는 인도적일 때(내담자의 차가 고장 났다면 데리고 와서 회기를 진행하기) 개입하며, 해를 초래하지 않을 때 개입한다.
_____ 치료자는 환자가 미성년자일 경우, 위와 같이 개입하지만 부모 또는 보호자의 권한 안에서 수행한다.
_____ 치료자는 반드시 알아야 할 정보라면 다른 전문가에게 환자에 대한 **정보를 제공**한다.
_____ 치료자는 불필요하게 환자에게 창피함이나 모욕을 줄 정보에 대해 비밀을 유지한다.
_____ 치료자는 환자 권리를 **옹호한다**.
_____ 치료자는 환자를 돕기 위해 환자의 환경으로 **들어간다**.
_____ 치료자는 사례 관리 의무에 대한 자신의 한계를 관찰한다.

DBT 위배 전략

_____ 치료자는 단지 더 쉽거나 시간을 절약하기 때문에 개입한다.
_____ 치료자는 환자의 실제 능력을 평가하지 않는다.
_____ 치료자는 환경 요구를 평가하지 않는다.
_____ 치료자는 다른 사람과 환자에 대해 의사소통할 때, 환자를 경멸하며 기술하거나, 근거 없이 동기를 추론하거나, 그 외 부정적으로 환자를 묘사한다.

1. 환자 없이 단독으로 정보 제공하기

다른 사람에게 정보를 제공하는 개입은 정신건강 공동체에서 가장 흔한 환경 개입 형태이다. 의료 기록, 접수 및 퇴원 요약서, 검사 결과는 환자를 치료하는 다른 전문가에게 정기적으로 전달된다. 치료를 계획하거나 혜택을 조율하거나 위기에서 조언을 얻기 위한 전화 자문은 대부분 치료 환경에서 거의 일상이며, DBT를 포함한 모든 치료에서 오직 알 필요가 있는 정보만 제공해야 한다는 점을 중요하게 기억해야 한다. 치료에서 비밀을 보장해야 할 구체적 개인 정보, 사적 비밀, 공개하는 경우 환자에게 창피나 모욕을 주는 정보는 보호해야 한다. 경멸하는 기술, 근거가 없는 동기 추론, 환자에 대한 다른 사람의 태도에 부정적 영향을 미칠 수 있는 환자에 대한 그 밖의 묘사는 모두 엄중히 하지 말아야 한다.

2. 환자 권리 옹호

환자 권리 옹호에서 치료자는 환자에게 유익한 결과를 가져오거나 환자를 치료하는 다른 사람에게 영향을 미치기 위해 환자를 대신하여 행동한다. 예로는 환자의 의료 혜택을 유지하는 데 필요한 치료 근거와 치료 경과 보고서 보내기, 보험 회사에 청구서 문제를 해결하도록 전화하기, 치료 또는 거주 프로그램에 환자가 들어갈 수 있도록 뒷받침하기, 환자가 비자발적 치료 상태에 들어서지 않도록(또는 있지 않도록) 하기, 입원 프로그램에서 벗어나도록 하기 등이 있다. 환자 권리를 옹호하는 개입은 절대 필요할 때에만 행한다.

3. 도움을 주기 위해 환자 환경으로 들어가기

많은 경계성 사람은 매우 고립된 삶을 산다. 그들은 지지적 대인관계 연결망을 구축하고 유지하는 데 자주 어려움을 겪는다. 가까운 곳에 가족 구성원이 없을 수도 있고, 가까운 가족과 관계가 매우 불편한 상태일 수 있다. 친구가 적거나 필요할 때 유용한 도움을 제공하지 못할 수 있다. 드물지 않게, 환자는 위기에서 치료자 말고는 도움을 요청할 다른 누군가를 찾기 어려울 수 있다. 이 경우 앞서 설명한 조건에 맞는다면, 치료자가 환자에게 손을 뻗어 직접 도움을 줄 수 있다. 예를 들어, 치료자는 환자가 심한 자살 충동을 느낄 경우, 때로 환자를 응급실이나 병원으로 데리고 갈 수도 있고, 환자가 혼자서는 할 수 없는 과제를 매우 무서워할 때 특정 과제를 함께 돕기 위해 동행할 수 있으며, 마지막 버스를 놓쳤다면 치료 후에 집으로 데려다줄 수도 있다.

때로 환자는 멀리서 하는 조언과 지도 이상을 필요로 하지만, 그 자신을 위해 행할 능력이 없지는 않다. Kanter(1988)가 말했듯이, 사례 관리자(여기서는 DBT 치료자)는 단지 '여행 가이드' 역할만 하는 게 아니라 때로 환자의 외로움을 덜어 주는 '여행 동반자' 역할도 한다. DBT가 완화하고자 하는 외로움은 도움이 필요할 때 가용한 도움 없이 적극적으로 문제를 해결해야 하는 외로움이다. 따라서 치료자는 때로 환자와 함께 하며 정신적 지지를 제공한다. 이러한 접근에 관한 행동주의 치료 모델은 일상 환경의 두려운 상황에 들어서려는 환자의 시도에 동행하는 실제 노출 치료이다. 이 책에서 앞서 언급했듯이, DBT 치료자는 환자에게 접착제처럼 달라붙어 격려와 조언을 속삭인다. 그러나 코칭이나 정신적 지지와 환자의 주도권을 가져가는 행위 사이의 차이를 명확히 해야 한다. 후자는 예외적인 상황이 아니라면 하지 않는다.

환자에게 자문하기 전략

환자에게 자문하기는 개념으로는 단순한데 수행하기는 매우 어렵다. 개념은 이러하다. DBT 치료자는 주 역할로, 환경에게 환자와 효과적으로 상호작용하는 방법을 자문하기보다는, 환자에게 환경과 효과적으로 상호작용하는 방법을 자문한다. 경계성 개인은 환자이지, 시스템이나 연결망이 아니다. 따라서 치료자는 환자 연결망보다는 **환자에게 자문하는** 역할을 한다. 환자가 자기 연결망에서 지닌 문제에 대해, 치료자는 환자와 함께 문제 해결에 관여한다. 그런 다음 환자가 연결망을 관리할 수 있도록 남겨 둔다.

일부 예외가 있지만, DBT 환자에게 보조 치료를 제공하는 건강 전문가는 환자 삶의 여러 사람과 같이 다룬다. 나의 경험상 DBT에서 보조 전문가와 상호작용하는 방식은 이 치료의 가장 혁신적 측면 중 하나이다. 이는 보통 건강 전문가가 건강 문제를 치료하기 위해 훈련받는 방법과 반대되기 때문에 실행하기 어려울 수 있다. 대부분 지역사회는 건강 돌봄 시스템에서 개인에 대한 치료를 조율하고 통합하기 위해 상당히 많은 양의 의료 돌봄 자원을 투입한다. DBT는 이 관점에 반대하지 않는다. 보통 잘 조율된 돌봄은 아마 더 나은 돌봄일 것이다. 차이점은 DBT가 치료를 조율하는 데서 어떤 역할을 취하느냐에 있다.

이 절에서는 먼저 환자에게 자문하기 전략의 일반 근거 또는 정신에 대해 논의한다. 그다음, 구체적 자문 전략을 설명한다. 마지막으로 이 접근에 반대하는 주장과 더불어, 그런데도 의료 및 정신건강 공동체의 표준 자문 접근법이 아닌 왜 이 환자에게 자문하기 전략을 선택하였는지를 명확하게 논의하겠다. 이 접근을 시도해 보기를 설득하고자 한다.

환자에게 자문하기 원리와 정신

환자에게 자문하기 접근은 세 가지 목표를 염두에 두고 선택하였다. ① 환자가 자신의 삶을 관리하는 방법을 가르치기, ② 환자와 상호작용하는 다른 개인과 DBT 치료자 간의 '분리$_{\text{splitting}}$' 사례 줄이기, ③ 환자에 대한 존중을 장려하기 위함이다.

효과적인 자기 돌봄 가르치기

첫 번째로 고려한 점은, 경계성 환자가 문제 해결을 회피하기를 선호한다면, 반대 극단 기능을 할 지침이 있어야 한다는 점이었다. 환자는 관계에서 영향을 미치기 위해 직접 수단보다 간접 수단을 사용한다. 흔히 치료자가 자기 대신 대인관계 어려움에 개입하게끔 한다. 자문하기 전략은 환자에게 적극적 해결을 일관되게 요구하는 방향으로 기운다. 환자가 현재 혹은 미래에 직면하는 모든 환경 문제를 치료자가 해결할 수 없으므로 이는 필수이다.

여기에는 두 가지 필요성이 겨루고 있다. 한편으로는 환자를 치료하거나 환자와 상호작용하는 모든 사람에게 정보가 필요하다. 가족, 직장 동료, 친구뿐만 아니라 건강 전문가도 그들이 알고 이해할수록 환자에게 더 효과적으로 반응할 것이다. 치료자가 정보를 제공한다면 환자에 대한 이해를 높인다. 다른 한편으로는, 환자는 건강 전문가를 포함한 다른 사람과 효과적으로 상호작용하고, 자신을 돌보고 자신의 능력과 자신감을 높이는 법을 배울 필요가 있다. 자문하기 전략은 이를 목표로 한다. 따라서 DBT에서 치료자는 자기 돌봄을 장기적으로 개선하기 위해, 단기적으로 환자가 비효과적인 자기 돌봄에서 겪는 부정적 결과의 고통을 어느 정도 감내하도록 내려놓는다. 자문하기 전략의 즉각적 결과가 너무 심각한 경우, 치료자는 환경 개입 전략으로 전환한다.

이러한 접근에는 환자가 효과적인 상호작용을 배울 수 있다는 환자 능력에 대한 믿음이 담겨 있다. DBT에서 환자는 다른 사람과의 상호작용에서 책임 있는 당사자이다. 치료자는 환자를 대신해 세상을 바꾸기보다는, 문제 있고 불평등한 세상 **그 자체**에 환자가 대처하도록 도울 임무가 있다는 신념에 기반한다. 환자를 대신해 문제를 해결하려고 개입하거나 환자가 필요하고 원하는 무언가를 얻어 주고자 개입하는 대신, 치료자는 환자가 문제를 해결하고 원하고 필요한 바를 얻는 방법을 가르치고 지도한다. 환경이 환자에게 가하는 역경과 '나쁜' 대우는 연습과 학습의 기회이다. 다시 말해서, 레몬으로 레모네이드를 만든다. 환자는 환경에 수동적으로 복종하지 않으며 환경을 '관할하도록' 배운다.

'분리' 줄이기

'분리splitting' 현상은 경계성 환자 삶에서 일상으로 일어난다. 환자 관계망에서 서로 다른 개인이 환자와 상호작용하거나 반응하는 방법을 두고 갈등을 빚을 때 분리가 발생한다. 부모 사이도 분리가 일어날 수 있다. 예를 들어, 한 부모는 환자에게 숙식을 계속 무료로 제공하기를 원하지만, 다른 부모는 환자가 가계 지출의 몫을 분담하기를 바랄 수 있다. 친구 중 어떤 이는 다른 친구가 비열하거나 파괴적인 방식으로 행동하고 있다고 생각하며 분리가 일어날 수 있다. 환자의 여성 친구는 환자 고민에 대해 환자 배우자나 파트너를 비난할 수도 있고, 그 반대 경우도 마찬가지이다. '치료 구성원 분리'에서 동일한 환자를 치료하는 건강 전문가는 치료 방법과 우선순위에 서로 동의하지 않을 뿐 아니라 격렬하게 반대한다(이는 이 장 후반부에서 더 자세히 논의한다).

환자에게 자문하기 접근은 분리를 줄이기 위해 개발했다. 치료자는 환자에게 자문하는 역할로 계속 남아, 환자와 관계하는 사람이 취하는 모순적 입장에 엮이지 않고 피할 수 있다. 환자에게 어떻게 대응해야 하는지는 사람마다 다르고 불일치가 일어날 수 있는데, 이는 환자가 자신을 옹호하고 생각하는 법을 배우고, 서로 다른 조언을 통합하며, 결국 자신의 삶과 안녕에 스스로 책임을 지는 기회이다. 다른 사람이 환자에게 어떻게 반응해야 하는지에 대한 논쟁에서 벗어남으로써 DBT 치료자는 분리에 가담하거나 덧보태지 않고 이를 피한다.

환자에 대한 존중을 촉진하기

마지막으로, 환자에게 자문하기 접근은 환자와 환자 능력에 대한 존중을 촉진하고, 이는 DBT 전반의 입장과 일치한다. 이를 통해 환자에게 본인 자신이 믿음직한 정보원이고, 본인이 사회 관계망 및 보건의료 관계망에서 스스로 효과적으로 개입할 수 있다는 메시지를 전달한다. '전문가들(교육, 법률, 의학, 심리치료 영역)끼리' 서로 사례 자문하는 일이 드물지는 않지만, 특히 사례 관련 당사자 없이 이러한 자문을 시행한다면 다음 몇 가지 메시지를 담는 셈이다. 환자 개인 목표를 달성하기 위한 수단이 너무 복잡해서 환자가 이해하지 못한다거나, 환자 견해와 소망이 그다지 중요하지 않다거나, 환자 노력을 신뢰할 수 없다는 뜻이 담길 수 있다. 자문하기 전략은 자신의 안녕에 관해서 환자의 소망과 견해를 신뢰해야 한다는 점을 일관되게 제시한다. 이러한 접근은 행동과 심리적 변화 과정을 신비화하는 장막을 걷어 내도록 교육함과 더불어, 환자가 스스로 대변하는 더 나은 옹호자가 될 수 있도록 한다.

'치료팀' 대 '다른 모든 이'

환자에게 자문하기 접근에는 몇 가지 변형이 있다. 이러한 변화는 주로 정보나 자문이 필요한 사람이 치료팀 일원이냐 아니냐에 달려 있다. 원칙으로 모든 보조 치료자는 DBT 치료팀의 일원이 될 수 있다. DBT 팀에 속하기 위한 유일한 요건은 다음과 같다. ① 환자 협의, ② 치료자는 치료에 DBT 원칙을 적용하는 데 협의, ③ 치료자는 정기 DBT 지도감독 및 자문 회의에 참석. DBT는 모든 치료자가 DBT에 전념하는 연구소에서 외래 환자 치료로 개발되었다. 이 설계는 DBT 특수 치료 프로그램(또는 프로그램 속 프로그램)을 하는 입원 및 외래 환자 병동에도 가능하다. 소규모 임상가 집단이 다수 경계성 환자를 위한 치료를 위해 모일 수도 있다(예: 개인 심리치료를 제공하는 한 명 이상의 치료자가 있고 기술 훈련을 제공하는 한 명 이상의 치료자와 협력한다). 또한 개인 임상가 한 명이 경계성 환자를 치료하면서 DBT 감독 및 자문을 위해 동료와 정기적으로 만나는 환경도 있다. 만약 한 명 내지는 적은 수 구성원만 DBT를 수행하는 팀에서 환자를 치료한다면, 팀 모든 구성원이 DBT 사례 관리 철학에 따르도록 설득되지 않는 이상 여기서 내가 설명하는 자문하기 전략을 엄격하게 적용하기는 아마도 어렵겠다.

정의상, 치료팀 구성원은 정기적으로 자문 회의를 하고, 환자에 대한 정보뿐 아니라 환자에 대한 그들 자신의 반응과 상호작용을 교환한다. 정의에 따르면 팀 외부 사람(즉, 다른 모든 사람)은 정기적으로 정보를 공유하지 않는다. 팀 구성원은 가족 구성원처럼 대한다. 모든 팀 구성원은 비밀 보장 규칙에 동의했고, 환자와 치료자 모두에게 같은 치료 원칙을 적용하는 데 관심을 둔다. 주어진 정보는 합리적이고 예측 가능한 방식으로 해석한다. 팀 구성원이 아닌 이는 친구처럼 대한다. 그들이 환자에게 DBT 팀과 동일한 규칙을 적용한다고 가정하지 않고, 정보를 공유해도 어떻게 해석하고 사용하는지 명확하지 않다. DBT 팀과 그 외 다른 모든 사람에서 환자에게 자문하기 접근의 일반 원칙과 철학은 동일하지만, 구체적 전략은 다르다. 이러한 차이는 중요하다. 구체적인 자문 전략은 〈표 13-2〉에 열거하였고 다음에서 설명하였다.

〈표 13-2〉 환자에게 자문하기 전략 점검표

_____ 치료자는 환자와 다른 전문가에게 환자에게 자문하기 접근에 관한 **방향을 잡아 준다**.

_____ 치료자는 **다른 전문가**와 상호작용하는 방법에 대해 환자에게 **자문**한다. 치료자는 환자의 치료 환경을 조정하기 위해 개입하지 않는다(예외 경우는 〈표 13-1〉 참조).

　　_____ 치료자는 치료 프로그램, 치료 철학, 프로그램 한계 등에 관한 일반 정보를 제공한다.

　　　　_____ 치료자는 환자 대신이 아닌 자기 자신으로서 말한다.

　　_____ 치료팀 밖에서 치료자는 환자가 있을 때만 환자에 대해 논의한다.

　　　　_____ 치료자는 환자에게 필요시 전화나 대면 자문을 주선하도록 요청한다.

　　　　_____ 치료자는 사례 회의에서 환자를 코칭한다. 치료자는 환자가 그러한 회의를 준비하도록 격려하고 돕는다.

　　　　_____ 치료자는 환자에 대한 보고서나 서신을 작성할 때 환자와 협력한다.

　　_____ 치료팀에서 치료자는 치료 계획을 안내하기 위해 환자에 관한 정보를 주고받는다.

_____ 환자가 팀 회의에 없더라도, 치료자는 이 전략의 정신을 지키며 환자가 스스로 할 수 있는 일을 대신하지 않는다.

_____ 치료자는 적극적으로 다른 전문가에게 환자를 치료하는 방법을 말하지 않고 삼간다.

_____ 치료자는 다른 전문가 또는 기관에 "평소 지침대로 하세요."라고 전한 뒤 환자와 상의한다.

_____ 치료자는 환자가 DBT 팀 외부 전문가(기관이나 담당자)와 치료 계획의 쟁점을 다룰 때 다음을 주도적으로 행동할 수 있도록 돕는다.

_____ 보조 지원자와 약속 잡기

_____ 적절한 의약품, 약물 상담, 적절한 약물 변경, 약물 보충 등을 얻기

_____ 입원, 퇴원, 기술 훈련 및 개인 DBT를 받기 위해 허가증 얻기, 치료 계획을 변경하기 위해 정신과 병동 치료진과 효과적으로 상호작용하기

_____ 비자발적 치료 피하기

_____ 치료자와 만날 수 없을 때 응급 돌봄 받기

_____ 치료자는 환자를 대신해서 다른 전문가와 환자의 대인관계 문제를 해결하거나 개입하지 않는다.

_____ 치료자는 환자와 함께 다른 DBT 치료팀 구성원 및 보조 전문가와 생긴 문제를 해결할 방법에 대해 협의한다.

_____ 치료자는 다른 전문가를 변호하지(또는 부당하게 질책하지) 않는다.

_____ 치료자는 팀 다른 구성원의 행동이 아닌 자신의 행동에 대한 책임을 진다. 치료자는 환자의 다른 치료자를 대신하지 않는다.

_____ 치료자는 모든 치료자가 실수한다는 사실을 인정한다.

_____ 치료자는 다른 치료법이 효과가 없거나 (치료자가) 오히려 병을 키우는 상황이 드러나면 환자가 자신의 치료 공동체에 개입할 수 있도록 돕는다.

_____ 치료자는 환자와 위기가 있는 다른 사람의 요청을 사례 관리자가 아니라 자문가로서 처리한다. 치료자는 환자가 없는 자리에서 환자를 대변하지 않는다.

_____ 치료자는 일반 정보를 제공하고, 문의한 사람으로부터 위기 관련 정보를 얻고, 효과적인 대처를 개발하기 위해 환자와 협의한다.

_____ 치료자는 사례 회의에서 환자를 코칭한다. 치료자는 환자가 이러한 회의를 준비하도록 돕는다.

_____ 치료자는 특히 치료 관련 주제로 **가족 및 친구**에게 대응하는 가장 좋은 방법에 대해 환자에게 **자문**한다.

_____ 치료자는 일반 정보를 요청하는 가족이나 친구에게 이를 제공하고 이들로부터 위험 관련 정보를 얻지만, 환자에 대한 정보는 누설하지 않는다.

_____ 치료자는 적합한 경우, 환자와 가족 회기를 진행한다.

_____ 치료자는 환자를 코칭하지만 대변하지는 않는다.

_____ 치료자는 가족 구성원에게 치료, BPD 이론 등에 대한 정보를 제공한다.
_____ 치료자는 가족이 환자를 타당화하도록 돕는다.

DBT 위배 전략

_____ 치료자는 환자와 함께 작업하는 다른 전문가를 변호하거나 그들을 대신해서 개입한다.
_____ 치료자는 환자를 지나치게 취약한 사람으로 대한다.
_____ 치료자는 환자를 지나치게 조종하는 사람으로 대한다.

1. 환자 및 관계망에 접근 방향 잡아 주기

시애틀에 처음 소개했을 때, 환자에게 자문하기 방식은 지역사회에 상당한 논란을 일으켰다. 지역사회는 상당량의 설명을 요구했으며, 이러한 사고방식에 어느 정도 익숙해져야 했다. 환자와 환자 관계망 내 구성원 모두 자문하기 접근방식을 잘 이해해야 한다. 치료자가 환자에게 처음으로 개입하기를 거부할 때, 치료자와 환자는 왜 이렇게 행하는지 그리고 환자를 유능한 사람으로 대우할 때 장기적으로는 환자 자신에게 어떻게 가장 이익이 될지를 논의해야 한다. 여기서 환자가 당연시하는 취약성 또는 관리 능력 부족에 일침 놓기를 하면 매우 유용할 수 있다. 환자는 자신이 늑대에게 던져져 혼자 힘으로 분투해야 할까 두려워한다. 환자에게 자문하기 접근은 그게 아니다. 치료자가 모든 단계마다 환자 바로 옆에 있다. 이러한 방향 잡기는 여러 번 반복해야 할 수 있다.

다른 전문가와 관련하여 치료자를 위한 최선의 방침은, 치료 방침에 근거하여 자기 입장과 자문하기 접근을 설명하는 방법이다. 나는 대개 이렇게 말한다. "나는 특정 치료를 적용하고 있습니다. 이 치료는 가능하다면 치료자가 대신하기보다는 환자가 자신을 위해 개입하는 법을 가르칩니다. 경계성 환자가 의료 체계에서 효과적으로 상호작용하는 데 큰 어려움을 겪는다는 점을 짚고 싶습니다. 그렇기 때문에 환자가 더 효과적으로 행동하도록 가르치는 데 에너지를 집중하고 있습니다. 저는 환자가 있는 자리라면 다른 전문가와 함께 기꺼이 상의하고자 합니다(당연히, 너무도 상의하고 싶습니다)."

다른 전문가도 결국 치료자가 자신이 아닌 환자와 함께 작업한다면 장기적으로 자신에게도 최선으로 이익이라는 점을 보도록 하는 데 요령이 있다. 내 경험상, 지역사회 전문가는 이 방침에 익숙해지면 그다지 신경 쓰지 않는다. 하지만 익숙해지는 데는 시간이 걸리고, 그 과정 동안 어떤 전문가에게는 약간의 타당화가 필요하다. 협조가 어려운 전문가라면 치료자는 때로 자문하기 전략을 포기하고 환경 개입 전략으로 옮겨 가야 할 수도 있다.

2. 다른 전문가를 어떻게 대할지 환자에게 자문하기

환자에게 자문하기의 핵심은 다음과 같다. 치료자 역할은 환자가 다른 사람을 어떻게 대해야 할지 환자에게 자문하는 데 있다. 다른 사람이 환자를 어떻게 대하거나 치료할지 자문하지 않는다. 각 DBT 치료자는 환자가 대인관계망의 모든 구성원, DBT 치료팀의 구성원 혹은 다른 보조 치료자인 의료진과 정신건강 전문가와 어떻게 더 효과적으로 상호작용할지 돕는 과제가 있다. 일반 규칙(앞서 설명한 예외 사항 포함)으로 DBT 치료자는 환경을 조정하는 데 개입하지 않으며, 환자를 위해서 다른 전문가가 제공하는 치료에도 마찬가지로 개입하지 않는다. 요컨대, 이 전략에는 할 것('환자에게 다른 전문가와 어떻게 할지 말하기')과 하지 말 것('다른 전문가에게 환자와 어떻게 할지 말하지 않기')이 결합해 있다. 이 전략에서 유추할 수 있는 결론 전략 혹은 일반 방침은 다음과 같다.

방침 1: 다른 전문가에게 치료 프로그램에 대한 일반 정보를 제공하라 환자를 자문한다고 해서 치료자가 DBT에 대한 일반 정보, 치료 철학, 치료자 개인의 한계, 프로그램의 한계, 그리고 DBT에서 근간이 되는 행동주의 원리 등을 다른 사람에게 제공하지 못하게 배제하지 않는다. 비록 치료자가 환자를 대변하지는 않지만, 치료자는 치료자 자신과 프로그램 전체에 대해 말할 수 있고 말한다. 전화, 편지 또는 다른 전문가와 환자가 함께 하는 회의에서 치료자는 자기 관점을 설명한다.

방침 2: 치료팀 밖에서는 환자 없이 환자나 환자 치료에 대해 논의하지 말라 환경 개입 전략에 따라 앞에서 논의한 예외 사항을 제하면, 치료자는 DBT 치료팀이 아닌 사람과 단독으로 환자와 관련한 상호작용을 하지 않는다. 즉, 치료자는 전화 회의에 참여하지 않으며, 보고서를 보내거나 환자가 참여하지 않는 회의나 사례 회의에 참석하지 않는다. 환자가 허락하고 전문가와 의사소통을 할 필요가 있을 때도 일방적으로 정보를 공유하지 않는다. 치료자와 환자가 협력하여 편지와 보고서를 작성하고 함께 회의에 참석한다. 보조 치료자 또는 환자와 관련된 다른 사람에게 필요한 통화는 먼저 환자가 있는 자리에서 논의하고 자문한다. 이때 스피커폰은 매우 유용하다. 치료자가 출장 간 동안 환자 돌봄에 대한 예비 계획을 세울 때 환자와 함께 계획을 세워야 하며, 치료자는 출장 가기 전에 공백을 담당할 전문가에게 전화를 걸어 계획을 검토해야 한다. 물론 일반적으로 (환자와 상의한 후) 치료자는 공백을 채우기 위해 동료와 사전에 준비 절차를 갖는다. 환자에 따라서, 치료자는 자신이 떠나기 전에 동료와 함께 예비 계획을 이중으로 점검하기를 원할 수도 있다.

치료자와 치료진은 보통 환자를 소개하는 부탁 말이나 의뢰서를 쓰지 않는다. 환자 스스로 자신을 소개하고 말할 수 있다고 가정한다. 만약 그러한 편지가 필요하거나 유용하다면, 환자와 치료자는 같이 편지를 쓴다. 새 전문가에게 주어야 하는 정보가 있다면 환자를 통해 전달한다. 환자는 적어도 DBT 팀의 코칭을 받는다면 자기 문제, 지금까지의 치료, 현재 요구를 정리할 수 있다고 가정한다. 본인이 직접 말할 수 없는 경우라면, 환자가 참석하는 공동 회의를 준비한다.

방침 3: 치료팀에서 정보를 공유하되 이 전략의 정신을 유념하라 특정 환자와 함께 작업하는 모든 DBT 치료자는 매주 지도감독 및 자문팀에서 만나 환자의 진척 상황을 검토하고 논의한다. 환자는 참석하지 않는다. 이러한 회의에서 주목적은 환자와 함께 작업할 때 사용할 수 있는 정보를 공유하고, 공유된 정보에 기초하여 치료 자문을 받는 데 있다. 이 경우, (실제 단 한 명의 치료자만 환자를 만나고 있다 하더라도) 팀 전체를 치료를 제공하는 집단으로서 간주한다. 정보는 여러 측면에서 모이므로 치료 집단은 하나가 되어 환자를 가르칠 수 있다. 이러한 맥락에서 환자가 스스로 할 수 있는(또는 배울 수 있는) 일을 치료자가 환자를 위해 대신한다면, 환자에게 자문하기 접근 전략에 위배된다. 정보 공유는 치료 계획을 세우기 위함이지, 환자를 대신해 소통하기 위함이 아니다.

방침 4: 다른 전문가에게 환자를 어떻게 치료해야 하는지 말하지 말라 환경 개입 전략(앞 참조)이 필요한 경우를 제외하고 환자는 치료자와 다른 모든 사람 사이뿐 아니라 치료팀과 보조 전문가 및 연결망 내 다른 사람 사이에서 환자 자신이 중재자가 된다. DBT 치료자가 보조 전문가에게 전하는 치료 지침에 대한 통상 반응은 '평소의 절차를 따르라'는 의견을 약간 변형한 정도이다. 치료팀에서 치료자는 다양한 치료 선택지를 통해 다른 팀 구성원을 도울 수 있고, 이 계획이 유용할 환자에 대한 정보를 제공할 수 있지만, 최종 판단에서 "평소 DBT 절차를 따르시오."라고 똑같이 조언한다.

치료자의 치료에 보조 치료가 중대한 영향을 미칠 수 있는 경우에도 이 규칙에 따른다. 여기 하나의 예가 있다. DBT에서 한 환자는 대인관계 효과성 기술 훈련 모듈에서 주장하기 기술을 배우고 있다. 환자는 자신을 옹호하는 데 상당한 어려움을 가지고 있다. 그는 매우 공격적이거나 매우 수동적이다. 환자의 개인 치료자는 집에서 9시 이후에는 전화를 받지 않는다. 환자는 오후 8시 30분까지 일을 하고 9시 이후에야 집에 도착한다. 환자는 치료자가 통화 마감 시간을 9시 30분으로 변경하기를 원한다. 환자는 이미 많은 요구를 해왔고 언어 공격을 시도했지만 아무 소용이 없었다. 그는 기술 훈련에 와서 자기 치료자에 대한 불평을 한다. 기술 훈련자는 환자와 함께 더 능숙한 접근을 개발한다. 환자는 다음 치료 시간에 이를 시도해 보겠다고 동의한다. 기술 훈련자는 환자가 새롭고 더 능숙한 행동을 강화받기를 열렬히 원한다. 환자의 개인 치료 회기 이전에 열리는 지도감독 및 자문 회의에서 기술 훈련자는 이 자문하기 접근을 어떻게 적용할까?

여기서 가장 중요한 요소는 개인 치료자를 향한 기술 훈련자의 태도이다. 회의에서 기술 훈련에서 다루는 내용을 팀과 공유하는 정도는 적절할 수 있다. (비록 미미한 것이라 해도) 기술 훈련자는 심지어 환자와의 작업과 환자에게 내준 숙제도 공유할 수 있다. 또한 기술 훈련자는 환자가 새로운 기술을 사용할 경우 강화되기를 바라는 환자 희망을 공유할 수 있다. 하지만 무슨 일이 일어나든 상관없이 기술 훈련자가 그 상황에 환자가 대처하도록 돕겠다는 태도가 중요하다. 이 사례에서 개인 치료자가 할 일은 사회를 대표하는 일이다. 그러한 사회에 대처하는 법을 가르치는 일은 기술 훈련자가 할 일이다. 만약 그 환자가 능숙하게 부탁하고 그에 대한 보상을 얻는다면, 지나치게 요구하는 공격적 행동보다 숙련된 행동이 더 유용하다는 사실을 배운다. 만약 그의 행동이 보상받지 못한다면, 그는 완벽한 행동조차도 일상 세계에서 항상 보상이 주어지지 않는다는 사실을 배울 기회를 얻는다. 무엇이 더 중요한 가르침이 될까? 둘 다 매우 중요하기 때문에 명확하지 않다.

환자가 다음 기술 훈련 시간에 와서 자신이 요청을 다 마치기도 전에 개인 치료자가 자신의 말을 끊고, 갑자기 아니라고 말하며, 협상을 거절했다고 하자. 현재 기술 훈련자의 과제는 환자가 자신의 행동과 상대방의 행동을 가능한 한 객관적으로 분석하도록 돕고, 이러한 상황 변화에 어떻게 대처해야 하는지를 알아내는 일이다. 다음 팀 회의에서 기술 훈련자는 어떻게 자문하기 접근을 적용할까? 이 경우에 개인 치료자의 관점을 얻기 위해 정보를 교환할 수 있다. 누가 옳은지 결정하기 위해서가 아니라 환자가 전략을 세밀하고 정교하게 조정하도록 돕기 위해서이다. 목표는 기술 훈련자가 마치 실제로 개인 회기를 참관했더라면 얻을 법한 정보를 얻는 데 있다. 마치 상호작용에 대한 촬영물을 보는 셈인데, 다만(이 부분이 매우 중요하다) 카메라 대신 개인 치료자의 프리즘을 통해 본다. DBT는 환자가 왜곡하며 치료자는 그렇지 않다고 가정하지 않는다.

환자와 다음 상호작용에서 기술 훈련자는 환자가 개인 치료자에게 어떻게 접근하였는지 혹은 개인 치료자가 어떻게 보았는지에 관해 자신이 얻은 정보를 공유할 수 있다. 아마도 두 사람 모두 상호작용을 비슷하게 보았을 것이다. 아니면 환자는 치료자가 '휴가'를 냈던 중이었는지, 또는 치료자가 중요한 화제를 논의하던 중이고 주제를 벗어나 이야기하길 원치 않던 중이었는지를 깨닫지 못했을 수도 있다. 아니면 치료자는 환자가 다시 한번 매우 능숙하지 못하고 지나치게 요구하는 방식으로 표현했다고 느꼈을지 모른다. 어떤 경우가 되었든 기술 훈련자는 이제 이 이야기에서 양쪽 입장을 모두 알고 있고, 환자가 상호작용 양식을 개선하도록 돕고자 할 때 그 정보를 이용할 수 있다.

물론 치료자가 보기에 다른 사람의 치료가 환자에게 해롭다 여길 때 이 방침은 특히 어려울 수 있다. 그러나 DBT는 환자를 강하게 신뢰하므로, 치료자는 다른 전문가에게 자기 의견을 섣불리 개진하지 않고, 다만 환자 스스로 해로운 치료를 중단하거나 변경하는 데 성공할 거라 가정한다. 예를 들어, 다른 전문가가 의도치 않게 부적응 행동을 강화하는 경우(꽤 흔하게 발생한다), DBT 치료자는 환자가 다른 전문가와 적합한 변화를 이루어 내도록 환자를 가르친다. DBT는 환자가 의료 체계 정보에 능통하고 능숙한 소비자가 되도록 가르치는 중요한 목표가 있다. 이는 매우 중요하므로 이 주제는 이후 다시 논의한다.

방침 5: 환자가 적합한 돌봄을 얻고자 할 때 스스로 주도하는 역할을 하도록 가르치라

DBT 치료자는 환자에게 필요한 전문 지원을 스스로 어떻게 얻는지 가르치는 중요한 역할이 있다. 치료자는 환자에게 스스로 필요를 평가하고, 이용 가능한 자원을 조사하고, 그러한 자원에 연락하여 서비스를 요청하고, 자신이 받은 서비스를 평가하도록 가르쳐야 한다. 예를 들어, 환자가 병동에 입원할 때, 개인 치료와 기술 훈련 과정에 올 수 있도록 출입증을 받거나 환자 자신이 알고 있는 도움 되지 않았던(혹은 치료 프로그램에서 허락되지 않은) 약물을 처방받을 때 이를 충분히 조정하는 두 가지는 모두 환자 자신의 책임이다. 치료자는 (앞선 설명과 같이 반드시 필요한 경우가 아니라면) 병동 직원에게 연락해서는 안 되고, 환자에게 해당 환경에서 효과적으로 행동하는 방법을 가르쳐야 한다. 환자 자신은 (아마도 DBT 치료자의 확고한 지침을 통해 알고 있는) 치명성이 잠재하는 약물에 과도한 접근을 제한하기 위해 외래 약제사와 상의해야 한다(자세한 내용은 15장 참조).

이 원칙은 믿을 수 없을 정도로 단순해 보인다. 실제로, 환자를 가르치기 위해 우리가 소중히 여겨 온 많은 방법을 재고해야만 한다. 자신을 깊이 상처 낸 환자가 입원 병동에 입원했다고 하자. DBT에서 치료자 또는 치료진은 대신 연락하여 의료 자문을 준비하지 않는다(물론 환자가 명백하게 못 하는 경우가 아니라면). 환자가 직접 전화를 걸어 치료 예약을 하도록 지시한다. 치료진은 코칭하고, 전화는 환자가 건다. 치료자와 치료진은 환자를 대신해 다른 전문가와의 치료를 예약해 주지 않는다. 성인은 스스로 치료 예약을 할 능력이 있다고 가정한다. 치료자는 환자가 명백하게 못 하고, 적기에 치료 예약을 하지 못하면 환자에게 긍정적인 배움보다 더 심각한 부정적 결과가 일어날 때만 개입한다.

방침 6: 다른 전문가에게 환자 대신 중재하거나, 문제를 해결하거나, 행동하지 말라 이 방침은 방침 5의 다른 측면이다. 환자가 다른 의료 및 정신건강 전문가를 포함한 다른 사람과 어려움을 해결하는 데 스스로 주도해야 한다면, 당연히 치료자가 환자를 대신하여 개입해서는 안 되는 이유는 충분하다. 만일 환자가 자신이 받는 보조 치료나 다른 치료자에 만족하지 않는다면, 현재 작업하는 치료자는 환자가 다른 전문가에게 이를 효과적으로 전달하는 방법을 알아내도록 도와준다. 치료자는 환자가 궁극적으로 자신을 대변할 수 있는 능력(물론 기술 훈련을 통해)을 가진 사람으로 대한다. 예를 들어, 환자가 치료팀 한 명 또는 여러 구성원과 어려움을 겪고 있다면, 이를 아는 치료자는 다른 사람에게 그 문제를 설명하거나 해결하려고 하지 않는다. 치료자는 환자 대리인이 아니다. 예를 들어, "환자는 선생님에게 정말 화가 나 있지만, 선생님에게 말하기를 두려워합니다. 선생님이 어떻게 환자에게 그렇게 할 수 있죠?"라고 말하는 대화는 받아들일 수 없다. 사람은 왜 이게 개념상 쉽고 실제로는 어려운지 즉각 알 수 있다. 이러한 접근이 정도를 벗어나지 않으려면 겸손이 필수이다.

방침 7: 다른 전문가를 변호하지 말라 치료팀에서 환자에게 자문하기를 하려면 각 치료자는 자기 행동에 대해서만 책임을 지며, 다른 사람을 책임지지 않아야 한다. 한 치료자가 환자 앞에서 또 다른 치료자를 방어하는 건 치료자가 할 일이 아니다. 현실 세계에서와 같이, 어떤 사람은 다른 사람보다 환자와 더 잘 상호작용할 수 있다. 모든 치료자는 실수한다. 규칙은 지키는 사람에 따라 달라질 수 있다. DBT는 치료자가 '안 좋은' 일을 했다고 환자가 생각한다면 아마 실제 그랬을 거라고 가정한다. 앞서 언급했듯이 치료자는 다른 치료 전문가와 환자를 중재하지 않는다. 여기서 핵심으로, 치료자는 다른 치료 전문가를 대신해 환자를 중재하지 않는다. 즉, 치료자는 자기 전문가 동료를 변호하지 않는다.

이 방침은 환자가 다른 치료자를 더 잘 이해하도록 치료자가 도울 수 없다는 뜻은 아니다. 실제로 환자가 다른 사람에게 효과적으로 행동하는 방법을 가르치려면 공감하고 이해하는 태도를 발전시키도록 돕는다. 또한 환자가 다른 치료자에게 화가 나 있다고 해서 치료자가 다른 치료자에게 동의하지 않는다는 뜻도 아니다. 예를 들어, 우리 클리닉에는 실제 중요한 치료 실수를 한 기술 훈련 치료자와 엄청난 어려움을 겪은 환자가 있었다. 그러나 일단 실수는 일어났고 관계를 회복할 길은 없어 보였다. 환자는 심하게 괴롭혔을 뿐 아니라, 기술 훈련이 끝난 뒤에도 그 괴롭힘을 지속했다. 기술 훈련자는 마침내 모든 연락을 끊어 버렸다. 그 후 환자는 (클리닉의 책임자로서) 나에게 전화를 걸었고 이 기술 훈련자가 자신에게 말을 걸게 '만들어' 달라고 애원했다. 나는 환자의 고통을 타당화했고, 기술 훈련자가 자신의 한계를 관찰할 권리를 타당화했으며, 환자가 이 고통스러운 상황을 어떻게 다룰지 문제 해결을 도와 대응했다.

다른 처치가 치료를 저해하는 경우

환경 개입을 하는 예외를 제외하고, DBT 치료자는 비효과적이거나 오히려 해가 되는 치료법이나 DBT에 맞지 않는 치료라고 해서 다른 전문가에게 개입해서 바꾸려고 하지 않는다. 대신에 환자와 보조 치료 상황을 분석하고, 환자가 자기 치료 공동체에 스스로 개입하는 방법을 가르치는 계획을 한다. 첫 번째 방안은 환자가 다른 전문가에게 치료 접근방식을 바꾸도록 영향을 줄 수 있게 도와 본다. 이 방법이 실패할 경우 그 치료를 종결하거나 다른 전문가 또는 치료 프로그램으로 변경하는 선택지를 탐색해야 한다. 몇 가지 예에서 이 점을 설명할 수 있다.

우리 클리닉 한 환자는 (자주) 위기가 있을 때마다 응급실에 간다. 그 환자는 보통 자살하겠다고 위협하기 때문에 대체로 입원이 가능했다. 그의 말에 따르면 입원은 자기 소망에 반하지만, 병원에 가면 자기 문제를 피할 수 있다고 인정했다. (거기다 병동 식사가 맛있었다.) 환자는 수동성과 자살 시도 행동을 강화받고 있을 뿐 아니라, 잦은 입원은 세 번의 실직과 그로 인한 실업 수급 상황을 초래하였다. 그의 사기는 점점 떨어졌고(우리도 함께), 치료는 내리막길을 걷고 있다. 환자를 다룰 새롭고 더 효과적인 방법을 개발하고자 병원과 상의할 수는 없을까? 안 된다. 왜 안 될까? 왜냐하면 내가 병원 하나가 더 효과적인 정책을 채택하도록 만든다 해도, 시애틀에는 적어도 10개의 꽤 괜찮은 정신과 병동이 있기 때문이다. 내가 한 곳을 '훈련시켜' 두면, 환자는 다른 곳으로 갈 수 있다. 내가 모든 병원과 자문을 마칠 때 즈음이면 환자는 다시 첫 번째 병원으로 돌아가 그곳의 완전히 새로운 직원을 만날 가능성이 생긴다. 그리고 나는 다시 그곳에 가서 자문해야 할 것이다. 그리고 환자가 이사를 하면 어떻게 하는가? 환자를 따라 도시에서 도시로 이동해야 할까? 아니다. 내가 환자를 '훈련시켜' 그가 비효과적인 병원 대응을 관리할 수 있도록 하면 훨씬 수월해

질 것이다. 환자는 병원 치료진과 협의하는 방법과 불필요한 입원을 거부하는 방법을 배워야 한다. 환자와 병원 모두 치료 계획을 같이 세워야 한다. 병원은 응급 상황에서 가서 의지할 곳이 될 수는 있지만, 수동성과 자살 행동을 강화하는 곳이어서는 안 된다.

자문하기 접근은 또한 다른 전문가를 향한 치료자 자신의 분노를 줄이는 데 매우 효과적이고, 환자를 돕는 데 주의와 에너지 집중을 유지하기 위해서도 그렇다. 내 환자는 어느 마을에서 오랫동안 한 전문의에게 진료받는 뇌전증 환자였다. 때로 항경련제 혈중 수치가 너무 높거나 낮아서 그는 응급실에 가곤 했고 자주 의료실에 입원했다. 항상 치료진은 약을 이것저것 바꾸기 시작하였고, 환자가 새 약물에 적응하기 어렵다고 말하거나 주치의에게 자문해 달라 요청해도 무시했다. 퇴원 후 그가 평소 복용하던 약을 다시 먹고 안정되기까지는 최대 3주가 걸릴 수 있었다. 이런 일이 또 일어났다. 그 환자는 의료실에 입원했고, 나와 전화를 하면서 치료진이 약을 다시 바꾸고 있다고 말했다. 나의 즉각적인 정서 반응은 그 의사에 대한 분노였다. 주로 이런 일이 일어날 때마다 '뒤치다꺼리'를 해야 하는 사람이 나라고 느꼈기 때문이었다. 나는 가장 먼저 담당 의사에게 전화를 걸어 개입하려는 유혹을 느꼈다. 나는 지쳤고 참기 힘들었으며 그러한 악순환을 중단하고 싶었다. 그러나 전화한다면 자문하기 접근방식에 어긋났다. 나는 내 일이 환자를 치료하는 사람을 바꾸는 일(압도적으로 느끼는 과제)이 아니라, 환자를 바꾸는 일(훨씬 더 다룰 만하다 느끼는 과제)이라는 사실을 깨달았다. 나의 분노는 사그라졌다. 나는 환자에게 다시 전화를 걸어 (확고한 어조로) 이번에는 적절한 자문 없이 그들이 약을 바꾸도록 내버려 두지 않고 거부해야 한다고 말했다. 환자는 이 지점에서 그들보다 더 자기 몸에 관한 전문가였다. 비록 환자에게 자문하기 접근은 다소 시간이 소요되었지만, 마침내 효과가 있었다. 환자는 이제 자기 약물이 정확하게 모니터링되는지 상당히 잘 파악한다. 이 환자가 효과적으로 스스로 돌보려면 한 건강 전문가가 다른 건강 전문가에게 자문을 구하도록 만들어야 한다는 점을 기민한 독자라면 알 수 있다. 환자는 자신의 주치의가 병동 의료진에게 개입하게끔 했다. 좋은 전략이었다.

치료적이지 못하거나 치료 근간을 약화시키는 치료를 제공하는 사람이 DBT 치료팀 일원일 때 치료자는 어떻게 하는가? 여기서 치료자는 환자에게 자문하기 접근(환자를 대신해 주거나 다른 사람에게 환자를 어떻게 치료하라고 말하지 않는다)과 치료자 지도감독 및 자문 접근(하나의 집단으로 치료 계획과 치료 중재를 수행하는) 사이에서 섬세한 줄타기를 오간다. 환자에게 자문하기 접근방식은 여러 치료자가 자신의 치료 계획과 목표를 나누고 상대의 치료가 환자와 나의 치료 목표에 미치는 영향에 관한 정보를 나누는 쪽으로 기운다. 치료자

지도감독 및 자문 접근방식은 둘 이상의 치료 접근에서 통합을 찾는 쪽으로 기운다.

위기 전화 다루기

치료팀 외부 전문가가 건 전화 대다수 건강 전문가는 (물론 동의를 얻은 뒤) 환자의 적극적 관여 없이 개별 환자의 치료를 조정하는 일에 익숙하다. 위기 개입팀, 경찰 및 구조대, 주거 감독자, 거주형 치료 상담가, 사례 관리자, 응급실 직원은 위기 동안 환자에게 가장 잘 반응하는 지침을 얻기 위해 개인 심리치료자에게 전화를 걸려고 많은 노력을 한다. 상황이 어떻든 DBT 방침은 동일하다. 치료팀 구성원이 아닌 외부 전문가의 전화가 걸려 왔을 때, 치료자는 ① 상황에 관한 정보를 받을 수 있는 만큼 확보해야 한다. ② 환자가 제공할 수 없는 필수 정보를 발신자에게 제공하고, 환자가 제공한 정보를 확인(또는 수정)해야 한다. ③ 정상 절차를 따르라고 전달하고, ④ 환자와 대화할 수 있도록 요청한다. 그런 다음 치료자는 환자에게 상황에 대처하고 전문가와 상호작용하는 가장 좋은 방법을 코칭한다. (다시 말하지만, 환자가 협조할 수 없고 결과가 중대한 경우에는 자문하기 접근방식을 적용하지 않는다. 예를 들어, 환자가 의식이 없거나 몸을 가눌 수 없는 상태이거나 너무 적대적이어서 대화를 할 수 없는 경우, 치료자는 과거력, 치료, 약물에 대한 필요한 정보를 제공한다.)

예를 들어, 내 치료팀은 더 큰 정신건강의학과 공간을 사용할 때가 있다. 우리 환자 중 한 명은 치료진이 끊을 수 없다고 느끼는 대화에 이들을 계속 끌어들여 클리닉 치료진의 정신을 지속해서 산만하게 했고, 때로는 대기실에서 공공연하게 적대적으로 행동해 다른 환자를 힘들게 만들었다. 클리닉 소장은 '나의' 환자에 대한 일련의 불만을 나에게 보내면서, 내가 환자를 더 잘 통제해야만 한다고 은근히 제안했다. 클리닉은 이러한 유형의 환자에 준비가 되지 않았고, 다른 환자도 피해를 보고 있었다. 그 당시에 자살이 중대한 위험이었기 때문에 나는 환자를 살려 두는 데 더 관심이 있었다. 게다가, 나는 이 클리닉에서 환자 행동이 다른 클리닉에서 이전에 그가 보였던 행동보다 상당히 개선된 상태라고 알았다. 이 클리닉은 (내가 보기에) 허용 가능한 환자 행동에도 일련의 억압적 규칙을 개발하면서 환자를 대우하고 있었다. 나는 내 불만이 적힌 편지를 클리닉 소장에게 발송하는 식으로 대응했다. 우리 둘 다 성질이 활활 타올랐고, 직원 간 분리가 나타났다. 어느 지점이 실수였는가? 내가 클리닉 소장에게 "평소 클리닉 절차에 따르십시오. 그러면 나는 환자가 대처하도록 돕겠습니다."라고 하는 대신, 다른 말을 덧보탠 게 실수였다. 나는 환자의 잠재능력을 강화하는 대신에 환자 취약성을 보호하고자 했다. 클리닉 소장과 문제 해결을 위한 회의가 유용했을 수 있지만, 이러한 회의는 환자가 참석한 채로 열려야 한다.

치료팀 구성원이 건 전화 치료팀에서 개인 치료자 또는 주 치료자가 대개 위기 상황을 처리한다. 따라서 모든 DBT 이차 치료자는 (명확한 절차가 이미 마련되지 않은 경우) 위기 발생 시 환자를 다루는 지침을 위해 주 치료자에게 연락을 취해야만 한다. 이 경우, 주 치료자는 '평소 절차를 따르라'고 말하지 않고, 대신 지침을 제시한다. 이는 15장에서 더 자세히 논의한다.

사례 회의 참석하기

환자에게 자문하기 접근은 환자와 관련한 치료 조율이나 사례 회의 참석을 절대 반대하지 않는다. DBT를 적용하지 않는 보조 치료자와 치료 조정은 때에 따라 매우 유용할 수 있고, 특히 사례 관리자, 입원 담당 주치의, 약물치료자와 같이 환자와 상당히 오랜 관계를 유지해야 하는 치료자라면 더 그렇다. 또한 치료가 '교착' 상태일 때나, 환자가 위기에 놓여 있거나, 병동에 입원했거나, 여러 치료자를 만나야 할 때 매우 유용할 수 있다. 환자가 사례 회의를 꾸리는 상황이 가장 이상적이다.

사례 회의 동안, 치료자는 환자가 스스로 말할 수 있도록 돕고 정보를 공유하고 얻도록 돕는 주된 과제가 있다. (그러나 이는 치료자가 연결망 내 사람에게 설명을 하기 전까지는 보통 가능하지 않다.) 치료자는 환자가 능숙하게 상호작용하도록 돕는 데 집중한다. 절대 필요하지 않은 한, 치료자는 환자를 대신하여 말하지 않는다. 치료자는 대체 선수가 아니라 한 명의 코치로 그 자리에 있다. 치료자는 치료 원리와 계획을 설명하고, 자신의 한계를 명확히 하는 등 자기 생각을 전달한다. 치료자는 때로 환자가 치료 토론과 계획에 협력하여 참여하도록 적극 노력해야 한다. 환자의 적극적 수동성과 많은 정신건강 전문가의 전통적 관행은 환자가 그러한 장면에서 몸은 존재하지만 정신은 배제되는 분위기를 조성하는 데 가담할 수 있다.

3. 가족과 친구를 다루는 방법에 대해 환자에게 자문하기

가족과 친구는 경계성 환자 치료에 중요한 협력자가 될 수 있다. 환자가 치료를 지속하기 위해서 그들의 지지는 중요하다. 경험상, 비타당 환경의 가족과 친구는 얼마나 심각한지와는 상관없이 치료자 없이도 사람은 문제를 스스로 다룰 수 있어야 한다고 믿는다. 특히 부모는 때로 자녀가 치료 프로그램에 참여하는 데 완강하게 반대한다. 심리치료를 수용하는가는 문화와 계층 배경에 따라 상당히 다르다. 또 어떤 가족과 친구는 치료 과정에 적극 참여하기를 바랄 수도 있다. 이 경우 각각에서 치료자는 환자가 자신의 어려움, 치료, 욕구에 대해 사회 관계망과 효과적으로 의사소통하도록, 치료와 문제 해결책에 대한 상반된 조언을 평가하도록, 그리고 환자가 스스로 능숙하게 의사결정하도록 돕는 주요 역할이 있다.

가족과 친구로부터의 연락

환자 가족과 친구(예: 룸메이트)가 고통을 호소하는 연락을 할 때 이는 치료자에게 꽤 어려운 만남이다. 이들은 환자와 겪게 되는 일반 혹은 특정 문제를 어떻게 다루거나 무엇을 해야 할지에 대해 치료자에게 조언을 요구한다. 때로는 치료 경과 보고나 치료자 자격에 대한 확증을 원한다. (특히 부모나 치료비를 지급하는 사람일 때 더욱 그렇다.) 아니면 환자가 자살할까 두려워 전화했을 수도 있다. 여기서 일반 원칙으로, 치료자가 (특히 자살 위험에 대한 통화의 경우) 정보를 얻을 수 있고, 자신에 대한 정보(예: 자격 증명 또는 경력)를 제공할 수 있으며, DBT와 BPD에 대한 일반 정보를 제공할 수 있다. 그러나 치료자는 환자와 치료 관련 혹은 환자에 대한 정보를 제공하지는 않는다. 치료자는 연락한 사람이 본인 문제와 감정에 대처하도록 도울 수 있지만, 환자가 상호작용 당사자가 아닐 때는 환자에게 어떻게 대처해야 하는지 돕지 않는다.

가족과 친구의 전화는 최대한 세심하게 다루도록 한다. 치료자가 환자 가족과 친구에게 무신경하거나 세심하지 못하게 쳐낸다면 환자가 치료를 계속 받는 데 도움을 주기보다는 해를 끼칠 수 있다. 보통 각 대화가 시작되는 시점부터 치료자가 환자에 대한 정보를 공유할 수 없다는 점을 설명한다면 가장 좋다. 치료자는 공유하지 않는 이유가 연락한 사람의 특성 때문이 아니라 심리치료의 속성을 반영한다는 점을 분명히 해야만 한다.

비록 치료자가 전화를 건 사람의 어려움을 들어 줄 수 있지만, 환자 연결망을 위한 자문에는 언제나 환자를 포함한다. 따라서 환자가 참석하지 않는 경우 치료자는 전화를 건 사람에게 필요한 자문을 받는 법을 조언할 수는 있지만, 환자를 돕는 방법을 조언할 수는 없다. 때로 치료자는 가족이나 친구가 표현하는 정서적 고통에 공감하고 반영할 수 있다. 이때 대화 초점을 환자나 치료가 아닌, 전화를 건 사람과 치료자에게 두도록 한다.

환자에게는 전화 통화에 대한 정보를 알려야 하며, 대화 내용을 공개하고 논의해야 한다. 치료자의 이러한 계획은 연락을 한 사람에게 사전에 알렸어야 한다.

가족 회기 실시하기

이 장 앞에서 언급한 바와 같이, DBT는 15세 미만의 환자를 치료하는 데 사용하지 않았다. 청소년(특히 자립한 10대)인 경우, 환자 가족에게는 일관적으로 환자에게 자문하기 접근방식으로 대한다. 만약 치료자가 가족과 의사소통이 도움이 된다고 생각한다면, 이는 여느 문제 해결 방법처럼 환자가 선택하고 실행해야 할 해결책으로 다룬다. 가족 치료 회기가 특별히 DBT에 부합하지 않는 건 아니고, 때에 따라 제공할 수 있다(15장 참조). 그러나 환자가 참석하지 않는 가족 구성원과 치료 회기는 DBT에 부합하지 않는다. 무슨 뜻이냐 하면, 환자가 중요한 타인의 반응을 이해하도록 도울 수 있다 하더라도, 치료자는 다른 사람이 아니라 언제나 환자와 함께 치료 계약을 했다는 말이다. 가족 구성원이나 환자에게 중요한 다른 사람과 만나는 동안, 치료자는 참여한 사람들이 환자에 대한 더 나은 이해와 타당화하는 태도를 지니도록 돕는다. DBT 이론을 제시하고, 타당화와 기술 쌓기의 필요성을 논의한다.

자문하기 접근방식에 대한 반대 의견

DBT에서 환자에게 자문하기 접근방식은 정신건강 전문가가 보통 기대하는 행동과는 사뭇 다르고, 때로 정반대에 있다. 더군다나 이 접근방식에 많은 시간이 소요된다는 사실을 부인할 수 없다. 게다가 적어도 언뜻 보기에는 체계 접근(변증법 체계를 포함한)에 부합하지 않아 보이기도 한다. 여기서는 이러한 주장과 더불어 자문하기 접근방식을 유지해야 한다는 나의 반론을 논의한다.

심리치료 관습

심리치료자가 환자의 과거력, 진단, 약물, 치료 반응, 현재 상태 그리고 지금 환자를 치료하는 전문가에게 도움이 될 법한 그 밖의 정보를 동료와 정기적으로 교환하는 행동은 당연시된다. 환자 스스로 대변하고 말할 수 있는 능력이 있더라도, 치료자는 보통 환자를 치료하는 다른 건강 전문가에게 직접 정보를 제공하고 자문을 주고받는 역할을 기대받는다. 그런데 DBT에서 이 치료 관습은 다소 뒷순위이다. DBT와 통상적 임상 간 차이는 두 가지 측면, 즉 임상적 논박과 실증 논박에 기초한다.

임상적 논박 심리치료에서 합의 행동의 관습은 의학 치료 모형에 기초한다. 어떤 의사가 보는 보통 환자는 복잡한 의료 정보를 정확하게 다른 의사에게 전달하는 데 능숙하지 않기 때문에, 의학에서는 사례 자문과 의뢰 정보 제공이 필요하다. 심장병 이력이 있는 환자를 응급실로 데려갈 때 의사가 개인 병력과 현재 약물을 아는 것은 환자 사활이 달린 문제이다.

문제는 신체 장애에 대한 의학 치료 규칙을 행동 장애에 대한 심리사회적 치료에서도 똑같이 하여 발생한다. 환자가 심장이나 간 기능에 대해 논리정연하게 정보를 제공할 수는 없을지라도, 심리치료에서 경계성 환자를 포함한 대부분 사람은 자기 행동 기능에 대해 꽤 일관된 설명을 할 수 있다. 심리치료가 협력 작업이라는 가정 아래, 심리치료를 받는 환자는 전문가가 아닐지라도 자신의 현 치료 계획을 합당하게 설명할 수 있을 거라 기대할 수 있다. 목적이 자신의 행동을 통제하고 스스로 운명에 영향을 미치는 능력을 향상하는 데 있다면, 더욱 그러한 상황이다. 환자는 자기 행동이나 자신에 관한 최고의 전문가이거나, 그렇게 되어야 한다. 환자에게 자문하기 접근은 만약 환자가 지금 자신을 대변하는 전문가가 못 된다면, 반드시 전문가가 되도록 설계한다.

물론 때로는 환자가 그러한 설명을 제공할 수 없고, 심지어 환자는 원하는 치료를 취하고자 정보를 의도적으로 왜곡할 수도 있다. 앞에서 언급했듯이, 즉각적 결과가 매우 중대하고 환자가 자신을 위해 효과적으로 개입할 수 없거나 기꺼이 그리하지 않을 때, 치료자는 자문하기 전략에서부터 환경 개입 전략으로 옮겨 가야 한다. 그러나 내 임상 경험상 많은 치료자와 치료 장면은 환자 능력을 과소평가하고, 경계성 개인이 자신의 소망을 충족하기 위해 의사소통을 왜곡하고 조종하려는 경향이 있다고 과잉 평가한다. 환자에게 너무나 자주, 지나치게 행해지는 일이다. 경계성 개인은 실제 자신보다 더 취약하고 더 조종하는 사람으로 취급된다. 치료자는 환자가 스스로 효과적으로 개입할 수 있고 그래야만 할 때 개입한다. 경계성 환자의 일관된 의견에 따르면 우리 프로그램 치료에서 상당히 치료적인 부분은 (환자 자신을 포함해) 다른 사람이 자주 환자의 능력을 믿지 않을 때 우리는 믿는다는 점이었다. 많은 사람이 그들을 비난할 때 우리는 그들을 신뢰한다.

실증 논박 DBT에서 권장하는 환자에게 자문하기 전략을 채택해야 한다는 가장 강력한 논박은 이 전략을 포함한 DBT 치료 모델이 효과적인 치료법이라는 실증 근거에 있다. 자문하기 전략이 치료 결과와 무관할 수 있지만, 치료 전체가 효과적이라고 밝혀졌으므로 무시할 수 없다. 현재까지 나는 이 전략이 해롭거나 효과가 없다고 시사하는 실증 자료는 없다는 점을 알고 있다.

건강 전문가가 들여야 하는 시간

자문하기 접근방식은 꽤 시간이 걸릴 수 있다. 누군가가 스스로 행하기까지 한 걸음씩 동행하기보다는 그를 대신해 무언가를 해 주기가 때로 더 쉽다. 치료자는 마치 이제 막 걷기를 배우기 시작한 아이를 데리고 가게에 와서 서두르는 부모에 비유할 수 있다. 주춤거리는 아이 걸음을 기다리기보다 아이를 둘러업고 가기가 더 쉽다. 가르친다 함은 때로 무한한 인내심을 요구한다. 누군가를 **돌보기**가 차라리 **염려하기**보다 더 쉽다. DBT는 필요한 시간을 들이는 쪽에 더 찬성이지만, 물론 때로 치료자는 현실적으로 그 사람을 둘러업고 가야 할 때도 있다.

예를 들어, 환자는 자살하겠다는 위협과 함께 응급실에 가고, 즉각 입원이 필요하다고 말할 수도 있다. 환자가 과거에도 비슷한 상황에서 아무런 소득 없이 반복하여 입원해 왔다는 사실을 안다면, 지금 환자를 입원시킬지를 결정하는 데 중요한 역할을 할 수 있다. 응급실 환경에서 광범위한 과거력을 얻는 일은 어려울 수 있다. 분명, 환자나 치료자가 이러한 정보를 제공할 수 있다면 더 쉽고 빠르겠지만, 만약 환자가 입원하기를 간절히 원한다면 환자는 정확한 자기 과거 정보를 알려 주지 않을 수 있다. 따라서 하나의 방편으로 현재 환자의 치료자에게 전화를 걸어 정보와 치료 권고 사항을 요청할 수 있다. 보통은 치료자가 그러한 정보를 제공할 거라고 기대한다. DBT에서 치료자는 모든 경우에 다 정보를 제공하지는 않지만, 매번 거절하지도 않는다. 만약 그렇게 하면 환자에게 필요한 전문가가 환자 편에서 멀어지게 해 버릴 수 있다. 그러한 경우에 통상 방침은 다른 전문가가 환자의 특정 사례를 평가할 시간이 없는지 분명히 하고 환자와 그러한 상황을 검토하고 난 뒤, 환자 허락을 받아 새로운 전문가가 진행하는 데 필요한 정보를 제공하는 법이 있다. 그러나 치료자가 입원에 대한 자신의 전반적 방침이나 특정 환자에 대한 방침을 전할 수는 있지만, 보통은 응급실 담당의에게 환자를 입원시키거나 시키지 말라고 말하지는 않는다.

하지만 구조는?

만약 환자가 안전하지 않은 환경에서 산다면 치료자는 어떻게 치료 목표를 세울 수 있는가? 더 안전한 환경을 만드는 데 초점을 맞춰야 하는가? 만약 환경을 바꿀 수 없다면 그를 안전하지 않은 환경으로부터 구출해야 하는가? 아니면 안전하지 않은 환경에서 스스로 안전을 지키는 방법을 가르치는 데 치료 초점을 맞춰야 하는가? 각 접근에는 나름대로 장점이 있고, 때에 따라 각 접근방식이 필요하다. 그러나 DBT 철학에서는 가장 후자, 환자에게 자신을 안전하게 만드는 방법을 가르치기를 강조한다. 페미니즘 치료에서와 같이 개인의

'역량 강화'에 초점이 있다.

DBT에서 치료자는 환자에게 (DBT 체계를 포함해) 구조를 어떻게 바꾸는지 보여 주는 역할이 있다. 개입 접근방식은 '하향식'이 아니라 '상향식'이다. 만약 불가능하다면, 예를 들어 심각하게 학대하는 구조에 있거나, 변화를 원치 않거나 변화가 불가능할 때라면 환자가 구조에서 벗어나도록 돕는다. 치료자가 전문가 구조 및 다른 구조를 바꾸려고 시도한다면 이러한 노력은 특정 환자가 아닌 모든 환자를 위하여 행한다. 환자에게는 우선 자신과 자기 삶에 합당한 통제권을 획득하고, 그다음에 구조를 개선하고자 하는 열망을 지지한다.

치료자 지도감독 및 자문 전략

DBT에서 치료자 지도감독 및 자문은 보조가 아닌 필수이다. 치료자에게 자문하기는 치료 전략 일부로 앞서 논의한 환자에게 자문하기 전략과 균형을 이룬다. 이러한 관점에서 DBT는 치료 **체계**로서 정의되며, ① 치료자는 환자에게 DBT를 적용하고, ② 지도감독자 혹은 자문팀은 치료자에게 DBT를 적용한다. 지도감독자 또는 자문팀은 치료자가 환자와 상호작용하는 데 변증법의 균형을 제공한다.

DBT에서 치료자에게 자문하기에는 중요한 세 가지 기능이 있다. 첫째, 지도감독자 또는 자문팀은 각 개인 치료자가 치료 관계를 지속해 나갈 수 있도록 돕는다. 치료자를 격려하고 응원하는 역할이다. 둘째, 지도감독자 또는 자문팀은 치료자가 환자와 상호작용할 때 균형을 맞추도록 한다([그림 13-1] 참조). 균형을 제공할 때, 자문을 제공하는 사람은 치료자에게 가까이 다가가서, 치료자가 단단한 위치를 유지하도록 도울 수 있다. 또는 자문을 제공하는 이는 치료자로부터 뒤로 물러서서 치료자가 균형을 유지하기 위해 환자에게 더 가까이 다가가라고 요구할 수 있다. 셋째, DBT 프로그램을 적용할 때 지도감독 및 자문팀은 치료를 위한 맥락을 제공한다. 근본적으로, DBT는 경계성 환자 집단과 정신건강 전문가 집단 안에서와 둘 사이에서의 변환 관계이다.

[그림 13-1] DBT에서 지도감독 및 자문팀이 치료자 및 환자와 형성하는 관계

지도감독 및 자문의 필요성

앞서 언급했듯이 DBT는 임상 연구 맥락에서 개발하여 처음 활용하였다. 광범위한 치료자 훈련, 개인 사례에 대한 면밀한 지도감독, 임상 문제의 치료 적용에 관한 모든 치료자 간 자문은 임상 연구 프로그램에서 필수 불가결한 요소이다. 그러나 지도감독과 자문은 원래 치료 과정 자체에서는 보조로 간주했다. 나는 이러한 광범위한 지도감독 및 자문이 연구 맥락 밖에서는 불필요하거나 새로운 치료자 훈련이 완료되면 필요 없다고 생각했다. 그러나 연구 프로그램 이후 치료자로부터 얻은 피드백과 치료가 실패한 이력이 있는 환자로부터의 피드백을 통해, 지도감독과 자문의 역할이 연구가 아닌 치료 장면에서 활용할 때에도 아마도 내가 처음 생각했던 만큼보다 더 중요하다는 사실에 점차 설득되었다.

나는 대다수 경계성 환자에게 자문이나 지도감독 없이 효과적인 치료를 전달한다는 건 극도로 어려운 일이라고 여기게 됐다. 나는 얼마나 많은 훌륭한 치료자가 경계성 환자 집단에 결국 비효과적인 치료를 하거나 중대한 실수를 저지르게 되는지를 보고 놀랐다. 입원 병동 같은 임상 현장에서 치료자는 마치 환자와 똑같이 거의 경계성으로 행동하는 것 같다. 치료자는 극단적 입장을 취하고, 치료자 서로와 환자를 비타당화하고, 환자가 자신을 비난하는 만큼 환자를 비난하고, 자기 치료 방식에 대한 다른 사람의 비판이나 피드백에 취약하고, '치료진 분리'와 같이 서로 혼란스러운 관계에 있으며, 혼자인 느낌, 시무룩함, 절망, 우울, 환자나 다른 치료진을 향한 분노와 적대로부터 에너지 넘치고, 자신감 있고, 고무되고, 희망찬 느낌 사이를 오간다. 이러한 양상이 나타나는 이유를 이해하기 어렵지 않지만, 치료자는 변화를 지지하는 공동체와 맥락의 부재 속에서도 더 잘해야 한다고 자신에게 비현실적으로 요구한다. 이런 양상이 발생하는 이유는 무엇인가? 여러 가지 이유가 있다.

첫째, 환자는 전반적으로 가장 압박이 되는 세 가지 환자 행동(자살 시도, 자살 위협, 적대감)에 관여하고 있다(Hellman, Morrison, & Abramowitz, 1986). 또한 그들은 언제나 강렬한 괴로움을 전달하고자 시도하고, 치료자의 스트레스는 가중된다. 이에 더해, 가장 효과적인 치료법을 수행할 때조차도 치료 진전은 대다수 환자보다 훨씬 더 더디다. 요컨대, 환자는 치료자에게 당장 도와달라고 간청하고 노력이 실패할 경우 자살을 위협한다. 만약 환자가 즉시 도움을 받을 수 있다면 그렇게 스트레스를 주지 않을 수 있지만, 보통 그럴 수는 없다. 치료자는 결국 매우 애써 노력하고 성공적이길 바라는 상황에서 무능하고 비효율적이며 무력한 느낌에 이르게 된다. 그 결과 나타나는 경향으로, '피해자 비난'을 하거나 충동적으로 치료를 전환하거나, 환자가 지금 당장 기분이 나아지는 데는 도움을 주지만 장기 예후에는 해로운 임시방편식 처방을 하게 된다. 만약 이 모든 걸 실패했다면, 치료자는 환자를 치료에서 미묘하게 밀어내거나(아마도 환자가 아직 치료에 준비가 되어 있지 않다고 말함으로써), 급하게 치료를 종결한다.

둘째, 환자는 의도치 않게 비효과적인 치료를 수행하는 치료자를 강화하고, 효과적인 치료를 수행하는 치료자를 처벌한다. 치료자가 DBT를 구현하려고 할 때 이러한 경우가 때로 생긴다. 개인 치료에서 환자는 대개 유사 자살, 치료 방해 행동, 자기 삶을 심각하게 저해하는 행동 양상과 같은 목표 행동을 논의하기를 원치 않는다. 만약 논의한다 해도 환자는 자기 행동을 분석하거나 좀 더 적응적 문제 해결에 관여하기보다, 자기 감정이나 치료자 행동에 대해 마음을 나누고 싶어 한다. 뒤따르는 힘겨루기는 보통 치료자로서는 매우 피하고 싶은 일이다. 환자가 안건을 결정하도록 허락하는 일이 더 쉽고, 또한 더 흥미롭게 보인다. 기술 훈련에서 환자는 기술을 배우는 데 집중하는 대신 현재 위기를 얘기하고 싶어 한다. 기술 훈련에 집중하고자 한다면, 기술이 충분한 도움이 되지 못한다고 비난한다. 기술 훈련자는 "내가 뭐하는 짓인가?"라고 의문을 품기 시작한다. 만약 기술 훈련자의 화가 상당해지면, 중요한 프로세스의 쟁점을 무시한 채 기술 훈련 구성에만 빠질 수 있다. 만약 기술 훈련자의 좌절이 상당해지면, 기술 훈련을 포기하고 '흐름에 휘말리기' 쉽다.

셋째, 환자는 도움을 많이 요구하는 사람으로 보이기도 하지만 치료자를 돌볼 수 있는 능력을 보여 주기도 한다. 환자는 치료자와 친구가 된다면 자기 치료에서 최선의 이익이라고 믿는다. 따라서 치료자는 치료자 자신과 치료자 문제에 대한 논의로 방향을 선회하기가 쉽다. 이는 역할 전환으로 이어져, 환자가 치료자의 치료자가 되어 버린다. 나의 클리닉에서는 환자가 치료자에게 집을 담보로 돈을 빌려주고, 치료자가 아플 때 그를 돌보기 위해 집을 찾아가고, 이혼한 치료자의 위기 전화를 받아 주고, 치료자를 위해 가사 일과 비서 업무를 수행한 사례를 자문했다. 경계성 환자에게 치료자는 성적 접촉과 활동이 어느 정도 치료적일 거라는 착각에 빠지기가 매우 쉽다.

치료자에 대한 지도감독 및 자문 전략은 다음에 설명하였고 〈표 13-3〉에 요약하였다.

〈표 13-3〉 치료자 지도감독 및 자문 전략 점검표

_____ 치료자는 정기적인 지도감독 및 자문 **회의**에 참석한다.
_____ 치료자는 지도감독 및 자문 **협의**을 만들고 따른다.
    _____ 치료자는 변증법 관점을 취하고, 자문 회의에서 나온 모든 관점의 통합을 찾고자 한다.
    _____ 치료자는 다른 치료자와 상호작용하는 방법에 대해 환자에게 자문하지만, 다른 치료자에게 환자와 어떻게 상호작용하라고 말하지는 않는다.
    _____ 치료자는 다른 DBT 치료자 행동이 환자에 대한 규칙이나 기대를 다르게 제시한다 해도 이를 수용하고, 이를 마치 레몬처럼 대하여 환자가 레모네이드를 만들도록 돕는다.
    _____ 치료자는 다른 치료자의 개인 한계가 자신의 한계와 다르더라도 수용하고, 다른 치료자가 자기 한계를 관찰하도록 돕는다.
    _____ 치료자는 환자 행동에 대해 경멸하지 않으며 현상에 공감하는 해석을 찾는다.
    _____ 치료자는 모든 치료자가 시행착오를 겪는다는 사실을 수용한다.
_____ 치료자는 다른 치료자를 **응원한다**.
    _____ 치료자는 환자의 보이지 않는 진전을 찾아낸다.
    _____ 치료자는 다른 치료자가 환자를 위한 자원을 찾도록 돕는다.
    _____ 치료자는 다른 치료자가 계획을 세우고, 치료와 관계 어려움을 복구하도록 돕는다.
_____ 치료자는 다른 치료자가 환자를 향한 태도와 행동에서 **균형**을 유지하도록 돕는다. 또한 치료자는 다른 치료자에게 반응할 때 수용과 변화의 균형을 유지한다.
_____ '치료 구성원 분리'가 일어날 때, 치료자는 책임질 방법을 수용하고, 그러한 문제가 발생할 때 해결하도록 돕는다.
_____ 치료자는 필요에 따라 다른 치료자의 비윤리적이거나 파괴적인 행동을 적절한 방법으로 다룬다.
_____ 치료자는 치료자 또는 환자에 대한 정보를 기밀로 유지한다.

DBT 위배 전략

_____ 치료자는 '치료진 분리'를 환자 탓으로 돌린다.
_____ 치료자는 팀원 간 의견이 일치하지 않을 때 누가 '옳고' 누가 '틀렸는지' 찾는다.
_____ 치료자는 자신이 환자에 대한 '올바른' 해석이나 절대 진실을 안다고 주장한다.
_____ 치료자는 다른 치료자에게 환자에게 어떻게 대응해야 하는지 알려 주어 환자 대신에 개입한다.
_____ 치료자는 환자와 규칙을 해석하고 한계를 설정하며 상호작용하는 방식에서 모든 이가 일치해야 한다고 주장하고, 여기서 벗어나는 사람을 비난한다.
_____ 치료자는 다른 치료자의 한계를 판단한다.
_____ 치료자는 방어적으로 행동하고, 비판적 피드백에 지나치게 민감하다.
_____ 치료자는 피드백을 줄 때 과도하게 비판적이고, 다른 치료자를 타당화할 점을 잊는다.

1. 치료 논의 회의

지도감독 및 자문 방법

치료자가 지도감독 및 자문에 참여하는 방법과 누가 속할지는 전적으로 치료자 업무 환경과 만나는 경계성 환자 수에 달려 있다. 개인 개업을 한 치료자는 경험이 더 많은 치료자에게 정식 지도감독을 받는 계약을 맺을 수 있고, 동료와 같이 동료 자문을 계획하거나, 동료 자문 집단에 참석할 수 있다. 그러한 준비는 대개 도시에서는 어렵지 않지만, 도시 외 지역에서는 독창적 방법(예: 전화 자문 회의)이 필요할 수 있다. 기관이나 낮병원, 병동 장면에서 DBT 지도감독 및 자문 회의는 매주 정기 팀 회의나 사례 회의로 할 수 있으며, 별도 DBT 자문 회의를 가질 수도 있다.

회의 빈도와 시간은 참석한 치료자 수와 논의할 환자 수에 따라 다르다. 내 연구 클리닉에서는 회의가 보통 매주 열리고 2시간 동안 진행된다. 개인 치료자를 위한 개별 자문을 제공할 때는 회의를 보통 격주로 1시간씩 진행했다. 나 자신은 보통 적어도 한 달에 두 번은 자문팀이나 자문가와 내 환자에 대해 상의했다. 비록 회의에 필요한 최소 인원은 2명이지만, 3명 이상일 때 변증법 접근을 훨씬 더 쉽게 지킬 수 있다. 만약 극단적 양상이 일어나면, 세 번째 사람은 변증법 지점을 발견하고 통합을 장려하는 데 매우 도움이 될 수 있다.

회의 안건

물론 개별 자문에서 안건은 자문을 원하는 치료자가 정한다. 동료 자문 회의나 팀 회의, 기관이나 프로그램 장면의 사례 회의는 다양한 회의 형식을 사용할 수 있다. 주요 안건 사항은 다음과 같다.

1. 각 치료자는 특정 환자에 대해 겪고 있는 문제를 제시할 기회가 있어야 한다. 현재 환자의 어떤 행동에 치료 초점을 맞추어야 할지 결정하기, 치료 전략을 선택 또는 실행하기, 환자 문제 행동에 대처하기, 치료자가 환자나 치료에 대해 느끼는 감정이나 태도를 다루기 등이 문제에 해당한다. 각 치료자는 모임에서 적어도 하나의 사례(간단한 경우에도)를 검토하고 모든 환자에 대한 간단한 경과 보고를 제공해야 한다. 여기서 팀이나 자문가는 치료자가 DBT 이론 용어로 환자, 관계, 변화를 명료하게 개념화하고, 치료를 능숙하게 활용하도록 돕는 역할이 있다.
2. 기술 훈련자는 개인 치료자에게 현재 어떤 기술을 배우고 있는지 알려 주고 개별 환

자가 기술 훈련에서 겪고 있는 문제를 조명할 기회가 있어야 한다. 개인 치료자는 기술에 관하여 환자 어려움에 관한 정보와, 능숙한 영역과 그렇지 못한 구체적 영역에 관해 정보를 제공할 수 있다. 이는 개인 치료자와 기술 훈련자가 환자 정보를 교환하고 각 치료 계획을 논의하는 기회가 된다. DBT 프로그램 일부일 수 있는 다른 치료 형태(예: 직업 재활, 사례 관리)와 상호작용할 때도 같은 원리를 적용한다. DBT는 일관성을 요구하지 않기 때문에 팀 구성원 간 합의는 사실 필요하지 않다. 그러나 만약 반대 목소리가 있다면 통합에 도달하도록 시도하는 게 곧 변증법에서 합의이다. 팀 전체는 특정 상황에 대해 기술 훈련자와 개인 치료자 또는 사례 관리자와 개인 치료자가 이 작업을 수행하도록 돕는다.

3. 기관이나 임상 장면에서, 또는 치료가 DBT 프로그램 일부인 경우, 기관 차원에서 내려야 할 결정을 논의한다. 목적은 기관 문제에 어떻게 대응해야 하는지(다시 말하지만, 합의가 반드시 필요하지는 않다) 통합을 달성하는 데 있다. 예를 들어, 기술 훈련을 받고 있는 환자가 벽을 발로 차 구멍을 내거나 다른 치료 회기를 방해하는 식으로 행동한다고 하자. 기관 한계는 무엇인가? 클리닉이나 병동 책임자는 어디까지 감수할 것인가? 누가 한계를 관찰해야만 하는가? 누가 환자에게 한계와 결과를 전달하는가? 보통은 환자의 개인 치료자가 모든 기관 한계를 소통하기를 포함하여 일상적 사례 관리를 책임진다. 그러나 조율은 (해 볼 수 있거나 가능하다면) DBT 회의에서 이루어진다. 환자가 직접 치료팀 다른 구성원이나 기관 책임자를 접촉하는 일은 전혀 드물지 않다. 이러한 상호작용을 회의에서 공유한다.
4. 모든 치료자는 DBT를 시행하면서 겪는 오해나 문제를 제기할 기회가 있어야 한다. 이런 상황에서 DBT 요소는 마치 헌법과 같으며, 집단 전체는 헌법재판소와 같이 운영한다. 구체적인 사례에서 DBT 요소를 구현할 방법을 알아내기 위해 노력한다.
5. DBT를 배우는 치료자나 프로그램 치료진이 있다면, DBT 치료 원리를 전반적으로 개괄하기 위해 회의를 할애한다면 상당히 도움이 된다. 우리 팀 회의에서 나는 각 회의 첫 30분 동안 DBT 중 일부를 개괄한다. 이는 치료팀과 DBT 팀 문화를 발전시키는 데 매우 중요할 수 있다. 공동 치료 철학과 사례 개념 접근법을 발전시키고 유지하는 과제를 미루거나 그 중요성을 축소해서는 안 된다.

2. 지도감독 및 자문 협의를 지키기

치료자 지도감독 및 자문 협의는 4장에서 논의했고, 앞의 〈표 13-3〉에 요약하였다. 이 협의가 중요하다는 점은 아무리 강조해도 지나치지 않다. 협의는 회의에서 근간이 되는 기본 계약 형식을 갖추고 있다. 이러한 회의에 참석하는 사람은 반드시 취약성을 갖추고 방어적이지 않아야 하는데, 공통된 이해를 두지 않는다면 이는 불가능하다.

특정 기관에서 이러한 처방은 딜레마를 가져올 수 있다. 다양한 이론 지향, 치료 철학, 시간 제약, 기관의 침체는 DBT 지도감독 및 자문 전략에 동의하고 이를 이행하려는 구성원의 의지를 방해할 수 있다. 예를 들어, 일부 입원 환자 병동에서는 개인 심리치료자가 다른 이론 접근법에 기초한 치료를 적용하고, 치료진 회의에 참석하지 않으며, 병동 장면을 구성하는 사람이 아닐 수 있다. (물론 이 경우 DBT는 일부만 구현한 셈이다. 치료 핵심은 개인 심리치료이기 때문이다.) 또는 여러 다양한 지향점을 갖춘 치료 프로그램을 수용하는 더 큰 규모의 클리닉에서 DBT 치료 프로그램은 하위 부서일 수 있다. 소수 DBT 치료자가 더 큰 의료 기관 안에서 작업할 경우, DBT를 지향하는 직원은 함께 만나 치료를 조율하고 지도감독 및 자문 합의를 따라야 한다. 다른 치료 프로그램을 적용하는 경우, 예를 들어 앞서 언급한 입원 병동의 별도 개인 심리치료는 (DBT 치료의) 보조 치료로 간주한다. 어떤 상황에서는 전체 구성원이 DBT를 수행하는 데 협의하지 않을 수도 있다. 여기에서 DBT를 수행하는 사람과 그렇지 않은 사람 사이의 양극에 반드시 통합을 찾아야만 한다. 적어도 DBT 치료자는 DBT 협의에 동참해야 한다. DBT와 DBT를 수행하지 않는 작업을 양극화한다면 이 또한 DBT를 위배한다.

3. 응원하기

경계성 환자를 치료할 때, 사기가 떨어지기는 너무 쉽다. 사기를 떨어뜨리는 원인은 수없이 많다. 환자가 어떤 진전을 보이는지 확인하기에는 때로 유난히 어려울 수 있다. 때로 치료자는 나무와 너무 가까워서 숲을 볼 수 없다. 지도감독자와 자문팀 구성원은 환자가 실제로 이룬 약간의 변화나 진전을 찾아내고 확대하는 역할이 있다. 경계성 사람의 대체로 느린 진전과 더불어, 마찬가지로 진전이 느렸지만 그런데도 결국 성취를 보여 주었던 다른 비슷한 환자를 상기하기 또한 팀원 임무 중 일부이다. 때로 꽤 오랜 시간 이러한 환기가 필요할 수 있다. 나는 매주 내가 실패했다고만 느꼈던 환자를 만났던 적이 있다. 나는 매주 자문 회의에서 그를 다른 데 의뢰하거나 병원으로 돌려보내야 하고 나는 결코 그를 도울 수 없다고 말했다. 그런데 기술 훈련자는 매주 환자가 이룬 아주 작지만 확실히 긍정적인 진전을 짚어 주었다. 그렇게 매번 나는 새롭게 기운을 얻고 에너지를 품고 전투로 돌아갔다. 1년 동안 진전을 누적하면서 나조차도 분명하게 그 변화를 볼 수 있었고, 나에게 사기 저하란 별로 문제가 되지 않게 됐다.

보통 경계성 환자가 지내는 극도로 어려운 환경 때문에, 이들은 절망하고 상황을 바꾸는 데 무력감을 느끼며, 치료자는 쉽게 그 절망에 같이 빠질 수 있다. 우리 클리닉에서는 많은 환자가 재정 자원이 부족한 점이 특별히 어렵다. 이를테면, 환자가 일을 구하면 공적 지원 혜택을 잃게 된다. 재발하는 의료 문제에 대한 의료 돌봄을 받으려면 직장을 그만두어야만 한다. 공적 지원으로 되돌아가게 될 때, 환자는 스스로 실패자처럼 느낄 뿐 아니라 치료를 계속할 수 있는 비용을 못 내는 수준의 낮은 지원으로 살아가야만 한다. 만약 환자가 교육에 대한 열망이 있다 해도, 교육 자금을 조달할 수 없다. 극소수 경계성 사람만이 직장과 학교를 동시에 다닐 수 있다. 아니면 혼자 사는 게 더 나을 수도 있지만, 그럴 돈이 없을 수도 있다. 우리 환자 중 많은 이는 치료에 오가는 교통비를 마련하기 힘든데, 특히 도심에서 멀리 떨어진 임대료가 낮은 곳에 거주하고 있기 때문이다. 학대하는 가정에서 벗어나거나, 다른 곳에서 기회를 얻고자 이동하기조차 불가능할 수 있다. 그러한 환자의 치료자는 희망을 잃지 않아야 하고, 심지어 가장 잘 적응하는 사람조차 버거워하는 어려움에 직면했을 때를 위한 풍부한 자원을 지녀야만 한다. 자문팀은 치료자가 필요한 자원을 찾도록 도울 임무가 있다.

어떤 경우 치료자는 환자가 아닌 자기 자신에게 절망한다. 여러 번 언급했듯이, 치료자는 경계성 환자에게 많은 실수를 저지르는 경향이 있다. 그러한 실수가 정서에 미치는 영향은 강렬할 수 있고, 치료자는 이를 끔찍하게 느낄 수 있다. 자기 실수를 알아차리는 건 좋지만, 실수에 지나치게 안 좋은 감정을 느낀다면 대체로 도움이 되지 않는다. 보통 그러한 치료자는 자신을 판단하고(마음챙김 기술을 사용하지 않는다), 자기 치료 행동을 어떤 신화와 같은 이상과 비교한다. 여기서 자문가는 치료자가 치료에서 실수에 더 합리적으로 반응하도록 돕고 타당화와 문제 해결 전략을 사용하는 임무가 있다. 보통 치료자가 자초한 레몬으로 레모네이드를 만드는 계획을 세우도록 돕기 위해 합심하여 노력한다면 가장 좋은 자문 전략이다. 이런 방법으로 실수를 바로잡을 수 있다면 매우 보람 있는 일이다.

4. 변증법 균형을 제공하기

치료자에게 자문하기에서는 각 치료자가 치료의 변증법 틀 안에 머물 수 있도록 균형을 제공하는 근본 목표가 있다. 환자가 경직되고, 양극적이고, 강렬하며, 극심한 고통에 있을 때 치료자가 유연함을 유지하기란 너무도 어렵다. 환자가 치료자를 공격하거나 협력을 거부하거나, 앞으로 나아가는 대신 뒤로 물러설 때, 치료자가 환자에게 멀어지거나, 반격을 소망하거나, 때려치우는 등 반대 극단으로 이동하는 일은 드물지 않다. 우리 회의에서 치료자가 회의에 들어서면서부터 "환자를 죽여 버리고 싶어요. 내가 DBT 식으로 생각하게 도와주세요!"라고 말하는 상황은 흔하다. 자문팀은 도전을 준비하고, 치료자 입장을 타당화하며, 문제 해결에 착수한다. 팀원은 서로에게 DBT 전략을 적용한다.

만약 환자가 명백히 압도적 위기에 처한 채 직접 대처하기에 너무 취약하다고 여긴다면, 치료자가 치료 시소에서 환자 쪽으로 가서 과도하게 보살피고 세심하게 배려하는 행동 역시 놀랄 일은 아니다. 치료자는 팀 회의에 와서 이렇게 말한다. "내 환자에게 못되게 구는 사람이라면 다 죽여 버릴 거예요. 내가 DBT 식으로 생각하게 도와주세요!" 이 경우 자문팀은 치료자 반응의 합당한 측면을 타당화하고, DBT로 해석할 수 있는 대척 지점을 제공하여 치료자가 더 균형 잡힌 위치로 이동하도록 돕는다. 자문팀은 치료자를 치료하는 데 DBT 전략을 사용한다.

자문하는 사람과 지도감독자는 DBT 역설, 즉 변화는 수용 맥락에서만 발생할 수 있다는 역설을 중요하게 기억해야 한다. 따라서 자문하는 사람은 치료자의 타당한 반응을 찾아 자문 회의 내에서 반영할 역할이 있다. 또한 환자가 가장 효과적인 도움을 받을 수 있게, 치료자가 치료에서 적정한 변화를 보이도록 도울 임무도 있다. 때로 자문 팀원은 환자 편에 서서, 꿈쩍 안 하는 냉정한 치료자에게 논쟁하기도 한다. 반대로 장기적 관점을 취하면서 냉정한 조치가 필요하다고 논쟁하기도 한다.

클리닉이나 프로그램 장면에서 각 환자와 치료에 대해 자문팀에게 주어진 정보원은 두 가지이다. 하나는 치료자의 사례 정리이고, 다른 하나는 프로그램 다른 구성원이 겪은 상호작용이다. 가용할 수 있는 모든 정보에 기초하여, 자문팀은 각 치료자가 그 순간 자기 자신을 수용하도록 돕는 DBT 치료 전략을 활용하고, 더 효과적일 수 있도록 치료 전략을 변경한다. 나의 동료 Kelly Koerner의 말을 빌리자면, DBT 자문팀 구성원은 환자를 도울 때와 마찬가지로, DBT 동료 치료자에게도 '따뜻하게도 가차 없다'.

'치료진 분리' 문제 다루기

앞서 언급했듯이, 경계성 환자를 치료하는 전문가 사이에서 벌어지는 '치료진 분리$_{\text{splitting}}$', 즉 환자, 치료 계획, 다른 전문가의 치료 행동에 논쟁하고 싸우는 현상은 지금껏 많이 논의되었다. 결국에는 치료 구성원 간 불화에 대한 책임을 환자가 분열시켰다는 식으로 전가하기 때문에, 그래서 용어는 '치료진 분리'가 되고 말았다.

예를 들어 보자. 퇴원 계획으로 입원 환자가 내 치료팀에 의뢰됐다. 우리 팀 한 직원이 평가 인터뷰를 반쯤 마치고 있을 때 병동 치료진 간호사가 저지하며 평가를 중단시켰다. 주치의가 환자에게 행동치료가 적절하지 않다고 생각한다는 사실을 우리는 나중에 알게 되었다. 환자와 나의 치료 팀원은 모두 화가 났다. 그 뒤 환자는 나의 프로그램 참여를 허락할 수 없다는 새로운 병동 지침에 따라 같은 병원 외래 환자 프로그램으로 연계되었다. 외래 병동 상위 관리자는 이제는 환자에게 적절한 치료 계획을 세울 수 없을 것 같은지 화가 났다. 환자가 병동에 도착하기도 전에 직원을 갈라놓았다 하면서, 치료진 회의는 환자가 분명히 경계성이라고 결론 내렸다.

전통적으로 치료진 분리라 부르는 이 문제는 DBT에서는 치료진 간 논쟁과 견해 차이로 보고, 환자 문제라기보다는 치료진 간 통합과 대인관계 과정의 실패로 간주한다. 치료진이 치료진을 갈라놓는 셈이다. 환자가 분리한다는 믿음은 치료진이 지닌 문제를 다른 사람이나 외부 사건 탓으로 돌리면서 치료자가 환자 변화를 위해 노력한다는 식의 생각에 위험할 정도로 근접한다. DBT는 치료진에게 이러한 문제가 발생할 때 대인관계 기술을 사용하여 해결하도록 권장한다. 환자를 향한 치료자 의견 불일치는 변증법의 타당한 양극으로서 잠재적으로 동등하게 대한다. 따라서 대화는 양극단이 일어났다는 점을 인정하고, 더불어 해소를 위해서는 통합을 향해 나아가야 한다는 점을 암묵적으로(겉으로 분명히 할 수 없다면) 가정하면서 출발한다.

치료 구성원 분리를 촉진하는 요인은 복합적이고, 여러 시나리오가 가능하다. 많은 경우 분리는 환자에 대한 치료자 태도가 치료자에 대한 환자의 과잉 이상화와 평가 절하 사이의 동요와 유사한 파동 양상을 따른다는 사실과 관련이 있다. 이러한 파동은 환자가 더 노력해야 하고 치료진이 더 냉정해야 한다는 태도, 다른 한편으로 환자는 취약하고 세상은 환자에게 너무 거칠기에 치료진은 더 부드럽게 더 돌봐야 한다는 태도 양극단에서 요동친다. 한 가지 흔한 시나리오에는 두 가지 요인이 나타난다. 첫째, 고통에 대한 환자의 강렬한 의사소통은 환자를 돌보고 고통을 치료하려는 상호성의 강렬한 욕구를 불러일으킨다.

이를 이행할 수 없게 되면 특히 자살 위협이 고통을 의사소통하는 일부일 때, 강한 실패감이나 불안감이 이어진다. 둘째, 같은 환자와 상호작용하는 서로 다른 치료자는 환자에 대한 태도가 순간적으로 서로 맞지 않는다. 이 태도는 파동 양상의 극과 극에 있다. 그러한 상태는 [그림 13-2]에서 치료자 A와 B 사이에 나타난다. '분리'의 강도는 환자가 고통을 의사소통하는 강도와 치료자가 그 고통에서 느끼는 불편함의 강도와 관련이 있다. DBT는 강인함과 부드러움 사이에서 통합을 찾아 이 문제를 다룬다. [그림 13-2]에서 구성원 C는 A와 B가 통합에 이르도록 도울 수 있다.

두 번째 시나리오는 환자가 한 치료자('좋은' 사람)에게 다른 치료자('나쁜' 사람)의 불쾌한 행동에 대해 불평하는 경우이다. 만약 '좋은' 사람이 파동에서 '환자를 취약하게 보는' 정점에 있다면, '나쁜' 사람에게 특히 화가 나기 쉽다. 이러한 경향은 위험이 크고(예: 환자가 자살할 때), '나쁜' 사람이 '봐줄 수 없는' 파동의 정점에 있을 때 악화한다. 다시 말하면, DBT는 통합을 발견할 수 있다는 가정을 가지고 이 문제를 다룬다. 지도감독자 또는 자문팀은 환자의 불만이 타당하고, 비난받는 치료자 행동도 타당하다는 모두를 추구한다. 물론 '나

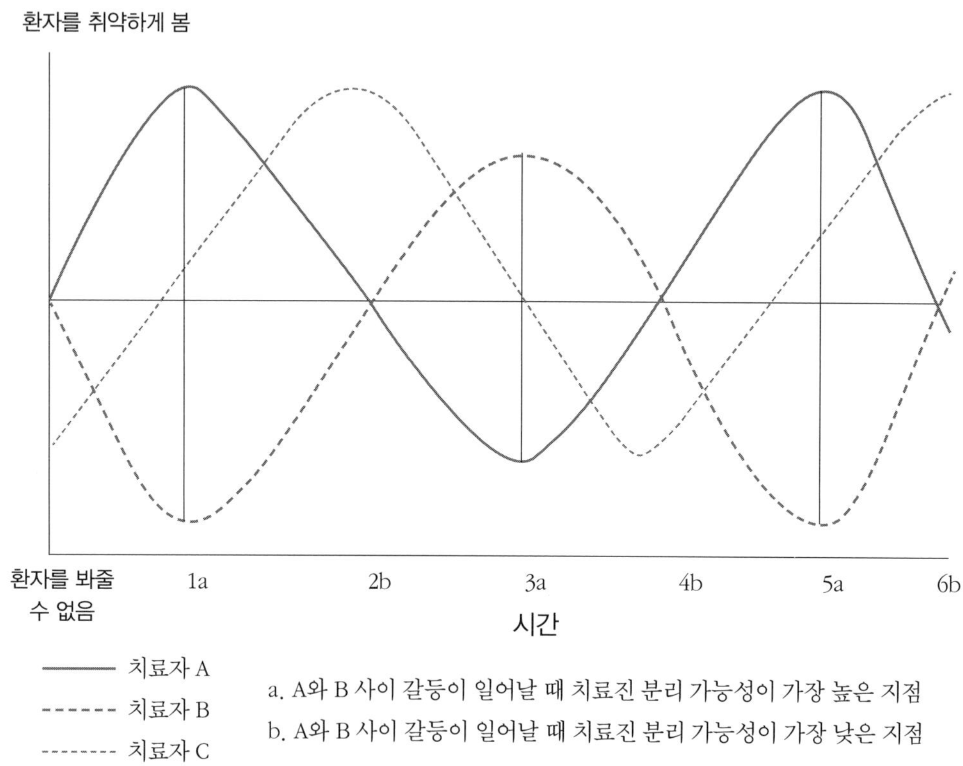

[그림 13-2] '치료 구성원 분리' 시나리오 예시: 환자에 대한 서로 다른 팀 구성원의 태도 변화 파동 양상

쁜' 사람 편에 선 방어적 태도는 해결을 돕지 않는다. 여기서 시행착오에 동의하고(치료자는 보통 실수한다) 현상적 공감에 동의한다면(치료자는 환자 관점에서 삶을 보려고 한다) 모두 도움이 될 수 있다.

비윤리적이거나 파괴적인 치료자 행동 다루기

치료자 지도감독 및 자문 접근은 팀에서 일하는 모든 치료자가 적어도 최소 수준의 역량, 치료 윤리, 방어적이지 않은 태도를 충족한다는 가정을 기반으로 한다. 이러한 협의는 상호 존중에 기초한다. 치료자가 존중하지 않는 다른 치료자 행동을 타당화하거나, 비판적 피드백에 지나치게 민감한 다른 치료자와 공개적으로 의견을 나누는 일은 어렵다. 간혹 팀이나 지도감독 및 자문 집단의 치료자는 치료에 방해가 되는 심각한 문제를 일으키거나, 중대한 윤리 위반에 연루되거나, 파괴적 치료 관계를 지속할 수 있다. 환자는 한 치료자에게 다른 치료자에 관한 심각한 고발을 할 수 있다. 보통 이러한 문제는 비공개로 팀 회의 밖 개별 감독의 형태로 먼저 다룬다. 개인 치료자는 직접 직면받고, 팀 책임자는 자문을 얻어야 한다. 심각한 고발이나 치료 위반은 결코 지나쳐서는 안 된다.

정보 기밀 보장

한 가지 예외를 제외하고 모든 상담 내용은 기밀 보장 사항이다. 환자에 대한 정보는 물론 기밀이고, 마찬가지로 치료자가 자신에 대해 밝힌 정보 또한 중요하게 기밀 보장 사항이다. 유일한 예외로 환자는 지도감독 및 자문 회의에서 자신이 논의된다는 사실을 알고 있다. 환자가 요청한다면 회의에서 논의한 일부를 알릴 수 있는데, 개인 치료자는 이 정보가 다른 치료자와의 관계에 긍정적 영향을 미칠지 또는 다른 사람의 피드백이 환자가 기술을 향상하는 데 도움을 줄 수 있는지에 신중해야 한다. 정보를 왜곡할 가능성은 유념해야 하고 밝혀야 한다.

마치며

어떤 치료자에게는 DBT 중에서도 사례 관리가 가장 실행하기 어려운 전략이다. DBT

접근방식은 다소 주류에서 벗어나 있다. 우리 대다수는 내가 옹호하는 원칙과 정반대인 원칙을 배워 왔다. 나와 동료는 수년 동안 임상 연구 현장에서 환자와 작업하며 이러한 원칙과 전략을 발전시켰다. 어떤 원칙은 연구에서 필요가 있어 처음 실행하였다. 예를 들어, 우리 치료팀이 한 개인이 병원에 얼마 동안 머물지 통제했다면 외래 환자 DBT를 위한 결과 척도로 정신과 입원 일수를 쉽게 사용할 수 없었을 것이다. 전략이 한계에 이르러 수정을 허용해야 하는 부분을 발견하면서 주의 사항과 예외 사항도 개발하였다. 나는 순수하게 연구 목적으로 개발한 많은 치료 전략이 임상에서도 매우 효과적이라는 데 놀랐다. 효과가 있는 요소는 계속 유지하였고, 현재 DBT 일부가 되었다.

모든 치료자가 실제로 DBT 치료를 수행하는지 확인해야 하므로, 치료자 지도감독 및 자문 접근은 처음에는 연구에서 필수 조건이었다. 하지만 지역사회에서 개인 심리치료를 받는 많은 환자에게 집단 기술을 교육했을 때, 나는 얼마나 많은 치료자가 자문 집단의 지원도 없이 역할을 해 나가고 있는지 직접 알게 되었다. 또한 나는 치료 문제에 도움을 받으려 연락한 여러 치료자에게 자문을 제공했다. 앞서 언급했듯이, 나는 아주 훌륭한 치료자로 보이는 이들에게 벌어지는 치료 실수에 놀랐다. 나아가 입원 병동과 공공 기관에 자문을 제공하면서, 나는 여러 기관 장면에서 감독이나 치료진 지지가 부족하다는 사실에 계속하여 깜짝 놀랐다. 적절한 자문과 지지를 갖추거나 제공하지 못하는 이유는 치료 행동을 포함하여 행동 조성에 맥락과 환경 사건의 중요성을 인식하지 못하기 때문이라고 생각한다. 치료 행동에는 강화를 위한 맥락이 필요하다. 우리 환자에게 적용하는 인간 행동의 법칙은 우리네 치료자에게도 동등하게 적용한다.

4부

특정 과제를 위한 전략

Cognitive-Behavioral Treatment of Borderline Personality Disorder

Cognitive-Behavioral Treatment of Borderline Personality Disorder

14장

구조 전략

구조 전략은 DBT 전체와 각 회기를 어떻게 시작하고 끝내는지에 관한 전략이다. 또한 다양한 치료 단계와 개별 회기에서 치료자가 시간을 구조화하는 법이 해당한다.

DBT를 시작할 때에는 협력적 치료 계약을 체결하는 주요 과제가 있다. DBT 종결에서 주요하게는 환자가 DBT 없는 삶을 준비하고 정규 치료가 끝나고 나서 치료자와 치료팀에게 무엇을 기대할 수 있는지 알려 주는 과제가 있다.

매번 회기를 시작하고 끝낼 때에는 정서적 분위기를 형성하는 게 중요한데, 이를 통해 환자는 회기 동안에 열린 마음으로 상호작용하고 회기가 끝날 때 나타날 수 있는 통제할 수 없는 부정 정서로부터 가능한 보호받을 수 있다. 개인 치료에서 회기 시간은 DBT 목표 위계에 따라 구조화한다(자살 행동 줄이기, 치료 방해 행동 줄이기, 삶의 질 방해 행동 줄이기, 행동 기술 늘리기, 외상후 스트레스 줄이기, 자기 존중 늘리기 그리고 개인 목표 성취하기). 다른 형태의 치료에서 회기 구조(예: 기술 훈련, 전화 코칭 등)는 특정 상호작용 방식의 목표 우선순위에 따라 결정한다(기술 훈련 구조화하기는 동반 기술 훈련 매뉴얼에서 논의한다).

여기서 특별히 새로운 수용 혹은 변화 전략이 있는 건 아니다. 다만 사례 관리 전략에서와 마찬가지로 구조 전략에서도 달성해야 할 과제가 있으므로 중요하다. 다시 말해, 구조 전략은 새로운 전략을 만들어 내기보다 기존 전략을 확장하고 통합하는 방식이다. 변증법 전략과 핵심 타당화 그리고 문제 해결 전략이 구조 전략의 중추를 이룬다.

계약 맺기 전략: 치료 시작하기

시작 전에 환자를 처음으로 만날 때에는 환자에게 DBT를 소개하고 환자와 초기 치료 계약을 체결해야 한다. 이 계약이 미래 모든 치료의 바탕을 이룬다.

계약 맺기 전략은 환자와 처음 몇 차례 만나는 동안 사용하는데, 환자에게 DBT가 무엇인지 설명하고, 환자가 무엇을 하기를 기대하는지, 환자가 치료자에게 무엇을 기대할 수 있는지, 그리고 어떻게 혹은 왜 치료가 효과가 있을 거라 기대하는지 설명한다. 목적은 환자와 치료자가 치료팀으로서 함께 작업하겠다는 전념을 다짐하는 데 있다. 계약 맺기는 방향 잡기와 전념 전략(문제 해결에서; 9장 참조)을 치료 시작에 적용하는 셈이다. 그 후, 이 전략은 환자가 ① 치료 계약을 위반하거나 그렇게 하겠다고 위협할 때(이를테면, 기술 훈련을 그만둘 거라고 말할 때), ② 자살이나 유사 자살 행동을 할 거라고 위협할 때, ③ 치료자에게 비현실적인 요구를 하거나 비현실적인 기대를 하는 것처럼 보일 때, ④ 치료를 적절히 활용하는 데 어려움이 있을 때(예: 치료자에게 전화해도 적절할 때 부담이 될까 전화하지 않기) 또다시 적용한다. 요컨대, 치료 계약은 몇 번이고 반복하여 맺어 나간다. 구체적인 계약 맺기 전략을 〈표 14-1〉에 요약하였고 다음에서 논의하였다.

〈표 14-1〉 계약 맺기 전략 점검표

_____ 치료자는 **진단 평가**를 실시한다.
  _____ 치료자는 구조화된 진단 면담(예: SCID-II, DIB-R)을 사용한다.
  _____ 치료자는 치료가 자발적임을 확실히 한다.
_____ 치료자는 생활 전반의 문제 그리고 특히 경계성 행동 양상에 대해 **생물사회 접근**으로 설명한다.
  _____ 치료자는 부적응(특히 유사 자살) 행동에 기능적, 문제 해결 접근을 제공한다.
  _____ 치료자는 부적응 행동의 기술 부족 모형을 제시한다.
_____ 치료자는 DBT 철학을 강조하여 DBT에 **방향을 잡아 준다**.
  _____ DBT는 지지적이다.
  _____ DBT는 행동주의적이다.
  _____ DBT는 인지적이다.
  _____ DBT는 기술을 지향한다.
  _____ DBT는 수용과 변화의 균형을 맞춘다.
  _____ DBT는 협력 관계를 요청한다.

_____ 치료자는 환자가 **자신의 관계망에 DBT를 소개**하도록 돕는다.

_____ 치료자는 **치료 협의 사항과 한계**를 검토한다.

- _____ 치료자는 필수 환자 협의를 논의한다.
  - _____ 협의한 기간만큼 치료를 유지하기
    - _____ 치료자는 초기 치료 계약의 기간을 협상한다.
    - _____ 치료자는 새로운 기간 동안 계약을 갱신하기 위해 환자가 충족해야 할 요건을 명확히 한다.
  - _____ 치료 회기에 출석하기
    - _____ 치료자는 환자와의 회기의 빈도와 길이를 협상하며, 환자의 선호를 이끌어 낸다.
    - _____ 치료자는 환자가 매주 개인 그리고 기술 훈련 회기에 참여해야 한다는 점을 전달한다. 4회 연속 결석이 한계임을 설명한다.
  - _____ 자살 행동을 줄이기 위해 작업하기
  - _____ 치료자와 협력해서 작업하기
    - _____ 치료자는 회기 안에서 그리고 회기 사이에서 무슨 행동이 적절한지에 대한 정보를 준다(예: "그저 그럴 기분이 아니라는 이유로 회기에 결석한다면 적절하지 않아요.")
    - _____ 기술 훈련에 출석하기
  - _____ 연구 혹은 지불 협의를 지키기
    - _____ 치료자는 연구를 위해 필요한 사항을 정리해 준다.
    - _____ 치료자는 상담비 및 지불 계획을 협상한다.
- _____ 치료자는 필수 치료자 협의 사항을 논의한다.
  - _____ 환자가 원하는 변화를 만들어 내도록 효과적으로 돕는 데 모든 합리적인 노력을 다한다.
  - _____ 표준 윤리 지침을 준수한다.
  - _____ 합당한 만큼 환자가 치료자를 찾을 수 있도록 한다.
  - _____ 환자를 존중한다.
  - _____ 비밀을 유지한다.
    - _____ 치료자는 고위험 자살 행동에 대한 비밀 보장 예외를 논의한다.
  - _____ 필요할 때 치료 자문을 받는다.
- _____ 전화 연결 이용 가능성과 회기 녹화/녹음을 논의한다.

_____ 치료자는 DBT에 대한 환자 전념을 얻기 위해, 특히 유사 자살 행동 감소의 목표를 위해 **전념 전략**을 사용한다.

- _____ 신중하게 고려한 후 치료자는 환자와의 작업을 결심한다.

_____ 치료자는 주요 목표 행동의 **분석을 실시**한다.

- _____ 유사 자살 행동
- _____ 이전의 치료, 조기 종결한 치료를 포함

_____ 삶의 질을 떨어뜨리는 심각한 문제
_____ 외상후 스트레스 반응(치료 2단계에서)
_____ 치료자는 **치료 관계** 발전을 시작한다.
_____ 치료자는 계약 맺기 회기에서의 관계 행동에 주의를 기울인다.
_____ 치료자는 전문성, 신뢰, 효능을 전달한다.
_____ 치료자는 차분하고, 관심을 가지고, 전문가의 모습을 갖춘다.
_____ 치료자는 자기 훈련과 경력에 대해 개방한다.
_____ 치료자는 믿음과 책임감의 느낌을 전달한다.

DBT 위배 전략

_____ 치료자는 BPD 평가를 실시하지 않는다. 치료자는 '감'에 의지해 환자를 진단한다.
_____ 치료자는 환자로부터 필수적인 전념을 확보하지 않고 치료를 시작한다.
_____ 치료자는 적당히 전념을 얻으려 한다. 치료자는 전념하기에 앞서 정서적 고통 혹은 문제가 '훈습'되어야 한다는 생각에 환자와 공모한다.
_____ 치료자는 긴급한 위기에 대응하기 위해 계약 맺기 전략을 빠뜨리거나 줄이며 빠진 작업을 다시 돌아가서 완결 짓지 않는다.
_____ 치료자는 진행할 수 없거나 하고 싶지 않은 치료를 약속한다.

1. 진단 평가 실시하기

과거에 구조화된 진단 면담을 받은 적이 없다면 계약 맺기 단계에서 첫 번째 과제는 진단 면담을 실시하고, 상세한 행동 그리고 정신의학 과거력을 얻어 내며 특히 환자의 이전 심리치료 경험에 집중한다. 우리 기관에서는 DSM-III-R의 축 II 장애의 구조화된 임상 면담(SCID-II; Spitzer & Williams, 1990)과 더불어 경계성 성격을 위한 개정된 진단 면담(DIB-R; Zanarini et al., 1989)을 사용한다.

DBT에 들어오기 위해 필수로 갖춰야 하는 환자 특징이 여럿 있다. 그중 자발적 참여가 가장 중요하다. DBT를 하려면 적어도 협력적 관계의 가능성이라도 있어야 한다. 치료자와 관계 지속을 긍정적 수반성으로 활용하려면 환자가 치료 프로그램에 속하길 원하는 경우에만 가능하다. 따라서 비자발적 환자에게 수반성 관리는 심각하게 약화된다. 법정 명령 치료라면, 치료자가 치료 명령을 해제해도 환자가 치료를 받겠다고 원한다면 받아들일 수 있다.

내 경험상 또한 지역 주민이라면 바람직하다. 가까운 지역(이동 거리 1시간 이내)에 살지 않는 환자나 치료를 위해 이사를 해야 하는 환자는 치료 스트레스를 견디기 위해 필요한 지역사회 지지나 자원을 찾기 어려울 것이다. 따라서 조기 종결하게 될 가능성이 보다 크다. 집단 치료를 위해 필요한 또 다른 환자 특성은 다른 사람에 대한 적대감을 통제할 수 있는 능력이다. 경계성 집단이 보통 높은 정서적 민감성과 행동적 수동성을 보이는 환자로 이루어져 있다는 점을 고려할 때 공공연하게 적대적인 집단원을 포함한다면 상당히 불리하다.

DBT 효과성을 입증하는 연구에서 활성화된 정신증이나 기질적 정신질환이 있는 환자는 제외한다. 연구 목적이 아닌 DBT를 제공한다면 집중하기 어렵거나 기술 개념을 이해하기 어려울 정도로 인지 손상이 심각해 기술 훈련으로부터 도움을 받지 못하는 환자를 제외하는 것이 필요할 수 있다. 물질 의존은 제외 근거는 안 되지만, 환자가 의존을 치료하기 전까지 그 외 치료로 도움받지 못하는 경우라면 예외이다. 원칙적으로 주요 물질 남용 문제를 치료하기 위해 DBT를 조정하여 쓰지 못할 이유가 없다. 그러나 우리 환자 중 몇몇은 DBT를 시작하기 전에 단기 물질 남용 입원 프로그램에 의뢰되기도 했다.

2. 경계성 행동의 생물사회 이론을 제시하기

처음 한 번이나 몇 번의 회기 동안 치료자는 유사 자살 행동과 BPD에 대한 변증법/생물사회 관점을 제시해야 한다(2장 참조). 자살 행동은 고통받는 사람이 삶의 문제를 해결하고자 하는 시도로서 설명해야 한다. 따라서 자살 행동은 생명을 위협하는 위험이 높다는 점만 제외하면 원칙적으로 다른 부적응 행동과 다를 바 없다. 유사 자살 행동의 기능은 시간, 상황, 개인에 따라 다를 수 있지만, 유사 자살 행동의 몇몇 기능적 특성은 자살 행동을 하는 사람의 대부분에서 공통으로 나타난다. 환자와 함께 이러한 특성을 설명하고 논의해야 한다. 이러한 논의가 소크라테스 문답법으로 이루어지면 제일 좋은데, 과정에서 환자 스스로 많은 기능을 생각해 낼 수 있다. 만약 치료자가 많은 사람에게서 유사 자살이 비슷한 기능을 지닌다고 제시하려 한다면, 특정 환자가 다른 사람들과 **반드시** 같아야 한다고 암시하지 않도록 주의한다.

이러한 맥락에서, 기능적 관계의 성질을 환자에게 기술하는 것 또한 중요하다. 9장과 10장에서 논의했듯이, 기능적 관계에 대한 치료자의 설명을 듣고 환자가 의식적으로 자살 행동을 통해 특정한 목적을 달성하고자 한다고 이해해 버리는 일은 흔하다. 따라서 치료자는 특정한 행동-결과 관계가 반드시 그 사람이 의식적으로(혹은 무의식적으로) 어떤 행동을 의도했음을 의미하지 않는다는 사실을 환자에게 분명히 해야 한다. 한편, 환자 자신이 원하지 않더라도 그러한 결과가 유사 자살 행동을 강화할 수 있다는 점은 볼 수 있도록 도와주어야 한다. 환자는 틀림없이 의미 있는 타인으로부터 자신의 자살 행동이 의도적이고 조종하려는 의도가 있다는 소리를 들어 왔을 것이므로, 치료자는 처음부터 이 문제에 대해 명확하게 다룸으로써 환자의 자신감을 북돋울 수 있다. 이러한 점을 1장과 9장에서 꽤 자세하게 논의하였다.

또한 환자에게 경계성 행동이 어떻게 정서 조절 문제와 비타당 환경의 조합에서 발달하는지에 대한 모형을 보여 주어야 한다(2장 참조). 다시 한번, 치료자는 이 모델을 소크라테스 문답식으로 제시해서 논의를 통해 환자의 동의 혹은 거부를 이끌어 내야 한다. DBT가 견고한 이론 토대 위에 있음에도 불구하고, 계약 맺기 단계(그리고 치료 기간 전체에 걸친) 동안에는 개별 환자에게 적합하도록 이론을 개발하고 수정해야 하는 과제가 있다.

이 무렵에 칠판을 두고 경계성 환자에게 부족하다고 여겨지는 기술 목록을 적어 보아도 좋다(이 자료의 윤곽은 이 책 동반 매뉴얼에서 볼 수 있다). 같은 자료가 기술 훈련에서 제공되기는 하지만, 각 치료 형태에서 반복해도 도움이 된다. 각 기술이 무엇으로 이루어져 있는지 설명한 이후, 기술 사이의 상호 의존성을 유머러스하게 혹은 살짝 극적인 방식으로 논의한다면 환자의 좌절감, 즉 환자가 어떤 기술을 개발하고자 하는데 그 기술을 배우기 위해 필요한 다른 기술이 없을 때 경험하는 좌절감이 어디서 오는지 받아들이고 이해하는 데 유용하다.

예를 들어, 환자가 부정적 환경을 감내하지 못한다면 자기 조절을 배우기 어렵다. 모든 효과적인 자기 조절 프로그램은 작은 단계로 나누어 실시해야 하고, 따라서 어느 정도 시간 동안은 부정적인 상태를 감내해야만 한다. 물론 환자가 자기 조절 기술을 갖추고 있다면 부정적 환경을 감내하기 훨씬 쉽기는 하다. 왜냐하면 때로는 상황을 개선시키는 데 필요한 기술이 없어서 상황은 결코 나아지지 않으리라는 느낌 때문에 환자가 감내하지 못하기 때문이다. 비슷하게, 정서 조절 방법을 학습할 수 있는가는 정서 조절 행동을 배우는 프로그램을 이수하기 위해 필요한 자기 조절 기술이 있는지에 달려 있다. 그러나 정서 조절 기술의 부족 자체가 그러한 계획을 실행으로 옮기지 못하게 방해한다. 환자는 몹시 강렬한 정서로 인해 어떤 계획을 실행해야 할지 기억해 내기도 어렵고, 필연적으로 심사숙고한 행동 관리 계획을 내던지고 고통스러운 정서를 빠르지만 부적응적인 방법으로 제거하는 쪽으로 유인당한다.

이러한 사례에서 보이듯이 환자에게 행동 기술이 상호 의존하는 방식을 쉽게 보여 줄 수 있다. 이 시점에서 환자에게 각 영역에서 기술 부족이 그저 '뽑기 운'일 수 있다고 짚어 주어도 도움이 된다. 물론 환자에게 그러한 부족을 복구할 수 있다는 희망을 주어야 하지만, 이런 식의 설명으로 자신이 왜 좌절하게 되는지 깨닫게 하는 데 도움이 될 수 있다. 아마도 그러한 이해가 있어야 DBT 기술 습득 과정을 감내하기 쉬울 것이다.

3. 환자에게 치료 방향 잡아 주기

치료 처음 몇 회기는 환자에게 DBT를 설명하는 데 쓰고, 이때 환자로서 역할과 치료자로서 역할에 관한 적절한 정보를 제공하기 위해 역할 자리로 인도한다. 다음 내용은 이 회기에서 다루어야 한다. 제시 순서는 개인에 맞게 다듬을 수 있다. 다시 말하지만, 환자가 제공한 소재에서 가능한 많은 논의의 맥락을 이끌어 내어 강의식 설명을 최소화하는 것이 바람직하다.

회기 수, 형식, 내용뿐 아니라 치료 자체를 환자에게 명확하게, 상세하게 설명해야 한다. 추가로 DBT 치료 철학의 다음과 같은 특성을 설명해야 한다.

1. **DBT는 지지적이다.** DBT 치료자는 환자가 자살 행동을 줄이고 삶의 만족감을 늘리는 노력을 지지하는 데 향해 있다. 이러한 점에서 DBT 치료자는 환자가 자신의 긍정적 특성과 강점을 알아차리도록 도우며, 이러한 특성을 개발하고 이를 사용해 삶의 만족을 높이도록 격려할 것이다. 이 시점은 DBT가 자살 예방 프로그램이 아니고, 삶을 나아지게 하는 프로그램임을 말해 줄 때이다.
2. **DBT는 행동주의적이다.** 치료의 주요 초점은 환자가 ① 문제 행동을 촉발하는 사건과 문제 행동의 기능적 특징을 포함하여 문제 행동 양상의 특징을 분석하는 법을 배우고, ② 부적응 행동을 능숙한 행동으로 대체하는 법을 배울 수 있도록 돕는 데 있다.
3. **DBT는 인지적이다.** 치료는 또한 환자가 이전 환경에서 경험을 통해 배웠지만 더 이상 효과적이거나 도움이 되지 않는 믿음, 기대, 가정을 변화시키도록 돕는 데 초점을 맞춘다. 더불어 필요하다면 사고 양식, 특히 '전부 혹은 전무' 생각과 과도하게 판단적인 (특히 자기 자신에게) 생각을 검토하고 바꿀 수 있도록 돕는다.
4. **DBT는 기술을 지향한다.** 구조화된 기술 훈련과 개인 치료는 둘 다 환자에게 새로운 기술을 가르치고 이미 가지고 있는 역량을 향상시키기 위해 만들었다. 특히 구조화된 기술 훈련에서 마음챙김, 대인관계 효과성, 고통 감싸기, 자기 조절 그리고 감정 조절 기술이 초점이 된다. 개인 치료에서는 환자가 기술 훈련에서 배운 기술을 일상생활에

통합할 수 있도록 돕는 데 초점을 맞춘다.

5. **DBT는 수용과 변화의 균형을 맞춘다.** 치료는 환자가 고통스러운 감정, 부정적 환경, 모호함 그리고 느린 속도의 변화 전반에 대해 더 큰 감내력을 가지도록 돕는 데 초점을 맞출 것이다. 기술 향상과 현실 감내에 동시에 초점을 맞추는 데서 오는 모순의 해결은 치료의 변함없는 주제가 된다. 환자에게 겉으로 모순되는 듯 보이는 두 가지 입장 사이를 오갈 수 있다고 알려 주어도 유용하다. 이때 몇 가지 예를 환자로부터 끌어낼 수 있다. 예를 들어, 환자는 희망참과 절망감 사이를, 완전한 통제감과 독립 그리고 완전한 통제 불능과 의존 사이를 오간다고 대답할 수 있다.
6. **DBT는 협력 관계를 필요로 한다.** DBT에서는 환자의 목표를 달성하기 위해 환자와 치료자가 팀으로 기능해야 한다. 이 목표를 위해 환자는 치료에 머물러야 할 뿐 아니라 환자와 치료자 모두가 치료 관계 행동에 대해 끊임없이 작업해 치료 관계가 발전을 가로막지 않고 촉진할 수 있도록 해야 한다. 따라서 환자와 치료자가 자신의 특징적 대인관계 양식을 현재 관계의 필요에 맞게 조정하도록 돕는 데 치료의 주요 초점이 있다.

4. 관계망에 치료를 소개하기

초기 평가 동안 치료자는 환자의 대인관계망과 다른 모든 의학 및 심리학 치료에 대한 정보를 모았을 것이다. 치료자는 환자가 사회적 관계 그리고 의학/심리학 치료 관계망에 DBT를 소개하고 치료를 받고 있음을 알릴 수 있도록 할 책임이 있다. 치료 관계 특성이 허락한다면 환자의 관계망에서 한 명 이상의 구성원과 치료자 그리고 환자가 함께 만나도 또한 매우 유용하다. 이는 자살 위험이 매우 높은 환자의 경우 특히 중요하다. 환자의 관계망 전체에 위험을 알리는 의사소통이 거의 언제나 필요하기 때문이다. (자살 행동의 관리에서 관계망의 관여는 15장에서 보다 자세히 논의한다.) 이와 같은 초반 관계망 만남을 통해 13장에서 소개한 환자에게 자문하기 전략을 관계망에 안내하고, 경계성 성격장애에 대한 DBT의 이론적 개념을 제공하고, 환자와 관계망에 대한 추가 정보를 수집하는 기회를 얻는다.

5. 치료 협의 사항과 한계를 검토하기

환자와 치료자 협의

4장에 제시한 환자 협의와 치료자 협의 사항을 철저하게 논의해야 한다. DBT에 필요한 환자 협의 항목은 여섯 가지이다(치료에 들어오고 치료 지속하기, 치료에 출석하기, 자살 행동 감소를 위해 작업하기, 치료 방해 행동에 대해 작업하기, 기술 훈련에 출석하기, 연구와 지불 규정에 따르기). 치료자 협의 항목은 여섯 가지이다(효과적이기 위해 모든 합리적 노력을 다하기, 윤리적으로 행동하기, 환자가 자신을 찾을 수 있도록 하기, 환자에게 존중을 보이기, 비밀을 보장하기, 필요할 때 자문을 받기). 이러한 협의 항목이 있어야 앞서 논의한 DBT 치료 철학을 작동시킬 수 있다. 각 근거를 4장에서 논의했으며 여기서 되풀이하지 않겠다.

전화 연락 가용성

첫 번째 회기에서 치료자와 지역사회 응급 서비스에 연락할 수 있는 전화번호를 환자에게 주어야 한다. 또한 치료자와 전화 통화에서 한계를 논의해야 한다. 환자가 치료자에게 전화를 할 수 없을 것 같다고 한다면 치료자는 전화 연락에 대한 DBT의 지향점을 환자와 논의해야 한다. 일반적으로 치료의 모든 작업이 개인 치료와 기술 훈련 집단 맥락 안에서만 이루어지지 못함을 말한다. 따라서 환자가 때때로, 특히 자살 혹은 심각한 부적응 행동을 하려는 충동을 몹시 심하게 느끼는 위기 상황에서는 개인 코칭을 받기 위해 치료자에게 전화하는 게 꼭 필요하다. 전화 연락에 관하여 추가 전략을 15장에서 논의한다.

치료 녹화/녹음하기

치료를 녹화/녹음한다면 환자에게 이를 알려 주어야 한다. DBT는 개인 치료 회기와 기술 훈련 회기를 모두 녹화/녹음할 것을 권장한다. 치료에서 이와 같은 기록의 역할에 대해 논의해야 한다. 치료 계획의 일부로 환자가 회기 사이에 녹음을 들어야 한다면 치료자는 환자가 회기 사이에 치료 녹음을 들을 수 있게 녹음기를 준비하도록 해야 한다. DBT에서 치료 녹화/녹음의 역할 그리고 이 절차와 관련해 일어날 수 있는 문제에 대해 11장에서 논의했다.

6. 치료에 전념하기

치료자와 환자가 함께 작업한다고 합의하고, 환자가 환자 협의에 전념하고, 치료자가 치료자 협의에 전념하기 전까지 정식 치료는 시작될 수 없다. 이 점은 아무리 강조해도 지나치지 않다. 9장에서 서술한 전념 전략은 DBT 과정과 목적에 대한 경계성 환자의 전념을 얻고 강화하는 주요 수단이다. 필수 전념이 구두로 이루어질 때까지 치료자는 다른 주제 논의를 진행해서는 안 된다. 환자의 '저항'에 대한 단서를 얻기 위해 환자의 과거를 탐색해서는 안 된다. 환자가 바로 지금 전념하지 못하는 이유를 이해하기 위해 환자의 정서적 비참함이나 삶의 혼돈에 대해 논의하지 않는다. 환자가 이 특정 치료자와 작업할 수 있는지 알아보기 위해 (초기 안내와 상호 평가의 일부로 할 때를 제외하고) 환자와 치료자의 관계에 대해 마음을 나누는 대화를 끌지 않는다. 이 점은 매우 중요하다. 자주 환자는 아직 그 정도 수준의 전념이 준비되지 않았거나 가능하지 않다고 말하면서 하나 이상의 DBT 전념 사항 앞에서 주저하기 때문이다. 동시에 환자는 자신의 절박함을 드러내며 치료자 또한 어서 빨리 도움을 주는 데 절박하도록 만든다.

환자의(그리고 때때로 치료자의) 절박함에도 불구하고 환자가 앞에서 언급한 여섯 가지 필수 환자 협의 항목에 동의하기를 거부한다면, 치료자는 환자의 말을 받아들이되 그럼에도 불구하고 협의 없이 치료는 진행될 수 없음을 확고하게 지켜야 한다. 필수 환자 전념 없이 치료를 시작한다면 마치 기관사가 승객을 목적지에 데려가기 위해 너무 서두른 나머지 객실 차량이 안정적으로 고정되어 있는지 확인하기도 전에 기관차를 운전해 역을 출발하는 행태와 같다. 기관차가 아무리 빨리 달려도 역에 남겨진 승객은 목적지에 도착할 수 없다. 경계성 환자는 전형적으로 유사 자살 행동과 자살 위험을 낮추기 위해 작업하겠다고 전념하는 데 큰 어려움을 보인다. 이러한 전념을 어떻게 얻어 내는지에 대해 9장과 15장에서 자세하게 논의하기에 여기서는 더 들어가지 않겠다.

때때로 환자로부터 전념을 얻어 내는 데 초점을 맞추다 보면 치료자가 자신의 치료가 다른 대안 치료만큼 혹은 그 이상 환자에게 실제로 도움을 줄 수 있는지, 그리고 자신이 정말로 이 특정 환자를 치료하고 싶은지에 대해 신중히 고려해 보기를 잊기 쉽다. 위기 상황에서 치료에 찾아오는 사람은 무엇에라도 기꺼이 전념을 다할 준비가 되어 있으며 그럴 때 특히 전념 확증에 관한 신중한 고려 없이 바로 치료로 뛰어들기 쉽다. 피상적인 치료 약속은 절박한 환자에게 성급한 희망을 불어넣을 수 있으며, 바로 이런 이유로 환자에게 심각한 피해를 주지 않고는 깰 수 없는 약속이 되어 버린다. 대부분 경우 치료자는 치료를 계속한다는 약속을 첫 번째 회기에서는 하지 않는다. 나는 보통 아직 치료가 결정되지 않은 환자에게 우리가 함께 작업할 수 있는지, 그리고 그 사람의 문제가 내가 치료할 수 있는 종류인지 평가하기 위해 처음 두 번 혹은 세 번의 회기를 사용할 것이라고 말해 준다. 회기 사이에 나는 이 특정 한 사람에게 내가 잠재적으로 효과적인 치료를 제공할 수 있고 기꺼이 그럴 마음이 있는지 고려해 본다. 만약 그렇지 않다면 나는 그가 대안 치료를 찾도록 도와준다. 나는 가끔 환자가 대안 치료(예: 물질 남용 프로그램 혹은 구조화된 장기 DBT 입원 병동 프로그램)를 받고 완료하고 나서 나에게 돌아오도록 제안하기도 했다.

7. 주요 목표 행동 분석 실시하기

처음 몇 회기 동안 치료자는 환자가 기억할 수 있는 유사 자살 행동의 주요 상황에 대한 완전한 행동 분석을 실시해야 한다. 앞선 치료에서 나타난 심각한 문제도 검토해야 한다. 일반적으로 나는 치료의 조기 종결에 대해서 적어도 한 번 이상의 자세한 분석을 실시한다. 치료 두 번째 단계에 들어서면(혹은 치료가 여기서 시작한다면), 외상후 반응에 대한 완전한 분석을 수행해야 한다. 이럴 때 치료자는 먼저 서로 다른 다양한 양상을 찾아낸 다음에 각 양상에서 하나 혹은 둘의 예시를 선택해 보다 깊이 있는 분석을 실시한다. 초점은 과거보다는 현재의 스트레스 반응에 있어야 한다. 9장에 각 분석을 실시하는 법에 대한 지침을 제시했다. 치료를 연구 맥락에서 수행한다면 연구용 평가를 이러한 분석을 안내하는 지침으로 사용할 수 있다. 그러나 어떤 경우에도 개입으로 빠르게 넘어가고자 분석을 빠뜨려서는 안 된다. 분석은 정보를 얻고 양상을 명확하게 하는 데 필수적일 뿐 아니라 환자가 자신의 행동에 대해 '미쳤다'거나 '나쁘다'가 아닌 설명을 개발하도록 도와준다.

8. 치료 관계 발전을 시작하기

계약 맺기 회기에서 관계 양상을 관찰하기

초기 계약 맺기 회기에서 긍정적 대인관계 확립을 시작하는 과제가 필수이다. 이 회기는 치료 동맹을 형성하고 유지하는 데 발생할 수 있는 문제를 탐색하는 기회를 환자와 치료자 모두에게 제공한다. 평가와 계약 회기는 그 자체로 환자-임상가 상호작용 양상의 표본이 되며 미래 양상을 예측하는 데 유용할 수 있다. 회기 내 양상, 반응의 다양성 등을 이후 분석을 위해 주의 깊게 관찰하고 기록해야 한다.

전문성, 신뢰, 효능을 전달하기

전문성, 신뢰, 효능은 다양한 방법으로 전달할 수 있다. 일반적으로 DBT의 많은 전략과 기법이 치료자 효능을 향상시키도록 만들어져 있다. 전문성은 전문가처럼 옷 입기, 관심을 보이며 차분함을 유지하기, 편안하지만 주의를 기울이는 자세, 자신감과 확신을 가지고 유창하게 말하기, 치료 회기에 준비되어 있기 등 대인관계 양식 특성을 통해 전달할 수 있다. 치료자는 학위, 소속, 환자의 특정 상황이나 경험과 유사한 사례에 대한 학술적·전문적 경력에 더하여 앞으로 이어질 치료 접근에 대해 공개할 수 있다. 신뢰는 책임감, 의지할 수 있음, 예상 가능함 그리고 일관성과 같은 특성의 영향을 받는다. 자살 행동을 하는 환자가 치료 수행에 대한 치료자의 기저 동기와 의도를 어떻게 지각하는지는 특히 중요하다. 따라서 협의하는 과정에서 이러한 요인에 주목하고, 제시간에 회기를 시작하고, 환자를 단지 고객이나 연구 대상이 아닌 사람으로서 관심을 소통해야 한다.

치료와 치료자의 신뢰는 때때로 치료자가 처음 몇 회기 동안 환자가 긍정적이고 극적인 학습 경험을 체험할 수 있도록 해 줌으로써 향상될 수 있다. 예를 들어, 환자에게 회기 내에서 어떻게 이완하고 어떻게 정서적 각성을 내보낼 수 있는지 가르쳐 준다면 때로 치료자를 향한 환자의 신뢰에 극적인 효과를 가져온다. 위기 생존 기술(동반 기술 훈련 매뉴얼 참조) 또한 이와 비슷한 효과를 가져올 수 있다.

현실 세계에서 주의점

내가 계약 맺기 전략을 상당히 정리된 방식으로 제시하면서 마치 치료가 실제로 내가 여기 서술한 전략에 따라 착착 진행되는 것처럼 보일 수 있다. 그러나 자주 그렇지 못하다. 환자가 심각한 삶의 위기 상황에서 치료에 들어올 때, 매우 진지하게 자살을 고려할 때, 혹은 너무 심각한 치료 방해 행동을 해서 이러한 행동이 조정되기까지는 아무것도 달성될 수 없을 때 특히 그렇다. 치료자는 위기 개입 치료 모형(15장)을 치료 아주 초반에 일정 기간 사용해야 할 수 있다. 이러한 경우에 치료자는 시작할 때 환자에게 치료 기초에 관해 방향을 잡아 주고 치료에 필요한 초보적 전념을 얻기 위해 추가 시간(보통 한 회기면 충분하다)을 할애해야 한다. 방향 잡기와 전념 이 두 가지가 다른 무엇보다 먼저 이루어져야 한다. 정규 진단 평가는 기관 내 다른 동료나 치료자가 실시하는 것이 최선이다. DBT 생물사회 이론 제시하기, 주요 목표 행동 평가하기, 과거력 청취 그리고 사회 관계망에 방향 잡기는 모두 이후 치료에서 작업이 이루어져야 한다.

예를 들어, 한 환자가 최근 9개월 동안 목에 대동맥을 그어 죽기 직전까지 간 세 차례의 자살 시도 후 외래 치료를 위해 나에게 의뢰되었다. 그 환자는 또한 최근 1년간 12번 음독을 했고 스스로 화상을 입혀 피부 이식이 필요한 흉터가 여럿 있었다. 첫 번째 회기에서 이러한 행동을 다루는 데 전념하도록 하고 나서 환자는 바로 살아갈지 혹은 자살할지에 대해 왔다 갔다 했고, 다음 번 강력한 자살 충동을 느낄 때 자살하지 않도록 최선을 다하기에만 전념할 수 있었다. (그의 해리 상태가 복잡한 요인으로 작용했으며, 그는 이러한 상태에서 자신의 행동을 스스로 통제할 수 없다고 주장했다.) 거의 압도하는 자살 충동이 빈번했고 죽음을 향한 욕망이 거의 지속적이었기 때문에 치료는 환자를 살아 있게 하고 덜 다치도록 돕는 데 집중하며 진행되었다. 내가 환자에게 반복해서 말했듯, 우리는 그의 자살 행동을 어느 정도 통제할 수 있게 되자마자 그의 문제에 대해 작업을 시작하고 서로를 알아 갈 것이었다. 여기에 3개월이라는 끊임없는 노력이 필요했으며, 그 안에 몇 차례의 입원 절차와 대안 치료법에 대한 탐색이 있었다. 긴급한 자살 위험이 수그러들고서야, 나는 원래대로라면 치료 시작 시점에서 실시했을 과거력 청취와 평가를 시작했다.

두 번째 사례는 우리 클리닉 남성 치료자가 만난 환자이다. (환자가 선호한 여성 치료자는 환자를 받을 수 없었다. 안타깝게도, 우리는 지역사회에서 그에게 다른 대안 치료를 찾을 수 없었다.) 이 환자는 치료에 진입해 필수 협의 항목에 동의하자마자 남성으로부터 치료를 받는다는 사실에 대한 강렬한 공포에 사로잡혔다. 세 번째 주에 이르러 하나의 양상이 드러났다. 그는 한 주에 5개 혹은 6개의 메시지를 남겼는데, 치료를 받을 수 없다, 그런 경험 없는 치료자를 만날 수 없다, 그처럼 문제의 소지가 있는 프로그램을 할 수는 없다, 그렇게 민감하지 못한 사람들이 있는 곳에서 치료받을 수 없다, 기술 훈련을 병행도록 요구하면 계속할 수 없다 등의 주장을 했다. 다시 전화해 달라고 요청하고는 한두 시간 내에 다시 걸어 이를 취소하면서 자신은 치료를 끝낼 거고 치료자는 스스로 비난하지 말아야 한다고 했다. 환자는 두 번 혹은 세 번의 회기에 결석하고, 다음 회기 안에서 혹은 전화로 자신의 의심을 거두고 몇 시간 동안은 상황을 바로잡고 다시 전념을 했다가(다만 불확실한), 원래의 순환으로 다시 돌아갔다. 치료는 초반 4개월간 오로지 이 치료 방해 행동 양상에만 집중했다. (이는 이전 치료에서 같은 주기로 자살을 위협했던 상태보다는 한 단계 발전된 셈이었다.) 진단 평가는 동료가 실시했다. 과거력 청취와 다른 목표 문제에 대한 평가는 미뤄졌다.

회기 시작 전략

회기를 시작하는 방법은 모든 심리치료에서 중요하다. 시작은 회기 나머지 시간 동안의 분위기를 결정한다. 환자는 꽤나 치료자가 자신에게 부정적이거나 거부하는 태도로 접근할 거라고 예상한다. 때로는 죽상이 되어 회기에 오고 언제든 철수하거나 도망칠 준비가 되어 있는데, 특히 직전 상호작용이 강렬하고 부정적이었던 경우 더 그렇다. 대부분 경계성 환자는 부정 정서가 찾아왔다가 사라진다는 사실을, 그리고 문제는 해결될 수 있다는 사실을 배운 적 없다. 그런 경험이 없으므로 부정적 만남은 재앙과 같은 의미로 이해될 수 있다. 환자를 반복해서 따뜻하게 초대하는 태도로 대함으로써 분노, 좌절, 관계 문제, 그리고 자신의 잘못이 반드시 버림이나 복구할 수 없는 정서적 압박으로 이어지지 않음을 가르쳐 줄 수 있다. 그 결과 자기 위안이 조금씩 쉬워지고, 자기 위안은 상승하는 정서를 어느 정도 통제하는 데 필요하다.

치료를 할 수 있는 장소가 어디냐는 한마디로 하자면 환자에 따른다. 나의 클리닉에서 통상 치료자의 상담실을 개인 DBT 회기가 이루어지는 장소로 사용했고, 전반적으로 만족스러웠다. DBT에서 다른 중요한 환경은 전화 통화이다. 이에 대해서는 이미 어느 정도 서술했고 다음 장에서 보다 상세하게 다룬다. 환경 개입은 **실제 상황**에서 일어날 수 있다. 치료에 대해 몹시 양가적인 청소년 환자를 위해서는 치료 지속을 위해 치료 환경을 유연하게 정하는 게 극도로 중요하다. 볼링장이나 자동차 등의 장소에서 상담실 밖 회기를 가진다면 어려운 단계에서 접촉을 유지해 나가는 데 도움이 될 수 있다. 청소년이 상담 시간에 찾아올 때까지 그저 연락을 유지하는 정도로 같은 목적을 이룰 수 있지만, 네 번 연속 상담 결석에 대한 한계가 있으므로 이는 실용적이지 못하다. 어떤 청소년에게는 이처럼 대안적인 만남 장소가 보다 자연스러운 환경이며 삶의 트라우마의 한가운데서 보다 잘 견뎌 낼 수 있는 환경이 되기도 하다.

치료를 시작할 때 염두에 둘 전략을 〈표 14-2〉에 정리하였고 다음에 논의하였다.

〈표 14-2〉 회기 시작 전략 점검표

____	치료자는 환자를 반갑게 **맞이하며** 환자를 만나서 기쁘다는 느낌을 전달한다. 치료자는 환자에 대한 관심을 드러내고 따뜻한 느낌을 주는 방식으로 회기를 시작한다.
____	치료자는 환자의 **현재 정서 상태**에 관심을 가지고 필요하다면 회기 동안 주의해야 할 긴급 사안이 있는지 확인한다.
____	치료자는 필요에 따라 상호성 의사소통과 문제 해결을 사용해 관계를 **복구**한다.

1. 환자를 맞이하기

치료자는 늘 환자를 다시 만났을 때 분명한 기쁨을 드러내는 방식으로 따뜻하게 맞이해야 한다. 환자를 향해 미소 짓기, 하나 혹은 그 이상의 회기를 빠졌다면 다시 만나서 얼마나 좋은지 언급하는 방법이 있다. 치료자가 환자를 소중하게 여기고 좋아한다는 마음을 첫 만남에서부터 소통하기 위해서이다.

2. 환자의 현재 정서 상태를 인지하기

회기를 시작할 때 환자의 현재 정서 상태를 인지하는 것이 중요하다. 환자(혹은 치료자)의 숨겨진 안건은 겉으로 드러나야 한다. 환자를 압박하는 주제라면 주목할 필요가 있다. 회기를 시작할 때 간략하게 안건을 정하여 어떤 주제를 어떤 순서로 논의할지를 양쪽이 알 수 있도록 한다. 다음에서 논의하는 목표 설정 전략이 이러한 안건 설정에 매우 중요하다.

3. 관계를 복구하기

몇몇 예외를 제외하면 간단하게라도 관계를 복구하고 나서 회기 내 다른 진지한 작업을 진행해야 한다. 그러나 회기 안에서 순위가 높은 행동을 목표로 설정하지 않고 '마음을 나누는 대화'로 대체해서는 안 된다. 여기에 빠질 위험에 대해 12장에서 보다 상세하게 다루었다.

치료자는 환자를 만나는 데 양가적이거나, 다루어야 할 어려운 주제에 대해 불안하거나, 환자에 대한 좌절을 느낀다면 정말로 이러한 갈등을 환자와 해소하길 원하는지 주의 깊게 점검할 필요가 있다. 대답이 '아니다'라면 이 문제를 다음 지도감독/자문팀 회의에서 다루어야 한다. 치료자는 환자와 이 주제로 대화하기 앞서 환자 없이 일정 수준의 복구 작업을 이룩해야 한다. 대답이 '그렇다'라면 치료자는 상호성 의사소통 전략(12장)과 치료 관계 전략(15장)을 사용해 환자와 관계에 대해 논의하고 문제 해결을 시작해야 한다.

목표 설정 전략

목표 설정 전략은 치료자가 개인 치료 회기 시간을 어떻게 조직하고 어떤 주제에 관심을 가질지에 관한 전략이다. 이 전략은 DBT가 치료 목표 위계에 따른 조직화를 강조하는 측면을 반영하고, DBT에 필수적인 위계 순서에 치료자가 주의를 기울이도록 보장한다. 목표 설정 전략을 실시하기 위해서는 앞선 거의 모든 치료 전략을 통합해야 한다. 이는 DBT

첫 단계에서 극도로 어려울 수 있는데, 환자와 치료자 둘 다 목표 행동을 다루고 싶지 않을 때가 있기 때문이다.

목표 설정 전략의 근거와 이에 대한 다양한 반대 의견이나 어려움(뿐만 아니라 잠재적 해결책)을 5장과 6장에서 상세하게 논의했다. 그러나 여기서 다시 강조하건대, 만약 치료자가 목표 설정 전략을 무시한다면 그건 DBT가 아니다. DBT에서 **무엇을** 다룰지는 **어떻게** 다룰지만큼이나 중요하다. 환자가 목표 설정 전략을 따라가도록 하는 데 어려움을 겪는다면 이를 다른 치료 방해 행동처럼 다루어야 하고, 그 방법은 다음 장에서 논의하겠다. 목표 설정 전략을 따르는 데 어려움(흔한 문제)이 있는 치료자는 지도감독/자문팀 회의에서 이 주제를 꺼내야 한다. 다른 치료자도 아마 틀림없이 같은 어려움을 가지고 있을 것이다.

다른 장에서 상당한 분량으로 목표 설정의 근거를 서술했기 때문에 여기서 다시 다루지는 않는다. 목표 설정하기를 안건 설정하기로 생각한다면 할 만하다. 안건은 한 주 동안 환자의 행동에 따라 유연하게 정해야 하지만, 그럼에도 불구하고 각 회기 전과 후에 안건을 검토하면 분명 유용할 것이다. 목표 설정 전략을 다음에서 논의하며 〈표 14-3〉에 요약했다. 이 전략은 어떤 순서로든 사용할 수 있지만 매 회기마다 모두 사용해야 한다.

〈표 14-3〉 목표 설정 전략 점검표

_____ 치료자는 지난번 접촉 이후 환자의 **진전을 검토**한다.

  _____ 치료의 1, 2단계 동안 일지를 기록하며 치료자는 이를 확실히 살펴봄으로써 환자가 그 중요성을 명확히 알 수 있도록 한다.

    _____ 환자가 일지를 가져오지 않는다면 이유를 확인한다. 적절하다면 치료 방해 행동 프로토콜(15장 참조)을 사용한다.

    _____ 환자가 일지를 가져오지 않았다면 치료자는 한 주 동안의 자살 행동과 일지에 기록하는 다른 행동에 관해 물어본다. 필요하다면 회기에서 일지를 작성하도록 한다.

    _____ 평소와 다르거나 문제가 되는 반응에 대해 언급하고 발전을 강화한다.

  _____ 치료자는 행동 관련 숙제의 진행 상황에 대해 물어본다.

_____ 치료자는 회기를 조직하기 위해 **목표 행동 우선순위**를 사용한다.

  _____ 자살 행동(반복적인 낮은 수준의 자살 사고 제외)이 보고된다면 치료자는 문제 해결 전략을 사용해 이를 다룬다. 치료자는 자살 행동 프로토콜(15장 참조)을 사용한다.

    _____ 고통이 심하고 자살 사고는 낮다면, 그리고/혹은 자해 충동이 높고 유사 자살 행동이 없다면, 치료자는 높은 고통과 충동에 관심을 가진다. 이를 통해 자살 행동을 동반하지 않더라도 환자의 문제가 중요함을 타당화한다.

_____ 치료 방해 혹은 삶의 질을 낮추는 행동이 있다면 이를 논의하며 문제 해결(일반적인 혹은 관계의 측면에서)을 사용한다.

_____ 환자의 전화가 현재 목표 설정이라면, 혹은 한 주 동안 평소와 다른 전화 통화가 있었다면 회기 동안 이에 대해 논의한다.

_____ 필수 목표 설정(자살 행동, 치료 방해 행동, 삶의 질을 방해하는 행동, 외상후 스트레스)이 다루어졌다면 치료자는 환자가 회기의 내용과 방향을 결정하도록 허락한다.

_____ 치료자는 **환자의 치료 단계에 주의**를 기울인다. 단계를 건너뛰지 않는다.

_____ 치료자는 앞 단계 문제가 반복된다면 그 단계로 돌아간다.

_____ 치료자는 **다른 치료 형태**에서 환자의 진전을 확인한다.

_____ 치료자는 기술 훈련에서 환자의 진도와 출석을 확인한다.

_____ 환자가 기술 훈련에 출석하지 않거나, 숙제를 하지 않거나, 기술 훈련에 대한 불만을 표현한다면 이를 탐색한다.

_____ 필요하다면 기술 훈련의 규칙을 잘 따르도록 치료 방해 행동 프로토콜(15장 참조)을 사용한다.

_____ 치료자는 환자에게 기술 훈련의 중요성을 전달한다.

_____ 치료자는 환자가 배운 기술을 현재 삶의 문제에 연결할 수 있도록 도와준다. 필요하다면 기술을 더 가르쳐 준다.

_____ 치료자는 환자가 기술 훈련, 지지 집단 치료, 혹은 DBT의 다른 치료 형태에서 보이는 문제를 삶의 다른 영역에 있는 문제와 연관 지을 수 있게 돕는다.

_____ 치료자는 환자가 기술 훈련, 지지 집단 치료에서의 문제를 개인 치료에서 다루는 문제들과 연관 지을 수 있게 돕는다.

DBT 위배 전략

_____ 치료자는 일지를 보여 달라고 하지 않는다.

_____ 치료자는 환자와 공모해 일지를 가져오지 않는 문제를 적당히 넘어간다.

_____ 치료자는 일지에 적혀 있어야 하는 정보를 물어보지 않는다.

_____ 치료자는 단념하거나 환자를 봐준다.

_____ 치료자는 자살 행동을 무시하거나 이를 대충 논의한다.

_____ 치료자는 치료 방해 행동을 무시하거나 이를 대충 논의한다.

_____ 치료자는 삶의 질 방해 행동을 무시하거나 이를 대충 논의한다.

_____ 치료자는 우선순위 규칙을 따르지만 그 핵심 정신을 따르지는 않는다.

_____ 치료자는 환자가 1단계에 있을 때 아동기 학대에 대해 이야기하도록 밀어붙인다.

_____ 치료자는 기술 훈련이 다른 사람의 책임이라는 인상을 준다.

1. 지난 회기 이후에서부터 목표 행동 검토하기

각 회기를 시작할 때 첫째로 환자와 한 주 동안의 행동 발전을 검토한다. 이때 질문은 DBT의 첫 두 단계에 있다면 목표 설정 행동에 대한 구체적 정보를 얻기 위해 치료자가 구조를 잡는다.

일지

나는 매 회기를 "일지를 가져왔나요?"라는 간단한 질문으로 시작한다. 환자가 가지고 있다면 나는 그걸 훑어보고 일지를 바탕으로 회기의 초기 안건을 결정한다. 환자가 일지를 가져오지 않았다면 나는 일지를 채웠는지, 무슨 일이 일어난 건지 등을 묻는다. 환자가 일지를 썼지만 어떤 이유에서 가져오지 못했을 경우 정보를 구두로 빠르게 검토한다. 구체적인 질문이 치료의 단계와 현재의 목표 설정 행동에 따라 달라지긴 하지만 보통은 일지에 있는 대부분의 정보를 얻으려고 한다(유사 자살 행동과 충동, 자살 사고와 충동, 물질 사용[약물 포함], 매일의 고통감, 행동 기술의 사용 그리고 우리가 추적하려는 다른 모든 것). 환자가 일지를 적어 오지 않았다면 보통 시작하기 전 작성하도록 한다. 내가 6장에서 말한 대로, 일지에 대해 일관성 있게 주의를 기울인다면 오래지 않아 절차에 대한 순응도를 높일 수 있다. (그렇지 않다면 이는 치료 방해 행동이며 더 많은 주의가 필요하다.) 일지 사용에 대한 논거와 이에 대한 치료자와 환자의 저항에 대응하는 전술은 6장에서 논의했으며 15장에서 다시 논의한다.

숙제 나눔

숙제가 있었다면 치료자는 회기에서 반드시 숙제에 대해 물어보아야 한다.

2. 목표 설정 우선순위를 사용해 회기를 조직하기

여러 차례 언급했듯이 DBT에는 상호작용을 조직할 때 목표 행동 우선순위를 사용한다는 두드러진 특징이 있다. 기본 규칙은 다음과 같다. 개인 심리치료 시간은 (지난 회기 이후) 현재 나타나는 행동에 중점을 두고, 주목할 순서는 목표 위계에 따라 결정한다. 독자를 위해 위계를 다시 상기시키자면(6장 참조) 개인 외래 치료에서 가장 높은 우선순위는 자살 행동이며 그다음은 치료 방해 행동, 심각한 삶의 질 방해 행동, 기술 부족, 외상후 스트레스 행동, 자기 존중 그리고 개인 목표의 순서로 이어진다. 전화 통화에서도 개인 치료자는 목표 위계에 따라 상호작용을 조직화한다. 자살 행동 줄이기, 행동 기술을 당면한 문제에 적용하기, 치료자와 환자의 대인관계 위기나 소원함을 해결하기 순서이다. 기술 훈련 회기, 지지 프로세스 집단, 다른 모든 치료 방법에 자체의 위계가 있다. 각 치료자는 해당 상호작용 형태에 따라 이 위계 순서를 지침으로 삼아 시간을 사용할 임무가 있다. 이 전략은 초보 치료자에게 가장 어렵지만 전반적인 치료 진행에서 가장 중요한 전략 중 하나이다. (목표 우선순위에 대한 전체 논의를 위해서는 5장과 6장을 참조한다. 시간을 조직하고 저항 다루기는 6장과 15장에서 상세하게 다룬다.)

3. 단계별 치료에 주의하기

6장에서 논의했듯, DBT는 4단계로 진행한다. 방향 잡기와 전념을 위한 치료 전 단계, 기초 역량을 습득하는 1단계, 외상후 스트레스를 줄이는 2단계, 자기 존중을 늘리고 개인의 목적을 달성하는 3단계이다. 치료자는 이 단계에 주의해야 한다. 현재 단계에서 목적이 달성되지 않았다면 더 높은 단계로 움직이지 않으며, 앞선 단계에서 문제가 다시 나타난다면 되돌아간다. 치료 자체를 시작하기 전에 방향 잡기와 전념(치료 전 단계)을 완료할 필요성에 대해서는 앞서 서술했다. 내가 6장에서 보다 상세히 논의한 대로, 1단계에서 상당한 진전을 이룬 다음에 2단계로 넘어가야 한다. 이러한 단계 전략은 DBT가 과거 외상 스트레스를 간과하지 않는다는 점을 치료자에게 알려 준다. 따라서 강력한 근거 없이 기초 역량을 습득하는 데서 갑자기 개인 목적 달성으로 건너뛴다면(일시적이 아니라면) 결국 이 전략을 위배하는 셈이다.

4. 다른 치료 형태에서 진전을 확인하기

환자가 다른 형태의 DBT에 참여하고 있다면(예: 기술 훈련), 치료자는 매 개인 회기마다 이런 다른 형태 속 환자의 진전을 확인해야 한다. 개인 치료자는 자신이 주 치료자이며 따라서 모든 치료 형태를 조율할 책임이 있다는 점을 기억해야 한다. 개인 치료자가 물어보지 않아도 될 만큼 치료 형태를 안 중요하다고 생각한다면, 환자가 이를 중요하다고 생각하기란 어렵다. 다른 치료 형태에서 출석과 협조 또한 개인 치료자 책임으로, 치료 방해 행동으로 다루어야 한다.

회기 마무리 전략

경계성 그리고 자살 행동 환자와 회기를 어떻게 끝내는가는 매우 중요하다. 경계성 환자는 종종 분노, 좌절, 공황, 비탄, 무망감, 절망, 공허함, 외로움과 같은 강렬한 부정 정서를 지닌 채 회기를 떠난다. 그래서 부적응 행동에 의지하지 않고 정서 고통을 감내하려면 많은 어려움을 겪는다. 이러한 정서를 예상하고 '풀어야 할 문제'로 중요하게 다루어야 한다. 회기의 '임무' 부분, 다시 말해 숙제를 내주고 회기에서 이룬 진전을 요약하는 등, 결론을 맺고 정리하기도 마찬가지로 중요하다. 회기를 마무리할 때 전략을 〈표 14-4〉에 정리하였다.

〈표 14-4〉 회기 마무리 전략 점검표

____ 치료자는 환자가 재촉을 느끼거나 회기가 갑자기 끝나지 않도록 마무리하는 데 **충분한 시간을 제공**한다.

  ____ 환자에게 회기가 끝나감을 알려 준다.

  ____ 치료자는 환자가 회기 마무리 후 대처할 수 있도록 돕는다.

  ____ 치료자는 환자가 정서적으로 갈무리될 수 있도록 돕는다.

____ 치료자는 해당 주에 하기로 약속한 **숙제나 과제를 검토**한다.

____ 필요하다면 치료자는 회기를 **정리**한다.

____ 치료자는 환자에게 회기 **녹음**을 제공한다.

____ 치료자는 발전해 나가고 어려움을 다룰 수 있는 환자의 능력에 대한 믿음을 표현하며 격려하고 **응원**하되, 동시에 환자가 여전히 겪고 있는 진짜 어려움을 타당화한다.

____ 치료자는 환자를 **진정시키고** 치료자가 계속해서 함께한다는 느낌을 준다(예: 전화 연락 약속하기, 전화 연락이나 계획을 사용할 수 있음을 상기시키기).

____ 치료자는 (적절하다면) **걸림돌을 해결**한다. 회기 이후 혹은 다음 주 동안 예상되는 어려움에 대처하기 위한 문제 해결 전략을 사용할 수 있게 한다.

____ 치료자는 따뜻함과 다시 만날 기대를 전달하는 태도를 취하며 환자와 작별한다. 치료자와 환자 모두에게 편안한 **마무리 의례**를 개발하고 사용한다.

DBT 위배 전술

____ 치료자는 환자에게 알리지 않고 회기를 일찍 끝낸다.

____ 치료자는 마무리 직전에 민감한 사안을 꺼낸다.

____ 치료자는 환자가 회기를 마무리하거나 떠나기 어려워함을 비타당화한다.

1. 마무리를 위해 충분한 시간을 제공하기

치료 회기를 언제부터 마무리하기 시작하는지는 개별 환자에 달려 있다. 어떤 환자의 경우 처음부터 헤어짐이 시작된다. 이들은 떠나는 게 너무도 불안하여, 그들에 따르자면 '시작하기도 전에 이미 끝났다'는 분명한 사실에 회기 초반의 행동조차 영향을 받을 정도이다. 내가 앞서 언급했듯이 경계성 환자는 종종 회기 동안 정서적으로 '마음을 열지' 않는데, 일단 그렇게 하면 '다시 닫는' 데 시간이 충분하지 않기 때문이다. 그들은 통제할 수 없는 강렬한 정서와 함께 남겨진다. 회기가 아무리 길어도 이 문제를 완전히 피할 수는 없지만 각 치료자와 환자는 회기를 끝내는 작업을 위해 몇 분을 남겨 놓아야 할지 함께 모색해야 한다. 환자에 따라, 그리고 같은 환자에서도 회기 동안 다루는 내용에 따라 필요한 시간은 분명 다를 것이다.

2. 다음 주 숙제 합의하기

회기 과정에서 환자와 치료자는 환자가 다가오는 주에 참여해야 하는 다양한 활동을 논의한다. 각 회기를 끝낼 때 제안할 숙제를 검토하고 명료히 해야 하며, 숙제를 하겠다는 환자의 합의를 확실히 확인해야 한다. 이 시점에 치료자는 환자에게 다음 주 동안 숙제를 완성하는 데 어려움이 있을지 물어야 한다. 보통은 어려움이 있을 것으로 가정하고, 치료자는 이 기회를 통해 환자가 걸림돌을 해결할 수 있도록 도와야 한다.

3. 회기 정리하기

회기를 마무리할 때 필요하다면 치료자는 다루었던 중요한 요점을 정리해 주어야 한다. 일반적으로 그러한 정리는 '화이팅하는' 방식으로 제공해야 한다. 한 주 동안 혹은 회기에서 환자가 얻은 중요한 통찰을 간단하게 언급한다. 이는 한두 문장으로 충분하다.

4. 환자에게 회기 녹음을 제공하기

각 회기가 끝나면 환자에게 회기 녹음을 제공하고(만약 이 절차가 계획의 일부라면) 다음 주 동안 한 번 이상 듣도록 안내한다. 이는 환자가 압도될 때 대처할 수 있도록 하는 자극의 역할을 하며, 말하자면 환자의 일상 환경에서 치료자를 곁에 두는 방법이 될 수 있다.

5. 응원하기

각 회기 끝에 치료자는 환자가 이룬 진전에 대해 직접 드러내서 격려해야 한다. 또한 환자의 긍정적인 특성과 칭찬받을 만한 행동을 짚어 주어야 한다. 기본적으로 이는 환자가 요청하기 전에 치료자가 환자 행동을 타당화하는 기회이다. 또한 이는 치료자가 환자에게 희망과 격려를 부여하는 기회이기도 하다. 특히 회기의 상당한 분량을 환자가 자기 패배적 행동을 자각하도록 돕는 데 할애했다면, 치료자가 주는 격려는 중요하다. 혹은 환자는 적잖이 낙담하고 희망이 없다고 느끼지만 치료자 앞에서 능숙한 척해 보일 것이다. 이처럼 겉으로 드러나는 능숙함에 치료자가 속지 말아야 한다. 치료자는 환자 삶이 여전히 얼마나 끔찍하게 어렵고 고통스러운지를 칭찬과 세심하게 결합하여 타당화하고, 환자가 스스로 대처할 능력을 과대평가해서는 안 된다. 치료 진행에 따라 치료자는 환자로부터 스스로를 격려하고 타당화하는 진술을 이끌어 낼 수 있다. 치료 후반부에서 치료자는 환자에게 전주나 이번 회기 동안 어떤 진전을 느끼는지 직접 물어볼 수 있다.

6. 환자를 진정시키고 안심시키기

환자는 치료 회기를 마치며 상실감에 빠질 때가 있다. 끝내야 할 시간이 다가오면 절박함과 외로움이 다시 솟구친다. 치료자는 이를 예상해야 하며 환자에게 다음 회기 전에 필요하면 치료자에게 전화할 수 있다고 상기시켜 주어야 한다. 만남이 돌이킬 수 없게 끝나는 게 아니라는 의미이다. 치료자는 또한 언제라도 응급 서비스에 전화할 수 있으며 필요하면 주변 다른 사람에게 도움을 요청할 수 있다고 알려 주어야 한다. 앞서 말했듯, 유사자살 그리고 경계성 환자는 적절하게 도움을 청하는 데 엄청난 어려움을 겪을 때가 있다. 환자는 위기 한복판에서 치료자에게 빈번하게 전화하거나 적절하지 못한 요구를 할 수는 있지만, 위기가 찾아오기 **전에** 도움을 요청할 줄 아는 경우는 드물다.

치료를 시작할 때 주요 목표 중 하나로, 환자에게 도움을 적절히 요청하는 법을 가르친다. 환자가 문제를 상의하고, 조언을 요청하고, 아니면 그저 무슨 일이 일어나고 있는지 나누기 위해 누군가에게 전화할 수 있다는 사실을 아는 게 중요하다. 이렇게 하기란 환자에게 보통 매우 어렵다. 그래서 치료 첫 단계에서 숙제로 치료자에게 전화하기를 낼 필요가 있다. 환자가 위기 도중에 치료자에게 전화하는 데 익숙해진다면, 이후에 회기를 마무리하면서는 위기가 발생하기 전에 치료자에게 전화를 시도하도록 교육한다. 환자가 치료자에게 적절히 연락할 줄 알게 되면, 이후에는 이 기술을 환경 속 사람에게 일반화하는 데 초점을 맞춰야 한다. 이 시점에 치료자는 환자가 적절하게 전화를 걸 만한 지지적인 사람이 거의 없다는 사실을 알게 될 것이다. 그때 이 문제는 치료에서 중요한 초점이 된다. 치료를 종결할 때쯤이면 어떤 경우에도 환자가 주변 다른 사람에게 적절한 방식으로 도움을 얻는 전화를 할 수 있게 되는 데 치료의 주요 목표가 있다.

7. 걸림돌 해결하기

환자가 회기를 마칠 무렵 계속 상당한 정서적 어려움을 보인다면 치료자는 환자가 떠나고 나서 쓸 수 있는 정서 조절과 고통 감내 전략을 개발하도록 도와주어야 한다. 이때도 역시 환자가 겉으로 내보이는 능숙함에 속지 않는 것이 중요하다. 틀림없이 치료 초반에는 거의 대부분 환자가 회기 마무리를 다루는 데 상당한 어려움을 보인다. 물론 정서적 고통은 시간이 지남에 따라 저절로 없어지지만, 치료자와 환자는 이를 완화하고 부적응 대처 양상을 미연에 방지하기 위한 문제 해결책 개발에 능동적으로 노력해야 한다.

8. 마무리 의례 개발하기

마무리 의례를 개발한다면 환자를 진정시킬 수 있고 헤어짐을 쉽게 할 수 있다. 적어도 치료자는 환자를 문 앞까지 데려다주고 곧 다시 만나리라는 기대를 전달해야 한다. 몇몇 환자에게 작별 포옹은 회기를 마치는 중요한 절차가 될 수 있다(지침은 12장 참조).

종결 전략

반드시 치료 초반부터 환자가 치료 종결을 준비할 수 있도록 해야 한다. 다른 강하고 긍정적인 친밀한 관계가 그렇듯 치료 관계 종결도 극도로 어려울 수 있다. DBT는 관계의 완전한 단절을 지지하지 않는다. 그보다는 환자가 전(前) 환자의 범주로 옮겨 가고 치료자 또한 전(前) 치료자의 역할로 옮겨 간다. '전(前)' 역할은 '비(非)' 역할과는 사뭇 다르다. 전자

〈표 14-5〉 종결 전략 점검표

- ____ 치료자는 첫 회기에서 치료의 궁극적 종결을 **논의하기 시작**한다. 종결이 다가오며 치료자는 회기를 **점차 줄여 나간다**.
- ____ 치료자는 **자립과 타인에 대한 의지를 강화**하면서 점차 치료자에 대한 의지를 대신하도록 하고 치료 종결에 이르며 의존과 독립 모두 필요하다고 강조한다.
- ____ 치료자는 치료가 끝나기 적어도 3개월 전에 종결을 **능동적으로 계획**한다(1년의 DBT 치료 계약에서).
  - ____ 치료자는 종결과 관련된 어려움을 다루기 위해 문제 해결 전략을 사용한다. 필요하다면 점점 간격을 늘리며 추수 회기를 계획한다.
  - ____ 치료자는 진전을 평가한다.
  - ____ 치료자와 환자는 앞으로의 연락 방법을 위한 기본 원칙을 정한다.
    - ____ 치료자는 환자에게 DBT 종결 이후 치료자에게 기대할 수 있는 관계 유형을 분명히 해 준다.
    - ____ 치료자는 치료 관계, 전(前) 치료자와의 관계, 우정의 차이점을 논의한다.
    - ____ 치료자는 치료 종료 후 환자가 치료를 다시 시작하는 기준을 정하고, 기술을 복습하도록, 문제 해결에 더 적극적으로 참여하도록 돕는다.
- ____ 환자가 종결 이후 다른 사람에게 치료를 계속해서 받기를 원한다면 치료자는 치료를 **의뢰**하고 새로운 치료자와 치료가 시작될 때까지 환자를 만난다.

에서는 한때 강하고 긍정적인 애착을 형성했던 관계라는 사실을 인정하고 소중하게 여긴다. 학생에서 이전 학생으로, 혹은 의존하는 자녀에서 자립한 성인 자녀로 변화하는 모습과 유사하다. 또한 성공적인 종결을 위해서 치료자와 배운 대인관계 기술을 치료 외 상황에 일반화하기가 필요하다. 치료 종결을 위한 구체적 전략을 〈표 14-5〉에 정리하였다.

1. 종결 논의를 시작하기: 회기를 점차 줄여 나가기

치료 전반에 걸쳐 일반화와 치료 종결에 계속 초점을 두지만, 끝을 어느 정도 앞둔 시점에는 종결에 접근하기 위해 반드시 능동적으로 논의를 시작해야 한다. 그러나 그 시점은 치료가 얼마나 진행되었는지에 따라 다르다. 전환을 부드럽게 하려면 갑작스럽게 멈추기보다는 회기 빈도를 천천히 줄여 나가야 한다. 능동적으로 종결하는 과정에서 치료자는 환자가 진전한 점을 강조하고 칭찬하고, 치료를 받지 않고 독립적으로 살아 나갈 환자 능력에 대한 명확한 자신감을 표현하며, 단지 치료가 종결되었다는 이유만으로 환자에게 돌봄과 관심을 끊지 않는다고 강조한다. 또한 필요할 때 이용할 수 있는 지역사회 및 민간 자원이 남아 있다면 알려 준다.

2. 대인관계 의지를 사회 관계망으로 일반화하기

유사 자살 그리고 경계성 환자와의 치료에서 일반적인 경과는 다음과 같다. 앞서 논의한 대로 환자는 처음에 치료자를 신뢰하고 치료자에게 도움을 청하거나 독립과 의존의 최적 균형에 이르는 데 큰 어려움을 경험한다. 이에 대한 탐색을 한다면 환자가 주변 환경의 타인과도 비슷한 양상을 보임을 알 수 있다. 도움을 청하는 능력은 부정적인 환경에서 생존하기 위해 필요한 핵심 기술이다. 따라서 신뢰하고, 도움을 적절하게 요청하고, 누군가에게 의지하면서도 자립할 수 있는 능력이 치료의 목표가 될 때가 있다.

점점 환자가 치료자에 대한 신뢰를 쌓으면서 도움 받을 필요에 대해 치료자에게 보다 솔직해지기 시작한다. 치료 초반 단계 동안은 환자가 특정 상황에 대처하는 어려움이 있을 때 치료자에게 도움을 청할 수 있도록 하는 데 강조점을 둔다. 그러나 이처럼 도움을 요청하는 능력이 환자 환경의 다른 사람에게 이행되지 않는다면, 그리고 환자가 스스로 지원을 받는 법을 배우지 못한다면 치료 종결은 극도의 외상이 되어 버린다. 치료자의 매우 짧은 공백(예: 며칠의 국내 여행)에도 유사 자살 환자는 충분히 유사 자살 행동으로 반응할 법하다. 따라서 치료자에게서 자신과 다른 사람에게 의지하기로 전환하는 과정은 거의 바로 시작해야 한다. 여기서도 변증법 전략을 사용해야 한다. 치료자는 자립을 배우면서도 다른 사람에게 의지하는 중요성을 강조한다.

3. 능동적으로 종결을 계획하기

앞서 언급했듯이, 치료가 종결된다는 사실은 DBT 초기 회기부터 논해야 한다. 그러나 치료 종결과 치료자와 헤어짐은 분명히 구분해야 한다. 더불어 전(前) 치료자와 친구의 역할 또한 마찬가지로 잘 구분해야 한다. 거의 예외 없이 전(前) 치료자는 이전 환자와 사적인 친구가 되지 않으며 그런 기대가 형성되어서는 안 된다. 우정이 출현한다면 이는 기대해도 되는 권리가 아닌 예상 밖의 기쁨이 될 것이다.

걸림돌 해결하기

치료자는 환자와 함께 종결하는 동안 혹은 종결 직후 발생할 어려움을 논의해야 한다. 해결책을 개발하기 위해 문제 해결 전략을 사용해야 한다. 잠재적 해결책으로 '추수 회기' 가능성도 있다. 문제가 예상되지 않더라도 약 6개월 간격으로 이러한 회기를 계획한다면 좋다.

진전을 평가하기

치료가 어떻게 진행되었는지, 무엇을 성취했는지, 그리고 환자가 앞으로 삶에서 어떤 진전을 계속해 나갈지를 충분히 철저하게 살펴보기 위해 충분한 시간이 필요하다. 치료관계 자체(치료자 관점과 환자 관점 각각에서)와 목표 행동에서 환자의 변화를 검토해야 한다. 치료자는 아무도 문제로부터 완벽하게 '치료되지' 않으며 삶의 모든 측면은 성장과 변화를 수반한다는 관점을 제안해 주어야 한다.

앞으로 연락을 위한 기본 원칙 설정하기

심리치료 문헌에서 전(前) 치료자와 전(前) 환자 역할은 충분히 탐색되지 않았다. 치료자는 환자와의 미래 상호작용에 대한 자신의 선호를 분명히 알고 있어야 한다. 이러한 선호를 환자에게 분명히 전달해야 하는데, 지키지 못할 모호한 약속은 도움이 되지 않는다. 보통 종결 직후 1년 정도는 전(前) 환자와 전(前) 치료자 접촉이 제법 빈번할 수 있다. 그리고 천천히 빈도가 줄어들 것이다. 나는 거의 항상 전(前) 학생이나 전(前) 환자와 오래도록 연락을 주고받기를 선호하기 때문에, 어떻게 지내는지 알 수 있도록 주기적으로 연락을 주고받자고 격려한다. 상호성 소통과 한계 관찰을 잘 엮어 낼 때이다.

치료자와의 지속적인 상호작용에 대한 환자의 바람도 탐색해야 한다. 어떤 사람은 또 어떤 사람보다 더 많이 접촉하길 원한다. 어떤 사람은 사실상 연락을 완전히 끊고 싶어 한다. 양쪽 모두 치료에 다시 진입하는 기준은 정리해야 한다. 재진입이 불가능하다면 치료자는 이를 분명히 해야 하며 환자가 다른 치료자를 찾는 문제에 대해 문제 해결을 적용할 수 있게 도와야 한다.

4. 적절하게 의뢰하기

완벽한 세상에서 경계성 환자와 치료는 1, 2, 3단계를 따라 진전해 나가며 삶에 충분히 만족하고 자신에 대한 평화에 이르러 끝날 것이다. 1단계로 진입하는 환자에게 이는 수년

이 걸릴 수 있다. 사실 자살 행동이 심각한 경계성 환자는 1단계에서 2단계로 넘어가는 데만 1년 혹은 그 이상이 걸릴 수 있다. 과거 트라우마 심각성과 해리 경향에 따라 2단계 치료 또한 1년이나 그 이상 걸릴 수 있다. 적어도 우리가 더욱 효과적이고 효율적인 치료를 개발하기 전이라면, 환자가 이 단계를 서둘러 통과하도록 시도할 때 문제는 해결되기보다 도리어 더 많은 문제가 생긴다.

안타깝게도, 재정과 보험 적용 한계, 의료 보장 규칙, 치료자의 개인적 한계, 연구 제한 등 이유로 치료자와 환자는 목표를 달성하는 데 필요한 시간 동안 한 팀으로 남아 있지 못할 때가 있다. 이 경우 치료자가 환자를 버리지 않아야 한다. 즉, 치료자는 환자가 대안이 되는 치료 후속 계획을 세울 수 있도록 도와주어야 한다. 앞에서 언급한 모든 이유로 개인치료를 받을 재정 자원이 부족한 환자는 이러한 계획을 세우기가 극도로 어렵다. 여기에 더해, 많은 개인 치료자가 경계성 및 자살 행동이 있는 환자를 만나기 꺼린다는 문제가 있다. 치료자는 공공 혹은 저렴한 정신건강 자원뿐만 아니라 동료 상담과 지지 집단(예: 알코올 중독 자조 모임)을 탐색할 필요가 있다. 치료자가 치료 시작부터 시간제한이 있음을 알고 있다면 종결에 적잖이 앞서 의뢰를 위한 계획을 시작해야 한다.

마치며

나의 환자들은 가끔 자신이 과연 나아질 수 있을지, 행복해질 수 있을지 내게 묻곤 한다. 답하기 어려운 질문이다. 물론 처음 나를 만나러 올 때보다 나아지고 행복해질 수 있다. 그리고 나는 한때 BPD 진단 기준을 충족했던 사람에게조차 삶은 살아 볼 만한 가치가 있다고 믿는다. 그러나 나는 나의 환자 중 누구라도 많이 겪었던 대단히 학대적인 환경의 영향을 완벽하게 극복할 수 있을지에 대해서는 확신이 덜하다. 인생 전반에 걸쳐 충분한 애도가 필요할 것이다. 그러나 여기서 이러한 현실을 파국화하지 않는 게 중요하다. 오랜 역사에 걸쳐 많은 사람이 엄청나게 고통스러운 사건을 맞닥뜨리고 받아들여야 했지만, 그럼에도 그들은 살아갔고 괜찮은 삶의 질과 성취를 이루는 삶을 살았다. 물론 어떻게 하면 될지 분명하지 않고, 쉽지도 않다. 심리치료란 이러한 딜레마에 맞서기 위해 사회가 만들어 낸 그저 작은 일부 시도일 뿐이다. 심리치료의 한계는 종교, 영성 실천, 문학과 역사와 철학 공부, 공동체 활동 등으로 채울 수 있다. 즉, 심리치료 바깥에서 많은 답을 찾을 수 있다.

모든 사람이 그토록 바라는 사랑하고, 보살피며, 지지하는 대인관계를 찾고 유지할 수는 없다. 적어도 이 모든 특성을 하나의 관계 안에서 찾지는 못할 것이다. 설령 그런 관계를 만든다 해도 영원하지 않다. 치료자와의 관계가 평생 만든 관계 중 유일하게 좋은 관계일 수 있다. 이는 꼭 환자의 결함 때문은 아니다. 가장 훌륭한 구성원에게조차 공동체와 동료애를 제공할 우리 사회의 능력이 제한되어 있기 때문이다. 개인 치료 종결 이후 지지 집단은 경계성 환자였던 사람을 위해 좋은 선택지가 될 수 있다. 어떤 사람은 무기한으로 그러한 집단에 참여하고 싶어 할 수 있다. 나는 이를 장려하고 지지해야 한다고 생각한다. 또 어떤 사람에게는 계속해서 이전 치료자와 간헐적으로라도 접촉하는 게 매우 중요할 것이다.

15장

특수 치료 전략

이 장은 경계성 환자 치료에서 나타나는 특수한 문제와 쟁점을 대하는 전략을 다룬다. 이 전략은 구조 전략처럼 표준 전략을 새롭고 독특한 방법으로 결합해야 한다. 이 장에서 다음과 같은 문제를 다루는 통합 전략을 논의하겠다. ① 환자 위기, ② 자살 행동, ③ 환자 치료 방해 행동, ④ 전화 통화, ⑤ 보조 치료 그리고 ⑥ 환자–치료자 관계에서 쟁점.

위기 전략

이 책 전반에서 언급한 바와 같이, 경계성 환자는 위기 상태에 빠질 때가 많다. 이러한 상태에서 환자가 배워 온 행동 기술을 사용하는 능력은 불가피하게 줄어든다. 정서 각성은 인지 처리를 방해하고, 이어서 환자는 집중력이 제한되어 현재 위기 말고는 다른 데 집중할 수가 없다. 이러한 상황에서 치료자는 여기서 설명하는 위기 반응 방법을 적용해야 한다.

표준 외래 DBT에서 위기를 겪는 환자를 돕는 책임은 개인 혹은 주 치료자에게 있다. 다른 외래 치료자나 팀 구성원은 ① 주 치료자에게 환자를 맡기고, 필요하다면 주 치료자와 연락이 닿도록 돕는다. ② 환자가 주 치료자와 연락이 닿을 때까지 고통 감싸기 기술을 쓰도록 돕는다. 이러한 분업 방식은 특히 주 치료자와 즉각 연락하지 못할 때마다 다른 치료

〈표 15-1〉 위기 전략 점검표

_____ 치료자는 내용보다는 **정동**에 집중한다.
_____ 치료자는 **지금** 문제를 탐색한다.
    _____ 치료자는 마지막 연락 이후의 시간에 초점을 둔다.
    _____ 치료자는 현재 정서를 촉발한 핵심 사건을 확인한다.
    _____ 치료자는 문제를 개념화 · 요약한다.
_____ 치료자는 **문제 해결**에 집중한다.
    _____ 치료자는 조언을 주고 제안을 한다.
    _____ 치료자는 환자가 배우고 있는 행동 기술 용어로 가능한 해결책을 구성한다.
    _____ 치료자는 행동 계획의 훗날 결과를 예측한다.
    _____ 치료자는 환자의 부적응 생각이나 행동을 직접 직면시킨다.
    _____ 치료자는 환자의 적응 반응을 명료히 하고 강화한다.
    _____ 치료자는 생산적 행동 계획을 방해하는 요인을 확인한다.
_____ 치료자는 **정동 감내**에 주목한다.
_____ 치료자는 환자가 행동 계획에 **전념**하도록 돕는다.
_____ 치료자는 환자의 **자살 가능성**을 평가한다.
_____ 치료자는 위기 반응의 **재발**을 예측한다.

자 구성원에게 연락하는 환자나, 주 치료자의 반응이 마음에 안 들 때마다 동정을 '구하러 다니는' 환자를 효율적으로 치료하는 데 매우 중요하다. 〈표 15-1〉에 정리한 바와 다음에 논의하는 바와 같은 여러 위기 대응 전략은 이 제한된 과제에서 유용하게 쓰일 것이다. 환자가 '전화 당직'인 팀 구성원과만 대화할 수 있는 절차는 흔한데, DBT는 이를 별로 지지하지 않는다(더 나아가 전화 전략에 대한 뒤의 논의 참조). 병동이나 낮병동과 같은 다른 장면에서 위기 개입 책임은 치료팀 다른 구성원이 맡을 수도 있다.

1. 내용보다는 정동에 집중하기

위기 상황에서 특히 환자가 정서적으로 각성되어 있을 때, 말하는 내용보다 환자의 정동에 주목하는 작업이 매우 중요하다. 8장에서 정서 경험을 타당화하는 기법을 설명하였다. 요컨대, 치료자는 환자의 감정을 명명하고, 환자에게 감정의 타당성을 전달하고, 정서 방출 기회를 제공하고, 환자 감정에 대한 치료자 자신의 정서 반응을 언어로 반영해 주며, 다른 성찰해 볼 수 있는 말을 제공해 준다.

2. 지금 문제를 탐색하기

마지막 연락 이후 시간에 집중하기

높은 정서 각성 상태에서 사람은 애초에 정서 반응을 촉발한 사건을 되짚지 못할 수 있다. 그날 촉발 사건만 생각하는 게 아니라, 인생 전반에서 일어났던 혹은 지난 몇 주 동안 일어난 모든 비슷한 사건이 다 떠오를 수 있다. 즉, 하나의 사건이 위기를 발생시켰겠지만, 환자는 자신의 경험을 전달하고자 여러 주제 사이를 긴박하게 오갈 것이다. 치료자는 환자 인생 전반에서 일어난 모든 부정적 사건에 관한 논의에 끌려 들어가는 대신, 환자와 마지막으로 연락한 이후에 구체적으로 무슨 일이 일어났는지에 초점을 맞출 수 있도록 집중해야 한다.

현재 위기의 핵심 촉발 요인을 찾고자 노력하기

때로 아주 작은 사건이 압도적 위기 반응에 불을 붙일 때가 있다. 이러한 상황에서 치료자는 환자가 이 촉발 사건을 찾을 수 있도록 도와야 한다. 이때 환자는 자기 삶의 감당할 수 없는 모든 사건과 조건을 줄줄 나열할 수도 있다. 치료자는 경청하며 선별하여 반응한다. 즉, 환자 이야기에서 작업 가능한 부분에 반응하고 무관하거나 다룰 수 없는 측면은 건너뛴다. 이 경우 환자가 겪은 일을 이야기할 때 구체적이고 상세히 말하도록 질문한다.

치료자는 환자가 겪는 압도감, 절망감, 절박함, 자살 충동 등 위기 반응의 일부를 선택하고, 이 반응이 처음 언제 일어났는지, 언제 증가했거나 줄었는지 등을 정확히 짚도록 질문한다. 예를 들어, 공포라는 감정이라면 치료자는 다음과 같이 물을 수 있다. “그때 공포를 느꼈나요?” 답이 ‘그렇다’이면, 다음과 같이 이어 간다. “그 사람이 ‘이렇게 저렇게’ 말하기 바로 직전에 공포를 느꼈나요?” 답이 ‘그렇다’이면, 치료자는 이전으로 돌아가 순간별로 공포를 촉발한 정확한 말이나 사건을 찾는다. 이야기 후반부에 치료자는 “그게 공포를 늘렸나요, 줄였나요?”와 같이 말할 수 있다. 핵심은 환자의 구체적 위기 반응(혹은 여러 반응)을 구체적 사건이나 일련의 사건과 계속 연결해 내는 데 있다.

문제 상황을 개념화하고 정리하기

문제 개념화와 정리는 위기 회기 동안 반복해서 필요하다. 치료자는 문제 핵심 요소를 정의하기까지 의견을 맞춰 가는 데 초점을 둔다. 환자는 꽤 자주, 문제를 적절히 정의하기도 전에 문제 해결에 초점을 두려고 한다. 당연히 환자가 주로 제기하는 핵심 해결책은 자살 행동이다. 그런데 환자는 스스로 자살 행동을 해결책이 아닌 촉발 문제로 명명하는데, 치료자는 이에 매우 유의해야 한다.

예를 들어, 환자는 "내가 자살하고 싶은 게 문제예요."라고 말할 수 있다. 치료자는 자살 행동이 문제이기보다는, 문제에 대한 해결책인 점을 공감하면서도 직접 전달해야 한다. 치료자는 이렇게 말할 수 있다. "그렇군요. 그건 어떤 문제에 대한 해결책이었습니다. 자살 생각이 처음 떠오른 시점을 정확히 파악해 봅시다. 언제부터 생각났나요? 무엇이 촉발시켰나요?" 해당 순간을 찾았다면, 치료자는 그 사건에 어떤 문제가 있길래 자살 충동을 촉발했는지 탐색할 수 있다. 어떤 사람에게 자살 사고는 모든 문제 사건에 따라 일어나는 과학습된 반응일 수도 있고, 사건에 대한 고통스러운 감정이나 해석이 개입됐을 수도 있다. 보다시피, 촉발 사건을 찾는 게 문제 상황을 파악하는 가장 직접적인 길임을 알 수 있다. 이 분석을 마친 뒤에 바로 문제를 재정의하고 가능할 때 환자로부터 동의를 이끌고 강화해 낸다.

3. 문제 해결에 집중하기

또 한번, 치료자는 모순된 관점을 통합하려는 노력에 마주하게 된다. 치료자는 환자가 힘들고 부정적인 정서를 낮추도록 반드시 도와야 하는 동시에, 각성을 완화하는 데 불쾌한 정동을 다루는 능력이 필요하다는 점을 환자가 볼 수 있게 도와야 한다. 문제 해결 기법을 활용할 때, 현재 위기의 작은 일부라도 골라서 집중하는 게 중요하다. 환자는 때로 '당장 모든 걸 다 좋아지게 만들고 싶은' 강한 욕구를 전할 수도 있다. 치료자는 문제를 작은 단위로 쪼개어 한 번에 한 측면을 다루는 **본보기**를 보여 준다. 위기 동안 문제 해결을 위해서는 9장에서 설명한 표준 문제 해결 기법에 더하여 다음과 같은 절차를 따른다.

조언을 주고 직접 제안하기

DBT에서 치료자는 여러 역할을 맡는다(자문, 교사, 치어리더 등). 대체로 환자가 만들어 둔 여러 대안 반응 중 하나를 환자가 고를 수 있도록 자문을 제공하는 역할이 좋지만, 때로 환자는 주어진 상황을 어떻게 다루고 무엇을 해야 할지 전혀 모를 때도 있다. 이 경우 가능한 행동 계획에 관하여 치료자가 구체적 조언을 주거나 직접 무언가를 제안하는 게 적합하다. 이는 특히 '능숙한 겉모습' 환자에게 중요하다. 이때 치료자는 환자가 어떻게 해야 할지 실제로 찾아낼 수 있지만 단지 자기 능력에 자신감이 없다고 쉽게 가정한다. 환자에게 조언이 필요 없다는 오해로 환자에게 조언을 주지 않는 실수를 저지르기 쉽다. 따라서 환자 역량을 신중하게 평가하고 환자가 지닌 자기 능력에 대한 지식을 존중해야 한다. 환자의 수동성을 동기 결여, 저항, 자신감 결여와 동등하게 해석해서는 안 된다. 많은 경우에 수동성은 지식이나 기술이 충분하지 못하다는 점을 시사한다.

환자가 배우고 있는 행동 기술에 기반하여 해결책 제안하기

모든 문제는 하나 이상의 방식으로 해결할 수 있고, 단지 사람의 관점에 따라 다를 뿐이다. DBT에서는 문제 해결책을 고안할 때 행동 기술 관점을 적용하는 능력이 핵심이다. 즉, 만약 고통 감싸기 모듈을 지금 배우는 중이라면(혹은 환자가 연습했으면 좋겠다고 치료자가 생각한다면), 위기는 고통 감싸기가 필요한 상황으로 바라볼 수 있다. 대인관계 효과성이 초점에 있다면, 문제 프레임은 대인관계 활동과 관련지을 수 있다. 대개 사건은 힘든 정서 반응과 연관되어 있기에 '문제'가 되는데, 상황에 대한 자신의 정서 반응을 변화시키는 게 환자에게 한 가지 해결책이 될 수 있다. 효과적인 반응은 마음챙김 기술 개념으로 표현할 수 있다. 어떤 문제 상황에 어느 행동 기술을 활용하느냐는 중요하기도 하지만 동시에 매우 어렵다. 치료자 스스로 행동 기술을 속속들이 알아야 하고 위기 동안 신속하게 생각해 낼 수 있어야 한다.

한 가지 예시를 들겠다. 어떤 환자가 회기에서 지난 한 주 얘기를 하다가 울기 시작했다. 너무 힘들어서 지난주 이야기를 할 수 없다고 했다. 치료자는 다음 중 어떤 길로도 갈 수 있다. 첫째, 치료자는 환자가 강한 고통을 겪고 있어 보인다고 말해 주고, 그 고통을 감내하기 위해서 바로 지금 순간 쓸 수 있는 기술이 무엇인지 초점을 맞추도록 격려할 수 있다. 그 주 얘기로 뛰어들 수 있도록 충분히 감내할 정도로 말이다. 둘째, 치료자는 자신과 만나는 이 순간에 환자가 자기 목적을 따져 볼 수 있도록 돕는 데 논의 초점을 맞출 수도 있다. 환자가 목표를 이루기 위해서 지금 어떤 대인관계 기술을 쓸 수 있을까? 이 만남이 끝나고 나서도 자신을 긍정적으로 여기려면 무슨 말을 해야 하고 무엇을 해야 할까? 이 만남이 끝나고 치료자가 자신에 대해 어떻게 생각하길 바라며, 여기서 효과적이려면 무엇을 말하고 행해야 할까? 셋째, 치료자는 현재 정서를 찾고 지금 기분이 나아지기 위해서 어떻게 해야 할지 떠올려 보는 데 논의 초점을 둘 수 있다. 마지막으로, 어떤 마음챙김 기술을 배웠느냐에 따라(혹은 어떤 기술을 연습해야 하느냐에 따라), 치료자는 지금 상태를 관찰・기술하는 데 집중해 보기를 제안하거나, 현재 상태를 판단하지 않는 태도로 스스로 대하거나, 주의를 하나의 순간과 눈앞 과제로 초점을 돌리도록 하거나, '일이 되게 하려면' 어디에 초점을 맞춰야 하는지 바로 떠올려 보기를 제안할 수 있다.

다양한 행동 계획 이후 결과를 예측하기

자살 경향의 경계성 환자는 행동 선택에서 단기 이득에 초점을 맞추고 장기 결과를 간과하는 경향이 있다. 치료자는 환자가 자기 행동의 장기 결과에 초점을 두도록 이끌어야 한다. 목표를 달성하는 효과 측면에서 여러 대안 행동의 장단점을 탐색하도록 도울 수 있고, 대인관계를 유지하고 스스로 존중하고 좋아할 수 있는 데 초점을 둘 수 있도록 돕는다.

환자 생각이나 행동을 직접 직면시키기

위기나 높은 정서 각성 중에 환자가 침착하게 여러 행동 계획의 장단점을 탐구하는 일은 거의 일어나지 않는다. 치료자가 생각하기에 현재 행동이 상황을 더 악화시키는 결과를 가져온다면, 행동 선택의 결과를 환자에게 직접 직면시켜야 한다. 대체로 선택이란 환자가 지닌 비현실적 신념과 연결될 가능성이 크다. 이때 환자 신념 역시 직면할 대상이다. 그런데 강도 높은 정서 각성 상태에 있는 환자를 치료자가 직면시키려 할 때, 대체로 환자는 치료자가 자기 상황을 실제로 잘 이해하지 못한다는 식으로 말할 가능성이 크다. 이때 환자가 경험하는 고통을 향한 이해와 타당화를 표현하는 게 도움이 되고, 이어서 고통스러울지라도 대안 행동 선택이 장기적으로는 더 유익하리라는 신념을 제시해 주도록 한다.

적응 반응을 명료히 하고 강화하기

환자가 적응적 인지행동 반응을 배우기 시작할 때, 이 반응은 강화받아야 한다. 위기 동안 고안해 내는 그 어떤 적응 반응이나 생각에도 신중히 초점을 두고, 이를 명료화시켜 주고 강화해 주는 게 도움이 된다. 또 어떤 때에 치료자는 과거 환자가 비슷한 상황을 적응적으로 다루었던 경우를 언급하면서 그러한 행동을 칭찬할 수 있다.

생산적 행동 계획을 방해하는 요인 찾아내기

만약 환자와 치료자가 생산적으로 보이는 행동 계획을 찾아냈다면, 혹여 이 계획을 방해할 요소를 환자가 찾아낼 수 있도록 도와야 한다. 이 단계를 무시한다면 환자는 실패를 겪을 가능성이 크다. 결국 이후 문제 해결은 더 어려워진다. 생산적 계획을 방해하는 요인을 찾은 뒤에는 당연히 그러한 문제를 어떻게 해결할지 이어서 논의해야 한다.

4. 정동 감내에 집중하기

대체로 환자는 위기 상황을 감내하지 못하겠다고 치료자에게 전할 것이다. 상황이 압도적일 뿐만 아니라 환자는 견디기가 어렵다. 환자 고통을 타당화할 때, 치료자는 부정 정동을 감내할 필요성에도 직접 대면시켜야 한다. 다음과 같은 말이 곧잘 도움이 된다. "내가 ○○ 님의 고통을 가져갈 수만 있다면 좋겠지만 그럴 수가 없습니다. 그건 자기 자신도 못합니다. 지금 겪으시는 고통에 내 마음이 아프지만, 이 순간만큼은 감내해야 합니다. 고통에서 빠져나올 유일한 방법은 고통을 통해서입니다." 치료 초반에 환자가 이러한 관점에 동의하리라고 기대할 수는 없다. 그럼에도 치료자는 치료 단계 동안 **반복적으로** 이러한 말을 전하는 데 단념해서는 안 된다.

5. 행동 계획에 전념을 얻어 내기

치료자는 환자가 지금에서부터 다음번 만날 때까지 수행할 구체적 행동 계획에 협의하도록 설득하는 데 모든 노력을 기울여야 한다. 분명한, 마감이 있는 약속, 다음번 만날 때까지 환자가 반드시 해야 하는 지시나 요구를 포함하는 약속을 협상해야 한다. 즉, 치료자는 환자에게 현재 위기를 해결하려면 같이 협의한 단계를 밟아 나가야 함을 전달해야 한다.

6. 자살 가능성 평가하기

매번 위기 상호작용을 마무리할 때 치료자는 환자의 자살 위험을 재평가해야 한다. 환자는 만남 초반에 죽겠다거나, 자신을 해치겠다거나, 혹은 다른 어떤 파괴적 행동을 하겠다고 말할 수 있다. 치료자가 아무리 노력해도 환자는 만남이 끝날 무렵까지 이러한 관점을 지속할 수 있다. 치료자는 위기가 충분히 완화되어 환자가 스스로 다음번 만날 때까지 자살을 멈출 수 있다고 생각하게 됐는지 검토해야 한다. 환자가 협의하지 않는다면, 다음에 기술할 자살 행동 전략으로 옮겨 간다.

7. 위기 반응 재발 예측하기

치료자와 환자는 함께, 현재 환자가 느끼는 압도감의 완화를 약속하는 행동 계획을 만들어 낸다. 이 계획이 확실히 도움이 될 수 있지만, 보통 환자는 (짧은 시간 뒤에) 압도감이 다시 찾아옴을 느낀다. 따라서 위기 동안 치료자는 지금 만남과 다음번 만남 사이를 계획하거나 구조를 잡을 수 있도록 환자를 도울 책임을 수행한다. 환자에게 힘든 감정이 다시 생길 수 있음을 알려 주고 그러한 감정에 대처할 수 있는 몇 가지 전략을 계획해야 한다.

자살 행동 전략

자살 경향이 있는 사람을 치료할 때에는 자살 행동에 대응하는 구조화된 프로토콜이 필요하다. 여기에는 자살 위기 행동, 유사 자살, 자살 혹은 유사 자살 위협, 자살 사고, 유사 자살 행동을 하려는 충동이 포함된다. 이 프로토콜은 치료 회기 내에 혹은 이후, 전화로, 입원 장면에서, 혹은 (덜하지만) 치료자와 환자의 일상 환경에서 적용할 수 있다. 자살 행동에 관한 정보는 환자가 치료자에게 자발적으로 전할 수 있고, 치료자가 질문하여 답변을 들을 수도 있고, 환자 주변 다른 전문가나 가까운 사람이 치료자에게 전하여 얻을 수도 있다.

치료 과제

자살 행동에 대응하는 치료자에게 과제는 두 가지이다. ① 환자가 실제로 죽거나 심각하게 자신을 해하지 않도록 막을 만큼 적극 대응하기, ② 이후 자살 행동 가능성을 완화하는 방식으로 대응하기. 이 두 과제에서 요구하는 바는 때로 갈등을 일으키기도 한다. 환자의 안전을 지켜야 하는 임무와 살아남는 게 의미 있도록 환자에게 행동 양상을 가르쳐야 하는 임무 사이에 변증법 긴장이 일어난다. 자칫 잘못된 선택을 하거나 실수를 했을 때 환자 죽음에 대한 책임을 추궁당하는 거의 모든 치료자가 지니는 두려움은 이 모든 걸 더 복잡하게 만든다. 다음 전략은 환자를 위한 치료적 필요와 치료자 한계를 동시에 다루기 위한 전략이다.

치료자가 어떤 자살 행동 혹은 위협 상황에 어떻게 대응하느냐는 항상 개별 환자, 환자 상황과 치료 관계 특징에 따른다. 자살 행동에 관하여 반드시 따라야 하는 DBT 규칙은 세 가지뿐이다(물론 이는 치료를 소개하는 동안 반드시 환자와 소통해야 한다). 첫째, 유사 자살 행동과 자살 위기 행동은 반드시 깊이 있게 분석해야 한다. 절대로 이를 간과하지 않는다. 둘째, 유사 자살 행동을 한 환자는 그 행동 이후 24시간 이내에 치료자에게 전화할 수 없다. 다만 치료자가 목숨을 구해야 하는 의료 응급 상황은 예외이다. 그럼에도 환자는 치료자가 아니라 응급 구조원을 불러야 할 것이다. 셋째, 치명적 행동을 보이는 환자가 치명적 약물을 처방받아서는 안 된다(이 점은 보조 치료 전략에서 나아가 더 다루겠다).

자살 행동 전략은 최소한 다음 네 가지 상황에서 적용해야 한다. ① 개인 치료 회기에서 환자가 개인 주 치료자에게 이전 자살 행동을 보고했을 때(동시에 현재 의학적 위험이 없을 때), ② 환자가 주 치료자에게 긴박한 자살 혹은 유사 자살 행동의 위협을 전할 때, ③ 주 치료자와 연락하던 중에 유사 자살 행동을 했을 때 혹은 유사 자살 행동을 한 후에 바로 치료자에게 연락했을 때, ④ 환자가 부 치료자에게 자살 행동을 보고하거나 위협을 전할 때. 환자가 위기에 있고 자살 위험이 높을 때, 앞과 같은 위기 상황에서 전략을 쓸 때는 여기서 다루는 단계를 결합해야 한다. 요약은 〈표 15-2〉에 제시하였다.

〈표 15-2〉 자살 행동 전략 점검표

〈자살 위기/유사 자살 행동이 발생했을 때 주 치료자 역할〉

_____ 치료자는 사건 이후 24시간 이내에 환자와 전화 연락을 하지 않는다(의학적 응급 상황 제외). 행동은 다음 개인 치료 회기 때 다룬다.
_____ 치료자는 자살 행동의 빈도, 강도, 심각도를 **평가**한다.
_____ 치료자는 행동에 **체인 분석**을 수행한다.
_____ 치료자는 **대안 해결책 혹은 감내하기**에 관해 논의한다.
_____ 치료자는 자살 행동의 **부정적 결과**에 초점을 맞춘다.
_____ 치료자는 자살이 아닌 행동 반응을 **강화**한다.
_____ 치료자는 환자가 자살이 아닌 행동 계획에 **전념**하도록 돕는다.
_____ 치료자는 환자 고통을 **타당화**한다.
_____ 치료자는 현재 행동을 전반적 행동 양상과 **연관** 지어 준다.

〈긴박한 자살 혹은 유사 자살 위협이 발생했을 때 주 치료자 역할〉

_____ 치료자는 자살이나 유사 자살 위험을 **평가**한다.
    _____ 치료자는 자살 행동과 관련 있다고 알려진 요인을 활용하여 장기 위험을 예측한다.
    _____ 치료자는 긴급 자살 행동과 관련 있다고 알려진 요인을 활용하여 긴박한 위험을 예측한다.

    _____ 치료자는 위기 계획 목록을 만들고, 지니고, 사용한다.
    _____ 치료자는 다양한 자살 혹은 유사 자살 방법의 치명성을 인지한다.
    _____ 치료자는 계획되거나 가용한 자살 혹은 유사 자살 방법의 의학적 위험 수준에 관해 응급 구조나 의학 서비스에 자문을 구한다.

_____ 치료자는 치명적 도구를 **제거**하거나 환자가 제거하게 한다.

_____ 치료자는 환자에게 자살이나 유사 자살을 행동하지 말라고 **공감적으로 지시**한다.

_____ 치료자는 **자살이 좋은 해결책이 아니라는** 관점을 고수한다.

_____ 치료자는 **희망**에 관한 말과 해결책을 고안한다.

_____ 치료자는 자살 위험이 긴박하고 높을 때 **연락**을 유지하고 **치료 계획**을 지킨다.

    _____ 치료자는 자살 위험이 높을 때 더 적극적이다.
    _____ 치료자는 보통은 의학적 위험이 높지 않다면 유사 자살을 예방하는 데 적극 개입하지는 않는다.
    _____ 치료자는 새 환자에게 더 보수적이다.
    _____ 치료자는 자살 행동이 반응성 행동인지 평가한다.
        _____ 치료자는 촉발 사건이 중단되도록 시도한다.
        _____ 치료자는 환자가 촉발 사건을 이후 어떻게 예방할 수 있는지 가르친다.
    _____ 치료자는 자살 행동이 조작적 행동인지 평가한다.
        _____ 치료자는 치료 계획에 걸맞고 자연스러운 수반성에 해당하는 반응을 찾는다.
        _____ 치료자는 조금은 힘든 결과를 제공한다. 즉, 반응을 강화하지 않는 치료적 대응을 한다.
    _____ 치료자는 촉발 요인을 완화하고(반응으로서의 행동) 강화를 최소화하는(조작된 행동) 자연스러운 최적 반응을 찾는다.
    _____ 치료자는 적극적으로 개입하기 전에 환자로부터 개선된 행동을 끌어내는 시도를 한다.
    _____ 치료자는 고안한 대응 선택지에 융통성을 보인다.
    _____ 만약 치료자가 비자발적 개입을 고려한다면 그 이유를 진솔하게 전한다.

_____ 치료자는 재발을 **예측**한다.

_____ 치료자는 환자 주변에 자살 위험을 **전달**한다.

〈연락하는 동안 유사 자살 행동을 했거나 혹은 연락 직전에 이미 했을 때 주 치료자 역할〉

_____ 치료자는 행동의 **의학적 위험 심각성을 평가**하고 필요하다면 지역 응급 구조나 다른 의료 서비스에 위험성에 대한 자문을 구한다.

    _____ 치료자는 환자가 스스로 의료 처치를 구할 수 있는지 평가한다.
    _____ 치료자는 주변에 다른 사람이 있는지 확인한다.

_____ 만약 의학적 응급 상황에 있다면 치료자는 환자 주변 사람에게 **위험을 전하고, 응급구조대에 전화한다**.

    _____ 치료자는 환자에게 다시 전화하여 구조대가 도착하는 동안 연락을 유지한다.

_____ 만약 응급 상황은 아니지만 의료 처치가 필요하고, 환자가 응한다면, 치료자는 환자가 의료 치료를 받을 수 있도록 **코칭**한다.

　_____ 치료자는 환자가 의료 서비스 장소에 가서 치료자에게 전화하도록 지시하되, 전화 내용은 치료나 신체 상태를 전달하는 데 제한한다.

_____ 만약 응급 상황은 아니지만 의료 처치가 필요하고, 그러나 환자가 응하지 않는다면, 치료자는 **문제 해결 전략**을 사용한다.

　_____ 치료자는 '싫다'를 답으로 받아들이지 않는다.

　_____ 치료자는 환자가 비자발적 입원에 대해 느끼는 두려움이라는 걸림돌을 해결해 나간다.

　_____ 치료자는 환자가 의료인과 어떻게 상호작용해야 하는지 코칭한다.

　_____ 치료자는 보조 치료자에게 고유 절차를 따르도록 전한다.

　_____ 치료자는 가능하다면 비자발적 입원을 예방하기 위해 개입한다.

_____ 만약 의료 돌봄이 필요하지 않다는 점이 확실하다면, 치료자는 **24시간 규칙을 엄수**한다.

〈부 치료자 역할〉

_____ 치료자는 환자를 **안전**하게 지킨다.

　_____ 기술 훈련 치료자는 주 치료자와 연락이 닿기 전까지 환자가 행동 기술을 사용하도록 돕는다.

　_____ 약물치료자는 주 치료자와 연락이 닿기 전까지 환자에게 약물 조정에 대해 조언한다.

　_____ 병동 직원 치료자는 주 치료자와 다음 회기까지 위기 개입, 문제 해결 혹은 기술 훈련 전략을 사용한다.

_____ 치료자는 개인 혹은 주 치료자에게 환자를 **의뢰**한다.

이전 자살 행동: 주 치료자를 위한 프로토콜

환자는 이전 자살 행동에 관한 정보를 치료 안 상호작용에서, 통화를 포함하여, 기술 훈련이나 프로세스 집단 치료 회기 동안, 혹은 개인 치료 회기 동안 계속 언급할 수 있다. 매 회기 개인 치료 시작에서 수집하는 일지에서는 매일 경험한 자살 사고와 유사 자살 충동에 관한 정보를 묻고 지난 회기 이후로 실제 유사 자살 행동을 했는지 묻는다. 이 정보는 틀림없이 매번 개인 회기 시작 때마다 검토해야 한다. 이전 자살 행동을 말할 때 치료자가 어떻게 반응하느냐는 이어지는 자살 행동 가능성에 영향을 미친다. 충분한 집중이 필요하다.

자살 위기 행동(예: 자살 위협)이나 유사 자살 행동이 지난 개인 치료 회기 이후 발생했다면 문제 해결 전략을 적용한다. 그러나 이전 자살 행동에 대한 구체적 분석은 오직 개인 회기에서만 실시한다. 만약 주 치료자가 회기 사이에 (환자 혹은 다른 사람으로부터) 유사 자살이나 자살 위기 행동 그리고 다른 사람이 겪은 위협에 대해 알게 된다면, 그리고 환자가 추가로 행동할 위험이나 의학적 위기가 없다면, 해당 행동에 대한 개입은 돌아오는 회기에서 다루도록 한다.

이전 유사 자살 행동을 다루는 첫 번째 단계에서는 구체적이고 완전한 행동 평가를 수행한다. 이 평가는 돌아오는 개인 치료 회기에 **반드시** 수행한다. (물론 해당 회기 중 언제 할 것인지는 선택할 수 있다.) 때로, 행동주의 분석은 전체 회기를 다 쓸 수 있지만, 대개는 최소 15~20분이 걸린다. (만약 이보다 더 짧다면 치료자든 환자든 아마도 주제를 회피하는 중일 수 있다.) 이어서 해결 분석을 수행하거나, 사이사이에 해결 분석을 엮는다. 치료자와 환자는 대입했어야 할 다른 행동 혹은 다음번에 쓸 만한 행동을 탐색한다. 다른 결과로 이어졌을 다른 대응을 할 법한 지점은 여러 군데일 수 있다. 행동주의 분석과 해결 분석은 궁극적으로 재발 예방 계획으로 이어진다. 이는 알코올 중독 치료에 관한 Alan Marlatt(Marlatt & Gordon, 1985)의 접근과 유사하다.

이러한 전략을 적용하는 데서 예외란 없다. 행동에 의학적 심각성이나 위험이 큰지, 덜 심각하거나 위험성이 낮은지, 환자 기분이나 협력 정도(혹은 치료자의 기분), 혹은 자살 행동 이후에 다른 더 긴급한 위기가 있든 없든 간에 예외는 없다. 환자가 기억나지 않는다거나 질문에 답을 모른다고 할 때도 전략을 단축하지 않는다. 이 경우 치료자는 환자가 기억 못 하는 시점이 어떻게 발생했는지 분석하고 다음 시점부터 다시 시작한다. 협력하는 행동이 **전혀 없다**면, 치료자는 전념 전략(9장 참조)이나 치료 방해 행동 전략(뒤에서 설명)으로 후퇴한다. 시간이 얼마 없다면, 치료자는 행동주의 분석을 우선하고 해결 분석을 단축한다. 주목해야만 하는 바로 지금 자살 위기 행동이 있다면 이전 자살 위기 행동이나 유사 자살은 그다음 순위이고 다음 회기 때 다루어야 할 수 있다.

시간이 흐르면서 행동주의 분석은 더 신속해지고 자살 행동의 전형적인 촉발 사건은 명료해질 것이다. 그러나 장기 치료에 임하는 치료자는 과거 자살 행동에 관한 정보에 근거하여 현재 자살 행동을 이미 이해하고 있다고 섣불리 가정하지 않도록 유의해야 한다. 자살 행동의 결정 요인은 시간에 따라 달라질 수 있고, 달라진다.

9장과 10장에서 설명했듯이, 행동주의 분석(그리고 덜하지만 해결 분석)은 행동주의 교정-과잉교정, 즉 수반성 관리 절차라고 간주할 수 있다. 이전 자살 위기 행동과 유사 자살을 논의한다는 건 수많은 이유에서 힘든 일이다. 우선 노력을 요구한다. 환자는 주의 집중을 해야 하고, 노력 없이 생각나는 대로 말할 수 없다. 때로 자살 행동을 생각하거나 말하는 데 수치심이 연결되기도 한다. 자살 행동에 관한 대화를 해야 한다는 건 환자가 보기에 중요한 다른 주제에 관해 말할 시간이 없다는 뜻이기도 하다.

이전 회기 이후로 유사 자살이나 자살 위기 행동이 발생하지 않았다면, 유사 자살로 이어질 수 있는 다른 자살 사고, 충동 발생이나 자살 행동의 인지 및 정동 요소에 초점을 두어야 한다. 생각과 충동을 논의하는 데 쏟는 노력과 집중은 자살 위기 행동이나 유사 자살 행동 자체에 쏟는 노력만큼 크지는 않다. 때로 질문 한두 가지와 강조하는 말이 필요한 정도이다. 낮은 수준이라면 매번 다루지는 않는다. 다른 목표에 집중할 시간이 없어지기 때문이다.

과거에 자살 반응을 촉발했던 사건에 자살하지 않는 방식으로 대응한다면 이를 강화하여 변화를 안착시키는 게 중요하다. 그러나 때로 자살 행동이 부재하거나 감소했다는 사실 외에 자살과 달리 어떻게 행동했는지에 대한 이해는 부족하다. 내 경험으로, 많은 치료자는 발생하지 않은 자살 행동에 시간을 들이기를 매우 어려워한다. 주제 자체가 환자나 치료자 모두에게 버겁기 때문에 그저 무시하는 게 더 쉽게 느껴지기도 한다. 그러나 환자가 특히 자살 사고나 유사 자살 충동 혹은 매일의 비참함이 높았음에도 불구하고 실제 자살 행동을 어떻게 안 할 수 있었는지 분석하면, 치료자가 대안 문제 해결 행동을 강화할 기회를 제공하는 데 몹시 유용하다. 자살 행동에 저항하는 행동이 자연스러운 일상 강화물로 확실히 조절될 때까지, 치료에서 집중하는 시간을 서서히 줄여 나간다.

개인 치료 회기에서 다음 단계를 밟는다.

1. 자살 행동 빈도, 강도와 심각도 평가

환자의 이전 자살 행동에 대응하는 첫 단계로, 구체적으로 기술하는 정보를 얻는다. 만약 치료자와 상호작용하면서 자살 위기 행동이 발생했을 때는 무슨 행동이 자살 위기 행동이었는지 환자와 명료히 합의해야 하는데, 무슨 말을 어떻게 말했는지, 그리고 관련된 다른 행동(유서 작성, 치명적 도구 마련 등)이 있었는지 등을 살펴본다. 만약 다른 정신건강 전문가가 자살 위협을 느꼈을 때, 환자가 무엇을 말하고 행했는지, 어떻게 말하고 행했는지, 그리고 어떤 상황이었는지에 대한 정확한 기술을 얻는다. 회기가 끝난 뒤에는 구체적으로 기술하는 사례 기록을 작성해야 한다.

유사 자살 행동에 대해서 치료자는 자해 행동의 정확한 특징(예: 상처가 어디에 났고 얼마나 깊은지, 정확히 어떤 화학품이나 약물을 먹었고 얼마나 많이 먹었는지), 환경 맥락(혼자 혹은 다른 사람들과), 신체에 미친 영향, 의료 처치 필요성, 자살 사고 동반 여부, 그리고 환자가 회상할 수 있는 한 의식적 의도가 있었는지를 평가한다. 치료자는 유사 자살 삽화의 실제 치명성이나 의학적 위험성을 신중하게 평가한다. 이 장 마지막의 〈부록 15-1〉에 제시한 척도를 사용할 수도 있다. 이 척도는 Smith, Conroy, Ehler(1984)가 개발하고 Bongar(1991)가 개정하였고, 비의료인 임상가가 믿고 쓸 수 있으며, 유사 자살 삽화 당시 '의도'를 환자가 정확히 기꺼이 설명하려 하는지 아닌지와 무관하게 쓸 수 있다. 척도 사용 방법은 Smith 등이 제공하였고 Bongar가 보완하였다.

이전 만남 이후로부터 자살 사고 빈도와 정서 강도를 탐색해야 한다. 앞서 언급했듯이, 지속적인 자살 사고와 유사 자살 충동을 항상 논의해야 하지는 않지만, 유의한 변화(증가 혹은 감소)는 간단하게라도 반드시 탐색해야 한다. 치료자는 정기적으로 환자가 자살 시도 계획을 세웠거나 자살 시도를 하는 데 필요한 수단을 구했는지 평가해야 하고, 유사 자살 충동에도 마찬가지로 그러한 정보를 얻어야 한다. 특히 중요하게, 환자가 유사 자살 도구(약물 모으기, 칼 가지고 다니기)를 구하거나 가졌는지 알고 있어야 한다. 생산적 의심은 때로 유용하다.

2. 체인 분석 수행하기

체인 분석은 구체적 매 순간 단위로 자세히 수행해야 한다. 치료자는 핵심 행동에 이르게 된 환경 사건, 정서와 인지 반응, 외현 행동 그리고 행동 이후 결과(더하여, 행동 기능)를 명료히 할 수 있을 만큼 구체적 요소를 끌어내야 한다. 환자가 보기에 자살 위기가 시작된 시점이나 자살 시도, 자살 위협 혹은 유사 자살 행동에 관한 첫 번째 생각이나 충동이 일어난 순간부터 분석을 시작할 수 있다. 이렇게 자세하고 구체적인 평가를 수행하는 데서 얻는 간접적(그러나 의도한) 결과도 있다. 예를 들어, "그래서 자살 생각이 그때 떠올랐나요, 아니면 그 전이었나요?" "그 순간에 스스로 죽이고 싶은 느낌이 들었나요, 아니면 그 느낌은 나중에 일어났나요?" 혹은 "그가 다른 사람을 만나서 헤어지자고 했기 때문에 죽고 싶었다고 했지요. 죽고 싶다는 그 느낌이 그가 헤어지자고 말한 그 순간에 생겼나요, 아니면 그에 대해 생각을 하다가 혹은 '나는 어떡하지' 생각하다가 죽고 싶은 느낌이 시작됐나요?"라는 질문을 통해 (환자의 신념과 다르게) 자살 반응은 해당 순간에서 **꼭 필요한** 반응은 아니라는 점을 강조하는 셈이다. 그다음에는 9장에 제시한 평가 모형을 이어 간다.

3. 대안 해결책 혹은 감내하기를 논의하기

문제 상황을 확인한 후에, 치료자와 환자는 문제 상황에서 환자가 사용했을 법한 대안 해결책을 논의해야 한다. 치료자는 문제를 해결할 방법 중 한 가지는 상황이 유발한 부정 정동을 포함한 고통스러운 결과를 그저 감내하는 데 있다고 늘 제안해야 한다. 나아가 가장 힘든 문제일지라도 가능한 해결책은 **언제나** 한 가지 이상이라고 강조해야 한다. 이어서 9장에서 말한 해결 분석 모형을 수행한다.

4. 자살 행동의 부정적 결과에 초점 맞추기

치료자는 자살 행동에 실재하거나 잠재하는 부정적 결과를 환자가 열거하거나 생각해내도록 한다. 이때 쓰는 전략과 절차로는 해결 분석, 수반성 명료화 그리고 때로 상호성 의사소통이 있다. 환자가 자살 위기 행동이나 유사 자살 행동이 대인관계에 어떤 부정적 결과를 일으키는지 아는 게 중요하다. 다른 사람이 자살 행동을 얼마나 심각하게 보는지뿐만 아니라, 자기 행동이 타인에게 미치는 정서적 영향을 환자가 이해하려면 상당한 도움이 필요할 수 있다. 치료 관계나 환자에 대한 치료자의 느낌이나 태도에 자살 행동이 미치는 어떤 부정적 영향에 대해 환자에게 피드백할 때 상호성 의사소통 전략을 쓸 수 있다.

아무도 모르게 행동했거나 환경에 주는 부정적 영향이 당장 분명하지 않더라도, 치료자는 자살 행동이 일시로 고통스러운 정동 상태를 완화하거나 환경에서 필요한 도움을 받게 할지언정 장기적으로는 문제를 해결하는 방법이 되지 못한다는 점을 지적해야 한다. 자살 행동이 환자의 자기 존중감에 미치는 부정적 영향 역시 논의해야 한다. 자살 사고에 관해서라면, 일상 문제에 자살로 대응하려고 생각한다면 단지 문제 해결 방법에서 문제 도피 방법으로 주의를 우회할 뿐이라는 사실을 치료자는 다루어야 한다. 자살을 위협하거나 자살을 준비하는 행동 역시 더 효과적인 해결을 찾지 못하게 주의를 우회하게 만들고, 나아가 그 자체로 부정적 결과를 일으킬 것이다.

5. 자살이 아닌 반응을 강화하기

환자가 문제 상황에서 자살 위기 행동이나 유사 자살 방법이 아닌 다른 방식으로 대처할 수 있도록 강화해야 한다. 10장에서 설명한 절차를 적용하도록 한다. 다른 방식에 대한 강화물로 치료자가 따뜻함을 높이거나, 치료 회기를 더 갖거나, 회기 시간 사용 통제권을 주는 방법이 있다. 관심과 긍정적 피드백이 대체로 효과적이지만, 치료자는 마치 환자가 계속 겪는 정서 고통에 관심이 없다는 식으로 칭찬이 전해지지 않도록 주의해야 한다. 자살 사고나 유사 자살 충동이 낮더라도 환자가 높은 수준의 비참함을 보고한다면 이는 높은 자살 사고만큼 신중한 염려로 다루어야 한다. 만약 치료자의 관심이나 적극적 도움을 유발하기 위해 자살 행동을 계속해야 한다면, 자살 행동은 틀림없이 계속된다. 또한 자살 행동이 개선된다고 치료가 끝나는 건 아니라는 확신이 환자에게 필요할 수 있다.

6. 자살이 아닌 행동 계획에 전념을 끌어내기

나중에 환자가 유사한 문제 상황을 마주할 때 자살 행동을 피할 수 있도록, 치료자는 행동 계획을 세우는 데 도움을 준다. 여기서 9장에서 설명한 해결 분석 전략을 사용한다. 환자는 자살 행동이 아니면 문제가 해결되지 않는다는 입장을 대체로 고수할 것이다. 여기에 두 가지로 반응할 수 있다. 첫째, 치료자는 환자와 함께 자살 행동을 최대한 피하자는 결심을 되짚을 수 있다. 둘째, 치료자는 다른 대안 행동을 개발하고 실험 삼아 이 행동을 시도해 보도록 환자로부터 전념을 이끌어 낼 수 있다. 한 가지 대안 행동으로, 자살 행동을 실행하기 **이전에** 환자가 도움을 요청하는 방법이 있다.

7. 환자 고통을 타당화하기

자살 행동이 겉으로는 전혀 합리적이지 않게 보일지라도, 치료자는 환자가 유사 자살 행동을 하거나 자살을 생각할 만큼 심리적 고통을 얼마나 견디기 힘들었는지 언제나 신중히 이해를 표현해야 한다. 문제 해결 방법이었던 자살 행동을 인정하지 않거나 그 행동으로 이어진 감정을 타당화하지 않고 방치하는 상황은 쉽게 벌어진다. Shneidman(1992)은 이 관점을 정확하게 표현했다.

> 자살은 중단을 향하는 움직임인 **동시에**, 감당하기 힘든, 버거운, 받아들일 수 없는 비통함으로부터 멀어지려는 움직임의 결합으로 가장 잘 이해할 수 있다. 그것은 '메타고통 metapain', 즉 고통을 느끼는 데 대한 고통이라는 심리적 고통이다. 전통 정신역동 관점에서 적대감, 수치심, 죄책감, 두려움, 저항, 사별한 사랑하는 이와 만나고 싶은 갈망과 같은 개별 요인 혹은 이들 요인의 결합은 자살의 근간으로 주목받았다. 그러나 틀렸다. 오히려 각 요인 혹은 이 모든 요인에 대한 고통이 자살의 근간이다(p. 54).

유사 자살이 자살과 다른 점은 단지 중단을 향하는 움직임(즉, 죽음)이 있을 수도 있고 없을 수도 있다는 점이다.

8. 현재 행동을 전반적 양상과 연관 짓기

치료자는 자살 행동 양상을 환자가 볼 수 있도록 돕는다. 9장에서 설명한 통찰(해석) 전략이 여기에 해당한다. 양상이 명료해지면, 치료자와 환자는 원하는 결과를 자살이 아닌 방식으로 얻거나 더 효과적으로 문제 상황을 다루는 방법을 배우는 데 보다 집중할 수 있다.

긴박한 자살 혹은 유사 자살 위협: 주 치료자 프로토콜

환자가 직접 혹은 간접으로 자살 시도를, 혹은 치명적이지 않더라도 유사 자살 행동을 하려는 의도를 전달할 때 적극적 대응이 필요하다. 이러한 의사소통은 위기 상황에서 발생할 수 있고, 치료자는 아마도 근무 시간이 아닐 때 전화로 위험 긴급성을 결정해야 하는 과제에 직면하게 된다. 다른 경우 환자는 유사 자살 혹은 자살 시도를 하려는 의도를 정해진 회기 시간에 꺼낼 수 있는데, 바로 당일 자살 시도를 하겠다고 하거나 이후 어떤 상황이 벌어졌을 때(예: 거절당하는 일이 생기거나 치료에 실패하는 경우 등) 하겠다고 할 수 있다. 어떤 위협 상황에서라도 다음 단계를 이행해야 한다.

1. 자살 혹은 유사 자살 위험을 평가하기

두 가지 유형의 위험 평가가 매우 중요한데, 하나는 단기 혹은 긴급 위험 평가이고, 다른 하나는 장기 위험 평가이다. 장기 위험에서 평가할 점은 자살 혹은 유사 자살 고위험 집단에 속하는지 여부이다. 예를 들어, 경계성 성격장애 진단 기준을 충족하면 두 행동의 위험성이 높아진다. 여성인 경우 유사 자살 위험은 높고 자살 위험은 감소한다. 연령은 자살과 정적 상관이 있고 유사 자살과는 부적 상관이 있다. 자살과 유사 자살 모두에 해당하는 장기 위험 요인을 〈표 15-3〉에 제시하였다. 이 위험 요인은 Linehan(1981) 그리고 Linehan, Shearin(1988)에 더 자세히 설명하였다. 긴급 자살 및 유사 자살 위험을 평가하는 데 유용한 요인은 〈표 15-4〉에 제시하였고 역시 Linehan(1981)[1]에서 자세히 다루었다. Bongar(1991) 그리고 Maris, Berman, Maltsberger, Yufit(1992) 역시 위험 평가 전략에 대한 훌륭한 개괄을 제공한다. 치료자는 위험 요인을 머릿속에 확고히 저장하여 해당 순간 회상할 수 있도록 해야 한다. 위기 도중에 이를 찾아보는 건 불가능하다.

1) 이러한 위험 요인은 성인 환자에 해당한다. 아동과 청소년에게서 위험 요인은 유사한 점도 있지만 일부 중요한 측면에서 다르다. 아동·청소년 위험 요인에 관한 개괄은 Berman, Jobes(1992) 그리고 Pfeffer(1986)를 참조하라.

〈표 15-3〉 자살 혹은 유사 자살의 장기 위험 관련 요인

요인	유사 자살	자살
I. 환경 특징		
가. 생활 변화	상실 관계 파괴 이별 변화 사건	상실: 사별 – – – 정신과 병동 퇴원(6~12개월 이내) 퇴원 이후 힘든 사건 발생
나. 사회적 지지		
1. 직장 생활	없음	없음
2. 혼인 비율	혼인 관계 없음 > 있음	혼인 관계 없음 > 있음
3. 가족	적대적	관계가 더 부족
4. 대인관계 접촉	낮음/긴밀한 사람이 없음	낮음/혼자 삶
다. 모방	유사 자살을 하는 다른 사람과의 사회적 연결 자살이 널리 공공연할 때 높아짐	가족 자살률이 더 높음 자살이 널리 공공연할 때 높아짐
라. 방법 가용성	가용할 때	가용할 때
II. 인구통계학 특징		
가. 성별	여성 > 남성	남성 > 여성(정신과 환자에서 비율은 유사)
나. 연령	연령 증가에 따라 감소	연령 증가에 따라 증가(흑인, 히스패닉, 아메리카 원주민의 경우 연령에 따라 감소)
다. 인종	백인 아닌 인종이 과잉 대표됨	백인 > 백인 아님
III. 행동 특징		
가. 인지		
1. 양상	경직 충동적일 가능성 문제 해결 저하 수동적 문제 해결	– – –
2. 내용	절망감 관련 가능성 무력감 부정적 자기 개념	절망감 – –

요인	유사 자살	자살
나. 생리/정동		
1. 정동	화가 난, 적대적	무감동, 무쾌감
	우울	우울
	치료에 불만족	치료에 무관심
	소속과 돌봄을 강하게 선호	의존적일 가능성, 불만족
	관계에서 불편감	불안, 공황 발작
2. 신체	건강 문제 가능성	건강 문제 있음(연령에 따라 증가)
	–	불면
	좌절 감내력 낮음	고통 감내력 낮음
	–	생물학적 친족에서 자살 과거력
다. 외현 행동		
1. 대인관계	사회적 관여 낮음	사회적 관여 낮음
	도움을 요청할 가능성 낮음	지원이나 관심을 요청할 가능성 낮음
	마찰이나 갈등이 높음	마찰이나 갈등에서 연구 결과 혼재
2. 일반 행동	20~55%에서 이전 유사 자살	20~55%에서 이전 유사 자살
	알코올과 약물 남용	알코올과 약물 남용
	–	범죄 행동(남성 청년인 경우)
	무직	무직/은퇴

출처: "A Social-Behavioral Analysis of Suicide and Parasuicide: Implications for Clinical Assessment and Treatment", M. M. Linehan, 1981, H. Glazer & J. F. Clarkin (Eds.), *Depression: Behavioral and Directive Intervention Strategies*. New York: Garland에서 발췌하였다. Copyright 1981 Garland Publishing. 승인 후 발췌하였다.

〈표 15-4〉 자살 혹은 유사 자살의 긴급 위험 관련 요인

I. 자살 혹은 유사 자살의 긴급 위험의 직접 지표
  1. 자살 사고
  2. 자살 위협
  3. 자살 계획 혹은 준비
  4. 전년도 유사 자살

II. 자살 혹은 유사 자살의 긴급 위험의 간접 지표
  5. 환자가 자살 혹은 유사 자살 위험 인구 집단에 해당함
  6. 최근 대인관계에서 파괴나 상실이 있었거나, 지난달 부정적 환경 변화가 있었거나, 최근 정신과 병동을 퇴원하였음
  7. 치료에 무관심 혹은 불만족, 입원 환자의 경우 병동 이탈이나 조기 외출 복귀
  8. 현재 절망감 혹은 분노

9. 최근 의학적 처치
10. 자신의 죽음이나 장례에 관한 간접적 언급
11. 갑작스러운 임상 양상 변화. 부정적 변화 혹은 긍정적 변화 모두

III. 몇 시간/며칠 이내 자살 혹은 유사 자살 발생 관련 상황

12. 우울에 빠지거나, 심각한 불안, 공황 발작, 심각한 기분 변화
13. 알코올 소비
14. 유서 작성 혹은 작성 중
15. 수단이 가용하거나 쉽게 구할 수 있음
16. 고립
17. 발견되거나 개입받지 않도록 주의함. 시간이나 장소에 대해 속이거나 알리지 않음

출처: "A Social-Behavioral Analysis of Suicide and Parasuicide: Implications for Clinical Assessment and Treatment", M. M. Linehan, 1981, H. Glazer & J. F. Clarkin (Eds.), *Depression: Behavioral and Directive Intervention Strategies*. New York: Garland에서 발췌하였다. Copyright 1981 Garland Publishing. 승인 후 발췌하였다.

자살을 시도하는 사람이나 치명적이지는 않더라도 유사 자살을 행하는 사람 모두 자주 자기 의도를 미리 전달한다. 예를 들어, 습관적으로 유사 자살 행동을 하는 경계성 환자는 자신을 해치려는 충동이나 의도를 보고하거나 일주일 내내 잠만 자는 모습을 보여 준다. 이들은 자살 시도 의도는 없다고 분명히 할지라도, 만약 자기 손목이나 팔에 상처를 내려는 사람은 감당할 수 없는 긴장을 완화하기 위해 스스로 상처를 낼 계획이라고 전할 수 있다. 자살을 계획하는 사람은 마찬가지로 죽으려는 자기 계획을 직접 전달할 수 있다.

때로 환자는 직접 치료자에게 알리지 않은 채 자살 행동을 생각하거나 계획하기도 한다. 여기서 문제는 만약 환자가 자살 얘기를 꺼내지 않았을 때 치료자가 해당 주제를 물어봐야 하는가이다. 몇 가지 사건이 있다면 자살 사고를 물어보는 게 좋다. 만약 이전 유사 자살 혹은 자살 생각을 촉발한 어떤 사건이 발생했다면 그러한 질문을 해야 한다. 더하여, 더는 감당할 수 없다든가, 죽었으면 좋겠다든가, 나만 아니면 다들 잘 살 거라는 식으로 환자가 말한다면 치료자는 기민하게 더 나아가 물어야 한다.

환자가 자살이나 유사 자살을 고려한다는 점이 분명하다면, 치료자는 〈표 15-4〉에 나열한 긴급 위험 요인을 바로 평가해야 한다. 치료자는 환자가 어떤 방법을 쓰려고 의도하는지(그리고 그러한 방법의 도구를 현재 가지고 있거나 쉽게 습득 가능한지) 반드시 질문해야 한다. 만약 약물 과다복용을 계획한다면, 치료자는 환자가 현재 가지고 있는(혹은 쉽게 가질 수 있는) 모든 약물 이름을 물어봐야 하고, 약이 얼마나 남았고 용량은 어떻게 되는지 역시

물어야 한다. 더하여, 치료자는 환자가 유서를 썼는지, 혼자 있으려는 어떤 계획이 있는지, 발견되거나 저지당하지 않으려고 어떤 방법을 썼는지 확인해야 한다. 또한 현재 옆에 있어 줄 다른 사람이 있는지, 그들이 이후 며칠 동안 옆에 있어 줄 수 있는지도 평가해야 한다. 만약 환자가 이러한 정보를 말해 주지 않으려 한다면 당연히 위험성은 더 높아진다. 치료자는 또한 심각하거나 깊어지는 우울 정동의 징후와 공황 발작 발생에 민감해야 한다. 만약 전화로 위기 평가를 한다면 환자가 술을 먹고 있었거나 최근 처방받지 않은 약물을 먹었는지, 전화하면서 환자가 어디에 있는지, 환자가 있는 곳에서 다른 사람은 어디에 있는지 확인하는 게 중요하다.

치명적 약물: 위기 계획 목록 사용하기 과다복용 위험이 있는 환자는 친구나 가족에게서 약을 자주 훔친다. 어떤 약이 있는지는 대충 아는 정도이거나 대충 말할 수는 있지만 정확한 이름이나 용량은 모르는 경우가 많다. 『의사를 위한 간편 책자(Physicians' Desk Reference: PDR)』 등이 환자가 쥐고 있거나 먹은 특정 약물과 용량을 확인하는 데 유용할 수 있다. 의료인이 아닌 경우, 일상에서 환자가 무엇을 먹었거나 먹을 위험에 있는지에 관한 치명성이나 의료 위험성을 임의로 결정해서는 안 된다. 약을 섞어 먹거나 술과 먹는다든가, 특정 의학적 상태, 혹은 환자의 몸무게와 같은 다른 여러 요인이 복잡한 의사결정에 포함되기 때문이다.

자살 위협이 있는 환자에게 어떻게 대응하느냐는 실제 죽음이나 해로움의 위험이 얼마나 잠재했는지 정도에 대한 치료자 예측에 따를 것이다. 따라서 환자가 먹거나 먹으려 하는 약의 치명성을 확인하고자 시도해야만 한다. 이를 돕는 방법이나 절차는 여러 가지이다. 첫째, 치료자는 앞서 환자를 위한 위기 계획 목록을 작성하고 최신 상태로 보완해 두어야 한다([그림 15-1] 참조). 위기 계획 목록은 환자가 지니거나 먹을 수 있는 모든 처방 혹은 비처방 약물의 종류, 용량, 처방 의사, 환자 몸무게(kg)에 관한 정보를 담고 있어야 한다. 위기 계획 목록에는 정기적으로 복용하는 용량 혹은 환자가 지니는 약물 각각의 평균 용량이 적혀 있어야 한다. 생명에 치명적이지 않은 용량도 의학적으로 위험할 수 있다는 점을 반드시 기억해야 한다. 따라서 약물 치명성을 아는 정도로는 능숙한 대응을 하는 데 불충분하다.

둘째, 의학적 훈련을 받지 않은 치료자는 약물 치명성 평가를 즉각 의료인과 검토해야 한다. 때로 필요한 정보를 줄 사람을 구할 수 없거나 이들이 책임을 져야 할까 봐 두려워하는 경우가 문제가 된다. 내 경험상 전화하기 가장 좋은 곳(아마도 가장 바쁜 곳)은 지역 공

날짜: ____________

환자 이름: ____________ 환자 번호: ____________ 생년월일: ________ 몸무게(kg): ______

집 주소: ____

직장 주소: ____

전화번호: (집) ______________________ (직장) ______________________

주요 관계

이름 ______________ 전화번호 ______________ 거주지역 ______________

관계 ______________

친지

이름 ______________ 전화번호 ______________ 거주지역 ______________

관계 ______________

의뢰한 치료자

이름 ______________ 전화번호 ______________ 거주지역 ______________

현재 개인 치료자

이름 ______________________________ 전화번호 (낮) ______________

(저녁) ______________

기술 훈련 주 치료자

이름 ______________________________ 전화번호 (낮) ______________

(저녁) ______________

기술 훈련 부 치료자

이름 ______________________________ 전화번호 (낮) ______________

(저녁) ______________

약물치료자

이름 ______________________________ 전화번호 (낮) ______________

(저녁) ______________

〈위기 계획〉

참고 사항(유사 자살 과거력 요약, 치료 계획)

____

____

____

____

____

____

〈처방 약물〉

#1 약품명 __________ 성분명 ______________ 날짜 __________

의사 ______________________________ 전화번호 __________

약사 ______________________________ 전화번호 __________

일일 용량 ________ mg/g 일일 복용 개수 ________ 개당 용량 ________ mg/g

처방 횟수 ______________________ 유의사항 __________

기록 ____

복용 중단 일자 ______________________ 남은 개수 __________

#2 약품명 __________ 성분명 ______________ 날짜 __________

의사 ______________________________ 전화번호 __________

약사 ______________________________ 전화번호 __________

일일 용량 ________ mg/g 일일 복용 개수 ________ 개당 용량 ________ mg/g

처방 횟수 ______________________ 유의사항 __________

기록 ____

복용 중단 일자 ______________________ 남은 개수 __________

#3 약품명 __________ 성분명 ______________ 날짜 __________

의사 ______________________________ 전화번호 __________

약사 ______________________________ 전화번호 __________

일일 용량 ________ mg/g 일일 복용 개수 ________ 개당 용량 ________ mg/g

처방 횟수 ______________________ 유의사항 __________

기록 ____

복용 중단 일자 ______________________ 남은 개수 __________

[그림 15-1] DBT 위기 계획 목록

공 응급실이다. 이곳은 불필요한 입원을 가장 원치 않는 곳이기도 하므로 가장 잘 도우려 한다. 복용하거나 복용할 정확한 용량, 환자 몸무게 킬로그램, 술이나 불법 약물이 같이 있는지, 그리고 환자가 다른 의학적 문제가 있는지를 치료자가 알고 있다면 대체로 충분한 자문을 받을 수 있다. 만약 치료자가 의학 자문을 얻을 수 없다면, 최대한 신중할 수밖에 없다.

치료자가 의학 훈련을 받지 않았다면 환자가 의학 처치를 받아야 하는지는 의학적 견해를 따라야만 한다. (만약 치료자가 그 견해가 의심스럽다면, 다른 이에게 자문을 받아 다시 문제를 논의할 수 있다.) 이 점은 어떻게든 강조해야 하겠다. 피곤하고 소진되고 다른 할 일이 많은 치료자는 약물 과다복용의 의학적 결과를 과소평가하기 매우 쉽다. 의학적 반응은 뒤늦게 나타날 수 있고, 환자가 몸을 가누지 못할 정도는 아니고 괜찮아 보인다는 정도로는 대응하지 않을 이유가 될 수 없다. 간혹 치료자는 의료 돌봄이 행동을 강화한다고 결정하면서 무대응을 합리화하는데, 이런 식의 추론은 때로 생명에 위험한 결과를 초래한다.

다른 치명적 수단 환자에게는 약물 과다복용 이외에 다른 방법으로 자살 위협이 있을 수 있다. 따라서 치료자는 다양한 자살 수단의 치명성을 알고 있어야 한다. 분명히 3m 아래로 뛰어내리는 위험은 50m 아래로 뛰어내리는 위험보다 더 낮다. 다른 방법은 치명성이 높은 순서대로 다음에 제시하였다. ① 총기나 폭발물, ② 높은 데에서 뛰어내리기, ③ 주요 장기에 상처를 내거나 찌르기, ④ 목매달기, ⑤ 물에 빠지기(수영을 못함), ⑥ 음독(고체 혹은 액체), ⑦ 주요 장기가 아닌 부위를 상처 내거나 찌르기, ⑧ 물에 빠지기(수영을 함), ⑨ 중독(기체), ⑩ 진통 혹은 수면 마약류(Schutz, 1982).

2. 치명적 도구를 제거하거나 환자가 제거하도록 설득하기

일단 환자가 자살 충동이 있고 치명적 수단을 지니고 있다고 치료자가 확인했다면, 환자가 치명적 도구를 제거하거나 버리도록 설득하는 데 중점을 둬야 한다. 전화 통화 동안이라면 환자가 치명적 약물을 변기에 버리거나, 집안 다른 사람에게 줘 버리도록 지시할 수 있다. 만약 환자가 술을 먹은 상태이고 약을 먹으려 한다면, 남은 모든 술을 버리라고 말해야 한다. 면도칼 같은 도구, 성냥, 독극물 등은 집 밖 쓰레기통에 버리도록 해야 한다. 총기나 무기는 자동차 트렁크에 넣거나 보관함에 넣어 자물쇠로 잠그고 열쇠를 다른 이에게 줘야 한다. 환자가 치명적 수단을 쓰려면 많이 움직이고 노력해야 하게 만드는 방법이다. 치료자는 창의적이어야 한다. 회기 동안이라면 안전을 위해서 환자는 가지고 있는 무엇이든 치료자에게 건네도록 한다.

치료자는 정색하여 환자에게 지시해야 하고 환자가 응할 거라고 긍정적 기대를 전달해야 한다. 통화 중이라면 치료자는 환자가 무엇을 해야 하는지 전달하고 치명적 도구를 버릴 때까지 기다린다. 만약 자살 위협이 정기 회기에서 발생한다면 환자에게 치명적 도구를 다음 회기 때 가지고 오라고 지시하거나 당장 집에 가서 도구를 가져오라고 지시할 수 있다. 치명적 도구를 내버려 두는 행동은 치료 방해 행동에 해당하고 이에 맞춰 다뤄야 한다. 이때는 한계 관찰에 유의하면서 상호성 의사소통 전략을 쓸 때이다.

치료자가 치명적 수단을 제거하는 과제에서 절대로 우회해서는 안 된다. 환자에게는 치명적 도구를 지녔을 때 그것이 마치 안전 요인처럼 느껴진다. 자신을 죽일 가능성을 조금이라도 줄이게 되는 데 매우 불안해할 수 있다. 치명적 도구를 제거하기 위한 근거로, 추후 상황을 분석해 보면 아마도 죽는 결정을 하지 않았을 상황이었음에도 단지 그러한 도구를 가지고 있어서 우발적으로 죽게 될 수 있다는 근거를 든다면 유용하다. 치료자는 치명적 도구를 나중에 다시 언제라도 모을 수 있다고 환자에게 강조할 수 있다. 치명적 도구를 제거하는 일은 미래에 벌어질 모든 자살 행동을 완전히 금지하기 위한 방법이 아니라 환자가 생각할 시간을 더 가지는 방법이라고 제시해야 한다.

만약 환자가 순순히 응하지 않을 것이 분명하다면 이 과제에 과하게 집중하지 않도록 한다. 이어지는 힘의 다툼에서 치료자가 이길 가능성은 적다. 환자가 거부한다면 치료자는 물러서고 나중에 끄집어낸다. 가능한 때에 다루는 인내심은 결국 성공으로 귀결된다. 그러나 치료자는 환자가 치료자에게 치명적 도구를 가지고 오거나 버려야 하는 중요성을 절대 과소평가하지 않는다. 나의 환자 중 한 명은 수 번이나 그를 죽였을 법한 여러 약물을 모으고 있었다. 2년간 그는 약을 포기하기를 거부했는데, 약이 있으면 안전하다고 느꼈기 때문이었다. 어느 날 그는 결국 약을 상자에 담아 검정 전기 테이프로 봉하여 윗면에 십자가와 꽃으로 장식한 채 내게 가지고 왔다. 그가 내게 자신의 관을 전한 그날은 치료에서 유의한 전환점이 되었다.

3. 환자에게 자살이나 유사 자살을 행하지 않도록 공감적으로 지시하기

때로는 환자에게 스스로 죽이거나 해하지 말라고 공감적으로 전해도 도움이 된다. 다시, 치료자는 지금 자살 행동을 하지 않는다고 **훗날**에 자살을 못 하게 되는 건 아니라고 환자에게 말해 줄 수 있다.

4. 자살이 좋은 방법이 아님을 고수하기

자살하는 환자는 때로 치료자가 자살이 좋은 해결책이라고 동의하게 만들려 하고 나아가 자살해도 된다는 '허락'을 받으려고 한다. 그러한 허락을 해 주지 않는 게 중요하다. 즉, DBT 치료자는 **절대로** 뭔가를 가서 하라고 지시하지 않는다. 그러한 말이 환자의 화를 돋우어 어떤 자살 행동도 안 하게 될 거라는 가정은 잘못되었다(즉, 치료자는 역설적 지시를 하면 안 된다). 환자가 절대로 위협 행동을 하지 않을 거라고 가정하면서 '미끼'를 던져서는 안 된다. 그러한 말은 환자가 자신이 **정말로** 심각한 상태임을 증명하게끔 행동하도록 만들 수 있다. 치료자는 자살 행동으로 이어진 정서 고통을 타당화해야 하고, 동시에 자살 행동이 적절한 해결책이라고 동의하는 데 거부해야 한다(자살 행동에 대한 이어진 논의는 5장 참조).

5. 희망에 관한 말과 해결책을 고안하기

어떤 위기에서 치료자가 할 수 있는 최선은 가능하면 많은 희망의 말과 해결책을 만들어 내서 환자가 문제를 해결할 다른 많은 방법이 있다고 인정하는 데 도움 되기를 바라는 일뿐이다. 하나의 말이 '먹히지' 않는다면, 다른 말을 제안한다. 나는 이전에 남편과 자녀들이 자신을 괴롭혀서 자살하려는 위협에 놓인 여성 환자에게 응급 가정 방문을 한 적이 있다. 그녀에게 희망감은 전혀 없었다. 나는 그녀와 한 시간 넘게 대화를 했고 나의 동료는 가족과 대화를 나누었다. 시간은 늦어졌고, 나는 위기를 해결하고 집에 가고 싶었다. 그러나 아무것도 도움이 되는 것 같지 않았고, 그는 내가 떠올릴 수 있는 모든 생각과 해결책을 거부했다. 결국 나는 "결혼 생활이나 가족이 절망 그 자체일지라도 인생 전체와 미래까지 파국이 되리라는 법은 없습니다."라고 말했다. 그는 놀란 눈으로 나에게 말했다. "그런 식으로 생각해 본 적은 없는데, 맞는 것 같네요." 우리는 몇 분을 더 대화했고, 그 순간 위기는 해소되었다. 나는 그가 가진 틀의 경계를 넓혔고, 그는 자기 삶을 새롭게 해석하고 변화 가능성을 열었다.

계획한 자살 행동보다 문제 상황에 중점을 두는 게 유용한데, 왜냐하면 자살 행동에 과하게 집중하면 대안 해결책을 찾는 데에서 벗어나게 되기 때문이다. 어떤 문제는 너무 복잡해서 문제 폭을 좁히는 데 필요한 대안책을 치료자 역시 찾아내지 못할 수 있다. 이러한 경우 치료자는 "우리 둘 다 이 순간 자살과는 다른 해결책을 생각해 낼 수 없지만, 이게 자살 이외에 방도가 없음을 **증명하지** 않습니다."라고 말할 수 있다. 그다음 자살이 해결책이 됐을 때 돌이킬 수 없는 결과에 관해 얘기할 수 있고, 이어서 자살을 미룰 가능성을 제시할 수 있다.

6. 자살 위험이 긴급하고 높을 때: 연락을 유지하고 치료 계획을 지키기

아마도 치료자가 직면할 수 있는 가장 어려운 치료 상황은 환자가 확고하게 자살 위협을 하고, 혼자 있고, 자기 목적과 다르게 설득당하기를 거부할 때이다. 일반 원칙으로, 연락을 중단해도 환자가 (자살 혹은 심각한 해로부터) 안전하다는 점이 확실할 때까지, 환자와 대면 혹은 전화로 연락을 유지한다. 가능하다면 치료자가 환자와 성공적인 계획을 만들어 낼 수 있을 때까지 치료 회기나 전화 통화 시간을 늘린다. 자살에 관한 의사소통을 의도치 않게 강화하지 않는다면 가정 방문을 할 수 있다. DBT에서 가정 방문은 절대 혼자 하지 않고 다른 팀 구성원과 같이 하며, 남성 치료자는 반드시 여성 치료자와 함께 한다. DBT에서 가정 방문은 드물다.

연락을 유지하기 어려운 치료자는 가까운 다른 사람, 가족 구성원 혹은 다른 치료자(예: 그룹홈에 사는 환자라면 사례 관리자나 상담원)에게 도움을 구하거나, 일시 입원을 제안해야 한다. 긴급한 자살 위험이 있을 때는 비밀을 보장할 때가 아니다. 환자가 응한다면 응급실과 같은 지역 응급 서비스에 의뢰할 수 있다. 일 순위로, 가능한 가장 덜 침범하는 개입을 선택한다.

위험 요인과 조작적 혹은 반응성 행동 자살 위기에 대응할 때, 치료를 계획하거나 얼마나 적극적일지 의사결정을 하려면 염두에 둘 두 가지 중요한 요인이 있다. 첫 번째 요인은 치료자가 적극적으로 개입하지 않을 때 단기 자살 위험성이다. 두 번째는 치료자가 적극적으로 개입하지 않을 때 자살의 장기 위험성, 혹은 살기 힘든 삶이 계속될 위험성이다. 어떤 경우에라도 환자에게 대응할 때에는 현재 위험 요인과 이 환자에게 자살 행동의 기능이 무엇인지에 관한 견고한 지식이 필요하다. 치료자는 새 환자에 관해서는 위험 요인이나 자살 행동의 기능을 잘 알지 못하는 상태인데, 따라서 치료 초기 단계에서 처치는 훨씬 더 보수적이고 적극적이어야 한다.

위험 요인에 대해서는 앞서 설명하였다. 일반 원칙은 위험이 클수록 반응은 더 적극적이어야 한다는 점이다. 그러나 행동 기능과 다양한 경로에서 가능한 장기 결과에 따라 이를 조율해야 한다. 분명 특정 대응은 당장 자살할 가능성을 줄이겠지만, 똑같은 반응이 미래 자살 가능성을 실제로 높일 수 있다. 특정 상황에서 환자의 자살 사고, 준비 그리고 의사소통이 조작적 행동인지 또는 반응적 행동인지에 관한 핵심 분석이 되어 있어야 한다. 만약 상황이나 특정 자극 사건에 행동이 자동으로 촉발되면 반응 행동이다. 이 행동은 결과가 아닌 선행 사건의 통제 아래 있다. 극단적 절망감이나 죽고 싶은 소망, 죽으라고 말하는 '목소리', 심각한 우울에서 촉발된 자살 사고와 위협이 그러한 예시이다. 자살 행동이 반응성일 때, 치료자는 개입이 무심코 행동을 강화할 가능성을 덜 조심해도 된다.

행동이 조작적일 때, 행동은 결과의 통제 아래 있다. 조작적 행동은 환경에 영향을 주는 기능을 한다. 자살 사고와 위협이 타인을 적극적으로 관여시켜 줄 때(예: 타인이 도움을 주거나, 관심과 염려를 주거나, 대신 문제를 해결해 주거나, 입원시켜 줄 때)에는 이에 조작적 기능이 있다. 이 경우 치료자는 멈추게 만들고 싶은 고위험 자살 행동을 의도치 않게 강화하지 않도록 매우 주의해야 한다. 그런데 만약 치료자가 적극 개입하지 않을 때, 환자는 치료자가 개입할 때까지 언제든 행동 수위를 높여 갈 수 있다는 점에서 어려워진다. 이는 이전보다 더 치명적인 행동을 강화할 수 있다. 이러한 수위 상승이 계속되면, 자살 행동이 치명적으로 될 수 있다.

대부분 경우 경계성 환자에게 자살 행동은 반응성이자 조작적이다. 무망감, 절망, 감당할 수 없는 삶은 행동을 일으킨다. 공동체의 반응, 즉 도움 주기, 심각하게 대하기, 어려운 상황으로부터 구조하기와 같은 반응은 행동을 강화한다. 가장 좋은 대응은 촉발 요인을 줄이는 동시에 행동 강화를 최소화하는 방법이다. 의학적 응급 상황이 없고 만약 적극적으로 개입할 때 강화할 가능성이 있다면, 우선 환자에게 조금이라도 개선된 행동을 끌어내는 동시에 환자 안전에 유의해야 한다.

대응 선택에는 반드시 융통성이 있어야 한다. 치료자는 먼저 행동의 기능을 파악하고 그다음에 적극적이어야 하는데, 이때 행동 기능을 유지하는 방식이어서는 안 된다. 환자를 안전하게 지키는 방법은 여러 가지이다. 예를 들어, 행동에 치료자 시간과 관심을 끄는 기능이 있다면, 그리고 환자가 입원을 꺼리면, 치료자는 문제가 분명 심각하여 당장 입원해야 한다고 주장하면서 강화 없이 안전을 지킬 수 있다. 물론 치료자는 병동에 입원한 환자에게 시간을 내주어서는 안 된다. 만약 행동에 입원하려는 기능이 있다면, 당연히 대응은 달라야 한다. 이때 치료자는 입원하지 않은 환자에게 더 많은 관심과 적극적 지지를 주어야 하고, 입원하지 않고도 안전할 수 있는 지역 자원을 제공해야 한다. 혹은 비자발적 입원을 고려할 수 있다(이것이 강화하는 선택지가 아닌 한에서). 환자가 선호하는 지역 병원의 순위를 알아 둔다면 항상 좋다. 입원하기 위해 자살하려는 환자는 가능한 가장 **덜** 선호하는 병원에 입원하게 되어야 한다.

나아가 더 복잡한 문제가 있지만, 특정 환자에게 실제로 자살 행동을 강화하는 결과를 제거하는 목적을 기억해야 한다. 10장에서 기억하겠지만, 특정 환자에게 무엇이 강화물이고 처벌인지는 밀접한 경험적 관찰을 통해서만 결정할 수 있다. 환자가 어떤 결과를 좋아하지 않거나 그에 대해 힘들게 호소할지라도, 이는 그 결과가 강화물이 아니라는 점을 뜻하지 않는다. DBT에서 모든 유사 자살과 자살 위기 행동 삽화마다 구체적 행동주의 평가를 강조하는 주된 이유는 환자의 자살 행동을 유지하는 결과물이 무엇인가에 관해 무엇이라도 알아야 하기 때문이다.

요컨대, 조작적 자살 행동이면 계획은 임의적이기보다는 자연스러운 반응으로 설계하는데, 그 반응은 한편으로는 부정적이고(그러나 일시로 행동을 억제하거나 몰래 행동하도록 만들지 않을 정도로만) 해당 환자에게 강화물이 아니어야 한다. 늘 그렇지는 않지만 대체로 이는 환자가 선호하는 치료적 대응이 아닌 무언가를 선택하는 일과 같다. 반응성 자살 행동에는 촉발 사건을 멈추거나(혹은 최소한 낮추거나) 훗날 예방하는 법을 가르치거나, 대안 문제 해결 행동을 강화하는 치료 계획을 세워야 한다. 조작적 행동과 반응성 행동이 결합하여 있다면 전략 역시 결합한다.

여기서 두 가지 점이 중요하다. 첫째, 자살 행동이 조작적인지 또는 반응성인지에 대한 판단은 신중한 평가에 근거해야 한다. 이론은 이 질문에 답변할 수 없고 오직 밀접한 관찰로만 답이 가능하다. 둘째, 만성 자살 행동이 있는 사람과는 장기 이득을 만들어 내기 위해 합당한 높은 단기 위험을 감수해야 할 때가 있을 것이다. 환자가 직접 혹은 간접으로 자살 위협을 할 때 안정을 느끼기란 몹시 어렵다. 자살 행동이 반응성인 동시에 조작적이고, 간헐적 강화 계획이 진행 중일 때 가장 좋은 대응을 찾기가 더 어려워진다. 이 경우 감당해야 하는 위험은 마치 DBT에서 '겁쟁이' 운전 게임을 하는 듯한 느낌을 준다. 이 게임에서 2명의 운전자는 각기 장해물을 향해 내달리고, 더 늦게 차를 우회하는 자가 이긴다.

대개 유사 자살이 심각한 신체 위해로 이어지리라는 근거가 없다면 유사 자살보다는 자살을 예방할 때 적극 개입을 취한다. 보통 불로 지지기, 긋기, 처방보다 조금 더 약을 먹기, 혹은 이와 유사한 행동은 치료자가 직접 환경 개입을 할 만한 원인은 아니다. 이 경우 치료자는 환자에게 자문하기와 환경에 직접 개입하기 접근 중 대개 전자를 선택한다. 만성 유사 자살 행동이 있는 환자라면 행동을 통제 아래에 둘 때까지 수많은 유사 자살 행동이 반복되리라 예상할 수 있다. 당연히, 궁극적으로 행동은 치료자나 주변 사람이 아니라 환자의 통제 아래 놓여야 한다.

환자 의사에 반하는 비자발적 개입 자살 경향이 있는 환자를 포함하여, 환자가 언제 어떻게 입원해야 하는가에 관한 지침은 이후 제시한 보조 치료 전략과 연결되어 있다. DBT에는 자살 위험이 있는 사람에 대한 비자발적 개입의 특정 규칙은 없다. 어떤 치료자는 다른 치료자보다 비자발적 개입이라는 선택지를 더 기꺼이 쓰고, 윤리와 효능에 관한 견해도 다르다. DBT에서 중요한 점은 환자가 자살 경향을 보이기 **이전에** 이 쟁점에 관한 치료자 본인의 입장을 반드시 분명히 인식해야 한다는 점이다. 자살 위기 와중에 이를 생각할 시간은 없다. 또한 치료자는 본인 소속 지역에서 적용하는 비자발적 치료 전념에 관한 법적 지침, 절차, 조건을 숙지해야 한다.

환자 소망에 반하여 개입하는 이유는 직접적이고 분명해야만 한다. 가끔 치료자는 딱히 환자 이득과 불일치할지라도, 치료자 본인 이득(두려움이나 소진)에 근거하여 행동한다. 비자발적 개입에서 치료자와 환자 이득에 관한 서로의 관점은 어떤 경우에서든 갈등을 일으킨다. 다행인지 불행인지, 만약 누군가가 진짜로 자살을 위협한다면 우리 법 체계 안에서 그는 정신건강 전문가에게 힘을 내주고 본인의 자유권을 잃게 된다. 비자발적 개입이나 정신과 입원이 자살 위험을 실제로 감소시킨다는 경험적 근거가 없다는 사실에도 불구하고 그렇다.

치료자의 자기 이득이 쟁점이 될 때, 이를 환자에게 전달하는 데에는 한계 관찰과 상호성 의사소통을 사용한다. 예를 들어, 치료자는 환자가 자살할 경우 고소당하거나 법적 책임을 지는 위협을 피하고자 자살 경향의 환자에게 비자발적 개입을 할 수 있다. 치료자는 입원이 행동을 강화할 수 있다는 사실을 알고 있지만, 입원하지 않는 경우의 자살 위험을 감수하기가 두려울 수 있다. 어떤 치료자는 다른 사람에 비해 개인적 위험을 덜 감수하려고 한다. 치료자 자신의 안녕과 무관하게 오직 환자의 안녕을 보호하는 개입만이 정당하지는 않다. 만약 환자가 치료자를 겁먹게 했다면, 이 점을 분명히 하고 자신의 안녕을 위한 치료자 권리 역시 소명할 필요가 있다. 치료자의 자기 이득이 문제가 아닐 때, 대개는 자살 위험이 매우 높고 환자가 자기 이득을 높이는 방향으로 행동할 수 없는 상태일 때인데, 이 역시 분명히 해야 한다. 예를 들어, 나는 대체로 자살 예방에 비자발적으로 개입하는 데 반대하지만, 정신증 삽화 도중에 자살 경향이 있는 사람에게 적극적으로 개입하는 데 주저하지 않는다. 자살 경향이 있는 환자와 작업에서 중요하게 초점을 둘 점으로, 공동체 주변 사람이 어떠한 동기로 환자의 자살 행동에 대응하는지 환자가 인정할 수 있도록 도와야 한다.

비자발적 개입이나 긴급한 자살 위협 대응에 대한 치료자 입장은 치료 초기에 환자에게 분명히 전달해야 한다. 나는 만약 환자가 자살하겠다고 나에게 밀어붙이면, 이를 막기 위해서 적극적으로 개입한다고 먼저 말해 둔다. 나는 개인의 자기 결정권(치료에서 경계성 환자의 권리를 포함하여)을 중요시하지만, 내가 중단시킬 수 있었던 환자의 자살로 인해 전문가로서 나의 삶이나 치료 프로그램이 법적 책임에 위협받게 할 생각이 없다. 이어서 비자발적 개입에 반대하는 나 개인의 철학을 표현하지만, 필요하다면 나의 입장을 거스를 수 있다고 분명히 말한다. 최종 분석 결과 만약 특정 행동(자살)을 하고 비자발적 억압으로부터 자유로울 환자 권리와, 삶과 죽음의 문제로 고통받는 다른 사람을 위해 전문적 실천과 치료 프로그램을 유지해야 하는 나의 권리 사이에 갈등이 해결되지 않는다면, 나는 분명 나의 권리를 우선할 것이라고 말한다. 의사소통 방식은 일침 놓기에 따르지만, 치료적 핵심은 분명하다. 자살은 대인관계 맥락에서 떼놓고 말할 수 없다. 치료에 들어서면서 환자는 곧 자기 행동이 관계에 영향을 미칠 수밖에 없는 대인관계에 들어서게 된다. 이는 당연히 치료자 행동에서도 마찬가지이며 자발적 전념과 자살을 선택할 권리에 관한 환자 관점 역시 탐색해야 한다.

7. 자살 충동 재발 예측하기

환자가 더 이상 긴급한 자살 위협에 있지 않다면 치료자는 자살 충동이나 자해 충동 재발을 예측하고 계획을 세우도록 한다.

8. 비밀 보장 한계

자살을 위협하거나 잠재적으로 치명적인 자살 행동을 하는 환자는 치료자에게 이 행동을 비밀로 지켜 달라고 요청할 때가 있다. 치료자는 이에 동의해서는 안 된다. 이 점은 치료 준비 단계에서 환자와 가족에게 아주 분명히 전달해야 한다.

지속되는 유사 자살 행동: 주 치료자 프로토콜

1. 응급 상황 평가하고 대응하기

만약 환자가 자해 행동을 한 후 치료자에게 연락하거나 통화하는 동안 그러한 행동을 한다면, 치료자는 행동의 잠재적 치명성을 평가하고 환자의 현주소와 전화번호를 받아내는 데 대화의 초점을 즉각 옮겨야 한다. 약물 과다복용일 때는 특정 환자에게 행동의 잠재적 치명성이 어느 정도인지 결정하기 위해 위기 계획 목록을 사용한다. 만약 환자가 칼로 긋는 행동을 했다면, 치료자는 출혈 상태 혹은 상처에 의학 처치가 필요한지를 확인해야 한다. 환자가 집에 가스를 틀었다면, 환기 정도와 언제 가스를 틀었는지를 알아내야 한다. 만약 환자가 화학 물질(예: 표백제)을 먹었다면 용량을 확인한다.

자해 행동이 생명을 위협할 정도라면, 의학적 위험의 긴급성을 평가하고, 동시에 스스로 의료 처치를 구할 수 있거나 주변에 사람이 있는지를 평가해야 한다. 만약 의료 응급 상황이라면, 환자 가까이 있는 사람에게 위험을 전하는 동시에 즉각 지역사회 응급 서비스에 전화하여 환자 위치와 유사 자살 행동 정보를 제공해야 한다. (그렇기 때문에 모든 치료자는 환자의 전화번호와 주소를 항상 지니고 있어야 한다.) 치료자는 다시 환자에게 전화하여 구조가 도착할 때까지 접촉을 유지한다. 만약 의료 처치가 필요하지만 시급성이 문제가 아니라면, 치료자는 환자가 자발적으로 필요한 도움을 기꺼이 구할지 우선 평가한다. 만약 그러하다면 환자가 의사, 병원 혹은 응급실을 찾을 수 있도록 돕는다. 환자 상태나 상황에 따라 주변 사람이 이동을 돕거나, 혼자 가거나, 택시를 타게끔 한다. 환자에 대한 치료자의 믿음 수준에 따라, 환자가 응급실에 도착한 이후 전화하도록 지시하는 게 현명하다. 그러나 이 대화는 치료와 의료 상태를 점검하는 데 국한해야 한다.

환자는 때로 자해 행동 이후 의료 처치받기를 꺼리는데, 이로 인해 비자발적 정신과 입원을 하게 될까 봐 (합당하게도) 두려워하기 때문이다. 치료자는 이때 문제 해결 전략을 사용해야 한다. 만약 의료 처치가 필요하다면(혹은 때로 치료자가 두려운 나머지 그래야 한다고 느낀다면), 최소한 의료 검진조차 받지 않는 행위는 선택지에 없다. 이 지점에서 치료 관계는 치료자의 가장 중요한 동맹이다. 환자가 입원하지 않을 때 자살 위험이 아주 크지 않고서는(혹은 지속적 의학적 돌봄이 필요하지 않고서는), DBT 치료자는 유사 자살 삽화에 이어 입원을 제안하지 않는다. 우리 클리닉에서는 환자가 응급실 의료진에게 우리 치료 프로그램을 받고 있고, 입원은 치료 계획에 포함되지 않는다고 말하도록 한다. 이때 환자가 모든 대인관계 기술을 쓰는 게 핵심이다. 만약 의사나 정신건강 전문가가 설득되지 않는다면, 치료자에게 전화하도록 요청할 수 있다. 그때 치료자는 치료 프로그램에 대한 환자 설명을 뒷받침해 준다. 때로 응급실 의료진은 환자를 입원시키지 않을 때 본인이 져야 할 법적 책임이 두려울 수 있다. 나는 환자를 퇴원시켰을 때 내가 임상 책임을 지는 데 동의하라는 요청을 몇 번 받았다. 이는 어떤 치료자에게도 어려운 상황인데, 보통은 환자가 있을 때가 아니라 환자 없이 전화로 이루어지기 때문이다. 치료자가 어떻게 대응하느냐는 환자에 대한 지식과 환자의 현재 위험 수준에 따라 다르다. 어찌 됐든 치료자가 어떻게 대응하느냐는 동시에 치료 관계에 매우 중요하다.

예를 들어, 나의 한 환자는 치료 초반에 몇 가지 약물을 꽤 심각하게 과다복용했다. 그의 어머니가 내게 전화했고, 나는 두 사람을 모두 응급실로 보냈다. 응급실에 간 환자가 내게 전화하여 정신과 병동에 비자발적 입원을 조치하는 의사와 대화를 나눠 달라고 사정했다. 환자가 의학적 위험에서 분명히 벗어난 상태였지만, 의사는 과다복용한 사람은 반드시 하루 입원해야 한다고 생각했다. 의사는 환자가 퇴원했을 때 발생할 모든 임상 책임을 지는 데 내가 동의해야 한다고 말했다. 나는 환자와 대화하여, 내가 환자를 대신해 책임지게 됨을 분명히 하면서, 이후 자살 행동을 하지 않는 데 전념하고 그 전념을 기꺼이 유지할지, 유지할 수 있는지에 대해 의문을 전했다. 응급실에서 어떻게 적절히 행동할지를 코칭하고 다음 예약을 확정한 뒤, 나는 의사에게 퇴원시킨다면 그 이후 지속적 돌봄에 대한 책임을 받아들이겠다고 말했다. 내가 지닌 신뢰에 비하여 굉장히 어려운 결심이었지만 내 생각에 환자에게 필요한 결심이었다. 그러나 대체로 환자의 대인관계 기술은 충분할 것이고(물론 많은 코칭이 필요하지만), 이때 응급실 의료진, 응급 구조원 혹은 경찰이 통상 절차를 수행하도록 제안하는 게 치료자에게 가장 좋은 전략이다.

이러한 의학적 위기에서는 환자를 살려놓는 게 그 무엇보다 중요하지만, 자살 성향의 사람을 장기적으로 돕는 데 두 가지 이차 문제가 중요하다. 첫째, 치료자는 자살 행동을 최소한으로 강화하는 **일반** 위기 대응 전략을 세우기 위해 공동체 기관과 협력해야 한다. 둘째, 심각한 자살 행동에 따르는 사회적 결과는 막을 수 없다. 치료자는 자신이 공동체 기관에 어떤 통제권도 없음을 지속하여 환자에게 설명해야 한다. 이로써 환자는 자신의 자살 행동에 공동체가 어떻게 반응할지에 대한 현실적 예측력을 키울 수 있다.

자살 경향 환자는 자살 행동에 대한 DBT 치료자의 반응과 공동체 반응의 차이를 꽤 빨리 받아들인다. 대개 공동체 기관은 DBT 치료자보다 훨씬 더 적극적으로 대응한다. 이러한 경우 치료자는 다른 사람을 겁주는 행동이 미치는 영향에 대해 환자와 직면하며 의논해야 한다.

2. 24시간 규칙 지키기

만약 자해 행동에서 아주 **명백히** 현재 생명 위협 가능성이 없거나 위험하지 않다면, 치료자는 24시간 규칙을 환기한다. 24시간 규칙은 전화 전략과 이어서 이후 충분히 설명하겠다. 치료자는 자해 행동을 한 뒤 전화 통화는 적절치 않음을 상기시키고, 다른 자원(가족, 친구, 응급 구조)에 접촉하도록 지시해야 한다. 아주 드문 경우를 제외하고는, 대화는 곧 끝내야 한다. 부적합한 전화 통화와 유사 자살 행동에 대해서는 바로 다음 치료 회기에 반드시 다루어야 한다.

자살 행동: 부 치료자 프로토콜

1. 환자 안전 유지

만약 환자가 자살할 위험이 크다고 암시하는 행동을 보인다면, 모든 치료자는 그 행동에 주의를 기울인다. 주 치료자를 제외한 모든 치료자는 주 치료자와 접촉할 수 있을 때까지 환자를 안전하게 유지하는 데 필요한 조처를 해야 한다(앞 참조).

2. 주 치료자에게 의뢰하기

일단 안전이 보장되면 첫 번째 대응으로 주 치료자에게 연락한다. 환자가 부 치료자를 위기의 원인이라고 느끼더라도, 모든 치료자는 자살 위기에 대한 도움은 주 치료자로부터 얻어야 한다는 점을 환자에게 분명히 해야 한다. 기술 훈련자는 주 치료자와 그러한 접촉이 이루어질 때까지 환자가 고통 감싸기 기술을 사용하는 데 도움을 줄 수 있다. 약물치료사는 그의 고통 감내력을 증가시키기 위해 약물치료(예: 불면증 환자에게 수면제 제공)를 조정할 수 있다. 그러나 주 치료자를 제외한 모든 치료자는 안전 문제에 주의를 기울이거나 자신이 감당할 수 있는 자살 위험의 정도에 따라 한계 관찰까지 하되, 자살 위기 행동에는 의뢰로 대응한다. 주 치료자는 앞에서 논의한 문제 해결 전략으로 대응한다.

예외: 기술 훈련 및 지지 프로세스 집단 기술 훈련과 지지 프로세스 집단의 한 가지 규칙으로 유사 자살 행위를 집단 만남 밖에서 다른 환자와 논의할 수 없다. 만약 이 주제를 그룹 회기에서 꺼낸다면, 그 행동을 어떻게 피할 수 있었는지 또는 앞으로 어떻게 피할 수 있을지(즉, 다른 해결책)에 즉시 관심을 집중한다. 집단에서 치료자는 DBT 또는 다른 행동 기술이 그러한 경우에 어떻게 적용될 수 있는지에 매우 실제적인 방식으로 주의를 유도한다. 자살 사고와 충동을 논할 때도 이와 유사한 접근법을 사용한다. 유사 자살 행동의 후유증(예: 붕대를 감은 팔, 덮지 않은 상처)을 내보이거나 결과(예: 입원)를 논의한다면 보통은 무시한다. 직접 다루는 유일한 행동은 치료 회기 중 유사 자살 행위를 시도하는 경우뿐이며, 이때 개인에게 중지하라고 지시하고, 필요한 경우 행동을 예방하도록 한다. 행동이 계속되면 주 치료자에게 지시를 요청하거나 환자에게 집단을 떠나도록 요청한다. (물론 의료나 자살 위험이 크다면, 안전이 최우선으로 중요하다.)

예외: 입원 및 낮병동 입원 및 주간 치료 환경은 자살 행동에 문제 해결 전략을 더 잘 적

용할 수 있는 특별한 가능성을 제공하는데, 이러한 행동에 집중하여 문제 해결 방식으로 대응할 수 있는 치료진이 많기 때문이다.

예를 들어, 입원 환경에서 간호진이나 정신건강 요원은 모든 유사 자살 행동이나 자살 위기 행동에 즉각 심층적 행동주의 및 해결 분석을 한다. 그런 다음 환자와 치료진 사이 상호작용을 검토하는 주간 공동 회의 동안 분석을 반복한다. 이러한 공적 절차가 성공하는 비결은 판단하지 않고 사실에만 입각하며, 그리고 타당화하는 방식으로 분석을 수행하는 데 있다. 치료진은 행동을 인정하고 논의하는 동안 환자가 느끼는 수치심, 죄책감, 공포감을 더 강화하지 않는 노출 분위기를 마련해야 한다. 이를 통해 환자에게 행동주의 및 해결 분석에 본보기를 보일 수 있을 뿐 아니라, 환자는 이러한 분석 수행에 참여하는 기회를 얻고(추정컨대, 기술을 향상하면서), 간접 노출과 수반성 적용에서 이득을 얻을 수 있다. 마지막으로, 행동주의 및 해결 분석은 다른 문제 해결 전략과 함께 개인 치료자가 적용한다.

또 다른 장면에서 일어난 일인데, 유사 자살이나 자살 위기 행동을 한 환자는 계속 공개적 관찰 처치에 놓였다. 사소한 예외를 제외하고, 환자는 그런 행동을 한 후 24시간 동안 누구와도 대화할 수 없었다. 이 절차를 DBT 원칙에 일관되도록 수정한 결과 강제 침묵을 없앴다. 그리고 유사 자살이나 자살 위기 행동 이후 24시간 동안은 치료진이나 다른 환자와 **오직** 행동에 대한 공개적 행동주의 및 해결 분석에 관한 내용으로만 대화할 수 있게 했다. 이러한 프로토콜에서 자살 행동과 수반하는 고통은 매우 진지하게 다룬다.

자살 환자 위험 관리 원칙

DBT 전체는 만성 자살 충동을 가진 경계성 환자를 위해 개발하였다. 따라서 자살 행위를 다루기 위한 '일반' 심리치료의 조정 방법이 치료 구조 안에 있다. 물론 모든 경계성 환자가 자살 위험이 크지는 않다. 만약 위험성이 큰 환자거나 치료 과정에서 고위험 환자가 되는 경우, 치료자는 당연히 환자의 자살 위험을 최소화하는 전략을 사용하는 데 신중해야 한다. 치료자는 또한 환자가 자살할 경우 법적 책임 위험을 최소화할 수 있는 조처를 해야 한다. Bongar(1991)나 다른 이들이 제시한 바와 같이 임상가가 고위험 환자를 치료할 때 적합한 임상적·법적 문제를 고려하지 않는 건 허술하다. Bongar은 DBT에 있거나 쉽게 통합할 수 있는 여러 임상 및 법적 위험 관리 전략을 제안한다. 여기에는 다음이 있다.

1. **자살 행동을 치료하기 위한 기술적 · 개인적 역량에 대한 자기 평가**는 필수이다. 자살 행동이나 환자가 보이는 다른 장애의 권고 개입에 관한 특정 임상 및 연구 문헌 지식도 역량이다. 모든 임상가가 자살할 수 있는 환자와 일할 준비가 된 건 아니고, 마찬가지로 많은 임상가는 자살 경향의 경계성 환자와 함께 일할 수 있는 기질이나 훈련을 갖추지 않았다. 치료자는 자기 역량이 충분하지 않을 경우, 환자를 의뢰하거나 지도감독 혹은 추가 훈련을 받아야 한다.
2. **꼼꼼하고 시기적절한 문서 기록**이 필요하다. 치료자는 자살 위험 평가, 다양한 치료 계획의 위험과 이점에 대한 분석, 치료 의사결정과 근거(환자를 입원시키지 않거나 다른 예방 조처를 안 하기로 한 결정 등), 받은 자문이나 조언, 치료 계획이나 관련 위험에 관한 환자나 다른 사람과의 대화, 충분한 정보를 제공하여 얻은 협의 등을 철저히 기록해야 한다. 여기서 보통 최우선 규칙은 '기록하지 않았다면 일어나지 않은 일이다'이다.
3. 각 환자에 대한 **과거 의료 및 심리치료 기록**을 확보하는데, 이는 자살 행동치료와 관련 있기 때문이다. DBT에서 최적 절차로는 환자가 이러한 기록을 얻어서 치료에 가져오는 책임을 다하게 한다.
4. 자살 위험을 관리하고 치료하는 데 **가족을 참여시키거나** 혹은 필요하다면 (환자 허락에 따라) 환자 지원 체계를 참여시키기, 현재 제안한 치료와 다른 대안 치료의 위험과 이점을 가족 구성원에게 설명하기, 환자가 치료를 유지할 수 있도록 적극적으로 가족 지원을 찾기 작업은 매우 유용할 수 있다. 이 모두 DBT에서 치료자가 환자와 가족 또는 지지 관계망과 같이 만나는 방식으로 가능하고, 자살 전문가가 자주 권장하는 방법이기도 하다.
5. 전반 관리와 위험 평가에 관하여 **다른 전문가에게 자문을 얻는 일**은 DBT에서 핵심인 부분이고 표준 자살 행동치료의 일부이다. 의료인이 아닌 임상가는 약물 사용에 관한 조언이나 추가 의학 평가가 필요한지를 의료진 동료와 구체적으로 협의해야 한다. 보조 약물 요법은 DBT에서 가능하고 개별 사례에 따라 유용할 수 있다.
6. 환자 자살 이후 **사후 대처**로서 개인적 · 법적 쟁점을 다루고, 환자 돌봄에 관여한 다른 치료진과 상담하거나, 가족이나 친구와 만나거나 상담하는 일은 극도로 어렵지만 그럼에도 필요하다. 많은 이가 사후 대처를 잘 아는 동료와 상담하거나 법적 자문을 얻도록 강하게 권고한다.

치료 방해 행동 전략

이 책 전체에서 강조했듯이, DBT에는 환자의 적극적 협력과 참여가 필요하다. 환자의 치료 방해 행동에는 크게 세 가지 유형이 있다. ① 치료를 받는 데 방해하는 행동(참여하거나 협조하거나 따라 주지 않는 행동), ② 환자 사이 방해 행동 그리고 ③ 치료자를 소진시키는 행동(즉, 치료자를 개인 한계로 밀어붙이거나 치료자 동기를 감소시키는 행동). 이러한 행동의 구체적 예시는 5장에서 논했다. 환자의 치료 방해 행동을 다루기 위한 전반 전략으로 이 행동을 해결할 문제로서 접근하고 환자는 자기 문제를 해결하려는 동기가 있다고 가정한다(치료자의 치료 방해 행동을 다루는 특별한 방법은 관계 전략과 관련하여 뒤에서 설명한다).

3장에서 언급한 바와 같이 경계성 환자는 두 가지 구분되는 자기 비타당화 유형 사이에서 양극을 오간다. 한편으로, 그는 치료 실패를 포함한 자기 모든 행동 실패의 근간에 동기 문제가 있다고 생각하고, 스스로 충분히 노력하지 않거나 게으르거나 단지 개선을 원하지

〈표 15-5〉 치료 방해 행동 전략 점검표

_____ 치료자는 환자가 치료를 방해하는 무엇을 하고 있는지 행동주의로 **정의**한다.
_____ 치료자는 방해 행동에 **체인 분석**을 실시한다. 치료자는 행동 기능에 대한 가설을 제공하며 기능을 가정하지 않는다.
_____ 치료자는 문제 해결 **계획**을 적용한다.
_____ 환자가 행동 조정을 거부할 때:
  _____ 치료자는 환자와 치료 목적을 논의한다.
  _____ 치료자는 불필요한 힘겨루기를 피한다.
  _____ 치료자는 치료 휴가 전략이나 다른 치료자에게 의뢰를 고려한다.

DBT 위배 전술

_____ 치료자는 환자를 비난한다.
_____ 치료자는 평가도 없이 환자가 변화하거나 진전하기를 원하지 않는다고 추정한다.
_____ 치료자는 환자 행동을 해석하는 데 융통성이 없다.
_____ 치료자는 변화에 대한 모든 책임을 환자에 떠맡긴다.
_____ 치료자는 하나의 입장만 고수하고 변화를 거부한다.
_____ 치료자는 방어적이다.
_____ 치료자는 환자 행동에 자신이 미친 영향을 보지 못한다.

않는다고 표현한다. 다른 한편으로는, 자신의 모든 실패가 회복할 수 없는 성격적 결함에서 비롯된다고 생각한다. 반대로, 치료자는 환자가 노력하고 있고 최선을 다하고 있으며 치명적 결함이 없다고 가정하고, 문제 행동을 논할 때 이러한 영향에 관해 분명하게 짚는다. 이렇게 방향을 잡아 준다면 치료자와 환자 모두 방해 행동을 치료 그 자체에 문제가 있다는 증거로 볼 수 있고, 환자 특정 특질에 관한 부정적 결론을 지지하는 증거로 보지 않도록 도와준다. 치료 방해 행동 전략을 다음에서 설명하였고 〈표 15-5〉에 요약하였다.

1. 방해 행동을 정의하기

첫 번째 단계로 치료 방해 행동을 가능하면 정확하고 정교하게 구체화한다. 방해 행동의 특성을 환자와 함께 논의하고, 환자와 치료자의 지각 차이를 해소한다.

2. 행동에 체인 분석 수행

치료자는 환자에게 **왜** 특정한 행동을 했거나 하지 않았는지 질문하면서 분석을 시작해서는 안 된다. 대신, 자살 행동과 마찬가지로, 체인 분석은 반응을 유발하는 선행 사건, 반응 자체 그리고 반응에 따르는 결과를 모두 매우 상세하게 구체화해야 한다. 환자가 치료 방해 행동에 영향을 미치는 변인을 찾거나 소통하는 데 어려움을 겪을 때 치료자는 논의를 위한 가설을 생성해 주는데, 가설은 개별 개인이나 자살 경향 환자에 관한 일반 지식에 근거해야 한다. 매우 다양한 상황으로 방해 행동이 일어날 수 있고, 그러한 행동 유발 상황마다 개별로 접근해야 한다. 예를 들어, 한 환자는 치료가 도움이 되지 않는다고 생각하거나 개선 가능성에 절망을 느끼기 때문에 치료 회기에 결석할 수 있다. 또 다른 환자는 예기 불안, 우울 또는 다른 부정 감정 때문에 치료 회기에 결석할 수 있다. 다른 환자는 회기 참석에 필요한 행동(예: 제시간에 퇴근하기, 자녀 돌봄 예약하기, 친구에게 예약이 있어 먼저 간다고 말하기)을 할 수 없어서 회기에 결석할 수 있다. 어떤 환자는 환경 압박 때문에 회기를 놓칠 수 있다. 예를 들어, 가족이나 함께 사는 사람이 치료를 중단하라고 압력을 가하거나, 치료를 받으러 가는 그를 비웃거나, 아니면 회기 참석을 처벌할 수도 있다.

3. 문제 해결 계획을 적용하기

일단 문제를 정의하였고 결정 요인을 찾았다면, 환자와 치료자는 방해 행동을 줄이기 위한 절차에 동의해야 한다. 이러한 절차는 방해 행동을 분석한 결과에 기반해야 한다. 절차는 동기 문제와 수반성 변화, 필요한 행동을 수행하는 데 필수인 기술 교육, 정서 억제 감소, 신념과 기대 변화 또는 환경의 결정 요인을 조작하는 데 초점을 맞출 수 있다. 치료에서 모든 다른 문제와 마찬가지로, 치료자는 문제 해결 접근방법을 말로 강조하고 본보기로도 보여 준다.

4. 방해 행동 조정을 거부하는 환자에게 대응하기

때로 경계성 환자는 치료에 필요한 조건을 따르길 그저 거부한다. 환자는 그렇게 많은 회기에 참석할 필요가 없다고 말할 수 있고, 역할 연습이나 숙제를 거절할 수 있고, 다른 치료 협의를 지키지 않고 거부할 수 있고, 치료자가 자신을 돌봐 주어야 한다고 요구할 수 있고, 또는 치료자가 도움이 될지 말지는 사실은 아니지만 치료자에게 책임이 있다고 말할 수 있다. 이 상황에서 치료자는 치료 전반의 목적을 논의하고, 더하여 치료에 들어오기 전 약속한 초기 협의는 치료 프로그램에서 그를 받아들이는 조건이었음을 논의하는 데 환자를 동참시킨다. DBT에서 여러 목표 행동을 다룰 때와 마찬가지로, 여기서도 죽도록 문제 행동에 관해 이야기하는 전략을 쓴다.

치료자는 불필요한 힘겨루기를 피하도록 신중해야 한다. 중요한 문제가 아니라면 그 문제를 좇아가지 않는다. DBT에서 후퇴하는 법을 배우는 일처럼, 전장을 현명하게 선택하는 일도 매우 중요하다. 하지만 치료자는 환자를 돕기 위해서 **어떤** 전투에서는 싸워 이길 수 있도록 대비해야 한다. 환자를 무신경하거나 게으르다고 기술해서는 안 되고, 의도적으로 치료를 망친다고 의심하거나 혹은 다른 경멸하는 말로 기술해서는 안 된다.

환자가 치료를 그저 거부한다면, 치료 휴가를 보내거나 다른 치료자에게 의뢰할 가능성을 제기하고 논해야 한다. 논의할 때에는 휴가 가거나 종결하는 선택은 치료자가 아니라 환자가 내린다는 점을 항상 강조해야 한다. 실제로 치료자는 환자를 아끼며 현재 난관을 해결하기 위해 함께 노력하기를 희망한다고 단호하게 강조한다. 이러한 논의는 오직 환자가 문제 해결 작업을 거부했을 때, 그리고 덜 극단적인 다른 선택지를 이미 환자 혹은 지도감독 및 자문팀과 함께 모색했던 경우에만 진행한다.

전화 전략

DBT 전화 전략은 몇 가지를 유념하며 설계하였다. 첫째, 가장 중요한 원칙으로 환자의 자살 경향성이 주 치료자로부터 추가 시간과 주목을 얻기 위해서면 안 된다. 따라서 치료자의 전화 접촉이 유사 자살 행동과 자살 사고의 강화물이 될 일을 최소화하도록 전화 전략을 설계하였다. 둘째, 배운 기술을 일상생활 문제 상황에서 어떻게 적용하는지 환자에게 가르치기 위해, 즉 기술 일반화를 북돋기 위해 이 전략을 설계하였다.

셋째, 전화 코칭 전략은 위기가 발생하거나 환자가 생활 문제에 대처할 수 없을 때 회기 사이에 환자에게 추가 치료 시간을 제공한다. 자살 경향이 있는 경계성 환자에게는 일주일에 한 번 개인 회기에서 줄 수 있는 치료 접촉보다 더 접촉이 필요한 경우가 많고, 특히 개별 환자 문제는 기술 훈련 회기에서 거의 논의할 수 없기에 더 그러하다. 때로 추가 치료 회기를 예정할 수 있지만, 대체로 치료자가 환자 전화를 받을 수 있다면 추가 회기 필요성을 전화로 다룰 수 있다.

넷째, 전화 코칭 전략은 환자가 다른 사람에게 적절하게 도움을 요청하는 방법을 훈련하도록 설계하였다. DBT에서 환자는 필요할 때 도움을 청하기 위해 주 치료자에게 전화할 수 있다. 집단 치료자를 포함한 부 치료자에게 거는 전화는 엄격하게 제한하고, 오로지 예약 시간 정보를 얻거나, 약속을 잡거나, 치료 탈락을 초래할 문제를 해결하기 위해서만 쓸 수 있다. 이러한 조건은 이 책 동반 매뉴얼에서 설명하였다.

환자가 치료자에게 전화 거는 일은 '거의 없음'에서 '과도하게'까지의 연속선에서 발생하지만, 경계성 환자의 전화는 연속선 한쪽 끝에만 있거나 양극 사이를 시기에 따라 오간다. 어떤 환자는 작은 문제 조짐으로 치료자에게 전화하거나, 적절치 않은 시간에 전화를 걸어 요구하거나 적대하는 태도로 치료자와 상호작용하기도 한다. 다른 환자는 유사 자살 행동을 이미 시작했거나 완료한 경우와 같은 예외를 제외하고는 어떤 상황에서도 치료자에게 전화하기를 거부한다. 회기 사이에 치료자에게 전화하는 숙제를 내준다면 이런 유형의 환자에게 유용하다. 그렇지 않으면 환자는 치료 중 여러 경우에, 충분히 전화하지 않거나 너무 자주 전화할 수 있다.

전화 코칭 전략을 어떻게 적용하는지는 전화를 걸지 않는 환자와 전화를 과하게 거는 환자에 따라 다소 다르다. 전화를 걸지 않는 환자는 위기가 벌어지기 전에 도움을 요청하는 법을 배워야 하는데, 자살 행동이 관심을 끄는 기능을 하지 않게 하기 위해서이다. 과하게

〈표 15-6〉 전화 코칭 전략 점검표

_____ 치료자는 다양한 상황에서 환자가 건 전화가 적절하다고 **수용**한다.
　_____ 치료자는 환자에게 유사 자살 행동 직후 전화 통화에 대해 24시간 규칙을 알려 주고 이를 지킨다.
　_____ 문제 해결 전화 통화 중 치료자는 환자가 위기 생존 등 여러 기술을 사용하여 다음 회기까지 나아갈 수 있도록 코칭한다.
　_____ 치료자는 전화 통화로 환자의 소외감을 기꺼이 복구한다.
_____ 치료자는 환자가 정기적으로 전화를 걸도록 **일정 계획하기**를 고려한다.
_____ 치료자가 전화를 **건다**.
　_____ 치료자가 주는 관심과 자살 행동 사이 기능적 연관성을 소거하기 위해
　_____ 환자 회피에 개입하기 위해
_____ 치료자는 치료 회기 때 환자에게 전화 거는 행동에 대한 **피드백**을 준다.

DBT 위배 전술

_____ 치료자는 전화로 심리치료를 한다.
_____ 치료자는 전화를 받는 데 옹졸한 마음이다.
_____ 치료자는 환자가 건 전화에 비난하는 해석을 한다.
_____ 치료자와 위기 상황에서 연락할 수 없다.

전화하는 사람은 고통 감싸기 기술을 향상할 필요가 있다. 환자와의 전화 연락에는 크게 세 가지 유형이 있다. ① 위기나 생활상 현재 문제를 해결하지 못하거나, 치료 관계에 상처가 있을 때 환자가 치료자에게 전화하기, ② 환자가 치료자에게 전화하도록 미리 계획한 정기 전화 그리고 ③ 치료자가 환자에게 거는 전화이다. 각 전략을 다음에서 논의하였고 〈표 15-6〉에 요약하였다.

1. 특정 조건에서 환자가 거는 전화를 수용하기

전화 통화와 자살 행동: 24시간 규칙

전화 전략의 방향 잡기로 환자에게 유사 자살 행동을 한 후가 아니라 행동하기 **전에** 개인 치료자에게 전화해야 한다고 설명한다. 사실상 전화하기 위해 자살을 시도할 필요가 없다. 이 장에서 앞서 언급한 바와 같이, 일단 유사 자살 행동이 일어났다면 이후 24시간 동안 환자는 치료자에게 전화할 수 없다(부상이 생명을 위협하지 않는 한). 여기서 유사 자살

행동을 통해 문제 해결을 시도한 이후보다, 그에 앞서 치료자가 더 도움이 될 수 있다는 게 핵심이다. 환자가 이미 (비록 부적응적일지라도) 문제를 해결했으니 이제 치료자의 관심이 필요 없기 때문에, 환자가 자해 행동을 한 후에 전화 통화는 더는 유용하지 않다는 원리를 설명한다. 자살 사고를 촉발하는 데 치료자의 강화가 미칠 수 있는 영향에 관해서 환자에게 명확하게 설명해야 한다. 또한 위기가 본격화되고 나서야 도움을 구하는 사람에게 도움이 되기란 누구에게나 굉장히 어렵다고 환자에게 분명하게 알려 주어야 한다.

전형적으로 환자는 기존에 유사 자살 행동을 한 후에 전화하는 행동을 했을 거다. 이러한 통화는 이 장 앞에서 설명한 방식으로 처리해야 한다. 목표는 환자가 위기 초반 단계에서 치료자에게 전화하도록 조성하는 데 있다. 이 조성 과정에서 중간 단계로 자살 생각이 시작된 이후이지만 유사 자살 행동은 하기 전에 전화를 걸 수 있다. 물론 자살 생각이 일어나기 전에 전화를 거는 행동이 최종 목표이다.

이 전략은 치료자에게 기꺼이 전화하려는 환자의 의지에 따라 효력이 다르다. 치료자에게 전화하기 싫어하는 환자에게 이 전략을 쓰면 적절한 도움을 요청하면서 파괴적 행동을 대체하는 방법을 배우는 기회를 제공한다. 치료자에게 전화를 걸려는 시도를 앞서 하지 않은 유사 자살 행동은 치료 방해 행동으로 간주하여 치료 시간에 초점을 둔다. 반면, 치료자와 대화하는 데서 위안을 느끼는 환자는 전화 통화와 관련한 모든 행동으로 강화받는다. 따라서 치료자는 적응 행동 혹은 자살 행동 중 무엇을 강화할지에 선택권을 가진다. 유사 자살을 하고 나서 24시간이 지나면 치료자에게 전화를 걸 수 있지만, 24시간이 지나기 전에 다시 유사 자살 행동을 한다면 시간 계산은 다시 시작한다. 아주 가끔, 이 시간대는 12시간으로 단축될 수 있다. 치료자는 자살 충동이 가장 높은 기간과 마찬가지로 위기가 덜한 순간에도 동등한 만큼 시간과 관심을 제공하도록 주의해야 한다. 꼭 죽고 싶어야만 치료자에게 전화를 걸 수 있는 건 아니라고 환자에게 반드시 알려 주어야 한다.

전화 유형

치료자에게 거는 전화는 두 가지 조건에서 장려하고, 이 조건에 따라 전화를 걸지 말지 결정한다. 첫 번째 조건은 환자가 위기에 처했거나 스스로 해결할 수 없는 문제에 직면했을 때이다. 두 번째 조건은 치료 관계가 부실하여 매만져야 하는 경우이다. 일반적으로 위기 상황에서는 예외를 둘 수 있지만, 통화는 10분에서 20분 이상 지속하지 않는다. 더 긴 시간이 필요할 경우 치료자가 환자와 추가 회기를 잡거나 하루 정도 후에 다시 치료자에게 전화하라고 제안하는 게 유용할 수 있다.

기술에 초점 맞추기 전화하는 원리는 (적어도 치료자 관점에서) 환자가 배웠거나 배우는 중인 행동 기술을 일상생활 문제나 위기에 적용하기 위해 도움이 필요하다는 사실에 있다. 이러한 통화에서 초점은 전체 문제나 문제에 대한 환자 반응을 분석하거나 카타르시스를 제공하는 게 아니라 기술을 적용하는 데 둔다. 앞에서 설명한 위기 전략을 실행해야 한다. 비교적 쉬운 문제라면, 실제 문제 해결 기술에 초점을 맞출 수 있다. 타협이 더 어렵거나 복잡한 문제에 대해서는 환자가 부적응적 행동을 하지 않고 다음 회기에 도달할 수 있는 방식으로 대응하는 데 초점을 맞출 수 있다. 즉, 역기능 행동은 피하지만 문제는 해결하지 못할 수 있다. 이를 명심하고 환자에게도 반드시 상기시켜야 한다. 문제라는 건 얼마간 감내할 필요도 있다. 고통 감싸기 기술을 권장해야 한다.

모든 환자와 치료자는 전화기 근처에서 위기 생존 전략을 쉽게 쓸 수 있어야 한다(이 책 동반 매뉴얼 참조). 환자 문제나 위기에 관한 간략한 설명을 얻은 후, 치료자는 환자가 이미 어떤 기술을 시도했는지 물어봐야 한다(DBT에서 배우는 기술이나 독자적으로 개발한 다른 기술 중). 그런 다음 치료자는 도움을 줄 수 있는 다른 DBT 기술이나 환자에게 있는 다른 아이디어를 검토해야 한다. 나는 환자에게 한두 개 정도 더 능숙한 반응을 시도해 보라고 하고 다시 나에게 전화를 걸어 검토받도록 요청하기도 하는데, 그 시점에서 우리는 필요하다면 새로운 반응을 고안해 볼 수 있다.

DBT 개인 심리치료를 전화로 진행하는 일은 피해야 할 함정이다. 물론 이는 어려운 일인데, 환자가 위기를 바로잡을 수 없다고 하거나 정서적으로 각성하여 문제 해결 능력이 저하되었을 수 있다. 경직된 사고, 새로운 해결책을 볼 수 없는 상태는 흔한 일이다. 치료자는 이에 세 가지 방법으로 대응해야 한다. 첫째, 이 장 앞부분에서 설명한 위기 전략을 적절하게 사용해야 한다. 둘째, 환자가 어떤 기술을 사용할 수 있는가에 초점을 맞춰야 한다. 치료자는 통화를 순조롭게 진행할 책임이 있다. 셋째, 모든 문제 해결 노력은 환자의 고통과 어려움을 타당화하는 전략과 함께 엮어야 한다. 환자의 끈질긴 '네, 하지만……' 행동은 치료 방해 행동이고, 이게 흔하다면 (다음 회기에서) 분석해야 한다. 전화 통화할 때 치료자는 그러한 행동에 상호성 의사소통으로 대응하면서, 그 행동이 기꺼이 통화를 계속하고자 하는 치료자 마음에 어떤 영향을 미치는지 드러내야 한다.

치료자가 이 전략을 계속하여 시간이 쌓인다면, 일상생활에서 환자 기술과 전화로 도움을 요청하고 받는 환자 기술 모두 향상할 것이다. 통화 빈도와 지속 시간은 줄어든다. 우리 클리닉 환자 중 몇 명이 이렇게 한동안 지속하다가 전화 통화 빈도가 크게 줄었을 무렵, 시간이 좀 지나면 정확히 치료자가 무슨 말이나 행동을 할지 알게 돼서 그냥 스스로 행동하고 말할 수 있게 됐다고 말했다. 혹은 어떤 환자의 말처럼 '맨날 기술 이야기만 하는 건 별로 재미가 없다'.

관계 복구하기 치료 관계에 균열이 생길 때 관계를 바로잡기까지 환자가 일주일 내내 기다려야 한다는 건 나는 타당하지 않다고 생각해 왔다. 그러한 규칙은 임의적이고 내 느낌에는 연민이 부족해 보인다. 따라서 관계가 부실해지거나 환자가 소외감을 느낄 때, 환자가 간단히 '마음을 나누기' 위해, 즉 치료자와 치료에 대한 자기 감정을 진척시키기 위한 전화를 해도 적절하다. 대개 이러한 전화는 강렬한 분노, 유기 공포 혹은 거절당한 느낌으로 촉발된다. 환자가 단지 '안부를 묻기' 위해 전화를 해도 적절하다. 이러한 전화에서 치료자 역할은 진정시키고 안심시키는 데 있다(단, 치료 마지막 단계에서 환자가 스스로 진정하는 법을 배워야 할 때는 제외한다). 심층 분석은 다음 회기에서 다루도록 미루는데, 사실 전화 통화가 없다면 아예 다음 회기가 없을 수 있다.

일부 치료자는 관계에 균열이 생겼을 때 환자가 전화할 수 있게 하면 의도치 않게 균열을 강화하여 치료 관계가 점차 악화할까 우려한다. 이는 ① 균열과 소외를 피하기보다 치료자와의 전화 통화가 더 보상이 되고, ② 통화가 관계를 균열내는 반응과 연합을 이루는 두 가지 조건이 생기면 발생할 수 있는 결과이다. 여기서 해결책은 두 가지이다. 첫째, 치료자는 관계에 균열이 없을 때 환자가 간단하게 '안부를 묻기' 위해서 자유롭게 전화할 수 있다고 확실히 해 두어 균열과 강화의 고리를 끊어야 한다. 예를 들어, 뒤에서 내가 설명한 전화 계획을 사용할 수 있는데, 이는 아무 연락 없이 일주일을 보내기 힘들어하는 환자에게 특히 중요할 수 있다. 둘째, 치료자는 균열이 있고 전화를 해야 하는 관계보다 균열이 없고 관계에 관한 전화도 없는 관계가 더 보상이 되도록 노력해야 한다. 이 방향으로 가는 길에는 후속 치료 회기에서 과도한 전화 통화로 이어지는 사건에 대한 체계적 행동주의 분석과 문제 해결을 수행하는 단계를 포함한다. 또한 치료자는 관계가 잘 풀리지 않을 때만 환자에게 치료에 대한 더 많은 통제권, 더 많은 타당화, 칭찬, 혹은 그 밖의 사회적 강화를 주어서는 안 된다. 치료자는 관계가 **잘 풀릴 때** 제공하는 수반성에 주의를 기울여야 한다. 사회적 강화를 너무 빨리 줄여서는 안 된다.

2. 환자가 거는 전화 일정을 계획하기

때로 환자는 치료자가 매주 개인 회기에서 제공할 수 있는 정도보다 더 많은 시간과 관심을 주기적으로 필요로 할 수 있다. 예를 들어, 환자는 계속하여 일주일에 세 번 이상 전화를 걸 수 있다. 이런 상황이 되면 치료자는 미리 설정한 주기 간격으로 통화 일정을 계획해야 한다. 그러한 방침은 더 많은 도움에 대한 환자의 필요를 인정하면서 위기에 처했을 때 오는 긍정적 결과를 최소화하며, 통화 사이에 대기 기간을 삽입함으로써 환자가 더 나아가 고통 감싸기 기술을 발전시킬 수 있도록 한다. 이때 환자가 치료자의 시간을 더 많이 할애받지만, 추가 시간은 환자의 공황 상태나 위기 상태 시점에 좌우되지 않는다. 이 전략은 의료 환자에게 진통제를 줄 때 통증이 있을 때마다 주는 게 아니라 통증에 수반함 없이 주기적으로 처방하는 처치와 비슷하다. 정기적 전화 상담이 예정되어 있다면, 치료자는 위기가 닥쳤을 때라도 예정한 시간이 아니라면 환자와 대화하려는 이끌림에 저항해야 한다.

3. 치료자가 전화 걸기

치료자가 거는 전화는 치료자 관심과 환자 자살 행동 혹은 강렬한 부정 정동 사이의 어떤 기능적 연관성을 나아가 소거하기 위해 설계하였다. 치료자가 거는 전화는 환자가 건 전화와는 무관하지만, 대개는 환자가 특히 어려운 시기를 겪거나 매우 스트레스를 받는 사건에 직면하고 있을 때만 계획한다. 전화 통화는 꽤 간단할 수 있고, 환자가 현재 자신의 일상 문제에 치료 원리를 잘 적용하는지에 초점을 맞춰야 한다.

치료자가 거는 전화 유형의 두 번째는 환자가 치료나 문제에 관한 작업을 피하려고 하는 경우인데, 이런 상황에서 전화 통화는 회피를 중단시킨다. 예를 들어, 환자가 치료받으러 오기를 두려워하고 나타나지 않는다면, 나는 즉시 전화를 걸어 약간 지시적으로 아직 남은 시간 동안 회기에 참여할 방법을 고안하거나 그날 더 늦은 시간으로 예약 일정을 잡도록 할 수 있다. 다시 한번, 치료자는 환자 부적응 행동의 기능을 분석하고 그에 따라 대응해야 한다.

4. 전화 거는 행동에 대한 피드백을 회기 중에 다루기

앞서 언급한 바와 같이, 전화 전략에는 환자가 다른 사람에게 적절하게 도움을 요청하는 방법을 배우도록 돕는 목표가 있다. 도움 구하는 행동을 잘하려면 사람이 사회적으로 민감해야 하는데, 그래야 과하게 혹은 부적절할 시간에 도움 요청을 안 할 수 있다. 또한 요청할 때 강요하거나, 요청을 받는 사람이 실제로 도울 수 없는 방식으로 전달해서는 안 된다. 따라서 도움을 요청하는 환자의 행동에 대해, 그리고 적절한 경우 요청이 치료자에게 어떤 반응을 촉발했는지에 대해 모두 피드백을 제공하는 게 핵심이다.

DBT에는 환자가 자기 환경에서 도움을 의지할 수 있는 다른 사람을 찾도록 돕는 데 주요 치료 목표가 있다. 다만 환자가 합당한 수준의 기술이 없는데 다른 사람에게 도움을 청하면 사회 연결망이 증가하기보다는 고립이 심해질 수 있다는 점을 인식해야 한다. 다른 한편으로, 치료자는 환자가 너무 많이 의존하게끔 조성하지 않도록 주의해야 한다.

치료 시간이 제한돼 있다면 이는 특히 문제이다. 환자가 아무리 도움을 요청하는 데 서툴더라도, 제한 시간 끝에는 그가 치료자가 아닌 다른 사람에게 필요한 도움을 요청해야 한다. 적어도 치료 중간 지점에 이르러서는, 치료자는 환자가 생활에서 문제가 있을 때 환경 안에서 전화할 수 있는 다른 사람을 찾도록 환자와 적극적으로 작업해야 한다. 이러한 전화가 긍정적 결과를 일으키지 않는다면 치료 회기에서 논의하고 분석해야 한다. 결과를 개선하기 위한 전략은 환자가 계획하고 실행해야 한다.

치료자 가용성과 자살 위험 관리

치료자 워크숍을 진행할 때, 치료자가 지속하여 떠올리는 가장 큰 두려움 중 하나는 경계성 환자가 근무 시간 이후 너무 자주 호출하는 상황이다. 많은 치료자는 압도감을 느끼고 일상에서 침범과 같은 이 느낌을 막을 수 없다고 느낀다. 일부 치료자는 집에서는 전화를 제한하는 일률적 규칙을 개발하여 이에 대처한다. 다른 사람은 전화 자동 응답 서비스나 기계를 중개물로 사용하여 환자에게 통화가 불가함을 알려 주거나 방해받고 싶지 않을 때 기계가 대신 알리는 방식으로 대처한다. 어떤 사람은 환자에게 크게 화를 내어 대응하는데, 이로써 환자는 전화하지 말아야 함을 빠르게 배운다. 여전히 다른 이들은 자살하거나 경계성에 있는 환자를 만나길 거부한다. DBT의 한계 관찰 절차는 치료 방해 행동 전략과 함께 치료자가 감당하기 어려울 수 있는 환자 전화를 어느 정도 통제할 수 있도록 설계하였다.

그러나 치료자의 희망과 욕구와 환자의 희망과 욕구 사이 긴장은 매우 현실적이고 심각성이 상당히 잠재할 수 있다. 치료자는 자기 한계를 꽤 상당 동안 확장해야 하고, 이때 전화를 통해서나 퇴근 이후 시간이든 환자가 연락할 수 있게 해 주어야 할 때가 있다. 자살 경향 환자(BPD 기준을 충족하는 사람 포함) 치료에서 많은 전문가(Bongar, 1991 참조)와 마찬가지로 나는 환자가 야간이나 주간, 근무일, 휴일 등 언제든 필요하다면 치료자에게 전화할 수 있다는 사실을 반드시 알아야 한다고 굳게 생각한다. 자살 위험이 높은 환자는 퇴근한 치료자에게 연락할 수 있는 전화번호를 받아야 한다. 전화 자동 응답 서비스를 이용할 경우, 매우 특별한 사정으로 치료자가 접근을 제한할 필요가 없는 한, 자살 경향 환자로부터 전화가 오면 치료자에게 연락할 수 있도록 안내해야 한다. 접근이 제한되는 경우 치료자는 환자에게 다른 예비 전문 돌봄에 접근하는 법을 제공해야 한다.

예시로 나는 내 환자에게, 나에게 전화를 걸었는데 내가 받지 못할 때마다 늦어도 그날 밤 내가 잠자리에 들기 전에는 다시 전화할 거라고 확신해도 된다고 말한다. 만약 기다릴 수 없는 경우 전화할 수 있는 예비 전화번호를 가지고 있다. (나는 또한 유사 자살 행동을 하는 환자와 위기 상황이나 내가 즉시 전화를 받지 못할 때 생기는 분노 상황에 대처하기 위해 이용할 수 있는 대안 해결책을 함께 적극적으로 논의하는 데 수많은 시간을 보냈다.) 환자가 자살 위기에 처했을 때, 나는 그에게 나의 하루 일정을 알려 주며, 그가 언제 가장 쉽게 나와 통화할 수 있을지 알려 줄 수 있다. 우리가 확실히 연결될 수 있도록 정기 통화를 계획할 수도 있다. 내가 출장갈 때, 나는 환자에게 연락되는 전화번호를 주거나 내 전화 서비스를 통해 긴급 연락이 가능하게 한다. 기술 훈련 집단 리더는 또한 예비 관리를 제공한다. 따라서 관리에서 연속성이 보장된다. 내가 출장 갔을 때 나에게 연락 취하는 걸 남용하게 둔 적은 없지만, 나와 연락이 닿을 수 있다고 아는 건 많은 환자에게 큰 위로가 된다.

내 경험상 DBT 전략을 일관성 있게 사용한다면 실제로 치료자에게 전화하는 능력을 남용하는 DBT 환자는 거의 없다. 그렇게 하는 사람에게 부적절한 전화란 단지 회기에서 다루어야 하는 치료 방해 행동이다. 환자가 전화를 남용할 때마다 매번 논의한다면 그런 행동은 오래 지속되지 않는다. 물론 치료자는 위기 상황이거나 위기를 막기 위해 도움을 요청하는 모든(또는 대부분) 연락을 남용이라고 또는 조종하려 한다고 여기지 말아야 한다.

보조 치료 전략

1. 필요한 경우 보조 치료를 권장하기

DBT에 명백히 보조 역할을 하고 주 치료가 아니라면, DBT는 보조 정신건강 치료법을 금지하지 않는다. 외래 환자는 짧게 정신과에 입원하거나 거주형 약물 남용 프로그램에 들어갈 수 있고(4주 이상 예정된 DBT를 빠지지 않는 한), 정신과 약물을 복용하면서 의사, 간

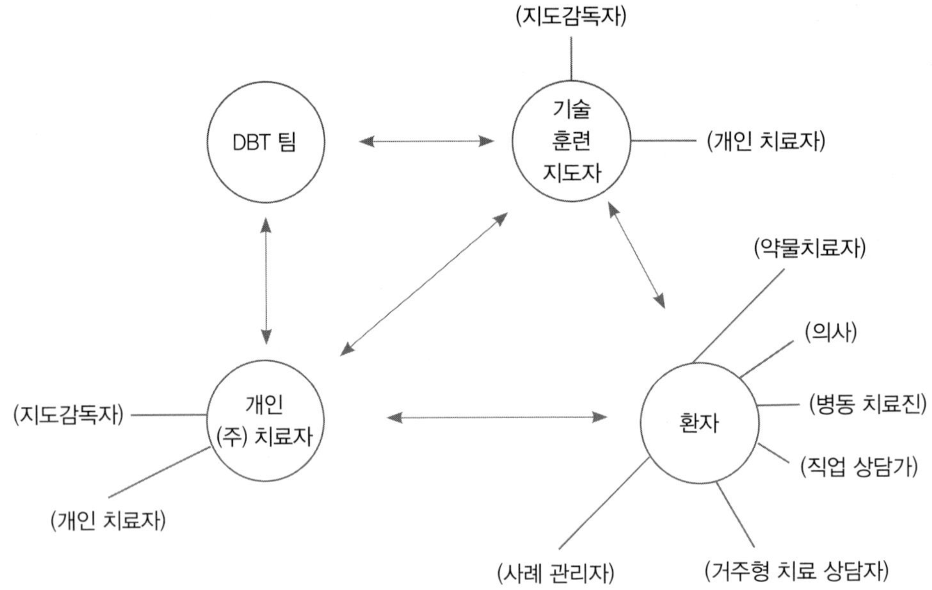

[그림 15-2] DBT에서 가능한 보조 치료 시나리오

주: 가능한 보조 치료 관계는 괄호 안에 있다.

호사 또는 다른 약물치료사에게 진료를 받을 수 있고, 지역사회에서 제공하는 행동 기술 수업에 참여할 수 있고, 거주지역 치료 공동체 집단 모임에 참석하거나 상담가와 만날 수 있고, 보조 치료와 관련된 사례 관리자를 만날 수 있고, 부부 상담을 받을 수 있고, 직업 상담 또는 동작치료를 받을 수 있으며, 낮병원에 다닐 수 있다. 환자는 때로 다른 정신건강 돌봄 제공자(예: 위기 관리 클리닉 및 응급실)와 접촉할 가능성이 있다. 내 경험상, 경계성 환자에게 보조 치료를 금지하는 시도는 환자의 부정직함 또는 공공연한 적대로 이어질 것이다. 이에 경계성 환자와의 치료 상황은 대체로 정신건강 연결망이 크고 복잡한 경우가 많다. 가능한 시나리오는 [그림 15-2]에 설명하였다. 원은 DBT에 필요한 구성 단위이고, 괄호 안 항목은 선택 가능한 보조 상담이다. 보조 치료 전략은 〈표 15-7〉에 요약하였다.

환자가 정신과 병동에 입원하고 정신성 약물을 복용할 가능성은 매우 크므로, 특별한 DBT 병원 및 약물 프로토콜을 개발했으며 다음에 논의하였다. 모든 보조 치료와 함께 사례 관리 전략, 특히 13장에서 논의한 환자에게 자문하기 전략을 활용해야 한다. 보조 치료자와 상호작용하거나 이들 전문가와 관련하여 환자를 대할 때, 치료자는 반드시 자기 역할이 환자에게 자문을 주는 사람이지 보조 치료 단위에 자문을 주는 사람이 아니라는 점을 명심해야 한다. DBT 변증법 전략을 기억하는 게 유용한데, 특히 진실은 절대적이기보다

〈표 15-7〉 보조 치료 전략 점검표

_____ 치료자는 필요한 경우 보조 치료를 **권장**한다.
  _____ 치료자는 적절한 약물치료를 권장한다.
  _____ 치료자는 적절한 경우 입원을 권장한다.
_____ 치료자는 환자가 치료자의 치료에 불만족할 때 환자가 **치료 자문가**를 찾도록 돕는다.

〈약물 프로토콜〉

약물치료자가 보조 전문가인 경우

_____ 치료자는 약물치료에서 심리치료를 **분리**한다.
_____ 치료자는 약물치료 소비 문제에 관해 **환자의 자문가** 역할을 한다.
_____ 치료자는 환자에 의한 **처방약 남용**을 적절하게 **다룬다**(자살 행동, 치료 방해 행동 또는 삶의 질 방해 행동으로).

치료자가 약물치료도 하는 경우

_____ 치료자는 BPD 약물치료 관련 **최신 연구 문헌**을 알고 있다.
_____ 치료자는 환자의 **과거력과 약물 남용 위험성**을 다룬다.
_____ 치료자는 **치명적 위기의 환자에게 치명적 약물**을 주지 않는다.
_____ 치료자는 의뢰를 통해 힘겨루기를 **분산**시킨다.

〈병원 프로토콜〉

_____ 치료자는 가능하면 정신과 병동 입원은 **방지**한다.
_____ 치료자는 특정 조건에서 단기 입원을 **권장**한다(〈표 15-8〉 참조).
_____ 치료자는 환자의 입원 주치의로서 **행동하지 않는다**.
_____ 치료자는 입원 치료 문제에 대해 **환자의 자문가** 역할을 한다.
_____ 치료자가 입원이 필요 없다고 생각할 때, 환자가 스스로 입원하는 방법을 가르친다.
  _____ 치료자는 자기 입장과 견해를 지킨다.
  _____ 치료자는 환자가 자기 입장을 지킬 권리를 타당화한다.
  _____ 치료자는 환자가 자신을 돌봐야 한다고 주장한다.
    _____ 치료자는 환자에게 자신의 복지를 책임지도록 가르친다.
    _____ 치료자는 환자에게 중요한 타인이 동의하지 않을 때에도 자신의 '지혜로운 마음'을 믿으라고 가르친다.
  _____ 치료자는 환자에게 어떻게 입원하는지 가르친다.
  _____ 치료자는 자의로 입원한 환자를 처벌하지 않음으로써 자기 타당화를 강화한다.

DBT 위배 전략

_____ 치료자는 외부 자문에 대한 환자 소망을 경멸하여 해석한다.
_____ 치료자는 환자보다 힘이 너무 센 위치에 있다.
_____ 치료자는 환자가 자기 '지혜로운 마음'을 따르고 치료자 권고를 거스른다는 이유로 환자를 처벌한다.

는 구성된다는 점 그리고 반드시 일관성을 유지할 필요는 없다는 원칙을 기억하면 좋다. 만약 환자가 상반된 조언이나 의견 또는 해석을 받는다면, 주 치료자는 환자가 스스로 자신, 자기 삶 그리고 문제를 어떻게 바라보고 싶은지 생각하는 과정을 도울 수 있다.

2. 환자에게 외부 자문을 권장하기

주 치료자는 환자가 개인 치료나 주 치료자 또는 치료팀과 관계에서 불만이 있을 때 외부 자문을 받도록 매우 자유롭게 권해야 한다. DBT에서 일어나는 불평등 중 하나로 치료자는 자신과 환자의 관계를 도와주는 팀을 가지고 있지만, 환자는 치료자와 관계를 돕는 비슷한 정도의 유능한 팀이 없을 수 있다. 집단 치료로 불평등이 다소 완화되는데, 환자가 개인 치료자와 일시로 충격을 겪을 때 집단 치료 구성원과 진행자가 환자를 돕는다. 다른 자문을 찾는 건 바람직하고, 치료자는 환자가 그러한 도움을 찾도록 기꺼이 도와야 한다. 다음에서 논의한 바와 같이 정신과 병동 치료진은 이때 매우 유익하다.

환자는 한 번에 한 개 이상 개별 개인 심리치료 관계에 참여해서는 안 된다. 즉, 한 번에 한 명의 주 치료자만 있을 수 있다. DBT에서 개인 심리치료자를 제외한 모든 치료자는 분명히 개인 심리치료자를 보완하는 역할을 한다. 외부 전문가와도 같은 관계를 맺어야 한다. DBT 맥락에서 외부 개인 자문가와 만남은 연속 최대 3회기까지 허용된다. 그보다 더 많은 경우 이중 치료로 여겨야 한다. 이는 치료 방해 행동의 한 형태로 보고 회기 초점에서 높은 우선순위가 된다.

약물 프로토콜

약물치료자가 보조 전문가일 때 프로토콜

1. 약물치료와 심리치료를 분리하기 표준 DBT에서 주 치료자는 정신과 약물을 감독, 관리 또는 처방하지 않는다. 다음에서 논의하는 예외를 제외하고, 주 치료자가 의사 또는 임상 간호사인 경우에도 이 전략을 유지한다. 이 접근방식은 약물치료와 심리치료를 결합하고자 했던 우리의 임상 경험 그리고 환자가 책임감 있고 유능하게 의료 서비스를 소비하도록 가르치는 행동주의 원칙에서 도출하였다. 나의 임상 경험은 환자가 약물 사용에 대해 때로 정직하지 않다는 사실을 알게 했다. 한 환자가 내게 말했듯이, 만약 내가 그가 원하는 특정 약을 금한다면 그는 약을 다른 곳에서 구하고 그에 대해 나에게 말하지 않을 것이다.

만약 환자의 주 치료자가 약물 관리자로서 역할을 한다면, 환자는 치료자로부터 더 많은 약을 얻기 위한 수단으로 처방 약물 남용에 거짓말할 동기가 있다는 점이 분명해졌다. 행동주의 관점에서 이는 치료자가 적절한 약물 사용과 의료 면담을 담당하는 교사 역할에 거의 완전히 비효과적이게 만든다. 치료자가 약물 처방 권한을 가지고 있다는 게 전부가 되어, 이러한 역할은 적절한 약물 사용에 관하여 환자와 협력하는 능력을 방해한다.

내가 치료 프로그램에서 심리치료와 약물치료를 분리하는 정책을 시행한 후 몇 년 동안, 우리는 환자가 처방받은 약물을 과다 사용하고, 과소 사용하고, 대체로 오용하는 문제 경향을 발견했다. 독특한 방법으로 약물을 결합하고, 가능한 미래의 자살 시도 혹은 의료 혜택이 중단되는 경우를 대비해 약물을 비축한다. 그리고 처방하는 정신과 의사나 간호사와 때로 효과적이지 못한 방식으로, 그리고 때로는 은폐하는 방식으로 상호작용한다. 나는 이러한 경향이 다른 어떤 환자 집단보다 자살 경향과 경계성에 있는 환자에게서 더 큰지는 확신할 수 없다. 그러나 우리 클리닉에서는 두 종류의 치료법을 분리하자마자 이러한 관행에 대해 더 많이 알게 되었다는 점이 분명했다.

2. 약물치료 소비 문제에 대해 환자에게 자문하기 두 역할을 분리하면 심리치료자는 환자의 자문가가 되어 의료진과 효과적으로 상호작용하는 방법, 자신의 필요 사항을 상대가 듣고 대응할 수 있는 방식으로 전달하는 방법, 다양한 약물 요법의 위험과 이점에 대해 필요한 정보를 얻는 방법 등을 설명한다. 그리고 환자가 받은 조언과 약물치료 계획을 평가하는 방법, 처방전을 준수하는 방법, 필요할 때 처방전을 받는 방법 등을 자문한다. 일부 경계성 환자는 자주 입원하기 때문에, 치료자는 또한 환자에게 새로운 치료팀이 모든 약을 바꾸기 전에 현재 진행 중인 치료팀과 상의해야 한다고 주장하는 법을 가르쳐야 한다. DBT에서 환자가 오히려 더 해롭게 만드는 치료에 머물지 않을 궁극적 책임은 환자에게 있다. 따라서 심리치료자는 환자가 다른 의견을 얻는 방법과 그가 원만하게 작업을 할 수 있는 약물치료자를 찾는 방법도 가르친다. 물론 DBT 장기 목표는 기분과 인지 처리를 포함한 행동의 의학적 관리를 행동주의 관리나 자기 관리로 대체하는 데 있다. 물론 일부 환자가 단기에 달성할 목표는 아니다.

3. 처방약 남용을 다루기 환자가 처방약을 남용할 때, 약물 남용이 잠재적으로 생명을 위협하거나 유사 자살 행동을 하는 도구라면 이러한 행동은 자살 행동으로 간주하고, 만약 약물이 공식 치료 계획 일부인 경우라면 이는 치료를 방해하는 행동으로 간주하며, 그렇지

않다면 삶의 질을 방해하는 행동으로 간주한다. DBT 일지로 약물에 관한 정보(합법 및 불법 모두)와 환자의 일일 섭취에 관한 정보를 수집한다. 주 치료자는 정기적으로 이 정보를 검토해야 한다. 환자는 약물 사용 기록을 중단하기로 혼자서 결정하는 경우가 많으며, 대개는 매일 같기 때문에 기록할 필요가 없다고 말한다. 치료자는 여기에 끌려가지 말아야 한다. 대신에 환자와 치료자는 환자가 정보를 더 쉽게 기록할 수 있도록 일종의 속기법을 고안해야 한다. 이런 식으로 환자는 치료자가 거짓된 약물 사용 정보를 받지 않게 할 수 있다.

환자가 약물 오용에 대해 심리치료자에게 거짓말하는지는 오용이나 거짓말에 대한 치료자 반응에 크게 좌우될 것이다. 대개 치료자는 오용보다는 거짓말하거나 정보를 숨기는 행동에 더 부정적으로 반응해야 한다. 문제 해결 전략, 수반성 절차 및 기술 훈련 절차는 환자의 부적절한 약물 사용을 변화시키고 의료 상담으로 이끄는 중요한 접근법이다. 환경 개입(예: 약물치료자에게 연락)보다는 환자에게 자문하기 전략이 DBT에서 약물 오용에 대응하는 일반적 방법이다. 그래서 심리치료자는 환자와 함께 작업하는 모든 약물치료자가 DBT 자문과 사례 관리 전략을 알고 있는지 확인해야 한다. DBT 접근방식이 대다수 공동체에서 예상하는 접근방식이 아니므로 특히 중요하다. 그러므로 약물치료자는 마치 환자가 약물치료에 보조로 심리치료를 한다는 식으로 대하지 않도록 신중하게 주의해야 한다.

자살 행동 위험이 있는 환자는 치사량 약물에 접근하지 못하도록 제한하는 도움이 필요하다. DBT에는 치명적 약물은 치명적 위기인 사람에게 주지 않는다는 일반 규칙이 있다. 일단 환자가 이 규칙을 알고 나면, 보통 규칙을 의사 혹은 임상 간호사에게 꽤 능숙하게 전달한다. 환자와 치료자는 손에 넣을 수 있는 약물 양을 조절하고 처방을 지키는 방법을 논의하고 고안해야 한다. 이 중에는 약을 잘 먹고 있는지 혹은 약을 모으고 있는지 추적할 수 있도록 공중 보건 간호사를 만나거나, 가족 구성원의 협조를 받거나, 적은 양을 처방받거나, 혈액 또는 소변 검사 모니터링(예: 리튬 수위)을 받을 수 있다. 여기에 상당한 주의를 기울일 필요가 있다. 그러한 정식 프로그램을 계획하고 추적 관찰하는 일은 처방 의사가 책임져야 하지만, 심리치료자와 환자는 자살 행동을 다루는 맥락에서 작업을 협의해 내야 한다.

주 치료자가 또한 약물치료자일 때 프로토콜

DBT는 심리치료와 약물치료를 분리하기를 선호하지만, 실용적이지 않을 때가 있다. 환자는 다른 사람을 만날 수 없을 수 있다. 특히 외곽 지역에서는 이용할 수 있는 다른 사람이 없을 수 있다. 또는 치료자가 의사나 임상 간호사인 경우, 그러한 구분은 치료자의 업무 원칙을 위반할 수 있다. 심리치료와 약물치료 모두를 관리하는 치료자인 경우 DBT 지침은 다음과 같다.

1. 최신 연구 문헌을 알기 BPD 약물치료에 관한 연구 문헌은 꾸준히 성장하고 있고, 이를 필수로 따라잡아야 한다. 특정 약물에 대한 반응은 축 I 장애의 같은 기준을 충족하더라도 다른 사람에 비해 경계성 사람에서는 상당히 다를 수 있다는 점을 중요하게 기억해야 한다. 예를 들어, 우울증을 앓는 경계성 환자와 우울증을 앓는 비경계성 환자는 다른 약물요법이 필요할 수 있다. 몇몇 약물은 경계성 사람을 치료할 때 특히 문제인 행동 통제 곤란을 악화시킨다(Gardner & Cowdry, 1986; Soloff, George, Nathan, Shulz, & Perel, 1985).

2. 환자 과거력과 약물 남용 위험성 다루기 약물 남용은 경계성 사람에게 특히 문제이다. 따라서 환자는 처방받은 약을 남용할 수 있다. 특히 벤조디아제핀에서 문제인데, 이러한 이유로 거의 혹은 전혀 사용하지 말아야 한다. 남용은 감지하기 매우 어렵다(또는 한번 감지해도 통제하기 어렵다). 이는 표준 DBT에서 약물치료와 심리치료를 분리하는 주요 원인 중 하나이다. 처방하는 치료자는 간헐적으로 환자와 함께 속임수를 조장하는 요인과 정직함을 장려하는 요인을 분석하면서 이 문제를 정색하고 진지하게 다루어야 한다. 즉, 치료자는 환자가 물질 사용에 관해 거짓말하거나 정보를 숨기는 행동의 장단점을 분석할 수 있도록 도와야 한다. 환자가 치료자에게 완전히 솔직하지 못한 경우 치료자는 치료 관계에 미칠 영향을 정기적으로 조명해야 한다.

3. 치명적 위기인 사람에게 치명적 약을 주지 않기 치료자는 환자가 과다복용하거나 자살하는 데 사용할 수 있는 약물을 처방한다면 매우 신중해야 한다. 환자가 약물을 오용하거나 과다복용한 과거력이 있다면, 한꺼번에 복용하면 해로운 수준의 용량으로 처방하면 안 된다는 일반 원칙이 있다. 어떤 환자에게 이는 약물치료를 급격하게 줄인다는 의미이고, 어떤 환자에게는 사회 환경에서 다른 사람이 약물을 대신 관리한다는 의미일 수도 있다. 모두에게, 이는 약물을 소량 여러 번 처방받는다는 의미여야 한다. 재정을 이유로 환자가 한 번에 더 많은 양을 구매해야 하는 경우, 소량으로 배분하는 방법을 개발해야 한다.

4. 의뢰하여 힘겨루기 분산시키기 환자는 때로 치료자가 처방하는 약물과는 다른 약물요법을 원한다. 만약 치료자와 환자가 이 문제에서 합의에 도달할 수 없다면, 치료자는 자문이나 약물 관리를 위해 환자를 다른 전문가에게 의뢰하는 방법을 고려해야 한다. 여기

서 근거는 두 가지이다. 첫째, 치료자는 자신이 틀릴 수도 있고, 약을 다루는 '올바른' 방법이 하나 이상 있을 수 있다는 사실을 받아들인다. 둘째, 치료자와 환자는 이 문제에 즉시 동의할 필요가 없다. 장기적으로 볼 때, 바로 지금 순간에 약물을 정확하게 처방하기보다 환자에게 의료 자원을 효과적으로 활용하도록 가르치는 게 더 중요하다.

병원 프로토콜

1. 쇠뿔도 단김에 빼라: 정신과 입원을 방지하기

DBT는 되도록 가능하다면 입원 치료를 피한다. 현재까지 아무리 위험성이 높은 사람에게도 급성 입원이 자살 위험을 줄이는 데 효과적이라는 실증 자료는 없다. 또한 입원이 경계성 행동에 대한 일 순위 치료법임을 시사하는 근거도 없다. 이 점에서 DBT 치료 모델은 재활의학 모델과 가장 유사하다. 치료자는 사람이 스트레스를 받는 환경에 있게 하고 자진하여 있는 그대로 삶에 대처하는 법을 배우도록 돕는다. 환자는 상황을 피해서가 아니라 상황 안에서 강해진다. 위기 상황에서 DBT는 '지금은 새로운 행동을 배울 때'라고 말한다. '쇠뿔도 단김에 빼라'는 말이다. 스트레스를 받는 환경에서 환자를 빼낸다면 치료를 일시 보류하게 하고, 때로 치료를 후퇴시킨다. 따라서 일 순위 치료법일 수가 없다.

2. 단기 입원 권장하기(단, 특정한 조건에서만)

이러한 편견에도 불구하고, DBT 치료자가 단기 입원 치료를 권장하거나 고려하는 몇 가지 상황이 있다. 이러한 상황은 〈표 15-8〉에 열거하였다. 입원을 권고하면 치료자는 입원 준비와 관련된 대부분의 일을 하는데, 대개는 환경 개입 전략을 사용하고 입원을 준비한다. 치료자는 지역 내 급성 정신의학 혹은 응급 서비스에 대해 잘 알고 있어야 하며, 개별 환자 입원을 준비하는 방법에 대해서도 철저히 숙지해야 한다. 각 병원은 자체 정책과 선호하는 방식이 있다. 게다가 환자 선호도에 따라 병원 우선순위를 정해야 한다.

치료자는 치료 방향 잡기 동안 환자와 입원에 대한 치료자 방침을 논의해야 한다. 치료자 의견에 따라 환자에게 응급 입원이 필요할 수도 있지만, 환자는 입원을 거부할 수도 있다. 이러한 상황은 비자발적 치료 조건과 수단에 관한 해당 법에 따라 다룬다. 치료자는 지역과 당국 절차에 완전히 익숙해야 한다. 위기에서는 이를 배울 시간이 없다. 앞서 말했듯이 치료자는 강제 입원에 대한 자기 입장 또한 알아야 하고, 이를 환자에게 분명히 해야 한다. 마지막으로, 치료자는 직장과 가정에 응급 입원을 위한 관련 전화번호를 준비해 두어야 한다.

〈표 15-8〉 단기 정신과 병동 입원을 권장하거나 고려해야 하는 상황

권장할 상황

1. 환자가 정신증 상태에 빠져 있고 자살을 위협하며, 환자가 고위험이 아니라는 확실한 증거가 없다.
2. 자살 위험이 부적절한 입원에서 오는 위험보다 크다(자세한 논의는 자살 행동 전략 참조).
3. 조작적 조건의 자살 위협이 고조되고 있으며 환자는 입원을 원하지 않는다. 다만 유사 자살 행동이 고조됐을 때는 그 행동이 분명히 건강이나 생명에 위험하다고 나타나지 않는다면 입원해서는 안 된다(자세한 논의는 자살 행동 전략 참조).
4. 환자와 치료자 관계에 심각한 갈등이 있고, 그 갈등이 환자에게 자살 위험이나 감당할 수 없는 위기를 초래하고 있으며 외부 자문이 필요해 보일 때이다. 입원 병동 치료진은 양쪽 모두를 상담하고 관계를 회복하는 데 도움을 줄 수 있다. 치료자, 환자, 입원 치료자와 연합 회의를 고려할 수 있다.
5. 환자가 정신성 약물을 복용하고 있고, 약물 남용 또는 과다복용 과거력이 있고, 약물 또는 투여량을 면밀히 추적 관찰해야 하는 문제가 있다.
6. 외상후 스트레스 노출 치료 초기 단계 또는 특히 힘든 후기 단계 동안 환자는 보호가 필요하다. 이는 전체 병동 치료진 콘퍼런스에서 계획할 수 있다. (많은 병동 치료진 구성원은 환자 '퇴행'을 두려워하고 노출 치료 중인 환자를 치료하기를 원하지 않거나 못한다.)
7. 치료자는 휴가가 필요하다. DBT는 입원에 반대하는 쪽으로 편향하지만 치료자가 병원이 되기를 옹호하지는 않는다. 때로 환자는 위기 동안 너무 많은 도움이 필요해서 치료자가 소진에 다다르기 때문에 단순히 환자로부터 며칠 휴가가 필요하다. DBT는 치료자가 그 이유에 대해 모두에게 정직하다면 이를 추천한다. (내 경험상, 입원 병동에서는 이 점에 대해 외래 치료자를 기꺼이 받아들인다.)

고려할 상황

1. 환자가 외래 환자 DBT에 반응하지 않고 심한 우울증이나 불안장애가 있다.
2. 환자는 압도적 위기에 처해 있고 자신에게 해를 끼치는 상당한 위험 없이는 혼자서 대처할 수 없으며, 다른 안전한 환경을 찾아볼 수 없다. 부적절한 입원에서 오는 위험보다 살 만한 가치가 있는 삶에서 처한 위험이 더 크다(이 상황은 매우 드물게 써야 한다).
3. 정신증 첫 삽화가 발생하거나, 정신증이 이어져 나타나고, 환자가 그러한 상태에 쉽게 대처할 수 없으며, 사회적 지지가 거의 또는 전혀 없다.

3. 입원 주치의 역할과 주 치료자 역할 분리하기

표준 DBT에서 주 치료자는 환자의 입원 주치의로서 기능하지 않으며, 주 치료자가 환자를 병원에 입원시키지도 않는다. 치료자가 입원시킬 수 있는 병원에 환자가 입원하기를 원한다면 치료자는 환자를 입원시킬 다른 사람을 찾아야 한다. 여기서 근거는 앞에서 주 치료자가 약물치료자가 되지 않는다고 제시한 이유와 같다. 이 경우 치료자는 입원 병동 치료진과 적절하게 상호작용하는 법을 환자에게 자문하는 역할을 한다. 이때 주로 자살 행동을 의사소통할 때 과도하게 치료진을 놀라게 하지 않고 환자에게 불리한 결과를 초래하지 않는 방식을 쓰도록 가르치는 임무가 있다. 예를 들어, 입원 병동에서 자살하겠다고 위협한다면 대체로 효과적인 전략이 아니다. 환자에게 자기주장과 적절한 협력을 결합하는 방법을 가르치고, 때로는 매우 높은 권한을 가진 독단적인 체계에서 기능하는 방법을 조언하는 주제도 자문에서 일반적이다. 환자를 병원에 입원 또는 퇴원시키거나 특권을 주거나 빼앗는 힘이 주 치료자에게 있다면 훌륭한 자문가가 될 수 없다.

4. 입원 치료 문제에 대해 환자 자문하기

환자가 병동에 입원할 때 13장에 기술한 예외 사항이 해당하지 않는 한 치료자는 환자에게 자문하기 역할에 머물러야 한다. 치료자는 환자가 개인 및 기술 훈련 회기에 참여할 수 있도록 출입증을 받고, 필요한 경우 교통편과 이동 동반자를 준비해야 한다고 예상한다. 우리 경험에 따르면, **어떤 이유이든** 4주간 계획한 치료를 받지 못하면 외래 치료가 종료된다는 사실을 일단 병동 치료진이 알게 되면, 그들은 환자가 외래 치료에 참여하기를 매우 간절히 바란다. 절대 필요한 경우에서, 치료자는 개인 회기를 위해 입원실에서 환자를 볼 수 있다.

요청이 있다면 개인 치료자는 환자와 입원 담당 치료진과 함께 사례 회의에 참석해야 한다. 입원 치료 환경은 가족 구성원, 모든 보조 치료자 또는 DBT 부 치료자 미팅과 같이 환자와 함께 하는 다른 큰 회의를 위한 좋은 공간이 될 수 있다. 사례 회의를 요청받지 않았지만 만약 치료자가 이를 바람직하다고 생각한다면, 첫 번째로 환자가 회의를 계획하고 조정할 수 있도록 돕는 접근을 한다. (13장에서 언급한 바와 같이, 입원 병동에 미처 환자에게 자문하기 DBT 전략을 방향 잡아 주지 못한 경우, 이 정책은 역효과를 내고 환자를 향한 병동 치료진의 분노를 일으킬 수 있다.) 진행 상황을 모니터링하기 위해 전화로 환자와 긴밀한 연락을 유지한다면 보통 좋다. 나는 입원 환자에게 보통 정기적으로 전화한다.

환자가 입원을 원하고 치료자가 동의하지 않을 때 지침

경계성 환자는 병원 입원이 최선으로 이득인 상황이 아니라고 치료자가 생각할 때에도 입원을 원한다. 환자는 위기 상황에 처했고 자살 충동을 느끼고 있어 입원을 요청할 수 있다. 어떤 상황에서는 환자의 실제 위험과 입원 필요성을 평가하기가 매우 어려울 수 있다.

이러한 상황에서 DBT 지침은 다음과 같다.

1. **(치료자) 자신의 입장을 유지하기.** 환자가 스스로 목숨을 끊지 않고는 병원 밖에서 대처할 수 없다고 느낀다고 해서 치료자가 그에게 동의해야 한다는 뜻은 아니다. 치료자는 (적절한 위험 평가에 따라) 환자가 적어도 도움을 받아 대처하고 살아남을 수 있다고 생각할 수 있다.
2. **환자가 자기 입장을 지킬 권리를 타당화하기.** 반대로, 환자가 대처할 수 있다고 치료자가 생각한다고 해서 환자가 할 수 있다는 뜻은 아니다. 치료자가 틀릴 수도 있다. 여기에는 정직과 겸손 그리고 기꺼운 마음이 필요하다. 치료자는 환자가 '지혜로운 마음'을 사용하여 두 가지 입장을 평가하도록 격려해야 하고, 치료자 입장과 무관한 환자 자신의 입장을 지킬 권리를 지지해야 한다. 환자에게 동의하는 척한다면 그가 이를 배울 기회를 빼앗는다.
3. **환자가 스스로 돌봐야 한다고 주장하기.** 치료자는 환자에게 이런 상황에서는 치료자가 동의하지 않더라도 환자 스스로 최선이라고 생각하는 일을 해야 한다고 말해야 한다. 만약 환자가 입원이 중요하다고 생각한다면 스스로 입원을 추진해야 한다. 그는 '지혜로운 마음'을 따라야 한다. 그는 궁극적으로 자기 삶에 책임이 있고, 삶을 돌봐야 한다.
4. **환자가 스스로 입원할 수 있도록 돕기.** 치료자는 환자에게 급성 보호 병동에 입원하는 방법을 가르쳐야 한다. 당연히 환자가 응급실에 가서 자살하겠다고 하면 이는 거의 언제나 가능한 일이다. 하지만 덜 극단적인 선택지가 많고, 치료자는 이를 환자와 상의해야 한다. 치료자는 치료자가 선호하는 선택지를 가르칠 때만큼이나 환자가 선호하는 선택지를 가르치는 데서도 능숙해야 한다.
5. **조언에 반하는 환자를 처벌하지 않기.** 만약 환자가 치료자 조언에 반하여 병원에 입원한다면, 그 환자를 절대로 처벌하지 않아야 한다. 유일하게 고려할 중요한 사항은 환자가 '감정 마음'이나 (더 드물게) '이성 마음'에 따라 행동하기보다 '지혜로운 마음'에 따라 행동하고 있는지이다.

관계 전략

자살 경향이 있는 환자와 단단한 긍정적 관계는 절대 핵심이다. 물론 어떤 치료는 이러한 관계가 없어도 특정 개인이나 목표 주 호소에 효과적이거나 관계가 약해도 효과적일 수 있지만, 이는 경계성 자살 환자와의 작업에서는 해당하지 않는다. 사실 환자가(그리고 치료자가) 치료를 계속하는 이유는 관계의 힘에 있다. 때로는 다른 전부가 실패한다면, 관계의 힘이 위기 동안 환자를 살아 있게 할 것이다. 응원하기, 정서 타당화, 수반성 관리, 상호성 및 일침 놓기 의사소통과 같은 많은 DBT 전략과 절차의 효과는 환자와 치료자 사이에 긍정적 관계가 존재하는지에 달려 있다. 또한 긍정적 관계는 치료자가 환자와 작업 동맹을 유지하는 데 도움을 주거나, 적개심, 좌절 또는 다른 치료적이지 못한 행동으로 반응하지 않게 막을 때도 있다. DBT는 치료 관계를 발전하도록 설계하였고, 관계의 힘은 다시 DBT 효과를 상호 증진할 것이다.

DBT에서 관계는 두 가지 역할이 있다. 관계는 치료자가 치료에 영향을 줄 수 있는 수단이면서 동시에 **그 자체**가 치료이다. 이 두 견해 사이에는 변증법의 긴장이 있다. 후자는 치료자가 연민을 발휘하고, 섬세하고, 유연하고, 판단하지 않고, 수용하며, 인내한다면 치료가 성공할 수 있음을 암시한다. 이러한 자질을 가진 관계를 제공하면서 환자 과거 경험의 상처는 치유된다. 환자 발달에서 부족함이 바로잡아질 수 있고, 그의 타고난 잠재력과 성장 능력은 자극을 받을 것이다. 한편 행동과 치료 과정에 대한 통제는 대개 원칙적으로 환자가 쥐고 있는데, 관계가 치료를 전하는 매개가 될 때, 치료자는 환자 협의를 얻어 치료를 통제한다. 관계는 목적을 달성하는 방법이고, 환자의 변화와 성장을 일으키기 위해 환자와 충분히 만나고 영향을 주는 방법이다. 이 관점에서 상처와 비슷하지만 해롭지 않은 상황에 환자가 능동적인 노출을 해야지만 상처를 치유할 수 있고, 대처 전략을 습득하면서 부족을 보충하며, 다른 대안보다 이는 더 보상을 주기 때문에 성장이 일어난다.

그러므로 DBT에서 변증법은 치료 관계에 내재하여 있다. 치료자는 매 순간 이 두 가지 접근법 사이에서 적절한 균형을 선택해야 한다. '그 자체가 치료인 관계'는 내담자를 있는 그대로 수용하고 발전하도록 촉진한다. '관계를 통한 치료'는 환자가 조절할 수 없는 행동을 치료자가 조절하도록 촉진할 뿐만 아니라, 이전에 알지 못했거나 충분히 일반화되지 않은 기술을 환자가 습득하도록 촉진한다.

그러나 어느 하나의 접근법을 진행하기 전에 반드시 치료자-환자 관계가 있어야 한다.

따라서 치료 초기 단계에는 환자-치료자 애착을 빠르게 발전시켜야 할 목표가 있다. 이를 달성하기 위한 수단으로 환자의 정서, 인지, 행동 경험에서 타당화를 강조하기, 분명하게 계약 맺기(자살 행동을 끝내고 가치 있는 삶을 건설하기), 치료 방해 행동에 집중하기, 전화로 가 닿고 가용하기, 치료자의 상호성 의사소통 양식 그리고 관계와 관련된 감정 문제 해결이 있다. 이러한 치료자의 양육을 통해 환자는 애착과 신뢰의 감정을 키운다. 그러나 똑같이, 환자에 대한 치료자 애착도 중요하다. 치료자가 환자에게 양가성이나 반감을 느낀다면 이는 직접 행동이 아니더라도 태만을 통해 전달되고 관계는 고통에 빠질 것이다. (치료자 스트레스를 줄이기 위해) 자살 행동, 치료 방해 행동, 관계를 향한 감정에 초점을 맞추어 해결책을 촉진할 수 있고, 지도감독과 자문도 좋다.

치료 관계는 기술 훈련이나 지지 프로세스 집단과 같은 다른 형태의 DBT에서는 보통 그렇게 열렬하지 않다. 그럼에도 환자-치료자 애착은 여전히 상당히 중요하며 앞에서 설명한 같은 수준으로 주목해야 한다. 개인 치료에서와 마찬가지로 여기서도 관계는 때로는 환자를 살아 있게 하는 유일한 치료 요소일 수도 있다.

대부분 DBT 전략이 치료 관계에 주목하고 이를 증진하지만, 때로 관계에 특정 초점이 필요하다. 특히 중요한 주제는 세 가지가 있는데, 각각에 관계 전략이 있다. 다시 말하지만, 이러한 전략은 새로 배운다기보다는 내가 이미 논의한 전략을 색다르게 통합한 결과이다. 전략은 ① 관계 수용, ② 관계 문제 해결, ③ 관계 일반화이다. 변증법 접근법을 분명히 유념하지 않는다면, 같은 전략 집합에서 관계 수용과 문제 해결과 같은 반대 기법이 존재하는 건 실로 역설로 보일 수 있다. 관계 전략은 〈표 15-9〉에 요약하였다.

〈표 15-9〉 관계 전략 점검표

_____ 치료자는 환자에게 애착을 가진다.
_____ 치료자는 관계를 통해 환자를 살아 있게 한다.
_____ 치료자는 '그 자체가 치료인 관계'와 '관계를 통한 치료'의 균형을 맞춘다.
_____ 치료자는 현재의 치료 관계를 그대로 **수용**한다.
    _____ 치료자는 환자를 지금 그대로 수용하고 타당화한다.
    _____ 치료자는 자신을 지금 그대로 받아들인다.
    _____ 치료자는 진전 수준을 지금 그대로 받아들인다.
    _____ 치료자는 기꺼이 환자와 함께 고통을 겪는다.
    _____ 치료자는 치료에서 실수할 수 있다고 인정한다. 치료자는 실수를 잘 바로잡기를 강조한다.

_____ 치료자는 문제가 발생했을 때 관계 **문제 해결**에 집중한다.
_____ 치료자는 치료자와 환자 둘 다 관계 문제를 해결하려는 동기가 있다고 가정한다.
_____ 치료자는 변증법 접근을 가정하여, 문제는 치료에서 변환작용의 결과라고 생각한다.
_____ 치료자는 치료에서 실수를 복구하는 방법을 지도감독 및 자문팀과 상의한다.
_____ 치료자는 치료 관계에서 학습한 행동을 다른 관계에 **일반화**하는 데 직접 주목한다.

DBT 위배 전략

_____ 치료자는 고통을 멈추기 위해 순간을 조작한다.
_____ 치료자는 방어적이다.
_____ 치료자는 치료에서 학습하면 치료 밖에서도 일반화된다고 가정한다.

1. 관계 수용

관계 수용에서 치료자는 환자, 이 환자의 치료자로서 자신 그리고 환자-치료자 관계의 질을 인정하고 수용하고 타당화한다. 각각은 현재 순간 **있는 그대로** 받아들인다. 치료 진전 단계나 치료 진전의 결여를 분명히 수용하는 것 역시 마찬가지이다. 관계 수용은 다른 모든 수용 전략과 마찬가지로 변화를 위한 기법, 다시 말해 특정 지점으로 통과하기만을 위한 수용으로 접근할 수 없다. 관계 수용에는 여러 가지가 필요하지만, 무엇보다 중요하게 고통으로 가득 찬 상황과 삶에 기꺼이 들어서고, 환자와 고통을 함께하고, 단지 고통을 멈추기 위해 순간을 조작하는 일을 삼가도록 한다. 많은 치료자는 경계성 환자를 치료할 때 겪을 고통이나 마주하게 될 전문가로서의 위험, 개인적 의심 그리고 외상 순간에 준비가 되어 있지 않다. 자살 성향의 경계성 환자와 작업할 때, '감당할 수 없으면 아예 시작조차 말라'는 말은 사실이다. 더하여 관계 수용에서 비판과 적대감을 감내하는 능력, 판단하지 않고 행동주의 접근을 유지하는 능력은 매우 중요하다.

달리 말하면, 관계 수용이란 치료자가 온전하게 치료 관계에 들어서서, 바로 이 순간 환자가 서 있는 그 자리에서 만나야 한다는 뜻이다. '환자를 있는 그 자리에서 만나다'는 진부한 말일 수 있지만, 내 자문 경험상 경계성 환자를 치료하는 사람들은 거의 불가능한 입장이라고 여기는 것 같다. 관계 수용은 차별하는 방법으로 사용할 수 없으므로 '온전하다'. 온전한 수용은 무엇을 받아들일지, 안 받아들일지를 구분하지 않는다. 환자, 자기 자신 그리고 치료 노력과 '현 상태 그대로'를 왜곡 없이, 선악에 판단을 보태지 않고, (이 순간) 경험을 지속하지도 없애지도 않는 수용이다. 관계 수용을 포함하여 수용이란 급진적 진실이라고 생각하는 방법도 있다. 치료 관계를 명료하게 바라보고 있으며, 관계가 어떻기를 바라거나 바라지 않는 욕구로 흐릿하지 않다. 정신분석 관점에서 보면, 방어 없이 내면으로도 겉으로도 반응하는 능력이다.

경계성 환자를 만나는 치료자는 치료에서 실수가 발생할 수 있다는 사실을 중요하게 받아들여야 한다. 실수는 심각할 수 있고 환자와 치료자 모두에게 큰 고통을 줄 수 있다. DBT는 실수를 하지 말아야 한다기보다는 실수를 능숙하게 잘 복구하는 데 중요한 강조점을 둔다. 실수는 천 조각이 찢어진 상황으로 생각할 수 있다. 좋은 DBT 치료자는 원단을 절대 찢어 놓지 않는 사람이 아니라 바느질을 잘하고 수선을 잘하는 사람이다. 이 관계에서 수선이 필요하지 않다고 배우기보다는 관계를 회복할 수 있다고 배우는 게 아마도 경계성 환자에게 훨씬 더 중요할 것이다(유사한 관점은 Kohut, 1984 참조).

2. 관계 문제 해결

사람에게 관계가 문제 원인이 될 때마다 관계 문제 해결은 필요하다. 환자나 치료자가 서로를 향해 느끼는 불행, 불만, 분노는 관계에 해결할 문제가 있다는 신호로 여기고 주목해야 한다. 9장에서 논의한 모든 문제 해결 전략을 여기서 적절히 쓴다. DBT는 관계 문제를 해결할 때 기본 관점으로, 치료 관계는 양측 모두 문제의 원천일 수 있다는 '실제' 관계로서 치료 관계를 바라본다.

경계성 환자를 논의하는 사례 회의에서 공통으로 등장하는 요소는 특정 환자가 얼마나 '이기려 드는지', 치료자를 조종하려 하는지, '치료진 분리'를 조장하는지, 또는 그 이외에 치료자를 어떻게 잡아먹거나 치료를 파괴하는지에 대한 언급이다. 만약 환자가 치료자에게 상처를 주거나, 모욕을 주거나, 화나게 하거나, 아니면 어떤 문제를 일으킨다면, 환자는 (의식적으로든 무의식적으로든) 그 결과를 의도했다고 가정한다. 내가 거듭 강조했듯이 그러한 추론은 잘못된 논리에 근거하였다. 치료자는 기이하게도 경계성 환자가 치료자 자신의 약한 점을 잘 알아채고 공격하는 능력이 있다고 느끼는데, 과연 그럴까 싶다. 대신, 나는 경계성 환자가 골치 아픈 대인관계 행동을 너무 많이 하는 바람에 평균 법칙에 따라 우연히도 치료자의 약점을 건드리게 된다고 생각한다.

환자도 당연히 치료자에게 여러 불만이 있다. 나는 이를 5장에서 광범위하게 논의했고 여기서 다시 다루지는 않겠다. 대부분 문제는 환자가 더 많은 존중과 더 많은 정서 상호성을, 덜 피상적이기를, 그리고 더 많은 도움을 받기를 원하면서 생긴다. 무엇보다 경계성 환자는 자신에게 귀 기울여 주기를 원한다. (우리 클리닉 여러 환자가 DBT에서 가장 좋아하는 부분은 치료자가 실수를 기꺼이 인정하는 점이라고 했다.)

치료자와 환자 둘 다 치료 방해 행동을 다루는 데 접근하려면, 보통 이를 해결할 문제로 접근하고, 각자 치료 관계에서 문제를 해결하려는 동기가 있다고 가정하며, 그러한 문제를 해결할 수 있다고 믿어야 한다. 특정 당사자가 문제 발생에서 주된 책임이 있다고 **추측**하지 않는다. 이렇게 접근하면 환자를 어떻게 바라보는지에 분명한 방향 변화가 일어날 것이다. 환자가 자신을 바꾸기 위해 최선을 다하지 않고 오로지 문제를 일으키려 한다는 생각은 환자가 평생 받아 온 똑같은 의사소통을 반복할 뿐이다. 자기 비타당 상태에서 환자는 모든 관계 문제에 자기 잘못이 있다고 보다가, 다른 쪽 극단에 가서 스스로 최선을 다하고 있다는 생각에 모든 관계 문제를 치료자 결함으로 돌릴 수 있다. 치료자는 때로 모든 관계 문제를 환자 측 병리 탓으로 돌리는 다를 바 없는 경향을 보인다. 치료자는 모든 문제를 환자 결점과 '역전이' 탓으로 빈번히 돌린다. 물론 '진실'은 이 변증법 대척점 중간 어딘가에 있다.

관계 문제를 어디서 어떻게 논의하고 해결할지는 문제가 어디서 발생했고(집단 치료 또는 개인 치료), 문제가 무엇이며, 누가 불만인지(환자 또는 치료자)에 따라 어느 정도 다르다. 집단 치료에서 관계 문제는 집단 환경 내에서 또는 개별로 다룰 수 있다. (여기서 의사결정을 하려면 수많은 요인이 관여하는데, 집단 회기의 시간제한이나 환자가 집단에서 자기 행동을 작업할 수 있는 역량이 있는지 등이 있다.) 환자가 돌아올 수 없을 정도로 분노와 두려움이 극렬하거나, 치료자가 (집단 또는 개인) 회기 중에 인정하지 않은 심각한 관계 실수를 저질렀다던가 하는 문제는 전화 통화로 다룰 수 있다. 때로, 만약 상호작용에서 얻은 영향을 회기가 끝나기 전에 온전히 인식하지 못했다면, DBT에서는 전화 통화로 소외감을 완화하거나 감내하기 힘든 분노를 풀 수 있다. 이는 전화 전략과 관련하여 앞서 더 충분히 논의하였다.

관계 문제를 일으키는 치료자 행동은 자문팀 회의나 개인 지도감독에서 또는 치료 회기에서 환자와 함께 다룰 수 있다. 치료자 행동에 대한 환자의 불만은 언제나 치료 중에 논의한다. 보통 치료자가 실수했다는 사실(물론 당연히 실제 실수했을 때)에 치료자가 열려 있다면 해소에서 열쇠가 된다. 물론 치료자 행동에 환자 행동이 미친 영향(그리고 그 반대)은 중요한 논의 주제이지만, 치료자는 자신의 부적절한 행동을 환자 탓이라고 논의를 돌리지 않도록 주의해야 한다. 환자가 제기하지 않은 관계 방해 행동 문제가 있다면 보통 자문팀이나 개별 지도감독 모임에서 해결한다. 이런 상황에서 치료자 동료는 치료자에게 DBT 전략을 적용한다.

3. 관계 일반화

DBT는 치료 관계가 그저 다른 관계로 일반화된다고 가정하지 않는다. 치료 관계와 '실제' 관계에는 많은 차이점이 있지만, 치료자는 관계 문제와 관계 문제를 해결하는 시간을 이용하여 환자 삶에 있는 관계와 유사성을 탐색하고 그 관계에서도 비슷한 접근을 한다면 생산적일지 제안해 봐야 한다. 관계가 잘 풀릴 때도 이를 잘 인지해야 하고, 치료자와의 관계를 환자가 맺는 다른 관계와 비교해야 한다. 이러한 비교를 통해 환자가 관계에서 무엇을 원하는지, 일상 관계에서 무엇이 빠졌는지 조명할 수 있다. 11장에서 논의한 모든 기술 일반화 전략을 여기에서 사용하도록 한다.

마치며

경계성 환자와 함께 실제 행동 기술 훈련을 하는 프로토콜은 이 책에 포함하지 않았다. 기술 훈련 내용과 과정은 이 책 동반 매뉴얼에 자세히 설명하였다. 실제 기술은 5장에서 설명하였고, 개인 치료에서 기술 훈련 절차는 11장에서 설명하였다. 이 둘을 합치면, 치료자 자신만의 기술 훈련 접근법을 만들 수 있다. 동반 매뉴얼을 따르든 안 따르든, 경계성 환자에게는 현재와는 다르게 반응하고 행동하는 방법을 가르쳐야 한다는 점을 명심해야 한다. 환자가 이 세상에서 새롭게 존재하고 행동하도록 가르치고, 코칭하고, 이끌고, 부드럽게 인도하는 임무가 바로 치료자인 나에게 있다. 치료자는 필요한 가르침을 완성하고 환자는 어떻게 달라질 수 있는지 배워 가는 과정에서 이 장에서 설명한 전략은 DBT 치료 틀을 유지하고 지키는 수단이 되어 줄 것이다.

〈부록 15-1〉 치명성 평가를 위한 척도점[2)]

0.0 '자살' 행동 결과로서 죽음은 불가능하다.

긋기: 피부를 해치지 않는 가벼운 긁힘. 캔 따개, 부러진 플라스틱, 핀, 클립으로 행함. 오래된 흉터를 다시 들쑤시기 또한 이 수준에 포함한다. 봉합이 필요한 상처는 더 높은 등급을 매겨야 한다.

삼키기: 여기에는 경미한 과다복용, 그리고 돈, 클립, 일회용 온도계와 같은 물건을 삼키는 행동을 포함한다. 10개 이하의 아스피린acetylsalicylic acid, Tylenol®, '감기약', 완하제 또는 기타 처방전 없이 구입할 수 있는 일반의약품 삼키기. 경미한 용량의 신경안정제 또는 처방약(대개 10알 미만) 삼키기. 깨진 유리를 입에 넣고 삼키지는 않는다면 이 범주에 해당한다.

기타: 일반적으로 환자가 치료진이나 다른 사람에게 보여 주는 명백한 비효과적 행위(예: 부모에게 '얼어 죽겠다'고 자살하겠다고 말한 후 잠옷만 입고 추운 날씨에 밖에 나가기)

1.0 죽음은 일어날 가능성이 매우 낮다. 만약 일어난다면 2차 합병증, 사고 또는 매우 드문 상황의 결과이다.

긋기: 힘줄, 신경 또는 혈관 손상이 없는 얕은 상처. 이 상처는 아주 작은 봉합이 필요할 수 있다. 긋기는 면도칼과 같은 날카로운 물건으로 행한다. 출혈은 거의 없다. 목에 긁힌 자국(베인 자국은 아님)은 이 점수에서부터 평가를 시작한다.

2) *The Suicidal Patient: Clinical and Legal Standards of Care* (pp. 277-283), B. Bongar, 1991, Washington, DC: American Psychological Association에서 발췌하였다. Copyright 1991 American Psychological Association. 승인 후 재출판하였다. "Lethality of Suicide Attempt Rating Scale", K. Smith, R. W. Conroy & B. D. Ehler, 1984, *Suicide and Life-Threatening Behavior, 24*(4), 215-242를 Bongar가 보완하고 개정하였다. Copyright 1984 Guilford Publications, Inc. 승인 후 발췌하였다. 척도점은 처음 T. L. MacEvoy(1974)가 제안하였다.

삼키기: 비교적 경미한 과다복용 또는 날카롭지 않은 유리 또는 세라믹을 삼킴. 보통 환자가 치료진에게 알린 경우이다. 20개 이하의 아스피린, 완하제 그리고/또는 일반의약품[예: Sominex, Nytol®(항히스타민 Diphenhydramine계), 15개 이하의 타이레놀] 삼키기. 잠재적으로 치명적인 약의 소량[예: Tuinal 6개, Seconal 4개(Barbiturate계)] 삼키기도 일반적이다. 20개(10mg) 미만 Thorazine(Chlorpromazine계) 정제 삼키기

기타: 목 주위에 실, 끈, 밧줄 등을 묶은 후 치료진에게 보여 주기

2.0 죽음은 행위 결과로서 있을 법하지 않다. 만약 죽음이 발생한다면 아마도 예상치 못한 2차 영향 때문이다. 그 행위는 주로 공적 장소에서 행해지거나, 본인이나 다른 사람이 보고한다. 의료 처치가 필수적이지만 생명을 위해 필요한 수준은 아니다.

긋기: 의료 개입을 받을 수 있지만 대체로 생명을 위한 의료적 개입은 **요하지 않는다**.

예: 날카로운 도구로 약간의 힘줄 손상이 수반될 수 있는 비교적 표면적인 긋기. 팔, 다리, 손목의 상처는 봉합이 필요함. 목 측면의 베임은 봉합할 수준이 아니라면 이 점수에서부터 평정함

삼키기: 의료 개입을 받을 수 있지만 대체로 생명을 위한 의료 개입은 **요하지 않는다**.

예: 아스피린 또는 기타 처방전 없이 살 수 있는 일반의약품 30개 이하, 100개 이하의 완하제, 25개 이하의 일반 강도 타이레놀, 독성 액체[12온스(약 355ml) 이하], 샴푸 또는 아스트린젠트(예: Ten-O-Six® 로션), 가벼운 액체 또는 기타 석유 기반 제품[2온스(약 60ml) 미만]을 삼키기. 소량의 잠재적으로 치명적인 약물[예: 65mg Darvon(아편계) 21개, Fiorinal(진통제) 12정제, 'Phenobarbital을 과다복용했지만 매우 흐느적할 정도', 50mg Thorazine(Chlorpromazine계) 10~15정제], 환자가 수 분 내로 치료진에게 알린다면 상당량의 아스피린 삼키기. 탄산리튬 14개 정제 이하. 환자는 Comet® 세정제(4테이블스푼 미만)와 같은 세척 화합물이나 액체를 소량 삼킴

기타: 치명적이지 않고, 대개 충동적이고 비효과적인 방법들

예: 호흡 곤란 없이 탈취제를 흡입, 날카로운 유리를 몇 조각 삼키기, 베갯잇으로 질식시키려다 실패한 증거(예: 발진형 찰과상)

3.5 피해자나 다른 대리인이 응급처치를 한다면 죽음은 있을 법하지 않다. 피해자는 보통 공개적인 방법으로 의사소통을 하거나 행위를 취하며 자신이나 부상을 숨기기 위한 수단을 쓰지 않는다.

긋기: 힘줄 손상(또는 절단)과 신경, 혈관 및 동맥 손상이 능히 수반되는 깊은 긋기. 목 긋기는 봉합이 필요하지만 주요 혈관은 절단되지 않았다. 출혈은 일반적으로 100cc 미만이다. 목에 베인 상처는 긁힘을 넘어서지만 실제로 주맥이나 동맥까지 절단하지는 않는다.

삼키기: 상당한 과다복용으로 LD_{50} 반수치사량에 해당할 수 있다.

예: 아스피린이나 처방전 없이 살 수 있는 일반의약품 60개 미만. 더 높은 용량을 복용했을 수 있지만 환자에게 확실히 개입할 수 있다[예: 64 Sominex(항히스타민 Diphenhydramine계)]. 100개 이상의 완하제, 50개 이하의 타이레놀. 잠재적으로 치명적인 과다복용[예: 60 Dilantin(Phenytoin계) 캡슐에 1/5의 럼주]이지만 개입을 확신할 수 있는 방식으로 수행함(예: 간호진 앞에서 행하거나 1시간 이내에 누군가에게 알린다). 메스꺼움, 혈압 상승, 호흡기 변화, 경련, 혼수 직전 상태의 의식 변형 등 생리적 고통의 징후가 나타날 수 있음. 라이터 오일[3온스(약 89ml) 이상], 15~20 리튬 탄산염 정제

기타: 심각할 수 있는 행동이지만 환자가 치료진에게 빠르게 알림(예: 신발 끈을 목에 단단히 묶었지만 즉시 치료진을 찾아감)

5.0 죽음은 직간접적으로 50대 50 확률이거나, 선택한 방법이 보통 사람이 판단하기에 죽음과 동등한 결과를 가져온다. 이 평정은 (a) 세부 사항이 모호한 경우, (b) 3.5 또는 7.0의 평정을 할 수 없는 경우에만 사용한다.

긋기: 심각한 베임으로 상당한 출혈(100cc 이상)이 발생하고 사망 가능성이 있다. 긋기는 술이나 약물을 동반할 수 있으며, 이는 문제를 덮어 버릴 수 있다.

삼키기: 막연하지만 상당한 양의 치명 약물에 대한 보고. 소량 복용에도 치명적일 수 있는 약인데 양을 알 수 없다면 여기에 속한다.

예: '많은 양의 chloral hydrate와 Doriden(Glutethimide계)을 복용' '60개 아스피린과 확인되지 않은 양의 다른 약물을 복용'

기타: 잠재적으로 치명적인 행위

예: 간호사가 방에 있는 상태에서 전기 콘센트에 피복이 벗겨진 전선 2개를 넣으려고 하기, 치료진이 시속 30마일(약 48km)로 운전하는 차에서 머리부터 뛰어내리기, 다른 환자가 있는 곳에서 라운지 전구를 풀고 소켓에 손가락을 끼우기

7.0 환자나 다른 대리인의 '즉각' 또는 '격렬한' 응급처치나 의료 조치가 없다면 사망은 가능한 결과이다. 다음 중 하나 또는 둘 다 해당한다. (a) 의사소통을 (직접 또는 간접으로) 한다, (b) 자신이 도움을 받거나 발견될 가능성이 있는 공공장소에서 행동을 한다.

긋기: 심각하게 베임

예: 도주하여 '면도칼로 목을 치기(경정맥 절단 포함)', 그러나 스스로 병원으로 돌아가 도움을 요청함. 혼자서 날카로운 유리 조각으로 머리를 베고 '죽을 정도로 출혈'이 있으나 행위 후에 의사를 부름. 도주하여 공중화장실이나 숙박업소에서 혈관허탈의 출혈 쇼크를 유발할 정도의 매우 심각한 긋기를 행하고 이후에 직접 도움을 요청함

삼키기: 잠재적으로 치명적인 약물과 용량. 의학적 개입 없이는 대다수 사람을 사망하게 하는 용량에 해당한다(보통 LD_{50} 범위의 상단 또는 그 이상).

예: 도주하여 약 2병의 아스피린을 삼킨 후 병원으로 복귀. 50 Extra-Strength 타이레놀, 숙박업소로 도주하여 다량의 Inderal(Propranolol계), Dalmane(Flurazepam계), Mellaril(Thioridazine계)과 750ml 버번의 3/4을 삼킨 다음 간접으로 고통을 전달함. Phenobarbital 100mg 23개를 삼키고 룸메이트에게 말한 뒤 룸메이트가 치료진에게 즉시 알림. Nembutal(Pentobarbital계) 16~18캡슐을 삼키고 친구에게 메모를 남겼으나 친구가 메모를 보지 못하여 환자는 거의 죽을 뻔함

기타: 개입 가능성을 최대화하는 방식으로 수행한 치명적인 행동

예: 타월을 목에 단단히 묶은 뒤(기도가 차단) 풀려고 시도했지만 바닥에 기절한 뒤, 청색증과 호흡 정지 상태로 발견됐고, 시도하기 전에 미리 회진을 도는 치료진을 목격했던

상황임. 끈을 목에 여러 번 감고 침대에 묶어 발견되었을 때 얼굴이 붉어져 있었음

8.0 위험을 '계산'하지만(예: 룸메이트나 배우자가 돌봐 주는 특정 시간을 예측) 결국 다른 대리인에 의해 구조받지 않는다면 죽음은 통상 자살 행동의 결과로 간주할 수 있다. 다음 중 하나 또는 둘 모두 해당한다. (a) 직접 소통하지 않는다, (b) 혼자서 몰래 행동한다.

긋기: 주요하고 빠른 출혈을 동반한 심한 상처. 치료진, 배우자 또는 친구에게 부분적으로 숨길 수 있다.

예: 환자는 자기 방의 욕실로 들어가 문을 열어 놓고 한쪽 손목을 심하게 베어서 큰 출혈을 초래함. 만약 30분 후에 회진에서 간호진에 의해 발견되지 않았다면 사망했을 것임

삼키기: 명백히 치명적인 용량이며 의사소통하지 않았다.

예: 치명적인 Barbiturate 과다복용을 하지만 혼수 상태에 빠지기 전에 구토함. 아파트에서 홀로 900mg Stelazine(Trifluoperazine계)을 과다복용함. Phenobarbital과 알코올의 과다복용으로 침대에서 혼수상태로 발견됨. 친구를 방문한 동안 Tuinal(Barbiturate계) 20알을 복용하고 매우 졸려진 뒤 친구가 의심하여 응급실로 데려가 36시간 동안 혼수 상태. 15 Tuinal(Barbiturate계)을 복용하고 집에서 따뜻한 물이 담긴 욕조에서 의식을 잃음

기타: 보통은 성공할 수도, 실패할 수도 있지만 시도를 방해받을 수 있는 기회를 계산하여 목매달기 및 질식을 행한다.

예: 목 주위에 벨트를 아주 단단히 묶고 샤워기에 목을 조임. 목에 신발 끈을 살짝 묶고 잠자리에 들어 회진에서 청색증이 발견됨. 플라스틱으로 기도를 막고 목에 스타킹을 단단히 묶어 침대 위에서 목구멍 소리를 내고 창백하지만 청색증은 아님. 도주하여 가까운 연못에서 물에 빠지고 익사하려고 하지만 대낮임. 빠르게 움직이는 자동차[30mph(약 48km/h) 이상]에 뛰어듦. 머리 위에 비닐봉지를 써서 심각한 청색증이 발견됨. 러시안룰렛을 하고 '패스'를 뽑음

9.0 사망 가능성이 매우 높다. '우연한' 개입 기회 혹은 예상치 못한 상황이 환자를 구할 수 있다. 다음 조건 중 두 가지가 존재한다. (a) 의사소통이 없다, (b) 조력자의 주의로부터 행동을 숨기기 위해 노력을 기울인다, (c) 발견되지 않으려는 수단(예: 도주)을 마련한다.

긋기: 심각한, 일반적으로 심한 출혈을 동반하는 다수의 긋기

예: 면도칼로 팔을 심하게 긋고 쓰레기통에 피를 흘린 다음 잠자리에 들고(잠잘 때였으므로 침대에 누워 있는 것이 의심을 불러일으키지 않았다) 의식불명이고 쇼크 상태에서 발견됨. 손목에서 2cm의 피부를 과격하게 물어뜯고, 4파인트(약 2L)의 출혈, 이불 아래에서 쇼크 상태로 발견됨. (문을 닫은) 공작소 화장실에서 3인치(약 8cm) 칼날로 목을 베고, 의식을 잃은 채 발견됨. 병동 샤워실에서 깨진 유리병으로 목을 심하게 베고, 이는 대다수 환자가 병동에 없을 때 행해졌으며, 발견됐을 때 호흡이 곤란함. 집에 있는 욕조에서 목과 손목을 베고 익사로 사망하였는데 남편이 우연히 발견하기를 '바랐음'

삼키기: 확실히 치명적인 복용량

예: 몇 온스의 매니큐어 제거제를 마시고 이불 속에서 토하고 입에서 다량의 거품 삼출물이 나오는 창백한 채로 경미한 혼수 상태로 발견됨. 취침 직전에 500mg Doriden 정제(Glutethimide계) 30개를 복용하여 침대에서 잠든 것처럼 보였지만 실제로 깊은 혼수 상태로 의식을 잃었음

기타: 매우 치명적인 수단을 사용한다.

예: 머리 위에 비닐봉지를 쓰고 스카프로 묶어 변기에 머리를 박고 의식을 잃은 채 발견됨. 주유 트럭에 머리를 박았지만 경미한 긁힘과 타박상으로 살아남음. 콧구멍과 구강 인두 모두를 플라스틱으로 꽉 채워서, 완전히 기도가 닫혔으나 마치 이불 속에서 자는 것처럼 보임. 차를 타고 다른 도시로 도주하여 플라스틱 호스를 배기 장치에 연결하여 주차장에서 질식함. 문을 닫은 채 벽장에 목을 매었고, 줄을 절단했을 때 숨을 쉬지 않음. 90피트(약 27m) 높이 다리에서 물속으로 뛰어내려 발견되었을 때 의식이 없음. 가슴 부분에 총상(엽총을 사용하는 경우, 10.0 평정). 3층 건물에서 머리부터 떨어짐

10.0 사망은 외부 대리인의 개입이 있어도 어떤 상황이어도 상관없이 거의 확실하다. 이 정도 수준에서 대다수 사람은 시도 뒤에 빠르게 사망한다. 극소수는 우연히 살아남는다.

긋기: 개입 가능성이 훨씬 더 희박하다는 점이 더해진 상황으로 9.0만큼 심하게 긋는다. 출혈이 심하고 빠르다.

예: 빈집으로 도주하여 면도칼로 손목과 목을 심하게 베고 경찰이 우연히 큰 피 웅덩이에

앉은 환자를 발견했을 때 면도칼로 경찰관을 가까이 오지 못하게 함

삼키기: 독소가 효력을 발생하기까지 일반적으로 소요되는 시간 때문에, 이 단계로 과다복용이 심각한 상황은 드물게 있다.

예: 심각했던 몇몇 경우는 다음과 같다. 아무도 예상하지 못한 채 집에 혼자 있는 동안 가구 광택제, 페인트 시너 그리고 많은 처방약을 삼킴. 다량의 Dalmane(Flurazepam계)과 Barbiturate를 남편이 출장 갔거나 자녀나 다른 동거하는 동반자가 없을 때 삼킴. 60 Nembutal(Pentobarbital계)을 섭취하고 한겨울에 숲이 우거진 외딴 지역으로 들어가 나뭇잎으로 몸을 가려 며칠 동안 행방불명이었음

기타: 이 수준에서 가장 일반적인 시도 유형은 다음과 같다.

예: 높은 건물(4층 이상)에서 뛰어내리기. 고속도로에서 자동차 앞에 뛰어들어 치이기. 도주하여 밤에 체육관 탈의실에서 목을 매달기. 병동에서 외출이 가능한 시기에 몰래 도주하여 인적이 드문 호수에 혼자 뛰어들어 익사. 머리에 총상 혹은 엽총과 관련된 그 어떤 시도를 모두 포함

추천 자료

* 적극 권장

** 행동주의 치료 배경 지식이 없는 독자에게 적극 권장

Barker, R. (1985). *Using metaphors in psychotherapy.* New York: Brunner/Mazel.

은유는 DBT에서 결정적이고 중요한 변증법 전략을 형성한다. 이 책은 은유와 심리치료에 대한 흥미로운 논의와 DBT에서 유익할 수 있는 많은 은유의 예를 제시한다.

* Barlow, D. H. (1988). *Anxiety and its disorders: The nature and treatment of anxiety and panic.* New York: Guilford Press.

Barlow 책은 불안 기반 장애를 치료하는 현재까지의 최고 자료 중 하나이다. Barlow는 치료에서 '정서 처리'의 역할과 노출 기반 전략에 대한 이론과 연구로 좋은 설명을 제공한다. 이론과 치료는 또한 DBT에서 다루는 주요 정서인 수치심과 죄책감에도 적용할 수 있다. 많은(또는 대다수) 경계성 사람에게 정서 공포증이 있다는 점을 생각할 때, 여기서 제시한 요점을 이해한다면 DBT 노출 기반 전략을 적용하는 데 좋다.

* Basseches, M. (1984). *Dialectical thinking and adult development.* Norwood, NJ: Ablex.

이 책은 '변증법 사고방식'이 의미하는 바에 관한 훌륭한 개요를 제공한다. 또한 변증법 철학에 대한 간략한 개괄을 제공한다. 여기서 제시하는 요점을 이해하는 건 DBT 수행에서 필수이다.

* Berg, J. H. Responsiveness and self-disclosure. In V. J. Derlega & J. H . Berg (Eds.),

Self-disclosure: Theory, research, and therapy. New York: Plenum Press.
반응성과 자기 개방은 상호성 의사소통 전략의 중추를 형성한다. 여기서 그 원리를 잘 요약한다.

* Bongar, B. (1991). *The suicidal patient: Clinical and legal standards of care*. Washington, DC: American Psychological Association.
이 책은 자살 행동치료를 둘러싼 임상 및 법적 문제에 관해 훌륭한 개요를 제공한다. 이 책은 현재까지 출판된 최고 임상 지침서 중 하나이다. Bongar은 고위험 자살 행동에 이론 및 경험 문헌을 검토하고 자살 환자 치료와 관련한 판례법을 요약한다. 이 책은 임상적으로 민감한 치료 권장 사항 맥락에서 정교한 위험 관리 전략을 제공한다. 책 뒷부분에 수많은 위험 평가 척도를 포함하고 있다.

Egan, G. (1982). *The skilled helper: Model, skills, and methods for effective helping* (2nd ed.). Monterey, CA: Brooks/Cole. (특별히 3, 4, 5장 참조)
타당화의 처음 두 단계로 관찰 및 기술(적극적 경청, 정확한 공감)에 관하여 매우 잘 설명하고 논의했다. 존중, 진정성, 사회적 영향에 대한 논의는 상호성 의사소통 전략과 관련이 있다.

* Hanh, T. N. (1976). *The miracle of mindfulness: A manual on meditation*. Boston: Beacon Press.
이 책은 마음챙김 연습의 이론 근거와 방법을 제시한다. 근본적으로 영성을 지향하지만, 접근방식은 종교적이지 않다. 마음챙김은 곧 깨어 있음이다. 핵심 마음챙김 기술을 가르치려면 중요하게 잘 이해해야 한다. 마음챙김 실천에서 '수용'의 중요성을 강조할 수 있다. 따라서 이 실천에 대한 내적 이해 없이는 DBT를 수행할 수 없다.

Hollandsworth, J. G. (1990). *The physiology of psychological disorders: Schizophrenia, depression, anxiety, and substance abuse*. New York: Plenum Press.
DBT는 행동 및 행동 장애의 생물사회 이론을 기반으로 한다. 따라서 생물학, 환경 그리고 경험이 어떻게 상호작용하여 기능에 영향을 미치는지 합리적으로 이해하는 게 매우 중요하다. Hollandsworth가 제시한 체계적 기능 모델은 생물-사회 변증법 관점과 양럽한다. 이 책은 조현병, 우울, 불안 및 약물 남용의 신체, 생화학, 정신 생리학 요인에 관한 행동 유전학과 연구 문헌을 훌륭히 소개한다.

* Kabat-Zinn, J. (1990). *Full catastrophe living: Using the wisdom of your body and mind to face stress, pain, and illness.* New York: Dell.
이 책은 매사추세츠대학 의료센터 스트레스 완화 클리닉 프로그램을 서술한다. 비록 행동 의학 프로그램 맥락에서 설계했지만, 이 프로그램은 모든 일련의 마음챙김 실천을 가르친다. 저자 말대로, 이는 의도를 갖춘 삶의 예술에 관한 집중적이고 자기 주도적인 훈련 프로그램이다. 이 책은 마음챙김 훈련을 확장하려는 치료자에게 매우 귀중한 자원이다.

Kanter, J. (1989). Clinical case management: Definition, principles, components. *Hospital and Community Psychiatry, 40*, 361-368.
사례 관리 원칙을 간략히 요약하였다. DBT보다 환경 개입을 더 강조하지만, 그 밖에는 환자에게 자문하기와 환경 개입의 통합에 관한 쟁점을 꽤 잘 다루고 있다.

Kohlenberg, R. J., & Tsai, M . (1991). *Functional analytic psychotherapy: Creating intense and curative therapeutic relationships.* New York: Plenum Press.
이 책은 집중적인 대인관계 지향 심리치료 틀 안에서 조작적 학습 원리를 어떻게 적용할지 구체적으로 잘 설명한다. 이는 DBT 수반성 절차가 기반하는 원리와 동일하다. DBT 치료의 세 번째(그리고 마지막) 단계는 이 치료와 여러 면에서 매우 유사하다.

Kopp, S. B. (1971). *Metaphors from a psychotherapist guru.* Palo Alto, CA: Science & Behavior Books.
Kopp은 원시 종교, 유대교, 기독교, 동양, 고대 그리스와 로마, 르네상스, 동화, 공상 과학을 통해 많은 은유를 제공한다. 책 끝에 좋은 읽기 자료 목록이 있다.

Maris, R. W., Berman, A. L., Maltsberger, J. T., & Yufit, R. I. (Eds.). (1992). *Assessment and prediction of suicide.* New York: Guilford Press.
자살 평가 및 예측에 관한 문헌을 요약한 핸드북이다. 자살 예측 척도, 심리 검사, 임상 인터뷰 등 여러 자살 평가 방법을 검토하고 논의한다.

** Martin, G., & Pear, J. (1992). *Behavior modification: What it is and how to do it* (4th ed.). *Part II: Basic behavioral principles and procedures.* Englewood Cliffs, NJ: Prentice-Hall.
조작적 및 고전적 조건형성, 조성, 체인 등을 포함하여 행동 조정의 원칙에 관한 매우 훌륭한 기본서이다. 특히 기술 훈련 및 수반성 절차와 관련이 있다.

** Masters, J. C , Burish, T. G., Hollon, S. T., & Rimm, D. C. (1987). *Behavior therapy: Techniques and empirical findings* (3rd ed.). New York: Harcourt Brace Jovanovich.
행동주의 치료 기법의 좋은 기본서이다. 이 책에서 각 장은 장애가 아니라 기법에 따라 정리되어 있다. 학습의 기본 원리를 다루는 좋은 부록이 있다.

* Whitaker, C. A., Felder, R. E., Malone, T. R, & Warkentin, J. (1982). First-stage techniques in the experimental psychotherapy of chronic schizophrenic patients. In J. R. Neil & D. R. Kniskem (Eds.), *From psyche to system: The evolving therapy of Carl Whitaker.* New York: Guildford Press. (1판 출판 연도는 1962년)
조현병 환자와 함께 작업하기 위한 1단계 기술은 DBT에서 사용하는 일침 놓기 의사소통 전략과 매우 유사하다. 이 글은 여러 예시를 포함하여 잘 정리하고 있다. Whitaker와 동료들이 제안한 기술 중 일부는 학대가 되거나 무심하게 사용할 위험이 있으므로 DBT에서 쓰지 않는다. 또한 개인마다 스타일을 강조하는데, 대부분은 그저 내 스타일과 잘 맞지 않았다.

Wilber, K. (1981). *No boundary: Eastern and Western approaches to personal growth.* Boulder, CO: New Science Library.
Wilber는 우리가 전체 안에서 양극, 경계, 부분을 어떻게 만드는지 설득력 있는 설명을 제공한다. 변증법 관점에서 양극의 핵심적 통합과 경계의 인위성을 중요하게 이해해야 한다.

참고문헌

Abel, E. L. (1981) Behavioral teratology of alcohol. *Psychological Bulletin, 90,* 564-581.

Abel, E. L. (1982). Consumption of alcohol during pregnancy: A review of effects on growth and development of offspring. *Human Biology, 54*, 421-453.

Adam, K. S., Bouckoms, A., & Scarr, G. (1980). Attempted suicide in Christchurch: A controlled study. *Australian and New Zealand Journal of Psychiatry, 14*, 305-314.

Adler, G. (1985). *Borderline psychopathology and its treatment*. New York: Aronson.

Adler, G. (1989). Psychodynamic therapies in borderline personality disorder. In A. Tasman, R. E. Hales, & A. J. Frances (Eds.), *Review of psychiatry* (vol. 8, pp. 49-64). Washington, DC: American Psychiatric Press.

Aitken, R. (1987). The middle way. *Parabola, 12*(9), 40-43.

Akhtar, S., Byme, J. P., & Doghramji, K. (1986). The demographic profile of borderline personality disorder. *Journal of Clinical Psychiatry, 47*, 196-198.

Akiskal, H. S. (1981). Subaffective disorders: Dysthymic, cyclothymic and bipolar II disorders in the "borderline" realm. *Psychiatric Clinics of North America, 4*, 25-46.

Akiskal, H. S. (1983). Dysthymic disorder: Psychopathology and proposed chronic depressive subtypes. *American Journal of Psychiatry, 140*, 11-20.

Akiskal, H. S., Chen, S. E., Davis, G. C., Pusantian, V. R., Kashgariam, M., & Bolinger, J. M. (1985a). Borderline: An adjective in search of a noun. *Journal of Clinical Psychiatry, 46*, 41-48.

Akiskal, H. S., Yerevanian, B. I., Davis, G. C., King, D., & Lemmi, H. (1985b). The nosologic status of borderline personality: Clinical and polysomnograph study. *American Journal of Psychiatry, 142*, 192-198.

American Psychiatric Association. (1987). *Diagnostic and statistical manual of mental disorders* (3rd ed., rev.). Washington, DC: Author.

American Psychiatric Association. (1991). *DSM-IV options book: Work in progress*. Washington, DC: Author.

Andrulonis, P. A., Glueck, B. C., Stroebel, C. F., Vogel, N. G., Shapiro, A. L., & Aldridge, D. M. (1987). Organic brain dysfunction and the borderline syndrome. *Psychiatric Clinics of North America, 4*, 47-66.

Amkoff, D. B. (1983). Common and specific factors in cognitive therapy. In M. J. Lambert (Ed.), *Psychotherapy and patient relationships* (pp. 85-125). Homewood, IL: Dorsey Press.

Arnold, M. B. (1960). *Emotion and personality* (2 vols.). New York: Columbia University Press.

Arnold, M. B. (1970). Brain function in emotion: A phenomenological analysis. In P. Black (Ed.), *Physiological coorelates of emotion* (pp. 261-285). New York: Academic Press.

Averill, J. R. (1968). Grief: Its nature and significance. *Psychological Bulletin, 70*, 721-748.

Bahrick, H. P., Fitts, P. M., & Rankin, R. E. (1952). Effect of incentives upon reactions to peripheral stimuli. *Journal of Experimental Psychology, 44*, 400-406.

Bancroft, J., & Marsack, P. (1977). The repetitiveness of self-poisoning and self-injury. *British Journal of Psychiatry, 131*, 394-399.

Bandura, A. (1973). *Aggression: A social learning analysis*. Englewood Cliffs, NJ: Prentice-Hall.

Barker, P. (1985). *Using metaphors in psychotherapy*. New York: Brunner/Mazel.

Barley, W. D., Buie, S. E., Peterson, E. W., Hollingsworth, A. S., Griva, M., Hickerson, S. C., Lawson, J. E., & Bailey, B. J. (1993). Development of an inpatient cognitive-behavioral treatment program for borderline personality disorder. *Journal of Personality Disorders*, 7(3), 232-240.

Barlow, D. H. (1988). *Anxiety and its disorders: The nature and treatment of anxiety and panic*. New York: Guilford Press.

Baron, M., Gruen, R. Asnis, L. & Lord, S. (1985). Familial transmission of schizotypal and borderline personality disorders. *American Journal of Psychiatry, 142*, 927-933.

Basseches, M. (1984). *Dialectical thinking and adult development*. Norwood, NJ: Ablex.

Baumeister, R. F. (1987). How the self became a problem: A psychological review of historical research. *Journal of Personality and Social Psychology, 52*, 163-176.

Beck, A. T. (1976). *Cognitive therapy and the emotional disorders*. New York: International Universities Press.

Beck, A. T., Brown, G., & Steer, R. A. (1989). Prediction of eventual suicide in psychiatric inpatients by clinical ratings of hopelessness. *Journal of Consulting and Clinical Psychology, 57*, 309-310.

Beck, A. T., Brown, G., Steer, R. A., Eidelson, J. I., & Riskind, J. H. (1987). Differentiating anxiety and depression: A test of the cognitive content-specificity hypothesis. *Journal of Abnormal Psychology, 96*, 179-183.

Beck, A. T., Davis, J. H., Frederick, C. J., Perlin, S., Pokomy, A. D., Schulman, R. E., Seiden,

R. H., & Wittlin, B. J. (1973). Classification and nomenclature. In H. L. P. Resnick & B. C. Hawthorne (Eds.), *Suicide prevention in the 70's* (pp. 7-12). Rockville, MD: Center for Studies of Suicide Prevention, National Institute of Mental Health.

Beck, A. T., Freeman, A., & Associates. (1990). *Cognitive therapy of personality disorders*. New York: Guilford Press.

Beck, A. T., Rush, A. J., Shaw, B. F., & Emery, G. (1979). *Cognitive therapy of depression*. New York: Guilford Press.

Beck, A. T., Steer, R. A., Kovacs, M., & Garrison, B. (1985). Hopelessness and eventual suicide: A ten year prospective study of patients hospitalized with suicidal ideation. *Journal of Personality and Social Psychology, 142*, 559-563.

Benjamin, L. S. (1993). *Interpersonal diagnosis and treatment of the DSM personality disorders*. New York: Guilford Press.

Berent, I. (1981). *The algebra of suicide*. New York: Human Sciences Press.

Berg, A. B., & Sternberg, R. J. (1985). A triarchic theory of intellectual development during adulthood. *Developmental Review, 5*, 334-370.

Berkowitz, L. (1983). Aversively stimulated aggression: Some parallels and differences in research with animals and humans. *American Psychologist, 38*, 1135-1144.

Berkowitz, L. (1989). Frustration-aggression hypothesis: Examination and reformation. *Psychological Bulletin, 106*, 59-73.

Berkowitz, L. (1990). On the formation and regulation of anger and aggression: A cognitive-neoassociationistic analysis. *American Psychologist, 45*, 494-503.

Berman, A. L., & Jobes, D. A. (1992). *Adolescent suicide: Assessment and intervention*. Washington, DC: American Psychological Association.

Beutler, L. E., Engle, D., Oro'-Beutler, M. E., Daldrup, R., & Meredith, K. (1986). Inability to express intense affect: A common link between depression and pain? *Journal of Consulting and Clinical Psychology, 54*, 752-759.

Bogard, H. M. (1970). Follow-up study of suicidal patients seen on emergency room consultation. *American Journal of Psychiatry, 126*, 1017-1020.

Bongar, B. (1991). *The suicidal patient: Clinical and legal standards of care*. Washington, DC: American Psychological Association.

Bower, G. H. (1981). Mood and memory. *American Psychologist, 36*, 129-148.

Brasted, W. S., & Callahan, E. J. (1984). A behavioral analysis of the grief process. *Behavior Therapy, 15*, 529-543.

Briere, J. (1988). The long-term clinical correlates of childhood sexual victimization. In R. A.

Prentky & V. L. Quinsey (Eds.), *Human sexual aggression: Current perspectives* (pp. 327-334). New York: New York Academy of Sciences.

Briere, J. (1989). *Therapy for adults molested as children*. New York: Springer.

Briere, J., & Runtz, M. (1986). Suicidal thoughts and behaviours in former sexual abuse victims. *Canadian Journal of Behavioural Science, 18*, 413-423.

Bryer, J. B , Nelson, B. A., Miller, J. B., & Krol, P. A. (1987). Childhood sexual and physical abuse as factors in adult psychiatric illness. *American Journal of Psychiatry, 144*, 1426-1430.

Buck, R. (1984). The evolution of emotion communication. In R. A. Baron & J. Rodin (Eds.), *The communication of emotion* (pp. 29-67). New York: Guilford Press.

Bursill, A. E. (1958). The restriction of peripheral vision during exposure to hot and humid conditions. *Quarterly Journal of Experimental Psychology, 10*, 123-129.

Callahan, E. J., Brasted, W. S., & Granados, J. L. (1983). Fetal loss and sudden infant death: Grieving and adjustment for families. In E. J. Callahan & K. A. McCluskey (Eds.), *Life-span developmental psychology: Nonnormative life events* (pp. 145-166). New York: Academic Press.

Callahan, E. J., & Burnette, M. M. (1989). Intervention for pathological grieving. *The Behavior Therapist, 12*, 153-157.

Callaway, E., Ill, & Stone, G. (1960). Re-evaluating focus of attention. In L. Uhr & J. G. Miller (Eds.), *Drugs and behavior* (pp. 393-398). New York: Wiley.

Cannon, S. B. (1983). A clarification of the components and the procedural characteristics of overcorrection. *Educational and Psychological Research, 3*, 11-18.

Carpenter, W. T., Gunderson, J. G., & Strauss, J. S. (1977). Considerations of the borderline syndrome: A longitudinal comparative study of borderline and schizophrenic patients. In P. Hartcollis (Ed.), *Borderline personality disorder: The concept, the syndrome, the patient* (pp. 231-253). New York: International Universities Press.

Carrol, J. F. X., & White, W. L. (1981). Theory building: Integrating individual and environmental factors within an ecological framework. In W.S. Paine (Ed.), *Job stress and burnout*. Beverly Hills, CA: Sage.

Chamberlain, P., Patterson, G., Reid, J., Kavanagh, K., & Forgatch, M. (1984). Observation of client resistance. *Behavior Therapy, 15*, 144-155.

Chatham, P. M. (1985). *Treatment of the borderline personality*. New York: Jason Aronson.

Cherniss, C. (1980). *Staff burnout: Job stress in the human services*. Beverly Hills, CA: Sage.

Chess, S., & Thomas, A. (1986). *Temperament in clinical practice*. New York: Guilford Press.

Cialdini, R. B., Vincent, J. E., Lewis, S. K., Catalan, J., Wheeler, D., & Darby, B. L. (1975).

Reciprocal concessions procedure for inducing compliance: The door-in-the-face technique. *Journal of Personality and Social Psychology, 31,* 206-215.

Clarkin, J. F., Hurt, S. W., & Hull, J. W. (1991). Subclassification of borderline personality disorder: A cluster solution. Unpublished manuscript. New York Hospital-Cornell Medical Center. Westchester, NY.

Clarkin, J. F., Marziali, E., & Munroe-Blum, H. (1991). Group and family treatments for borderline personality disorder. *Hospital and Community Psychiatry, 42*, 1038-1043.

Clarkin, J. F., Widiger, T. A., Frances, A., Hurt, S. W., & Gilmore, M. (1983). Prototypic typology and the borderline personality disorder. *Journal of Abnormal Psychology, 92*, 263-275.

Cornelius, J. R., Soloff, P. H., George, A. W. A., Schulz, S. C., Tarter, R., Brenner, R. P., & Schulz, P. M. (1989). An evaluation of the significance of selected neuropsychiatric abnormalities in the etiology of borderline personality disorder. *Journal of Personality Disorders, 3*, 19-25.

Cornsweet, D. J. (1969). Use of cues in the visual periphery under conditions of arousal. *Journal of Experimental Psychology, 80*, 14-18.

Costa, P. T., Jr., & McCrea, R. R. (1986). Personality stability and its implications for clinical psychology. *Clinical Psychology Review, 6*, 407-423.

Cowdry, R. W., & Gardner, D. L. (1988). Pharmacotherapy of borderline personality disorder: Alprazolam, carbamazepine, trifluoperazine, and tranylcypromine. *Archives of General Psychiatry, 45*, 111-119.

Cowdry, R. W., Pickar, D., & Davies, R. (1985). Symptoms and EEG findings in the borderline syndrome. *International Journal of Psychiatry in Medicine, 15*, 201-211.

Crook, T., Raskin, A., & Davis, D. (1975). Factors associated with attempted suicide among hospitalized depressed patients. *Psychological Medicine, 5*, 381-388.

Dahl, A. A. (1990, November). *The personality disorders: A critical review of family, twin, and adoption studies*. Paper presented at the NIMH Personality Disorders Conference, Williamsburg, VA.

Davids, A., & Devault, S. (1962). Maternal anxiety during pregnancy and childbirth abnormalities. *Psychosomatic Medicine, 24*, 464-470.

Deikamn, A. J. (1982). *The observing self: Mysticism and psychotherapy*. Boston: Beacon Press.

Dennenburg, V. H. (1981). Hemispheric laterality in animals and the effects of early experience. *Behavioral and Brain Sciences, 4*, 1-49.

Derlega, V. J., & Berg, J. H. (1987). *Self-disclosure: Theory, research and therapy*. New York: Plenum Press.

Derryberry, D. (1987). Incentive and feedback effects on target detection: A chronometric analysis of Gray's model of temperament. *Personality and Individual Differences, 6*, 855-866.

Derryberry, D., & Rothbart, M. K. (1984). Emotion, attention, and temperament. In C. E. Izard, J. Kagan, & R. B. Zajonc (Eds.), *Emotions, cognition, and behavior* (pp. 132-166). Cambridge, England: Cambridge University Press.

Derryberry, D., & Rothbart, M. K. (1988). Arousal, affect, and attention as components of temperament. *Journal of personality and Social Psychology, 55*, 958-966.

Deutsch, H. (1942). Some forms of emotional disturbance and their relationship to schizophrenia. *Psychoanalytic Quarterly, 11*, 301-321.

Diener, C. I., & Dweck, C. S. (1978). Analysis of learned helplessness: Continuous changes in performance, strategy, and achievement cognitions following failure. *Journal of Personality and Social Psychology, 36*, 451-462.

Duclos, S. E., Laird, J. D., Schneider, E., Sexter, M., Stern, L., & Van Lighten, O. (1989). Emotion-specific effects of facial expressions and postures on emotional experience. *Journal of Personality and Social Psychology, 57*, 100-108.

Duncan, J., & Laird, J. D. (1977). Cross-modality consistencies in individual differences in self-attribution. *Journal of Personality, 45*, 191-196.

Dweck, C. S., & Bush, E. S. (1976). Sex differences in learned helplessness: I. Differential deliberation with peer and adult evaluations. *Developmental Psychology, 12*, 147-156.

Dweck, C. S., Davidson W., Nelson, S., & Emde, B. (1978). Sex differences in learned helplessness: II. The contingencies of evaluative feedback in the classroom and III. An experimental analysis. *Developmental Psychology, 14*, 268-276.

Easser, R., & Less, S. (1965). Hysterical personality: A reevaluation. *Psychoanalytic Quarterly, 34*, 390-402.

Easterbrook, J. A. (1959). The effect of emotion on cue utilization and the organization of behavior. *Psychological Review, 66*, 183-201.

Edwall, G. E., Hoffman, N. G., & Harrison, P. A. (1989). Psychological correlates of sexual abuse in adolescent girls in chemical dependency treatment. *Adolescence, 24*, 279-288.

Efran, J., Chorney, R. L., Ascher, L. M., & Lukens, M. D. (1981), April. *The performance of monitors and blunters during painful stimulation*. Paper presented at the meeting of the Eastern Psychological Association, New York.

Ekman, P., Friesen, W. V., & Ellsworth, P. (1972). *Emotion in the human face: Guidelines for research and an integration of findings*. New York: Pergamon Press.

Ekman, P., Friesen, W. V., O'Sullivan, M., Chan, A., Diacoyanni-Tarlatzis, I., Heider, K., Krause, R., LeCompte, W. A., Pitcairn, T., Ricci-Bitti, P. E., Scherer, K., Tomita, M., & Tzavaras, A.

(1987). Personality processes and individual differences: Universals and cultural differences in the judgments of facial expressions of emotion. *Journal of Personality and Social Psychology, 53*, 712-717.

Ekman, P., Levenson, R., & Friesen, W. V. (1983). Autonomic nervous system activity distinguishes among emotions. *Science, 221*, 1208-1210.

Ekstein, R. (1955). Vicissitudes of the "internal image" in the recovery of a borderline schizophrenic adolescent. *Bulletin of the Menninger Clinic, 19*, 86-92.

Ellis, A. (1962). *Reason and emotion in psychotherapy*. New York: Lyle Stuart.

Evenson, R. C., Wook, J. B., Nuttall, E. A., & Cho, D. W. (1982). Suicide rates among public mental health patients. *Acta Psychiatrica Scandinavica, 66*, 254-264.

Eysenck, H. J. (1967). *The biological basis of personality*. Springfield, IL: Charles C. Thomas.

Eysenck, H. J. (1968). A theory of the incubation of anxiety/fear responses. *Behaviour Research and Therapy, 6*, 309-321.

Fiedler, K. (1988). Emotional mood, cognitive style, and behavior regulation. In D. Fiedler & J. Forgas (Eds.), *Affect, cognition, and social behavior* (pp. 100-119). Toronto: Hogrefe.

Finkelhor, D. (1979). *Sexually victimized children*. New York. Free Press.

Firestone, S. (1970). *The dialectic of sex: The case for feminist revolution*. New York: Bantam Books.

Firth, S. T., Blouin, J., Natarajan, C., & Blouin, A. (1986). A comparison of the manifest content in dreams of suicidal, depressed and violent patients. *Canadian Journal of Psychiatry, 31*, 48-53.

Flaherty, J., & Richman, J. (1989). Gender differences in the perception and utilization of social support: Theoretical perspectives and an empirical test. *Social Science and Medicine, 28*, 1221-1228.

Foa, E. B., & Kozak, M. J. (1986). Emotional processing of fear: Exposure to corrective information. *Psychological Bulletin, 99*, 20-35.

Foa, E. B., Steketee, G., & Grayson, J. B. (1985). Imaginal and in vivo exposure: A comparison with obsessive-compulsive checkers. *Behavior Therapy, 16*, 292-302.

Frances, A. (1988). In (Chair), *Alternative models and treatments of patients with borderline personality disorder*. Symposium conducted at the meeting of the Society for the Exploration for Psychotherapy Integration, Boston.

Frank, J. D. (1973). *Persuasion and healing: A comparative study of psychotherapy*. Baltimore: Johns Hopkins University Press.

Freedman, J. L., & Fraser, S. C. (1966). Compliance without pressure: The foot-in-the-door technique. *Journal of Personality and Social Psychology, 4*, 195-202.

Frijda, N. H., Kuipers, P., & Schure, E. (1989). Relations among emotion, appraisal, and emotional action readiness. *Journal of Personality and Social Psychology, 57*, 212-228.

Garber, J., & Dodge, K. A. (1991). *The development of emotion regulation and dysregulation*. Cambridge, England: Cambridge University Press.

Gardner, D. L., & Cowdry, R. W. (1986). Alprazolam-induced dyscontrol in borderline personality disorder. *American Journal of Psychiatry, 143*, 519-522.

Gardner, D. L., & Cowdry, R. W. (1988). *Anticonvulsants in personality disorders*. Clifton, NJ: Oxford Health Care.

Gauthier, J., & Marshall, W. (1977). Grief: A cognitive-behavioral analysis. *Cognitive Therapy and Research, 1*, 39-44.

Gilligan, C. (1982). *In a different voice: Psychological theory and women's development*. Cambridge, MA: Harvard University Press.

Gilligan, S. G., & Bower, G. H. (1984). Cognitive consequences of emotional arousal. In C. E. Izard, J. Kagan, & R. B. Zajonc (Eds.), *Emotions, cognition, and behavior* (pp. 547-588). Cambridge, England: Cambridge University Press.

Goldberg, C. (1980). The utilization and limitations of paradoxical intervention in group psychotherapy. *International Journal of Group Psychotherapy, 30*, 287-297.

Goldfried, M. R., & Davidson, G. C. (1976). *Clinical behavior therapy*. New York: Holt, Rineholt & Winston.

Goldfried, M. R., Linehan, M. M., & Smith, J. L. (1978). The reduction of test anxiety through cognitive restructuring. *Journal of Consulting and Clinical Psychology, 46*, 32-39.

Goldman, M. (1986). Compliance employing a combined foot-in-the-door and door-in-the-face procedure. *Journal of Social Psychology, 126*, 111-116.

Goodstein, J. (1982). *Cognitive characteristics of suicide attempters*. Unpublished doctoral dissertation. The Catholic University of America.

Goodyer, I. M.. Kolvin, I., & Gatzanis, S. (1986). Do age and sex influence the association between recent life events and psychiatric disorders in children and adolescents? A controlled enquiry. *Journal of Child Psychology and Psychiatry, 27*, 681-687.

Gottman, J. M., & Katz, L. F. (1990). Effects of marital discord on young children's peer interaction and health. *Developmental Psychology, 25*, 373-381.

Gottman, J. M., & Levenson, R. W. (1986). Assessing the role of emotion in marriage. *Behavioral Assessment, 8*, 31-48.

Green, S. A., Goldberg, R. L., Goldstein, D. M., & Liebenluft, E. (1988). *Limit setting in clinical practice*. Washington, DC: American Psychiatric Press.

Greenberg, L. S. (1983). Psychotherapy process research. In C. E. Walker (Ed.), *Handbook of clinical psychology*. Homewood, IL: Dow Jones-Irwin.

Greenberg, L. S., & Safran, J. D. (1987). *Emotion in psychotherapy*. New York: Guilford Press.

Greenberg, L. S., & Safran, J. D. (1989). Emotion in psychotherapy. *American Psychologist, 44*, 19-29.

Greenough, W. T. (1977). Experimental modification of the developing brain. In I. L. Janis (Ed.), *Current trends in psychology* (pp. 82-90). Los Altos, CA: William Kaufmann.

Greenwald, A. G. (1992). New Look 3: Unconscious cognition reclaimed. *American Psychologist, 92*, 766-779.

Greer, S., & Gunn, J. C., & Koller, K. M. (1966). A etiological factors in attempted suicide. *British Medical Journal, ii*, 1352-1355.

Greer, S., & Lee, H. A. (1967). Subsequent progress of potentially lethal attempted suicides. *Acta Psychiatrica Scandinavica, 40*, 361-371.

Grinker, R. R., Werble, B., & Drye, R. (1968). *The borderline syndrome: A behavioral study of ego functions*. New York: Basic Books.

Grotstein, J. S. (1987). The borderline as a disorder of self-regulation. In J. S. Grotstein, M. F. Solomon, & J. A. Lang (Eds.), *The borderline patient: Emerging concepts in diagnosis, psychodynamics, and treatment* (pp. 347-384). Hillsdale, NJ: The Analytic Press.

Gunderson, J. G. (1984). *Borderline personality disorder*. Washington DC: American Psychiatric Press.

Gunderson, J. G., & Elliott, G. R. (1985). The interface between borderline personality disorder and affective disorder. *American Journal of Psychiatry, 142*, 277-288.

Gunderson, J. G., & Kolb, J. E. (1978). Discriminating features of borderline patients. *American Journal of Psychiatry, 135*, 792-796.

Gunderson, J. G., Kolb, J. E., & Austin, Y. (1981). The Diagnostic Interview for Borderline Patients. *Journal of Personality and Social Psychology, 138*, 896-903.

Gunderson, J. G., & Zanarini, M. C. (1989). Pathogenesis of borderiine personality. In A. Tasman, R. E. Hales, & A. J. Frances (Eds.), *Review of psychiatry* (Vol. 8, pp. 25-48). Washington, DC: American Psychiatric Press.

Guralnik, D. B. (Ed.). (1980). *Webster's new world dictionary of the American language* (2nd college ed.). Cleveland, OH: William Collins.

Hall, S. M., Havassy, B. E., & Wasserman, D. A. (1990). Commitment to abstinence and acute stress in relapse to alcohol, opiates, and nicotine. *Journal of Consulting and Clinical Psychology, 58*, 175-181.

Hankoff, L. D. (1979). Situational categories. In L. D. Hankoff & B. Einsidler (Eds.), *Suicide: Theory and clinical aspects* (pp. 235-249). Littieton, MA: PSG.

Hayes, S. C. (1987). A contextual approach to therapeutic change. In N. S. Jacobson (Ed.), *Psychotherapists in clinical practice: Cognitive and behavioral perspectives*. New York: Guilford Press.

Hayes, S. C., Kohlenberg, B. S., & Melancon, S. M. (1989). Avoiding and altering rule-control as a strategy of clinical intervention. In S. C. Hayes (Ed.), *Rule-governed behavior: Cognition, contingencies, and instructional control* (pp. 359-385). New York: Plenum Press.

Heard, H. L., & Linehan, M. M. (in press). Problems of self and borderline personality disorder. In Z. V. Segal & S. J. Blatt (Eds.), *Cognitive and psychodynamic perspectives*. New York: Guilford Press.

Hellman, I. D., Morrison, T. L., & Abramowitz, S. I. (1986). The stresses of psychotherapeutic work: A replication and extension. *Psychological Medicine, 42*, 197-205.

Herman, J. L. (1986). Histories of violence in an outpatient population. *American Journal of Orthopsychiatry, 56*, 137-141.

Herman, J. L. (1992). *Trauma and recovery: The aftermath of violence-from domestic abuse to political terror*. New York: Basic Books.

Herman, J. L., & Hirschman, L. (1981). Families at risk for father-daughter incest. *American Journal of Psychiatry, 138*, 967-970.

Herman, J. L., Perry, J. C., & van der Kolk, B. A. (1989). Childhood trauma in borderline personality disorder. *American Journal of Psychiatry, 146*, 490-495.

Hoffman, L. W. (1972). Early childhood experiences and women's achievement motives. *Journal of Social Issues, 28*, 129-156.

Hooley, J. M. (1986). Expressed emotion and depression: Interactions between patients and high-versus low-expressed-emotion spouses. *Journal of Abnormal Psychology, 95*, 237-246.

Horowitz, M. J. (1986). Stress-response syndromes: A review of posttraumatic and adjustment disorders. *Hospital and Community Psychiatry, 37*, 241-249.

Howard, J. (1989). Cocaine and its effects on the newborn. *Developmental Medicine and Child Neurology, 31*, 255-257.

Howard, J. A. (1984). Societal influences of attribution: Blaming some victims more than others. *Journal of Personality and Social Psychology, 47*, 494-505.

Howe, E. S., & Loftus, T. C. (1992). Integration of intention and outcome information by students and circuit court judges: Design economy and individual differences. *Journal of Applied Social Psychology, 22*, 102-116.

Hurt, S. W., Clarkin, J. F., Monroe-Blum, H., & Marziali, E. A. (1992). Borderline behavior clusters and different treatment approaches. In J. F. Clarkin, E. A. Marziali, & H. Monroe-Blum (Eds.), *Borderline personality disorder: clinical and empirical perspectives* (pp. 199-219). New York: Guilford Press.

Hurt, S. W., Clarkin, J. F., Widiger, T. A., Fyer, M. R., Sullivan, T., Stone, M. H., & Frances, A. (1990). Evaluation of DSM-III decision rules for case detection using joint conditional probability structures. *Journal of Personality Disorders, 4*, 121-130.

Hyler, S. E., Reider, R. O., Williams, J. B., Spitzer, R. L., Hendler, J., & Lyons, M. (1987). *Personality Diagnostic Questionnaire-Revised (PDO-R)*. New York: New York State Psychiatric Institute.

Ingram, R. E. (1989). Affective confounds in social-cognitive research. *Journal of Personality and Social Psychology, 57*, 715-722.

Isen, A. M., Daubman, K. A., & Nowicki, G. P. (1987). Positive affect facilitates creative problem solving. *Journal of Personality and Social Psychology, 52*, 1122-1131.

Isen, A. M., Johnson, M., Mertz, E., & Robins, G. (1985). Positive affect and the uniqueness of word association. *Journal of Personality and Social Psychology, 48*, 1413-1426.

Izard, C. E. (1977). *Human emotions*. New York: Plenum Press.

Izard, C. E., Kagan, J., & Zajonc, R. B. (Eds.). (1984). *Emotions, cognition, and behavior*. Cambridge, England: Cambridge University Press.

Izard, C. E., & Kobak, R. R. (1991). Emotions systems functioning and emotion regulation. In J. Garber & K. A. Dodge (Eds.), *The development of emotion regulation and dysregulation* (pp. 303-322). Cambridge, England: Cambridge University Press.

Jacobson, A., & Herald, C. (1990). The relevance of childhood sexual abuse to adult psychiatric inpatient care. *Hospital and Community Psychiatry, 41*, 154-158.

Jacobson, N. S. (1992). Behavioral couple therapy: A new beginning. *Behavior Therapy, 23*, 493-506.

Janoff-Bulman, R. (1985). The aftermath of victimization: Rebuilding shattered assumptions. In C. R. Figley (Ed.), *Trauma and its wake: The study and treatment of post-traumatic stress disorder* (pp. 15-35). New York: Brunner/Mazel.

The Jerusalem Bible. (1966). (A. Jones, Ed.). Garden City, NY: Doubleday.

Johnson, P. (1976). Women and power: Toward a theory of effectiveness. *Journal of Social Issues, 32*, 99-109.

Kanter, J. S. (1988). Clinical issues in the case management relationship. In M. Harris & L. L. Bachrach (Series Eds.) and H. R. Lamb (Vol. Ed.), *Clinical case management: No. 40. New directions for mental health services* (pp. 15–27). San Francisco: Jossey-Bass.

Kastenbaum, R. J. (1969). Death and bereavement in later life. In A. H. Kutscher (Ed.), *Death and bereavement* (pp. 28–54). Springfield, IL: Charles C Thomas.

Keele, S. W., & Hawkins, H. H. (1982). Explorations of individual differences relevant to high level skill. *Journal of Motor Behavior, 14*, 3–23.

Kegan, R. (1982). *The evolving self: Problem and process in human development*. Cambridge, MA: Harvard University Press.

Kemberg, O. F. (1975). *Borderline conditions and pathological narcissism*. New York: Aronson.

Kemberg, O. F. (1976). *Object-relations theory and clinical psychoanalysis*. New York: Aronson.

Kemberg, O. F. (1984). *Severe personality disorders: Psychotherapeutic strategies*. New Haven, CT: Yale University Press.

Klein, D. F. (1977). Psychopharmacological treatment & delineation of borderline disorders. In P. Hartocollis (Ed.), *Borderline personality disorder: the concept, the syndrome, the patient* (pp. 365–383). New York: International Universities Press.

Knight, R. P. (1954). Management and psychotherapy of the borderline schizophrenic patient. In R. P. Knight & C. R. Friedman (Eds.), *Psychoanalytic psychiatry and psychology* (pp. 110–122). New York: International Universities Press.

Knussen, C., & Cunningham, C. C. (1988). Stress, disability and handicap. In S. Fisher & J. Reason (Eds.), *Handbook of life, stress, condition and health* (pp. 335–350). New York: Wiley.

Koenigsberg, H. W., Clarkin, J., Kernberg, O. F, Yeomans, F., & Gutfreund, J. (1993). Some measures of process and outcome in the psychodynamic psychotherapy of borderline patients. In *The Integration of Research and Psychoanalytic Practice: The Proceedings of the IPA First International Conference on Research*.

Kohlenberg, R. J., & Tsai, M. (1991). *Functional analytic psychotherapy: Creating intense and curative therapeutic relationships*. New York: Plenum Press.

Kohut, H. (1977). *The restoration of the self*. New York: International Universities Press.

Kohut, H. (1984). *How does analysis cure?* Chicago: University of Chicago Press.

Kopp, S. B. (1971). *Metaphors from a psychotherapist guru*. Palo Alto, CA: Science & Behavior books.

Kreitman, N. (1977). *Parasuicide*. Chichester, England: Wiley.

Kroll, J. L., Carey, K. S., & Sines, L. K. (1985). Twenty-year follow-up of borderline personality disorder: A pilot study. In C. Stragass (Ed.), *IV World Congress of Biological Psychiatry*. New York: Elsevier.

Kuhn, T. S. (1970). *The structure of scientific revolutions* (2nd ed.). Chicago: University of

Chicago Press.

Kyokai, B. D. (1966). *The teachings of Buddha.* Tokyo: Author.

Laird, J. D. (1974). Self-attribution of emotion: The effects of expressive behavior on the quality of emotional experience. *Journal of Personality and Social Psychology, 29*, 475-486.

Laird, J. D., Wagener, J. J., Halal, M., & Szegda, M. (1982). Remembering what you feel: The effects of emotion on memory. *Journal of Personality and Social Psychology, 42*, 646-657.

Lamping, D. L., Molinaro, V., & Stevenson, G. W. (1985, March). *The effects of perceived control and coping style on cognitive appraisals during stressful medical procedures: A randomized, controlled trial.* Paper presented at the meeting of the Eastern Psychological Association, Boston.

Lang, P. J. (1984). Cognition in emotion: Concept and action. In C. E. Izard, J. Kagan, & R. B. Zajonc (Eds.), *Emotions, cognition, and behavior* (pp. 192-226). Cambridge, England: University Press.

Lanzetta, J. T., Cartwright-Smith, J., & Kleck, R. E. (1976). Effects on nonverbal dissimulation on emotional experience and automatic arousal. *Journal of Personality and Social Psychology, 39*, 1081-1087.

Lazarus, R. S. (1966). *Psychological stress and the coping process.* New York: McGraw-Hill.

Lazarus, R. S. (1991). Cognition and motivation in emotion. *American Psychologist, 46*, 352-367.

Lazarus, R. S., & Folkman, S. (1984). *Stress, coping and adaptation*. New York: Springer.

Leff, J. P., & Vaughn, C. (1985). *Expressed emotion in families: Its significance for mental illness.* New York: Guilford Press.

Leinbenluft, E., Gardner, D. L., & Cowdry, R. W. (1987). The inner experience of the borderline self-mutilator. *Journal of Personality Disorders, 1*, 317-324.

Levenson, M. (1972). *Cognitive and perceptual factors in suicidal individuals*. Unpublished doctoral dissertation. University of Kansas.

Levenson, M., & Neuringer, C. (1971). Problem-solving behavior in suicidal adolescents. *Journal of Consulting and Clinical Psychology, 37*, 433-436.

Leventhal, H. & Tomarken, A. J. (1986). Emotion: Today's problems. *Annual Review of Psychology, 37*, 565-610.

Levins, R., & Lewontin, R. (1985). *The dialectical biologist*. Cambridge, MA: Harvard University Press.

Levis, D. J. (1980). Implementing the technique of implosive therapy. In A. Goldstein & E. B. Foa (Eds.), *Handbook of behavioral interventions: A clinical guide* (pp. 92-151). New York: Wiley.

Lewis, M., Wolan-Sullivan, M., & Michalson, L. (1984). The cognitive-emotional fugue. In C. E. Izard, J. Kagen, & R. B. Zajonc (Eds.), *Emotions, cognitions, and behavior* (pp. 264-288). Cambridge, England: Cambridge University Press.

Linehan, M. M. (1979). A structured cognitive-behavioral treatment of assertion problems. In P. C. Kendall & S. D. Hollon (Eds.), *Cognitive-behavioral interventions: Theory, research and procedures* (pp. 205-240). New York: Academic Press.

Linehan, M. M. (1981). A social-behavioral analysis of suicide and parasuicide: Implications for clinical assessment and treatment. In H. Glaezer & J. F. Clarkin (Eds.), *Depression: Behavioral and directive intervention strategies* (pp. 29-294). New York: Garland.

Linehan, M. M. (1986). Suicidal people: One population or two? In J. J. Mann & M. Stanley (Eds.), *Psychobiology of suicidal behavior* (pp. 16-33). New York: New York Academy of Sciences.

Linehan, M. M. (1988). Perspectives on the interpersonal relationship in behavior therapy. *Journal of Integrative and Eclectic Psychotherapy, 7*, 278-290.

Linehan, M. M. (1989). Cognitive and behavior therapy for borderline personality disorder. In A. Tasman, R. E. Hales, & A. J. Frances (Eds.), *Review of psychiatry* (Vol. 8, pp. 84-102). Washington, DC: American Psychiatric Press.

Linehan, M. M., Armstrong, H. E., Suarez, A., Allmon, D., & Heard, H. L. (1991). Cognitive-behavioral treatment of chronically parasuicidal borderline patients. *Archives of General Psychiatry, 48*, 1060-1064.

Linehan, M. M., Camper, P., Chiles, J. A., Strosahl, K., & Shearin, E. (1987). Interpersonal problem solving and parasuicide. *Cognitive Therapy and Research, 11*, 1-12.

Linehan, M. M., & Egan, K. (1979). Assertion training for women. In A. S. Belleck & M. Hersen (Eds.), *Research and practice in social skills training* (pp. 237-271). New York: Plenum Press.

Linehan, M. M., Goldfried, M. R., & Goldfried, A. P. (1979). Assertation therapy: Skill training or cognitive restmauring. *Behavior Therapy, 10*, 372-388.

Linehan, M. M., & Heard, H. L. (1993). Impact of treatment accessibility on clinical course of parasuicidal patients: In reply to R. E. Hoffman [Letter to the editor]. *Archives of General Psychiatry, 50*, 157-158.

Linehan, M. M., Heard, H. L., & Armstrong, H. E. (1993). Standard dialectical behavior therapy compared to psychotherapy in the community for chronically parasuicidal borderline patients. Unpublished manuscript. University of Washington, Seattle, WA.

Linehan, M. M., Heard, H. E., & Armstrong, H. E. (1993). Naturalistic follow-up of a behavioral treatment for chronically suicidal borderline patients. *Archives of General Psychiatry, 50*(12), 971-974.

Linehan, M. M., & Shearin, E. N. (1988). Lethal stress: A social-behavioral model of suicidal behavior. In S. Fisher & J. Reason (Eds.), *Handbook of life stress, cognition and health* (pp.265-285). New York: Wiley.

Linehan, M. M., Tutek, D., & Heard, H. L. (1992, November). Interpersonal and social treatment outcomes for borderline personality disorder. Poster presented at the annual meeting of the Association for the Advancement of Behavior Therapy, Boston, Mass.

Links, P. S., Steiner, M., & Huxley, G. (1988). The occurence of borderline personality disorder in the families of borderline patients. *Journal of Personality Disorders, 2*, 14-20.

Loranger, A. W., Oldham, J. M., & Tulis, E. H. (1982). Familial transmission of DSM-III borderline personality disorder. *Archives of General Psychiatry, 39*, 795-799.

Lumsden, E. (1991). *Possible role of impaired memory in the development and/or maintenance of borderline personality disorder.* Unpublished manuscript, University of North Carolina at Greensboro.

Lykes, M. G. (1985). Gender and individualistic vs. collectivist based for notions about the self. *Journal of Personality, 53*, 356-383.

Maccoby, R., & Jacklin, E. (1978). *The psychology of sex differences*. Stanford, CA: Stanford University Press.

Mackenzie-Keating, S. E., & McDonald, L. (1990). Overcortecrion: reviewed, revisited and revised. *The Behavior Analyst, 13*, 39-48.

MacLeod, C., Mathews, A., & Tata, P. (1986). Attentional bias in emotional disorders. *Journal of Abnormal Psychology, 95*, 15-20.

Maddison, D. C., & Viola, A. (1968). The health of widows in one year following bereavement. *Journal of Psychosomatic Research, 12*, 297-306.

Mahoney, M. J. (1991). *Human change processes: The scientific foundations of psychotherapy*. New York: Basic Books.

Main, T. F. (1957). The ailment. *British Journal of Medical Psychology, 30*, 129-145.

Malatesta, C. Z. (1990). The role of emotions in the development and organization of personality. In R. A. Thompson (Ed.), *Socioemotional development: Nebraska symposium on motivation, 1988* (pp. 1-56). Lincoln and London: University of Nebraska Press.

Malatesta, C. Z., & Haviland, J. M. (1982). Learning display rules: The socialization of emotion expression in infancy. *Child Development, 53*, 991-1003.

Malatesta, C. Z., & Izard, C. E. (1984). The ontogenesis of human social signals: From biological imperative to symbol utilization. In N. Fox & R. Davidson (Eds.), *The psychobiology of affective development* (pp. 161-206). Hillsdale, NJ: Erlbaum.

Mandler, G. (1975). *Mind and emotion*. New York: Wiley.

Manicas, P. T., & Secord, P. F. (1983). Implications for psychology of the new philosophy of science. *American Psychologist, 38*, 399-413.

Maris, R. W. (1981). *Pathways to suicide: A survey of self-destructive behaviors*. Baltimore: Johns Hopkins University Press.

Maris, R. W., Berman, A. L., Maltsberger, J. T., & Yufit, R. I. (Eds.). (1992). *Assessment and prediction of suicide*. New York: Guilford Press.

Marlatt, G. A., & Gordon, J. R. (Eds.). (1985). *Relapse prevention: Maintenance strategies in the treatment of addictive behaviors*. New York: Guilford Press.

Martin, G., & Pear, J. (1992). *Behavior modification: What it is and how to do it* (4th ed.). *Part III. Basic behavioral principles and procedures.* Englewood Cliffs, NJ: Prentice-Hall.

Marx, K., & Engels, F. (1970). *Selected works* (Vol. 3). New York: International.

Marziali, E. A. (1984). Prediction of outcome of brief psychotherapy from therapist interpretive interventions. *Archives of General Psychiatry, 41*, 301-304.

Marziali, E. A., & Munroe-Blum, H. (1987). A group approach: The management of projective identification in group treatment of self-destruaive borderline patients. *Journal of Personality Disorders, 1*, 340-343.

Masters, J. C., Burish, T. G., Hollon, S. D., & Rimm, D. C. (1987). *Behavior therapy: Techniques and empirical findings* (3rd ed.). New York: Harcourt Brace Jovanovich.

Masterson, J. F. (1972). *Treatment of the borderline adolescent*. New York, Wiley.

Masterson, J. F. (1976). *Psychotherapy of the borderline adult: A developmental approach*. New York: Brunner/Mazel.

May, G. (1982). *Will and spirit*. San Francisco: Harper & Row.

McGlashen, T. H. (1983). The borderline syndrome: II. Is it a varient of schizophrenia or affective disorder? *Archives of General Psychiatry, 40*, 1319-1323.

McGlashen, T. H. (1986a). The Chestnut Lodge follow-up study: III. Long-term outcome of borderline personalities. *Archives of General Psychiatry, 43*, 20-30.

McGlashen, T. H. (1986b). Schizotypal personality disorder: Chestnut Lodge follow-up study, VI: Long-term follow-up perspectives. *Archives of General Psychiatry, 43*, 329-334.

McGlashen, T. H. (1987). Borderline personality disorder and unipolar affective disorder. *Journal of Nervous and Mental Disease, 175*, 467-473.

McGuire, W. J., & McGuire, C. V. (1982). Significant others in self-space: Sex differences and developmental trends in the social self. In J. Suls (Ed.), *Psychological perspectives on the self* (pp.71-96). Hillsdale, NJ: Erlbaum.

McNamara, H., & Fisch, R. (1964). Effect of high and low motivation on two aspects of attention. *Perceptual and Motor Skills, 19*, 571-578.

Meichenbaum, D., & Turk, D. (1987). *Facilitating treatment adherence: A practitioner's guidebook*. New York: Plenum Press.

Meissner, W. W. (1984). *The borderline spectrum: Differential diagnosis and developmental issues*. New York: Aronson.

The Merriam-Webster dictionary. (1977). Boston: G.K. Hall.

Metalsky, G. I., Halberstadt, L. J., & Abramson, L. Y. (1987). Vulnerability to depressive mood reactions: Toward a more powerful test of the diathesis-stress and causal mediation components of the reformulated theory of depression. *Journal of Personality and Social Psychology, 52*, 386-393.

Miklowitz, D. J., Strachan, A. M., Goldstein, M. J., Doane, J. A., Snyder, K. S., Hogarty, G. E., & Falloon, I. R. H. (1986). Expressed emotion and communication deviance in the families of schizophrenics. *Journal of Abnormal Psychology, 95*, 60-66.

Milgram, S. (1963). Behavioral study of obedience. *Journal of Abnormal and Social Psychology, 67*, 371-378.

Milgram, S. (1964), Issues in the study of obedience. *American Psychologist, 19*, 848-852.

Millenson, J. R., & Leslie, J. C. (1979). *Principles of behavioral analysis*. New York: Macmillan.

Miller, J. G. (1984). Culture and the development of everyday social explanation. *Journal of Personality and Social Psychology, 46*, 961-978.

Miller, M. (1990). *Developing a scale to measure individual's stress-proneness to behaviors of human service professionals*. Unpublished manuscript. University of Washington.

Miller, M. L., Chiles, J. A., & Bames, V. E. (1982). Suicide attempters within a delinquent population. *Journal of Consulting and Clinical Psychology, 50*, 491-498.

Miller, S. M. (1979). Controllability and human stress: Method, evidence and theory. *Behaviour Research and Therapy, 17*, 287-304.

Miller, S. M., & Mangan, C. E. (1983). Interacting effects of information and coping style in adapting to gynecologic stress: Should the doctor tell all? *Journal of Personality and Social Psychology, 45*, 113-236.

Millon, T. (1981). *Disorders of personality DSM-III: Axis II*. New York: Wiley.

Millon, T. (1987a). On the genesis and prevalence of the borderline personality disorder: A social learning thesis. *Journal of Personality Disorders, 1*, 354-372.

Millon, T. (1987b). *Manual for the Millon Clinical Multiaxial Inventory II (MCMI-II)*. Minnetonka, MN: National Computer Systems.

Mintz, R. S. (1968). Psychotherapy of the suicidal patient. In H. L. P. Resnik (Ed.), *Suicidal behaviors: Diagnosis and management* (pp. 271-296). Boston: Little, Brown.

Mischel, W. (1968). *Personality and assessment*. New York: Wiley.

Mischel, W. (1984). Convergences and challenges in the search for consistency. *American Psychologist, 39*, 351-364.

Morris, R. J., & Magrath, K. H. (1983). The therapeutic relationship in behavior therapy. In M. J. Lambert (Ed.), *Psychotherapy and patient relationships* (pp. 145-189). Homewood, IL: Dorsey Press.

Morris, W. (Ed.). (1979). *The American heritage dictionary of the English language*. Boston: Houghton Mifflin.

Munroe-Blum, H., & Marziali, E. (1987). *Randomized clinical trial of relationship management time-limited group treatment of borderline personality disorder*. Unpublished manuscript. Hamilton, Ontario Mental Health Foundation.

Munroe-Blum, H., & Marziali, E. (1989). *Continuation of a randomized control trial of group treatment for borderline personality disorder.* Unpublished manuscript. Hamilton, Canadian Department of Health and Human Services.

Murray, N., Sujan, H., Hirt, E. R., & Sujan, M. (1990). The influence of mood on categorization: A cognitive flexibility interpretation. *Journal of Personality and Social Psychology, 59*, 411-425.

Napalkov, A. V. (1963). Information process and the brain. In N. Wiener & J. P. Schade (Eds.), *Progress in brain research* (pp. 59-69). V 2 Amsterdam: Elsevier.

Neill, J. R., & Kniskern, D. R. (Eds.). (1982). *From Psyche to System: The evolving therapy of Carl Whitaker*. New York: Guilford Press.

Nelson, V. L., Nielsen, E. C., & Checketts, K. T. (1977). Interpersonal attitudes of suicidal individuals. *Psychological Reports, 40*, 983-989.

Neuringer, C. (1964). Dichotomous evaluations in suicidal individuals. *Journal of Consulting Psychology, 25*, 445-449.

Neuringer, C. (1961). Rigid thinking in suicidal individuals. *Journal of Consulting and Clinical Psychology, 28*, 54-58.

Newton, R. W. (1988). Psychosocial aspects of pregnancy: The scope for intervention. *Journal of Reproductive and Infant Psychology, 6*, 23-29.

Nisbett, R. E., & Wilson, T. D. (1977). Telling more than we can know: Verbal reports on mental processes. *Psychological Review, 84*, 231-259.

Noble, D. (1951). A study of dreams in schizophrenia and allied states. *American Journal of Psychiatry, 107*, 612-616.

Nolen-Hoeksema, S. (1987). Sex differences in unipolar depression: Evidence and theory. *Psychological Bulletin, 101*, 259-282.

Ogata, S. N., Silk, K. R., Goodrich, S, Lohr, N. E., & Westen, D. (1989). *Childhood sexual and clinical symptoms in borderline patients*. Unpublished manuscript.

O'Leary, K. D, & Wilson, G. T. (1987). *Behavior therapy Application and outcome*. Englewood Cliffs, NJ: Prentice-Hall.

The original Oxford English Dictionary on computer disc (version 4.10) [Computer File]. (1987). Fort Washington, PA: Tri Star.

Paerregaard, G. (1975). Suicide among attempted suicides: A 10-year-follow-up. *Suicide, and Life-Threatening Behavior, 5*, 140-144.

Paris, J., Brown, R., & Nowlis, D. (1987). Long-term follow-up of borderline patients in a general hospital. *Comparative Psychiatry, 28*, 530-535.

Parkes, C. M. (1964). The effects of bereavement on physical and mental health: A study of the case records of widows. *British Medical Journal, ii*, 274-279.

Parioff, M. B., Waskow, I. E., & Wolfe, B. E. (1978). Research on therapist variables in relation to process and outcome. In S. L. Garfield & A. E. Bergin (Eds.), *Handbook of psychotherapy and behavior change: An empirical analysis* (2nd ed., pp. 233-282). New York: Wiley.

Patsiokas, A., Clum, G., & Luscomb, R. (1979). Cognitive characteristics of suicide attempters. *Journal of Consulting and Clinical Psychology, 47*, 478-484.

Patterson, G. R. (1976). The aggressive child: Victim and architect of a coercive system. In E. J. Walsh, L. A. Hamerlynck, & L. C. Handy (Eds.), *Behavior modification and families* (pp. 267-316). New York: Brunner/Mazel.

Patterson, G. R., & Stouthamer-Loeber, M. (1984). The correlation of family management practices and delinquency. *Child Development, 55*, 1299-1307.

Pennebaker, J. W. (1988). Confiding traumatic experiences and health. In S. Fisher & J. Reason (Eds.), *Handbook of life stress, cognition and health* (pp. 669-682). New York: Wiley.

Perloff, R. (1987). Self-interest and personal responsibility redux. *American Psychologist, 42*, 3-11.

Perry, J. C., & Cooper, S. H. (1985). Psychodynamics, symptoms, and outcome in borderline and antisocial personality disorders and bipolar type II affective disorder. In T. H. McGlashan (Ed.), *The borderline: Current empirical research* (pp. 19-41). Washington, DC: American Psychiatric Press.

Pfeffer, C. R. (1986). *The suicidal child*. New York: Guilford Press.

Phipps, S., & Zinn, A. B. (1986). Psychological response to amniocentesis: II. Effects of coping style. *American Journal of Medical Genetics, 25*, 143-148.

Physicians' Desk Reference. (annual editions). Oradell, NJ: Medical Economics.

Polanyi, M. (1958). *Personal knowledge*. Chicago: University of Chicago Press.

Pope, H. G., Jonas, J. M., Hudson, J. I., Cohen, B. M., & Gunderson, J. G. (1983). The validity of DSM-III borderline personality disorder: A phenomenologic, family history, treatment response, and long term follow-up study. *Archives of General Psychiatry, 40*, 23-30.

Posner, M. I., Walker, J. A., Friedrich, F. J., & Rafal, R. D. (1984). Effects of parietal lobe injury on covert orienting of visual attention. *Journal of Neuroscience, 4*, 1863-1874.

Pratt, M. W., Pancer, M. Hunsberger, B., & Manchester, J. (1990). Reasoning about the self and relationships in maturity: An integrative complexity analysis of individual differences. *Journal of Personality and Social Psychology, 59*, 575-581.

Pretzer, J. (1990). Borderline personality disorder. *Clinical applications of cognitive therapy*. New York: Plenum Press.

Rado, S. (1956). *Psychoanalysis of behavior: Collected papers*. New York: Grune & Stratton.

Rando, T. A. (1984). *Grief, dying, and death: Clinical interventions for caregivers*. Champaign, IL: Research Press.

Rees, W. D. (1975). The bereaved and their hallucinations. In E. Schoenberg, I. Gerber, A. Wiener, A. H. Kutscher, D. Pertz, & A. C. Carr (Eds.), *Bereavement: Its psychological aspects* (pp. 66-71). New York: Columbia University Press.

Reich, J. (1992). Measurement of DSM-III and DSM-III-R Borderilne Personality Disorder. In J. F. Clarkin, E. Marziali, & H. Munroe-Blum (Eds.), *Borderline personality disorder: Clinical and empirical perspectives* (pp. 116-148). New York: Guilford Press.

Rhodewalt, F., & Comer, R. (1979). Induced compliance attitude change: Once more with feeling. *Journal of Experimental Social Psychology, 15*, 35-47.

Richman, J., & Charles, E. (1976). Patient dissatisfaction and attempted suicide. *Community Mental Health Journal, 12*, 301-305.

Rinsley, D. (1980a). The developmental etiology of borderline and narcissistic disorders. *Bulletin of the Menninger Clinic, 44*, 127-134.

Rinsley, D. (1980b). A thought experiment in psychiatric genetics. *Bulletin of the Menninger Clinic, 44*, 628-638.

Rogers, C. R., & Truax, C. B. (1967). The therapeutic conditions antecedent to change: A theoretical view. In C. R. Rogers (Ed.), *The therapeutic relationship and its impact*. Madison: University of Wisconsin Press.

Rose, Y., & Tryon, W. (1979). Judgments of assertive behavior as a function of speech loudness, latency, content, gestures, infection and sex. *Behavior Modification, 3*, 112-123.

Rosen, G. M. (1974). Therapy set: Its effects on subjects' involvement in systematic desensitization and treatment outcome. *Journal of Abnormal Psychology, 83*, 291-300.

Rosen, S. (Ed.). (1982). *My voice will go with you: The teaching tales of Milton H. Erickson, M.D.* New York: Norton.

Rosenbaum, M. (1980). A schedule for assessing self-control behaviors: Preliminary findings. *Behavior Therapy, 11*, 109-121.

Ross, C. A. (1989). *Multiple personality disorder: Diagnosis, clinical features and treatment*. New York: Wiley.

Rothbart, M. K., & Derryberry, D. (1981). Development of individual differences in temperament. In M. E. Lamb & A. L. Brown (Eds.), *Advances in developmental psychology* (pp. 37-86). Hillsdale, NJ: Erlbaum.

Russell, J. A., Lewicka, M., & Niit, T. (1989). A cross-cultural study of a circumplex model of affect. *Journal of Personality and Social Psychology, 57*, 848-856.

Sacks, C. H., & Bugental, D. B. (1987). Attributions as moderators of affective and behavioral responses to social failure. *Journal of Personality and Social Psychology, 53*, 939-947.

Safran, J. D., & Segal, Z. V. (1990). *Interpersonal process in cognitive therapy*. New York: Basic Books.

Sameroff, A. J. (1975). Early influences on development: "Fact or fancy?" *Merrill-Palmer Quarterly, 20*, 275-301.

Sampson, E. E. (1977). Psychology and the American ideal. *Journal of Personality and Social Psychology, 35*, 767-782.

Sampson, E. E. (1988). The debate on individualism: Indigenous psychologies of the individual and their role in personal and societal functioning. *American Psychologist, 43*, 15-22.

Saposnek, D. T. (1980). Aikido: A model for brief strategic therapy. *Family Process, 19*, 227-238.

Sarason, I. G., Sarason, B. R., & Shearin, E. N. (1986). Social support as an individual difference variable: Its stability, origins and relational aspects. *Journal of Personality and Social Psychology, 50*, 845-855.

Scart, S., & McCartney, K. (1983). How people make their own environments: A theory of genotype-environmental effects. *Child Development, 54*, 424-435.

Schachter, S., & Singer, J. (1962). Cognitive, social, and physiological determinants of emotional state. *Psychological Review, 65*, 379-399.

Schaffer, N. D. (1986). The borderline patient and affirmative interpretation. *Bulletin of the Menninger Clinic, 50*, 148-162.

Schmideberg, M. (1947). The treatment of psychopaths and borderline patients. *American Journal of Psychotherapy, 1*, 45-55.

Schotte, D. E., & Clum, G. A. (1982). Suicide ideation in a college population: A test of a model. *Journal of Consulting and Clinical Psychology, 50*, 690-696.

Schroyer, T. (1972). *The Critique of domination*. New York: George Braziller.

Schulz, R, Schulz, S., Goldberg, S., Ettigi, P. Resnick, R., & Hamer, R. (1986). Diagnoses of the relatives of schizotypal outpatients. *Journal of Nervous and Mental Disease, 174*, 457-463.

Schutz, B. M. (1982). *Legal liability in psychotherapy*. San Francisco: Jossey-Bass.

Schwartz, G. E. (1982). Psychophysiological patterning of emotion revisited: A systems perspective. In C. E. Izard (Ed.), *Measuring emotions in infants and children* (pp. 67-93). Cambridge, England: Cambridge University Press.

Sederer, L. I., & Thorbeck, J. (1986). First do no harm: Short-term inpatient psychotherapy of the borderline patient. *Hospital and Community Psychiatry, 37*, 692-697.

Seltzer, L. F. (1986). *Paradoxical strategies in psychotherapy: A comprehensive overview and guidebook*. New York: Wiley.

Selye, H. (1956). *The stress of life*. New York: McGraw-Hill.

Shaver, R, Schwartz, J., Kftson, D., & O'Connor, C. (1987). Emotion knowledge: Further exploration of a prototype approach. *Journal of Personality and Social Psychology, 52*, 1061-1086.

Shearer, S. L., Peters, C. P., Quaytman, M. S., & Ogden, R. L. (1990). Frequency and correlates of childhood sexual and physical abuse histories in adult female borderline inpatients. *American Journal of Psychiatry, 147*, 214-216.

Shearin, E. N., & Linehan, M. M. (1989). Dialectics and behavior therapy: A metaparadoxical approach to the treatment of borderline personality disorder. In L. M. Ascher (Ed.), *Therapeutic paradox: A behavioral model for implementation and change* (pp. 255-288). New York: Guilford Press.

Shelton, J. L., & Levy, R. L. (1981). *Behavioral assignments and treatment compliance: A handbook of clinical strategies*. Campaign, II: Research Press.

Sherman, M. H. (1961). Siding with the resistance in paradigmatic psychotherapy. *Psychoanalysis and the Psychoanalytic Review, 48*, 43-59.

Shneidman, E. S. (1984). Aphorisms of suicide and some implications for psychotherapy. *American Journal of Psychotherapy, 38*(3), 319-328.

Shneidman, E. S. (1992). A conspectus of the suicidal scenario. In R. W. Maris, A. L. Berman, J. T. Maltsberger, & R. I. Yufit (Ed.), *Assessment and prediction of suicide* (pp. 50-64). New York:

Guilford Press.

Shneidman, E. S., Farberow, N. L., & Litman, R. E. (1970). *The psychology of suicide*. New York: Science House.

Showers, C., & Cantor, N. (1985). Social cognition: A look at motivated strategies. *Annual Review of Psychology, 36*, 275-305.

Silverman, J. Siever, L. Coccaro, E., Klar, H., Greenwald, S., & Rubinstein, K. (1987, December). Risk for affective disorders in relatives of personality disordered patients. Poster presented at the annual meeting of the American College of Neuropsychopharmacology, San Juan, Puerto Rico.

Simon, H. E. (1990). Invariants of human behavior. *Annual Review of Psychology, 41*, 1-20.

Sipe, R. B. (1986). Dialectics and method: Restructuring radical therapy. *Journal of Humanistic Psychology, 26*, 52-79.

Slater, J., & Depue, R. A. (1981). The contribution of environmental events and social support to serious suicide attempts in primary depressive disorder. *Journal of Abnormal Psychology, 90*, 275-285.

Smith, K., Conroy, R. W., & Ehler, B. D. (1984). Lethality of Suicide Attempt Rating Scale. *Suicide and Life-Threatening Behavior, 14*(4), 215-242.

Snyder, S., & Pitts, W. M. (1984). Elearoencephalography of DSM-III borderline personality disorder. *Acta Psychiatrica Scandinavica, 69*, 129.

Soloff, P. H., & Millward, J. (1983). Psychiatric disorders in the families of borderline patients. *Archives of General Psychiatry, 40*, 37-44.

Spitzer, R. L., & Williams, J. B. W. (1990). *Structured Clinical Interview for DSM-III-R Personality Disorders*. New York: Biometrics Research Department, New York State Psychiatric Institute.

Stern, A. (1938). Psychoanalytic investigation and therapy in the borderline group of neuroses. *Psychoanalytic Quarterly*, 7, 467-489.

Stone, M. H. (1980). *The borderline syndromes: Constitution, personality, and adaptation*. New York: McGraw-Hill.

Stone, M. H. (1981). Psychiatrically ill relatives of borderline patients: A family study. *Psychiatric Quarterly, 58*, 71-83.

Stone, M. H. (1987). Constitution and temperament in borderline conditions: Biological and genetic explanatory formulations. In J. S. Grotstein, M. F. Solomon, & J. A. Lang (Eds.), *The borderline patient: Emerging concepts in diagnosis, psychodynamics, and treatment* (pp. 253-287). Hillsdale, NJ: The Analytic Press.

Stone, M. H. (1989). The course of borderline personality disorder. In A. Tasman, R. E. Hales, &

A. J. Frances (Eds.), *Review of psychiatry* (Vol. 8, pp. 103-122). Washington, DC: American Psychiatric Press.

Stone, M. H., Hurt, S., & Stone, D. (1987a). The PI 500: Long-term follow-up of borderline inpatients meeting DSM-III criteria. I: Global outcome. *Journal of Personality Disorders, 1*, 291-298.

Stone, M. H., Stone, D. K., & Hurt, S. W. (1987b). Natural history of borderline patients treated by intensive hospitalization. *Psychiatric Clinics of North America, 10*, 185-206.

Strongman, K. T. (1987). Theories of emotion. In K. T. Strongman (Ed.), *The psychology of emotion* (pp. 14-55). New York: Wiley.

Strelau, J., Farley, F. H., & Gale, A. (Ed.). (1986). *The biological bases of personality and behavior: Vol 2. Psychophysiology: Performance and applications*. Washington, DC: Hemisphere.

Suler, J. R. (1989). Paradox in psychological transformations: The Zen koan and psychotherapy. *Psychologia, 32*, 221-229.

Taylor, E. A., & Stansfeld, S. A. (1984). Children who poison themselves: I. A clinical comparison with psychiatric controls. *British Journal of Psychiatry, 145*, 127-135.

Tellegen, A., Lykken, D. T., Bouchard, T. J., Jr., Wilcox, K. J., Segal, N. L., & Rich, S. (1988). Personality similarity in twins reared apart and together. *Journal of Personality and Social Psychology, 54*, 1031-1039.

Thomas, A., & Chess, S. (1977). *Temperament and development*. New York: Brunner/Mazel.

Thomas, A., & Chess, S. (1985). The behavioral study if temperament. In J. Strelau, F. H. Farley, & A. Gale (Eds.), *The biological bases of personality and behavior: Vol. 1. Theories, measurement techniques and development* (pp. 213-235). Washington, DC: Hemisphere.

Tomkins, S. S. (1982). Affect theory. In R. Ekman (Ed.), *Emotion in the human face* (pp. 353-395). Cambridge, England: Cambridge University Press.

Torgersen, S. (1984). Genetic and nosologic aspects of schizotypal and borderline personality disorders: A twin study. *Archives of General Psychiatry, 41*, 546-554.

Tsai, M., & Wagner, N. N. (1978). Therapy groups for woman sexually molested as children. *Archives of Sexual Behavior, 7*, 417-427.

Tuckman, J., & Youngman, W. (1968). Assessment of suicide risk in attempted suicides. In H. L. P. Resnick (Ed.), *Suicide behaviors*. Boston: Little Brown.

Turkat, I. D. (1990). *The personality disorders: A psychological approach to clinical management*. Elsmford, NY: Pergamon Press.

Turkat, I. D., & Brantley, P. J. (1981). On the therapeutic relationship in behavior therapy. *The*

Behavior Therapist. 47, 16-17.

Turner, R. M. (1992, November). *An empirical investigation of the utility of psychodynamic technique in the practice of cognitive behavior therapy.* Paper presented at the 26th annual meeting of the Association for the Advancement of Behavior Therapy, Boston, MA.

Van Egmond, M., & Diekstra, R. F. W. (1989). The predictability of suicidal behavior. In R. F. W. Diekstra, R. Maris, S., Piatt, *The role of attitude and imitations*. Leiden, The Netherlands: E. J. Brill.

Vinoda, K. S. (1966). Personality characteristics of attempted suicides. *British Journal of Psychiatry, 112*, 1143-1150.

Volkan, V. D. (1983). Complicated mourning and the syndrome of established pathological mourning. In S. Akhtar (Ed.), *New psychiatric syndromes*. New York: Aronson.

Wagner, A. W., Linehan, M. M., & Wasson, E. J. (1989). *Parasuicide: Characteristics and relationship to childhood sexual abuse*. Poster presented at the annual meeting of the Association for Advancement of Behavior Therapy, Washington, DC.

Wang, T. H., & Katsev, R. D. (1990). Group commitment and resource conservation: Two field experiments on promoting recycling. *Journal of Applied Psychology, 20*, 265-275.

Watts, A. W. (1961). *Psychotherapy East and West*. New York: Pantheon.

Watts, F. N. (1990). *The emotions: Theory and therapy*. Paper presented at British Psychology Society Conference, London.

Watzlawick, P. (1978). *The language of change: Elements of therapeutic interaction*. New York: Basic Books.

Weissman, M. M. (1974). The epidemiology of suicide attempts 1960 to 1974. *Archives of General Psychiatry, 30*, 737-746.

Weissman, M. M., Fox, K., & Klerman, G. L. (1973). Hostility and depression associated with suicide attempts. *American Journal of Psychiatry, 130*, 450-455.

Wender, R, & Klein, D. F. (1981). *Mind, mood, and medicine: A guide to the new biopsychiatry*. New York: Farrar, Strauss, Giroux.

Westen, D., Ludolph, P., Misle, B., Ruffins, S., & Block, J. (1990). Physical and sexual abuse in adolescent girls with borderline personality disorder. *American Journal of Orthopsychiatry*. 55-66.

Whitaker, C. A. (1975). Psychotherapy of the absurd: With a special emphasis on the psychotherapy of aggression. *Family Process, 14*, 1-16.

Whitaker, C. A., Felder, R. E., and Malone, T. P., & Warkentin, J. (1982). First-stage techniques in the experiential psychotherapy of chronic schizophrenic patients. In J. R. Neill & D. P.

Kniskern (Eds.), *From psyche to system: The evolving therapy of Carl Whitaker* (pp. 90-104). New York: Guilford Press. (Original work published 1962).

Widiger, T. A., & Frances, A. J. (1989). Epidemiology, diagnosis, and comorbidity of borderline personality disorder. In A. Tasman, R. E. Hales, & A. J. Frances (Eds.), *Review of psychiatry* (Vol. 8, pp. 8-24). Washington, DC: American Psychiatric Press.

Widiger, T. A., & Settle, S. A. (1987). Broverman et al. revisited: An artifactual sex bias. *Journal of Personality and Social Psychology, 53*, 463-469.

Williams, J. M. G. (1991). Autobiographical memory and emotional disorders. In S. A. Christianson (Ed.), *Handbook of emotion and memory*. Hillsdale, NJ: Erlbaum.

Williams J. M. G. (1993). *The psychological treatment of depression: A guide to the theory and practice of cognitive behavior therapy* (2nd ed.). New York: Free Press.

Wilson, G. T. (1987). Clinical issues and strategies in the practice of behavior therapy. G. T. Wilson, C. M. Franks, P. C. Kendall, & J. P. Foreyt (Eds.), *Review of behavior therapy: Theory and practice* (Vol. 11, pp. 288-317). New York: Guilford Press.

Woolfolk, R. L., & Messer, S. B. (1988). Introduction to hermeneutics. In S. B. Messer, L. A. Sass, & R. L. Woolfolk (Eds.), *Hermeneutics and psychological theory* (pp. 2-26). New Brunswick, NJ: Rutgers University Press.

Woollcott, P., Jr. (1985). Prognostic indicators in the psychotherapy of borderline patients. *American Journal of Psychotherapy, 39*, 17-29.

Worden, J. W. (1982). *Grief counselling and grief therapy*. London: Tavistock.

Wortman, C. B. & Silver, R. C. (1989). The myths of coping with loss. *Journal of Consulting and Clinical Psychology, 57*, 349-357.

Young, J. (1987). *Schema-focused cognitive therapy for personality disorders*. Unpublished manuscript. Cognitive Therapy Center of New York.

Young, J. (1988). *Schema-focused cognitive therapy for personality disorders*. Paper presented at the Society for the Exploration of Psychotherapy Integration, Cambridge, MA, April.

Young, J., & Swift, W. (1988). Schema-focused cognitive therapy for personality disorders: Part I. *International Cognitive Therapy Newsletter, 4*, 13-14.

Zajonc, R. B. (1965). Social facilitation. *Science, 149*, 269-274.

Zanarini, M. C., Gunderson, J. G., Frankenburg, F. R., & Chauncey, D. L. (1989). The Revised Diagnostic Interview for Borderlines: Discriminating BPD from other Axis II disorders. *Journal of Personality Disorders, 3*, 10-18.

Zanarini, M. C., Gunderson, J. G., Marino, M. F., Schwartz, E. O., & Frankenburg, F. R. (1988). DSM-III disorders in the families of borderline outpatients. *Journal of Personality Disorders, 2*,

291-302.

Zuckerman, M. Klorman, R., Larrance, D. & Spiegel, N. (1981). Facial, autonomic, and subjective components of emotion: The facial feedback hypothesis versus the externalizer-internalizer distinction. *Journal of Personality and Social Psychology*, *41*, 929-944.

찾아보기

인명

내용

ㅇ

저자 소개

Marsha M. Linehan, PhD, ABPP

심리학자이자 DBT 개발자로서 미국 워싱턴대학교 심리학과 및 정신행동과학과 교수이자 행동주의 연구와 치료 클리닉 책임자이다. 초창기에는 높은 자살 위험과 다중의 심각한 정신장애가 있는 집단을 위한 근거 기반 치료를 개발하고 평가하는 연구를 진행하였다. Linehan 박사는 자살 연구와 임상심리학 연구에 공헌한 업적으로 명성이 높으며, 미국심리학재단의 응용 심리학 평생 공로 금메달과 심리과학협회의 제임스 매킨 커텔상 등 수많은 상을 받았다. 그를 기리기 위해 미국자살학회는 자살 행동치료 분야에서 뛰어난 연구에 수여하는 마샤 리네한상을 만들었다. 그는 선$_{Zen}$ 지도자로, 워크숍과 수련회에서 의료 서비스 종사자에게 마음챙김과 명상 수행을 가르친다.

역자 소개

최현정(Hyunjung Choi)

충북대학교 심리학과 교수이다. 서울대학교 심리학과에서 임상심리학 박사학위를 받았고, 서울대학교병원 정신건강의학과에서 임상심리전문가 수련을 마쳤다. 한국심리학회 공인 임상심리전문가 및 상담심리사 1급, 한국인지행동치료학회 공인 인지행동치료전문가, 한국게슈탈트상담심리학회 게슈탈트상담심리사 1급이다. 트라우마 심리지원을 위한 민간 공익법인 트라우마치유센터 사람마음을 설립하여 심리치료와 인권옹호 활동을 하고 있다. Linehan Institute의 변증법행동치료 Intensive Training™을 마쳤으며 한국에서 변증법행동치료 보급을 위한 임상 실천, 교육과 연구를 수행하고 있다.

이한별(Hanbyul Lee)

서울대학교 심리학과에서 임상신경심리학 석사학위를 받았고, 삼성서울병원 정신건강의학과에서 임상심리전문가 수련을 마쳤다. 한국심리학회 공인 임상심리전문가, 보건복지부 공인 정신건강임상심리사 1급이다. 트라우마치유센터 사람마음에서 트라우마 생존자를 위한 심리치료와 인권옹호 활동을 하였다. Linehan Institute의 변증법행동치료 Foundational Training™을 수료하였다. 트라우마 생존자와 정신건강 전문가가 변증법행동치료를 배우고 익힐 수 있도록 임상 실천과 교육을 통해 함께하고 있다. 현재 사이와너머 심리상담센터에서 일하고 있다.

허심양(Simyang Heo)

서울대학교 심리학과에서 임상·상담심리학 석사학위를 받았고, 삼성서울병원 정신건강의학과에서 임상심리전문가 수련을 마쳤다. 한국심리학회 공인 임상심리전문가, 보건복지부 공인 정신건강임상심리사 1급이다. 트라우마치유센터 사람마음에서 활동을 하였다. Linehan Institute의 변증법행동치료 Foundational Training™을 수료하였고, 임상 현장에서 변증법행동치료를 수행하였다. 현재 사이와너머 심리상담센터에서 일하고 있다.

김지강(Jikang Kim)

이화여자대학교 심리학과에서 상담심리학 석사학위를 받았고, 마음사랑인지행동치료센터에서 익스턴 과정을 수료하였으며, 한국심리학회 공인 상담심리사이다. 트라우마치유센터 사람마음에서 활동하였으며, Linehan Institute의 변증법행동치료 Foundational Training™을 수료하였고, 임상 현장에서 변증법행동치료를 실천하고 있다. 현재 사이와너머 심리상담센터에서 일하고 있다.

조이수현(Suhyun Joy)

서울대학교 심리학과에서 임상·상담심리학 석사학위를 받았고, 서울아산병원 정신건강의학과에서 임상심리 수련 후 보건복지부 공인 정신건강임상심리사 1급 자격을 취득하였다. 트라우마치유센터 사람마음에서 활동하였으며, Linehan Institute의 변증법행동치료 Intensive Training™을 마치고 동료와 함께 변증법행동치료를 보급하는 데 힘쓰고 있다.

변증법행동치료

-경계성 성격장애를 위한 인지행동치료-

Cognitive-Behavioral Treatment of Borderline Personality Disorder

2023년 7월 30일 1판 1쇄 발행
2025년 2월 20일 1판 3쇄 발행

지은이 • Marsha M. Linehan
옮긴이 • 최현정 · 이한별 · 허심양 · 김지강 · 조이수현
펴낸이 • 김 진 환
펴낸곳 • (주) 학지사
04031 서울특별시 마포구 양화로 15길 20 마인드월드빌딩 5층
대표전화 • 02) 330-5114 팩스 • 02) 324-2345
등록번호 • 제313-2006-000265호
홈페이지 • http://www.hakjisa.co.kr
인스타그램 • https://www.instagram.com/hakjisabook

ISBN 978-89-997-2931-7 93180

정가 32,000원

역자와의 협약으로 인지는 생략합니다.
파본은 구입처에서 교환하여 드립니다.